SEPTENTRIO

AQVILO

G

VVLTVRNVS

SVBSOLANVS

S

21. November 95   J. Osania

Venedig
oder
die Macht der Phantasie

Lars Cassio Karbe

Venedig
oder
die Macht der Phantasie

Die Serenissima – ein Modell für Europa

Diederichs

Die Deutsche Bibliothek – CIP-Einheitsaufnahme
Karbe, Lars:
Venedig oder die Macht der Phantasie: die Serenissima – ein
Modell für Europa / Lars Cassio Karbe. – München:
Diederichs, 1995
    ISBN 3-424-01292-0

© Eugen Diederichs Verlag, München 1995

Lektorat: Matthias Wolf
Umschlaggestaltung: Zembsch' Werkstatt, München
Produktion: Tillmann Roeder, München
Satz: Uhl + Massopust, Aalen
Druck und Bindung: Jos. C. Huber, Dießen
Papier: holzfrei, säurefrei Werkdruck, Schleipen
Printed in Germany

ISBN 3-424-01292-0

Für Bazon Brock

INHALT

EINLEITUNG

»Über Venedig ist so gut wie alles gesagt worden, und das Gegenteil auch.«
Fernand Braudel

Die Suche nach dem Ariadnefaden der Orientierung durchzieht wie eine unendliche Milchstraße den fast dreitausendjährigen Denkkosmos der abendländisch-europäischen Zivilisation. Ihre Ursprünge führen zurück in das minoisch-mediterrane Kreta.

Der im Labyrinth des Minotaurus gefangene, im Dilemma zwischen Kühnheit und Unzulänglichkeit, Selbstverantwortung und Verführbarkeit irrende Mensch war seit je gezwungen, sich zu orientieren, um im Schutze einer Gemeinschaft »angstfrei miteinander verschieden« (über)leben zu können. Unabhängig davon, welche Gewichtung diesem Anspruch beigemessen werden mochte, führte das Bestreben, Lebensräume auf dieser Grundlage zu begründen, zu einem der ältesten Projekte europäischer Civiltà: der *Stadt*. Sie bildet das erste erfolgreiche Laboratorium der Moderne.

Spontan entwickelten sich zwischen dem 11. und 13. Jahrhundert in Europa nach dem Vorbild der griechischen Polis freie Stadt-Kommunen, davon allein in Italien etwa 70 Stadtrepubliken. Erstmals organisierten sich hier Gleichgesinnte mit einer Vision. Für sie bedeutete das Zusammenleben eine institutionalisierte Form der kollektiven Sicherung ihrer Freiheit durch gewaltlose Überzeugung und die gemeinsame Abstimmung widerstreitender Interessen.

Bildete bis zu diesem Zeitpunkt politische Macht weitgehend ein Herrschaftsinstrument unter Selektionsbedingungen tödlicher Konkurrenz im Sinne eines Räuber-Beute-Verhältnisses, legitimiert durch jenen römischen Leitsatz »Teile und herrsche«, so erprobte man im Lebensraum der Stadt-Kommune erstmals das Wechselspiel von Teilnahme und Beteiligtsein aller im Dienste des Ganzen. Hier entstanden die Spielregeln sozialer Wert(e)schöpfung in freiem Wettbewerb bei gleichzeitiger Kooperation als überlebensrelevante Qualität einer Gemeinschaft. Die Stadt verkörpert seither das Versprechen der Koexistenz verschiedener Lebensformen, als Brennpunkt menschenmöglicher Erfahrungen, Orientierungsräume und Identifikationsangebote.[1]

Von den etwa 70 Stadtrepubliken überlebte nach dem Scheitern der letzten Signoria Florenz 1530 nur das mediterrane Venedig, die Patrizier-Republik von San Marco. Zum Mißlingen des Projekts »Stadt« trugen indessen nicht nur Jahrhunderte tradierter Hegemonialansprüche und eine patriarchalische Herrschaftslogik bei, sondern auch bis dahin noch nie erprobte Entscheidungsmechanismen der Bürger mit unvereinbar erscheinenden Interessen und institutionalisierbaren Formen der Konfliktbewältigung.

Als nach dem Inferno der ganz Europa erschütternden 30jährigen Religionskriege die Fragwürdigkeit der Mächtigen und ihrer christlichen »harmonia mundi«, ebenso wie das Vakuum selbst gestaltbarer Zukunftsentwürfe offenkundig geworden waren, bedurfte es einer grundlegenden Neuorientierung.[2] Orientierung aber ist immer aufs engste mit kommunikativen Reiz-Resonanz-Mustern verknüpft, mit Erwartungen und Ängsten einerseits, mit Beeinflußbarkeit, Ausbildung und gleichzeitig der Wahrnehmung von Differenzen und Grenzen andererseits. Wenn daher also im 17. Jahrhundert eine Vision der menschlichen Gesellschaft Bedeutung hatte gewinnen können, die das europäisch-abendländische Bewußtsein und seine politische Kultur bis heute zutiefst geprägt hat, dann geschah dies aus einer inneren Notwendigkeit.

Die Dynamik dafür lieferte eine aus dem Naturverständnis Newtons und Descartes' entsprungene wissenschaftliche Revolution. Sie schuf eine geistige Legitimation, die stark genug erschien, die Gesetze der Natur, des Geistes und der Gesellschaft zu versöhnen, sie bot Denk- und Handlungsanleitungen an, die ein für allemal Vorhersagbarkeit und Sicherheit, Kontrolle und Beherrschbarkeit zu gewährleisten versprachen. Ihre Fundamente lieferte immerhin ein absolut solides Paradigma: die euklidische Geometrie, und die »hatte ja ein gütiger Gott vermutlich allen Menschen gleichermaßen eingepflanzt« (Descartes).

Mit der Rückversicherung auf die Fiktion der reinen Vernunft, der Souveränität hierarchischer Macht und der »universellen Methode, alle Probleme der Menschheit zu lösen« (Descartes), glaubte man endlich, die Eliminierung aller Irrationalitäten und Widersinnigkeiten, Ambivalenzen und Risiken gewährleistet.[3] So schien das »Problem« auf elegante Weise zugunsten einer perfekten (Gesellschafts-)Ordnung und letztgültiger Gewißheit *aufgehoben*, und jene hermetisch-fiktive Tradition eingeführt, deren »Trägheitsprinzip« im buchstäblichen Sinne bis heute weitgehend alles Denken beherrscht.[4]

Der Grundlegung der Newton-Descartesschen »Natur«-Philosophie entsprach alsbald die Herausbildung absolutistischer Monarchien, und viele Anzeichen signalisierten die Dämmerung des »Siècle des lumières« mit allen Attributen künftiger Sonnenkönige und deren höfischem Planetensystem.

Lange allerdings bevor Paris zum Mittelpunkt Europas aufsteigen sollte, war es die Imagination jener Lagunen-Republik und »Serenissima Veneziana«, die Aura eines »ou-topos«, die diese vermeintliche »Insel« zu einem Attraktor allgemeinen Interesses in Europa gemacht hatte. Diese Patrizier-Republik verkörperte aus der Sicht zahlreicher Zeitgenossen tatsächlich – architektonisch, gesellschaftlich, ökonomisch und politisch – eine gewisse Stufe der Vollendung. Sie war, etwa von Thomas von Aquin, Petrarca und Machiavelli über Leopold von Ranke bis zu Jacob Burckhardt das am meisten bewunderte Staatswesen Europas – auch wenn dazu in sicher nicht geringem Maße die Kunst ihrer Selbststilisierung beitrug.

Sollte hier also, diesen Anschein erweckten jedenfalls diese und andere Eindrücke, bereits jene Vision Wirklichkeit geworden sein, nach der »das

Göttliche im Menschen, der reine, von Leidenschaften freie Geist, die Menschen regiert«, wie es aus Venedig zu vernehmen war?[5] Oder handelte es sich nicht vielmehr um ein »Trojanisches Pferd« in der Lagune von San Marco, dem man mit größter Vorsicht begegnen sollte?

Um den Rivoalto, der zentral gelegensten Lagunensiedlung, war aus den Flüchtlingen des Festlandes diese »auf dem Unmöglichen gegründete Communis Venetiarum«, dieser Miniaturstaat im Weltformat entstanden. Und er war »umgeben von einer Vielzahl untergegangener Stadt-Kommunen, von denen jede eine gescheiterte venezianische Möglichkeit darstellen mochte«.[6]

Bereits zu seinen Lebzeiten verkörperte Venedig eine »Herausforderung des Unterschieds« zu allem bis dahin Vorstellbarem. Schon deshalb waren seine Bewohner verdächtig, »weil sie nicht pflügten, nicht säten, noch ernteten«. Die bereits in der ersten Jahrtausendhälfte zwischen 697–1297 entwickelte ungeschriebene Verfassung demonstrierte ein in Europa beispielloses Regierungssystem der Herrschaft des Einen (Dogen), der Wenigen (fünf Verfassungsorgane) und der Vielen (des »Großen Rates«).

Im übrigen gab es in Venedig nur einen Grundsatz, nämlich prinzipiell keine Grundsätze zu haben. Das Paradox der venezianischen Verfassungspraxis spiegelt sich in den sogenannten »Correzioni«, den Fall-zu-Fall-Entscheidungen wider. Zu den wenigen unumstößlichen Spielregeln gehörte die absolute Priorität der Gemeininteressen vor dem »il particulare«, der »res publica« vor der »res privata«.[7] Dieser politischen »Alchemie« korrespondierte ein Ökonomiekonzept der Nische, das vielleicht am treffendsten umschrieben, eine »Ethik der Optima«[8] mit einer Sozialmorphologie[9] der Lebens- und Materialgestaltung verband, deren wichtigsten Produktionsfaktor Information darstellte. Sie formte alle in Venedig entstandenen Kulturtechniken maßgeblich, allen voran jenes bis heute einzigartige Kommunikationsmedium, ein ebenso vielseitiges wie modernes Informationssystem zwischen Telefax und Pontifex, die sogenannte »Relazione«.

Mochte schon die Sphinxhaftigkeit von Offenheit und Verborgenheit, Kalkül und Eros, Ordnung und Chaos, von Sakralem und Profanem, von Serenità und saturnischer Verdüsterung gegenüber Newtons und Descartes' Vorstellungen der Evidenz und Berechenbarkeit geradezu absurd erscheinen, so mußten erst recht venezianische Orientierungsmaßstäbe und Selbstverständnis, die entschiedene Ablehnung jeder Art von Utopie und Dogmatismus der bedingungslosen »Häresie« anheimfallen. Und das geschah ja auch in Form der sogenannten Exkommunikation im permanenten Konflikt mit Vatikanstaat und Kurie bis in das 18. Jahrhundert. Daß dieser Kampf zwischen zwei so verschiedenen Mächten, der zu den bis heute erkenntnisreichsten Lehrstücken europäischer Kulturgeschichte gehört, bisher niemals unter diesem Gesichtspunkt vorgestellt wurde, sei hier bereits vorweggenommen – wie auch der Hinweis auf das in Venedig kommunikationsrelevante Phänomen von Orientierungswissen in der Kunst des Umgangs mit Dissonanzen, Paradoxien und Zusammenbrüchen.[10]

Die Art und Weise des San-Marco-Staates, die »beiden Wege der Erde und des Himmels zu erleuchten« (Dante), sie auf der makropolitisch-institutionellen Ebene strikt zu trennen, um ihre Koexistenz auf der mikropolitisch-individuellen Ebene zu gewährleisten, das gehört zu den zahlreichen Ungeheuerlichkeiten, die in dieser Zeit alle nur denkbaren Orientierungskoordinaten zu verrücken drohten.

Venedig, diese undefinierbare wie sonderliche Mischung aus Piraten und Häretikern, genialen Ingenieuren und Baumeistern, Diplomaten und Händlern verletzte permanent die irdische wie die heilige Ordnung. Doch auch das machte die Luzidität dieser bodenlosen Weltstadt aus, in der jeder Stein, jede Information auf dem Schiff herbeigeschafft werden mußte, »in der man gewesen sein mußte, um es zu etwas zu bringen« (P. Sarpi). Waren es die Handelsbeziehungen dieses »Rialto-Wallstreet« in alle Welt, die seine Imagination ausmachten? War es der Eindruck Fremder? »Alles schmeckt hier nach der großen Freiheit«, oder Dürers Worte, bevor er aus Venedig nach Nürnberg zurückkehrte: »Oh, wie wird mich nach der Sonne frieren, hier bin ich ein Herr, daheim ein Schmarotzer.« (Venedig 1506)[11]

Der Ausdruck und Eindruck dieses »alter mundus« (Petrarca) hat in der Tat soviel exorbitante wie diskrete Facetten. Sein Wesen läßt sich wahrscheinlich am besten mit der Metapher des Spiegels verdeutlichen: Obwohl das Abbild körperhaft vor unserem Auge steht, verbleibt das Gespiegelte unangreifbar im unerreichbaren Raum. Und diese Eigentümlichkeiten, nicht sichtbare, kommunikative Beziehungsnetze zu knüpfen, waren es wohl auch, die es dieser Gemeinschaft ermöglichten, mehr als ein Jahrtausend als einziger europäischer Staat seine Souveränität und Handlungsspielräume, seine republikanischen Institutionen, den uneingeschränkten Vorrang seines Handwerks, seiner Technik und Wissenschaften, seiner Künste und seines kulturellen Know-how ohne auch nur einen einzigen Tag politischer oder religiöser Fremdbestimmung zu bewahren und weiter zu entfalten.

Dieser Sichtweise entspricht es durchaus, sowohl dem Mißverständnis der Verklärung wie auch jeder Art von Positivismus mit dieser Annäherung das Vexierbild dieser – ihrem eigenen Selbstverständnis gemäß – »irdischen Stadt« (»Civitas terrena«) gegenüberzustellen: ihre »potestas«, die Macht des Geldes, der Waffen, und »potentia«, die Macht unerschöpflicher Möglichkeitsspielräume, ihre Praxis-Vorstellung von »kosmos« als einer spontan-natürlichen Ordnung, und »taxis« als einer äußeren, notwendigerweise erzwungenen Ordnung. Und deren Kontrapunkt bildet jenes ebenso vieldeutige wie pragmatische Spiegelbild der römischen Maxime »Teile und herrsche«.

Venedigs Ewigkeits-»Anspruch« und Serenissima-Emblem steht gleichrangig jenes Canal-Grande-Signal-Ornament gegenüber, das »Fragezeichen« um die Macht... der Phantasie. Venedigs Selbsteinschätzung seiner Beispiellosigkeit »besteht jedenfalls nicht darin, daß destruktive Elemente fehlten, sondern vielmehr darin, daß diese in seiner Geschichte immer wieder gemeistert werden konnten«,[12] eine Beobachtung Kurt Singers im Kontext Japan, die hier auch angemessen erscheint.

So umkreist diese aus kulturanthropologischer und kommunikations-kybernetischer Perspektive entstandene Darstellung erstmals die energetische Dimension von Vergangenheit[13] nicht als museales (geschichtetes) Geschehen, sondern als Dimension aktueller Gegenwart. Hier stehen nicht Machtexpansion und Herrschaftsverhältnisse im Vordergrund, sondern zuerst und vor allem die Komposition und Chromatik unerschöpflicher Gestaltungsräume einer Gemeinschaft; nicht der zu seinen Lebzeiten so bewunderte wie gleichermaßen gehaßte Ideal-Staat und seine Kontinuität, sondern das Vermögen sozialer Intelligenz ebenso wie Ambivalenz und Heterogenität als Lebensform; nicht Fragen des Verfalls und Untergangs, sondern Orientierungsfähigkeit und Überlebensstrategien.

Sicher ist Venedig heute ein Mythos, ein lebendiges Museum, das auf seinen Grundpfeilern zu versinken droht. Hier geht es jedoch um die Frage der dechiffrierbaren »Grundpfeiler« seines mehr als elfhundertjährigen, legendären Überlebens. Das Betriebsgeheimnis dieses ersten Zivilisationsprojekts der Moderne soll entschlüsselt werden, und damit sind jene »unerkannten Aufgaben der Moderne« (Stephen Toulmins) angesprochen. Moderne meint also, wie es treffender kaum gesagt werden kann, jenen Quantensprung europäischer Cività zur Civitas und Città als eine »Möglichkeit des Andersseins« (Aristoteles)[14] – als eine »Herausforderung des Unterschieds« (Raymond Loewy)[15] im Spannungsfeld von an Ungewißheit geknüpften Handlungsspielräumen des einzelnen, aber auch die Sicherheit des Ganzen gewährleistender Beschränkungen.

In diesem Zusammenhang durchzieht unsichtbar ein Grundakkord die Existenz des Lagunen-Staats Venedig: die Virtuosität im Umgang mit Turbulenz und Chaos, Ungewißheit und fast permanenter Krise. Unter welchen Bedingungen erscheint es also überhaupt möglich, in diesem Koordinatensystem nicht nur zusammenzuleben, zu überleben, sondern dieses »vollkommene Werk zu schaffen, das allen Regeln entgegengesetzt« (Taine) auch noch eine unausgesprochene Aufwertung bereithält?

Man hat Ähnliches ... überhaupt noch nicht gesehen; alles ist neu daran, man fühlt sich herausgehoben aus dem Gewohnten, man begreift, daß es jenseits der Formen, die wir nachahmen, die man uns aufzwingt, eine ganze Welt gibt, daß die menschliche Erfindungskraft ohne Grenzen ist, und daß sie, ähnlich wie die Natur, alle Regeln umstoßen und ein vollkommenes Werk schaffen kann nach einem Musterbild, das allen Regeln entgegengesetzt ist, in die man sie hat einschließen wollen.[16]

Die Darlegung solcher Möglichkeitsspielräume, die Kommunikationspotentiale und Interaktionen zwischen Teil und Ganzem umkreisen hier aus verschiedensten Perspektiven den Gegenstand dieser Untersuchung »Venedig«, und »sie bezeugen und bewahren insofern ja immer auch einen Bezug zum Ganzen, als sie in keinem individuellen Bewußtsein oder Verhalten je voll ausschöpfbar wären«.[17]

Der Hintergrund und die Motivationen eines solchen Unternehmens seien kurz angedeutet: Natürlich war ich seit vielen Jahren unmittelbar einbezogen in die Auseinandersetzung mit dem Phänomen der Komplexität sozialer Systeme, also mit Fragen der Partikular- und Gemein-Interessen-Beziehungen. Doch was hätte ich der Ist-Zustandsbeschreibung heute, dem Augenblick des »rasenden Stillstands« (P. Virilio) entgegenzusetzen? Nur die Erfahrung der Demonstration von »Modell statt Appell«.[18]

Wenn etwas den derzeitigen Diskurs um die unbestrittene Notwendigkeit einer Neu-Orientierung, die Notwendigkeit des Wandels und Paradigmenwechsels auszeichnet, dann der Mangel an Einfühlung für die Zusammenhänge ästhetischer, ethischer und erkenntnisleitender Dimensionen verantwortlichen Handelns heutiger Führungseliten. In Übereinstimmung mit Konrad Lorenz gehe ich davon aus, daß man »Systemdynamik und Systemfunktionen geradezu danach definieren kann, daß die Teilfunktionen eines Systems nur gleichzeitig miteinander oder gar nicht verstanden werden können«. Hier aber beginnt die Auseinandersetzung und Bemühung um das Verständnis für die Komplexität und Lernfähigkeit sozialer Systeme unabhängig von Zeit und Raum. Seit vielen Jahren bin ich auf der Suche nach imaginativen Modellen, um diese meistens abstrakt vermittelte Thematik durch Anschaulichkeit und unmittelbares Interesse in universitären Veranstaltungen, vor allem aber im praxisbezogenen unternehmerischen, politischen oder kulturellen Rahmen spontan zugänglich vorzustellen.

Schwierig war es zunächst, nachdem ich das Thema Venedig entdeckt hatte, angesichts der Überflutung mit Materialien und Quellen, Publikationen und Anregungen dem eigenen »Experiment« Profil und Gestalt zu geben, im Labyrinth dieser spezifischen Komplexität immer wieder den Ariadnefaden der Orientierung zu suchen und dabei auch die Erfahrung zu machen: »Du suchst angestrengt und findest nicht. Suche nicht und du wirst finden. Man kommt zwangsläufig nach Amerika, gleichgültig nach welchem, wenn man sich nur genügend bemüht, nach Indien zu gelangen.«[19]

Große Erwartungen verbanden sich zunächst mit jener »histoire totale/histoire profonde« der »Ecole des Annales« und ihrer Tradition seit Taine, Tocqueville, Lavisse, Lefebvre und ihrem bedeutenden Vertreter Fernand Braudel. Sein »kulturantropologisch-multiperspektivischer Ansatz« versprach eine »revolutionäre Öffnung« der Geschichtswissenschaften gegenüber anderen Human- und Sozialwissenschaften, »um die langfristig wirkenden Kräfte des Raumes und der Strukturen vorzustellen und zu analysieren«.[20]

Es überraschte mich nicht wenig, bei Braudel Descartes' Methodenkanon, Begriffsapparat und Orientierungsmaßstäben wieder zu begegnen. So ist im Zusammenhang mit Venedig ausschließlich von quantitativen, statischen Parametern und Kategorien die Rede, wie »Reichtum« und »Ordnung«, »Herrschaft und Beherrschbarkeit als Schicksal«, von »Führungsrollen, Besitzergreifung, Rivalitätskämpfen«, »Beute und Opfer«, »die Welt sich aneignen oder untergehen« und ähnlichem mehr.[21] In einem Essay »La Méditerranée« bezeichnet Braudel noch im Jahre 1985 Venedig als »unsere Zuflucht . . . der Harmonie und Zeitlosigkeit, als Dornröschen, dessen wir so sehr bedürfen«.[22] So erschien es mir nicht mehr allzu schwer zu begreifen, daß über dieses Venedig »so gut wie alles gesagt worden ist, und das Gegenteil auch«. Was lag also näher, als sich Matisse anzuschließen mit seiner Äußerung: »Ich zeichne/male nicht die Dinge, sondern ich zeichne/male die Beziehungen zwischen den Dingen.«

Vor diesem Hintergrund mag sich der Leser nun vorstellen, daß die Navigation im virtuellen Raum Venedigs einer Virtuosität bedarf, der jedenfalls der traditionelle, strikt hierarchisch orientierte Logozentrismus à la Descartes mit der Trennung der methodischen Ordnung von den Inhalten der Argumentation, der reduzierenden Erfassung sogenannter Wirklichkeit einer doch zuallererst sinnlich erfahrbaren Lebenswelt in keiner Weise gerecht zu werden vermag.

In diesem geistig-gesellschaftlichen Raum gilt eine andere als die bisher vertraute Geometrie. Das Orientierungsvermögen und die Wertskalen scheinen beständig gestört . . . Die Norm dieses Lebens kann leicht gefühlt, aber schwer in Formeln ausgesprochen werden. Sie läßt einen weiten Spielraum zu, und ihre Elastizität ist ebenso erstaunlich wie ihre Beständigkeit. Je länger man in diese Formenwelt eindringt, desto klarer erscheint sie als eine Lebensordnung, die nicht von außen aufgezwungen, sondern als Gestaltung (erscheint) . . . Das ungeschriebene Grundgesetz dieser Kultur gleicht eher einer Melodie als dem, was moderne Physiker und Juristen (oder Historiker) ein Gesetz nennen.[23]

Diese Beobachtungen Kurt Singers in und mit Japan erscheinen mir nicht nur vertraut, sie umschreiben – neben zahlreichen anderen Ähnlichkeiten Japans mit Venedig – auch das Erlebnis der Einfühlung und Berührung eines Gegenstandes auf unnachahmliche Weise. Anstelle jenes Anspruchs vermeintlicher Objektivität – der Illusion *einer* Wirklichkeit und Wahrheit als definierbare, homogene Entität und Ordnung – erweist sich hier das Verstehensmedium der Wahrnehmung von Heteronomie und Pluralität als ungleich erschließungsreicher. Tatsächlich ist hier kaum eine Wirklichkeitsbeschreibung tragfähig, die nicht zugleich die Plausibilität der Gegenposition möglich erscheinen läßt.[24]

Wer sich auf Venedig einläßt, begibt sich in ein Labyrinth nicht erwarteter Erwartungsstörungen und infiniter, rückbezüglicher Erkenntnisschleifen. Es ist jene Welt um »Gödel, Escher und Bach« Douglas Hofstadters oder, um es poetischer auszudrücken, die Welt der »kleinen Alice im Wunderland« Lewis Carrolls, wo das Zugehen auf einen Gegenstand nur weiter von ihm wegführt und wo das Zurückweichen ein Näherkommen bedeuten kann.[25] Das betrifft nicht nur die aerische, terrestrische und aquatische Dimension der Raumgestalt Venedigs, es betrifft auch seine Institutionen und politischen Spielregeln, seine Kommunikationsmedien und seine Aura. Venedig erscheint als Ort von Asymmetrien und Ambivalentem, von Nichtlinearem und Disparatem, von Paralogien und Paradoxien. Bereits zu Beginn dieses Jahrhunderts spricht Ernst Mach von ihnen als der stärksten treibenden Kraft zur Anpassung der Gedanken, welche zu neuen Aufklärungen und Entdeckungen drängen.[26]

In diesem Sinne – der Einheit als Vielheit – spielt im übrigen Italo Calvino auf Venedig als der ersten »antieuklidischen« Stadt an. Und hier sind es die ungeschriebenen Gesetze, die implizite Ordnung, die diesen Kosmos als »horror vacui« oder »amor infiniti« erscheinen lassen. Venedig ist ein Experiment. Doch nur im Labyrinth bietet sich die Gelegenheit, die Grenzen der phänomenalen Welt zu überschreiten, dem Chaos scheinbarer Verwirrung als »Inkognito einer höheren Ordnung«, als Komposition des Kontinuums der Schöpfung jenes »göttlichen Designers«[27] mit »Serenità« – das meint: heiter, klar, gelassen – zu begegnen.

Erster Teil

Venedig – Die Stadtrepublik als Staatsfirma, Weltunternehmen und Bühne

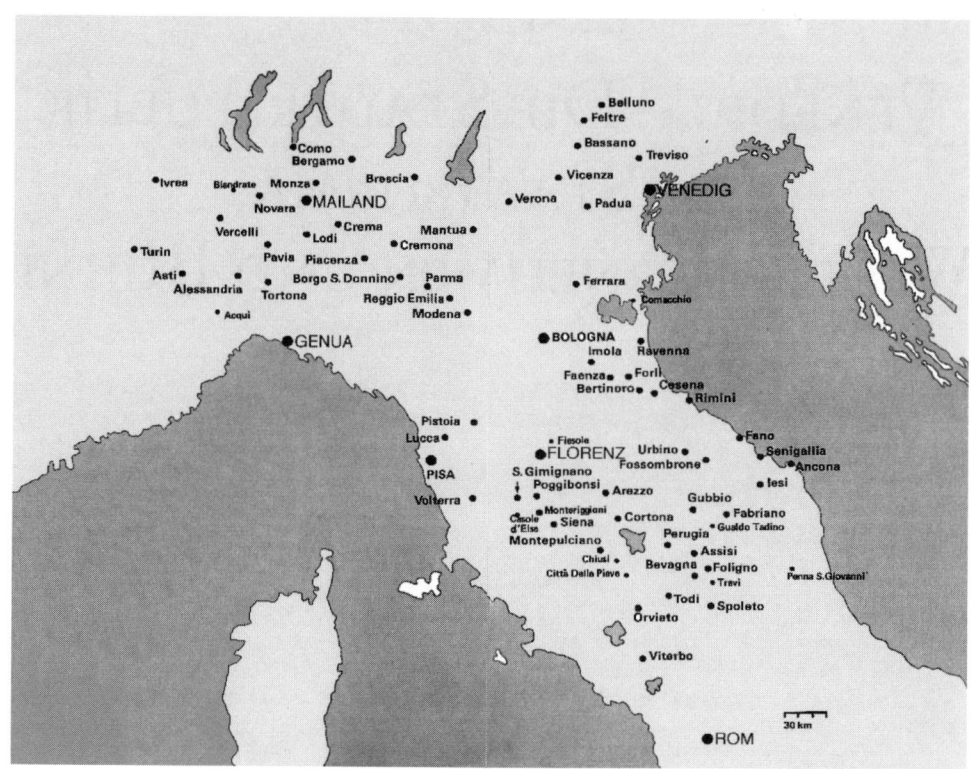

Die Stadtrepubliken Nord- und Mittelitaliens zwischen dem 12. und 14. Jh.

I

Das Experiment Civiltà und die sozialen Fundamente

Vom Fluchtort zur »Civitas Venetiarum«

Mit den Fürstentümern und Stadtrepubliken des mediterranen, spätmittelalterlichen Italien kündigt sich erstmals der moderne europäische Staat an. Noch dominiert in Europa die bis in das 19. Jahrhundert ausgeprägte Erscheinungsform staatlicher Herrschaft, die »jedes Recht verhöhnt, jede Bildung im Keim erstickt«. Wo diese Art »der Gewaltherrschaft aber wie in Italien überwunden wurde, tritt etwas Neues, Lebendiges in die Geschichte: *der Staat als Kunstwerk«*.[1]

Mehr als einhundert Jahre nach diesen wohl treffenden Äußerungen Jacob Burckhardts im Eröffnungskapitel von *Die Kultur der Renaissance* in Italien (1860) haben sich zwar, was die Organisation des modernen Staatswesens betrifft, neue Beurteilungskriterien und Maßstäbe eröffnet. Gleichwohl führen dessen Wurzeln zwischen dem 12. und 13. Jahrhundert zurück auf die etwa 70 existierenden Stadtrepubliken Italiens.[2] Von ihnen konnten über das 15. Jahrhundert hinaus nur Florenz und Venedig ihre politische Autonomie wahren. Obgleich sie die denkbar größten Gegensätze bilden und mit keinem anderen Sozialverband Europas vergleichbar sind, ist ihre Bedeutung im Hinblick auf ihre institutionellen Spielregeln und Überlebensstrategien für die jüngere europäisch-abendländische Kultur- und Sozialgeschichte bis heute noch immer ungenügend erforscht.

Unser Erkenntnisinteresse gilt also zunächst der Frage, wie in den Wirren politisch-religiöser Machtkämpfe ausgerechnet die Stadtrepublik Venedig mehr als zwölf Jahrhunderte ihre staatliche Unabhängigkeit und kulturellen Potentiale weitgehend unbeeinträchtigt wahren und entfalten konnte.

Die Geschichte der »Civitas Venetiarum« als autonomer politischer Einheit beginnt zwischen dem 4. und 6. Jahrhundert während des Prozesses der Auflösung der tausendjährigen »Pax Romana«. Die Invasionen plündernder Kriegsheere der Goten und Hunnen (452, 455 n. Chr.), der Langobarden (568, 639) lösten in Italien drei große Besiedlungswellen in die Sumpfgebiete und Lagunen der nördlichen Adria aus.

Hier, zwischen Cavazere und Grado, suchten die Bewohner des Römischen Reiches und anderer Gemeinden Oberitaliens vom Patrizier bis zum Sklaven Schutz und neue Existenzmöglichkeiten. Als Flüchtlinge, die es hier schon früher gab, standen sie buchstäblich im Wasser. Sie fanden keine Ruinen, sondern nur Sandbänke. So bauten sie Häuser, Siedlungen, Orte ohne Fundamente auf Fundamente, die sie selbst errichten mußten und die sich von denen herkömmlicher Mauern und Befestigungen des Festlandes naturgemäß unterschieden.

Auf dem Meer abgerungenen Inselplätzen (lidi) siedelten sie und etablierten erste zivilisatorische Einrichtungen – »ihre Hütten Nestern von Seevögeln, ihre Boote angebundenen Haustieren vergleichbar«, wie es in einem von dem Römer Aurelius Cassiodorus um 537 überlieferten Brief heißt.[3]

Die Abwesenheit feudaler Rechts-(Pacht-, Lehns-) Verhältnisse ebenso wie die einstigen Erfahrungen mit politischer Führung und Organisation erwiesen sich als unschätzbares Sozialisationskapital. Im Gegensatz zu anderen Neusiedlungen ließen sich hier ohne den Ballast ideologisch-religiöser Konventionen und etablierter Sozialstrukturen jene politisch-institutionellen Fundamente einer »insularen« Gemeinschaft, der späteren »Civitas Venetiarum« errichten. Die politischen *Basisstrukturen* für die maritime Republik von San Marco konnten sich offenbar nur unter diesen in vielerlei Hinsicht günstigen Raum-Zeitbedingungen und geopolitischen Machtkonstellationen – zwischen verschiedenen territorialen Hoheitsansprüchen anderer Mächte – kontinuierlich entwickeln.

Bis zum 9. Jahrhundert unterstand die adriatische Lagunenregion byzantinischer Oberhoheit. Ernannte 697 noch der Exarch von Ravenna den ersten »Duca« Paoluccio Anafesto als Herrn über die Lagunensiedlung, so war der erste frei gewählte Doge mit Sitz in Eraclea Orso Ipato (726–736). Mit diesem Schritt beschleunigte sich der allmähliche Loslösungsprozeß von Byzanz.

Als Schnittpunkt zwischen östlich-byzantinischen und westlich-europäischen Machtinteressen beschränkte sich der sogenannte »Dogado«, die Urzelle der späteren Stadtrepublik, zunächst noch auf seine Rolle als Handelszentrum im Küstengebiet des Veneto und der nördlichen Adria.

In der ersten Phase seiner Geschichte wechselte das wirtschaftliche und politische Zentrum von Eraclea im Norden nach Malamocco auf dem Lido und schließlich im 9. Jahrhundert nach Rivoalto, dem zentral gelegenen Inselplatz der zukünftigen Metropole Venedig. Im Jahre 810 war der letzte Versuch des Frankenkönigs Pippin, die Lagunensiedlungen zurückzuerobern, gescheitert.

Mit einem zwischen Rom und Byzanz geschlossenen Vertrag (Pax Nicefori, 814) wurde die territoriale Souveränität des Dogado zwischen Grado und Chioggia erstmals bestätigt.[4] Von nun an, um die Jahrtausendwende bis zum 13. Jahrhundert, konnte sich das lagunar-urbane und bald das maritime Venedig als Stadtrepublik mit seinen tragenden politischen und soziokulturellen Infrastrukturen entfalten. Seine ökonomischen Existenzgrundlagen beruhten in der Nutzbarmachung des alles beherrschenden Elements Wasser: im Austausch oder in der Weiterverarbeitung von Rohstoffen, Produkten, Luxusartikeln, aber auch von Informationen und Dienstleistungen. So konnte diese Gemeinschaft im Schnittpunkt sich überlagernder byzantinisch-orientalischer, griechisch-mediterraner und west-osteuropäischer imperialer Einflüsse stufenweise ihre Unabhängigkeit in der Rolle des Vermittlers weiter ausbauen.

Es dauerte fast vier Jahrhunderte, bis die allgemeinen Spielregeln der Politik als verbindlich anerkannt und durchgesetzt waren, Politik hier im Sinne von »politiké-techné« primär als Gestaltungsmittel der Abstimmung divergierender

Teil- und Gemeininteressen, als eine Profession, die Macht auf Zeit verleiht mit der Verpflichtung des Vorrangs der Gemein- vor den Partikularinteressen.

Der Doge – »Il Principe« –, von einer Versammlung der Volksvertreter, später von Wahlmännern gewählt und vom Volk bestätigt, war ursprünglich mit fast unbeschränkten »monarchischen« Vollmachten ausgestattet. Es erscheint fast selbstverständlich, daß man, wie auch in den anderen italienischen Stadtstaaten, gewaltsame *Familienfehden* austrug. Doch erkämpften sich die Lagunenbewohner als einziger italienischer Sozialverband eine kollektive Variante politischer Führung als allein von der Majorität legitimierte Lösung, um Macht und Vertrauen institutionell zu begrenzen.

In diesen Auseinandersetzungen wurden bis zum Ende des 12. Jahrhunderts 19 Dogen ermordet, verbannt, vertrieben oder für abgesetzt erklärt. Die vielköpfige Schar von Händlern, Seefahrern, Manufakturisten und deren einflußreiche Familien fanden indessen Mittel und Spielregeln, die allem übergeordnete Frage der Verteilung und Kontrolle institutioneller Macht zugunsten einer republikanischen Legitimation und ohne verfassungsmäßige Kodifizierung zu regeln.

Mit dem Ende der ersten, mehr als 500jährigen Phase seit Cassiodorus' Brief, der Überwindung des »monarchischen« Dogentums zur kommunalen Verfassung der »Communis Venetiarum« bis zur sogenannten Schließung des Großen Rates 1297 (1323) und damit dem Übergang zur zweiten 500jährigen Phase einer aristokratisch-republikanischen Verfassungsstruktur der »Serenissima Repubblica« vollzogen sich mehrere evolutionäre Entwicklungssprünge mit weitreichenden Folgen für das Gemeinwesen.

Angesichts der sprunghaften Entfaltung maritimer Handelsbeziehungen seit dem 12. Jahrhundert erwies sich die politisch-administrative Aufgabenteilung allein durch den Dogen und seine Berater als nicht mehr praktikabel, um der wachsenden Zahl neuer Regierungsaufgaben gerecht zu werden.

Nach der Beteiligung an dem für Venedig überaus profitablen Vierten Kreuzzug und der Eroberung Konstantinopels (1204) waren die Voraussetzungen für die Errichtung eines Systems logistisch-handelspolitischer Basen und Stützpunkte von der östlichen Adria und dem Ionischen zum Ägäischen und Schwarzen Meer bis Alexandria geschaffen. Ob sich Venedig von nun an tatsächlich als »Nachfolgerin der Hauptstadt des Orients« betrachtete (Leonardo Benevolo), erscheint nach diesem zweifelhaften »Erfolg« etwas schmeichelhaft. Die nun einsetzenden Verwicklungen in eine kaum abreißende Folge nicht abschätzbarer Risiken und meist gewaltsam ausgetragener Konflikte hinderte die Stadtrepublik im 15. Jahrhundert nicht daran, der Bildung eines ihrer geostrategischen Lage bedrohlich erscheinenden italienischen Regionalstaats in Norditalien durch die Eroberung fast des gesamten Veneto – des sogenannten »stato da terra« – entgegenzuwirken.

Mit der Rückeroberung Konstantinopels 1453 durch die Osmanen und die nun beginnenden, fast dreihundert Jahre dauernden türkischen Invasionen im Mittelmeerraum und ganz Europa, mit dem siebenjährigen Krieg gegen die in der Liga von Cambrai (1508–1517) vereinigten europäischen Staaten, mit der Verlagerung der Handelszentren vom Mittelmeer zum Atlantischen Ozean und dem damit beginnenden Kolonialzeitalter sowie schließlich mit der Herausbildung der europäischen Nationalstaaten im 17. Jahrhundert überschritt Venedig seinen Zenit als wirtschaftlich dominierende Weltmetropole und Handelsmacht.

Gleichwohl erwiesen sich Struktur und Organisation der politischen und sozialen Institutionen als stabil, ja zu keinem Zeitpunkt grundsätzlich gefährdet. Die politischen Spielregeln, Machtkompetenzen und Verfahrensweisen waren zwar mit dem Übergang von der kommunalen zur patrizisch-exklusiven Republik neu akzentuiert worden, doch wirkte sich diese Entwicklung tendenziell bis in das 18. Jahrhundert weitgehend zugunsten des gesamten Gemeinwesens aus.

Es gehört zu den Besonderheiten der venezianischen Geschichte, daß die Grundlinien ihrer »politiké techné«, wie sie sich bereits seit dem 13. Jahrhundert als materielles Verfassungsrecht abzeichnen (und das meint vor allem die Funktionsfähigkeit der politischen Organe und Institutionen), bis zum letzten Tag der Stadtrepublik im Dezember 1797 prinzipiell unangetastet geblieben sind.

Ähnlich angelsächsisch-konstitutionellen Traditionen besaß auch Venedig weder eine geschriebene Verfassungsurkunde noch eine oberste Gerichtsinstanz. Vielmehr war gemäß venezianischem Recht dessen Rechtsordnung als praktiziertes (Verfassungs-)Recht in Form von Überlieferung, Gewohnheiten und Bräuchen jeweils in Einzelgesetzen existent. Demzufolge stand formell bis zur letzten Amtshandlung der Republik an der Spitze der »Machtpyramide« der Doge. Er wurde als Souverän und höchster Repräsentant in einem besonderen Ritual durch Nominierungsausschüsse und Los auf Lebzeiten gewählt. Nach seinem Tode bis zur Neuwahl eines Nachfolgers wurde dieser durch das ranghöchste Mitglied des »Savii del Consiglio« vertreten.

Ein Machtzentrum als faktische Exekutivgewalt zu bezeichnen, ist angesichts der komplexen Verfassungsstruktur schon deshalb unzulässig, weil die klassische Gewaltenteilung im Sinne Montesquieus in Venedig weder vorgesehen noch je angestrebt worden war. Nichtsdestotrotz garantierte die venezianische Verfassungswirklichkeit ein – wie die kommunikativen Spielregeln belegen – erstaunliches Maß an Pluralität von Herrschaftskompetenzen in Gestalt horizontaler und vertikaler Machtbeschränkungen bzw. Kontrollen.[5]

Das politische Entscheidungszentrum bildete seit dem 12. Jahrhundert der *Große Rat*. Er nominierte und wählte aus seiner Mitte alle Mitglieder der ihn beratenden Regierungsvertreter, Organe und Ausschüsse. Die Entscheidungsfindung oblag dem ursprünglich 60-, später 120köpfigen *Senat* sowie dem *Rat der Vierzig* mit vornehmlich exekutiven Aufgaben.

Bis um 1400 lagen die Schlüsselfunktionen politischer Entscheidungsfindung jedoch beim Dogen, den sechs jeweils auf ein Jahr als Vertreter der sechs Stadtteile gewählten *Räten der Dogen*, und den drei Oberhäuptern der »Vierzig«.

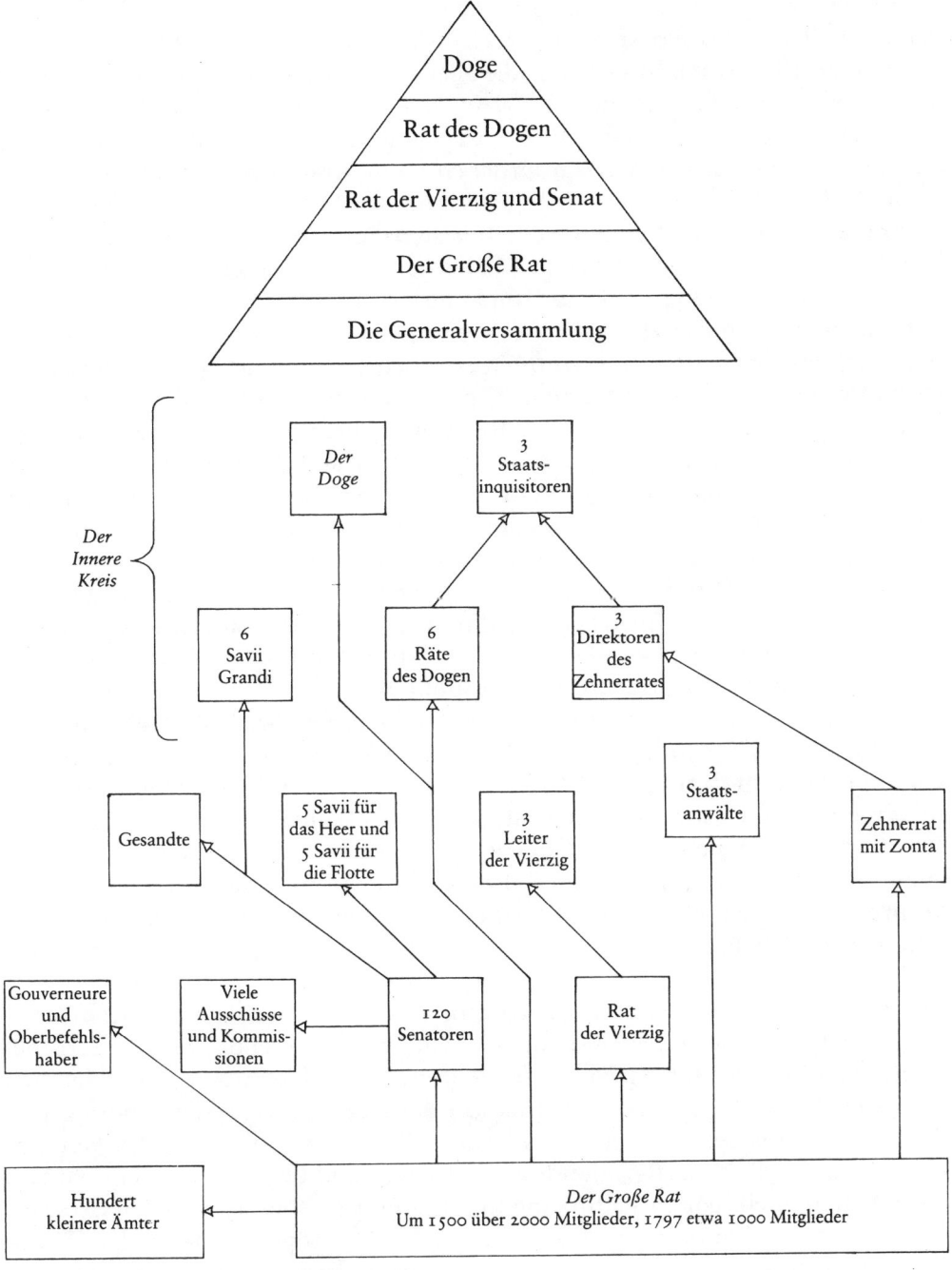

Die Verfassungsstruktur der Stadtrepublik Venedig.

Diese zehn Männer bildeten – als *Signoria* mit administrativen, richterlichen und zeremoniellen Aufgaben, später um sechs weitere Berater ergänzt – den Kern der Regierung. Ihre Amtszeit war, wie die aller Amtsinhaber in Venedig, sorgfältig abgestuft, gewöhnlich auf ein Jahr, bzw. sechs Monate begrenzt, ihre Kompetenzen und Verantwortlichkeiten waren – auch in sich überschneidenden Verwaltungsbereichen – unausgesprochen an Leistung geknüpft.[6]

Bis zu diesem Zeitpunkt war die Auswahl der Mitglieder des Großen Rates mehr oder weniger zufällig. Formelle Voraussetzung für eine Mitgliedschaft war lediglich, daß die Vorfahren seiner Mitglieder einer gesetzgebenden Institution angehört haben mußten. Bis zum Ende des 13. Jahrhunderts setzte er sich aus aufgestiegenen Handwerkern, Schiffsbauern, Handelsunternehmern und Beamten aller sozialen Schichten zusammen. Zwischen 1273 und 1323 gelang es den einflußreichen Familien auf legalem Wege, die Nominierung und Wahl in dieses maßgebliche Verfassungsorgan der Republik gegenüber Neueingewanderten, vor allem aber gegenüber sonst unerwünschten Kandidaten an engere Voraussetzungen zu knüpfen. So wurde 1323 ein Gesetz in Kraft gesetzt, wonach, um Mitglied dieses Gremiums sein zu können, nachweisbar bereits Vorfahren in der Kommunität hohe Ämter innegehabt haben mußten.

Die Mitgliedschaft im *Consiglio Major* war damit erblich geworden, die unmittelbare politische Entscheidungsfindung weitgehend auf einen exklusiven Kreis weniger Familien beschränkt, deren Namen seit 1297 im *Libro d'Oro*, dem »Goldenen Buch« eingetragen werden mußten.

Bildeten bisher alle seine Mitglieder eine einheitliche soziale Klasse, so grenzte sich das Patriziat damit von der Gruppe der Borghese, der sogenannten Cittadinanza ab. Ob auf diese Weise der verfassungsrechtlichen Kontinuität der Stadtrepublik in Gestalt einer Spezialisierung des Politischen als Profession und Verpflichtung im Interesse des Gemeinwesens besser gedient war, oder ob von einer »Serrata« (Aussperrung) und »Revolution« durch eine oligarchische Elite gesprochen werden kann, das ist bis heute eine vielumstrittene, aber akademische Frage geblieben.

Die institutionell-administrativen Strukturen wurden indessen im Kern bis 1797 nicht verändert, wenngleich neue Organe neue Akzente im Konzert der politischen Entscheidungsfindung setzten, wie etwa der 1310 neu gebildete *Rat der Zehn*. Obwohl also die Legitimation der Macht kraft Treuebindung und Souveränität aus dem Zentrum des Großen Rates auf so wichtige Organe wie den Senat, den Kleinen Rat, den Rat der Vierzig und den Rat der Zehn verteilt unbestritten blieb, gab es kaum eine Institution des venezianischen Staates, die seit dem 17. Jahrhundert – angesichts der sich in Europa vollziehenden Wandlungsprozesse – nicht in Frage gestellt oder sonst durch Reformen variiert oder umgestaltet worden wäre, ohne die institutionelle Flexibilität der »Civitas Venetiarum« prinzipiell anzutasten oder zu gefährden.

Der Versuch einer Klassifizierung der Staatsform Venedigs im Sinne der traditionellen Typisierung nach Aristoteles als Monarchie, Aristokratie bzw.

Oligarchie und Demokratie erweist sich im Rahmen unseres Erkenntnisinteresses als wenig aussagerelevant. Ähnliches gilt für den Terminus »Republik«, der allenfalls etwas über den formal-verfassungsrechtlichen Rahmen eines Sozialverbandes auszusagen vermag.

Für eine Annäherung und ein tieferes Verständnis der institutionellen Hintergrund-Phänomene – die Funktionsmechanismen und kommunikativen Spielregeln als Einheit und Prozeß von Individuum und Gemeinschaft –[7] wird unsere Aufmerksamkeit dem spezifisch venezianischen »stato misto« kollektiver Entscheidungsfindung, dem System institutioneller Machtbeschränkungen sowie Konfliktlösungsmechanismen einen besonderen Vorrang einräumen.

Der »Civis Venetiarum« und das Konzept des Menschen

»Wie konnten Venedig, Genua oder andere europäische Städte zu modernen Staaten werden... ihre Kultur zu höchster Blüte entwickeln, daß hier große Persönlichkeiten aufsteigen und große Vermögen machen konnten...« – so fragen Ruggiero Romano und Alberto Tenenti in ihrer *Grundlegung der modernen Welt*.[1]

Das Konzept des Menschen als Individuum und Persönlichkeit wurde erst mit der Stadt als Symbol für die »Welt« konkretisierbar, als die Civitas eine alternative Lebensform zum feudalen Status des »Servitus« zu bilden begann, als entgegen der biblischen Interpretation von Arbeit als Fluch die Handarbeit uneingeschränkte Würde erlangte, als es keine personifizierten Machtträger mehr gab, die alle Loyalitäten auf sich konzentrierten und städtisches Leben als Ort der Kritik und Diskussion der Verifizierung des Ethischen und Ästhetischen zu dienen beanspruchte.[2]

Diese Voraussetzungen waren in älteren orientalischen oder asiatischen Hochkulturen noch nicht erfüllt. Sie boten sich erst mit dem Aufkommen städtisch-bürgerlicher Gesellschaften der »Gleichen«, die ein Eid bindet im Bewußtsein eines Ideals von Unabhängigkeit, deren Verantwortlichkeit und Privilegien jeweils ihre Grenzen in den Interessen der Gemeinschaft finden.

Vor diesem Hintergrund vermochte das Konzept des Menschen als Individuum im Einklang mit der Idee der »Città« als einer »humanen Qualität von Reflexivität, Sozialität und Industrialität«[3] erstmals in Italien ein hochentwickeltes politisches Bewußtsein des einzelnen als Teil des Ganzen zu entfalten.

Die Vorstellung eines modernen und säkularisierten Staates konnte sich nicht zufällig optimal in einem Sozialverband wie dieser Lagunen-Republik unter den soeben dargelegten besonderen Rahmenbedingungen entwickeln, und sie widerspricht durchaus nicht der Tatsache, daß es in Venedig einen der größten Sklavenmärkte und andere Varianten struktureller Gewalt gab.

Das Leben auf den Lagunen war im Vergleich zur »Idylle« binnen-urbaner Räume oder an den Küsten gelegener Handelsplätze und Häfen ein täglicher Überlebenskampf und Ausnahmezustand.[4] Jeder Bewohner dieses Gemeinwesens wuchs auf mit der Erfahrung unvorhersehbarer Veränderungen, in der Konfrontation mit der natürlichen, ebenso unberechenbaren wie lebensgefährdenden Umwelt, mit ständig neuen, unbekannten Menschen, Lebenskonzepten und Interessen.

Bereits die Organisation des Alltags in einer Stadt inmitten von Wasser, mit dem damals verfügbaren technischen Know-how, erforderte von jedem das Erlernen vielfältig aufeinander abstimmbarer Wahrnehmungen und Fertigkeiten. War schon die Bedrohung des Zentrums der Lagunenstadt jederzeit aktuell – sie von der Zufuhr wichtiger Grundstoffe zu isolieren, war ein verhältnismäßig leichtes Unternehmen –, so multiplizierte sich diese Gefährdung, je mehr das mediterrane Venedig von handelswichtigen Niederlassungen, Rohstoffen und Informationen abhängig wurde. Hinzu kamen andere Gefahrenquellen wie die in unmittelbarer Nachbarschaft lauernden Feinde in Italien oder etwa die ständige Bedrohung maritimer Verkehrswege durch Piraten.

Mit der San-Marco-Republik läßt sich auf anschauliche Weise der Beweis führen, wie mit zunehmendem Handelsvolumen, Verkehr, Lebensstandard und anderen Attributen zivilisatorischer Errungenschaften die Risiken und Neider, die Konflikte und Probleme umgekehrt proportional wachsen, ja welche Bedeutung die Interdependenz von Lebensqualität versus Sicherheitsverlust für jeden einzelnen zu gewinnen vermag.

Notwendigerweise war man in Venedig frühzeitig gezwungen, auf die rapide wachsende Konkurrenz angesichts grenzenlos erscheinender Offenheit im Umgang mit intern/externen Interessen zu reagieren, entwickelte man andererseits bald das Instrumentarium einer weitsichtigen Steuerung und Führung divergierender partikularer und kommunaler Belange.

Als für die Gemeinschaft identitätsstiftend erwiesen sich derartige Existenzbedingungen jedoch erst im Kontext mit den auf einem breiten Konsensus beruhenden Spielregeln. Sie aber hatten sich in einem viele Jahrhunderte währenden Prozeß des Lernens durch Irrtumskorrekturen innerhalb einer auf Vielfalt beruhendenden Einheit herausgebildet.

So entwickelte das Gemeinwesen über die Jahrhunderte seiner Existenzbehauptung Organisationsformen eines sozialen »Immunsystems«, das jedermann unter dem uneingeschränkten Vorrang des Öffentlichen vor dem Privaten Freiheitsrechte (Liberté, Légalité und Fraternité) zu gewährleisten wußte.[5] Die bewußte Einschränkung des »il particulare« stellte eine allgemeine Spielregel dar, der sich vor allem diejenigen – ob als einzelne oder als soziale Klasse – nicht entziehen konnten, die »über« dem Kollektiv standen und dieses kraft eines öffentlichen Amtes beherrschten, die als Elite des Patriziats den Status der Nobilità als Anspruch weniger aus Reichtum und Traditionen, denn aus Tugenden wie Verantwortlichkeit, Integrität und Selbstführung ableiteten.[6]

»Der Name Gentiluomo ist bei ihnen nur die Bezeichnung der Würde und des Ansehens, ohne auf das begründet zu sein, was man andernorts Edelmann heißt.« (Machiavelli)[7]

Das Konzept des Menschen als Individuum und Persönlichkeit hatte in Venedig vor dem Hintergrund weitgehend säkularisierter Hierarchievorstellungen nur deshalb eine realisierbare Chance, weil es die Teilhabe verbindlicher Freiheitsrechte und -pflichten als Bestandteil der aktiven (unmittelbaren oder mittelbaren) politischen Mitgestaltung des einzelnen gewährleisten und durchsetzen konnte und gleichzeitig jedermann als Teil des Ganzen (Kollektivs) ein im Vergleich zu anderen europäischen Staaten relativ hohes Maß an Selbstentfaltungsmöglichkeiten offenstand. Daß die Frau in diesem Konzept des Menschen keine ausdrückliche Erwähnung zu finden scheint, erfordert es, diesem in Venedig nicht ungewöhnlichen Widerspruch weitere Aufmerksamkeit zuzuwenden.

Hatten bereits Machiavelli und Thomas Hobbes – im Kontext von Freiheit und Gleichheit – das Stichwort »politiké techné« und damit die Frage, »wie der Mensch in einer Gemeinschaft leben soll«, zur Diskussion gestellt und als auf traditionelle Weise unlösbar betrachtet, so bietet die politische Praxis Venedigs einen ersten pragmatischen Ansatz der Organisation des aufgeklärten, pluralistisch-modernen Staates.

Während der immanente Widerspruch politischer Wirklichkeit und ihres normativen Anspruchs auf Freiheit und Gerechtigkeit in den meisten monarchisch-absolutistisch und später autoritär regierten Staaten Europas zur Spaltung des einzelnen Bürgers in einen privaten als Individuum und einen öffentlichen als Untertan, also zur Trennung von Politik und Moral geführt hat, konnte Venedig diesen Widerstreit im Vergleich zu anderen Staaten seiner Zeit ungewöhnlich lange durch Identifikationsangebote ausgleichen oder doch institutionell auf ein erträgliches Maß beschränken.

Mit der Verlagerung des verfassungsrechtlich gewährleisteten Anspruchs aller seiner Bürger auf »légalité« anstatt »egalité«, die innerhalb des Patriziats als Verfassungsanspruch durchaus ernstgenommen wurde und mit der Einbindung und Teilnahme des einzelnen – unbesehen seiner sozialen Herkunft, Profession, Rasse oder Religion – in die vielfältigen Interessen des Ganzen konnte Venedig ein Mindestmaß an individueller und kollektiver Identität und damit auch einer breiten Loyalität gegenüber der Gemeinschaft sicherstellen und bewahren.

Inwieweit die politische Kultur der Republik überhaupt nur als das Ergebnis einer umfassenden Fähigkeit der Integration und Koexistenz in Gestalt der »Einheit der Gegensätze« zu sehen ist, wird anhand speziellerer Fragen noch näher zu beleuchten sein.

Obwohl die Tatsache der Nichtbeteiligung des Volkes und des Klerus an den unmittelbaren politischen Entscheidungsprozessen der Staatsführung von der Mehrzahl der Chronisten Venedigs immer wieder als ein Indiz für den elitäroligarchischen Ständestaat bemüht wird, sprechen der dieser Kommunität bereits seit dem 15. Jahrhundert vorauseilende Nimbus vergleichsweise optimaler Existenzbedingungen, allgemeiner Rechtsgleichheit sowie die ununterbrochene Zuwanderung Fremder aus allen Ländern der damaligen Welt für die zu dieser

Zeit einzigartigen Qualitäten urbanen Zusammenlebens der Bewohner dieses Stadtstaates. Andere Kriterien wie die soziale Mobilität, das hohe Maß seiner Konkurrenz- und Leistungsorientierung gegenüber Geburts- und Nachwuchsorientierung in Militär-Kulturen wie Spanien, Frankreich oder dem Osmanischen Reich, die Toleranz gegenüber allem Fremden oder die außergewöhnliche Assimilationsfähigkeit, hier im Sinne von spontaner Verschmelzung, demonstrieren Flexibilität und das kosmopolitische Format dieser auf Vertrauensvorgabe angewiesenen Handelsmetropole im feudalstaatlich dominierten Europa.

Solche Vorzüge fanden selbstverständlich unmittelbaren Ausdruck in der rasanten Verbreitung des Verlagswesens, im Informationsaustausch und einem Maß an Aufklärung, das naturgemäß individuelle Bildungserwartungen und Spezialisierung beschleunigte. Die Zusammenarbeit und gegenseitige Befruchtung von Technik und Wissenschaften sowie die gesetzgeberischen Rahmenbedingungen für die Förderung technischer, wissenschaftlicher und kultureller Innovationen bilden dabei einen bemerkenswerten Aspekt.

Angesichts der Tatsache, daß bis zum 18. Jahrhundert außerhalb des Hoheitsgebiets Venedigs keinerlei Rechtsstaatprinzipien oder völkerrechtlich bindende zwischenstaatliche Rechtsgarantien zum Schutze der eigenen Staatsbürger existierten, andererseits aber Piraterie und Sklavenhandel für heutige Verhältnisse völlig unvorstellbare Dimensionen annahmen, erscheint das Maß an Rechtssicherheit und institutioneller Verbindlichkeit im Territorium der Stadtrepublik für Europa einzigartig.

Individuelle und institutionalisierte Initiativen und Formen der Kooperation, das Angebot öffentlicher Güter und Fürsorgeleistungen im Dienste aller Bewohner der Kommune, aber auch Formen des Mißbrauchs der »Umwandlung von Ehre in Bargeld« (Machiavelli), der Metamorphose sozialer in kriminelle Energien werden in der Gegenüberstellung des Finanz- und Bankwesens Genuas und Venedigs unter dem Stichwort »Wertschöpfung« zu thematisieren sein.

Die venezianischen Institutionen

Die gesellschaftlichen Institutionen der Stadtrepublik bilden die Grundpfeiler dieser im damaligen Europa sprichwörtlich »auf dem Unmöglichen gegründeten« Lagunen-Metropole (Sansovino). Als Bindeglieder zwischen Teil (Individuum/Familie) und Ganzem (Gemeinwesen) stehen sie modellhaft für den Topos Venedig, im Sinne der Bewahrung und Sicherung seiner republikanischen Verfassung und Unabhängigkeit.

Angesichts der pluralistischen und polyzentrischen Sozialstruktur Venedigs scheint es angemessen, die Kriterien und Begriffe herkömmlicher Sozialforschung seit Tocqueville und Marx, Max Weber und Arnold Gehlen um die Erkenntnisse neuerer Forschungsdisziplinen, etwa der Kulturanthropologie und Kommunikationswissenschaften, Kybernetik, Systemtheorie und Chaosforschung zu erweitern.[1]

Cesare Vecellio, Familienbildnis, *Venedig, ca. 1550–1560.*

Die Basis-Institution bildet in Venedig – wie in ganz Italien – die Großfamilie. Ähnlich wie im alten China wurde sie als Zentrum existentieller Treuebeziehungen zum Ideal erhoben, auch wenn diesen Anspruch allenfalls die herrschenden Schichten anzustreben vermochten.[2] Obwohl es unterschiedliche Ausprägungen solcher Familienpartnerschaften gab, in Genua und Lucca etwa als »alberghi«, in Florenz und Siena als »consortería« oder in Venedig als »fraterna«, zeichnete sie doch alle das Netz verwandtschaftlicher Beziehungen aus. Rechtlich wurden sie aus dem männlichen Stammbaum definiert, hatten also, wie in Italien generell bis in das 20. Jahrhundert, eine patriarchalische Struktur. Der Frau wurde dabei allenfalls eine informelle Hintergrundrolle eingeräumt. Zum Kreis der Großfamilie als »fraterna« gehörten nicht nur in Venedig auch Adoptierte, Klienten, Dienstpersonal, Arbeiter, Diener und Sklaven. Es war keine Seltenheit, daß Arbeiter als Paten der Patrizierkinder ausgewählt wurden, ebenso wie der die Kinder des Patriziats betreuende Hofmeister selbstverständlich den Spielkameraden der unteren Stände gemeinsam Unterricht erteilte.[3]

Über der Familie stand als alles umfassendes Bindeglied die Gemeinde und jene sechs heute noch existierenden »sestieri« (Verwaltungsbezirke), aus deren Zusammenschluß rund um den späteren Rialto sich seit dem 7. Jahrhundert das Bewußtsein einer kollektiven Staats-Souveränität entwickeln konnte.

Ironischerweise bildeten die Pfarrwahlen der Gemeinden den einzigen formell-öffentlichen Akt unmittelbarer politischer Mitgestaltung von »unten«. So vermochte sich der Volkswille gelegentlich auch in direkter Konfrontation mit dem Patriziat durchzusetzen. Eifersüchtig wurde deshalb diese Art der Willensbildung gehütet und von der Signoria diskret protegiert.[4] So konnte sich die venezianische Variante des Individuums als Persönlichkeit am wirksamsten aus dem Schutz des Familienverbandes und der Gemeinde, allerdings in bereits säkularisierter Form, herausbilden.

Zu Beginn des 11. Jahrhunderts entstand aus den spontan organisierten Scuolen – Bruderschaften –, die – zunächst beruflich gar nicht festgelegt – vornehmlich der gegenseitigen Hilfe dienten und ursprünglich Kirchen oder Klöstern angeschlossen waren, eine der bemerkenswertesten gesellschaftlichen Institutionen Venedigs. Mit dem beschleunigten Aufstieg San Marcos zur Weltmetropole dienten sie Handwerkern aller Art, bald auch Gewerbetreibenden und Bürgern verschiedener Professionen, ihre beruflichen Interessen zu artikulieren und eigene Formen der Kooperation und Solidarität in der Verbindung individueller und öffentlicher Interessen zu entwickeln.

Die Zahl berufsbezogener Zusammenschlüsse wuchs sprunghaft an. Die Signoria war also gezwungen, deren Organisation auf gesetzliche Grundlagen zu stellen. Nachdem die Bruderschaften Regeln für spezielle Handwerkszünfte und gewerbliche Betätigungen für ihre Mitglieder aufgestellt hatten, erwarben sie offiziell den Status von Gilden (Zünften). Und sie umfaßten alle Arten von Handwerk, Gewerbe, Ladenbesitz, Handel, Manufakturen einschließlich Dienstleistungsgewerbe. Neben dieser Art berufständischer Vereinigungen bildeten sich seit dem 13. Jahrhundert Scuolen der Cittadinanza, die neben berufsbezogenen und religiösen vor allem gesellschaftliche, künstlerische, mäzenatische und zeremonielle Aufgaben und Ziele verfolgten. Soweit es sich um die größeren Scuolen handelte, konnten ihnen neben einfachen Männern und Frauen auch Mitglieder des Patriziats ohne formalen Status angehören.[5]

Seit dem 13. Jahrhundert kristallisierte sich so, mit zunehmender Arbeitsteilung, jene Form von Gilden heraus, die, modernen Gewerkschaften ähnlich, die Interessen und Rechte der Arbeitenden repräsentierten, während die in Gewerbezusammenschlüssen organisierten Scuolen die Unternehmerinteressen vertraten. In Venedig erschien es selbstverständlich, daß sich auch die große Zahl ausländischer »Arbeitnehmer« in eigenen Gilden organisieren konnte. Obwohl diese Arten der Organisationsform prinzipiell nicht als »Monopole« in Erscheinung traten, spielten doch einige Zünfte als quasi-Kartelle eine marktbeherrschende Rolle.

Die wachsende volkswirtschaftliche Bedeutung der Gilden manifestierte sich in verbindlichen Regelungen zur Abwicklung des Einzelhandels, des Wettbewerbs, der Preisregulierung, der Qualitätskontrollen, tarifvertraglicher Vereinbarungen, der Ausbildung von Lehrlingen, der Aufnahme nichtvenezianischer Arbeitnehmer, der Sozial- und Altersversicherung ihrer Mitglieder, der Jahresbeiträge, der Standesrechte und -pflichten, des Kundenschutzes, der Mitwirkung an gesetzlichen Normen durch die Signoria, der Beratung und Beteiligung an der Lösung technischer Probleme der Kommune, der Kapitalbeschaffung und Investitionssteuerung, der Rekrutierung dienstpflichtiger Bürger (»Galeotti«)

zur See und schließlich in der Organisation und Handhabung eigener Gilderegeln mit hierarchischer Ordnung vom Meister, Gesellen, Lehrling bis zu demokratischen Statuten und Organen.[6] Die Macht einiger Gilden mochte also durchaus der Grund für manchen Unternehmer gewesen sein, der Rialto-Metropole den Rücken zu kehren.[7]

Bis zum Jahre 1797 gab es neben den großen Bruderschaften – San Marco, San Rocco, San Giovanni Evangelista, San Teodoro, Santa Maria della Misericordia und Santa Maria della Carità – zahlreiche weitere kleine Scuolen.

Weitere Forschungen über die informellen Beziehungen dieser eine einflußreiche Majorität bildenden gesellschaftlichen Institutionen, ihres Zusammenspiels untereinander und mit der patrizischen Elite wären sicher aufschlußreich. Erweisen sich diese Korporationen der Bürgerschaft (»arti«) als soziale Klammer, als Ventile zentrifugaler und zentripetaler Kräfte und Interessen? Sprechen sie für das Gleichgewicht von Vertrauensvorgabefähigkeit, für die Integration potentieller Konfliktfelder und Gruppenloyalitäten der »arti«? Offenbar standen die Korporationen in Venedig nicht vor der in der Geschichte sozialer Konflikte häufigen Schein-Alternative, entweder gegen die Macht der politischen Eliten zu rebellieren, oder sich diesen zu unterwerfen, sondern konnten diese »Alternative« einvernehmlich durch die Begrenzung von Macht und Vertrauen auflösen.[8] Tatsächlich scheinen sich die vielfältigen Arten interner Kooperation als Stabilitätsfaktor im Kampf der venezianischen Kommunität mit immer gewaltsamer agierenden Konkurrenten auf den Weltmärkten zu erweisen. Der Qualität ihrer internen Beziehungsstrukturen korrespondierten die Qualität ihrer Angebote, Dienstleitungen und Fertigkeiten und mit diesen die für Venedig charakteristische Koexistenz von Wirtschaft und Politik.

Dem aufmerksamen Beobachter fällt auf, daß in Venedig nur eine, für ein republikanisches System wohl essentielle Institution im Schnittpunkt zwischen mikro- und makrosozialen Beziehungen nicht zu existieren scheint, die politische Partei, wie sie überall in den damaligen Stadtrepubliken – allen voran Florenz – eine Selbstverständlichkeit war. Daß es also in Venedig mit einer fast tausendjährigen republikanischen Tradition keine Parteien gegeben haben soll, auch wenn hier alles atypisch erscheint, wenn hier jenes Klima herrschte, das allenfalls mit Metropolen der Neuzeit wie Amsterdam, New York, San Francisco oder Hongkong vergleichbar ist, mußte besondere Gründe haben.

In der Tat löste die Diskussion um diese Frage bereits in San Marco wie auch später bei den Gründungsvätern der Vereinigten Staaten von Nordamerika erbitterte Auseinandersetzungen aus. Parteien-Rivalitäten betrachtete man in Venedig – im Gegensatz zu jener politischen Praxis, für die Florenz mit seiner ghibellinischen und guelfischen Partei immer wieder Anschauungsmaterial lieferte –, als unvereinbar mit dem Gemeininteresse. Um also einer »Zerstörung der Freiheit« auf diese Weise vorzubeugen, führte man im 18. Jahrhundert in den Vereinigten Staaten jene Nominierungs-(Wahlmänner-)Ausschüsse ein, ohne jedoch die entscheidenden Probleme damit lösen zu können. Tatsächlich wußte indessen Venedig mit seiner pragmatischen Politik-Vorstellung und »Logik der

Anwendung« den Mechanismen des »pars versus totum« lange Zeit erfolgreich entgegenzuwirken.˙ Die Lösung lag indessen nicht in der Institution der politischen Partei als solcher, sie lag vielmehr in den politischen Spielregeln, auf die im zweiten Teil einzugehen sein wird.

Mythos und Ritual im politischen Ambiente

Die geschichtlichen Ursprünge der Stadtrepublik Venedig sind wie an nur wenigen Orten sonst verwoben mit der Erschaffung von Mythen. Sie tauchen auf aus dem Nebel nur bruchstückhaft dokumentierter Anfänge der nahe Malamocco gelegenen, im Meer versunkenen, legendären Stadt Metamaucum, vielleicht aber auch mit den Resten des verfallenen Torcello als einstigem Handels-Zentrum. Ein Blick auf die Symbolwelt Venedigs genügt, um zu verstehen, warum an diesem Ort am Anfang der Mythos stand, der Mythos als Ergebnis sowohl wie als Ursache der – an anderen Staaten gemessen – unendlichen, aus der Sicht der Venezianer auf Ewigkeit bemessenen Lebensdauer dieser Kommunität.

Die zum Programm erhobene Verherrlichung Venedigs »mehr göttliche als menschliche Schöpfung«, das bis zu ihrem Ende währende Bewußtsein der originären Souveränität des eigenen Staatsgebildes, das bereits in seinen Ursprüngen frei und unabhängig von jeglicher äußeren weltlichen und religiösen Autorität gewesen sei, bildet den Hintergrund dieses Mythos. So mündet er bezeichnenderweise in das venezianische Selbstverständnis, wie es vor allem im Dogenpalast in der Sala delle Quattro Porte Ausdruck findet: Der gewählte Doge und Machtinhaber als »primus inter pares« empfängt sein Amt »durch die Gnade des Schöpfers, von dem alles abhängt« (Eid des Dogen).[1]

Der Amtsinhaber ist indessen zuallererst durch seinen »Treueid« der venezianischen Gemeinschaft verpflichtet, deren Angelegenheiten ihm als »Treugut« übertragen sind. Der Mythos der absoluten äußeren Unabhängigkeit enthält damit nicht nur die Rechtfertigung der in Venedig praktizierten Macht- und Vertrauensbeschränkung aller politischen Amtsträger, sondern interessanterweise auch deren Entzug und eventuelle Absetzung, das Amt des Dogen eingeschlossen.[2]

Dieser Mythos schließt weiter den im politischen Programm und Selbstverständnis Venedigs ausgesprochenen Gedanken der »libertà cristiana«, »welche Rolle Venedig von Gott selbst zugemessen« sei, sowie der »Pax Veneta« – die Befreiung benachbarter Länder von fremder Herrschaft – ein.[3]

Im Staatssymbol der Stadtrepublik Venedig mit Venetia und dem Markuslöwen wird der Gründungsmythos und jenes offizielle Selbstverständnis unterstrichen. Dazu gehört die dramatische Legende des Raubes und der Überführung der sterblichen Hülle des heiligen Markus aus Alexandria sowie die Wiederauffindung dieser Reliquie nach einem Brand in der Staatskirche von San Marco.

Das Stadtwappen von Venedig: der vor dem Löwen kniende Doge.

Im venezianischen Stadt-Wappen kniet beziehungsreich der Doge vor dem
geflügelten Markuslöwen auf dem Portal, der Porta della Carta des Dogenpa-
lasts. In dem aufgeschlagenen Buch heißt es: »Pax tibi Marce Evangelista meus«
– Friede sei mit Dir mein Evangelist Markus. Damit wird abermals auf den
Identifikations-Mythos als Symbol für das Volk außerhalb der Metropole
verwiesen, wonach der heilige Markus auf seinem Weg nach Rom in der noch
unbesiedelten Lagune schlafend von einem Engel eine Botschaft empfängt: den
Hinweis nämlich, eines Tages der Schutzpatron einer hier emporwachsenden
Stadt zu sein.[4]

Ein aus dem oben dargelegten Selbstverständnis begründeter Mythos sollte bis
in die letzten Stunden der Stadtrepublik am 12. Mai 1797 ein zentrales Diskus-
sions- und Konfliktthema bilden. Mit der in ganz Europa seit der Aufklärung
und nach der Französischen Revolution einsetzenden Liberalisierung verband
sich der Übergang von monarchisch-konstitutionellen zu parlamentarisch-
demokratischen Machtstrukturen. Welche Rolle sollten fortan politisch organisierte Parteien im parlamentarischen Entscheidungsprozeß spielen? In Venedig

hielt die Majorität der patrizischen Elite an der trügerischen Überzeugung fest, die »Serenissima« stehe über jeder Art von Parteien-Hader. Sie wurde seit dem 17. Jahrhundert deswegen von zahlreichen, in Bürgerkriege und Revolutionen verstrickte europäischen Staaten ob ihrer konstitutionellen Stabilität als vorbildlich eingeschätzt. Der Versuchung, sich auf allzu weitgehende konstitutionelle Reformen einzulassen, widerstand die Majorität u. a. mit dem Hinweis auf die Einmaligkeit ihrer staatlichen Institutionen. Glorifizierung und Verklärung einer glanzvollen Vergangenheit signalisierten also im 18. Jahrhundert eher Rechtfertigungen und Rücksichten angesichts der Wünsche Napoleons, denn eine den Realitäten angemessene Korrektur eigener Wunschvorstellungen.

Angesichts solchermaßen zur Schau gestellter Selbstsicherheit und in Anbetracht zahlreicher, »abnorm« erscheinender Merkmale dieses »alter mundus« (Petrarca) kann es kaum überraschen, daß das Unbehagen Fremder nicht unberechtigt erscheinen mochte. Dazu hatten bereits die Äußerungen Cassiodorus' beigetragen, »daß die Lagunenbewohner weder pflügten, säten und ernteten. Anstelle von Pflug und Sichel arbeiteten sie mit Rollern, um den Boden der Salzbassins zu befestigen. Reich und Arm lebten in gleicher Weise zusammen und teilten dieselbe Nahrung und ähnliche Häuser miteinander, aus welchem Grunde sie einander nicht um Heim und Herd zu beneiden vermögen und frei sind von den Lastern, welche die Welt regierten.«[5]

Nicht weniger Argwohn löste das seit 1293 auf Mariä Himmelfahrt gelegte Ritual der Vermählung des Dogen mit dem Meer – »sposalizio del mare« – aus.
   »Wir vermählen uns mit dir o Meer, im Zeichen des wahren und ewigen Herrn.«
   Wurde hier nicht heidnischer Götzendienst, die Darbringung eines Opfers an den Meeresgott Neptun – »Neptuno sacrificant Veneti« – veranstaltet?
   Und noch befremdlicher mußte nicht nur in Rom die Vermischung christlich-religiöser Themen und Symbolik mit griechisch-antikem Mythos und Allegorien zur Glorifizierung venezianischer Staatsinsignien und Stadt-Patronage San Marcos erscheinen.

Innerhalb der meisten politisch-gesellschaftlichen, aber auch religiösen Zeremonien und Rituale haben in Venedig Mythen Ausdruck gefunden. Eines der die Geschicke aller unmittelbar beeinflussenden, ebenso bewunderten wie mißverstandenen Rituale des politischen Procedere bildete die Dogen-Wahl. Überhaupt maß die Öffentlichkeit von Anbeginn den Wahlvorgängen innerhalb des Patriziats, dessen Bräuche uns spiegelbildlich in den Gilden und Scuolen wiederbegegnen, höchste Aufmerksamkeit bei.
   Auf der Suche nach einem Wahlmodus, der die für übliche Wahlkampagnen, wie sie aus anderen italienischen Stadtstaaten – vor allem Florenz – bekannt waren, typischen Haßgefühle und destruktiven Rivalitäten umgehen oder doch wenigstens reduzieren helfen sollte, einigte man sich während eines langwierigen Prozesses im Großen Rat auf einen Kompromiß. Dieser schien geeignet, die

Francesco Guardi, Nach seiner Wahl dankt der Doge den Mitgliedern des Großen Rates in der Sala del Maggior Consiglio des Dogenpalastes in Venedig.

nachteiligen, und wie die Erfahrung lehrte, zerstörerischen Auseinandersetzungen im Vorfeld mindestens einzudämmen, während er andererseits eine Optimierung des Nominierungsprozesses und der Wahl selbst bedeutete. Auf diese Weise glaubte man Unsicherheitsfaktoren, Cliquenbildungen, Fraktionsabsprachen, Interessenkartelle, Betrugsmanöver oder latente Familienstreitigkeiten besser steuern und kontrollieren zu können.

So wurde nicht nur der Nominierung der Kandidaten, sondern bereits der Auswahl der Nominierungsausschüsse durch das Los viel Zeit und Sorgfalt zugewandt. Dieses Verfahren, das für die Wahl aller maßgeblichen Hoheitsträger praktiziert wurde, war gewöhnlich – in der Sala del Maggior Consiglio – für Sonntage reserviert. Generell konnten Kandidaten höherer Staatsämter von »oben«, also durch die Signoria oder den Senat nominiert werden, während ein anderes Verfahren die Nominierung von »unten« vorsah. Die dafür erforderlichen Nominierungsausschüsse wurden durch das Los unmittelbar von den Mitgliedern des Großen Rats selbst bestimmt. Damit wurde der für die republikanische Verfassung Venedigs so charakteristische Kern relativ demokratischer Willensbildungsprozesse und die aktive Teilnahme aller, also auch der weniger bekannten Mitglieder des Großen Rates, unterstrichen.

In den meisten italienischen Stadtstaaten war es üblich, den turnusmäßigen Wechsel höherer Staats- und Kommunalämter – deren Kandidaten in Personalunion mit Amtswürden und Macht aus bekannten Familien stammten – durch das Element des Zufalls variabler und damit offener zu gestalten. Das schloß zwar das Risiko, auch weniger Geeignete auszuwählen, ein, entsprach aber der in Venedig bewährten Praxis und gewährleistete prinzipiell ein höheres Maß an Kontinuität und Wettbewerb.[6]

Selbstverständlich war das Amt des Dogen, gerade weil es in Venedig keine politisch organisierten Parteien gab, für manche Kandidaten und Familien ein Schlüssel zu politischer Macht und Einflußnahme. Um also möglichst jede Art von mit dem Gemeinwohl nicht vereinbaren Familienambitionen und Rivalitäten als eine Form von Gruppeninteressen einzudämmen, bildete die Wahl des Dogen als eine Folge von Nominierungen durch Nominierungsausschüsse und das Los ein inszeniertes Staats-Ritual ohnegleichen.

Während im 2. Teil die Analyse des kommunikativen Prozesses und die Hintergrundphänomene dieses Rituals im Vordergrund stehen sollen, gilt unsere Aufmerksamkeit in diesem Kapitel ausschließlich dem formellen Verfahrensakt und seinen Akteuren.

Den Regeln des Procedere gemäß begaben sich die zeitweise mehr als 2000 auf langen Bänken sitzenden Mitglieder des Großen Rates nacheinander an eine Urne vor das erhöhte Podium des Dogen und seiner Räte, in welchen sich 30 vergoldete und silberne Kugeln entsprechend der Anzahl der zu wählenden Mitglieder befanden. Ein Knabe, der willkürlich vom jüngsten Ratsmitglied aus der Menge des Markusplatzes herbeigeholt wurde, verteilte seinerseits diese Kugeln »blind« an die vor ihm vorüberschreitenden Ratsmitglieder. In späteren Jahren wurde diese sogenannte »ballotage« dahingehend vereinfacht, daß jedes Mitglied diese Kugel selbst der Urne entnehmen konnte.

Auf dem Podium bleiben jene 30 mit goldenen Kugeln ausgelosten Mitglieder zurück, um durch einen Rat des Dogen die Echtheit der goldenen Kugel mittels einer geheimen Markierung überprüfen zu lassen. Nachdem die Namen dieser Ausgewählten laut bekanntgegeben wurden, hatten deren Verwandte im Großen Rat den Saal zu verlassen.

Die einzelnen Schritte des Wahlrituals vollziehen sich wie folgt:

1. Die ausgelosten 30 Mitglieder werden nun auf dieselbe Weise durch Los mittels goldener Kugeln auf neun reduziert.
2. Die verbleibenden neun Mitglieder bestimmen durch Zettelwahl 40 Mitglieder (des Großen Rates) als Wahlmänner.
3. Diese werden unmittelbar darauf durch erneute Auslese mit goldenen Kugeln auf zwölf Mitglieder reduziert.
4. Mit einer Mehrheit von mindestens neun Stimmen wählen diese zwölf wiederum 25 neue Wahlmänner.
5. Diese 25 werden durch das Los auf neun reduziert (d. h. also 16 eliminiert).
6. Die verbleibenden neun Mitglieder wählen 45 Wahlmänner aus der Mitte des Großen Rates.
7. Die 45 Gewählten werden durch Los auf elf reduziert.
8. Diese elf Nominierten wählen abermals 41 Wahlmänner.

MODO DELL ELEZIONE
DEL SERENISSIMO
PRINCIPE DI VENEZIA.

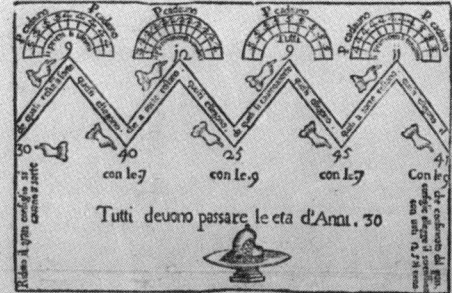

Tutti deuono passare le eta d'Anni. 30

Morto il Doge, i Configlieri, ed i Capi di Quaranta a' quali appartiene tutto il Governo della Città, vanno ad abitare nel Palazzo Ducale, e chiamafi gran Configlio, e fi eleggono cinque Corretori della Promiffione del Doge, e degli Ordini del Palazzo, e fimilmente tre Inquifitori delle operazioni del Doge morto: il che fpedito in tre, o quattro giorni, e fatti li Funerali, fi chiama gran Configlio, folamente con quelli, che eccedono Anni trenta, e viene letta, e confirmata la Promiffione predetta. Si mettono poi in un Capello numerato il Configlio, tante Balle, quanti Gentiluomini fono nel Configlio, delle quali ne fono trenta d'Oro, e tutte l'altre d'Argento. E vanno un Configliero il piu giovane, ed un Capo di Quaranta in Chiefa di S. Marco, e trovano un fanciullo, dimandato il Ballottino, e quello conducono nel Configlio, e vengono chiamati a Capello tutti i Nobili del Configlio. Il fanciullo, per ciafcuno mette la mano dentro il Capello, e fe piglia Balla d'Oro, quello per cui l'ha tolta, riman eletto: frattanto ufcendo del Configlio alla pubblicazione di ciafcheduno eletto il Padre, Figliuoli, i Fratelli, i Zii di lui, e tutti della fua Famiglia; ma fe la Balla è d'Argento fi parte. Onde quelli, a i quali toccano le dette trenta Balle d'Oro, tratti però di diverfe Famiglie, e uno per Famiglia, che non vi fia Parentella alcuna, ne congiunzione di fangue tale, che (come fi dice) fi fcacciano di Capello, fono detti i primi trenta, e tutto il refto del Configlio fi parte. Poi mettendoci nel Capello Balle trenta delle quali nove fono d'Oro, l'altre d'Argento, e per ognuno il fanciullo ne piglia una. Quelli a' quali toccano le nove d'Oro rimangono elettori, e gli altri fono licenziati. Quefti nove rinchiufi, eleggono 40. con fette Balle delle nove, a quefto modo, che gettate le Teffere di primo, fecondo, ec.

ai 4. primi tocca la elezione di 5. per ciafcuno, ed agli altri cinque tocca folamente di 4., che tutto fanno il numero di 40. i quali eletti, chiamati di nuovo gran Configlio, e fono pubblicati i predetti 40. e gli altri fi partono, e mettonfi 40. Balle nel Capello delle quali 12. fono d'Oro, ed a cui toccano, reftano elettori, gli altri fi partono. Quefti 12. eleggono 25. con nove Balle in quefta forma, che al primo tocca la elezione di tre, ed agli altri, di due per ciafcuno, che fanno il numero di 25. Fatta quefta elezione chiamafi gran Configlio, e fi pubblicano li 25. e gli altri partono. Poi mettono 25. Balle nel Capello delle quali nove fon d'Oro; quelli a chi toccano, reftano elettori, gli altri fono licenziati. E detti nove eleggono 45. con 7. Balle, in tal maniera, che ne toccano 5. per ciafcuno, che fanno il numero di 45. è chiamato gran Configlio, fi pubblicano li 45. eletti, gli altri fono licenziati. Si mettono poi 45. Balle nel Capello, delle quali 11. fono d'Oro, ed a cui toccano dette 11. reftano elettori, e gli altri fi partono. Quefti undeci fono quelli, che eleggono il Quarantuno con nove Balle a quefto modo, che gettate le Teffere come di fopra, a primi otto tocca l'elezione di quattro per ciafcuno, ed agli ultimi tre, tocca di tre folamente per ciafcuno, che tutti fanno il giufto numero di Quarantuno. Fatta quefta elezione è chiamato gran Configlio, anco con quelli, che non arrivano a trenta Anni, e fono confirmati da quello.

Ora, creati li Quarantuno, udita la Meffa dello Spirito Santo, e dato loro il giuramento, fi ferrano, e con Balle di Scarlato fegnate di Croce Gialla, eleggono il Doge con Balle 25.

Die Modalitäten des Wahlystems

9. Diese 41 Wahlmänner – die weder zu den vorherigen elf, noch neun, noch zwölf ausgewählten Mitgliedern gehören dürfen – ziehen sich nun zum endgültigen Konklave der Dogenwahl zurück, um diesen mit einer Mindestzahl von 25 Stimmen Mehrheit – mit der Billigung durch den Großen Rat – zu wählen.[7]

2

DIE ÖKONOMIE DES HANDELS
UND DIE GRENZEN

Die zivilisatorische Vorreiterrolle Venedigs in Europa

Während in der zweiten Hälfte des ersten Jahrtausends in Europa und an der Schwelle zum Vorderen Orient die einstigen politisch-religiösen Kraftfelder West- und Ost-Rom in Auflösung begriffen waren und ungezählte, kaum überschaubare neue Machtkonfigurationen, neue Akteure – Germanen, Normannen, Hunnen, Mongolen, Araber – neuen Zivilisationsphasen und Zentren den Weg bahnten, organisierten sich im Schutze der schwer zugänglichen Lagunen der nördlichen Adria die in mehreren Schüben eintreffenden Flüchtlinge des Festlandes. Sie wählten sich dafür eine Wirtschaftsstruktur, die, wie das Element Wasser konkret faß- und begreifbar, doch fließend ständig in Anpassung an die Umwelt in Veränderungen begriffen, zwischen chaotischer Freiheit und regelhafter Ordnung eine verläßliche Existenzgrundlage bieten konnte.

In ihrer historisch ersten Übersiedlungsphase zwischen 6. und 10. Jahrhundert, als die Sicherung existentieller Infrastrukturen und der Ausbau ihrer Unabhängigkeit noch im Vordergrund standen, betätigten sie sich neben obligatorischem Handwerk als Bootsschiffer, Transporteure und Makler in den Mündungsgebieten oberitalienischer Flüsse. Ihre ersten Tauschprodukte waren Salz und Fisch. Um die Jahrtausendwende beherrschten sie bereits den gesamten Salz- und Getreidehandel. Die Mehrzahl oberitalienischer Städte verfügte wie Venedig über ein Salzmonopol, das ihnen hohe Steuereinkünfte sicherte. Venedig verstand es, Importeure und Exporteure von Salz vertraglich zu binden, so daß dieses Salzmonopol wie auch die Kontrolle der Getreidemärkte eine Domäne seiner Handelsaktivitäten bildete. Profitabler erwies sich langfristig jedoch der Handel mit Luxusgütern aus Byzanz, Kleinasien, Afrika, Indien und China.

Als die Araber als neue Konkurrenten byzantinischer Waren nach der Eroberung Nordafrikas, Spaniens, Siziliens und des südlichen Italiens auftraten, wuchs schlagartig die Bedeutung venezianischer Handelsplätze als Vermittler für die großen Handelszentren West- und Nordeuropas.

Um seine handelspolitischen Spielräume zu vergrößern – das schloß die Beherrschung und Kontrollbefugnis unmittelbar um die gefährdeten zentralen Lebensräume ein –, erweiterte Venedig schrittweise seine Aufsichtsgewalt von der nördlichen über die mittlere in die südliche, dem byzantinischen Reich unterworfene Adria. Diese Politik erforderte die gewaltsame Unterwerfung zahlreicher alteingesessener adriatischer Hafenstädte, aber auch anderer Konkurrenten und vor allem Seeräuber. Damit eröffneten sich Konfliktquellen mit einer ununterbrochenen Folge maritimer Schutzaktionen, Wirtschaftsboykotte, Blockaden, Gewaltakte gegenüber immer neuen Feinden, aber auch neuer Vertragsschlüsse, Vertragsbrüche und neuer Bündnisse.

Aus der Zwischenzone sich überlagernder Einflüsse, Interessen und Rivalitäten trat also ein »Newcomer«, die Minaturausgabe eines Stadtstaates in seiner zweiten Entwicklungsphase, im 11. Jahrhundert in das »Orchester« der europäischen Handelsmächte ein.

Damit eröffneten sich der in ihren Basisstrukturen noch keineswegs gefestigten Stadtrepublik nicht nur ungeahnte Chancen, sondern mehr noch Gefahren, Risiken und Herausforderungen.

Die Voraussetzungen und Erfolgsaussichten, diesen Schritt zu wagen, waren indessen längst in der internen Organisationsstruktur und dem Selbstverständnis ihrer »raison communale« begründet.

Während nördlich der Alpen nahezu ganz Europa einerseits noch (bis in das 20. Jahrhundert) Feudalstrukturen, Kirchturmhorizonte und Landidyllen kennzeichneten, begannen zur selben Zeit in ganz Europa städtische Kulturen vehement ihren Anspruch auf wirtschaftliche und politische Mitgestaltung anzumelden. Dabei waren Kirche und Adel wechselweise und häufig in gegenläufigen Konstellationen Verbündete und Schutzmächte des aufstrebenden Bürgertums.[1] In der in Konkurrenz zu den maßgeblichen maritimen Handelsmächten tretenden Rialto-Republik waren bereits um die erste Jahrtausendwende die entscheidenden Weichen einer frühkapitalistischen, an Kosten-Nutzen-Kalkül und Profitmaximierung orientierten Ökonomie gestellt. Und sie waren untrennbar an die Gewährung individueller Freiheitsrechte (Gewerbe-, Vertrags-, Handelsfreiheit, freie Berufs- und Arbeitsplatzwahl, freier Wettbewerb) sowie an verbindliche Rechtsnormen und Rechtssicherheit geknüpft. Dieses Ökonomie-Konzept fand in allen Handel, Gewerbe und Dienstleistungen betreffenden Wirtschaftsbereichen Ausdruck, wie überhaupt die Quelle wirtschaftlichen Erfolgsstrebens in Venedig naturgemäß primär nicht im Grundbesitz, sondern in mobilen Vermögenswerten bestand.

Warum jedoch derartige politische, soziale und rechtliche Voraussetzungen an sich noch nicht ausreichen, um die für Venedig typische Leistungsstärke seiner Volkswirtschaft, die Innovationspotentiale, das erreichte Zivilisationsniveau und den Grad materiellen und kulturellen Fortschritts – weit über die Notwendigkeit alltäglichen Überlebens hinaus, im Vergleich zu anderen europäischen Staaten, zu gewährleisten, das soll Gegenstand der Darlegungen des 2. Teils sein.

Der Aufschwung des venezianischen Handels vollzog sich – in Wechselwirkung zu äußeren Impulsen – kontinuierlich als quantitatives und qualitatives Wachstum, insbesondere seiner Außenbeziehungen.

Er beruhte zunächst auf dem für Venedig typischen Instrument des »Gemeinschaftsunternehmens«. Das venezianische Rechtssystem förderte verschiedene Varianten unternehmerischer Partnerschaften, wie sie ähnlich auch in anderen italienischen und europäischen Städten als sogenannte »Colleganza«-Verträge seit dem 12. Jahrhundert gebräuchlich waren. Investitionen, Kapitalaufwendungen und andere Arbeits- bzw. Dienstleistungen wurden auf mehrere Partner verteilt. Da es sich in der Regel um Handelsschiffahrten – Galeeren-Gesellschaften, »societas maris« – handelte, versprach der reisende Kaufmann nicht einen festen Prozentsatz für die ihm anvertrauten Kapitaleinlagen, sondern statt dessen drei Viertel des Gewinns, während er seinerseits aufgrund der Collenganza-Vereinbarungen von mehreren Geschäftspartnern Provision erwarten konnte. In ähnlicher Weise gab es zahlreiche andere, die Risiken verteilende Gesellschaften zwischen Handelsunternehmen, Banken, Kommissionsagenten, Versicherungen und in Venedig vor allem privaten Kapitalanlegern.[2] Geschäfte waren buchstäblich Gemeinangelegenheiten, sie beruhten auf wechselseitigem Vertrauen. Ein ganzes Bündel von sich überschneidenden Ereignissen löste die Expansion des venezianischen Handels aus: das wachsende Interesse von Händlern aus der ganzen damaligen Welt, flankiert vom Zustrom ländlicher Arbeitskräfte, Handwerker, Künstler und bald auch Touristen in die Metropole. Eine Monopolstellung nahmen von Anbeginn lange geheimgehaltene Handwerkstechniken arabischer Glasurverfahren für Tone, Porzellane und Emailleverarbeitung ein, die bis in das 17. Jahrhundert in ganz Europa gefragt waren. Neue Unternehmen, Investitionen und Warenströme, die Erweiterung von Märkten und Verbraucherzentren waren die Folge. Die unaufhaltsam voranschreitende Arbeitsteilung und gesellschaftliche Aufwertung der Handarbeit bewirkten darüber hinaus einen explosionsartigen Zustrom und Nachfrage nach Informationen. Diese wiederum leiteten die sprunghafte Erfindung völlig neuer Kulturtechniken ein. Einen weiteren Innovationsschub bewirkte die Revolutionierung herkömmlicher Geschäftsbräuche[3] und merkantiler Organisationsverfahren, an erster Stelle die Einführung der »Doppelten Buchführung« – »partita doppia« –, die man toskanischen oder genuesischen Kaufleuten zuschreibt.

Was bis dahin weitgehend zufällig, als Ad-hoc-Entscheidung für aktuelle Erfordernisse in überschaubaren Räumen, oft plan- und konzeptlos funktionierte, mußte nun angesichts weitverzweigter Geschäftsverbindungen, Märkte und Konkurrenzunternehmen zu methodisch-kalkulierten Vorgehensweisen führen. Übersicht, Bilanz, statistische Hilfsmittel und Organisationstechniken, aber auch neue Qualitätskriterien und -maßstäbe waren erforderlich geworden.

Die Lagunen-Metropole verfügte bei einer Bevölkerung zwischen 150 000 und 180 000 Einwohnern über keine eigenen landwirtschaftlichen Versorgungszentren bzw. Lieferanten. Andererseits erschlossen sich mit der Eröffnung des gesamten adriatischen Meeres und eigenen, mit Schiffen ausgerüsteten Handelsgesellschaften neue Märkte, Vertragspartner und bald auch eigene logistische Handelsniederlassungen. Neue Importquellen und Absatzmärkte insbesondere für landwirtschaftliche Produkte wurden in Italien eröffnet. Die Beteiligung der Signoria an Handelsgeschäften nahm neue Dimensionen der Erweiterung von Infrastrukturen (Hafenanlagen, Handelskontore, Administration), der Gesetzgebung, der Kontrolle und Überwachung und vor allem diverser Schutzfunktionen an. Eine problematische Rolle spielte als unerschöpfliche Devisenquelle der Sklavenhandel sowie der Ankauf von auch für Venedig unentbehrlichen Produktionsmitteln wie Holz und bestimmter, für den Schiffsbau wichtiger Metalle als »strategischer Kriegsrohstoff« von den Arabern. Trotz wiederholter Verbote seitens des Kaisers, der Päpste und der Signoria (mochten auch deren Motive höchst unterschiedlicher Art sein) standen venezianische Geschäftsinteressen gleichwohl über kirchlichen, kaiserlichen und moralischen Einwänden.

Die gesamt-venezianische Interessenlage führte nach der Beteiligung am Vierten Kreuzzug (1204) mit großen Gebietsgewinnen und angesichts der beschränkt verfügbaren materiellen und personellen Ressourcen zu jener Variante venezianischer Außen- und »Kolonial«-Politik, die Leopold von Ranke höchst anschaulich in seiner *Venezianischen Geschichte* (1887) am Beispiel der Morea dargestellt hat.

Mit der Priorität von Wirtschafts- und Handelsinteressen vor Herrschafts- bzw. Territorialinteressen – und im Gegensatz etwa zu Genua – zielte Venedig auf logistische Basen und Märkte für die Abwicklung und Sicherung seiner handelspolitischen Aktivitäten.

In aller Regel verbarg sich hinter der Inbesitznahme derartiger Handelsniederlassungen die Unterwerfung ihrer Bewohner – d. h. der herrschenden Adelsschichten – unter venezianische Oberhoheit und Gesetze. Sie löste nicht selten Gewaltakte und Gegengewalt aus. Ein besonders drastisches Beispiel dafür stellt das in dieser Hinsicht belastete Verhältnis San Marcos zur Insel Kreta dar. Prinzipiell behielt sich die Stadtrepublik die politische, militärische und finanztechnische Entscheidungsbefugnis und Kontrolle dieser »Dominien« vor. Es entsprach dem Selbstverständnis Venedigs, diese Beziehungen ausdrücklich auf vertragliche Vereinbarungen und Abkommen mit den lokalen Behörden zu stellen und dabei eine – für die damalige Zeit – unübersehbar maßvolle Politik der Befriedung und Wahrung einheimischer Gesetze und Bräuche gemäß den Maßstäben des in Venedig geltenden Rechts zu garantieren.[4]

Als aufschlußreich erweisen sich in diesem Zusammenhang die vielfach abgestuften Arten der Einflußnahme bzw. Abhängigkeiten zwischen dem Zentrum San Marco und seinen »Vertragspartnern«. Auf den ersten Blick kennzeichnet sie ausnahmslos die uneingeschränkte Vorrangstellung der sogennanten »Dominante« und ihrer Spielregeln, d. h. venezianischen Rechts. Doch nur eine vordergründige Betrachtungsweise kann zu der Annahme führen, die Stadtrepublik habe ihre überaus erfolgreiche Handelspolitik auf ein so einzigartiges wie schlagkräftiges Instrument wie seine Flotte und das Arsenal, also auf reine Gewalt gestützt. Mit dem Eintritt des Osmanischen Reiches – der Eroberung Konstantinopels im Jahr 1453 – in das »Konzert« der europäischen Großmächte, als der Senat erstmals die Schlüsselpositionen seiner Levante-Stützpunkte aufgeben mußte, um der inneritalienischen Politik der Terra Ferma den Vorrang zu geben, als eine gesamteuropäische Front in der Liga von Cambrai die »Serenissima« an den äußersten Rand des Zusammenbruchs brachte, erlebte man in

Venedig erstmals hautnah die Grenzen substantieller Möglichkeiten und bis dahin gehüteter Idealvorstellungen.

Allen Argumenten zum Trotz: – Fehleinschätzungen seitens des Senats, Fehlverhalten venezianischer Behörden, insbesondere seiner Justiz, moralische Entrüstung und selbst die Bemühung von Zufällen und Glück zugunsten der Republik –, war Venedig nach sieben Jahren eines verheerenden Krieges (im Senat hatte man ernstlich Hilfsappelle an die Türken in Erwägung gezogen) bereits wieder im Besitz nahezu seiner gesamten Festlandbesitzungen der Terra Ferma, hatten sich politische und soziale Institutionen, d. h. das kollektive Bewußtsein dieser Gemeinschaft, als unanfechtbar und stabil erwiesen. Ein Blick auf die endlose Liste kriegerischer Konflikte zwischen 13. und 16. Jahrhundert kann nicht darüber hinwegtäuschen, daß die Überlebens- und Gestaltungsfähigkeit, die Realisierung des spezifischen Ökonomie-Konzepts der Republik von San Marco, wie es oben skizziert wurde, maßgeblich der Kunst der Organisation des »Politischen« zuzuschreiben ist.[5]

Der Verlust also großer Teile seiner levantinischen Handelsniederlassungen, die Entdeckung der Neuen (alten) Welt und damit die Herausbildung europäischer Territorialstaaten mit vergleichsweise unbegrenzten Mitteln, zwang Venedig im Interesse seiner territorialen und ökonomischen Unabhängigkeit zu einer radikalen Revision seiner bisherigen weltpolitischen »Perspektiven« und Strategien. Neutralitäts-Politik hieß die Parole, und sie machte vielfältig abgestimmte Varianten der Gleichgewichtssuche vor allem zwischen Osmanischem Reich und Spanien, später gegenüber Frankreich und England erforderlich. Die Auswirkungen der Wandlungsprozesse in der europäischen Welt zwischen dem 16. und 18. Jahrhundert stellten vollends die einstige Rolle Venedigs – von vier Jahrhunderten europäischer und drei Jahrhunderten Welt-Handelsmacht – in Frage. Die Anpassung des Ökonomie-Konzepts als komplementärer Seite seiner politisch-strategischen Vorgehensweisen erzwang also angesichts der Neuorientierung der Handelsströme, Märkte und Interessen nach Westen die Erschließung neuer Marktlücken, Produktionszweige, Investitionsprogramme sowie neuer unternehmerischer Alternativen.

Nachdem die Venezianer aus einer ihrer lange unbestrittenen Handelsdomänen neben den Genuesen, der Monopolstellung des Gewürzhandels nach Europa, von stärkeren Konkurrenten verdrängt worden waren, nachdem Zucker, Baumwolle, Hölzer, Farbstoffe, Gold, Silber und Genußmittel nun preiswerter und profitabler aus der Neuen Welt importiert wurden, ergaben sich für den Rialto als bedeutendem Zwischenhandelszentrum im mediterranen Raum neben gravierenden Einbußen gleichzeitig auch völlig neue Märkte und Import-Exportquellen.

Den nachhaltigeren Innovationsschub lösten indessen neue Manufakturen mit mehreren tausend Beschäftigten für chemische Produkte (Seifen), Gläser, Spiegel, Seiden, Tücher und bald auch der Buchdruck und das Verlagsgewerbe aus. Jetzt erst begann das Dienstleistungsgewerbe (Banken, Versicherungen,

Agenturen und Kunstwerkstätten) Venedig zur »Hauptstadt des Abendlandes« und den Staat zu einem in der damaligen Welt einzigartigen Unternehmen zu machen.

Die Zeit zwischen 16. und 18. Jahrhundert steht, darüber herrscht Einmütigkeit, für das Überschreiten des »Zenits«. Venezianischer Geist und das kosmopolitisch-kulturelle Klima dieser republikanischen Oase als soziales und ökonomisches Musterbeispiel eines Gemeinwesens lösten in der Zeit der Gegenreformation, der Inquisition, aber ebenso der Aufklärung und vorindustriellen Revolution bei kritischen Beobachtern jeglicher Couleur gemischte Gefühle zwischen Verharren und kühnem Voranschreiten, Verfall und Verführung aus.

Während zwischen 17. und 18. Jahrhundert die europäischen Großmächte Absolutismus und Merkantilismus erprobten und sich in Kriegen erschöpften, erlebten die Venezianer erstmals eine fast 80jährige Friedensphase. Mit der Umorientierung im Handel begann der Rückgang, ja Rückzug von Investitionen aus dem Mittelmeerraum. Die Mehrzahl der einst unternehmerisch orientierten Familien des Patriziats scheuten weitere Risiken mehr notgedrungen als notwendig. Im allgemeinen zogen sie die sicheren Einkünfte des Grundbesitzes und der Landwirtschaft vor. Die Zeit der »Villeggiatura« brach an: die Urbarmachung und der Ausbau landwirtschaftlich nutzbarer Güter, das Leben in den Landvillen der Terra Ferma. Nach der Explosion der Getreidepreise wurden hohe Summen in diesen Anbauzweig investiert.

Der Senat hatte gute Gründe, zwecks Sicherung der eigenen Grundgüterversorgung für rund 150 000 Stadt- und etwa zwei Millionen Bewohner der Terra Ferma diesen neuen Produktionszweig durch Subventionen zu unterstützen.

Im Bewußtsein vieler Zeitgenossen des 18. Jahrhunderts bildete der »Mythos« vom Verfall der Serenissima eine Realität. In verschiedensten Ausprägungen wurde er aus saturnischer Melancholie, anarchisch-hedonistischer Resignation, aus einem antagonistischen, zum Untergang verurteilten Lebenszusammenhang abgeleitet.[6] Das Ökonomie-Konzept der Republik hatte viele Jahrhunderte im Einklang mit den Gegebenheiten von Politik, Wirtschaft und Gesellschaft für ein Optimum an Stabilität und allgemeinem Wohlstand gesorgt. Entgegen jenem Verfalls-Mythos und dessen selbstverständlicher Übernahme in zahlreichen Darstellungen bis zum heutigen Tage waren wirtschaftliches Wachstum und Handelsvolumen dank der industriellen und landwirtschaftlichen Erzeugnisse der Terra Ferma im Vergleich zum 15. Jahrhundert gleichgeblieben, in manchen Bereichen sogar gewachsen. Im Levante-Handel rangierte Venedig nach dem Friedensschluß mit dem Osmanischen Reich 1718 nach Frankreich an zweiter Stelle. Hatte sich der Anteil des venezianischen Handels am gesamteuropäischen Handelsvolumen um 1797 im Vergleich zum 15. Jahrhundert relativ verringert, so übernahm Venedig nach der Französischen Revolution – was neuere »Kolonialwaren« anbetrifft – den ersten Platz.[7]

Das Ökonomie-Konzept Venedigs und die Professionalität des Kaufmannsstandes: Vergleichen-Abwägen, Werben-Auswählen-(Ver)Kaufen sowie das

Programm an der Außenfassade San Marcos neben der Porta della Carta – »Der Mensch muß sich kümmern und nachdenken und gegenüber allem Vorsorge treffen, was ihm zustoßen kann« – sind bis heute akutell geblieben.

Märkte und Wettbewerbsstrategien: das Konzept der Nische

Sowohl natürliche Systeme, bestimmte Tier-Pflanzenarten, wie auch soziale Systeme haben ihre Überlebenschancen in den meisten Fällen durch Spezialisierung, wie neuere Forschungen nachweisen, jedoch auch durch Generalisierung zu optimieren vermocht.[1]

Mit Venedigs exponierter geostrategischer wie topographischer Situation mag es zu erklären sein, daß die Lagunen-Stadt beide Varianten von Überlebensstrategien zu verbinden verstand. Was diesen Sozialverband gegenüber anderen Sozialverbänden jedoch darüber hinaus auszeichnet, ist eine Strategie der auf Kooperation – Symbioseprinzip – und gleichzeitigem Wettbewerb – Leistungsprinzip – beruhenden Spielart, die nach innen untrennbar mit der Notwendigkeit unternehmerischer wie sozialer Kreativität verknüpft war. Das Verständnis dieses sicher nicht bewußt angewendeten »Mechanismus« bildet indessen einen Schlüssel der Wettbewerbs- und Überlebensfähigkeit venezianischer Ökonomie.

So erscheint es fast selbstverständlich, daß die Lagunenbewohner bereits in den Anfängen ihrer zivilisatorischen Praxis dem sie umgebenden Meerwasser einen ebenso überlebensnotwendigen wie allenorts gefragten Artikel, Mineralsalz, abzugewinnen und sich damit eine profitable Marktlücke nutzbar zu machen wußten. Salz wurde in eigens angelegten Bassins und Salinen bei günstigen Witterungsbedingungen ganzjährig mit verhältnismäßig geringem personellem Aufwand gewonnen. Große Barken transportierten es in die Mündungsgebiete der nördlichen Adria und in die transalpinen Gebiete der Steiermark.

Venedig, wie die meisten großen Binnenstädte, verfügte über Salzmonopole, aus welchen es lange den Hauptanteil seiner Staatseinkünfte bestritt. Das der Signoria unterstellte Salzamt (»camera del sal«) regulierte den Salzimport (der zu einem nicht unbeträchtlichen Teil aus Zypern eingeführt wurde), den Salzexport und die Gewinnspannen. Es vergab Lizenzen an Exporteure und band durch langfristige Verträge Produzenten wie Verbraucher. Salzkartelle, über die auch andere Städte wie Cervia, Mailand und Ravenna verfügten, konkurrierten mit- und gegeneinander. Allein Venedig wußte sich langfristig durch Produktions- und Wettbewerbsvorteile, durch logistisch-maritime Kontrollmöglichkeiten, durch die jeweils bestmögliche Kombination seiner Güter und Warenangebote am erfolgreichsten durchzusetzen, vor allem aber in unablässigen Konflikten der Abnehmerstädte, Produzenten- und Konsumenteninteressen (die unwillkürlich an die Europäische Gemeinschaft erinnern) durch Flexibilität und Initiativen in der dominierenden Rolle zu behaupten.[2]

Um die erste Jahrtausendwende eröffnete sich der Stadtrepublik unerwartet eine Marktlücke besonderer Art. Die Signoria zögerte im Jahre 1201, dem Angebot der französischen Ritter (Gottfried von Villehardouin) Folge zu leisten, Fracht, Verschiffung und Versorgung eines mehr als 30 000köpfigen Heeres für einen (vierten) Kreuzzug gegen Zahlung von 85 000 Silberdukaten in das Heilige Land zu organisieren.

Die Sicherung der Unabhängigkeit der Metropole mit mehr als 100 000 Einwohnern, aber auch die der eigenen Flotte im Adriatischen Meer standen zu diesem Zeitpunkt im Vordergrund. Der Doge Enrico Dandolo erkannte die Chance, seine Dienste und ein Know-how, über das nur Venedig verfügte, in einem derartigen Unternehmen in Hinblick auf die langfristig ökonomischen Gesamtinteressen Venedigs zu verbinden. Dandolo erweiterte also das Angebot, indem er fünfzig bewaffnete Galeeren einschließlich 6000 Mann venezianischer Besatzung zusagte, gegen gleichen Anteil an allen Beutegütern sowie Eroberungen zu Lande und zur See. Lediglich das Ziel des Kreuzzuges (die Befreiung Jerusalems) wurde vertraglich nicht festgelegt. Die Stadtrepublik – der Doge – übernahm damit das Risiko, die Hälfte aller wehrfähigen Venezianer für ein ganzes Jahr fern der Heimatstadt in den Dienst dieses Unternehmens zu stellen.

Nach dem Bau eigens für diesen Zweck konstruierter Schiffe (für den Transport von mehreren tausend Pferden und Ausrüstungen) hatte Venedig seinerseits alle Vertragsbedingungen erfüllt. Die Nichtzahlungsfähigkeit der Kreuzritter ermöglichte es Dandolo, die Reise zunächst zu unterbrechen, um die christliche, sich abermals gegen Venedig erhebende Stadt Zara auf ostadriatischer Seite mit Hilfe der verblüfften Kreuzritter – und damit die Suprematie – in der Adria zurückzugewinnen.

Die unerwartete Gelegenheit, im byzantinischen Thronstreit die griechisch-orthodoxe und römische Kirche durch die Unterstützung des griechisch-byzantinischen Prinzen Alexios wiederzuvereinen, zuzüglich weiterer Geld- und Waffenleistungen, erschien der Mehrzahl der Kreuzfahrer und ihren Anführern (Konrad von Montferrat und Balduin von Flandern) sowie dem päpstlichen Legaten hinreichend Anlaß, mit der Aussicht auf weitere Beutemöglichkeiten dem mehr als 3000 km weiten Umweg nach Konstantinopel zuzustimmen. Dandolo und Venedig wurden weitreichendes Entgegenkommen im Orienthandel in Aussicht gestellt. Obwohl keiner der Teilnehmer dieses Kreuzzuges an die Eroberung des byzantinischen Kaiserreichs gedacht haben konnte, kam es im Jahre 1204 nach der Ablehnung des Prinzen Alexios (durch Byzanz) zu Feindseligkeiten und schließlich zur Erstürmung und Plünderung der Stadt.

Das einstige byzantinische Kaiserreich wurde vertraglich in der Charta »partitio Romaniae« an den künftigen Kaiser Alexios, die Kreuzritter und Venedig aufgeteilt und ein neues italienisches Imperium im Orient sanktioniert.[3]

Die Stadtrepublik Venedig erhielt einen handelspolitisch unschätzbaren Stützpunkt, nämlich drei Achtel der Stadt Konstantinopel einschließlich des Arsenals und der Docks, um hier eine eigene venezianische Kolonie und reguläre Schutzflotte zu etablieren.

Dazu kamen weitere levantinische Handelsniederlassungen an den Küsten des Mittelmeeres und Privilegien, deren wichtigste Venedig verfassungsmäßig zusicherten, seine Handelskonkurrenten – allen voran Genua und Pisa – aus diesem, Venedig zugesicherten Territorium auszuschließen.

Einer der außergewöhnlichsten Dogen, der weit über achtzigjährige Enrico Dandolo hatte mit dieser riskanten und bald höchst umstrittenen Unternehmung die alleinige Verantwortung übernommen. Die Signoria und deren Repräsentanten wußten diese »Nische« zu nutzen und auszubauen.

Mit der erneuten Eroberung Konstantinopels im Jahre 1261 durch die Mongolen bzw. Griechen erschien diese Niederlage als eine Katastrophe, mit deren Vorgeschichte jedoch die Fundamente für jene europäische Handelsmacht gelegt worden waren, die Venedig nun zum Schrittmacher einer ökonomisch-geistigen Kulturmacht aufsteigen ließ. Darüber hinaus war durch diese Krise – des Verlusts jener Handelsbasen – der Keim der Entdeckung neuer Nischen vorgegeben, als italienische Kaufleute die von den Gebrüdern Polo vorbereiteten Handelswege nach Indien und China erschlossen. Der Genuese Fra Paolino sowie die Venezianer Andrea Bianco und Fra Mauro verfertigten erste exakte Weltkarten, die sich als Informationsquelle für den transeuropäischen Handel bald als unentbehrlich erweisen sollten.

Als eine der zahlreichen Strategien, Wirtschafts-Spielräume unter Kosten-Nutzen bzw. Profit-Maximierungsgesichtspunkten nutzbar zu machen und darüber hinaus aus der Position der Nische Konkurrenzfähigkeit unter Beweis zu stellen, erwies sich seit der Einführung der Geldwirtschaft das Konzept der Gestaltung von Interdependenzen: Die eine Seite, der Gastgeber, verfügt über das »Schloß« – d. h. die Infrastrukturen, die andere Seite, der Gast, über den

»Schlüssel«: Er bietet Waren sowie die Absicht, seinerseits Waren zu kaufen und sorgt darüber hinaus für den Transfer von Kapital und Zahlungsmitteln (Devisen).

Die Stadtrepublik hatte im Schutz der Lagune sogenannte »Stapelplätze« anzubieten. Die Inanspruchnahme der Stapelplätze verband sich selbstverständlich wie in anderen europäischen Städten mit der freiwilligen Inkaufnahme der Stapelplatz-Spielregeln. Diese Spielregeln – Stapelrechte und Pflichten – erweiterte die Signoria, wie dies im Mittelalter die meisten bedeutenden Städte anstrebten, und wie es für vergleichbare Handelszentren wie Genua üblich war, indem sie alle Händler aufforderte und verpflichtete, die in dieser Region angebotenen oder auch die von außerhalb in diese Region importierten Waren nur an diesem Stapelplatz (Venedig) anzubieten, d. h. unter den dort geltenden Stapelrecht-Regeln auszuladen, zu verzollen, zu lagern, und wieder zu verkaufen. Auf diese Weise wurden anderweitige Angebote und Geschäftsverbindungen der Kaufleute innerhalb der Region ausgeschlossen. Obwohl in der Praxis bestimmte Stapelplatzgesetze umgangen werden konnten, bekundete doch die Existenz dieser Spielregeln das Bemühen seitens der venezianischen Behörden, allen Kaufleuten, die diesen Stapelplatz bevorzugten, faire und gleiche Chancen einzuräumen.[4]

Die Erweiterung der Stapelplatz-Spielregeln zielte so über die Beschränkung aller Geschäftsbeziehungen auf den alleinigen Umschlaghafen Venedig, in dem venezianische Stapelplatz- bzw. Schiffahrtsgesetze für die hierher importierten bzw. exportierten Waren ausschließlich venezianische Schiffe oder die Schiffe der Ursprungsländer dieser Waren zuließen. Maßnahmen, die auch andere bedeutende Handelszentren wie Konstantinopel für sich in Anspruch nahmen, wenn es venezianischen Handelsschiffen bei Strafe des Verlusts ihrer Privilegien verboten war, die Waren anderer süditalienischer Handelsgesellschaften wie die von Amalfi, Salerno oder Bari an Bord ihrer Schiffe zu nehmen.[5]

Venedigs Handelssuprematie im Adriatischen Meer bestand also in der immer vielfältiger gefächerten Verteilung bzw. Kontrolle aller Handels-, Kapital- und damit auch Informationsströme durch das Nadelöhr Venedig. Gleichwohl strebte die Stadtrepublik keineswegs eine totale Monopolisierung des Handels oder gar den Ausschluß konkurrierender Handelsinteressen an. Im Gegenteil waren, ausgenommen in Krisenzeiten, andere Konkurrenten ausdrücklich willkommen, ja unternahm die Signoria alles, um jeglichem Handel Schutz und bestmögliche Organisationshilfen zu gewähren.

Die Signoria verstand es so, ihre Staatskasse durch Zölle, Tarife, Lizenzen und Hafengebühren zu füllen, gleichzeitig aber vor allem Venedigs Handel, Dienstleistungsgewerbe, Banken, Makler, Agenten und Handwerker am Transfer von Waren, Diensten und Informationen zu beteiligen.

Welches Maß an politischer und wirtschaftlicher Interessenidentität und Abstimmung Venedig auszeichnet, verdeutlichen die vom Senat regelmäßig organisierten Geleitzüge, die sogenannten »Mude«. Sie gewährleisteten dem eigenen

Handel die Verringerung von Schutzkosten und Risiken und sicherten andererseits die für die Kommune notwendigen Steuer- und Zolleinkünfte.

Da von Schutz-, Versicherungs- und Risikogebühren für den einheimischen Handel weitgehend all sein Erfolg (Lieferungsfähigkeit, Preisgestaltung, Konkurrenzfähigkeit, Qualitätserwartungen, Vertragserfüllung usw.) abhing, bedeutete diese Art »konzertierter« Organisation und kollektiver Lastenverteilung seitens einer eigens zuständigen Senatskommission für überseeische Handelsunternehmungen erhebliche Konkurrenzvorteile.[6]

So bot der Senat für alle venezianischen Kaufleute verläßliche Transport- und Kalkulationsmöglichkeiten, von denen man Gebrauch und/oder bei höheren Risiken auf eigene Rechnung höhere Gewinne machen konnte.

Das Angebot der Signoria erstreckte sich nicht nur auf die Verpachtung eigener Galeeren gegen Provision, sie sorgte darüber hinaus für regelmäßige Routen, die jährlich sechs bis zehn bewaffnete Geleitzüge von acht bis elf Galeeren umfaßten. Mochte sich diese Art der Handelspolitik als kollektiver Risikoverteilung langfristig auch bewährt haben, so überwogen anfänglich auch bittere Erfahrungen wie jene Konfrontation mit dem listenreichen genuesischen Admiral Grillo im Jahre 1264, als Seeräuberei noch als das gewinnversprechendere Geschäft galt.[7]

Auf der Piazzetta di San Marco verpachten Staatsbeamte Galeeren an die Reeder.

Wenden wir uns einem ganz anderen Phänomen der Nische zu: Auch Venezianer wurden, ähnlich den Juden, immer wieder als eine außerhalb der »Völker«-Gemeinschaft stehende Gruppe bewundert oder gehaßt: ein Volk, das wie diese einst ausgezogen[8] war. Es überrascht also nicht, daß sie in ihrer Stadt eine Vielzahl von rassischen und religiösen, »ausgezogenen« Minderheiten beherbergten, so wie ihre eigenen Vorfahren sich hier einmal als Flüchtlinge angesiedelt hatten. Die Asyltradition wurde selbstverständlich fortgesetzt. Asylanten aus der ganzen damaligen Welt bildeten hier eigene Gemeinden (Kolonien) und hatten bestimmte Schutzrechte und -pflichten.

Als eine Nische in dieser Nische erscheint das Verhältnis Venedigs gegenüber seinen jüdischen Mitbürgern. Schon im Orient, in Konstantinopel und anderen Orten hatten sie mit Venezianern zusammengelebt und Han-

Das erste jüdische Ghetto auf der Giudecca.

del getrieben. Doch auch Juden von nördlich der Alpen und der Ponente (aus dem Westen) kamen in die Lagunenstadt, wo sie ursprünglich der Insel Giudecca ihren Namen gaben. Im Jahre 1516 wurde ihnen die Insel der einstigen »Neuen Gießerei«, das sogenannte »ghetto nuovo« als eigener Wohnort zugewiesen. Mit speziellen Schutzrechten ausgestattet, durften sie bestimmten Tätigkeiten (Darlehnsbanken, die sonst nur Klöstern vorbehalten waren[9], internationalem Handel, Kleiderhandel und dem Arztberuf) nachgehen. In der Funktion als Pfandleiher erfüllten sie unter kommunaler Aufsicht eine allgemein gewürdigte soziale Aufgabe.

Das Verbot des Immobilienbesitzes führte dazu, daß sie wegen ihrer Bargeldgeschäfte geschätzte Kunden von Banken und Staatskassen wurden. In Befolgung der Kirchengesetze waren sie gezwungen, bestimmte Abzeichen – ein gelbes O auf dem Rücken, später einen roten oder schwarzen Hut oder Turban – zu tragen. Ihr Wohnrecht in der Stadt war auf eine bestimmte Zeit beschränkt, und jede erneute Erlaubnis kostete, wie auch andere Rechte, beträchtliche Summen.

In Zeiten massiver antisemitischer Strömungen war ihnen der ausdrückliche Schutz der Regierung sicher. Während christlicher Feiertage und des Nachts wurden sie, ähnlich wie die Venezianer in Alexandria und anderen byzantinischen Kolonien, »eingeschlossen«, um sie vor Fanatikern zu schützen. Andererseits hatten sie wie jeder Bürger spezielle Steuern, Zölle, Tribute für die Marine, die Erhaltung der Kanäle und ähnliche Abgaben zu entrichten.

Zwischen Juden und Christen fand – auch innerhalb des Ghettos – ein reger kommerzieller Austausch statt. Die Signoria »übersah« nicht selten die Einhaltung bestimmter Gesetze wie die Aufenthaltserlaubnis, Kleider- und Symbolvorschriften, wie sie prinzipiell Verhaltensregeln auf höchst extensive Weise auslegte.

Die weitverzweigten »offshore financial business« jüdischer Händler, Bankiers und Agenten in der gesamten Welt führten nicht selten zu heftigen Interessenkonflikten mit denen des venezianischen Handels, wie etwa die erfolgreiche Umgehungsstrategie jenes spanisch-christlichen Konvertiten Joseph Nasi mit dem Titel eines Herzogs von Naxos oder der Familie Mendes. Deren Aktivitäten wurden, als sie der venezianischen Wirtschaft nicht mehr nützlich erschienen, ja zeitweise gefährlich wurden, mit Verbannung geahndet. Und wirtschaftliche Rivalitäten führten auch in Venedig zeitweise zu allgemein mißbilligten Erscheinungsformen des Antisemitismus.[10]

Andererseits führten die zahlreichen Geschäftsverbindungen jüdischer Finanziers – nicht nur die des Organisationsgenies Daniele Rodrigo, eines jüdisch-holländischen Geschäftsmanns – zur Belebung, ja Konzentration von Waren und Kapital in der Rialto-Republik, so daß die wirtschaftlich-fiskalischen Vorteile unübersehbar waren, die sich der Senat durch das Maß seiner Flexibilität und Toleranz gegenüber dieser hochaktiven Minderheit einhandelte.

Das Ökonomie-Konzept der Republik beruhte, wie dieses bezeichnende Beispiel belegt, auf der Strategie der Koexistenz und – wie die gleichermaßen ambivalente Einstellung gegenüber jüdischen Finanzaktivitäten zeigt – auf der Strategie der Symbiose, die den Beteiligten innerhalb begrenzter Reservate und Spielräume die jeweilige Optimierung eigener Interessen und Gestaltungspotentiale gewährte.

In der Wirtschafts- und Kulturgeschichte Venedigs (und Europas) steht der Gewürzhandel als prototypisches Beispiel für Marktchancen, Wettbewerbsstrategien, Innovationspotentiale und das Konzept der Nische. Gewürze bilden das Vehikel der ersten Phase der Überwindung des mittelalterlichen Weltbildes, ja die Voraussetzung und Weichenstellung in die Neuzeit. Die Entdeckungen der arabisch-orientalischen, aber auch der fernöstlichen Kulturen und der Neuen Welt haben Lebensgefühl und Lebensqualität der Alten Welt grundsätzlich gewandelt. Die Stadtrepublik Venedig hat dabei eine maßgebliche Rolle gespielt. Alljährlich trafen im Frühjahr am Rialto die Galeeren-Geleitzüge aus Alexandria oder Beirut mit Gewürzen ein, um von hier aus auf die mittel- und nordeuropäischen Märkte weiterverladen zu werden. Als Hauptumschlagplatz von »stimulans« und anderen Luxus-Artikeln spielte Venedig zwischen 12. und 16. Jahrhundert eine Schlüsselrolle.

Nachdem die nächstliegenden Landwege nach Indien und Zentralasien über das Schwarze Meer, Armenien und Persien, über den Persischen Golf (Trapezunt) oder über Basra, Bagdad durch die Wüste nach Damaskus kaum mehr Schutz für Kaufleute gewährleisteten, blieb nur noch der Weg über das Rote Meer und Alexandria. Hier verfügten die Venezianer über eigene Geschäftsniederlassungen, Magazine und Privilegien, hier verkauften sie unter anderem deutsche Edelmetalle und galten fast konkurrenzlos als verläßliche und bestzahlende Kunden.

Wiederholte Versuche des Mamelucken-Sultans Barsbay, seine Kontrollrechte in eine Monopolstellung für höhere Gewürzpreise auszunutzen, führten zu endlosen Konflikten mit venezianischen Handelsunternehmen. Doch erst mit dem erneut ausgebrochenen Krieg zwischen Venedig und dem Osmanischen Reich 1499 wurde nach heftigem Spekulationsfieber die bis dahin konkurrenzlose Position Venedigs ernsthaft in Frage gestellt. Die Preise waren von 56 Dukaten pro 120 kg fast auf das Doppelte und im Jahre 1501 bereits auf 130 Dukaten angestiegen, um nach dem Bekanntwerden massiver portugiesischer Konkurrenz, die nun erstmals auch in Indien auftauchte, wieder auf 62 Dukaten zurückzufallen.[11]

Die ständig wachsende Nachfrage, stagnierende Transporttechniken und zunehmend erhöhte Zölle, Tarife und Zwischenhändlergebühren führten im 15. Jahrhundert zu verdreißigfachten Pfefferpreisen. Von nun an begann ein für Venedig unbequemer und langjähriger Handelskrieg mit sprunghaft wechselnden Verlusten, Hochkonjunkturphasen und fast unüberschaubaren Fronten.

»Der König von Portugal, der (nun) über die Gewürze gebietet«, so beklagte sich z. B. der Rat der Stadt Nürnberg, »setzt die Preise so fest, wie es ihm gefällt, denn sie werden bei keiner noch so großen Teuerkeit unter den Deutschen unverkauft bleiben.«[12]

Nach der Erorberung Ägyptens durch den osmanischen Sultan Selim 1517 veränderten sich abermals schlagartig die bestehenden Machtkonstellationen. Ein letztes Mal erlebte Venedig für ein halbes Jahrhundert das Wiedererblühen der »guten alten Zeit«, erreichte der Levantehandel neue Rekorde, hatte man am Rialto fast den Namen Vasco da Gama vergessen, eroberten die venezianischen Handelsgesellschaften ihre italienischen und deutschen Märkte zurück und begannen sogar französische Kunden zu beliefern. Doch in Venedig wußte man gleichwohl, Handel bedeutet immer auch Wandel.

Seit Ende des 16. Jahrhunderts führte der politische Balanceakt zwischen Großmachtinteressen, Zweck-Ententen und gnadenlosen Konkurrenzmethoden zum jähen Ende jener so erfolgreichen Gewürz-Handelsära.[13] Daran änderte auch ein scheinbar verlockendes Angebot Philipps II. an Venedig nichts, den gesamten nach Lissabon transportierten Pfeffer per Exklusivvertrag und Garantien zu übernehmen. Der Senat im Dilemma, andere wichtige Handelspartner zu verlieren, lehnte es ab, sich an einem europäischen »Kartell« zu beteiligen und spanischen Interessen auszuliefern, denn dieser Schritt mußte sich schließlich gegen die Republik selbst richten. Deutsche Bankiers investierten daraufhin in Erwartung großer Gewinne, die sie jedoch niemals zu Gesicht bekamen.[14] Und die Parallelen zur aktuellen Geschichte des 20. Jahrhunderts im Hinblick auf ein grenzenloses Europa bieten reiches Anschauungsmaterial zur Frage der Duplizität erfolgreicher Wettbewerbs- und Überlebensstrategien.

Rialto-Wallstreet: ein Weltmarkt für Informationen

Im Jahre 1492 unternahm Christoph Columbus mit drei Segelschiffen und 88 Mann Besatzung im Dienste der spanischen Krone seine erste Reise mit dem Auftrag, auf der westlichen See-Route nach Indien zu gelangen.

In der Annahme und bestärkt nach der Lektüre Marco Polos *Mirabilia mundi*, er müsse auf diesem Wege Cathay (China) erreichen, hielt Columbus nach

61tägiger Reise Cuba und später Hawaii für Zipangu (Japan). In der festen Überzeugung, Asien betreten zu haben, erbat Columbus während seiner späteren, dritten Reise einen Dolmetscher, um mit dem chinesischen Groß-Khan verhandeln zu können und hielt gravitätisch am Meer wandelnde Flamingos für chinesische Priester. Auch nach seiner letzten Reise im Jahr 1498 zur Orinocomündung und nach Panama ahnte er nicht, einen bisher unbekannten Erdteil betreten zu haben. Als man zweihundert Jahre früher in Venedig die nüchternen Beobachtungen Marco Polos über seinen Aufenthalt in China zur Kenntnis nahm, hielten viele Leser diesen Bericht als mit ihren Erfahrungen nicht vereinbar. Marco Polo wurde wortwörtlich aufgefordert, alles was über die »Tatsachen« hinausginge, zu korrigieren.

Welchen Stellenwert also zu Beginn der sogenannten Neuzeit Information, bzw. die Vorstellung dessen, was man – in Venedig – unter Information verstand, hatte, soll nun in diesem Kapitel vorgestellt werden.

Ist es nach Darlegung der für das venezianische Gemeinwesen charakteristischen Organisation und seiner Konzeption von »politiké techné« angemessen, von Kriterien und Maßstäben bezüglich Information (und Kommunikation) auszugehen, die sich von denen anderer Gesellschaften dieser Zeit bereits erheblich unterscheiden? Dieser Frage sei an einigen charakteristischen Institutionen wie den »Bocche della Verità« (den Briefkästen der Wahrheit), den Relationen und anderen öffentlichen Einrichtungen nachgegangen.

Während des 4. Genuesischen Krieges 1378–81 stand der Stadtrepublik durch die belagernden Genuesen ein Sturmangriff in der Lagune bevor. Nur die Geschlossenheit der gesamten Gemeinschaft bot eine mögliche Überlebenschance. In dieser Zeit des verzweifelten Abwehrkampfes war die Einrichtung einer »anonymen Anzeige« gegen mögliche Spitzel oder Spione per Gesetz eingeführt worden. Formal war der Rat der Zehn als Sondergericht und Kriseninstanz zuständig, die fraglichen »Anzeigen« zu überprüfen. Unter der Voraussetzung der Anonymität wurden »Denunziationen« von drei Ratsvorstehern und sechs Dogenräten geprüft. Nur bei einstimmigem Beschluß konnten sie dem Rat der Zehn vorgelegt werden. Dieser hatte sich mit einer Fünfsechstelmehrheit für die Annahme auszusprechen. In einer weiteren Überprüfung war eine Vierfünftelmehrheit erforderlich, um ein Ermittlungsverfahren einzuleiten. Der Verdächtige (Angezeigte) konnte sich nur

Bocca della verità.

schriftlich verteidigen bzw. verteidigen lassen. Armen stand eine kostenlose Verteidigung zu. Der Vollzug einer Entscheidung des Rates der Zehn war nur rechtsgültig, wenn mindestens einer der drei »Avogadori di Comun« anwesend war. Gegen das Urteil des Rates war Berufung zulässig. Ein Ratsmitglied, das Zweifel an einem Urteil geltend machte, konnte ein neues Verfahren (Wiederaufnahme) veranlassen.[1]

Die Institution jener anonymen Anzeigen, die sogenannten »Bocche della Verità« (Briefkästen der Wahrheit), schien in der oben dargelegten Form noch als unzureichend. Deshalb wurde 1387 per Gesetz verfügt, daß jede Anzeige die Unterschrift des Anklägers und zweier Zeugen zu enthalten habe, falsche oder böswillige Verdächtigungen wurden jedoch ausdrücklich mit strengen Strafen bedroht.

Damit wandelte sich die Institution weg von Bagatellbeschuldigungen, die dem Staat – trotz zahlreicher irrelevanter Nachrichten – ein breites Meinungsspektrum und Symptombarometer der öffentlichen Meinung (Stimmung) widerspiegelten, die vor allem sichere und öffentliche Wege gewährleisteten, auf welchen für die Gemeinschaft relevante Nachrichten gefahrlos für den Informanten an den Rat der Zehn oder andere Hoheitsträger gelangen konnten.

Auch verfügte die Signoria über ein in anderen Staaten dieser Zeit gänzlich unbekanntes Bündel gemeinschaftlicher Hinweise als eine Art von Kommunalbeteiligung. So war (als Soll-Vorschrift) jeder Venezianer gesetzlich verpflichtet, nicht nur von jeder Handelsreise eine Kostbarkeit als Schmuck für den Markus-Dom mitzubringen, sondern auch als Repräsentant und Agent der Republik relevante Nachrichten der Signoria weiterzuvermitteln.

Die Professionalisierung der Informationsverarbeitung begegnet uns indessen mit der venezianischen Diplomatie. Wie alle Miniaturstaaten[2] befand sich auch Venedig in der Notwendigkeit, den personellen Mangel an Repräsentanten, gemessen an der Vielzahl und Bedeutung seiner auswärtigen Beziehungen, durch außergewöhnliche Kriterien der Auswahl und Qualifikation zu ersetzen.

Als eine zum Kunstmittel entwickelte Methode der Informationsbeschaffung und -verarbeitung galten die Berichte der Gesandten – »relazione« –, die diese nach Beendigung ihres jeweils zwei- bis dreijährigen Botschaftsaufenthalts als Gesamtwürdigung aufzuzeichnen und später als schriftlichen Bericht (Gesetz von 1425) abzugeben und innerhalb von 14 Tagen vor dem Senats-Plenum persönlich vorzutragen hatten. Der Dienst als Diplomat war eine obligatorische Vorbereitung auf die spätere Übernahme politischer Ämter. Gewöhnliche Nobiles, als Botschafter mindestens 38 Jahre alt – Cittadini bekleideten Gesandtschaftsposten oder Botschaftssekretärsfunktionen –, residierten ohne Familie bei relativ schlechter Bezahlung. Repräsentationspflichten waren in der Regel aus dem eigenen Vermögen bis zur Abberufung aufzubringen.

Im Gegensatz zu Tagesrapporten oder Depeschen, die chiffriert in zweifacher Ausführung auf verschiedenen Wegen nach Venedig geschickt wurden, waren die Relationen, in seit Kindheit geübten Methoden der Beobachtung und Beschreibung Resümees über Tatbestände und Vorgänge der bereisten Gastländer und Städte. Besonderer Wert wurde auf eine differenzierte Beurteilung maßgeblicher Persönlichkeiten und ihrer spezifischen privaten wie offiziellen Eigentümlichkeiten und Beziehungen gelegt.

Gelegentlich konnten die Berichte der »ambasciatori«, die natürlich nicht zum Druck bestimmt waren, »mit unbegrenzter Offenheit nicht nur in Betreff ausländischer Fürsten, auch dem Senat von Venedig die bittersten Wahrheiten aufs empfindlichste sagen...«[3]. Immer aber waren sie gedacht, anhand von Einsichten, Tendenzen, Veränderungen ihrer jeweiligen »subjects« Orientierungs- und Entscheidungshilfen im Senat anzubieten. Kein Wunder also, welcher Rang diesen Dokumenten als Informationsquelle beigemessen wurde. Obwohl die Signoria die Geheimhaltung dieser Berichte vorschrieb, wurden seit dem 16. Jahrhundert Kopien in Umlauf gebracht und nicht selten auch an ausländische Diplomaten weitergegeben.

Die venezianische Politik befand sich, wie bereits ein flüchtiger Blick auf die Geschichte von San Marco erkennen läßt, seit dem 14. Jahrhundert in einer fast permanenten Krisensituation. Um so mehr war der Senat darauf angewiesen, sich über kritische, nicht beeinflußbare Konstellationen oder über zu erwartende Veränderungen aus möglichst vielseitigen Quellen ein annähernd verläßliches Bild machen zu können.

In aller Regel verbanden sich in Venedig politische Entscheidungen stets auch mit wirtschaftlichen Interessen. Die Senats-Ausschüsse hatten also in Ermangelung aktuellster Informationen allzu häufig Entscheidungen in »Als-ob«-Situationen mit Vorgabe-Charakter zu treffen.

Ein großer Teil der wichtigen Handelsniederlassungen war mehr als 2000–4000 Kilometer vom Zentrum entfernt. Die Verwaltung dieses geographischen Riesengebildes zwischen Kreta – Konstantinopel und Kaffa war also auf kalkulierbare Unsicherheitsfaktoren mit weitgehend unwägbaren Risiken einzustellen. Die für damalige Verhältnisse enormen Entfernungen sind nicht ohne die Langsamkeit der Transportmittel ebenso wie der Nachrichtenübermittlung angemessen einschätzbar. So erleichtert es heutige Vorstellungshorizonte, diese Entfernung in Tagesreisen zu übersetzen.

Von Venedig nach Canea (Kreta) benötigte man im Sommer 30, im Winter 45–60 Tage, nach Konstantinopel sieben bis acht Wochen, nach Alexandria 17–20 Tage, nach Brüssel neun Tage, nach Calais zwölf Tage, nach Augsburg oder Nürnberg acht bis zehn Tage.

Ähnlich lange waren Dogenbriefe (»ducale«) mit den Beschlüssen oder Anfragen des Senats unterwegs, abhängig von Faktoren wie Jahreszeiten, Wetter, Epidemien, Kriegshandlungen oder Piraten, vor denen Schiffe jeglicher Größe stetig Schutz suchen mußten.

Erst im 13. Jahrhundert, nachdem Genua 1298 begonnen hatte, regelmäßige Schiffahrts-Routen nach Holland und England einzurichten, folgte auch Venedig mit offiziell von der Signoria angebotenen Routen in die Romania, das heutige südliche Griechenland, nach Alexandria, Beirut, im Westen Flandern und später an die West- und Nordküsten Afrikas.[4] Handelsgesellschaften konnten nun anhand relativ verläßlicher Ankunfts- bzw. Abfahrtszeiten Ladeperioden aufeinander abstimmen, spezifische Marktgepflogenheiten – Angebot-Nachfrage-Rhythmen – einkalkulieren, um Kapitaltransfers und Investitionen angemessen bzw. optimal einzuschätzen.

Damit waren überhaupt erst regelmäßige Nachrichtenverbindungen sowie ein kontinuierlicher Informationsaustausch mit dem Zentrum geschaffen. Umgekehrt machten die großen Entfernungen und ein ungenügender Informationsstand des Senats häufig Ad-hoc-Entscheidungen venezianischer Kapitäne oder Gesandtschaften erforderlich. So läßt sich der logistisch-operative Wert venezianischer Handelsstützpunkte ermessen, über deren Informationskanäle dringliche Nachrichten weitergegeben, plötzlich notwendiger Geleitschutz und andere Arten der Kooperation spontan eingeleitet werden konnten.

Mit der Unterhaltung ständiger Gesandtschaften Venedigs in allen wichtigen Stadtstaaten, an fast allen Höfen, Residenzen, in orientalischen Metropolen und maßgeblichen Handelszentren eröffnete die Republik von San Marco nicht nur ein Netzwerk verläßlichen Informationsaustauschs, sondern auch die aktive Wahrnehmung eigener Interessen, Einflußnahme und vor allem Vertrauensbildung.

Eine ganz andere Perspektive eröffnet nach dem politischen und ökonomischen Produktiv-Wert der Information ein Blick auf die Kommunikationsmedien, die an der Schwelle vom Mittelalter zur Neuzeit in Venedig, wie auch anderen europäischen Metropolen, frei von den Rücksichten feudaler Privilegien, Aufschluß geben über den sozio-kulturellen Stellenwert eines sprunghaft zunehmenden Informations-Austauschs. Erstmals betritt die sogenannte »Öffentlichkeit« die Bühne.

Als »esprit escaliaire«[5] mag es erscheinen, daß dieser Entwicklungsprozeß untrennbar mit der Einführung exotischer »stimulants«, insbesondere mit der Mode des »Cafés« verbunden war. Sie begannen von nun an, eine das herkömmliche Weltbild essentiell und vehement verändernde Macht darzustellen.

So gab es in London zwischen 1652 und 1688 bereits berühmte Kaffeehäuser wie das Virginia- oder Lloyds Coffeehouse. Bis zu Beginn des 18. Jahrhunderts war die Zahl dieser Cafés mit eigenen »Rules and Orders of the Coffee Houses« bei einer Besiedlungsdichte von mehr als 600 000 Einwohnern auf mehr als 3000 angestiegen. Das bedeutete tatsächlich ein Kaffeehaus auf 200 Einwohner, während Paris um 1720 über rund 300 Cafés verfügte. Zur selben Zeit wurde in Venedig das unter den Arkaden der Nuove Procuratie von Floriano Francesconi gegründete Café »Florian« eröffnet. Obgleich spezifisch britische »affairs« das Café zugunsten der Teehouses ablösten, avancierte es in ganz Italien zu einer gesellschaftlichen Institution ersten Ranges. Insbesondere in Venedig wurde es der Ort allgemeinen kommunikativen Austauschs. Während der Konsum von Kaffee immer mehr in den Hintergrund trat, wurde es Nachrichten-Börse,

Agentur aktuellster Fragen und Probleme der Politik, des Geschäftslebens, der Gesellschaft und der Kunst. Das Café leitete eine Metamorphose des einst aristokratischen Salons ein, es wird Spiegelbild eines neuen, an Medien orientierten Selbstverständnisses. Ähnlich wie London verfügte auch Venedig bald über mehr als 90 Cafés, dazu Academien und Ridotti, gesellschaftliche Institutionen, die dem modernen Journalismus, dem Verlagswesen und verschiedensten Interessen potentieller (Gegen-)Eliten den Weg ebneten.

Die Institutionalisierung des freien Informationsaustauschs steht in der modernen zivilisierten Welt seither für eine pluralistische Konzeption von Öffentlichkeit, für die »politische« Disposition des Gemein-Interesses und mannigfaltige Varianten von Kunst-Sinn.

Sie signalisiert dem aufmerksamen Beobachter gleichermaßen die Ambivalenz dieses Zustands: einerseits die zunehmende Überschneidung politisch-gesellschaftlicher Spielregeln und Spielräume, andererseits deren Widersprüche und Grenzen, wie sie bei zahlreichen Autoren Venedigs zum Ausdruck kommen.

In diesem Zusammenhang wird auf die Hintergründe der Auseinandersetzungen zwischen Klerus und Signoria einzugehen sein, in welchen auf exemplarische Weise die prinzipielle Überlegenheit freien Informationsaustauschs und -zugangs – bereits im 17. Jahrhundert – zum Ausdruck kommt.

Zwei der weltverändernden Neuerungen der Moderne bilden in Europa die Einführung des Schießpulvers und die Erfindung des Buchdrucks um 1450 durch Gutenberg. Damit beginnt eine neue Phase der kulturellen Evolution: die Revolutionierung der Kriegstechnologie durch ein den stammensgeschichtlichen Hemmungsmechanismus der Aggression überspringendes »Medium«, die Feuerwaffe, und der in unserem Zusammenhang interessante Umgang mit jedermann jederzeit zugänglichen Informationen. Sie erweisen sich bald als eine zivilisierte Waffe bei der Bewältigung individueller und kollektiver, die Gemeinschaft betreffender Lebens- und Gestaltungsprobleme. Sie stehen – nicht nur in Venedig – erstmals als Institutionalisierung des Differenten, als tendenzieller Widerstand gegenüber jeglicher Art von Übergriffen, Vereinheitlichungen, ja auch als Entlarvung unausgesprochener »Überherrschung«.[6] Daß dieser »Sprung« jedoch mit der Einführung des Cafés ausgelöst, ja beschleunigt wurde, denn nun war der Weg frei für jene neue »Ware« Information – und damit für einen neuen Produktionszweig, das Verlagswesen und den Journalismus –, das mag wohl als eine Ironie besonderer Art, als »Treppenwitz« der Zivilisationsgeschichte erscheinen und vielleicht bestätigen, daß jene neue »Waffe der Kritik, nicht die Kritik der Waffen zu ersetzen« vermochte. (Marx)

Bereits ein halbes Jahrzehnt nach Gutenbergs Erfindung standardisierter beweglicher Buchdrucklettern in Mainz nehmen die ersten Buchdruckereien auch in Venedig ihre Arbeit auf. Bis zu diesem Zeitpunkt belieferten Buchhändler dort, wo es wie in Venedig bereits ein Publikum gab, ihre Kunden mit von Hand abgeschriebenen Buchexemplaren.

Um 1470 wurde das neue Handwerk durch Johannes von Speyer und Nicolaus Jenson, die ihre Werkzeuge und Techniken in eigenen Werkstätten Venedigs weiter verbesserten, enorm aufgewertet. Der Sprung von 100 Exemplaren der Erstpublikation der Cicero-Briefe innerhalb von nur vier Monaten auf 600 Exemplare der zweiten Auflage in derselben Zeit, löste für das gesamte Buchdruckgewerbe eine unerwartete Expansion aus. Das neue Gewerbe, bald einer der bedeutendsten Industriezweige der Lagunenstadt, machte Venedig innerhalb von nur einer Generation zum führenden europäischen Zentrum des Druckereiwesens, das die Regierung mit Privilegien und damals noch kaum durchsetzbaren Patenten unterstützte.[7]

Diese Innovation war allerdings vom Zugang zu einem weiteren, industriell herstellbaren Produkt, dem Papier, abhängig, das erst nach Gutenbergs Erfindung zu einer Säule bürgerlich-kapitalistischer Zivilisation werden sollte. Aus dem arabischen Kulturraum übernommen, im 13. Jahrhundert über Spanien, Sizilien nach Italien gekommen, entstanden in Padua, Trevi, Bologna und Fabriano die Papiermühlen, die alsbald Venedigs wachsendes Verlagswesen beliefern sollten. Frederic Lane spricht für die kurze Zeit zwischen 1495 bis 1497 von insgesamt 1821 nachweisbaren Publikationen damaliger Verlage, an denen Venedig mit 447, Paris mit 181 Expemplaren beteiligt waren.

Das Buchdruckereigewerbe produzierte vor 1500 etwa 15–20 Millionen Bücher, im 16. Jahrhundert allein in Deutschland rund 45 000 Ausgaben, in Paris 25 000 und in Venedig 15 000 Editionen. In ganz Europa handelt es sich um etwa 200 000 Ausgaben mit insgesamt 150–200 Millionen Exemplaren.[8]

Die 113 Buchdruckereien bzw. Verleger Venedigs druckten und verlegten die dreieinhalbfache Quote im Vergleich zu Florenz, Mailand und Rom zusammen, während hier die Preise das Dreifache gegenüber der Lagunenstadt ausmachten. Bereits 1516 erschien in Venedig das erste Venezianisch-Deutsche Wörterbuch, 1530 wurde der erste Koran herausgegeben und ganz Europa von Rußland, Polen bis Portugal beliefert.

Eine eigentlich erst im 20. Jahrhundert relevante Dimension des Wissentransfers und die Unterhaltung einleitende Innovation bildete die Erfindung des heute selbstverständlich erscheinenden Manteltaschenformats, der Octavbuchgröße durch den venezianischen Humanisten und Verleger Aldus Manutius. Seine Neuerung, wie auch neue Typenarten, Letterstellungen und Kursivschrift eröffneten nicht nur grenzenlose neue Märkte, sondern vor allem eine Kostenreduzierung der Exemplare auf mehr als ein Achtel gegenüber den einstigen großen Quart- oder Foliobänden. Derselbe Manutius war es auch, der als einer der ersten Verleger griechische Manuskripte und korrekturlesende griechische Emigranten ausfindig machte, um Originaltexte übersetzen zu lassen, der venezianische Drucker fand, die griechische Druckklischees zu schneiden wußten und der zahlreiche, bis dahin völlig unbekannte antike Schriftsteller erstmals in lateinischer und italienischer Sprache veröffentlichte.[9]

Sicher war Venedig ein geradezu idealer Kristallisationsraum für das Verlagswesen. Hier versammelte sich ein kosmopolitisches Publikum, das alsbald auch solche Autoren anzog, die, wie eine der Schlüsselfiguren des 16. Jahrhunderts, Pietro Aretino, als Initiatoren das Medium des Journalismus zu einem essentiellen Bestandteil eines breiten öffentlichen Interesses und neuem Produktionsfaktor machten. So erschien hier bereits im Jahre 1563 eine der ersten Zeitungen, die ihrerseits in den verschiedenen Cafés das Informationsbedürfnis als kulturellen, politischen, wirtschaftlichen, gesellschaftlichen und privaten, handlungsleitenden Wert befriedigten. Dazu gesellten sich seit dem 17. Jahrundert weitere kulturpolitische und wirtschaftliche Journale. Im Jahre 1742 erschien die »Gazetta di Venezia« nach dem Muster des Addinsonschen »Spectator«, gründete Gasparo Gozzi den »Osservatore« und trugen andere Autoren wie Goldoni, Carlo Gozzi und weitere Verleger zu ersten Ansätzen einer italienischen Nationalliteratur bei.[10]

Geld als Kommunikationsmittel

1. Das Münzsystem

Vergleichbar dem mit Cäsars Reformen geschaffenen »Weltwirtschafts-Konzept« des Imperium Romanum, das auf der Herrschaft des Gesetzes und einem einheitlichen Rechen- und Maßsystem der Zahlen, Maße, Gewichte, Währung und des Münzsystems beruhte, bedurfte es auch für den Aufstieg Venedigs zu einer europäischen Handelsmacht der Einführung eines eigenen venezianischen Münzsystems. Dies löste damit andere, jahrhundertelang beherrschende Münzsysteme wie die Karolinische Denar-, Schilling- und Pfund-Währung ab. Bereits Ende des 12. Jahrhunderts setzte Venedig selbst geprägtes Groschengeld in Umlauf. Im Jahre 1204 ließ der Doge Enrico Dandolo zur Finanzierung des Vierten Kreuzzuges den großen Silberpfennig – »grosso« – mit 2,18 Gramm Gewicht und 0,965 Gramm Feinsilbergehalt prägen, der von nun an den östlichen Teil der Levante als verbindliches Zahlungsmittel beherrschte.

Als erste Standard-Währung Oberitaliens galten die von Florenz und Genua geprägten und 1252 ausgegebenen Gold-Gulden. Im Jahre 1284 ließ der Doge Giovanni Dandolo erstmals eine venezianische Goldmünze prägen, die in Gewicht und Feingehalt dem Goldgehalt des florentinischen »Fiorino« entsprach. Der venezianische Gold-Dukaten vermochte in Gewicht und Goldgehalt 3,56 Gramm fein und 24 Karat, von zwei geringfügigen Gewichtsveränderungen auf 3,49 Gramm – 1491 und 1550 – abgesehen, für mehr als fünfhundert Jahre bis zur Auflösung der Stadtrepublik im Jahre 1797 seinen Wert konstant zu wahren.[1]

Für den Einzel- und Bargeldhandel wurden neben dem Golddukaten, den man bald als »zecchino« bezeichnete, in späteren Jahrhunderten verschiedene Arten Silbermünzen geprägt. Gleichwohl konnte sich das neue Goldmünzensystem selbst in Venedig nicht sofort durchsetzen, man mißtraute Gold, ähnlich wie später Banknoten in Gestalt von Papiergeld, das zu drucken man in Venedig selbst 1721 noch ablehnte.[2]

In der Mitte des 14. Jahrhunderts verfügte die Signoria den Übergang von der Silber- zur Goldstandard-Währung, indem sie den Golddukaten zum verbindlichen Zahlungsmittel im Werte von 24 Grossi erklärte, auch wenn die Silberwährung weiter gefragt blieb. Längere Zeit hielten sich Gold- und Silbermünzen die Waage, blieb ihr Nenn-, bzw. Marktwert stabil. Seit Mitte des 17. Jahrhunderts wechselte Venedig mit steigendem Silberangebot bei fallendem Metallwert und damit erleichterter Schuldentilgung schrittweise zurück zum Silberstandard.

Das venezianische Münzsystem avancierte nun zur Weltleitwährung. Von London bis Portugal, von Kalkutta bis Peking und Alexandria bis Malaga begegneten der englische Kaufmann Cooper oder Vasco da Gama dem venezianischen Golddukaten.[3] Das Vertrauen in die Solidität der »Serenissima« und ihrer Institutionen, das wachsende Interesse kapitalanlegender oder Staatsobligationen erwerbender ausländischer Finanziers korrespondierte dem Prozeß eines fast ununterbrochenen Wertschöpfungsprozesses dieses Gemeinwesens.

2. Finanzwesen und Staatshaushalt

Die kontinuierliche Dokumentation aller formal erfaßbaren administrativen Maßnahmen der Stadtrepublik bietet einen detaillierten Einblick in die Abwicklung des Staatshaushaltes, seiner Einnahmen wie Ausgaben zwischen 12. und 18. Jahrhundert. Die mit Abstand wichtigste Einnahmequelle bildeten neben den eigens darzustellenden unternehmerischen Aktivitäten dieses Gemeinwesens die indirekten Steuererhebungen. Der Fiskus war also verständlicherweise bestrebt, die Handelsströme über den Rialto zu fördern, die Angebot-Nachfrage-Mechanismen zu gewährleisten, die Infrastruktur- und Kommunikations-Angebote seitens der Kommune ständig den jeweiligen Gegebenheiten anzupassen. Weitere Einnahmequellen bildeten direkte Steuern aus Grundbesitz und Vermögenssonderrechten, aus öffentlichen Kreditaufnahmen, die in Krisenzeiten den Charakter staatlicher Zwangsanleihen annahmen, und schließlich, seit dem 15. Jahrhundert, Einnahmen aus Levante-Niederlassungen und der Terra Ferma.

Was die Kategorie indirekter Steuern als Stapelplatztaxen und Schutzzölle für Ein- und Ausfuhren am Rialto und in den Fondachi anbetrifft, so betrugen sie in aller Regel ein Prozent und waren allenfalls als Summe ertragreich. Doch auch Steuern auf Weine, Fisch, Salz, Öl, Getreide, Holz und in späteren Jahrhunderten Manufakturgüter wie Wolle, Seife und andere Luxusgüter gehören in diesen Katalog. Sie belasteten vornehmlich die überwiegend nicht begüterten Einwohner. Ähnlich verhielt es sich mit den Einnahmen aus staatlichen Monopolen für Salz, Getreide, Fleisch und Kaffee, die über kommunale Verteiler der Stadt in den ersten Jahrhunderten beträchtliche Gewinne erbrachten.[4]

Nach dem Verlust Konstantinopels und erneut ausbrechenden inneritalienischen Kriegen war der Senat gezwungen, neue Einnahmequellen zur Kriegsfinanzierung per Gesetz oder durch indirekte Steuern zu erschließen. Kataster-verzeichnisse und Vermögensschätzer erfaßten den Grundbesitz sowie alle Einkommen aus Frachten, Handel, landwirtschaftlichen Gütern, Läden, Konto-ren und Werkstätten. Jeder venezianische Bürger war zur Offenlegung seiner Vermögensverhältnisse verpflichtet. Die Archive der »Dieci Savi sopra le decime« ergeben noch heute einen unbestechlichen Einblick in die Besitz- und Vermögensverhältnisse der damaligen Zeit.

Auch das Nichtableisten des Militärdienstes in Kriegszeiten wurde mit dem »Zehnten« belastet und Falschangaben streng geahndet. Die Besteuerung er-folgte progressiv, und hohen Staatsbeamten wurden Geldbußen auferlegt, wenn sie nicht genug von ihrem Gehalt ausgaben, zahlbar auch durch die Erben jener Amtsträger nach deren Tod.[5]

Einen Eindruck davon, als wie problematisch sich die Finanzpolitik der Republik im Hinblick auf die öffentliche Verschuldung durch Kriegsausgaben erwies, gibt die wörtlich überlieferte Rede des Dogen Mocenigo auf seinem Totenbett im Jahre 1423.

Die Stadtrepublik war der erste europäische Staat, der die öffentliche Ver-schuldung (kraft Zwangsanleihen durch den Staat) durch die sogenannte »Monte Vecchio« sicherte und fundierte, indem er regelmäßig Zinsen über einen Zeitraum von einhundert Jahren an alle Obligationeninhaber zahlte.[6]

Gleichwohl löste die Finanzpolitik über das Instrument der »Monte Vecchio« langfristig Kritik und heftige Auseinandersetzungen unter den Anleihegebern aus, die sich durch Währungsschwankungen und fragwürdige Stützungsmaß-nahmen gegenüber anderen Obligationeninhabern benachteiligt sahen. In den folgenden Jahrhunderten spielten Kapitalschöpfungen durch Zwangsanleihen und Zinsauszahlungen an die einflußreichen Geldgeber der Oberschichten eine immer weniger relevante Rolle.

Tatsächlich aber hatte sich ein Teil der Oberschicht in diesem Falle auf Kosten der Kommune bereichert, erwiesen sich Zwangsanleihen als weniger belastend für das wohlhabende Patriziat als direkte Steuern. Langfristig konnte der allgemeine Wertverlust nicht ausgeglichen werden. Zahlreiche Familien der Oberschicht verarmten, während die Verschuldung für eine kleine Gruppe Besitzender eine »Versicherung« bedeutete, die sie wiederum als neue Kredite in die Kommune investierten.

Seit dem ausgehenden 17. bis 18. Jahrhundert verbesserte sich die Finanzlage des Staates zunehmend. Den größten Teil seiner Einnahmen erbrachten Ver-brauchs- und Umsatzsteuern sowie die Terra Ferma. So führte die Rückzahlung der Staatsanleihen, nun weit unter dem Nennwert und bei niedrigeren direkten Steuern – da der Münzwert gesunken war –, zu einem kontinuierlichen Kapitalzuwachs weniger reicher Familien. Als im 18. Jahrhundert der Anteil der Verteidigungsausgaben in Relation zum Gesamtbudget auf weniger als ein Drittel zurückging, wurden Staatsschulden gar nicht mehr durch Zwangsanlei-hen, sondern weitgehend durch Immobilien – Vermögenswerte und Spargutha-ben der Scuolen – aufgebracht.[7]

Eine angemessene, ja umfassende Würdigung der Geschichte der mit Venedig kriegführenden Staaten und des jeweils komplementären Anteils seiner Staatsverschuldung würde ein eigenes Thema rechtfertigen.

Über den Zeitraum der immerhin letzten fünfhundert Jahre des venezianischen Haushalts, seiner Einnahmen und öffentlichen Verschuldung gibt eine Graphik Frederic Lanes (bzw. Alvise Zorzis) ein beredtes Zeugnis. Welche Rückschlüsse das venezianische Staatsbudget als Spiegel seiner Staatsauffassung nahelegt, inwieweit hier von »Oikonomia« als Kunst der Organisation von Teil und Ganzem gesprochen werden kann, ist eine Frage der Kriterien und Maßstäbe, auf die aus jeweils wechselnden Perspektiven und im Hinblick auf vergleichbare Sozialverbände, etwa die Stadtrepublik Genua, näher eingegangen werden soll.

Nach der Darlegung der Staatseinnahmen bietet bereits ein Blick auf die topographische Lage der Lagunen-Stadt hinreichend Anhaltspunkte, daß die Staatsausgaben dieser Kommune weder mit Festland-Stadtstaaten noch mit Hafenstädten im herkömmlichen Sinne vergleichbar sind.

Neben den klassischen Staatsausgabesektoren: Finanz-Verwaltung, Recht und innerer Frieden, Sozial- und öffentliche Aufgaben, Verteidigung und Außenbeziehungen kam hier weiteren, übergeordneten Funktionsbereichen wie Umwelt, Technik, Koordination und Ökonomie (als einer Kommune, »die nicht sät und nicht erntet«) ein existentieller Stellenwert zu.

· So oblag besonderen Senats-Ausschüssen die Regulierung der in das Lagunenbecken mündenden Flüsse, die Probleme der Vermischung von Süß- und Salzwasser und damit hydraulischer Probleme des Kanalsystems und der Regulierung der Meeresströmungen, die Überwachung von Trink- und Hochwasservorrichtungen, von Brücken, Ufern und anderen Verkehrsinfrastrukturen. Nicht minder große Aufmerksamkeit galt dem Arsenal als Schiffsbauwerft, Handwerksbetrieb und Industrieunternehmen. Diese und andere Spezialaufgaben erforderten ein Maß an personeller, fachlicher und materieller Mitbeteiligung aller an Gemeinschaftsaufgaben, wie sie unvergleichbar und darüber hinaus an Sonderkosten gebunden sind.

Dazu kommen jene Funktionsbereiche, die im Rahmen dieser Darlegung unter Oberbegriffen wie Ökonomie, Kommunikation und Gestaltung betrachtet werden und die über rein ordnungspolitische, finanz- und verwaltungstechnische Aufgabenstellungen hinaus auch als Budgetgrößen von Bedeutung sind.

Daß solche Erwägungen durchaus als Optimierungsversuche »angewandter« Kommunikation in Venedig nicht nur eine rein bürokratische Bedeutung gewannen, belegte die Tatsache der im Europa des 18. Jahrhunderts einzigartigen ersten Staatshaushalt-Bilanzierung Venedigs. Sämtliche Einnahmen und Ausgaben der jeweiligen Magistrate, der Terra Ferma und der überseeischen Handelsniederlassungen wurden in einem bilanzierenden Dokument erfaßt. Seit dem 14. Jahrhundert gibt es darüber hinaus die sogenannte »Bilanci generali«, die – wenn auch lückenhaft – sämtliche Staatseinnahmen einschließlich langfristiger Schuld- bzw. Obligations-Rückzahlungsverpflichtungen dokumentieren. Ähnliche erste Ansätze inter-kommunaler Koordination und Optimierung im Dienste des Ganzen stellen im 17. Jahrhundert erste Volkszählungen und Statistiken der Scuolen und Gilden dar.[8]

Die Eigentümlichkeiten der Rialto-Banken werfen ein weiteres Schlaglicht auf die venezianische Auffassung von Professionalität im Wechselspiel von »responsibilità« und »disponibilità«. Viele Jahrhunderte im internationalen Kapitaltransfer führend, hatten die Venezianer ihre eigenen Maßstäbe dafür entwickelt, was nach damaligen Vorstellungen von Treu und Glauben als legitimer Gewinn, und was als unmäßig, also Wucher zu betrachten sei.

Im Einklang mit der kirchlichen Doktrin, wonach Klerus und Laien Wucher verboten war, erließ auch die Signoria umgehend ein Gesetz gegen den Wucher, um allerdings, entgegen kirchlichem Dogma, solche Zinssätze nicht als wucherisch einzustufen, die im Rahmen von Angebot und Nachfrage den Marktverhältnissen entsprachen. Verträge wie die erwähnte »Collegaza« – Kooperations- und Versicherungs-Gesellschaften, um Risiken im Überseehandel zu verteilen – mit Investitionsanleihen bei 5–8 Prozent Zinsen und andere Arten von Darlehens-Wechselgeschäften oder Anweisungen waren zwischen Venedig und anderen Bankzentralen Europas die Regel. Venezianischen Gesetzen und Gerichtsbarkeit entsprach diese Praxis, obwohl sie bei dogmatischer Auslegung dem Kirchenrecht entgegenstand.

Die Rialto-Finanz hatte darüber hinaus die sogenannten Giro-Bank-Geschäfte anzubieten: einen Kapitaltransfer, bei dem an Stelle der Übergabe von Bargeld per mündlicher Anweisung eine Gutschrift im Verzeichnis der jeweiligen Bank als Zahlungsmittel eingetragen wurde (denn die Münzen aufzubewahren und ihre Echtheit zu überprüfen, hätte ein viel zu umständliches und aufwendiges Verfahren bedeutet).

Der Akt der persönlichen und mündlichen Vereinbarung der Vertragspartner – »del giro o banca di scritta« genannt – galt als offizielle, notarielle Urkunde ohne Übergabe einer Quittung.

Seit dem 13. Jahrhundert gewann Venedig stetig an Reputation. Durch das Maß seiner Integrität und Verbindlichkeit wurde es führend im Bankwesen Europas. Girobanken wurden auch in Amsterdam, Hamburg und Nürnberg als Kapitaltransfer-Institutionen eröffnet, die allein von ihren Gebühren und Gewinnen via Kontokorrent profitierten, jedoch keine verzinslichen Darlehen vergaben oder aus Zinseinlagen Gewinn schöpften.

Das Bankwesen am Rialto bildete unübersehbar eine Säule venezianischer Stabilität. Nach dem spektakulären Zusammenbruch der ältesten der vier existierenden Banken Venedigs wußte der »Rat der Zehn« durch einen Garantiefonds die Integrität venezianischen Geschäftsgebarens zu gewährleisten. Er beschlagnahmte nicht nur prinzipiell das Privatvermögen des Bankiers und seiner Familie, sondern er drohte auch mit dem Ausschluß aus der venezianischen Nobilität.[9]

Bankiers auf dem Campo di Rialto, Ausschnitt aus einem Gemälde von Canaletto.

Nach dem Übergang vom Münzgeldverkehr zu bargeldlosen Zahlungsge-pflogenheiten wuchs die Bedeutung des Bankwesen vor allem als Kapitalgeber des Staates, etwa bei der Anwerbung von Galeeren-Besatzungen oder der Finanzierung von Verteidigungsmaßnahmen (während des Krieges gegen die Liga von Cambrai). Den Veränderungen des Bankwesens seit dem 18. Jahrhun-dert stand der Senat reserviert gegenüber. Er hielt am konservativen Grundsatz des Verbots von Gesellschaften mit beschränkter Haftung fest, ja bestand auf dem Prinzip der absoluten Eigenverantwortlichkeit – es sei denn: die Beschrän-kung der Risiken auf eine befristete Zeitspanne und genau vereinbarte Zwecke, wie im Falle der Colleganza-Gesellschaft. Ähnlich strikt hielt man am Grund-satz, Kapitalguthaben nicht überziehen zu dürfen und strengen Kontrollen fest, wenn sich auch in der Praxis bald flexiblere Formen des Kapitaltransfers durchsetzen konnten. Die Kommune bediente sich ihrerseits seit 1619 der Banco del Giro, um öffentliche Schulden zu bezahlen und dabei durchaus den Grund-satz der Kapitaldeckung des eigenen Kontos zu verletzen. Das Vertrauenskapital und die Garantien der Republik genügten, um den allgemeinen Grundsatz durchzusetzen und die erkennbare Kongruenz von privatem und öffentlichem Bank(Finanz)wesen zu demonstrieren.[10]

Die Staatsfirma Venedig: der erste moderne Staat?

Erst im 14. und in der zweiten Hälfte des 15. Jahrhunderts entwickelte sich die Stadtrepublik Venedig zu einem Territorial-»Staat« im formellen Sinne, wenn diesen Kriterien wie Staats-Volk, Staats-Macht, Staats-Zweck und Staats-Gebiet auszeichnen. Bis zu diesem Zeitpunkt definierte es sich seinem eigenen Selbstverständnis gemäß ausdrücklich unter Verzicht auf Fest-Landbesitz, auch wenn es de facto seit der Eroberung Konstantinopels (1204) eine »Territorialmacht« wider eigenen Willen geworden war.

Angesichts der ungeheuren Ausdehnung seiner Levantestützpunkte und der Unsicherheit seiner vor allem durch die Türken bedrohten Seewege glaubte der Senat, einer zusätzlichen militärischen und ökonomischen Bedrohung seines Hinterlandes – des Veneto – durch die Bildung eines italienischen Regionalstaates durch die Scalier in Verona, die Visconti in Mailand und die Carrara in Padua zuvorkommen zu müssen.[1]

Die Stadtrepublik erweiterte also ihr Territorium durch Inbesitznahme des Veneto, Teile des Friaul und der Lombardei zur sogenannten Terra Ferma. Hatte Venedig bis dahin seine existenzsichernden Aktivitäten weitgehend im mediterranen italienisch-europäischen und orientalischen Raum entfaltet, so verfügte es – seit der Dogenzeit Francesco Foscaris (1423–1457) und dessen massiver Expansionspolitik, endlosen Kriegen und finanziellen Nöten – nun über ein unerschöpfliches agrarisches Reservoir mit Grundnahrungsmitteln, insbesondere das notwendige Getreide. Die buchstäblich unermeßlichen Handelsgewinne aus der Levante wurden hier sogleich wieder investiert. Daß der Terra-Ferma-Besitz, und damit die unmittelbare Konfrontation mit den europäischen Großmächten – wie bald die Liga von Cambrai zeigen sollte –, völlig neue Risiken und Probleme heraufbeschwor – konnten die Nachfolger Francesco Foscaris, der nach 34 Jahren Amtszeit von seinen eigenen Ratgebern abgesetzt worden war, kaum ahnen.

Die Majorität der politischen Elite im Großen Rat begann sich nach der erneuten Türken-Invasion 1453 und damit dem Wendepunkt venezianischer Levante-Suprematie (nach dem Verlust zahlreicher Handelsbasen und 1571 der Insel Zypern) außenpolitisch grundsätzlich umzuorientieren.

Nachdem die letzte republikanische Signoria Florenz 1530 an unüberbrückbaren Gegensätzen und mangelhaften politischen Spielregeln gescheitert war, blieb Venedig von einst mehr als 70 Stadtrepubliken inmitten eines von europäischen Kriegen und Verwüstung heimgesuchten Italiens, nach der Liga von Cambrai selbst am Rande des Abgrundes, zurück. Die Voraussetzungen für das Überleben Venedigs als freie Stadtrepublik reichen indessen weiter zurück. Sie wurden seit dem 12. Jahrhundert durch die schrittweise Gestaltung eines ansatzweise modern organisierten Gemeinwesens, einer offenen und vieldimensional orientierten Gesellschaft und Weltökonomie geschaffen. Charakteristisch waren dafür zunächst ein Mindestmaß an territorialer Substanz, politische, systemorientierte Spielregeln mit kollektiven, pentarchischen Entscheidungsmechanis-men und einem System institutioneller Machbeschränkungen. Als einzige freie und säkularisierte Patrizier-Republik demonstrierte dieses Gemeinwesen mehr als ein halbes Jahrtausend, allen europäischen Regional- und Territorialstaaten voranschreitend, das Experiment der Cività mit dem Anspruch kollektiver Sicherung der Freiheit. Den Schlüssel dazu bildeten venezianische »raison communale« und »politiké téchne« als Profession von »Governo« und »Dise-gno«. Dieses Experiment ist identisch mit den Anfängen des modernen Kapita-lismus und einem Ökonomie-Konzept, das auf der Grundlage griechisch-arabischen Wissens und einer pragmatischen Variante der Ideen des rationalisti-schen Naturrechts beruht. Dieser Miniaturstaat im Weltformat vermochte es frühzeitig, sein »Vermögen« zu einem Rendezvous der Unterschiede, zur hohen Schule modernster Kulturtechniken und exorbitanten Lernwerkstatt Europas zu verwandeln.[2]

Im Gegensatz zur kirchlich-mittelalterlichen Lehre – wonach die hierarchische Ordnung auf Erden die des Himmels widerspiegelt, eine patriarchalische Gerechtigkeit als Geschenk von oben – die als göttlich-unparteiische Obrigkeit waltet, so das theologische Naturrecht des Thomas von Aquin –, beruht eine egalitäre Gerechtigkeit – jedem nach seinem Stande – als sogenanntes rationali-stisches Naturrecht auf drei Prinzipien:

– Politische Herrschaft ist nicht auf den Willen Gottes, sondern auf die Vereinba-rung freier Menschen zurückzuführen.
– Die Staats- und Rechtsordnung hat den Zwecken der Gemeinschaft zu diesem und den Grundsätzen der Vernunft zu entsprechen.
– Es gibt immanente Bürger- (bzw. Menschen-)Rechte, die von jeder Staats-gewalt respektiert werden müssen.[3]

Mit diesem Anspruch nimmt das neue Gesicht der Städtebewegung des Westens in verschiedenen Gegenden Europas im 11. Jahrhundert bereits in Lothringen, Flandern, England, Italien und später Frankreich und Deutschland, wenn auch nur kurzfristig, konkrete Gestalt an.[4] Während der Geist sozialer Bewegungen und politischer Emanzipation »wie ein Gespenst in Europa« bis in das 20. Jahr-hundert weiter umgeht, fand die Stadtrepublik Venedig Wege der Umsetzung in konstitutionelle bzw. institutionelle Infra-Strukturen und »politiké téchne« einerseits sowie der Herausbildung eines säkularisierten, ideologiefreien Welt-bildes in der Balance von Teil-(Partikular-) und Ganzem(Gemeininteresse) andererseits.

Neben der Ausbildung funktionsfähiger sozialer und politischer Institutionen gehört zu einem modernen Staat notwendigerweise ein effizienter Verwaltungs- und Beamtenapparat. Angesichts der Fülle wachsender und neuartiger Aufga-ben und Sachbereiche bedurfte es, wie auch in anderen europäischen Staaten, immer mehr solcher Leute, die nicht nur verwalteten, sondern die auch entscheidungsvariable, verantwortungsbewußte Aufgabenbereiche wahrzunehmen in der Lage waren.

Den dringlichen Mangel wirklich fähiger »ministri«, den Francesco Guicciardini 1530 in seinen *Ricordi politici e civili* beklagte, konnte der Große Rat aus dem Reservoir patrizischer Familien weitgehend ausgleichen. Im Unterschied zur Praxis anderer europäischen Monarchien erwies sich dabei die Wahl nicht spezifisch ausgebildeter Mitglieder des Patriziats auf selten mehr als vier Jahre in bestimmte Ressorts als Vorzug, der der Entstehung hochspezialisierter Amts-Kompetenzen und damit »bürokratischer« Interessen im Sinne Max Webers entgegenwirkte.

Das Gros des venezianischen Verwaltungsapparats stellte die *Cittadinanzza*. Sie besetzte die niemals einer zentralen Kontrolle unterworfenen, spezifischen Verwaltungsstellen, weisungsgebunden nur immer wieder neu gewählten Nobiles bzw. Körperschaften. Ihnen oblag als Vollzugsbeamten des Arsenals, der Münze, der Getreideämter, Schiffsinspektionen, Steuererhebung und anderer fiskalischer Aufsichtsorgane, als Buchhalter, Notaren, Sekretären bis an die Spitze des Staates zum Großkanzler die unmittelbare Amtsführung. In Zeiten eklatanter Finanzkrisen konnten sie in niederrangigen Positionen ihre Ämter als lebenslange Anstellung mit dem Recht der Weitervererbung von der Signoria kaufen. Ob damit auch die Unabhängigkeit solcher Amtsinhaber vom Wohlwollen willfähriger Gönner gewährleistet blieb, ist eine offene Frage. Gleichwohl verdienten sich ein wachsender Teil venezianischer Bürger in niederen und höheren Funktionen wie auch verarmte Patrizier ihren Lebensunterhalt im Verwaltungsdienst der Republik.[5]

Sicher läßt sich nicht von einer einheitlichen Verwaltung im heutigen Sinne sprechen. Vielmehr erscheint die völlige Beispiellosigkeit venezianischer Verwaltungspraxis mit ihrem Netz sich gegenseitig überschneidender, sowohl ausführender, gesetzgebender wie rechtsprechender »Mosaik-Kompetenzen« auf den ersten Blick geradezu Unordnung, ja venezianische »Grundsatzlosigkeit« zu signalisieren.[6] Angesichts der Aufgabenfülle, der spezifischen Probleme dieser Zeit und im Vergleich zu den Staaten des damaligen Europa bildete sie gleichwohl einen Garanten für die Übersetzung und Vermittlung politischer Entscheidungen, also neben Steuerung, Koordination und Kontrolle auch der Sicherung von Marktchancen, Kapital- und Informationsströmen, Wettbewerbsspielregeln, Investitionsmaßnahmen und anderen Zielen zu dienen.

Noch einige Jahrhundert, bevor Adam Smith (1723–1790) die politisch-ökonomische Programmatik des Wirtschafts-Liberalismus formuliert hatte »Laissez faire, laissez passer, le monde va de lui-même« (Laßt den Dingen ihren Lauf, die Welt läuft dann von selbst), jene These, wonach es eigentlich die Aufgabe des Staates sei, lediglich die allgemeinen Spielregeln aufzustellen, sich im übrigen jedoch nicht in die Wirtschaft einzumischen, denn diese würde sich gemäß natürlichen Gesetzen zum Wohle aller entfalten..., erbrachte Venedig den Beweis, daß die Ziel-Kongruenz von Politik und Wirtschaft – mit der vermittelnden Rolle eines professionellen Verwaltungsapparats – die wohl bestmögliche Interessenwahrnehmung mit der Generalspielregel der Priorität des Öffentlichen vor dem Privaten zu gewährleisten vermag.

Während, wie die Geschichte der Mehrzahl kontinentaler Staaten zwischen dem 13. und 18. Jahrhundert zeigt, politische Herrschaft und wirtschaftliche Interessen nicht selten diametral auseinander- oder doch mehr oder weniger unkoordiniert nebeneinander herliefen, demonstrierte die Rialto-Republik bis in das 18. Jahrhundert tendenziell das erste erfolgreiche Experiment der Zielkongruenz von wirtschaftlichen und politischen Interessen, wie es offensichtlich auch andere insular- oder maritim-organisierte Sozialverbände Europas auszuzeichnen scheint.[7]

Von den etwa 120 Patrizier-Familien mit durchschnittlich 1800–2000 Nobiles im »Consiglio Maggior« waren nur rund 30–40 große, im Laufe der Zeit wechselnde Familien wirklich einflußreich und etwa 40 Männer im engeren Kreise des Machtzentrums an den maßgeblichen Entscheidungen der Republik unmittelbar beteiligt. Die Mehrzahl dieser Familien war sowohl an Handel, Bankgeschäften, später anderen Gewerbe- oder Industriezweigen beteiligt, wie gleichzeitig auch in Regierungsgremien oder Verwaltungsämtern tätig. Darüber hinaus bestanden vielfältige Verbindungen, Verpflichtungen und Absprachen vor allem über Bruderschaften-Scuolen mit den städtischen Mittelschichten der Cittadinanzza.

Handels-, Finanz-, Rechts- und außenpolitische Entscheidungen und Aktionen waren im »Großen Rat« und anderen Verfassungsorganen untrennbar miteinander verflochten, während die Entscheidungsträger in Personalunion gleichermaßen private wie öffentliche Interessen – durch ihren Treueid gegenüber der Gemeinschaft verpflichtet – abzuwägen und wahrzunehmen hatten.

Im Kontrast zu Adam Smith' Konzept der »unvisible hand« und des freien Spiels der Kräfte im Bereich der Wirtschaft hat die auf Wettbewerb, Selbstverantwortlichkeit und Solidarität beruhende Praxis politischen, wirtschaftlichen und administrativen »skillful management« die entscheidenden Voraussetzungen für die ersten Ansätze einer überwiegend am Handel orientierten Wirtschaft als Versuch der Gleichgewichtssuche zwischen Partikular- und Gemeininteressen erprobt.

Interessanterweise gab es in Venedig aufgrund der vielschichtig verwobenen Entscheidungsgremien insbesondere des Senats und seiner Ausschüsse noch sehr viel mehr Organe mit ineinander übergehenden Aufsichts- und Kontrollkompetenzen, als in den damaligen Monarchien oder sonst autokratisch regierten Systemen etwa des Osmanischen Reichs. Gleichwohl hat die Art der gestaffelten Verwaltungsinstanzen hier nicht ihre Funktion im sich um »alles kümmern, alles examinieren« gesehen, haben hier keine allmächtigen Minister oder Monarchen zu jedem und allem ihre allerhöchsten Randbemerkungen in Erlassen oder Dokumenten verewigt, hat sich hier nicht der »circulus vitiosus« eines immer mehr reglementierten und sich verselbständigenden Staatsapparats gebildet, sondern blieben der Sinn ad hoc erlassener, bald wieder aufgehobener, an

Ausnahmen orientierter Spielregeln,[8] und die Steuerung eines konkreten wirtschaftlichen Ziels die allein angestrebte Maxime hoheitlicher Einfluß-(Maß)-nahmen.

Bezeichnenderweise sind in der Geschichte der Staats-Firma Venedig nahezu alle marktpolitischen Probleme der Post-Adam-Smithschen Ära wie Konjunkturzyklen, Inflation und Deflation, Depression und Rezession, Währungsdisparitäten und Börsen-Fluktuationen, aber auch Wettbewerbsbeschränkungen, Monopolisierung, Subventionierung, Protektionismus und Dumping in Erscheinung getreten.

Über viele Jahrhunderte gewährleisteten die Identitätspotentiale der politischen Eliten Venedigs ein hohes Maß an Konsens- und Handlungsfähigkeit. Die das Gemeinwesen als Ganzes verbindenden Spielregeln bildeten jedenfalls keineswegs eine außerhalb der Individuen liegende Macht im Sinne Adam Smith'. Sie standen eher für ein nicht korrumpiertes, aber korrumpierbares Gemeinwesen, dessen soziales »Immunsystem« inmitten irdischer Motive und Interessen lange »der Umwandlung von Ehre in Bargeld« (Machiavelli) widerstand.

Im Budgetwesen der Republik – in der vorbildlichen Art des Umgangs mit öffentlichen Einnahmen, Ausgaben und Schulden – spiegelt sich, ganz im Sinne der ehrwürdigen »Magna Charta« von 1215 als Grundstein der englischen Verfassung[9], das Maß der Freiheit und Souveränität des einzelnen Individuums dieser Stadtrepublik als Teilnahme am Ganzen wider. Das ist selbst am Ende des 20. Jahrhunderts immer noch ein Anspruch, von dem die meisten Staaten der Völkergemeinschaft beträchtlich entfernt sind.

Die ungeschriebene Verfassung Venedigs

In einer der frühesten Äußerungen über die Verfassung Venedigs heißt es um 1265 bei Thomas von Aquin: Der Doge sei unter den italienischen Fürsten als einziger kein Tyrann. Petrarca spricht ein Jahrhundert später von der »miracolissima Venetiae Civitas«, dem Ort als »Zuflucht der Menschheit«, als einzige Heimstatt von Freiheit, Gerechtigkeit und Frieden . . . Eine Stadt reich an Gold, doch reicher von Ansehen, groß an Macht, größer aber an Tugenden, auf soliden Marmorfundamenten, doch solider noch an Übereinstimmung« (Concordia). Die florentinischen Humanisten und Staatsdenker waren ausnahmslos voller Bewunderung, aber nicht unkritisch: Diese Staatsverfassung erschien ihnen als »Wunderwerk« (Machiavelli, 1549); »Die beste politische Ordnung, die jemals ein Staat, nicht nur in unserer Zeit, besaß, . . . weil sie alle Staatsformen in sich verkörpert, die Herrschaft des Einen, des Wenigen und der Vielen.« (Francesco Guicciardini). Ähnliche Bewunderung wird von Savonarola und Donato Giannotti geäußert. Bereits im Jahre 1452 hatte Georg von Trapezunt Venedig im Zusammenhang mit Platons »Nomoi« als Idealstaat bezeichnet. Selbst Philipp II. von Spanien nahm an, diese Verfassung sei nicht von gewöhnlichen Menschen, eher wohl von Philosophen, von Gott selbst entworfen.[1]

Regierungen erregen in ihrer unmittelbaren Nähe die lebhafteste Unzufriedenheit. Hier zeigen sich die Bürger von der Vortrefflichkeit ihrer Institutionen durchdrungen. Hier wird keine Tyrannei ausgeübt, weder von einzelnen Gewalthabern, noch von einer aufgeregten Menge. Es sei der Ort des Friedens, wo jedermann, von welcher Religion oder Nation er auch sei, in Ruhe seine Gewerbe treibt. Der eine rühmt das Zusammenleben der Venezianer untereinander, die Gesetze, die ihnen niemand gegeben (hat), die sie von niemand entlehnt (haben), der andere die trefflichen Vorkehrungen, die man getroffen hat, die Bürgerschaft zugleich zu schützen und im Zaum zu halten. (Mauroceni, 1590)[2]

In einen Gespräch in Farney im Jahre 1760 wünschte Voltaire Näheres über die venezianische Verfassung zu erfahren. Sein Gesprächspartner, der sich ein eigenständiges und lebendiges Bild der meisten europäischen Herrscherhäuser und Metropolen zu machen vermochte, »versuchte Voltaire davon zu überzeugen, daß es kein Land auf der Erde gebe, in dem man mehr Freiheit genieße«. Derselbe hatte sich vor erst fünf Jahren nach einer ziemlich spektakulären Flucht aus venezianischer Haft befreit. Gleichwohl versäumte er kaum eine Gelegenheit zu betonen, »Venezianer zu sein, und frei in dieses Wortes umfassender Bedeutung«. (Casanova)[3]

Diese Einschätzung eines heute erwiesenermaßen aufgeklärten und kulturkritisch-analytischen Empirikers[4] deutet einen essentiellen Aspekt dessen an, was die psychosoziale Verfassung seiner Heimatstadt ausgezeichnet haben dürfte: Urbanität und Ambivalenz als Lebensform.[5]

Sie steht hier als Ausdruck der individuellen Existenz im Schnittpunkt heterogener Identitätsangebote und kultureller Bindungen, als Wahrnehmung und Erfahrung vielschichtiger und höchst widersprüchlicher Gestaltungsspielräume, sie steht – bereits – als Labyrinth im Chaos der Komplexität.

Wie verhält es sich mit diesen und ähnlichen Urteilen im Kontext: ungeschriebene Verfassung – hier im doppelten Sinne dieses Begriffs? Die Skala authentischer Eindrücke nichtvenezianischer Beobachter reicht von vorsichtig-diskreter Umschreibung unübersehbarer »Unterschiede« dieser Metropole bis zu euphorischer Bewunderung jenes »alter mundi« Petrarcas und andererseits von skeptisch-zweifelnder Bilanzierung des Exzentrisch-Exotischen bis zur Enttäuschung »fassadenhaften Scheins und gewalttätig-lügnerischer Schönheit dieser Maske« bei Simmel, Venedig als »Sua Scrupolosità«.

Dem hohen Maße an urbaner Lebensqualität, Vielfalt, interessengeleitetem Austauschs, Stilvarianten der Lebens- und Material-Gestaltung, aber auch der Toleranz-Spielräume und kosmopolitischen Offenheit – in mancher Hinsicht erscheine »sie« das Gegenteil der modernen Welt, oder war und ist sie doch schon immer die modernste aller Städte, die erste »antieuklidische« Stadt (Italo Calvino) –, diesen Perspektiven korrespondiert die Wahrnehmung einer zeitweilig unübersehbaren Tendenz hoheitlicher Ordnungsbestrebungen und Reglementierungen.

Mit dem seit dem 17. Jahrhundert zunehmenden Einfluß liberal-progressiver Bestrebungen entzündeten sich immer wieder politische Auseinandersetzungen um Fragen der venezianischen Verfassungsgrundlagen und möglicher Reformen. Dieser innerhalb der politischen Eliten des Patriziats geführte Streit erreichte einen ersten Höhepunkt in den Jahren der Gegenreformation. Die seitdem immer akutere Bedrohung unter anderem seitens der katholisch geführten Mächte in Europa erforderte erhöhte Präventiv- und Schutzmaßnahmen, die notwendigerweise auch in die Privatsphäre einzelner eingreifen mußte. Dies insbesondere im Kontext venezianischer Verfassungs- und Legalitätsgrundsätze gerade dort, wo die Grenzen zwischen scheinbar privatem Glaubensbekenntnis und nach außen gerichteten politisch interpretierbaren Aktivitäten nicht mehr exakt trennbar waren. In diesem, die Ermessensspielräume der Staatsanwaltschaft – der sogenannten Staatsinquisitoren des Rates der Zehn – betreffenden Aufgabenreichen des Verfassungsschutzes und der Gefährdung der Öffentlichen Ordnung kam es zu strafrechtlichen Verfahrenspraktiken und Fehlurteilen, die dem venezianischen Rechtsverständnis, jener Verfassungssäule der Légalité hohnsprachen. Sie lösten immer wieder im Großen Rat, aber auch in der Öffentlichkeit dramatische Auseinandersetzungen zwischen den widerstreitenden politischen Kräften der politischen Eliten Venedigs aus.

Abgesehen von hoheitlichen Aufsichts- und Kontrollbefugnissen der Magistraturen gegenüber Gewerbe- und Handeltreibenden, Handwerksstätten, Gilden, Scuolen, Hoteliers, Banken, Gondelwesen erließ die Signoria auch solche Verordnungen, die das Procedere öffentlicher Zeremonien, Rituale wie den Karneval, selbst familiäre Feste, vornehmlich solche des Patriziats, betrafen.

Angemessen mag das Verbot des Tragens verborgener Waffen oder potentielle Gewalt signalisierender Attribute erscheinen. Bezeichnenderweise betraf die Mehrzahl hoheitlicher Erlasse jedoch die Regelung privaten Luxus. Etwa das öffentliche Zurschaustellen von echtem Schmuck – wie Perlen im Haar –, die Art und Menge des zur Herstellung bestimmter Kleidungsstücke verwendeten Stoffes. Das gänzliche Verbot des Schmucktragens seitens der Frauen wurde auf Intervention des Papstes außer Kraft gesetzt. Noch im Jahre 1696 wurden größere Ausgaben für kostspielige Gewänder und Juwelen, das Tragen von Perücken, teurer als zwölf Dukaten, oder teurer Fächer und Muffe verboten. Sprunghaft wuchs die Zahl solcher Verordnungen, die der Nobilität – je nach Amt und Würde – das Tragen ganz bestimmter Gewänder in der Öffentlichkeit vorschrieben, ebenso war das Führen auf das Patriziat hinweisender Titel in der Metropole ausdrücklich untersagt, ausgenommen die Anrede NU (Nobil Uomo) oder ND (Nobile Donna).

Andere Luxus-Gesetze betrafen die Art und Weise des Palast- und Fassadenbaus wie auch deren Innenausstattungen, etwa begrenzte Mengen von Seide, Brokat oder Tapisserien; nicht dagegen reglementiert war die Zahl der Bediensten oder die Menge an Gold- und Silbergeschirr.[6]

Im Jahre 1314 untersagte der Große Rat jeden geschäftlichen Verkehr mit deutschen Kaufleuten, ehe diese im Fondaco dei Tedeschi abgestiegen waren. 1528 verfügten die »Sette Savii«, daß deutsche und andere von jenseits der Alpen kommende Fremde, Kaufleute, nur im Fondaco dei Tedesci und in den für sie eigens bestimmen Gasthäusern absteigen und wohnen dürfen. Die Aufnahme fremder Geschäftsleute in Privathäusern wurde ausdrücklich und in späteren Jahren wiederholte Male untersagt. Handwerker und Künstler bevorzugten bestimmte Gasthöfe, die wegen der großen Zahl der Gäste häufig nicht genügend Plätze anzubieten hatten.[7]

Ein Blick auf die Papierflut ständig neuer, oft nur »probeweise« erlassener Verordnungen und Edikte der Magistrate ist indessen ein Indiz dafür, daß die zahlreichen Nichtvenezianer, vor allem aber die Einheimischen der strikten Einhaltung derartiger Hoheitsakte nicht allzuviel Gewicht beimaßen oder aber Mittel und Wege fanden, dieselben durch Erfindungsreichtum auf elegante Weise zu umgehen.[8]

Wenden wir unsere Aufmerksamkeit nun den in der ungeschriebenen Verfassung Venedigs bedeutendsten Verfassungs-Maßstäben zu. Ihnen liegen bereits vor der Magna Charta in England (1205) geschriebenes Recht, Gewohnheitsrecht und Bräuche zugrunde, die später durch Giacomo Tiepolo (Doge 1229–1249) und Gasparo Contarini als Kodifizierungen venezianischer Gesetze zusammengestellt worden waren.[9]

Ob die Parole der Stadtrepublik ebensogut die der Französischen Revolution hätte sein können – so der französische Historiker Guerdan –, mit dem allerdings nicht unwesentlichen »Légalité« statt »Egalité« in der Mitte, erscheint eine ziemlich akademische Frage.[10]

Die Parole »Liberté« – und »Fraternité« – galt jedenfalls als eine Säule des venezianischen Verfassungsanspruchs, wenn auch mit der, in der Generalspielregel Venedigs ausdrücklich betonten Einschränkung der Priorität der »res publica« vor der »res privata«, der Unterwerfung des Einzelnen unter das Gesetz der Kommune.

Ihr wurde, zumal nach dem Tode Petrarcas, unterstützt durch die bürgerlichen Humanisten – sowohl Venedigs als auch Florenz' –, zusammen mit dem alles dominierenden Anspruch der »Légalité« höchster Rang eingeräumt. Gleichwohl waren in der Republik von San Marco – im Gegensatz zu Frankreich – Gewichte und Akzente prinzipiell anders verteilt. Zum einen zugunsten eines kollektiven Führungsprinzips, also kollektiver politischer Entscheidungsfindung vor dem Hintergrund der für die Stadtrepublik sprichwörtlichen Unparteilichkeit und Integrität rechtsprechender Organe[11] – die Einschränkung und Ambivalenz dieses Anspruchs thematisieren wir aus verschiedenen Perspektiven im zweiten Teil –, zum anderen zugunsten des Grundsatzes der »Grundsatzlosigkeit«, was im Alltag praktischer Politik in jenem niemals ausgesprochenen Prinzip des »institutionalisierten Mißtrauens« Ausdruck fand.[12]

Für Venedig charakteristisch, wurde dieses »Prinzip« gelegentlich auch auf die eigene Legitimations-Logik angewandt. Die über alles gepriesene und von jedem Venezianer als Selbstverständlichkeit in Anspruch genommene republikanische Freiheit hatte unübersehbar auch ihre Kehrseite. Für die überwiegende Zahl der tonangebenden italienischen Stadtrepubliken – Florenz[13], Siena, Genua – enthielt sie bereits den Keim ihrer eigenen Zerstörung in sich. Denn jene gewannen und sicherten ihre republikanischen Freiheiten durch die Unterdrük-kung kleinerer Kommunen. In einem entscheidenden Punkt unterschied sich Venedig jedoch von diesen: Es war nicht nur unter völlig unbelasteten Voraussetzungen entstanden. Die patrizische Elite Venedigs versuchte vielmehr, die strukturellen Stärken und Schwächen der venezianischen Verfassung anstatt auf Kosten, zugunsten der eigenen Gemeinschaft einschließlich ihrer Untertanen-Städte im Dienste sozialer und ökonomischer Wertschöpfung nutzbar zu machen. Das Patriziat war aus plausiblen Gründen zu keinem Zeitpunkt geneigt, seinen Führungsanspruch, nämlich unmittelbare politische Entscheidungskompetenzen zu teilen, wohl aber, gemäß seiner Vorstellung von gesamtpolitischer Verantwortlichkeit, alle Mitglieder dieser Kommunität in den alle verbindenden Rahmen dieser Gemeinschaft einzubinden und sie an den Früchten seiner Politik im Sinne eines »Positivsummenspiels« teilhaben zu lassen.

Und wie spiegelt sich in der praktischen Politik der Außenbeziehungen bis in das 18. Jahrhundert die Differenz von Verfassungsanspruch und Verfassungswirklichkeit wider? Hier sei das Verhältnis der maritimen Seerepublik Venedig zur Sklavenfrage und Piraterie kurz skizziert.

Bis in das Mittelalter war es gemäß antiker Tradition auch in Venedig selbstverständlich, Dienstpersonal auf Sklavenmärkten zu kaufen. Sklaven kamen im Mittelalter unabhängig von Hautfarbe oder Rasse aus allen sozialen Schichten. Sie wurden als Reiche oder Arme, Gebildete oder Ungebildete, einfache Seeleute oder Offiziere, Männer, Frauen oder Kinder im Mittelmeerraum, in ganz Europa und im Orient als Opfer von Seeräubern oder als Kriegsbeute auf den zahlreichen internationalen Sklavenmärkten angeboten, während sich nicht selten Angehörige um ihren Freikauf bemühten.

Die katholische Kirche »befürwortete die Versklavung von Heiden als Mittel, das zur Rettung ihrer Seelen führen möge«, ebenso wie Ungläubiger, die der Häresie überführt, als Ketzer galten. Die Hauptversorgungsquelle des Sklavenmarktes bildeten indessen die nichtbekehrten slawischen Völker des Ostens und lange Zeit der Rialto als europäisches Zentrum dieses Handels. Dort kauften und verkauften Venezianer Sklaven, die reichlich aus Mitteleuropa und dem Balkan auch auf venezianischen Schiffen importiert wurden. Erst im 14. Jahrhundert verlagerten sich die Haupthandelsplätze in den Mittelmeerraum nach Kreta zur Weiterverschiffung nach Westeuropa und Nordafrika.

Im Jahre 1366 wurden Sklavenversteigerungen auf dem Rialto erstmals verboten. Der Bedarf an Hauspersonal und Bediensteten war in Venedig jedoch zu groß, um auf diese Gruppe billiger Arbeitskräfte zu verzichten. Ein weiteres Jahrhundert wurden Sklaven aus dem Osten, vor allem über Tana und das Schwarze Meer importiert. Verkäufe wurden nun nur noch durch private Abschlüsse abgewickelt. Der Export in andere italienische Städte, bei denen es sich vor allem um junge Frauen und Knaben handelte, bedurfte besonderer Genehmigung.[14]

Seit Mitte des 16. Jahrhunderts wuchs noch einmal die Nachfrage nach Sklaven vor allem als Ruderer für die in Seekriegen einsetzbaren Galeassen und Galeerenflotten.[15]

Ähnlich der Praxis des 18. Jahrhunderts in den amerikanischen Kolonien verlangte man auch in Venedig – in Vorwegnahme des »Systems vertraglich verpflichteter Arbeitskräfte« – von solcherart Importierten-Dienstmädchen die Abarbeitung der Überfahrtkosten in einem Zeitraum von vier Jahren. Seit Ende des 17. Jahrhunderts mußten immer wieder gesetzliche Dekrete gegen den Mißbrauch derartiger »Vereinbarungen« über längere Zeit festgehaltener Arbeitskräfte in Kraft gesetzt werden. Trotz großer Nachfrage wurde der Verkauf griechisch-christlicher Sklaven im Veneto und in Italien wegen der sich wandelnden Einstellung gegenüber Menschenhandel immer problematischer. Nachdem 1493 die Türken den Export moslemischer Sklaven unterbanden und der »Stückpreis« schon Ende des 14. Jahrhunderts fast um das Achtfache gestiegen war, ging das Interesse an dieser Ware sprunghaft zurück. Der Markt konnte die Nachfrage bald aus dem stetig wachsenden Reservoir der in die Metropole strömenden, ungelernten Arbeitskräfte befriedigen. Ihr sozialer Status lag in aller Regel jedoch noch unter dem der meisten Sklaven.[16]

Vor dem Hintergrund des oben angesprochenen verfassungsrelevanten Anspruchs der »Légalité« erscheint das durch die Staatsanwaltschaft gegenüber einem venezianischen Kaufmann ausgesprochene Todesurteil in Abwesenheit des Beschuldigten und unter Inaussichtstellung einer Belohnung von 4000 Dukaten für die Auslieferung, 2000 für den Leichnam, charakteristisch. Der Kaufmann wurde für schuldig befunden, im Jahre 1442 mehrere mohammedanische Geschäftsleute auf hinterlistige Weise an Bord seines Schiffes gelockt und alsbald in Rhodos als Sklaven verkauft zu haben.[17]

Um für die Lagunenstadt lebenswichtige Privilegien und das besondere Vertrauen des Sultans von Alexandria zu wahren, aber auch von ihm aufgrund dieser Ereignisse eingekerkerte venezianische Kaufleute wieder zu befreien, veranlaßte die Signoria derartig rigorose Schritte. Ob die Vollstreckung dieses Urteils jemals stattgefunden hat, ist nicht bezeugt. Die Wirkung der Botschaft der Serenissima und der durch sie verfügten Maßnahmen erschien jedoch hinreichend glaubwürdig, um die Freilassung der Geiseln und die Bestätigung venezianischer Privilegien durch den Sultan zu veranlassen.

In den fast ununterbrochenen, oft kurzfristigen und lokalen Gewalthandlungen venezianischer Handelsflotten oder Stützpunkte mit unterschiedlichen Gegnern waren Piraterie, Sklavenjagd und andere, für die Zeit typische Scharmützel nicht immer genau voneinander unterscheidbar. Andererseits war der Mangel an gut ausgebildeten Matrosen und Offizieren für Venedig ein kaum lösbares Problem. Die meisten Besatzungen venezianischer Galeeren und Koggen bestanden aus Flüchtlingen, angeheuerten Seeleuten, Kriegsgefangenen und Sklaven verschiedenster Nationen. Selbst die Häftlinge venezianischer Gefängnisse reichten nicht aus, um die erforderliche Zahl von Ruderern vor allem in Krisenzeiten aufzubringen. Also war auch die Republik auf Beschaffungs- und Rekrutierungsmethoden angewiesen: im besten Falle Prämienzahlungen an freie Seeleute, Zwangsaushebungen von Gildemitgliedern, Bewohnern der Terra Ferma und der levantinischen Niederlassungen, aber durchaus auch Käufe auf Sklavenmärkten, Preßverfahren, Razzien, Kaperei und Sklavenjagd.[18]

Die Ausführung derartiger Unternehmen war nicht selten in unausgesprochener Verkehrung der gegenseitigen Absichten der Einzelinitiative venezianischer Kapitäne, Admirale und gelegentlich auch selbständig agierender Abenteurer, vor allem nach erfolgreichen Kämpfen gegen Piratenüberfälle, anheimgestellt. Auf diese Weise wurden im 13. Jahrhundert zahlreiche Besitzungen in der Levante unter venezianischer Flagge durch eigeninitiativ handelnde Venezianer beherrscht und gerieten außerhalb der Kontrolle des Senats.[19]

Seit dem 16. Jahrhundert verlagerten sich die Motive des Piratentums. Anstelle von Einzelaktionen traten nun fast alle europäischen Staaten (einschließlich Habsburg) in Konkurrenz miteinander: Piraterie avancierte zum lukrativen Industriezweig, der ebenso im Zeichen des Kreuzes und des Stephansordens wie des Versuchs, Venedigs Adria-Monopol zu brechen, geführt wurde. Die für die Stadtrepublik immer bedrohlichere Zunahme von Piratentum bedeutete nicht nur zusätzliche militärische und logistische Aufwendungen – die sich nur im günstigen Falle durch eigene Beuteanteile bezahlt machten – vor allem verlor Venedig unersetzbare Menschen, Schiffe und kostbare Handelsgüter. Die Versicherungsprämien stiegen sprunghaft an, die Investitionsbereitschaft in Schiffsbau und Handel verlor auf besorgniserregende Weise an Interesse.

Die erneute Expansion der Türken und organisierte Piraterie im Mittelmeerraum bedeuteten im 17. Jahrhundert das Ende der venezianischen Handelssuprematie.[20]

Die Interessenkollision von »res publica« und »res privata« mit dem Unmut gegenüber solchen Risiken und der Rückzug des einst überwiegend Handel treibenden Patriziats in die »Villeggiatura« erscheint aus dieser Perspektive verständlich, und sie zogen zwangsläufig die Verlagerung der Interessen mit dem Akzent auf Liberté zuungunsten des Gemeinwesens nach sich.

Einen ganz anderen Einblick in die venezianische Verfassungswirklichkeit eröffnet das Verhältnis der Stadtrepublik zu jener, in mancher Hinsicht San Marco vergleichbar exorbitanten Institution: der katholischen Kirche.

In welcher urbanen Gesellschaft der abendländischen Geschichte zwischen dem 12. und 18. Jahrhundert war das soziale Leben von soviel tiefer Religiosität durchdrungen, und gleichzeitig das Selbstverständnis einer »Civitas terrena« ebenso ausgeprägt wie ambivalent denn in Venedig?

Welcher Sozialverband hat trotz seiner institutionellen Einbindung mit mehr als einhundert Kirchen, zahllosen religiösen Stiftungen, Orden und Bruderschaften – die bedeutende katholische Persönlichkeiten hervorgebracht haben –

gleichzeitig die Souveränität des eigenen Staates so beharrlich verfochten wie diese Kommunität?

Obwohl die Stadtrepublik sich als »Città apostolica e santa« verstand, die ihre Identität mit der Legende des heiligen Markus auf die von diesem Apostel einst gegründete christliche Gemeinschaft zurückführte, anerkannte sie als ihr Oberhaupt einzig den Dogen. Diesem waren als Sachwalter weltlicher und religiöser Macht die unmittelbar neben dem Palazzo Ducale gelegene Privatkapelle sowie die Markus-Reliquie übergeben worden. Der Sitz des Patriarchen und Bischofs von Venedig am äußersten Rande der Lagune in Grado wurde erst 1451 nach San Pietro in das Sestiere Castello verlegt.

Der Patriarch und alle Bischöfe, einschließlich jene des Veneto, wurden durch den Senat der Republik ernannt, um sie lediglich formell durch den Vatikan bestätigen zu lassen. Der gesamte Klerus war von jedweder politischen Betätigung ausgeschlossen, er unterstand ausdrücklich staatlicher Gerichtsbarkeit und war im Hinblick auf kirchliches Vermögen jedermann gleichgestellt wie auch steuerpflichtig.

Es kann also kaum überraschen, daß sich angesichts der in allen katholischen Ländern anerkannten Autorität des »Patrimonium Petri« eine Verfassungskonstruktion bzw. -praxis, die sich so völlig vom patriarchalisch-hierarchischen System damaliger Monarchien – einschließlich der katholischen Kurie – unterschied, das äußerste Mißfallen der orthodoxen Kurie zuzog. Konflikte wurden vor allem nach dem Konzil von Trient zwischen 1545–1563 unausweichlich.

In den zahlreichen Auseinandersetzungen mochten die Streitpunkte und Anlässe noch so unterschiedlich sein, in ihrem Kern ging es um die Durchsetzung (oder den Bruch) von Spielregeln und damit um das in der Stadtrepublik wie nirgends sonst geschätzte Kalkül individueller wie kollektiver Selbst-Bestimmung. Ein Komplex von Konflikt-Ursachen betraf vordergründig die Frage externer Kompetenzen:

1. Der Kirchenstaat beanspruchte die allgemeine Berechtigung der Ernennung von Bischofswürden auch in Venedig sowie seinerseits kirchliche Pfründe an den Klerus zu vergeben.
2. In Anbetracht der Ernennung des Patriarchen von Venedig durch den Senat verlangte er von diesem, sich in Rom einer Prüfung des Kanonischen Rechts zu unterziehen.
3. Dem gesamten Klerus sollten volle Immunitätsrechte gegenüber venezianischer Justiz bzw. Administration eingeräumt und für schuldig befundene oder inhaftierte Priester in San Marco dem Ecclesiastischen Forum in Rom überstellt werden.
4. Diejenigen Mitglieder patrizischer Familien, die mit katholischen Würdenträgern verwandt und insofern in geschäftliche Interessen des Kirchenstaates verwickelt waren, sollten zukünftig nicht mehr bei Entscheidungen der Signoria, welche die bilateralen Beziehungen der beiden Mächte betrafen, ausgeschlossen werden dürfen.[21]

Ein anderer Komplex im Zwischenbereich beiderseitiger Beziehungen betraf aus der Sicht der Stadtrepublik eindeutig interne Angelegenheiten.

5. Die Republik Venedig kontrolliert bzw. beschränkt Inquisitionstribunale durch Hinzuziehung dreier venezianischer Laienbeisitzer, um venezianische Bürger vor Willkürmaßnahmen der Inquisition zu schützen. Diese 1550 erlassene Verordnung hatte Verfassungsrang.[22]

Bereits im Jahre 1309 hatte ein päpstliches Interdikt aus Avignon mit wenig Erfolg zu einem Boykott des Handels mit Venedig, der Konfiskation seines Eigentums und der Freigabe bzw. Unterwerfung aller Venezianer zur Sklaverei aufgerufen.

Ähnliches ereignete sich 1322, als ein päpstlicher Gesandter in der Stadtrepublik gegenüber Prokuratoren und Senatsmitgliedern die Exkommunikation aussprach und Strafgelder des Papstes wegen des Verstoßes von Handels- und Geschäftsbeziehungen mit Ägypten verlangte.

Die Stadtrepublik mußte also ständig auf Eingriffe in ihre politische Gestaltungsfreiheit reagieren. Dies nicht nur, um zahllose, in Venedig handeltreibende ausländische Kolonien, Minderheiten oder in Padua Studierende nicht ausweisen zu müssen, sondern auch, um ihren Ruf als Welthandels-Zentrum und damit eigene Interessen zu wahren.

Einer der folgenreichsten Konflikte zwischen Vatikan und Venedig war jener zu Beginn des 17. Jahrhunderts, der auf die kommunikative Dimension der Weltbild-Konzeption und sozialen Spielregeln unter dem Aspekt der Macht verweist.

In diesem Zusammenhang – der Frage der Verfassungsfundamente Venedigs – thematisiert dieses Kapitel verschiedene Handlungsfelder politischer Praxis, verschiedene Varianten politischer Spielregeln individuellen Charakters ebenso wie auch der Staatsraison. Dabei ging es für die Stadtrepublik in erster Linie weniger um »Liberté« als Individualrecht seiner Bürger, als vielmehr darum, seine staatliche Autonomie und Integrität zu wahren, indem es seine republikanischen Freiheiten als kollektives Selbstbestimmungsrecht zu schützen suchte. Inwieweit diese jedoch erst die Voraussetzung für das jeweilige Maß an Freiheiten in Relation zu anderen Staaten und gemessen am erreichten Zivilisationsniveau, am Grad materiellen und kulturellen Fortschritts für den einzelnen bedeuten, wird noch zu untersuchen sein.

3

Die Forma urbis und die ästhetische Physiognomie des Raums

Das Lagunen-Labyrinth als Lebensraum

Nachdem die Gestaltung normativer Wertsetzungen, institutioneller Strukturen und Organisationsweisen sowie die Fundierung und Nutzbarmachung von Kapital- und Informationsströmen bereits dargestellt wurden, steht die Gestaltung der natürlichen und symbolisch-kommunikativen Umwelt als Lebensraum zur Diskussion.

Erst auf dieser dritten Gestaltungsebene bündeln sich die nun dargelegten Lebensbereiche als Konzept und manifeste Organisation zu einer Konfiguration von Individuen (Teilen) und Kultur als implizite Gestaltqualität des Ganzen. Damit tritt neben Politik und Ökonomie, wie dies Leon Battista Alberti ausdrücklich in seinen *Zehn Büchern über die Baukunst* (1473) ausspricht, Architektur bzw. Kunst als dritter gleichberechtigter Akteur auf die Bühne kommunaler Lebensgestaltung.

Die zwischen dem 5. und 7. Jahrhundert in die Lagunen zwischen Grado und Cavazere strömenden Flüchtlinge fanden auf den teilweise bis heute existierenden Inseln verfallene Villen aus römischer Zeit und Fischer vor. In späteren Jahrhunderten gab es, wie archäologische Funde bestätigen, bereits aufwendige Steinbauten und Spuren einstiger Glasfabriken, Salinen und Gartenkulturen.[1]

Im Schnittpunkt römisch-christlicher, islamisch-arabischer und germanisch-keltischer Kultureinflüsse, an der Schwelle der Antike zum Mittelalter eröffneten sich Venedigs Existenzgrundlagen dem Meer und der mediterran-orientalischen Welt, formierten sich die kulturgeschichtlich immer wieder ähnlichen »Weichenstellungen« der Wahl von Lebensstrategien als Kulturberührung und Kulturbeziehung: handelnd als Vermittler die Welt zu erschließen und/oder Kulturzusammenstoß, erobernd sich die Welt zu unterwerfen und untertan zu machen.[2]

Unabhängig davon, ob die Stadtrepublik ihre Angelegenheiten durch Siege (Braunfels), durch Unterwerfung, Besitzergreifung und Beherrschung (Braudel), oder auf dem Wege der Vermittlung regelte, gilt unser Erkenntnisinteresse vorrangig der spezifischen Art und Weise der kommunikativen Gestaltungsfähigkeit und des Gestaltungspotentials dieser Metropole Venedig.

Inwieweit lassen sich aus der »Forma urbis« San Marcos, jener bodenlosen Lagunenstadt, deren Fundamente Holzpfeiler, deren Straßen Kanäle, deren Existenzgrundlage Wasser bilden, die »Forma mentis« – »das Innere im Raume« (N. Elias)[3] – und also venezianisches Selbstverständnis, die ästhetische Dimen-

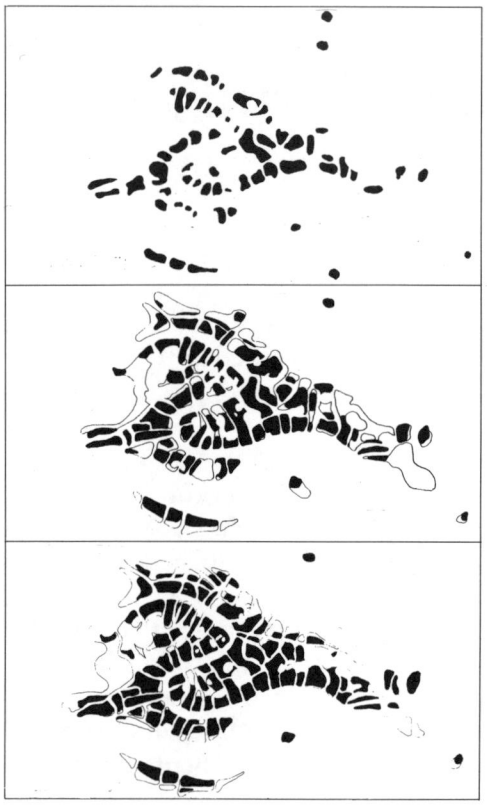

Die Morphogenese der Lagune.

sion öffentlicher Räume entschlüsseln, im Sinne jenes Aperçus – »Wir gestalten unsere Bauwerke, danach gestalten unsere Bauwerke uns« (Churchill)?

Die Mehrzahl der natürlichen Kanäle geht auf im Meeresboden weiterführende Deltaverzweigungen der Flußmündung zurück. Als Abflußrinne regulieren sie im Gezeitenrhythmus den ökologisch notwendigen Süß- und Salzwasseraustausch zwischen Lagune und Meer. Trotz später immer wieder erfolgter Eingriffe und Veränderungen am Kanalsystem blieben seine geomorphen Funktionselemente als ökologische, ökonomische, strategische und überlebenswichtige Momente formbestimmend. Nicht das »Land«, sondern das alles umgebende Wasser hat also alle weiteren baulich-architektonischen Maßnahmen geleitet, unabhängig davon, ob diese durch kommune-bedingte, ökonomische, strategische oder symbolische Motive bestimmt gewesen sein mochten.

Die ursprünglich zahlreichen autonomen Pfarrsprengel auf den mehr als 117 Inseln – um 1200 mehr als 60 – bildeten nachbarliche Genossenschaften mit eigener Kirche, Marktplatz, Lagerhaus, Werkstätten und Wohnhäusern, die langsam über dörfliche zu urbanen Einheiten verschmolzen. Indem die durch das Meer begrenzten Inseln zusammenwuchsen, verdichteten sich Gewässerzonen zu Kanälen, die Holzstege und Karrenwege und schließlich Brücken überquerten.

So bildete sich zwischen 9. und 12. Jahrhundert, nachdem der Canal Grande fast um die Hälfte seiner Breite verengt worden war, jenes spätere Stadtbild Venedigs um die Zentren des Rivoalto, San Marco und Palazzo Ducale heraus.

Die etymologischen Wurzeln Venedigs scheinen auf den lateinischen Begriff »ven/vena« (Wasserkanal, Ader) zurückzugehen, entgegen Sansovinos Annahme »veni etiam« (komm wieder). Eine Landschaftsform jedenfalls, die zwischen terrestrischen und aquatischen Elementen, weder ganz Wasser noch völlig Land, für Sumpf und Meeresgebiete steht, ähnlich der im Südteil von Hildesheim gelegenen sumpfigen Flußzone mit dem Namen »Groß-Venedig«.[4]

Die Morphologie des Canal Grande, dieses Signal-Ornament, prägte schon sehr früh das alles beherrschende Infrastrukturnetz, die Chiffre des ellipsenförmig proportional schwingenden Fragezeichens. Welche Frage? Geschwisterlich teilen sich jeweils die gegenüberliegenden drei Sestiere von Santa Croce, San Polo, Dorsoduro und Canareggio, San Marco und Castello mit ihren öffentlichen und privaten Siedlungseinheiten diesen Raum: Verkehrswege, Uferbefestigungen (Fondamente, Rive), Kais und Stapelflächen (Calle), Gassen und Sackgassen (Rami) mit Brücken, Plätzen und Gebäuden.

Auf die Funktionszusammenhänge und Polyphonie dieses Stadtkonzepts und Ensembles wird noch zurückzukommen sein. Für diese Perspektiveinstellung ist nur festzuhalten, daß auch die kontinuierlichen kulturellen Kontakte und Geschäftsbeziehungen zur byzantinisch-asiatischen und orientalisch-afrikanischen Welt auf Formensprache, Ästhetik und Stil der venezianischen Forma urbis unmittelbaren und prägenden Einfluß genommen haben, ja die Verschmelzung von sozialen Ausdrucks- und Gestaltungsformen sich, ähnlich wie auch in anderen mittelalterlichen Städten, bis in die Bereiche des politischen, gesellschaftlichen, ökonomischen und sprachlich-symbolischen Lebens verfolgen läßt. So sind in Venedig die Bezeichnung für einzelne Handelshäuser – »fondaco« von »funduq«, »Arsenal« von »dar-as-sina«, das Haus der Handwerker, »magazzen« – und zahlreiche andere Begriffe aus dem Arabischen abgeleitet.

Für die weitere Herausbildung venezianischer Lebensraumgestaltung ist ein Blick auf die Siedlungsschwerpunkte kennzeichnenden Sakralbauten, insbesondere Kirchen, höchst aufschlußreich. Angesichts der Konfrontation und Überlagerung arabisch-islamischer und christlicher Stadtidee-Programmatiken läßt sich zeigen, welche Schlüsselrolle Venedig als eine der ersten urbanen Neuschöpfungen des frühen Mittelalters für das Verständnis moderner städtischer Lebensformen und Konzepte spielte.

Aus den zahlreichen, über den engeren Lagunenbezirk verteilten 60–70 autonomen Pfarrsprengeln entwickelten sich mit stetig anwachsender Bevölkerungszahl bereits zwischen dem 10. und 12. Jahrhundert mehr als 60 Kirchen und Klosterbauten. Im 18. Jahrhundert waren es weit über einhundert Kirchen. Gemäß dem kanonischen Ordnungsschema des »Kreuzes der Kirchen« – ein Kirchenachsen-System, das einen »rationalen« Zusammenhang mit den vier Himmelsrichtungen, den »vier Weltgegenden« als Verbindung von Raum und Zeit herstellt –, weisen die Verbindungsachsen der ältesten Kirchen auf ein Zentrum im Rialtobereich (am Fuße der Rialtobrücke), in welchem sich alle anderen Kirchen in annähernd gleichen Intervallen kreuzförmig verbinden.[5]

Der Beziehung christlicher Repräsentationsbauten – Kirchen und Bruderschaften – in einem solchen Symbol- und Orientierungsgefüge entsprechen ähnliche Bedeutungen und Funktionszusammenhänge für die Repräsentationsbauten der Profanarchitektur, die ihrerseits auch wieder bestimmte Kommunikationsachsen erkennen lassen.[6]

Bis zum 12. Jahrhundert gab es auch in Venedig, von den ersten Befestigungsanlagen des Dogenpalastes abgesehen, an strategischen Positionen Wehrtürme.

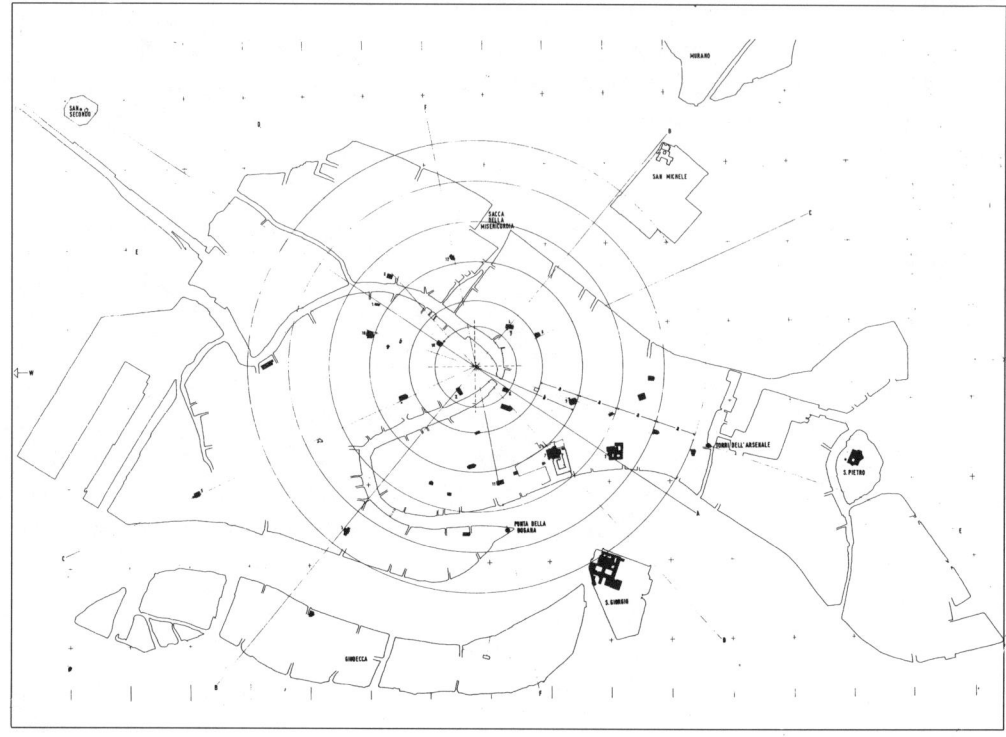

Das Kreuz der Kirchen.

Der alte Fondaco dei Turchi glich einer wehrhaften Hausburg. In den meisten Palästen hatte man das piano nobile zunächst nicht nur aus funktionalen Gründen in die zweite oder dritte Hausebene verlegt. Die landseitigen Eingänge der meisten Gebäude waren durch hohe Mauern geschützt. Noch zwischen dem 9. und 11. Jahrhundert versperrte am südlichen Canal Grande bei Santa Maria del Giglio und San Gregorio eine riesige Kette quer durch den Kanal die Einfahrt in das Innere der Lagune.

Erst um die Jahrtausendwende begann man, die Befestigungen rein militärischen Charakters abzubauen. Zu den wenigen Ausnahmen gehörte Sanmichelis Forte di San Andrea sowie im Jahre 1539 der Bau einer hohen Mauer bei Cilestia, um das Arsenal vor indiskreten Blicken zu sichern. Das Verschließen der Ostaussicht des Campanile von San Marco hinüber zum Arsenal erwies sich als kurze Vorsichtsmaßnahme.

Als in der Zeit des Dogen Andrea Gritti (1523–1538) eine Diskussion über umfangreichere Befestigungsanlagen gegen Angriffe von der See einsetzte, lehnte dies der »Capitano generale« der Serenissima Maria delle Rovere ab. Dieses Projekt, so sein Gutachten, sei militärisch nutzlos und nicht opportun in einer Stadt von der Reputation und Freiheit Venedigs, ja es stehe geradezu im Widerspruch zum Selbstverständnis der Republik. Ein ähnlicher Vorschlag des Patriziers Alvise Cornaro im Jahre 1560, rund um Venedig herum einen 700 m

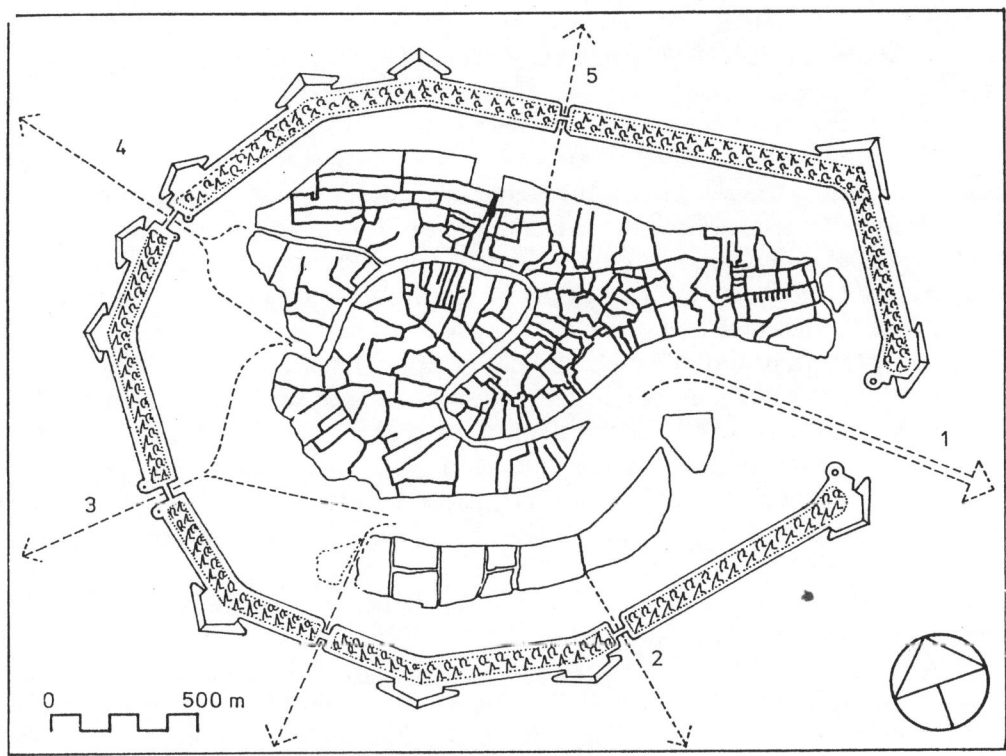

Plan für die Befestigung Venedigs von Alvise Cornaro aus dem Jahre 1565.

von der Stadt entfernten Befestigungsgürtel zu bauen, um bei Abwesenheit der Flotte mehr Sicherheit zu gewährleisten, wurde ebenfalls von seinen Zeitgenossen als wenig diskutabel abgelehnt.[7]

Seit dem 12. Jahrhundert zeichnete sich die Lagunenstadt durch zwei verschiedene Arten der Raumgestaltung aus: Einerseits die seit dem 12. Jahrhundert wegen akuten Raummangels und immer bedrohlicherer Brände nun aus Stein gebauten engmaschigen Wohnbauten: jenes Geflecht von Gassen, Sackgassen, Uferbefestigungen, Plätzen, Sottoportegi und Kanälen. Ihnen korrespondierte die Weiträumigkeit der privilegierten Durchfahrtsachse des Canal Grande und seiner Repräsentationsarchitektur, die Münze, Libreria, Loggetta, das Ensemble um San Marco und der Reichtum sakraler und gemeinnütziger Bauten.

Wie in manchen anderen Seestädten nähert sich der Gast hier nicht im engeren Sinne von der Peripherie her, er befindet sich vielmehr auf dem Wege über den Canal Grande bereits im Innenraum, es sei denn, er erreicht das Zentrum von San Giorgio Maggiore oder Il Redentore über den Giudecca-Kanal.

Während sich um den Rialto das merkantile Leben abspielte und hier – von der Rialto-Steinbrücke des Antonio da Ponte abgesehen – auf Repräsentationsbauten verzichtet wurde, hat die endgültige Ausgestaltung des San-Marco-Ensembles viele Jahrhunderte in Anspruch genommen.

Die Architekturgeschichte des ländlichen »brolo« – jenem Garten des Klosters von San Zaccaria – bis zur heutigen Gestalt der Piazza San Marco und Piazzetta als einem der ungewöhnlichsten Binnenräume der Architektur, beginnt mit dem Dogen Sebastiano Ziani, der die alte Anlage im Jahre 1172 völlig neu gestalten ließ. Mit dem stufenweisen Ausbau der neuen Flügel des Dogenpalastes bis in das 16. Jahrhundert waren die Voraussetzungen für zwei verschieden große Platzflächen um den Campanile und Palazzo Ducale geschaffen. Die Architekten Gentile Bellini und Jacopo de Barbari hatten für die »Procuratori de Sopra« über die gesamte Nordflanke des Platzes den ursprünglich zweigeschossigen Bau der Alten Prokuratien errichtet. Auf der Westseite entstanden die Kirche von San Geminiano, weitere Wohnbauten und das Hospiz Orseolo, um damit die Piazza zum Campanile hin abzuschließen. Erst zwischen 1496 und 1499 beschließt der Torre dell'Orologio als Stadttor nach Osten hin die Alten Prokuratien im Gesamtensemble San Marcos. Er bildete nach dem Dogenpalast den ersten Repräsentationsbau der Stadtrepublik. Erweiterungen und Verbesserungen erfuhren bald die Markuskirche mit höheren Kuppeln, aufwendigeren Säulen und Fassadenzugaben. Im Jahre 1517 wurde der Campanile nach einem Erdbeben in seiner heutigen Form um 50 m erhöht, die Alten Prokuratien um ein drittes Geschoß erweitert. Noch war das endgültige Gesicht der beiden Foren jedoch nicht gefunden. Der neue Baumeister von San Marco, Jacopo Sansovino, wurde 1537 mit dem Bau der Libreria anstelle der alten Ladenpassagen gegenüber dem Dogenpalast beauftragt. An Ende desselben Jahrhunderts erbaute Vicenzo Scamozzi anstelle des Hospizes Orseolo die Neuen Prokuratien in Anlehnung an einen früheren Entwurf Sansovinos mit nun drei Stockwerken. Longhena vollendet diesen Bau im Jahre 1640. Jetzt erst war jenes Doppelforum als Gegengewicht zu San Marco vollendet. Setzt Napoleon der weiteren Geschichte der Piazza nach dem Ende der Republik im Jahre 1807 mit dem Abriß der Kirche von San Geminiano einen endgültigen Schlußpunkt?

Die Alten und Neuen Prokuratien wurden durch den zweigeschossigen Bau Giuseppe Maria Sols in Anlehnung an die Bibliothek Sansovinos in einer neuen Variante miteinander verbunden, das Gesamtensemble auf verblüffende Weise akkordiert.

Die Stadtbaumeister unternahmen alles, um das Gesicht der Metropole, teils aus notwendigen, teils aus ästhetischen Gründen zu verschönern: »non sparangando spexa come e conveniente e la belezza sua« – ohne Ausgaben zu scheuen, wie es ihrer Schönheit angemessen erscheint.[8] Von Anbeginn wurde kein Aufwand gemieden, noch Nachlässigkeit geduldet, den Lebensraum in der Lagune auf jede nur erdenkliche Weise zu schützen. Gewerbebetriebe, die das Kanalsystem oder die Bausubstanz gefährdeten, wie beispielsweise die Glasbläser (1255), die Ziegeldeckereien oder Gerbereien, wurden an die Peripherien – Murano und die Giudecca – verlegt. Eigens eingesetzten Senatsausschüssen mit nicht exakt definierten Kompetenzen oblag die Überwachung, Kontrolle, aber auch Beratung und Mitwirkung bei allen Arten von baulichen und technischen, verkehrsrelevanten und ökologischen, die Kommune als Ganzes betreffenden Problemen. Der Formenaufwand und die Gestaltqualitäten Venedigs bildeten über viele Jahrhunderte einen anschaulichen Ausdruck für das innere Gleichgewicht eines ebenso sinn- wie maßvollen Selbst- und Gesellschaftsverständnisses.[9]

Die Fassaden als kommunikative Codes

Die Ca'd'Oro am westlichen Eingang des Canal Grande steht mit ihrer einst vergoldeten Fassade für die ästhetische und politische »Verfassung« dieser vom Fluchtort zur Weltmetropole aufgestiegenen Civitas. Auch hier hatte man auf Grenzen verzichtet, nun mußte man aufs Grenzenlose verzichten. Eine Manifestation dieser Einstellung repräsentiert als pars pro toto die Ca'd'Oro.

Mit dem Bau der Ca'd'Oro für den Prokurator von San Marco, Marino Contarini, im Jahre 1425 war mit der nun folgenden Errichtung ständig weiterer »Palazzi« am Canal Grande ein architektonischer, und das meint auch politischer Wettbewerb eröffnet.

Dabei waren die Kosten der Fundamentsetzung und des Steinetransports aus Istrien in keiner italienischen Stadt so kostspielig wie in der Lagunenstadt. Obwohl die Baumaterialien, im 15. und 16. Jahrhundert fast ausschließlich Backstein und feinporig-harter istrischer Kalkstein mit Marmor für Verkleidungen, wie auch der Grundriß venezianischer Paläste während der langen Geschichte Venedigs weitgehend konstant blieben, so zeichneten sich diese doch durch einen um so größeren Gestaltungsreichtum aus. Und wo auch ließen sich

Detail aus einer anonymen Vedute Venedigs von ca. 1630.

Gestaltungsvarianten so ostentativ vorführen, denn an Fassaden. Hier verbinden sich auf ideale Weise nicht nur ästhetischer Reiz und Komposition mit allen erforderlichen Funktionen, hier konnte sich in der spezifisch venezianischen Mischung, im Ensemble von Profan-, Geschäfts-, Repräsentations- und Sakralbau-Fassade ein in ganz Italien unvergleichliches »Corporate Design« herausbilden.

Das für die Republik im Gegensatz zu anderen, entfernt vergleichbaren Städten organisierte Chaos aller sozialen Schichten, das Neben- und Ineinander von Wohnbauten, Handelskontoren und Handwerksbetrieben führte dazu, auch ärmere Bevölkerungsgruppen in den Zwischengeschossen bessergestellter Mitbürger unterzubringen. Ausschließlich Reichen vorbehaltene Wohngegenden gab es in Venedig zu keiner Zeit.

Die ersten drei Häuserblocks als einer Form von Sozialwohnungen für ältere Seeleute entstanden im Arsenalviertel. Ihre Zahl war später – auch durch Privatinitiativen engagierter Bürger wie des Arztes Gualtieri – ständig erweitert worden. Ähnliche Wohnblocks für ärmere Bevölkerungsgruppen, sofern sie nicht in den Randzonen Canareggios und Dorsoduros in überfüllten Holzunterkünften lebten, entstanden als serienmäßige Reihenhäuser und Blockbauten erst seit dem 15. Jahrhundert.[1]

Entsprechend der Nutzung und den klimatischen Bedingungen handelte es sich dabei um verhältnismäßig bescheidene, mittlere oder kleine Raumeinheiten für Arbeiter oder Angestellte mit mehreren Stockwerken – anfänglich aus Holz –, mit äußerer Galerie im Obergeschoß, oft schon kleinen Höfen oder ausgeschmückten oberen Stockwerken und gelegentlich zur Straße orientierten Balkonen. Doch konnten auch Handelshäuser oder Werkstätten die »Fassade« bilden, während sich Reihenhäuser in den Rückgebäuden anschlossen, die durch Bögen und Durchgänge – manchmal zwischen privaten Gärten erreichbar – meistens zwischen mehreren »fondamente« lagen.[2]

Die Blockbebauung als weiterer Häusertyp entwickelte seit dem 15. Jahrhundert ein etwas anspruchsvolleres Erscheinungsbild. Auch hier befanden sich im Erdgeschoß auf Wasserhöhe häufig Läden, Handwerksbetriebe oder Lagerräume. Mehrgeschossige Wohnungen waren über gemeinsame Treppenhäuser erreichbar, für Licht sorgten Innenhöfe, und Lager waren vom Kanal über Wasserwege zugänglich. Blockbebauungen gruppierten sich gewöhnlich um private oder öffentliche Plätze. Ihre Frontseiten zeichnete, wie beim »Palazzo«, dreiteilig-symmetrische Fassadengestaltung mit Balkon und Bogenfenstern aus.

Mit größerem materiellem Aufwand, differenzierteren Gestaltungsmitteln und –elementen ist der in Venedig ausschließlich dem Sitz des Dogen vorbehaltene Begriff des »Palazzo« das Vorbild und Modell jedes privaten Gebäudes als sogenannte »Casa«. Auch hier, Abbild des Großen im Kleinen, ergab die Überlagerung von Funktionen die selbstverständliche Verbindung von Wohn- und Arbeitsraum. Obwohl patrizischer Grundstücksbesitz, jedenfalls bis in das 17. Jahrhundert, nicht zwangsläufig an eine so bevorzugte Gegend wie den

DIE FASSADEN ALS KOMMUNIKATIVE CODES

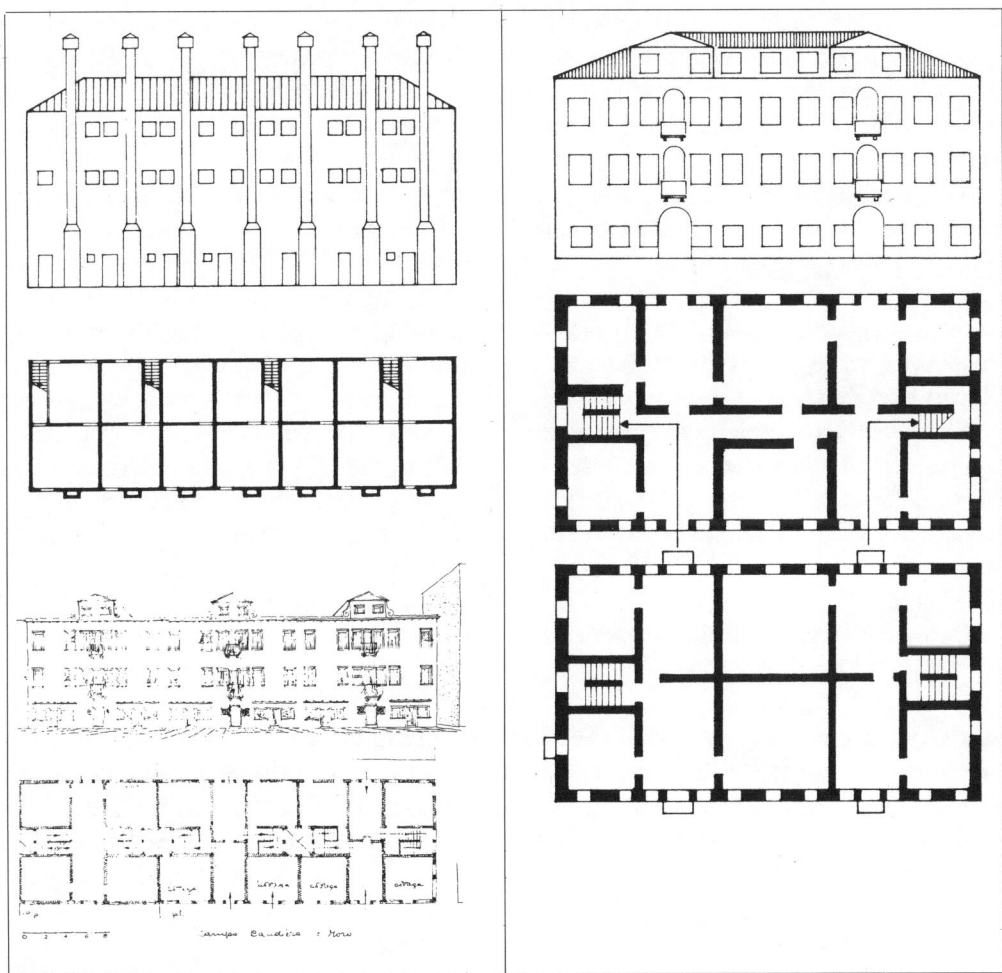

Reihenhausfassaden.

Canal Grande als Prestige gebunden war, liegen einige der exemplarischen »Case« – »corsi di aqua« – verständlicherweise auch an weniger repräsentativen Orten. Ihre baugeschichtliche Entwicklung zwischen dem 12. und 18. Jahrhundert spiegelt vom byzantinisch-venezianischen bis zum Barock-Fassaden-Stil als kommunikative Codes mehr über gesellschaftliche »Realitäten« wider, als etwa Sozialprodukt, Pro-Kopf-Einkommen oder Investitionsvolumen und ähnliche Kriterien der Nationalökonomie.

Ein Blick auf die Morphologie der Fassadenentwicklung der Lagunenstadt von den Arbeiter-Reihenhäusern des Arsenals über Blockbebauungen bis zu den Case des Patriziats signalisiert – auf der hier zunächst interessierenden kommunikativen Ebene – nicht mehr, als ein bis in das 17. Jahrhundert etwa gleich großes und nur auf die Frontseite beschränktes Rechteck ohne Flügel und Säulenhallen: eine symmetrisch/asymmetrische dreiteilige Fassaden-Anordnung, in der Regel zwei- oder dreigeschossig befensterte Stockwerke, die je nach Komplexität und Stil mehr oder weniger schmucklos durch Säulenarkaturen, Loggien, Balkons, Pfeiler, Ornamente und Dekor gestaltet sind und schließlich ein vor oder nach innen gelagertes fondamento, welches durch ein Wassertor einen Innenraum eröffnet.

Vergleichbar einem beliebigen menschlichen Gesicht, welches sich ebenso durch nicht viel mehr Grundelemente, einen bestimmten Formenkanon, Ordnungsmuster, Proportionen, Rhythmen, Sequenzen und (A-)Symmetrien auszeichnet, sind es auch bei der Fassade ausschließlich die Varianten, und »Suspense«, welche fesseln, Interesse wecken: eine In*formation des Inneren im Äußeren anbieten, Redundanz als Überfluß oder Überflüssiges, Gestalt im Raum der Zeit und Resonanz.[3]

Ein Blick auf die Varianten venezianischen Profanbaus demonstriert bereits bei oberflächlicher Betrachtung den unerschöpflichen Gestaltungsreichtum. Im Gegensatz zur Toscana etwa oder anderen, vornehmlich nördlich der Alpen gelegenen Landstrichen, in denen vielfach geschlossene Wandflächen die Baukörper bestimmen, fällt in Venedig unübersehbar die Tendenz zur geöffneten Fassade auf.

Beim Fenster, einst ein einfaches Loch in der Wand, in Venedig Ausdrucksmittel und Demonstration, überschneiden sich seit dem 12. Jahrhundert Funktion und ästhetischer Impetus. Trotz seiner strengen Einordnung in die Fassade – das Übereinanderliegen und die Wiederholung gleicher Rahmenelemente, Brüstung und Gesimse, Gitter oder Bögen –, offenbart oder täuscht es doch im Kontext mit Ornamenten – Wappen, Kreisvarianten, Hufeisen, Eselsrückenbögen, Rosetten, Kreuzblumen, Früchten, Tierköpfen und anderen Schmuckelementen –, dem menschlichen Gesicht vergleichbar, »etwas« scheinbar Essentielles vor.

Nicht anders verhält es sich mit der *informatio* der Profan- oder Sakral-Repräsentationsfassaden: der Libreria oder Loggia Sansovinos auf der Piazzetta[4], der Scuola San Rocco oder der Prokuratien, San Marcos oder des Palazzo Ducale.

Und wer hätte in jener Zeit eine 170 m lange Front – die Längsachse der Alten Prokuratien – als Fassade vor einer zweigeschossigen Fensterreihe, deren obere 118 Fensterrahmen durch kannelierte korinthische Säulen-Intervalle gefaßt werden, auf derartige Weise zu gestalten gewagt, wie sie Bartolomeo Bon und Guglielmo Grigi nach einem Entwurf des toskanischen Architekten Giovanni Celestro ausgeführt haben? Eine filigran durchbrochene, rhythmisch schwingende Arkadensequenz, 59 Arkaden mit einhundert Öffnungen, 50 Bögen, deren obere Begrenzung ein bogenförmig durchbrochenes Band bildet, bekrönt von schachfigurenähnlichen Kegelgebilden, sogenannten Akroterien.

Neue Maßstäbe und eine neue Qualität der Fassadengestaltung bietet das Herzstück der Stadtrepublik, der Dogenpalast: Während die Fassaden der Prokuratien – das Geheimnis der Falten andeutend – schwingen, sprechen die des Palazzo Ducale: im Innenraum und Hof als Forum repräsentativer Auftritte der

Signoria, an der Außen-(West-Ost)Front als Demonstration für die Allgemeinheit und für Fremde als ständig wahrnehmbares Sinnbild der »Serenissima Repubblica«. Die Außenfassade des der Lagune am Südflügel und der Piazzetta am Westflügel zugewandten Palazzos ist in zwei gleich hohe, durchlaufende, in der oberen Reihe säulenverdoppelte Loggien aufgeteilt. Im Kontrast zu deren dunklem Hintergrund hebt sich das weiß-rosafarbene Rautenmuster der darüberliegenden Marmorwand ab, die sich wiederum in kegelförmige Vertikalfiguren – Akroterien – im Kontrast zum dunklen Blechdach nach oben in nichts auflöst.

Die Beredsamkeit dieser Fassade beginnt mit ihrem Skulpturen-Schmuck: Bereits der Eintritt durch die »Porta della Carta«, eine Gemeinschaftsarbeit Giovanni Bons und dessen Sohn Bartolomeo (1438–1442), konfrontiert die Mitglieder des Großen Rates und der Signoria, aber auch die Bürger und Gäste der Stadt mit dem erwähnten Hinweis: »Der Mensch muß sich kümmern und nachdenken, und gegen alles Vorsorge treffen, was ihm zustoßen kann.« Erst dann kniet der Doge vor dem Markus-Löwen. Zu dessen Seite erwarten die vier Tugenden – Besonnenheit und Tapferkeit, unten die Weisheit und Barmherzigkeit und darüber das Gesicht der Gerechtigkeit – den Eintretenden.

Der Weg in das Zentrum durch die Portica Foscari führt vielsagend über die »Scala dei Giganti«, eine Treppe, deren oberste Stufen vieldeutig Mars und Neptun, die Symbole der Herrschaft Venedigs über das Meer, flankieren. Programmatisch und der »Scala« akkommodierend, mögen sie einst einen individuell wie auch kollektiv deutbaren Stellenwert für das unerschütterliche Selbstverständnis venezianischer »serenità« repräsentiert haben.

Dieses Selbstverständnis spiegelt sich in dem die Fassaden des Süd- und Westflügels schmückenden Skulpturenwerk: vielfältig kombinierte Allegorien-Motive wie das Urteil des weisen Königs Salomo als Anspielung auf eine Säule republikanischen Gerechtigkeitsstrebens an der Nordwestecke neben der Porta della Carta, der Erzengel Raphael mit dem jungen Tobias, darunter Noah und der Erzengel Michael, der Sündenfall Adams und Evas an der Ecke zur Lagune und andere Tugenden, Laster, Fabelwesen und römische Kaiser. Die erst im Jahre 1579 entstandene Mittelbalkonfassade an der Lagunenseite des Palazzo Ducale thematisiert noch einmal, hoch über der »Sala del Maggior Consiglio« und Lagune sich erhebend, »Venetia« in Gestalt einer »Justitia«. An der Piazzettafassade hält sie in der linken Hand nicht die Waage, sondern eine Rolle: »Stark und gerecht sitze ich auf dem Thron und halte die Furien (Laster) und das Meer unter meinen Füßen fest.«

Unmittelbar an den Dogenpalast schließt sich die der »Hagia Sophia« ähnliche Markuskirche als Dogenkapelle des Palatiums an. Die ursprünglich schmucklose Fassade wurde erst seit dem 13. Jahrhundert durch Mosaikdarstellungen byzantinischer Tradition, die Passionsgeschichte Christi, die Reliquiengeschichte des hl. Markus und im 14. Jahrhundert durch spätgotische Skulpturen auf dem bogenförmigen Abschlußrahmen bereichert. Den unteren Portalbereich beherrschen, ganz im Gegensatz zur europäisch-gotischen Kathedralentradition, die von venezianischen Galeeren aus dem orientalisch-kleinasiatischen Levanteraum mitgebrachten Doppel-Säulenreihen. Wie die nach der Eroberung Konstantinopels erbeuteten vier Bronzepferde aus der Quadriga römischer Imperatoren als Siegestrophäen über dem Hauptportal plaziert, so demonstrieren auch diese Säulen – entgegen anderslautenden Vermutungen – die »Macht des Vermögens«, auch wenn ihr Verblendwerk lediglich eine parastatische Bedeutung erfüllt.

Als auflösender Teil der Sakral- und Profanfassade präsentiert die Säule so auf vielfältige Weise die Symbole Venedigs, dient sie als ornamentales Element, als Bann-Säule, an der die Signoria ihre Erlasse verkündet hat, und selbst als Pranger öffentlicher Hinrichtungen.[5]

Wie in Rom, Florenz oder Genua boten sich Fassaden nicht nur als ideale Medien öffentlicher Selbstdarstellung an, sie wurden zunehmend auch als demonstrative »Waffen« rivalisierender Familien und Eliten im internen Wettbewerb gegeneinander eingesetzt. Venedigs Patriziat bildet hier prinzipiell keine Ausnahme, wenngleich die Manifestationen reiner Hybris wie jene der »Strada Nuova« in Genua oder der von Michelangelo erbaute Palazzo Farnese in Rom in der Lagunenstadt undenkbar gewesen wären. Das Ausmaß von Prachtentfaltung, Verschwendung und seit dem 17. Jahrhundert »demonstrativen Konsums« (Veblen 1899) auch im Hinblick auf die Gestaltung der Fassade als »impression management« hat in der Stadtrepublik heftige Diskussionen gegen »unseren unerträglichen Luxus, . . . so weit entfernt von den Sitten unserer Vorfahren«[6] ausgelöst und sich in einer wachsenden Zahl von Gesetzen gegen den Luxus niedergeschlagen.

Das öffentliche »Gesicht«

Die »Veduta di Venezia« und ihre aus der südlichen Vogelperspektive einsichtigen topographischen Eigentümlichkeiten hat ein großformatiger Holzschnitt aus sechs Tafeln von 1,38:2,83 m Jacopo de Barbaris um das Jahr 1500 auf fast photographische Weise simuliert. So etwa haben wir uns jenen Stadtarchipel unweit des Festlandes als einen Kristallisationspunkt damals menschenmöglicher Erfahrungen vorzustellen.

An diesem »Centro Storico« – ausschließlich auf in Lehm eingerammten Holzpfählen und mehr als 100 Inseln erbaut, durchzogen von einem Netz von Gassen, mehr als 150 Kanälen, die etwa 400 Brücken überqueren und mehr verborgenen Gärten als im ganzen übrigen Italien –, hat sich bis zum 18. Jahrhundert wenig verändert.

Bei einer bebauten Gesamtfläche der Lagunenstadt von 7,06 km² – 4,260 km Länge und 2790 bzw. 1330 m Breite – und einer durchschnittlichen Bevölkerungszahl von 100 000 im 15. Jahrhundert, 140 000–200 000 im 16.–18. Jahrhundert lebten also auf einem Hektar rund 325 Bewohner. Das bedeutet im

Verhältnis zur bebauten Fläche eine Bevölkerungsdichte von nicht weniger als etwa 680 Einwohnern, im Zentrum der Stadt zwischen 1000–1300 Bewohnern pro Hektar.

Wie und auf welche Weise vermochten Menschen aus ganz unterschiedlichen sozialen Schichten, Rassen und Religionen, die sich angesichts solcher Gegebenheiten in ihren jeweiligen Gemeinden untereinander gekannt, mindestens aber vom Sehen zu identifizieren wußten, bei so engem Wohn- und Lebensraum ihre individuellen Lebensprogramme zu gestalten?

Der soziale Rahmen eines derartigen »Biotops«, wo Menschen den größten Teil ihrer Lebenszeit im öffentlichen Raum verbrachten, während der Privatbereich für die Mehrzahl mehr oder weniger eingeschränkt war, erforderte jedenfalls, was die Gestaltung des Privatgesichts anbetraf, eine spezifische Organisation des Verhaltens.

Angesichts dieses Milieus der Dichte existierten nur wenige öffentliche Räume, in denen man einander passieren konnte, ohne den anderen nicht zu sehen bzw. wahrzunehmen. Jede Bewegung war an einen physischen Kontakt, eine Konfrontation geknüpft und erforderte, sich dem anderen auszusetzen – und damit eine Selbstdarstellung.

Im Gegensatz zur relativen Weiträumigkeit anderer Städte mit der Möglichkeit, sich einander auszuweichen, war hier die Indifferenz des Verhaltens so gut wie unmöglich, ein »geselliger« Ausdruck mußte angenommen werden, um die Konstanz des eigenen »Bildes« zu wahren.

Sicher ermöglichte dieser Grad von Konzentration soziale Intimität und Verbundenheit, doch räumte er allenfalls den oberen Schichten ein größeres Maß an Introversion ein. Nicht von ungefähr spricht Ignazio Toscani hier von einer »sensoriellen Kultur«, welche der Ausschöpfung aller Wahrnehmungspotentiale die größtmögliche Bedeutung beimaß,[1] und wo die Signale für Beziehungen denselben Wert gewinnen wie jene der Schiffahrt, mit der Ausnutzung und Anpassung des Windes gegebenenfalls auch gegen den Wind zu fahren.[2]

Es ist unschwer vorstellbar, daß unter solchen psychosozialen Gegebenheiten der Selbstkontrolle von Verhalten, Attitüde und Konformität – oder der Abweichung vom allgemein erwarteten Verhaltenskodex und Konventionen – größtes Gewicht beigemessen wurde. Dies um so mehr, als hier fast jedermann, was Erscheinungsbild und Selbstdarstellung anbetraf, in höherem Maße von der Beurteilung Dritter als der des eigenen unmittelbaren Lebensumfeldes abhängig war. Die Gesellschaft Venedigs war eine ständische mit relativ stabilen hierarchischen Strukturen. Dennoch bestanden hier, im Gegensatz zu anderen städtischen Gemeinschaften, zwischen Patriziat, Bürgertum und der Welt der »arti« – jener in Gilden organisierten Gewerbetreibenden, Handwerker sowie der untersten breiten Schichten der Nichtorganisierten einschließlich der Sklaven – engere Sozialbeziehungen, konnten offenbar spontan distanzschaffende Barrieren ganz selbstverständlich übersprungen werden.

Die Spielregeln gesellschaftlichen Umgangs wurden, je höher, desto ausdrücklicher, mit Sorgfalt beobachtet. Im 11. Jahrhundert war ein Doge mit einer griechischen Prinzessin verheiratet, in deren byzantinischer Gesellschaft man mit einer kleinen goldenen, zweigespitzten Gabel zu speisen pflegte – »au moyen de petites fourches en or et à deux dents«. Diese »Innovation« führte tatsächlich zu einem Skandal, denn sie »galt als ein Zeichen eines so exzentrischen Raffinements, daß die Dogaressa durch die Kirchenväter schwer getadelt wurde, ja diese den göttlichen Zorn über sie herabbeschworen . . .«[3]

Angemessenes Verhalten galt, vor allem innerhalb der Nobilität, nicht nur als unverzichtbar, es entsprach weitgehend auch den Erwartungen des einzelnen an sich selbst. Dies allein schon deshalb, weil die konstitutionellen Spielregeln der Verfassung ausdrücklich kurzfristige politische Amtsübernahmen – als Ausdruck jenes spezifisch venezianischen Systems »institutionalisierten Mißtrauens« – vorsahen. Weil darüber hinaus den informellen Spielregeln (der Verfassung) gegenüber dem materiellen Recht und Rechtsgrundsätzen ein mindestens ebenso großer Stellenwert beigemessen wurde wie diesen selbst. Damit aber waren die Abhängigkeit von der Einschätzung anderer Mitbürger, und das galt gleichermaßen für die fast spiegelbildlichen Hierarchien der Gilden und Scuolen, die Kultivierung der eigenen »Façon« und »Fassade« ein so untrennbarer Bestandteil des individuellen »Decorum«.

Wie in anderen Stadtrepubliken wurden auch in Venedig Status und Prestige des einzelnen maßgeblich bestimmt durch die kommunikativen Codes der »Fassade«, die aufzubauen und zu kultivieren als »ziemlich« angesehen wurde. Man fühlte sich verpflichtet, buchstäblich daran zu arbeiten, um seine jeweilige soziale Rolle – *fare bella figura* – zu wahren. In wohl kaum einer europäischen Stadt seit dem Mittelalter ist die Konfrontation mit dem offiziellen und öffentlichen »Gesicht« derartig institutionalisiert und stilisiert worden wie in der Lagunenstadt.

Nur der via Sozialisation seit Kindheit überwiegend im öffentlichen Raum vertraute Umgang mit der Außenwelt kann dieses Maß an Virtuosität auf der »Bühne«, die Erfahrung jener Dramaturgie des Pathosverhaltens und der individuellen wie kollektiven Selbstdarstellung hervorgebracht haben.

Nur so läßt sich wohl auch der für Venedig ausgeprägte Sinn für die Gestaltung und Dominanz architektonischer Fassaden verstehen, denen spiegelbildlich auf gesellschaftlicher Ebene »Aufgeschlossenheit« und »Einladung« der Bekleidungs-»Fassaden« insbesondere der weiblichen Welt entsprachen, wie sie uns durch Albrecht Dürers Portraits venezianischer und deutscher Frauen in Venedig, vor allem aber venezianischer Maler wie Carpaccio, Veronese, Tizian, Giorgione, Lotto, Palma il Vecchio und anderer überliefert sind.

Dieser Sinn fand Ausdruck in den profanen und sakralen Riten, Zeremonien und Prozessionen mit dem Charakter öffentlicher »Kunstwerke«[4], und nicht selten überlagerten sich diese Ebenen, wurden religiöse Feste mit liturgischem Prunk begangen und hatten doch gleichzeitig, beeinflußt von heidnischen

Elementen, überwiegend den Charakter öffentlicher Schauspiele. Seit ihren Anfängen waren die venezianische Staatsidee und »Civitas« – Staatsreligion und christliche Religion – zwei untrennbare Bestandteile.

Zu den herausragenden Anlässen einwöchiger Feierlichkeiten diente die Wahl des Dogen. Erst mit dem Versuch, die Hintergründe dieses Rituals auszuleuchten, wird sich zeigen lassen, in welchem engen Verhältnis hier das Decorum und der identitätsstiftende Charakter dieses Ereignisses gestanden haben.

Der Rang, den die Stadtrepublik ihren auswärtigen Beziehungen beimaß, läßt sich sicher nicht nur an ihren fünfmal im Jahr veranstalteten Staatsbanketts ablesen. Doch lassen Selbstinszenierung und Stil dieses Rituals, bei welchem es selbstverständlich war, Masken zu tragen, mehr über das pragmatische Verständnis Venedig-interner Beziehungsqualitäten erkennen als andere, scheinbar bedeutende offizielle Veranstaltungen der Republik.

In Venedig gab es denn auch kaum einen Ort, der nicht geeignet gewesen wäre, Feste zu zelebrieren: Foren wie San Marco, der Dogenpalast, die Scuolen, die Piazza S. Marco, der Canal Grande mit dem Repräsentationsschiff des Dogen (Bucintoro), Bootsregatten oder auch Theater, Akademien, Messen, Mode- und Kunstausstellungen.

Kaum ein politischer, religiöser oder gesellschaftlicher Anlaß, allen voran der Carneval, der nicht den verschiedenen sozialen Schichten willkommene Gelegenheit geboten hätte herauszutreten, auszuziehen und anzuziehen, aufzufallen und zu gefallen: Etwa die Feierlichkeiten am Sankt-Markus-Tag (25. April), das Fest der Sensa, Christi Himmelfahrt und die Vermählung des Dogen mit dem Meer, der St. Vitus- und Modestustag, die Prozession des Dogen anläßlich der Verschwörung des Jahres 1310, der St. Marinatag am 17. Juli zum Gedächtnis des Sieges über die Liga von Cambrai und der Schlacht von Lepanto 1571 sowie zahllose andere Gelegenheiten.

Man würde dem Selbstverständnis der Stadtrepublik als einer typischen *società spettacolo* sicher nicht gerecht, wenn man das Phänomen des alles Sichtbarmachens, der visuellen Choreographie, der übermäßigen Betonung von Form und Schein – gleichviel, ob es sich um den Dogen oder den Glöckner des Campanile, um Künstler oder um Gondolieri handelte – von seinem impliziten Hintergrund löste. Dem »Vordergrund« des Schauspiels, dem Decorum – ein von Cicero entlehnter, später diffus verwendeter Begriff hier im Sinne der Manifestation von Schicklichkeit, Angemessenheit des Ausdrucks impliziter Qualitäten[5] –, als einer spezifischen »Sprache«, die sich in ganz unterschiedlichen kommunikativen Codes manifestiert, steht seit dem 16. Jahrhundert mit der ausdrücklichen Aufwertung des Individuums die menschliche »dignitas« als »Verfassung«, Würde, Wert gegenüber.

Im Sichtbarmachen, in der »Fassade« spiegeln sich in Venedig – nicht erst seit der Renaissance – mit der Teilnahme des einzelnen am Ganzen im Decorum, neben individuellem kollektives Bewußtsein und Identität wider. Denn vor allem durch die »Fassade«, das Decorum, standen dem einzelnen innerhalb eines sozial abgestuften Kanons Ausdrucksformen der Veräußerlichung zur Verfügung, Signale, die zwischenmenschliche Beziehungen zu artikulieren erlaubten und doch gleichzeitig einen gesellschaftsbildenden Charakter auf der »politischen« Ebene, ein Instrumentarium der Interessenwahrnehmung vorstellten.

In Venedig schloß das Decorum bestimmte, weitgehend akzeptierte, sich gleichwohl ständig weiterbildende Spielregeln ein. Dazu gehörte für alle diejenigen, die am öffentlichen Leben aktiv teilhatten, sich einer im Detail genau festgelegten Farb-, Zahlen- und Gestaltungssymbolik zu fügen, an welche wegen ihrer Differenziertheit Erkennen und Anerkennung der jeweils anderen Gruppe geknüpft war. Dazu gehörten aber vor allem, insbesondere für das Patriziat, bestimmte Kleidervorschriften:

Der zuständige Magistrat der Signoria erließ bis zum 15. Jahrhundert in dieser heiklen Materie – *materia di maschere* – nach jeweiligem Ermessen die Bekleidung der Venezianer betreffende gesetzliche Ge- und Verbote. Nachdem die Spielräume der Kombinationsmöglichkeiten und damit Übertretungen rapide zugenommen hatten, wurde ein eigens zuständiger *Magistrato delle Pompe* eingesetzt. Mit zunehmender Reglementierung wuchs indessen auch der Einfallsreichtum der Venezianer, die immer neue Wege und Mittel ersannen, diese Verordnungen zu umgehen.

Im Jahre 1339 untersagte etwa ein Dekret das »unschickliche Sich-Verkleiden von der dritten Morgenstunde bis zur ersten Morgenglocke« und stellte die Aufsicht darüber den *Signori di notte* und *Capi di Sestiere* anheim. 1443 untersagte der Senat per Verordnung Frauen jeden Standes, mit verschleiertem Haupte oder Antlitz auszugehen, um in dieser Aufmachung »inhonestates« begehen zu können; Männern das Tragen von Frauengewändern oder unschicklicher Kleidung. Und 1458 verbot ein Dekret, sich verkleidet oder maskiert in der Stadt oder in Nonnenklöstern ausgelassen zu benehmen. Damit war erstmals der Rat der Zehn als zuständige Behörde aufgetreten, die fortan allein über die Zulässigkeit einer Maskenerlaubnis zu entscheiden hatte. 1461 sah eine Verordnung vor, den *Signori di notte* bei unterlassener Pflichterfüllung mit Amtsentzug zu drohen.

Im gleichen Jahr wurde die Bestrafung eines Verkleideten ohne verhülltes Gesicht vom Rat der Zehn als nicht gegen das Gesetz verstoßend aufgehoben. 1502 wurde erneut per Gesetz das Tragen einer Maske bis zum Sonnenuntergang denjenigen gestattet, die im Besitz einer vom Rat der Zehn erteilten Lizenz und unbewaffnet waren.

Im Unterschied zu sonst nachweisbaren europäischen Maskengesetzen in Mittel- und Süddeutschland, Frankreich, Österreich und England zeichnen sich venezianische Dekrete nicht nur durch lokale und zeitliche Präzisierung des Geltungsbereichs aus; sie erstrecken sich vor allem auf alle gesellschaftlichen Stände, obwohl für Frauen seit 1504 ein allgemeines Maskenverbot aufrechterhalten wurde und das Strafmaß für »populares« und »nobili« zuungunsten letzterer unterschiedlich war.[6]

Seit dem 15. Jahrhundert wurden regelmäßig jeweils neu angepaßte und verpflichtende Bekleidungsvorschriften für das Tragen bestimmter Gewänder in bestimmten hoheitlichen Funktionen der Nobilität erlassen. Während der Aristokratie anderer Stadtstaaten ein mehr oder weniger großer Spielraum bei der Auswahl einer angemessenen Garderobe belassen wurde, bildete für den venezianischen Nobile die offizielle Garderobe bei zeremoniellen Amtshandlungen, aber auch die Zivilkleidung, sofern sie nur Bezug zur Öffentlichkeit hatte, einen für Außenstehende als »Uniformierung« erscheinenden Zwang. Das Tragen der sogenannten schwarzen *bauta* war in der Öffentlichkeit eine Selbstverständlichkeit. Das einzige »Fenster« dieser institutionalisierten »Fassade« blieb, sofern

Maskierte Venezianer, *Gemälde von Pietro Longhi.*

ihr Träger keine Maske trug, das Gesicht. Von den zahlreichen Varianten kultischer und religiöser Masken, Theater- und Carnevalsmasken, wie sie in ganz Italien und in anderen Kulturen vorfindbar sind, unterscheidet sich die klassische venezianische Maske, die *bauta*. Sie bestand aus einem den Oberkörper bis zu den Ellbogen bedeckenden Cape aus schwarzer Seide oder dichtem schwarzem Spitzengewebe. Eine Kapuze aus dem gleichen Material bedeckte den Kopf bis zur Schulter, von dem sie durch eine ovale Öffnung nur das Gesicht zwischen Stirn und Kinn freigab. Auf dem Kopf über der Kapuze wurde meist ein aus schwarzem oder buntem Filz gefertigter Hut mit Goldborten oder anderem Zierat – der sogenannte Dreispitz – getragen.

Das Gesicht verdeckte eine weiße, aus versteifter Seide, Samt oder hochglänzender Pappe gefertigte Maske, ein *volto*, der durch eine Verlängerung unter den Dreispitz geschoben Halt fand, gelegentlich aber auch an der linken Falte des Dreispitz zwischen Ohr und Hut geklemmt wurde.

Ein radmantelförmiger Überwurf, der gewöhnlich aus scharlachrotem oder schwarzem Tuch gefertigte *tabarro*, reichte, unter der *bauta* getragen, fast bis zum Boden. Beschränkte sich ursprünglich die Bezeichung *bauta* lediglich auf das schwarze Cape mit Kapuze, so meinte man später damit sämtliche Teile dieser Maske, also deren schwarzen Capeteil, den Dreispitz mit Larve und Überwurf.[7]

In dieser Kombination betonte das mehrteilige Maskengewand, gewöhnlich über der Alltagskleidung getragen – *in tabarro e bauta* –, ausdrücklich die Standesexklusivität von Mitgliedern der Nobilität, konnte überliefertermaßen aber auch von Cittadini und ausländischen Würdenträgern hohen Rangs getragen werden. Während, dem Exklusivcharakter der *bauta* gemäß, diese Maske nur in dieser uniformen Weise getragen werden durfte – »so daß auf Grund dieses Zeichens der Schicklichkeit und dieses Zeugnisses der Genügsamkeit die nobilità patrizia sich verehrungswürdig mache« – (Gesetz von 1268) – und also als aufwertende Insignie, *maschera nobile distinta*, angesehen wurde, betrachtete man die sonst in Venedig üblichen Maskentypen als *maschere barone*, unfeine Masken.

Auch im Hinblick auf Ort, Zeit und Intention waren die Unterschiede beider Maskenarten so unverwechselbar wie unübersehbar. Das Tragen jedermann zugänglicher *maschere barone* zeichnete sich durch Buntheit und die Vielfalt von die Geschlechter- und Standesrollen häufig verkehrender Symbol-Requisiten und Accessoires aus und war auf die Carnevalszeit vom 26. Dezember bis Aschermittwoch beschränkt. Demgegenüber wurde die *bauta* mit Ausnahme der Fastenzeit während des ganzen Jahres getragen und war an von der Nobilität bevorzugten öffentlichen Orten anzutreffen.

Gegenüber dem mit den Spielregeln des Decorum nicht Vertrauten äußerte sich diese Exklusivität auf den ersten Blick in jenem Moment ihres Neutrumeffekts, ihren Träger nur über bestimmte Attribute, die nicht völlig verdeckte Zivilkleidung oder Nuancen des Verhaltens und der Bewegung identifizieren zu können. Tatsächlich aber umschreibt dies lediglich die vordergründige, periphere Wirkung. Das in dem Gesetz von 1668 ausdrücklich erklärte Ziel intendierte vielmehr ganz offensichtlich, »daß der Gleichheit, der auf Eintracht gerichteten Gesinnung und des Verhaltens auch das Äußere des Gewandes zu entsprechen habe«.[8]

Die Signoria maß also der Gestaltung des offiziellen »Gesichts«, d. h. der im Decorum sich widerspiegelnden »dignità« ihrer Repräsentanten, maßgebliches Gewicht zu, unabhängig von allen sich vordergründig ergebenden Wirkungen. Um so nachdrücklicher verbot und verfolgte der Rat der Zehn sowie der *Magistrato delle Pompe* »Änderungen an dem ausnahmslos jedem Nobile, gleich welchen Rangs, vorgeschriebenen Gewand vorzunehmen oder aber unziemlicherweise sowohl des Tags als auch des Nachts in einem anderen Gewand, d. h. *in tabarro* oder in bunten Kleidern, ohne das vorgeschriebene Gewand in der Öffentlichkeit aufzutreten«.[9]

Obwohl das Tragen der Maske generell durchaus gewisse Prärogativen einräumte, etwa üblicherweise und selbstverständlich akzeptierte Normen unsanktioniert übertreten zu dürfen, häuften sich gleichzeitig außer einer Vielzahl im Staatsarchiv erhaltener »Denunziationen« in den *Bocche della Verità* die Klagen seitens der Magistrate wegen Gesetzesüberschreitungen und »skandalösen Verhaltens« auf der Straße.

Seit dem 17. Jahrhundert kam es immer häufiger dazu, sich verschiedenartiger Kleidungskombinationen zu bedienen, vor allem aber, den *tabarro* zwecks eigener Tarnung oder Anonymität als Maske zu benutzen und sich dabei der *bauta* als Maske der Maske zu bedienen.[10]

Unabhängig von dem zwischen Zentrum und Peripherie alles erfassenden

Maskenritual des Carnevals der Stadtrepublik, während dessen selbst die Luxusgesetze außer Kraft gesetzt waren, verbreiteten sich doch, wie in anderen europäischen Staaten, zahllose weitere Maskentypen, die alle gesellschaftlichen Schichten durchdrangen und durch verschiedenste Motive und Ausdrucksweisen an der Gestaltung des öffentlichen Lebens beteiligt waren.

Mochten alle diese Maskentypen und Demonstrationen nur ausnahms- und zeitweise in das Zentrum sichtbarer Öffentlichkeit treten, so spiegelte sich im Gebrauch der *bauta* als Gesellschaftsmaske der patrizischen Elite eine Institution als normativer Bestandteil der Republik von San Marco.

Die Zentren der Identifikation: das Portrait, die Scuola di San Rocco, »Villeggiatura« und die Kunst der Investition in Agrikultur und Architektur

I. Das Portrait

Auf einer anderen Ebene der Gestaltung als weiterer Varianten von »Fassade« und Decorum wenden wir uns nun dem Portrait zu. Welches Sujet vermag so offensichtlich Auskunft zu geben über Befindlichkeit, Weltprogrammatik und Selbst-(Wert-)Verständnis wie das individuelle oder kollektive »Gesicht«: die Szenerie, die Kulisse, die Requisiten und Attribute dessen, was wir als Portrait bezeichnen.

An einem Ort, der wie Venedig soviel mit Fassade und Wasser-Spiegel konfrontiert ist, erscheint es fast selbstverständlich, der Portraitkunst einen prominenten Stellenwert einzuräumen. War das Portrait möglicherweise auch eine Antwort auf den Spiegel, nachdem in Venedig im 15. Jahrhundert erstmals verzerrungsfreie Spiegel in größeren Mengen hergestellt wurden?[1]

Unsere Aufmerksamkeit soll sich im folgenden auf den Zeitraum von der Mitte des 15. bis zum Ende des 18. Jahrhunderts erstrecken.

Im Jahre 1441 hatten sich in Ferrara die Maler Pisanello und Jacopo Bellini in einem berühmten Wettstreit wegen eines Portrait-Auftrages für Leonello d'Este gegenübergestanden. Ein Gedenk-Sonett bezeugt den Vorgang:

> Als Pisanello unter anderen großen Taten
> sich vornahm, die Natur zu überflügeln und das Bild
> des neuen, wohlgeborenen Marchese Leonello
> in ein Gemälde umzusetzen,
>
> da hatte er den sechsten Monat schon verwandt,
> um der Figur die wahre Form zu geben,
> als das verächtliche, den Ruhm der Menschen
> mit mancher Schmähung hindernde Geschick

es fügte, daß von würd'gem, salzigem Gestade
Bellini kam, der allertrefflichste der Maler,
ein neuer Phidias in unsrer blinden Welt:
Lebendig machte er sein wahres Bildnis,
wie es das Urteil väterlicher Liebe dann beschied,
so daß er erster ward, und Pisanello zweiter.[2]

Vom »salzigen Gestade« Venedigs über Jacopo Bellini (Vater), dessen Söhne Gentile (1429–1507) und Giovanni (1430–1516) und mit der Ankunft Antonello da Messinas in Venedig (1475/76) beginnt das selbständige Privatportrait ein Teil des Decorum und Selbstbewußtseins gebildeter Patrizier und Kaufmannsleute Venedigs zu werden.[3]

Der Weg dorthin führte über wechselreiche Stationen. Leon Battista Alberti gibt im Dritten Buch seines Traktats *Über die Malerei*, Giorgio Vasari in seinen Berichten über die Lebenswege zeitgenössischer Künstler, vorzugsweise über Masaccios Portrait-Annäherungen, wichtige Aufschlüsse.

Gesichert ist, was das florentinische Quattrocento anbetrifft, daß Gemälde der Verherrlichung, manchmal dem Gedenken dienten. Bevorzugt waren Portraitierung einzelner oder mehrerer Personen. Sie unterschieden sich jedenfalls von Freskengemälden, die noch das Präsentationsschema des Profils in der klassischen Tradition römischer Münzen bevorzugten, wie sie antike Autoren – Plinius, Livius oder Ovid – im Zusammenhang mit Familienstammbäumen, wahrscheinlich durch Linien miteinander verbundener Profilmedaillons, erwähnen.[4]

Obwohl diese Art der Präsentation mit einer ausdrücklich genealogischfamiliären Funktion für das 14. Jahrhundert typisch war, gab es dank vorbildlicher flämischer Portraits bereits unterschiedliche Vartianten von Abwandlungen und Ausnahmen: Wie hätten sonst diskret versteckte oder offensichtliche Portraits florentischer Protagonisten in bürgerlichen Interieurs Eingang finden können in zahlreiche Sakraldarstellungen, Altartafeln, Andachts-Verkündigungsbilder wie Ghirlandaios Fresken in S. M. Novella oder S. Trinità?

Während Künstler an den Höfen von Ferrara, Mantua, Urbino oder Mailand an einen weniger strengen Formenkanon als in Florenz gebunden waren, wie es Leonardos oder Raffaels Portraits bezeugen[5], taucht nun erstmals auch in Florenz ein Andrea del Castagno zugeschriebenes, eindrucksvolles, fast frontales Männerportrait in der Villa Pandolfini in Legnaia auf. Zur selben Zeit kamen in Florenz der von Plinius propagierte Kult der Gedenkportraits, die Portrait-Terrakottabüste, Gipsmasken und Wachsstatuen in Mode. Sie sollten maßgeblich die weitere Entwicklung der Portraitmalerei der folgenden Jahrhunderte beeinflussen.[6]

Die Ankunft Antonello da Messinas in Venedig im Jahre 1475 bedeutet nun, wie bereits sein im selben Jahr für San Giuliano gemalter, spektakulär erscheinender heiliger Sebastian ahnen läßt, eine für das Portraitgenre des 15. Jahrhun-

derts folgenreiche Innovation: Kündigt sich hier doch eine für das Decorum und Selbstverständnis der Patrizierrepublik gegenüber den mon-
archisch-klerikalen Auftraggebern
völlig neuartige Dimension des Abbildes an.[7]

Messinas Anregungen, sein Einfluß
bedeuteten eine Herausforderung an
die gesamte Künstlergeneration der
damaligen venezianischen Avantgarde. Sein untrügliches Gespür für
die Übersetzung von Wahrnehmungs-
eindruck in Portraitausdruck, seine
technische Virtuosität der Raumöff-
nung durch Lichttemperatur und Perspektive, sein Einfühlungsvermögen
in die tieferen, eigentümlichen und
sich wandelnden Persönlichkeits-
schichten, das war eine Innovation.

Dieses Thema korrespondiert der
von Vasari erstmals angesprochenen
Kunst des Selbstportraits durch den
Künstler am Beispiel Masaccio. Dieser
hatte sich 1422 neben namhaften florentinischen Bürgern selbst als Apostel
in der S. Maria del Carmine abgebil-
det[8] und damit eine neue Sichtweise
auf das Portrait eröffnet.

Giovanni Bellini als herausragender
Maler seiner Generation griff diese
Anregungen, wie schon Piero della

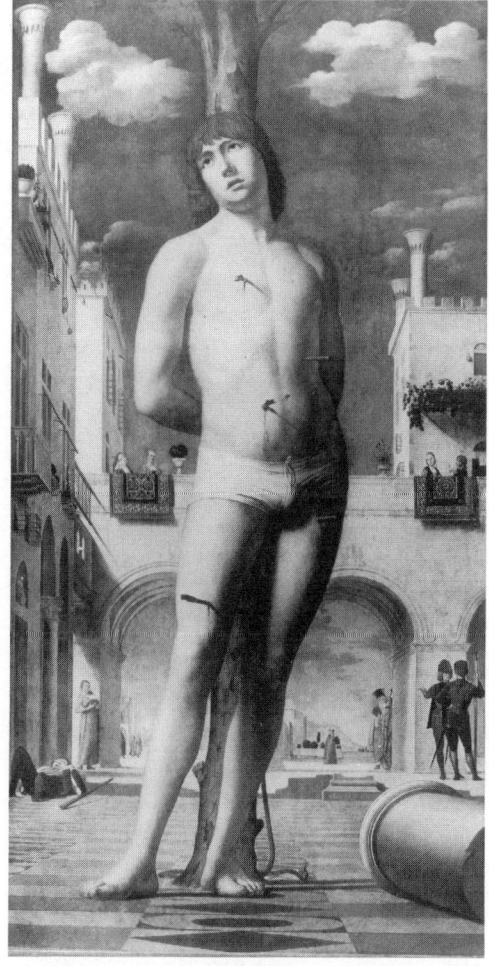

Antonello da Messina, Der Heilige
Sebastian, *um 1476.*

Francesca, Donatello und Mantegna, sofort auf und entwickelte sie weiter.
Damit begann die venezianische Portraitkunst am Ende des 15. Jahrhunderts
eine führende Rolle zu spielen.

Er führte in Venedig die Sitte ein, daß jeder von einem bestimmten Stande an aufwärts,
sich von ihm oder einem anderen portraitieren ließ. Deshalb gibt es in allen venezianischen Häusern viele Bildnisse ... Wer empfände nicht Freude ... die Bilder seiner
Vorfahren zu sehen ... wenn sie für Verdienste am Staat, hervorragende Leistungen ...
in den Künsten oder anderen Tätigkeiten berühmt gewesen sind. (Vasari, 1568)[9]

Ob die nun einsetzende Nachfrage nach Privatportraits nicht auch durch das
hohe Ansehen, das ausländische, insbesondere holländische Maler wie van Eyck
oder van der Weyden in Venedig genossen, gefördert wurde, läßt sich heute
nicht mehr nachweisen.

Wenn Frederico Gonzaga in einem 1524 an Sebastiano del Piombo gerichteten Auftrag vermerkte: »Ich will keinen heiligen Kram (cose di sancti), sondern Bilder, die reizvoll und schön anzuschauen sind«, dann bestätigt dies einen zwischen 1480 und 1539 erkennbaren Trend in ganz Italien. So konnte bald auch die Bilderfeindlichkeit der Reformation den Triumph dieser Malerei nicht mehr aufhalten, ja sie befreite nun erst das individuelle Abbild von jeder liturgischen Einbindung.[10]

In Italien nahm der Anteil nachweislich datierter Bilder mit weltlicher Thematik zwischen 1480–89 um 5 Prozent, zwischen 1530–39 um 22 Prozent zu.[11] Von den 237 im »Repertoire des peintures datées« aufgeführten Bildern mit weltlicher Thematik handelte es sich immerhin bei 159 (67 %) der Bilder um Portraits. In einem Katalog europäischer Bilder wird bei 2033 Werken italienischer Künstler zwischen 1420 und 1539 das Sujet angegeben. 1796 (87 %) dieser Bilder haben religiöse Inhalte, 237 Bilder (13 %) weltliche Themen, insbesondere Portraits.[12]

Wie schon in Florenz trugen nun humanistische Einflüsse und die Privatisierung des künstlerischen Angebots zur Beliebtheit dieses Genres bei.[13] Mit herausragenden Künstlern wie Antonello da Messina, Giovanni Bellini und anderen vollzog sich nun auch in Venedig behutsam wie vehement der Wandel von Profilabbildungen zum Dreiviertel- oder Total-Angesicht, vom Oberkörper über die Halbfigur bis zur Gesamtgröße der menschlichen Gestalt.[14]

Portraitiert Männer wie diesen ... nicht Leute, die sich kaum selbst kennen, geschweige denn, daß sie ein anderer kennt. Der Ruhm sollte das Bildnis eines Mannes schaffen, bevor es der Bildner tut. Ich glaube nicht, daß die Gebote der Alten es unwürdigen Menschen erlaubten, ihr Bild in Metall machen zu lassen. Es ist die Schande unseres Zeitalters, daß es gemalte Portraits selbst von Schneidern und Metzgern duldet.[15]

So reagierte ein Repräsentant der Oberschicht, ein Freund Tizians und Galileis, auf die Portraitmode in Venedig, der selbst einer Schuhmacherfamilie entstammte, Pietro Aretino. Und wenige Jahre später der Kulturkritiker Lomazzo:

Während zur Zeit Roms nur Herrscher und siegreiche Generäle portraitiert wurden, ist nun die Kunst des Abbildens so weit verbreitet, daß sie fast ihrer ganzen Würde verlustig gegangen ist, nicht allein weil Fürsten und Republiken unterschiedlos hinnehmen, daß ein jeder sich mit Bildnissen ewiges Andenken zu sichern sucht, sondern auch, weil jeder Maler, der kaum ein Blatt zu beklecksen versteht, Bildnisse anfertigen will. (Traktat 1584)[16]

Aus dem Blickwinkel der Zeitgenossen mochte es verständlich erscheinen, Zweifel zu äußern. Ein neues Medium des Selbstverständnisses und der Selbstdarstellung hatte sich in der Patrizierrepublik angekündigt, eine neue Dimension gesellschaftlicher Kommunikation – die ästhetische Simulation der Erinnerung, die Macht des »Schönen Scheins«. Ein prestigebedachtes und gebildetes Publikum konnte sich Portraitisten wie Messina oder Bellini, Tizian oder Tintoretto leisten, ebenso wie die in Venedig ansässigen deutschen Kaufleute, die 1505 für ihre Kirche S. Bartolommeo ein »Rosenkranzfest« bei dem damals in Venedig bereits berühmten Albrecht Dürer bestellten. Im Rahmen unseres Erkenntnisinteresses steht die Frage des Portraits als eine Form des Decorum, als »impression management«, unabhängig vom Ewigkeitswert oder der Würde der Portraitierten, als Dokument der Imagination, des »Corporate Design« im Vordergrund.

Mit der Künstlergeneration nach Giovanni Bellini waren mit Carpaccio (1455–1526), Tizian (1477–1576), Giorgione (1478–1510), Jacopo Palma il Vecchio (1480–1528), Pordenone (1483–1539), Lotto (1480–1565), Bordone (1506–1571), Tintoretto (1519–1594) und Veronese (1528–1588) die neuen Protagonisten der Portraitkunst Venedigs in den Vordergrund getreten.

Allen voran hatte, neben Raffael, Tizian maßgeblich die Portraitkunst als Verherrlichung weltlicher und geistlicher Macht weiterentwickelt. Er demonstrierte, auf welch subtile Weise er seine mit Würde und Ruhm ausgestatteten Gestalten mit einer Aura der Apotheose zu umgeben wußte, ohne dabei – wie etwa Raffael – die individuelle Substanz der Persönlichkeit zu vernachlässigen. Denn ebendiese Tendenz, bei jenen förmlich-hochgewichtigen und offiziellen Staatsportraits die Persönlichkeit an die Peripherie zu verdrängen, wurde nun auch in Venedig unübersehbar.[17] Ruhm und Würde, wie sie Aretino im Sinne von Verdienst oder Lomazzo als »künstliches Decorum«, als Kriterien für die ästhetische Existenzberechtigung des Portraits propagierten, können also nicht genügen, um zu erklären, warum die Portraitkunst in Venedig auf eine so außergewöhnliche Nachfrage stieß, ja eine ganz neue Dimension kommunikativer Praxis eröffnete.

Einerseits agierte der Maler nicht als »Kamera«, sondern als ein Künstler, der über zahlreiche Illusionstechniken verfügt, der gesellschaftliche Mystifikation, vor allem Trompe-l'œil zu komponieren verstand.[18] Gleichermaßen ist der Künstler, als Teilnehmer einer sich wandelnden Außenwelt, seinerseits ein Spiegelbild und Echo, der sich seit Leonardo auf der Suche nach neuen Ausdrucksformen auf den unsicheren Boden von Ambiguität und Ambivalenz begab, der sich seit Michelangelo von Nachahmung und formaler Idealisierung der Natur – von reiner Harmonie, von Maß und Proportion – löste und psychische Erlebnisse, den gestalteten Affekt, höher zu stellen begann als die Übereinstimmung mit der sinnlichen Wahrnehmung.[19]

Hatte Antonello da Messina in seinen Portraits noch den Selbstsicheren, Entschlossenen, für die Stadtrepublik scheinbar charakteristischen venezianischen Handelsherrn, den Admiral oder Staatsmann dargestellt, so konfrontierte ein Giorgione weniger mit Eigenschaften wie Ruhm, Mut, Stolz, Beherrschtheit, Klugheit, Würde, als vielmehr mit den hinter der sichtbaren Raumgrenze liegenden Beziehungsmustern, mit der Simultaneität von Gegensätzen, Mehrdeutigkeiten, Ambivalenz: mit Okkultem, Mysteriösem und Apokryph-Logischem, wie sie uns alsbald in der Scuola di San Rocco bei Tintoretto wiederbegegnen.[20]

Vier Männerportraits von Antonello da Messina.

Männerportrait von Giorgione.

Mit Giorgione werden das *Sfumato*, die Chromatik von Licht und Schatten, die Verschleierung, alle Elemente und Charakteristika der »dritten Manier« (Vasari) eingeführt. Der Betrachter wird mit einer nicht wiederholbaren, schwebenden Befindlichkeit, mit der Differenz zwischen den Dingen, mit Imponderabilien und der Ambivalenz seiner Beziehungen zur Außenwelt konfrontiert. Und der Erfolg dieser Art von Portraits signalisierte gleichwohl gerade in Venedig ein anspruchsvolles, zur Differenzierung fähiges Publikum: ein Publikum, welches sich auf den Wert und die Bedeutung von Introspektion einließ, das sich zu identifizieren wünschte mit Intellektuellen und Künstlern, das zwecks Identifikation empfänglich war für eine Rhetorik der Geste, für die Attitüde einer bestimmten, scheinbar epikureischen Wirklichkeit, aber auch die Attribute jenes verspiegelt-vexierbildähnlichen Milieus in Venedig.[21]

Aus der historischen Gesamtschau bietet das 16. Jahrhundert ein illustres Spektrum in Venedig tätiger, beispielloser Maler, deren Marktwert bei wachsender Nachfrage gleichwohl höchst unterschiedlich bemessen wurde. Für den Stellenwert des Decorum als Gestaltungsmedium der Kommunikation ist es von Interesse, welche religiöse, ökonomische, ideologische Wertschätzung jeweils welchen Portraits bzw. Künstlern in ihrer Zeit zuteil wurde.

Unabhängig davon, ob es den jeweiligen Malern gelang, »den geistigen Sinn und Charakter ihrer Gestalten durch ihre Kunst vor uns hinzustellen... und damit ein Portrait getroffener, dem Individuum ähnlicher als sein eigenes Selbst zu machen...« (Hegel)[22], unabhängig auch von den Urteilskriterien und

Lorenzo Lotto, Bildnis eines Jünglings, *um 1508.*

Lorenzo Lotto, Portrait.

Maßstäben eines Aretino, Lomazzo und Paleotti[23], ist es für das Verständnis der Gestaltung spezifischer Kommunikationsstrategien in Venedig aufschlußreich, daß ein Künstler wie Lorenzo Lotto im Gegensatz zu Giorgione mit seinen Portraits auf zunehmende Ablehnung stieß.

Hatte Lotto die von Giorgione vorgegebenen Ausdrucksspielräume und -möglichkeiten überschritten? Führte die Tendenz der Eindeutigkeit seiner Vieldeutigkeit – etwa die »symbolischen Hieroglyphen«, wie ein Zeitgenosse eines seiner bedeutendsten Werke, die Intarsien in S. M. Maggiore von Bergamo, bezeichnete –, seine Nervosität und Exaltiertheit, das Ausmaß der Resignation und Verdüsterung oder seine kryptische Äußerung »Wisset, daß dies Dinge sind, die nicht geschrieben stehen, die Vorstellungskraft muß sie ans Licht bringen«[24] – führte dies alles zur Verunsicherung seines Publikums? Erwiesen sich Lottos Portraits nicht weit über das Wesen der Portraitierten hinaus als Abbilder transfiniter Hintergründe auch seiner eigenen Weltbildkonstruktion und Anthropologie?

Obgleich derartige Signale in dem nicht nur für Venedig höchst krisenhaften 16. Jahrhundert in der Portraitorchestrierung auch der anderen bedeutenden Maler jeweils auf sehr unterschiedliche Weise als Symptome tieferer Zukunftsängste zum Ausdruck gebracht oder verschwiegen wurden, zugleich aber auch auf der Suche nach einer verborgenen Schönheit, einer neuen Identität und Würde des einzelnen in der Welt Ausschau hielten[25], blieben Lorenzo Lottos Portraitalternativen buchstäblich unerkannt.

Agnolo Bronzino, Bildnis Laura Battiferri.   *Tizian*, La Bella.

Vergleicht man gar Portraits Agnolo Bronzinos (*Bildnis eines Edelmanns* oder *Laura Battiferri*), Tizians (*Pietro Aretino* oder *Eleonora Gonzaga, Pietro Bembo* oder *Paul III. und seine Nepoten*), Tintorettos (*Daniele Barbaro*) oder Veroneses (*Giuseppe da Porto*) mit solchen Lottos, dann mag erkennbar, vielleicht verständlich werden, daß jedenfalls das überwiegend zahlungskräftige Publikum den eher zuversichtlich bejahenden Portraitlösungen vor jenen »Grenzüberschreitungen« Lottos den Vorzug gab.[26]

Maler wie Lorenzo Lotto und die vielen weniger bekannten mußten also ihre Kundschaft im Hinterland und in anderen Metropolen suchen oder mit nicht allzu hochstehenden Schichten Venedigs vorliebnehmen.[27] Währenddessen fand in der zweiten Hälfte des 16. Jahrhunderts in der Lagunenstadt eine neue Variante des Portraittypus Interesse, ein Genre, das bevorzugt auf Kirchenfassaden zur Ehre bestimmter Einzelpersonen oder Familien Mode machte.

In anderen Metropolen diskret in den Innenräumen der Kirchen oder in dunklen Nischen versteckt, beherrschten solche Grabmonumenten vergleichbare Büsten oder Totalfiguren aus verschiedensten Materialien nun Kirchenfassaden wie Santa Maria Formosa – mit Vicenzo Capello, dem Sieger über die Türken 1571 –, Santa Maria Zobenigo – mit Antonio Barbaro und seinen Brüdern, die debattierend dessen militärische und diplomatische Rolle für die Republik darzulegen scheinen, San Moise mit dem eben in den Patrizierstand erhobenen Vicenzo Fini oder San Zulian mit dem Arzt und Gelehrten Tommaso Rangone.

Bei den Portraitierten handelt es sich um Theologen, Feldherren, Literaten, Senatoren, aber auch ehrwürdige ältere Damen und andere um die Republik verdiente Herrschaften und Familien. In dieser Tradition stehen auch die sakrale Ikonographie der *Madonna mit den Camerlenghi*, jenes Schatzmeisters, den Tintoretto als Ausdruck säkularisierter Anbetungen entworfen hat. Überhaupt begann sich das Gruppenportrait als eigenständiges Genre, von Veronese, Tizian, Tintoretto und anderen Künstlern angeboten, nun wachsender Beliebtheit zu erfreuen.

Das folgende 17. Jahrhundert stand weitgehend im Schatten der großen Traditionen des vergangenen Säkulums, auch wenn zunächst noch be-

Tizian, Bildnis des Pietro Aretino.

deutende Künstler von außerhalb in Venedig arbeiteten: Vertreter der toskanischen, von Rubens beeinflußten Kunst (Domenico Fetti 1589–1623), der römischen Kunst (Carlo Saraceni 1579–1620), der mailändisch-genuesischen Kunst (Bernardo Strozzi 1581–1644), oder der Deutsche Johannes Liss (1595–1629), während die tonangebenden lokalen Künstler eine entschieden konservative Kultur repräsentierten wie Jacopo il Giovane (1544–1628), Francesco Maffei (1600–1660), Sante Peranda (1566–1638) oder Padovanino.

Es war für Venedig wohl bezeichnend, daß es sich nicht, wie andere künstlerische Zentren Italiens, zur Errichtung einer Zeichenakademie entschließen konnte, man vielmehr in enger Bindung an den traditionellen Kanon zu verharren schien. Wirklich nachhaltige Impulse leitete erst eine neue Portraitkonzeption und Sprache mit dem Übergang von der Malerei zur Portraitskulptur ein. Von nun an führte Berninis Kunst den Triumph eines neuen Stils, des Barock, an, der fast ein ganzes Jahrhundert beherrschen sollte.[28]

In einer Zeit der mittelbaren Verwicklung Venedigs in die Gegenreformation, in den Dreißigjährigen Krieg – der also auf Bewahrung und reines Überleben bedachten Venezianer –, entsprach die mit Bernini dominierende Tendenz einer Kunstauffassung der Zuversicht, der Frömmigkeit und Ausgewogenheit, gelegentlich der Resignation wohl am ehesten dem, mit diesem Portraitanspruch erwarteten Decorum.

Der »letzte Stil italienischer Herkunft« war der Naturalismus Caravaggios, der ganz Europa zu erobern ansetzte, dessen Einfluß Rembrandt, Vermeer, Ribera, Le Nain, Elsheimer, Velázquez, La Tour und andere verpflichtet waren und der doch in Italien selbst nur mühsam und mißverständlich aufgenommen wurde, neben Caravaggio durch große Künstler Roms wie Annibale Carraci,[29] oder den für seine Portraitchroniken hochgeschätzten Ottavio Leoni: Sie alle waren weit davon entfernt, in Venedig im Dienste einer wie immer gearteten Selbstdarstellung im Sinne heroischer Würde und Erhabenheit Interesse zu finden.

Der Übergang vom Portraitmedium Marmor und Stein während des Bernini-Zeitalters zum zart-duftigen Pastellstrich der Rosalba Carriera (1675–1757), vom aufs Jenseits gerichteten Pathos der Tugenden und Dignità-Attitüde zum Spontanen, Lächelnden und Unkonventionell-Leichten entsprach erst im heraufziehenden 18. Jahrhundert der Befindlichkeit eines neuen Selbstverständnisses und Menschenbilds: Eine Rhetorik des Natürlichen, eine Verfassung der Ungezwungenheit und Eleganz wurde nun beherrschendes Thema des Portraits.[30]

Es wurde selbstverständlich, einen Dogen mit menschlichen Empfindungen, einen Papst, einen Kardinal in Alltagsgewändern, den Aristokraten tabak-schnupfend mit Brille auf der Nase statt in erlauchter Attitüde, ja Damen »à la sultana« mit übergelegtem Bein zu portraitieren. Ganz Italien und damit auch die Stadtrepublik – bis zu Beginn des 17. Jahrhunderts noch Bezugs- und Mittelpunkt des politischen, wirtschaftlichen und künstlerischen Geschehens in Europa, seine Künstler bewunderte Vorbilder – rückte nun zusehends an die europäische Peripherie, sank im Verlauf des 18. Jahrhunderts auf eine zweitrangige und schließlich untergeordnete Position herab. Seine Künstler begannen sich nun, im Zeitalter der transnationalen Aufklärung, jenseits der Alpen, insbesondere in Holland, zu orientieren.[31]

Noch einmal treten italienisch-venezianische Leinwandvirtuosen auf die Bühne. Die erwähnte Rosalba Carriera, Sebastiano Ricci (1659–1734), Antonio Canal, genannt Canaletto (1697–1768), Fancesco Guardi (1712-1793), Giambattista Tiepolo (1696–1770) und andere dominieren den konventionellen Formenkanon: vor allem Ausstattungsportraits neben Genremalerei, Zeichnungen aus Anregungen da Messinas, Dürers und Bellinis Umfeld, aber auch Veduten und Stilleben. Nur ein einziger nicht-venezianischer Portraitist aus Bergamo ragt aus diesem Chor heraus, repräsentiert – an Farbtraditionen Tizians, an das Licht der Holländer knüpfend – europäisches Format und den Geist des »Siècle des lumières«: Vittorio Ghislandi, genannt Fra Galgario.

Mit dem künstlerischen Engagement Fra Galgarios, Cerutis, Traversis und anderer eröffnete im 18. Jahrhundert erstmals auch das Problem des ethischen Stellenwertes der Bilder eine lebhafte Diskussion. Fra Galgario sah deren Moralität – im Sinne kritisch-lebensechter Darstellung jeweils zeitgenössischer Realität und Darbietung von Verhaltensvorbildern – unmißverständlich im Handwerklichen, im Gegensatz zur oppositionellen Vorstellung, die diese eher in der Wahl und Darbietung des Sujets zu finden glaubte.[32]

Angesichts der bald leidenschaftlichen und bald auch im Labyrinth der Semantik mündenden Diskussion, an der sich neben Rousseau, Diderot,

Voltaire auch Hogarth beteiligte, dürfte es kaum überraschen, daß es weit von Italien entfernt ein Goya war, der daraus eigene Konsequenzen zog und seine Position zur Selbstdarstellung radikalisierte. Eine unmißverständliche Haltung bezog auch Rousseau in dieser Frage: »Was denken Sie, was diese der öffentlichen Bewunderung dargebotenen Meisterwerke der Kunst – Statuen in Gärten, Bilder in Galerien – behandeln? Etwa die Verteidiger des Vaterlandes oder jene noch größeren Männer, die es durch ihre Tugenden bereichert haben? Nein. Es sind die Abbilder aller Verwirrung des Herzens und des Kopfes, die sorgfältig aus der antiken Mythologie ausgewählt sind und der Wißbegier unserer Kinder... vorgestellt werden – zweifellos damit sie, noch bevor sie lesen können, schlechte Vorbilder vor Augen haben.«[33]

Konnte sich damit etwa die »Serenissima Repubblica« angesprochen fühlen?

Ein Blick auf die Geschichte des italienischen, aber auch venezianischen Portraits zwischen dem 17. und 18. Jahrhundert – also das Problem der Selbstdarstellung als Decorum – bietet mit dem heute von Castelnuovo entwickelten Gedanken einen auch in unserem Zusammenhang höchst interessanten Diskussionsansatz: Das Portrait stehe in Italien – und Venedig sei hier unsererseits mit einbezogen – eher für eine Rechtfertigung und Idealisierung der Gegenwart, die aufgrund der Unterschiede und Spannungen zwischen den verschiedenen sozialen Gruppen viele Gesichter haben könne, als für die kritische Präfiguration und Voraussage der Zukunft.[34]

Für die Weiterverfolgung dieser Überlegungen bieten sich – zwischen Tizian und Tiepolo – reiches Anschauungsmaterial und eine Vielzahl neuer Fragestellungen. In der Stadtrepublik Venedig hatten jedenfalls seit dem ausgehenden 18. Jahrhundert überlebenswichtige Probleme den Vorrang. Die Gestaltung des Decorum trat mit der Auflösung der Serenissima und ihrer Eliten in den Hintergrund.

Die industrielle Miniaturisierung des Portraits durch die Briefmarke stellt unterdessen noch einen »Schatten« dar, der im kollektiven Bewußtsein vom einstigen »Image« der bedeutenden oder unbedeutenden Gesichter und ihrer »Fassaden« lebendig geblieben sein mag. Bereits im Jahre 1786 war Goethe in Venedig aufgefallen: »Die Kunst, welche dem Alten seine Fußböden, dem Christen seine Kirchhimmel wölbte, hat sich jetzt auf Dosen und Armbänder verkrümelt.«[35]

Ob es die geistige oder materielle Armut der großbürgerlichen Auftraggeberschicht ist, deren komplementäre Seite sich im Exodus der Originale einstiger Imagegestaltung in die ganze Welt äußert, oder ob es die noch nicht erkennbare Einsicht in die Änderung des Status des Bildes und Portraits ist, das bleibt aus der Distanz auf jene großen Zeiten des Portraits zwischen dem 14. und 18. Jahrhundert eine offene Frage.[36]

Aus der Vogelperspektive läßt sich nur soviel erkennen: Die Überwindung der Distanz zur eigenen Geschichte ist *ein* Anknüpfungspunkt, der andere das heute nicht zu ignorierende Faktum, daß nicht nur das Sein, sondern auch das Design das Bewußtsein prägt. Fassaden lassen sich renovieren, Gesichter existieren in »Gestalt« des Heraustretens aus dem Chaos der Beliebigkeit. Mit deren Verlust verliert auch das Portrait als eine einst so einzigartige Form der Gestaltung des Decorum seine tiefere Bedeutung.

II. Die Scuola di San Rocco

Das Problem der sozialen (Des)Integration ist so alt wie die Geschichte städtischer Sozialverbände und Urbanität selbst.

Die Stadtrepublik Venedig war aufgrund ihrer Verfassungssituation gezwungen, über die politische Organisation hinausgehende Versuche der Lösung dieses Problems zu erproben, wollte sie angesichts der in die stets offene Metropole strömenden Menschenmenge – Emigranten und Verfolgte, Landbevölkerung aus dem Hinterland –, angesichts von Seuchen und Epidemien, aber auch angesichts eigener struktureller Armut und Desintegration – gebrechlicher Alter, unversorgter Frauen, Waisenkinder, in Not geratener Nichtorganisierter und Vagabundierender – nicht im Chaos versinken. Über die bis heute gängigen Erklärungen hinaus, die sich auf Armut als gottgefälligem Schicksal und die daraus abzuleitende Verpflichtung zu barmherziger Hilfe und Unterstützung berufen, hat die Signoria Lösungen vorgeführt, derartige Gemeinschaftsaufgaben nicht im Sinne »sozialer Symmetrie« durch den Staat zu »verwalten«, vielmehr diese als selbstorganisierende Gestaltungsaufgabe institutionalisierter Formen der Privatinitiative zu überlassen, ohne dieser damit jedoch unmittelbare politische Entscheidungsbefugnisse einzuräumen.

Neben mehr als tausend der Fürsorge dienenden privaten Einrichtungen gab es seit dem 16. Jahrhundert etwa 120 kleinere »Scuole Piccole« und sechs bereits seit dem 13. Jahrhundert gegründete »Scuole Grandi«, deren jüngste, die Scuola di San Rocco, 1478 durch die Signoria offiziell anerkannt worden war.

Von den im 15. Jahrhundert über 100 000, im 16. und 17. Jahrhundert um 140 000–180 000 zählenden Einwohnern waren im Jahre 1586 bei 33 852 Arbeitern etwa 22 504 in den »arti«, kleineren Gilden und Bruderschaften, organisiert, während das restliche Drittel – etwa 11 300 meist ungelernte Arbeitskräfte, vor allem Matrosen, Ruderer, Transport- und Hafenarbeiter, mit ihren Familien etwa 40 000, nicht organisierte, ungesicherte Arbeitskräfte – für die »arti« Heim-Gelegenheitsarbeiten und andere Handlangerdienste verrichtete.[37]

Demgegenüber waren von den rund 10 000 Privilegierten der Cittadini mehr als 4000 Mitglieder in den Scuolen, die ihrerseits gewöhnlich fünf- bis sechshundert Mitglieder zählten; Patrizier durften Ehrenmitglieder sein, Kleriker blieben jedoch prinzipiell ausgeschlossen.

Unter der Aufsicht des Rates der Zehn »regierten« sich diese Scuolen im Rahmen festgelegter Statuten; spiegelbildlich zur Signoria verfügten sie über eine eigene Regierung, den »Governo civile«, in der ihre Mitglieder fast wie in einer eigenen Republik Ämter und Würden entsprechend ihrem Verdienst und ihrem Stand »qualità« erhielten.[38]

Jede Scuola wählte ihren Vereinsvorstand, ihre Beamten vom Guardian Grande, Vikar, Scrivani, Degani, Massari und andere niedergestellten Angestellten bis zum bezahlten Priester und erfüllte neben sozialen, seelsorgerischen, gesellschaftlichen und zeremoniellen Aufgaben die Verwaltung überwiegend aus Nachlässen und Schenkungen bestehender Vermögen und Immobilienbesitzungen. Die größeren Scuolen betätigten sich darüber hinaus an Wohnbauprojekten für ihre eigenen, insbesondere ärmeren Mitglieder.

Dem Ausbau und der Pflege eigener Versammlungshäuser und Gesellschaftsräume, der Ausstattung eigener Kirchen und Hospitäler wurde besondere Aufmerksamkeit zuteil, waren doch die sechs großen Scuolen eifersüchtig darauf bedacht, jeweils gegenüber den anderen Bruderschaften ein eigenes Image zu repräsentieren, ja bei der künstlerischen Ausstattung ihrer eigenen Repräsentationsräume selbst die Sala del Maggior Consiglio des Dogenpalastes durch gestalterische Qualitäten zu übertreffen.[39]

Haben wir nun die Scuola di San Rocco, die venezianischen Bruderschaften als autonome »Solidaritätssysteme« und soziale Institutionen mit je eigentümlichen formellen Funktionsmechanismen, eigenen Mitgliedern, Vermögen und eigener Organisation vorgestellt, so wird ihr Zweck bis heute weitgehend vordergründig in sozialen und seelsorgerisch-karitativen Aufgaben gesehen: die von »politischen Entscheidungen ausgeschlossenen Mittel- und Unterschichten in ihrer freien Zeit zu beschäftigen, ihnen ein Feld sozialer, gesellschaftlicher und künstlerischer Selbstverwirklichung einzuräumen, um sie... dadurch ruhig zu halten« (Willmes), [als] »Kompensation für verordnete Machtlosigkeit« (Lebe), um »soziale Konflikte zu mildern bzw. zu verhindern« (Scarabello) und »die Eindämmung und indirekte Kontrolle der Macht des Klerus insbesondere der römischen Kurie« zu gewährleisten (Willmes).[40]

Eine ganz andere Perspektive und damit Verständnisdimension eröffnet sich indessen mit der Betrachtung der informellen, impliziten Kommunikations- und Gestaltungsprozesse innerhalb der Scuola. Beschränken wir uns dabei auf den Stellenwert der Zuordnung von Bedeutung und Wirkung der künstlerischen Gestaltung des Decorum, wie dieses sich als »Corporate Image« explizit (und implizit) im Bildprogramm San Roccos widerspiegelt.

Nach dem Beschluß der Scuola di San Rocco im Jahre 1546, die Wände der Sala dell'Albergo »mit Gemälden oder Teppichen oder Figuren wie's beliebt« ausschmücken zu lassen, bot sich 1553 Tizian für ein großes Gemälde für die Wand hinter den Stühlen der »Banca« an. Trotz der einstimmigen Annahme durch das Generalkapitel blieb Tizians Angebot auf rätselhafte Weise ohne Folgen. Der erneute Beschluß, für einen dauerhaften Wandschmuck 200 Dukaten zur Verfügung zu stellen, konnte erst im März 1564 wirksam werden. In dieser Ratssitzung bot einer der Räte, Zani di Zignoni, die Summe von 15 Dukaten unter der Bedingung an, mit diesem Auftrag nicht Tintoretto zu betrauen.

Im selben Jahr wurde daher ein Wettbewerb unter namhaften Malern Venedigs für die Auftragserteilung ausgeschrieben. Überraschenderweise konnte sich Tintoretto mit 31 zu 20 Stimmen der Ratsmitglieder gegen seine Mitbewerber Schiavone, Salviati, Veronese und Zuccari durchsetzen, obwohl seine Version vom »Heiligen« weitgehend von traditionellen Vorstellungen abwich. Nachdem er gegen heftigen Protest sein bereits fertiges Gemälde der *Apotheose des heiligen Rochus* anstelle einer Skizze sofort der Scuola schenkte und bis zum Herbst desselben Jahres auch noch die Deckendekoration unentgeltlich ausführte, konnte er mit knapper Mehrheit der Ratsmitglieder seine Arbeit für die Scuola fortsetzen.[41]

Um seiner Verbindung mit San Rocco Ausdruck zu verleihen, wurde Tintoretto im Jahre 1565 mit 85 gegen 19 Stimmen als »Bruder« dieser Scuola aufgenommen. Ein 1542 mit der »Confraternità San Marco« geschlossener Vertrag über einen Zyklus zur Markus-Legende wurde 1588 von Tintorettos Sohn Domenico fortgeführt, das Gemälde *Die Entführung des Körpers von San Marco* hatte Tintoretto noch 1562 selbst fertiggestellt.[42]

Aus den noch erhaltenen Dokumenten und Briefen der Scuola von San Rocco scheint die Annahme gerechtfertigt, daß nicht bereits ein von Anfang an festgelegtes thematisches Konzept für die Vorgehensweise Tintorettos existierte, daß sich dieses vielmehr erst im Laufe seiner Arbeiten herausgebildet hat.[43]

Im Zeitraum von 1564–1587 entstanden – zunächst nach Deckenmalerei-Vorbildern: Michelangelos Sixtinische Kapelle des Vatikans (1508–1512), Pordenones Dogenpalast (1535–1538) und Vasaris Arbeiten im Palazzo Corner Spinelli (1542) sowie Veroneses Decke im Langhaus von San Sebastiano (1555–1556) – in weiteren Arbeitsphasen jene Gesamtbildwerke Tintorettos in der Scuola di San Rocco.

Aus den Sitzungs- und Abstimmungsprotokollen des Vorstandes und Generalkapitels der Scuola läßt sich ersehen, wie umstritten Tintorettos Kunstauffassung und Vorstellungen von Religiosität in der Bruderschaft auch in den späteren Jahren geblieben sind. Während der Arbeit an den Gemälden in der Sala superiore gelang es den Gegnern Tintorettos immer wieder, durch Gegenvoten und Kommissionen neue Gutachten und abermalige Abstimmungen zu erwirken. Im Jahre 1578 verschoben sich die Voten des Vorstandes von 1577 mit 16:4 und denen des Generalkapitels mit 45:3 zu nun 16:12 bzw. 45:28 zuungunsten Tintorettos.

Gleichwohl konnte sich die Scuola von San Rocco offensichtlich auch bei relativ großer Gegnerschaft einen Tintoretto leisten. Und dieser verstand es seinerseits über ein Vierteljahrhundert auf seine Weise, im Gegensatz zu Tizians Version für die Scuola S. Marco – etwa *Mariae Tempelgang* –, den biblischen Mythos mit

Tizian, Mariae Tempelgang, *um 1534.*

ästhetischen Mitteln zu säkularisieren, aus dem heiligen Rochus einen »Helden«, aus Christus einen Menschen als göttliches Wesen zu machen. Das Neue Testament erscheint als eine Folge von Sittenparabeln, in denen sich als ethischer Kern konkrete gesellschaftliche Konflikte widerspiegeln können.[44] So erscheint es vertretbar, im Passions-Zyklus an der Eingangsseite der Sala dell'Albergo die »Humanisierung des Mythos« als Tintorettos ästhetisches Konzept der Gestaltung als Decorum in der Scuola San Roccos wiederzuerkennen.

Daß es in der Scuola di San Rocco möglich war, in einem Profanraum lebensnahe, aktuelle wie triviale Alltagsprobleme, Beratungen, Entscheidungen mit der künstlerisch-ästhetischen Version der Leidensgeschichte Christi – also »letzten Dingen« menschlicher Existenz – zu konfrontieren, das deutet auf eine mehrheitlich akzeptierte Welt- und Menschenbildsichtweise hin, in der es für die Darstellung des Göttlichen und des Menschlichen offenbar keinen prinzipiellen Unterschied mehr gibt: Die Scuola von San Rocco als ein Ort der Repräsentation venezianisch-bürgerlicher Wert- und Orientierungsinstanzen innerhalb einer Kommunität, in der die Kirche als Institution niemals unmittelbaren politischen Einfluß ausüben konnte, ließ durch die künstlerische Gestaltung des Decorum die Einheit schöpferisch-göttlicher und menschlich-irdischer Attribute, durch welche das Sakrale im Profanen immanenter Bestandteil allgegenwärtiger Lebenspraxis geworden ist, Gestalt werden.[45]

Die nachmittelalterliche und moderne Welt bietet ein Beispiel dafür, welche Bedeutung und Wirkung Kunst als Privileg, ohne die Ermöglichung eines identitätsstiftenden, manifesten Bekenntnisses zur Gemeinschaft haben kann.

Insofern steht die Gestaltung des sozialen Decorum durch die Bruderschaft von San Rocco modellhaft für den Versuch der Bewältigung sozialer Kommunikation als Teilnahme durch das Medium der Kunst, spielt »Präzedenz« auch hier eine zentrale Rolle alltäglicher Praxis, indem sie kollektivem wie individuellem Handeln moralische Sicherheit in dem Wissen bietet, daß eigene Entscheidungen schon einmal getroffen wurden, daß es dafür bereits »Beispiele« gibt.[46]

Die hier dargestellte »Lösung« des Problems sozialer (Des)Integration als eine informell-qualitative Ebene der Kommunikation, die auch sozialen Schmerz wahrnimmt und einbezieht, sie führt zurück zum Ausgangspunkt: zur künstlerischen Gestaltung archetypischer, semantischer Codes des Decorum. Sie bietet ein Vorbild allgegenwärtiger Überlebensstrategien, insofern dieses nicht nur die äußere Welt in Gestalt jener biblischen Parabeln bezeichnet, sondern eine Form der Bewältigung primär des Bestehens im Gegensatz zum Verstehen existentieller Zusammenhänge ermöglicht. Und dem widerspricht keineswegs das Ausmaß der Ambivalenz, welche Tintorettos Ästhetik, jenseits eines Zentrums und ohne Hierarchie als »freien Fall« aller Existenz, dem einzelnen zumutet.

Lévi-Strauss spricht von einer »Begierde magischer Art, die auf der Illusion beruhe, durch das Bildnis nicht nur mit der Wirklichkeit Kontakt aufzunehmen, sondern diese sich sogar anzueignen«.[47]

III. Villeggiatura und die Kunst der Investition in Agrikultur und Architektur

In den während zweier Jahrhunderte entstandenen mehr als eintausend Landvillen der Terra Ferma verbinden sich zwei Brennpunkte menschlicher Zivilisation: Architektur und Agrikultur. Beide besitzen als Künste gemeinsame Eigenschaften. Die eine schuf eine für die Menschheit geordnete Natur, die andere ordnete Flächen, erzeugte Räume und verband diese durch Ordnung und Symmetrie, Aufteilung und Eurythmie.

Wenn die Arbeit in beiden Künsten wohlgetan ist, ahmen sie die Wissenschaften nach, die sich um die Wahrheit bemühen, den Sinn der Dinge erforschen und der Ordnung der Zahlen und Maße Folge leisten. Das Leben in einem Landhaus mit der dort herrschenden Ruhe bewirkt, daß die Studien sich den Taten oder Künsten der Besitzer annähern und zu einem geordneten, wissenschaftlichen Denken führen.[48]

Das Interesse an persönlichem Landbesitz setzte erst nach dem Zerfall der Liga von Cambrai und der Anerkennung der territorialen Grenzen Venedigs auf der Terra Ferma in Bologna 1529 ein sowie nach weiteren, außenpolitisch für die Republik gravierenden Ereignissen, unter anderem der Expansion des Osmanischen Reiches und dem Verlust lebenswichtiger Handelsstützpunkte in der Levante.

Die Befürchtungen und Diskussionen, daß sich mit dem Übergang vom Handel zum Agrarproduzenten und Landbesitzer auch der Geist der venezianischen Führungselite verändern würde, waren gewiß nicht ganz unbegründet. »Es sei Sache der Venezianer, das Meer zu kultivieren und nicht das Land, da das Meer Reichtum im Überfluß verspreche, während Landbesitz üble Folgen nach sich ziehe.«[49]

Zur gleichen Zeit sprachen indessen ebenso gewichtige Argumente für eine derartige Neu- und Umorientierung: der Getreidebedarf der sich ständig erweiternden Metropole, die sich rapide vergrößernden Unsicherheits- und Risikofaktoren der eigenen Versorgung über die Levante trotz enormer Gewinne um 1550, steigende Preise und Inflationstendenzen, vor allem aber der schrittweise Verlust der Handelsvormachtstellung der Republik in Konfrontation mit den europäischen Großmächten.

Obwohl Venedig seine Machtpositionen auf dem Festland nur schrittweise wiederherzustellen vermochte, ja nun erst eigentlich die Zeit der Formulierung einer neu zu organisierenden, aber auch zu legitimierenden Territorialpolitik begonnen hatte, verbanden sich mit diesem Schritt große Erwartungen und das Vertrauen in eine dauerhafte Befriedung und Kooperation auf der Terra Ferma.[50]

Die Voraussetzungen für eine solche Neuformierung waren zunächst, den in habsburgischer Lehnsabhängigkeit stehenden Adel des Veneto durch erhebliche Finanzleistungen an Maximilian I. aus seinen Feudalverpflichtungen freizukaufen. Damit ging nicht nur die Kontrolle über den Adel und das Recht der Erhebung in den »Adels«-Stand auf die Stadtrepublik über, diese konnte nun auch von dem Recht Gebrauch machen, innerhalb der Terra Ferma Bauernmilizen zur Verstärkung des eigenen Heeres bzw. der Flotte auszuheben.

Mit einer umfassenden politischen, agrarwirtschaftlichen und administrativen Neuordnung und Erschließung des Veneto begannen auch die Städte des Veneto bald, das für Venedig dringend benötigte Reservoir personeller Potentiale, Infrastrukturmittel und Produktionsalternativen zu ergänzen.

Für die Geschichte der Stadtrepublik begann mit diesem Zeitpunkt eine neue Qualität seiner »politiké techné«. Doch erst einmal waren Widerstände auszuräumen. Zahlreiche, teils mit dem Privileg der Investitur ausgestattete Adelsfamilien leisteten erbitterten Widerstand. Die Ländereien jener während der Liga von Cambrai auf die Seite des Kaisers wechselnden Adligen, denen auch später diese »Republik der Händler und Seefahrer« suspekt blieb, wurden konfisziert, versteigert oder vertrauenswürdigen Vertretern des venezianischen Patriziats übereignet. Trotz der weitgehenden Respektierung lokaler Traditionen wurde den Gesetzen und der Rechtsprechung der Stadtrepublik Geltung verschafft.

Im Erscheinungsbild des Veneto dominierten neben massiven Stadtverteidigungsanlagen auffallend stark befestigte Land-»Kastelle«. Während auf der einen Seite noch zu Beginn des 16. Jahrhunderts nach den verheerenden Einwirkungen der Infanterie unter großem Kostenaufwand Städte wie Verona, Padua und Treviso neu befestigt wurden, mußten nach 1517 auf Anordnung der Republik die meisten Kastelle ihre Verteidigungsanlagen abbauen.

Der Beginn großangelegter Investitionen in den Landvillenbau durch wohlhabende einheimische Landbesitzer bzw. unternehmerisch orientierte Familien Venedigs fällt zusammen mit den Anfängen der Urbarmachung von Land, vor allem in den östlich gelegenen Sumpfgebieten des Veneto. Dabei galt dem labilen Gleichgewicht der Regulierung des Wassers in die Stadtlagune mit ihrem Kanalsystem und den Flußmündungsgebieten im Bereich der gesamten nördlichen Adria besondere Aufmerksamkeit. Staatliche Einrichtungen für die Überwachung und Regulierung des Wasserhaushalts – »Collegio delle Acque« – reichen in das 13. Jahrhundert zurück. Doch erst hydrotechnische Untersuchungen über die Regulierung der Flüsse und ein Bericht Alvise Cornaros im Jahre 1541 an den Senat führten 1556 zur Einsetzung eines »Magistrats für brachliegende Ländereien und Landbewässerung«.[51]

Erst damit konnte die Epoche der »Civiltà delle ville« in ihrer Funktion als Villeggiatura und Landgut, welche den Erfordernissen landwirtschaftlicher Nutzung entsprach, allmählich Gestalt gewinnen. Zielstrebigkeit und dem Forschergeist des aus einer angesehenen venezianischen Familie stammenden Alvise Cornaro ist es zu verdanken, daß die Serenissima – entgegen des ihm zunächst von konservativer Seite entgegengebrachten Desinteresses – die »Magistratura sopra i beni incolti« einsetzte, um die Weichen für dieses Erschließungsprogramm zu stellen, sich nämlich prinzipiell dem Grunderwerb und der Bodenveredelung des Veneto zum Nutzen der Versorgung der Metropole zu öffnen.

Nach der Veröffentlichung umfassender Projektplanungen seitens des Senats für »die Neuordnung und Regelung fließender Gewässer« entstanden zahlreiche Genossenschaften, die mit der nun einsetzenden Kultivierung von Land völlig neue Handwerks- und Gewerbezweige, Industrieunternehmen und kommunale wie lokale Aktivitäten einleiteten. Innerhalb von nur einer Generation agrarischer, gewerblicher, aber auch städtebaulicher Initiativen veränderte sich das Bild des Veneto zu einer vielgestaltigen und reichen, inmitten residenzartiger Bauanlagen, Landgüter und Villen gelegenen Landschaft.[52]

Der Villentypus des Veneto unterscheidet sich grundsätzlich von anderen, etwa toskanischen Villen und deren als Quadrat um einen Innenhof herum konstruierten Castello-Architektur. Die offene, nach allen Seiten frei gelegene Villa könnte eine denkbare Variante und Weiterentwicklung ähnlicher, palastartiger Anlagen arabischer Vorbilder wie aber auch in der Republik Ragusa vorgefundener Villen darstellen. Die Tatsache jedoch, daß die Architekten nahezu aller im Veneto gebauten Villen trotz der, im Gegensatz zur Stadtlagune, unbeschränkten Raumverhältnisse keine Innenhöfe, weiträumige Treppenanlagen oder Attribute anderer Villentypen übernommen haben, spricht für die bewußte Beibehaltung des originär-venezianischen Palaststils und seiner eigentümlichen Raumökonomie. Die Zurückführung des venezianisch-byzantinischen Palazzos seinerseits auf den Stil der kaiserlichen Villa Diokletians in Spalato (Split) an der dalmatischen Küste – wo sie den frühesten venezianischen Kaufleuten aufgefallen und als Vorbild gedient haben könnte – bietet eine mögliche, wenn auch etwas spekulative Annahme. [53]

Gemäß jener aristokratisch-humanistisch geprägten Renaissance-Sicht – der einzelne als »artifex« und Regisseur seiner eigenen Lebens- und Umweltinszenierung – wurde von den Bauherren des Veneto auch der Architekt einer Landvilla ausgewählt, mochte dieser nun berühmt oder weniger berühmt gewesen sein. Die Namen reichten von Fra Giocondo, einem der Lehrer des dilettierenden Architekten Alvise Cornaro, über Antonio Francesco Doni, Jacopo Sansovino, Michele Sanmicheli, Andrea Palladio, Vicenzo Scamozzi bis zu Baldassare Longhena.

Seit der zweiten Hälfte des 16. Jahrhunderts bildet der Name Andrea Palladio ein Synonym für die venezianische Villenarchitektur des Veneto. Seine Bedeutung als erster freier Berufsarchitekt vor allem im nördlichen Italien, später auch im Ausland (England und Vereinigte Staaten) und sein Aufstieg zum Nachfolger Jacopo Sansovinos, des bis dahin bemerkenswertesten Architekten der Republik San Marco, machten ihn zu einem der typischsten Repräsentanten des Geistes italienischer Renaissance.

Andrea di Pietro della Gondola, genannt Palladio (1508–1580), war der Sohn eines Müllers, der seine Ausbildung in den Steinmetzwerkstätten Paduas und Vicenzas erworben hatte. Seine kreativen Fähigkeiten entfalteten sich jedoch in den Humanistenkreisen Paduas, wo er dank der Nobilitierung seines Namens und der Gewogenheit Gian Giorgio Tressinos seine eigentliche Architektenprofession mit dem Bau des Palazzo della Ragione zu etablieren begann. Wie sein Künstlerkollege Mantegna hatte auch er erst alle Standesunterschiede zu überwinden, bis er – stufenweise zum »neuen Menschen« herangebildet – vom Architekten und Berater führender Familien zum Baumeister der Serenissima emporgestiegen war. In der Konzeption seiner Veneto-Villen konkretisierte sich die Idealvorstellung seines Zeitalters ebenso wie das Selbstverständnis eines wohl hervorragenden Teils venezianischer Patrizier und Bürger vielleicht am offensichtlichsten, auch wenn Palladio (nur) der Architekt einer ausgewählten Minderheit und Elite blieb. [54]

Palladios Anspruch entsprach dieser Weltsicht: das Land-Villen-Haus als Denkmal der Tugenden von Individuen und Familien, die ihre eigenen Leistungen vorstellten. Der Ort, welchen der »neue Mensch« und Bauherr – einem Weltenschöpfer gleich – in ritueller Wiederholung des Schöpfungsaktes durch Begrenzung aus dem Chaos zur Gestalt »erlöst«, der Ort, den er mit seiner Persönlichkeit gleichsetzt, den er als seinen und seines Geschlechts idealen Ursprungsort zu stilisieren und dauerhaft zu bewahren trachtet. [55]

In diesem Sinne erläutert und illustriert Palladio – ähnlich seinen großen Vorgängern Vitruv und Alberti – in seinen *Quattro libri dell' architettura* 1571 seine Sicht der römischen Antike und deren Geltung bzw. Übertragung in seine Zeit.

Villa Barbaro in Maser.

Dabei ging es Palladio – wahrscheinlich auch manchen seiner Zeitgenossen und Auftraggebern – darum, den Formenkanon, die Elemente und die Spielregeln der klassischen Baukunst neu zu interpretieren, sie gemäß seinen eigenen Vorstellungen in lebendigen, gelegentlich auch ironisierten Bezug zu jenem »modernen«, auch widersprüchlich ambivalenten Menschen der Renaissance zu setzen.

Was nun die besondere »Alchemie« von Agrikultur und Architektur betrifft, so unterschied man zwischen der »villa suburbana« – wie die »Rotonda« oder die Villa Barbaro in Maser – und einem vornehmlich als Landgut zwecks landwirtschaftlicher Nutzung konzipierten Typus wie die Villa Emo, doch waren diese Grenzen fließend. Wenngleich die Auftraggeber Palladios wie anderer Architekten, von Ausnahmen abgesehen, eher an praktikablen Lösungen denn an der Zurschaustellung ihres Reichtums interessiert sein mochten, so waren die Motive eines Daniele Barbaro als Mitglied der römischen Kurie oder seines Bruders Marcantonio Barbaro als Patriarch von Aquileia und Auftraggeber der Villa Maser wohl andere als jene des venezianischen Patriziers Leonardo Emo,

der vorrangig die Trockenlegung von Sümpfen zwecks landwirtschaftlicher Nutzung und der Einführung des Maisbaus im Veneto – durchaus auch im Interesse Venedigs – anstrebte.[56]

Unabhängig von den Motiven seiner Auftraggeber, von den jeweiligen Modalitäten der Gestaltung der Fassade und der Klassifizierung ist jedenfalls nicht zu übersehen, welches Maß an Aufmerksamkeit Palladio vor allem der Komposition der Innenräume zugewandt hat. Wenn die Authentizität des Palladio-Stils überhaupt erfaßbar ist, dann wohl am ehesten durch die hier gelungene und für den Veneto-Villentypus einzigartige Korrespondenz äußerer Gestaltung und implizierter Innen-Raum-Proportionen und Symmetrien.[57]

An den Nachahmungen und Imitationen des Palladio-Villenstils und alles dessen, was der sogenannte »Palladianismus« in anderen Ländern hervorgebracht hat, läßt sich ermessen, welche Gestalt-Qualitäten die originalen Villen, welches am Maß des menschlichen Körpers und seiner potentiellen Wahrnehmungsfähigkeiten orientierte Gespür für Proportionen und welches Stilbewußtsein seinen Schöpfer ausgezeichnet haben müssen.

Villa Emo in Fanzolo di Vedelago.

   Sie verweisen auf die Verfügbarkeit eines an antiken Traditionen orientierten Formenkanons, auf die Beherrschung bestimmter, die eigenen historischen Dispositionen transzendierender Organisationsprinzipien, auf die Dramaturgie der Raum–Zeit-Progression und einen mit bestimmten Materialien und deren Charakter vertrauten Umgang.
   Bezeichnend ist indessen wohl die von Palladio angesprochene wechselseitige Abstimmung von Arbeit und Künsten, von Wissenschaft und Praxis zwecks

Gestaltung der nur auf dem Land so verfügbaren Raum-Zeitlichkeit in der Synthese von Funktion und Eros als ein erstrebenswertes Gleichgewicht von Natur und Kultur.

Landvillen und Villeggiatura bildeten wie das Portrait und die Scuolen *Zentren der Identifikation*: Zuallererst dem Ganzen dienend, entsprechen sie einem ökonomisch-sozialen (Scuolen und Landvillen) bzw. familiengenealogischem Zweck. Sie entsprechen aber auch und vor allem dem Bedürfnis der Venezianer nach einem erweiterten Rahmen der Selbstinszenierung. Mit fast eintausend Exemplaren vermitteln die Landvillen auch außerhalb der Lagunen-Metropole noch heute eine Vorstellung davon, was Gestaltung ursprünglich bedeutete, welche Resonanz sie als Orientierungs- und Identifikationsangebot einst auszu-lösen vermochten.

Äußere Beziehungen und Kulturberührung

Nach den vorangehenden Darlegungen bedarf es kaum weiterer Erläuterungen, um sich vorstellen zu können, daß die Außenbeziehungen der Stadtrepublik Venedig, so vielfältig und oft widersprüchlich sie auch im Detail sein mochten, den Prioritäten des alles beherrschenden Handels unterworfen waren.

Wenn davon ausgegangen wird, daß eine Weltstadt wie Venedig »ohne das freiwillige oder unfreiwillige Opfer anderer«, ohne »Besitzergreifung und Beute machen zu müssen«, seinen Lebensstandard und seine Monopolansprüche weder erreichen noch erhalten konnte, wenn davon ausgegangen wird, daß das von Venedig praktizierte Schema im wesentlichen auf einer sich spontan entfaltenden Weltwirtschaft beruhte, wobei die Republik »lediglich die schon vor seinem Eindringen geknüpften Handelsbeziehungen wie Fäden zusammen-faßte [...] und seiner eigenen Wirtschaft eingliederte«; wenn diese Einschätzung Braudels[1] in ihrer Sichtweise, aber auch Vordergründigkeit zuträfe, dann unterschieden sich die Außenbeziehungen der Rialto-Republik in der Tat kaum von denen anderer Herschaftssysteme und »Kolonial«-Mächte seiner Zeit. Tatsächlich beherrscht diese Perspektive und Beurteilung bis zum heutigen Tag die Mehrzahl aller Historiographien:

»Venedig [...] das große koloniale Netz der alles aussaugenden Spinne [...] der erschreckende Mangel selbstloser Ideale außer dem obersten Ziel, überall den eigenen Vorteilen und jenen der Republik dienstbar zu bleiben [...] und gerade die Offenheit, womit Venedig die Ausnutzung bis zum Rand der Leistungsfähigkeit, mitunter auch darüber hinaus betrieb, bildete nahezu einen wesenhaften Bestandteil des ganzen Systems und lieh ihm bei aller brutalen Schamlosigkeit einen echt venezianischen Zug von beinah amoralischer Größe.« (Pölnitz)[2]

Die Frage jedoch, ob die hier zur Diskussion stehenden Außenbeziehungen nicht mehr und etwas anderes sind als die Summe einzelner, isolierter und sich ständig verändernder politischer Verbindungen – unabhängig von einer Qualifikation dieser fraglos so umstrittenen wie vertretbaren Beziehungen –, soll hier vor dem Hintergrund verschiedener Formen und Modalitäten kommunikativer Beziehungen als »Kulturberührung, Kulturbeziehung und Kulturzusammenstoß« (Urs Bitterli) weiter verfolgt werden. Unsere Aufmerksamkeit richtet sich auf die Frage, »wie sie (die Venezianer) Aufgaben angegriffen (haben), die man auch heute noch zu lösen hat«. (Ranke)

An den Außenbeziehungen Venedigs läßt sich auf eindrucksvolle Weise zeigen, daß die Formen gewaltsamer Inbesitznahme wie die vielfältigen Varianten der Einflußnahme und Interdependenz zwischen Staaten, Mächten und Einzelgruppen ebenso vielgestaltig wie ambivalent sein können.

Während sich seit Ende des 15. Jahrhunderts das alte Europa die Neue Welt einzuverleiben im Begriff war, während Albrecht Dürer den Schatz des Montezuma in Antwerpen bewundern konnte und mit dem Gold der Neuen Welt erste Zweifel an der Rechtmäßigkeit der Ausplünderung anderer Kulturen artikuliert wurden,[3] gab es im Mittelmeerraum bereits vor der Antike Formen soziokultureller und ökonomischer Kontakte, in deren Mittelpunkt ein zentrales Interesse stand: Wertschöpfung durch den Ausbau und die Erweiterung von Handelsbeziehungen.

Wodurch unterschieden sich also zunächst die Interessen und Motive der Stadtrepublik Venedig, fremde Territorien zu annektieren, von denen anderer Staaten oder Mächte jener Zeit, die ihrerseits erstmals Kontakt und Beziehungen zu fremden Kulturen aufnahmen?

Der offiziellen »Legitimation« vieler Mächte (Staaten) lag seit dem Ende des 15. Jahrhunderts die Konstruktion einer Art »Finderrecht« zugrunde, welches automatisch den Akt der Inbesitznahme fremder Territorien nach sich zog. Insbesondere die iberischen Mächte beriefen sich auf jene offizielle Kolonial-Doktrin, wonach die Bewohner der meist überseeischen Gebiete unglücklicherweise der christlichen Offenbarung nicht teilhaftig geworden und deshalb als Verkehrte zu bekehren waren.

Unverhüllter allerdings formulierte der Admiral, Vizekönig und Generalgouverneur Christoph Columbus im Jahre 1493 in seinem Bordbuch die Motive:

»Gold ist das Allerköstlichste. Aus dem Gold wird ein Schatz, und mit ihm macht derjenige, der ihn besitzt, in der Welt alles, was er will, sogar die Seele kann er ins Paradies bringen [...]. Es ist wahr, daß ich dort, wo Gold und Gewürze aufzufinden sind, so lange verweilen werde, bis ich davon soviel wie möglich habe, und darum mache ich nichts weiter als fahren und sehen, ob ich darauf stoße.«[4]

Seit dem Jahre 1505, mit dem ersten Transport afrikanischer Sklaven als Arbeitskräfte von Sevilla nach Santo Domingo und bald in andere Teile Lateinamerikas – zwischen 16. und 19. Jahrhundert rund 11,7–15,5 Millionen –, waren die Interessen und Motive der Kolonialmächte vollends offenkundig.

Langfristig erwiesen sie sich als Nullsummenspiel, d. h. als kulturelle Wertminderung, an deren Endpunkt die sogenannte »dritte Welt«, »Entwicklungsländer« und die Emanzipationsbestrebungen der einstigen Kolonien stehen. Die Interessenlage Venedigs und die Art und Weise der Verwaltung seiner »Dominien« – tendenziell im Sinne beiderseitiger Übereinkunft – wird unter dem Blickwinkel der »Ökonomie der Wertschöpfung« noch weiter zu vertiefen sein.

Die Worte des vorletzten Dogen Paolo Renier im Jahre 1780 vor dem Großen Rat – »Unsere Untertanen müssen wie Partner behandelt werden« und »Die Fürsten, die keine Macht besitzen, müssen ihre Sicherheit auf die Liebe ihrer Untertanen gründen« – hatten durchaus programmatischen Charakter für die prinzipiellen Richtlinien venezianischer Außenpolitik gegenüber den eigenen »Dominien«: Sollte eine weitere Äußerung dieses Dogen – »Wir sind auf die Gunst unserer Untertanen angewiesen, da uns die Mittel fehlen, gefürchtet zu werden« – die Umkehrung der römischen sprichwörtlichen Formel »Mögen sie mich hassen, wenn sie mich nur fürchten« nahelegen?[5]

Was venezianisches Kalkül und politische Moral, was das Bewußtsein wechselseitiger Abhängigkeit und die eigene Vermittlerrolle in Zeiten noch nicht durchsetzbarer völkerrechtlicher Spielregeln betrifft, so belegen Leopold von Rankes Forschungen zur Morea-Kolonisation, wie zielstrebig der venezianische Senat die auf Verbindlichkeit und Gegenseitigkeit ausgerichteten kommunikativen Kontakte als bestmögliche Form wertschöpfender kommerzieller Interessen und Wettbewerbsstrategien zu pflegen wußte.

Die Gestaltung der Außenbeziehungen Venedigs bildete dieser Logik gemäß ein Spiegelbild interner Beziehungen und der ihnen zugrundeliegenden Wertvorstellungen und Verhaltensspielregeln. Praktisch bedeutet dies Partizipation der Teile am Ganzen gemäß der venezianischen Auslegung der römischen Maxime »Teile und herrsche«. Obwohl die Republik die vielfach abgestuften Arten ihrer politisch-rechtlichen Einflußnahme bzw. (Un)Abhängigkeit, den jeweiligen Situationen und Rahmenbedingungen gemäß, fast immer durch die Dominanz der eigenen Spielregeln zu steuern und bestimmen wußte, erwies sich die prinzipielle Notwendigkeit des Positivsummenspiels als zwingendes, wenn auch nicht immer durchsetzbares Gestaltungsziel.

Der formellen Gestaltung der Außenbeziehungen für den *Stato da Mar* wie auch *Stato da Terra* – unabhängig davon, ob diese auf dem Akt der gewaltsamen Inbesitznahme oder der spontan erfolgten Übergabe beruhten – entsprachen wie in der »Dominante« jeweils bestimmte politische Strukturen und Funktionen durch Amtsträger, die vom Großen Rat ernannt, gewählt und überwacht wurden.

Der für Konstantinopel zuständige *Bailo* als höchster Repräsentant und Statthalter Venedigs wurde in vier Wahlgängen auf gewöhnlich zwei Jahre gewählt, ähnlich für andere Niederlassungen, wo man von *Rettore-Raggimento* oder *Provveditore,* auf dem Festland von *Podestà* und *Rektoren* sprach.

Diese Amtsträger sowie weitere Beamte, Ratsmitglieder, waren an Weisungen der Signoria und des Großen Rates gebunden und wurden durch *Sindici,*

Inquisitoren oder *Provveditori* regelmäßig überwacht und nach ihrer Rückkehr vor den Großen Rat zur Berichterstattung und Verantwortung »gebeten«.[6]

In ihren Aufgabenbereich fielen die uneingeschränkte Entscheidungs- und Kontrollbefugnis von Regierungsgeschäften in politischen, administrativen, finanziellen und militärischen Bereichen auf höherer Ebene, während im Bereich örtlicher Gesetze und Bräuche die Wahrung einer für diese Zeit – gegenüber der Verwaltung osmanischer, slawischer, aber auch anderer europäischer Mächte – vergleichsweise großzügigen und flexiblen Selbstautonomie praktiziert wurde.[7]

Die Berufung der Stadtrepublik auf ein System bilateraler Verträge und Pachten – teils ausgehandelt, teils mit Waffengewalt durchgesetzt –, die Besitz- und Nutzungsrechte des *Stato da Mar* und des Festlandes regelten, signalisiert jenen eingangs betonten Aspekt der generellen Bereitschaft zur einvernehmlichen und verbindlichen Klärung der gegenseitigen Beziehungen.[8]

Es ist in diesem Zusammenhang bemerkenswert, daß die Republik allein in Ermangelung von Menschen und Infrastrukturen für die Verwaltung, erst recht die Beherrschung eines Kolonialreiches im traditionellen Sinne zu keiner Zeit in der Lage gewesen wäre. Den Beweis dafür liefert das wechselvolle wie dramatisch-leidvolle Verhältnis Venedigs zur Insel Kreta, die nicht nur aufgrund ihrer geographischen Gegebenheiten, sondern auch ihrer eigentümlichen Sozialstruktur weder langfristig eroberbar noch beherrschbar war. Mit der gewaltsamen Durchsetzung der eigenen Spielregeln und dem Versuch, dieses Verhältnis ohne einvernehmlich-gegenseitige Absprachen oder ohne Koalitionen der verschiedenen sozialen Gruppen im Sinne eines Nullsummenspiels zu lösen, scheiterte die Republik als »Kolonialmacht«, auch wenn sich griechische Adelsfamilien wie die Calergis, die sich als »Venezianer« fühlten, am Canal Grande niederließen.

Demgegenüber stand die Berufung auf die gegenseitigen vertraglichen Vereinbarungen auf der Grundlage venezianischen Rechts in allen von Venedig beherrschten Gebieten im Einklang mit einer Praxis, in der die Spielregeln, insbesondere der Verfassungsgrundsatz der Legalité, auch von der venezianischen Seite, vor allem gegenüber korrupten Amtsträgern, eingefordert und durch die Justiz in Venedig mit geradezu peinlicher Exaktheit überwacht wurden.

Dieselben Rechte, Rechtsmittel und Rechtsgarantien standen den »Untertanen« venezianischer Dominien nahezu in allen Instanzen venezianischer Justiz – insbesondere vor den *Avvogadori di Comun, Sindici* und *Inquisitoren* – auch gegenüber Rechtsverletzungen durch einheimische Institutionen oder Bewohner offen.[9] Jene ältere Bemerkung des Dogen Marco Foscari, die Institution der »Sindici-Inquisitoren« habe »die Liebe der beherrschten Völker zum Ziele«, war als Handlungsanweisung ein Bestandteil bewußter Gestaltung der Beziehungen zu den transvenezianischen Territorien und seiner Bewohner; sie enthielt ein unausgesprochenes Bekenntnis zur vieldeutigen römischen Maxime »Teile und herrsche«. Nur so läßt sich auch die »spontane« Bereitschaft zahlreicher Städte, Inseln und Ländereien – vornehmlich an der Levante und der Ostküste der

Adria – verstehen, die, allzuoft den Raubzügen von Piraten ausgeliefert oder der Herrschaft anderer Potentaten (Slawen, Osmanen) unterworfen, es vorzogen, sich der Schutzherrschaft Venedigs zu »unterwerfen«.

Boten bereits die formellen Gestaltungsmittel wie die Vorzüge einer vorausplanenden und verläßlichen Administration – die spezifisch venezianischen Justizorgane und Rechtsgarantien – in ihrer Zeit ein hohes Maß an Verbindlichkeit, so schufen erst recht die informellen Kanäle bilateraler »Kulturbeziehungen« seitens der »Dominante« die Voraussetzungen zu einer Form von Rechtsstaatlichkeit, Gestaltungsspielräumen und Lebensqualität, wie sie mindestens in der damaligen Zeit im Vergleich zu anderen Mächten herausragen.

Zweiter Teil

»Das Spiel ist alles, die Spieler nichts« —
Die Spieler und die Spielregeln

4

URBANITÄT UND DER GOLDENE SCHNITT DES GEMEINWESENS

Weltbilder zwischen Individuation und Sozialisation

Die Stadtrepublik Venedig verstand es in ihrer mehr als eintausendjährigen Geschichte als einziger italienischer Staat, die eigene Unabhängigkeit gegenüber kirchlicher und politischer Fremdherrschaft zu wahren. Andere italienische Partikularmächte waren ausnahmslos für kürzere oder längere Zeit politischer Fremdherrschaft ausgeliefert und Städte wie Rom, Florenz, Siena, Pisa oder Genua verheerenden Zerstörungen ausgesetzt.

Zu Beginn des 15. Jahrhunderts, etwa um 1420, betrugen die jährlichen Staatseinkünfte Venedigs 750 000 Dukaten, wurde das Sozialprodukt auf zwischen 7,5 und 15 Millionen Dukaten geschätzt. Die Gesamteinnahmen einschließlich der Terra Ferma und des Stato da Mar lagen im 16. Jahrhundert bei 1 615 000 Dukaten. Damit rangierte das Staatsbudget Venedigs an der Spitze aller europäischen Staatshaushalte.

Das Pro-Kopf-Einkommen der Stadtrepublik erreichte in dieser Zeit bei etwa 120 000–150 000 Einwohnern eine Summe zwischen 50 und 100 Dukaten. Unter Berücksichtigung der Kaufkraft des Golddukaten im 15. Jahrhundert überschreitet diese Summe bei einem Blick auf das übrige Europa alle Vergleiche und Vorstellungen.[1]

Nach den in der berühmten Abschiedsrede des Dogen Tommaso Mocenigo 1423 enthaltenen verläßlichen Angaben belief sich das zu dieser Zeit jährlich in Güter- und Dienstleistungen investierte Kapital auf rund 10 Millionen Dukaten. Sie erbrachten ihrerseits 40 Prozent Handelsgewinne und Kapitalzinsen. Dabei lagen die von Mocenigo geschätzten Einkünfte von 4 Millionen Dukaten wahrscheinlich um die Hälfte bis ein Viertel unter den heute geschätzten Gesamteinkünften der Stadtrepublik Venedig.[2]

Betrachtet man die aus den *Bilanci generali* dokumentierten Staatseinkünfte Venedigs als Manifestationen seiner wirtschaftlichen Stärke in Relation zu den Staatsbudgets anderer europäischer Staaten dieser Zeit – das Budget Frankreichs mit 15 Millionenen Einwohnern lag bei jährlich etwa einer Million Dukaten –, dann unterstreicht diese Gegenüberstellung primär aus Handelsbeziehungen, nicht durch Waffengewalt erwirtschafteter Einnahmen die volkswirtschaftliche Leistungsfähigkeit und das Zivilisationsniveau der Stadtrepublik. (Braudel)

Bis in das 16. Jahrhundert war ein beachtlicher Teil der Bevölkerung Venedigs unmittelbar auch an nicht-venezianischen Handelsunternehmungen über Kre-

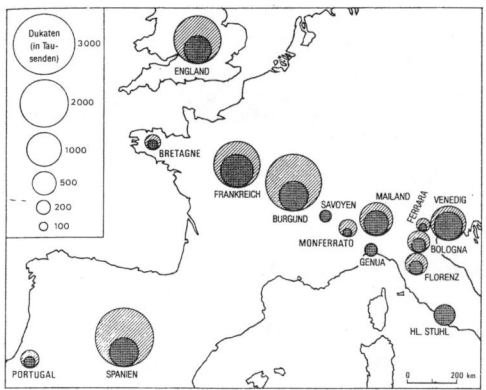

Die Staatsbudgets der europäischen Mächte zu Beginn des 15. Jhs.

dite am Risiko, damit also an Gewinn oder Verlust, beteiligt. Und nicht selten handelte es sich nur um Einsätze von einem Golddukaten oder Beteiligungen an Zwei- und Dreimann-Gesellschaften, sogenannte *Colleganze*. Nach dem Auslaufen großer Galeeren-Konvois war Venedig buchstäblich von Bargeld leergefegt.[3] Diese Form der Beteiligung verlagerte sich im 18. Jahrhundert zunehmend auf solche Investoren, insbesondere Bruderschaften (Scuolen), die über größere Vermögenswerte verfügten, um gegenüber der Signoria als Kreditgeber und »Sparkassen« in derartige Geschäfte einbezogen zu werden.[4]

Welche Rückschlüsse lassen sich nun über volkswirtschaftlich quantifizierbare Parameter wie Pro-Kopf-Einkommen, Sozialprodukt, Staatsbudget, Investitionsvolumen und ähnliche Größen hinaus im Hinblick auf die Orientierungs- und Wertmaßstäbe der Mitglieder dieser Kommunität ziehen, soweit sie deren Organisationsstrukturen, deren Gestaltungsfähigkeit und -freiheit, deren Leistungs- und Identifikationsvermögen zugrunde gelegen haben müssen?

Für eine mikrosoziale Annäherung an die Voraussetzungen und Rahmenbedingungen derartiger Individuations- und Sozialisationsprozesse seien in diesem Kapitel die dem Selbstverständnis der Alltagspraxis und Lebensgestaltung Venedigs zugrundeliegende Ontologie, Anthropologie und Ethik zur Diskussion vorgestellt.[5]

In der Einschätzung des Topos Venedig durch Außenstehende, insbesondere über das beschreibende Medium der Wissenschaften, bisweilen auch der Literatur, scheinen sich die Geister seit jeher zu scheiden. So komplex die Gründe dafür auch sein mögen, sie liegen wahrscheinlich nicht in mehr oder weniger leicht erkennbaren, phänomenalen Eigenschaften als vielmehr im Beziehungsgefüge dieses Systems als Ganzem, welches sich nur dem in diese eigentümliche Welt unerschrocken Eintretenden eröffnet und dieses begreifbar werden läßt.

Es kann nicht verwundern, daß die Republik von San Marco seit jeher zahllose erklärte, mehr aber maskierte Feinde hatte. Und sie wurden von Anbeginn ihrer Existenz nicht müde, »die unersättliche Habsucht und Skrupellosigkeit der adriatischen Kröte«, ihren »Machtdurst wie eine Feuersbrunst zu bekämpfen«, dieser »geizigen und filzigen Bande, die aus der Adria eine Räuberhöhle gemacht (habe) und sich auch noch als Vollstrecker des göttlichen Willens betrachte«, das Leben so schwer wie möglich zu machen. (Kaiser Maximilian 1509, Fra Salimbe-Padua)[6]

Die europäischen Machthaber beim Kartenspiel, Holzschnitt von Füßli, ca. 1514.

Der anti-venezianischen Propaganda und Allianzen, der offenen und latenten Neider war kein Ende. Die Republik stand und lebte buchstäblich »außerhalb« der europäischen »Interessengemeinschaft«, auch wenn es den Anschein hatte, als sei sie überall und auf allen Bühnen der Welt im Spiel, wie es unübertrefflich jener in Zürich um 1514 erschienene Holzschnitt Füßlis, der unter dem Titel »Niemand ist seiner Sache gewiß« die europäischen Machthaber beim Kartenspiel zeigt, ironisierend dargestellt hat. Eben deshalb wurde sie gehaßt und bewundert. Kann es also überraschen, daß das Unbegreifliche ihrer Überlebensfähigkeit die Aura des »Auserwähltseins« zur Folge haben mußte? Und wer eignete sich in bestimmten Zeiten besser als »Feindbild« als dieses exorbitante Venedig? Seine Beispiellosigkeit, sein Anspruch auf Einzigartigkeit lassen sich indessen nicht auf das Fehlen schädlicher, destruktiver Elemente zurückführen, sondern darauf, daß diese in seiner turbulenten Geschichte immer wieder gemeinschaftlich gemeistert werden konnten. Dieses bereits zitierte Urteil Kurt Singers über Japan ist bedenkenswert.

Während in ganz Europa die christliche Kurie bis in das 17., ja bis in das 20. Jahrhundert die Mehrzahl kultureller Manifestationen beherrschte, inspirierte und kontrollierte und die Majorität der Gebildeten wie der Gegen-Eliten weitgehend ohne Verbindung zur nicht-christlichen Welt ein »geschlossenes System« bildeten, hatte sich in Venedig bereits eine Profan-Kultur artikuliert.[7] Und sie demonstrierte mit allen politischen und sozialen Attributen säkularisierten Denkens und Handelns das Experiment, das Risiko der Moderne, wie es der »systemerschütternde Gedanke« des Agnostikers Wilhelm von Occam (1286–1349) bereits als Empirie zu formulieren gewagt hatte.

Während das christliche Abendland seit der Zerstörung der mittelalterlichen »harmonia mundi« durch Occam bis zum 19. und 20. Jahrhundert mit der Überwindung der Monopolstellung und Vormundschaft durch die christliche Theologie beschäftigt war, erprobten die Lagunenbewohner dieses Stadt-Archipels trotz permanenten Krisenstandes autonome Vernunft, Selbstgestaltungswillen und politisch-ökonomische Modelle der Aufklärung. Und sie fielen dabei nicht dem »gefährlichen Trapezakt des modernen Denkens unter Verzicht auf das Netz des Glaubens« zum Opfer, auch nicht der im Gewande christlicher Rechtsgläubigkeit alle Varianten maskierter Gewaltsamkeit ausspielenden römischen Kurie.[8]

Dabei hatte Venedig von Anbeginn – aus dem Selbstverständnis der irdischen Stadt – trotz aller sie umgebenden Mythen von Unzerstörbarkeit, Harmonie und Ordnung und entgegen allen Versuchen der Stilisierung zu utopischen Wunschprojekten eine politisch-gesellschaftliche »Alchemie«[9] der Lebensgestaltung zuwege gebracht, in der sich die Empirie-Ansätze zu Occams »Revolte des Besonderen gegen das Allgemeine, des Individuellen gegen die Totalitäten, der Unterschiede gegen die geschlossene Einheitlichkeit« wiedererkennen lassen.

Dem Mißverständnis einer Fortsetzung der Verklärung Venedigs mit anderen Mitteln sei hier das Vexier-Bild dieser »irdischen Stadt«, ihrer *potestas* und *potentia* – der Macht des Geldes, der Waffen und der Macht der Möglichkeitsspielräume – vor dem Hintergrund der römischen Maxime »Teile und herrsche« gegenübergestellt. Venedig hat sich vieldeutig und widerspruchsbereit als »Serenissima« bezeichnet. Was verbirgt sich hinter diesem Anspruch und Selbstbild? Hier ist die Rede von der *civitas terrena,* dem urbanen und »realen«, nicht idealen Stadtstaat, der mit dem Gestaltungsanspruch der institutionellen Bewältigung individueller und kollektiver Affekte bereits die Schwelle zum modernen Staat betreten hat.[10]

Die Eigentümlichkeit venezianischer Orientierung und venezianischen Selbstverständnisses verdeutlicht ein scheinbar vordergründiger Vergleich: ein Blick auf die benachbarte Stadtrepublik Florenz, ähnlich der unterschiedlichen Gesichter und Entwicklung Attikas und Athens einerseits und der ionischen Städte Milet und Rhodos andererseits.[11]

Vor dem Hintergrund ständiger und offener gewaltsamer Interessenkonflikte – der Großen Gilden der Textilindustrie, *Calimata* und *Lana,* aus der die Medici hervorgegangen sind, der *Seta* (Silberverarbeitung) und der *Cambio* (Finanzhändler) sowie einflußreicher Unternehmer und Familien, mit der Dominanz von Industriekapital und revolutionierender Anpassungsprozesse der Produktionsmittel, an denen alle sozialen Gruppen beteiligt und damit in öffentliche Angelegenheiten unmittelbar verstrickt waren – standen in Florenz nicht zufällig Erlebnisse und Probleme um individuelle und kollektive Freiheiten als wichtigstes Diskussionsthema im Vordergrund.[12]

In der Überlieferung der Platonischen Ontologie und Konzeption des Menschen suchten im 15. Jahrhundert Ficino, Pico della Mirandola, Salutati, Alberti und bedeutende Künstler um Leonardo da Vinci Antworten – wie soll man leben? – zur Aufgabe des Individuums innerhalb einer gegebenen, eigengesetzlichen Welt mit Varianten zwischen Stoizismus und Epikureismus, um dem Seienden als autonomes Wesen Rechnung zu tragen.

Während in Florenz mit dem philosophischen System Platons und seiner ästhetischen Tradition – in der Darstellung des *David* von Michelangelo als Symbol der florentinischen »Polis«, im Grabmal der Medici die begrabenen Hoffnungen der Republik Florenz – tendenziell der Zweck sinngebender menschlicher Existenz im Verhältnis zur Transzendenz diskutiert wurde, wandte sich Venedig, also die paduanisch-venezianische Philosophie, bezeichnenderweise dem Aristotelismus zu.[13]

Vor dem Hintergrund seiner weitgehend am Handelskapital orientierten Existenzsicherung ging es hier primär nicht um die Klärung philosophisch-spekulativer Fragestellungen, vielmehr – im Gewande scholastischer Diskussionsmethoden – um handlungsleitende, vollkommen diesseitig-pragmatische Inhalte und Probleme der Determination, an denen, wie Giorgiones Bild der *Drei Philosophen* vorführt, die für die venezianische Geisteshaltung repräsentativen Philosophen, der Thomisten, Averroisten und Naturphilosophen beteiligt waren.[14]

Giorgione, Die drei Philosophen, *um 1508.*

Lag es im Wesen der neu–platonisch–florentinischen Philosophie, immer auch mit der Rettung der »Polis« auf den »idealen« Staat zu verweisen, so orientierte sich die paduanisch–aristotelische Philosophie Venedigs entschieden am bereits existenten, irdischen Staat: Aristoteles' zentrale Kategorie war die konkrete gesellschaftliche Praxis, die Erziehung des existenten *zoon politikón.* Mit Blick auf die Erörterung des Bildprogramms und die Weltbild-Konzeption Tintorettos in der Scuola von San Rocco erscheint es verständlich, daß eine solchermaßen nicht ideologieverdächtige Wirklichkeitsauffassung gerade dort populär werden, ja sich das Bedürfnis nach einer »entmythologisierten« Ontologie herausbilden konnte, wo potentielle Spielräume und Grenzen für die konkrete Moral im Verhältnis von Individuum und Gemeinwesen gesucht werden.[15]

Weil es in Venedig in den ersten 500 Jahren seiner Geschichte gelungen war, die Grenzen des *homo homini lupus* abzustecken, nämlich die Spielregeln der Rechts- und Verfassungsordnung von den Inhabern und Trägern der Führungspositionen abzukoppeln, sie soweit wie möglich nicht verletzbar zu machen und willkürlicher Disposition zu entziehen durch ein soziales »Immunsystem«, wie es sich ähnlich im 1255 kodifizierten Seerechts-Gesetzbuch widerspiegelt[16]; weil es gelungen war, über die Regelung der Verfügungsgewalt und Kontrolle der öffentlichen Finanzen die Spielräume des einzelnen Bürgers in Gestalt von Freiheitsrechten und -pflichten als verbindlichen »Gesellschaftsvertrag« zu definieren[17], damit also die Generalspielregeln der »raison communale« zu sichern – deshalb waren hier bestmögliche Voraussetzungen der Entfaltung individueller und sozialproduktiver Fertigkeiten vorgegeben.

In Venedig konnten sich unter solchen Bedingungen leichter als in Florenz – und jenseits der Notwendigkeit individuellen und kollektiven Kampfes um die Freiheit »von« – kontinuierlich Lebensformen eines »dynamischen Menschentypus« herausbilden, wie ihn erstmals die Renaissance artikuliert hat: Individuen, die durch die Gestaltung ihrer Freiheiten »zu« der Welt ihren eigenen Stempel aufdrücken. Die Reiterstatue des Gattamelata vor dem Dom von Padua steht als Symbol des Selfmademan: der Mensch, der der Natur etwas abringt, der aus der ersten Natur eine »zweite Natur« gestaltet. Der Mensch, mit dessen individueller Initiative und selbständiger Urteilsfindung weitgehend jegliche Dogmatik gegenstandslos wird, sich vor allem praktische Diesseitigkeit und Orientierung an religiösen Gottesvorstellungen in keiner Weise mehr widersprechen mußten.[18]

Mit diesem Prozeß avancierte spätestens seit der Renaissance die Pluralität von Menschenbild und Menschenideal zu einem bis heute umstrittenen Thema. Die Lagunenrepublik zeichnete sich vielleicht auch dadurch aus, daß philosophische Kategorien – Raum, Zeit, Erkenntnis, Existenz, Transzendenz – gerade hier nicht mehr Gegenstand von Spekulationen, vielmehr Komponenten des jeweiligen Handelns und Verhandelns wurden. Vollkommenheit, Perfektion verliert zunehmend ihren Wert als normatives Ziel, denn der Prozeß-Charakter aller Individuation bedeutet ständige Vervollkommnung, aber im Sinne von Perfektibilität, innerhalb derer sich nun ein produktiver Menschentypus zu einem Teil als Einheit in einer Gemeinschaft als Ganzem zu entwickeln die Chance hatte.[19]

Wenn den venezianischen Weg etwas auszeichnet, dann ist es eine Verfassung, innerhalb derer die kollektive menschliche Praxis die individuellen Tugenden einbindet, Weisheit ist also – im Sinne Spinozas – nicht mehr eine persönliche Tugend als solche, sie kann im Gegenteil nur als Element der kollektiven Konstitution leben und sich entfalten; eine Verfassung, die im Einklang steht mit den realen Gegebenheiten von Politik, Wirtschaft und Gesellschaft, die auf der professionellen Auffassung seiner politischen Führung vom politischen Geschäft – *politiké techné* – und deren Entsprechung im Gemeinsinn beruht[20], eine Verfassung, in welcher sich die Identifikationsspielräume seiner Mitglieder, die politischen Spielregeln mit dem Anspruch der *liberté, fraternité* und *légalité* als anthropologisch-ontologische Realität verbinden.

Die Frage, ob der venezianische Sozialverband mit der für sein Überleben notwendigen Anpassungs- und Lernfähigkeit einen Beweis für den bewußten

Umgang mit der Eigengesetzlichkeit der kulturellen Evolution geliefert hat, die von Hayek diskutierte Frage, inwieweit »die kulturelle Entwicklung das ausbildet, was wir Vernunft nennen«, oder ob umgekehrt »nicht die Vernunft die kulturelle Entwicklung gesteuert« habe[21] – diese Frage hat sich an einem Ort angewandter Philosophie und Kybernetik sicher nicht gestellt.

Wir können davon ausgehen, daß sich der Paradigmawechsel vom magisch-spekulativen, ewiggültigen Denken des Mittelalters zum funktionellen und experimentell-angewandten Wissen der beginnenden Neuzeit in Venedig bereits zu vollziehen begann, bevor Galilei als Gutachter und Experimentator im Arsenal, auf dem Campanile mit der Vorführung seines neuen Teleskops oder mit der Trockenlegung der Chiana im Dienste der Signoria seine vielseitigen Aktivitäten entfaltete. Galilei hat als empirischer Mathematiker neben der Begründung einer modernen Wissenschaftsmethodik weitere Bausteine der Grundlagenforschung gelegt, deren Nutzanwendung ganz nach dem Geschmack venezianischer Kaufleute war. Dazu gehörten – neben der Verbesserung jener flämischen Fernrohre mit bis zu 30facher Vergrößerung als Navigationshilfe ebenso wie als astronomische Forschungsinstrumente – eine spezifische Art eines thermometerähnlichen Instruments zur Messung der Ausdehnung eines Körpers, eine hochempfindliche, hydrostatische Waage sowie ein dem Rechenschieber vergleichbares Instrument, welches Galilei als »Militärkompaß« bezeichnet haben soll.[22]

Seit der kommerziellen und nautischen Revolution um 1300 vollzogen sich bereits in zahlreichen Bereichen der Technik, Ingenieurwissenschaften, des Städtebaus, der Schiffahrt, Architektur und Agrarwirtschaft sowie der angewandten Wissenschaften neue revolutionierende Formen der Kooperation als Ausdruck ebenjener »Profankultur«, nämlich einer Praxis der gewandelten Vorstellungen vom »Homo faber« und »Faber Fortunae«. Die Diskussion um Alltagsprobleme, um neue Formen der Wechselwirkung von Alltag und wissenschaftlicher Erkenntnis, von Alltag und spezifischen Fertigkeiten, hatten indessen schon Petrarca, Alberti u. a. nicht von den Kategorien, sondern von Alltags-Erfahrungen ausgehend geführt.

Für eine Theorie der Praxis-Orientierung, für die Frage der Spielräume und der Grenzen einer konkreten Vernunft und Moral im Verhältnis von Individuum und Gemeinschaft gewann Pietro Pomponazzi um 1500 eine herausragende Bedeutung. Nach Pomponazzi definieren – ähnlich Aristoteles – bestimmte Fertigkeiten und Formen des Intellekts mehr oder weniger jedes Individuum: der theoretisch-spekulative, der praktisch-operative, an Vernunft und Ethik gekoppelte und der technisch-produktive Intellekt, welchem letzteren bei der überwiegenden Mehrheit eindeutig Dominanz zukomme.[23]

Im Unterschied zu Aristoteles und seiner Akzentuierung der praktischen Vernunft (phronesis) als techné und energeia, neben wissenschaftlichem Verstand (episteme) und kontemplativer Weisheit (sophia), sah Pomponazzi das Einzelwesen in dynamischen Wechselwirkungen mit seinen besonderen gesellschaftlichen (Produktions-)Verhältnissen und fragte damit, über Aristoteles hinausgehend, weshalb der Mensch als *zoon politikón* ein politisch-gesellschaftliches Wesen sei.[24]

Pomponazzis Argumentation führt so zu einer Theorie der Alltagspraxis, die für unser Erkenntnisinteresse einen Schlüssel zum Verständnis des venezianischen Sozialverbandes liefert.

Pomponazzi sah in jeder menschlichen Gesellschaft eine soziale Organisation, innerhalb derer jedem Teil eine gebende und eine nehmende Funktion zukomme. Obwohl den »Teilen« naturgemäß jeweils vollkommenere oder weniger vollkommene Funktionen zufielen, stellt jedoch gerade die Balance dieser »Ungleichheit« ein sicher implizites Indiz für das Maß der potentiellen Selbstverwirklichung dar. Das einzelne Individuum hat nur Anteil am Ganzen, wenn es in seiner relativ begrenzten Einseitigkeit erfolgreich an Gemeinwohl und Lasten beteiligt ist, nämlich durch das Medium der eigenen Arbeit, als Idealfall, im Teil das Ganze zu erfahren. Diese Fähigkeit der Selbstverwirklichung billigt Pomponazzi jedem Individuum, unabhängig vom sozialen Stand, kraft seiner funktionellen Einbindung in die und Tätigkeit in der Gemeinschaft zu. Er verband diese Fähigkeit allerdings weder mit intellektueller Erkenntnis noch mit einer aristokratisch-gefärbten Glückseligkeitskonzeption, sondern als Teilhabe am gemeinsamen menschlichen Ziel, durch die Erfahrung des Einbezogenseins, der Teilnahme, welche – durch den Willen zum Guten – als eine Übung zur Tugend ihren Mittelpunkt nur in jedem einzelnen Wesen haben könne. Diesen Zustand der Selbstverwirklichung dürfe der einzelne indessen nicht von anderen erwarten, noch in einer anderen Welt suchen.[25]

In Pomponazzis Konzeption des Menschen liegt also der Akzent der Stellung des einzelnen – im Gegensatz zur thomistischen Argumentation oder entfernt von den Vorahnungen des »Leviathan« Hobbes' oder Mandevilles »Bienenfabel« – auf der funktionellen Einbindung in den jeweils konkreten Arbeitsbereich, ungeachtet der Stellung in der gesellschaftlichen Hierarchie (der Über-Unter-Ordnung).

Mit dieser Nuance der Einschätzung, nämlich der Betonung der *sozialen* Beziehungseigenschaften gegenüber *hierarchischen* Struktureigenschaften, welche komplementären, aber nicht ausschließlichen Charakter haben, da sie andernfalls eine Einbeziehung und Mitwirkung am Ganzen ja gerade nicht zulassen, thematisieren wir unter Hinweis auf die Konzeption des Menschen durch Pomponazzi die spezifisch venezianische Praxis des impliziten Selbstverständnisses von Spielraum und Grenzen des einzelnen innerhalb dieser Gemeinschaft.

Diese Praxis konnte jedoch nur spontan, aus jeweils unterschiedlichen Individuations- bzw. Sozialisationsbedingungen erwachsen, welche das Maß an individuellem und kollektivem Bewußtsein hervorzubringen ermöglichte, das, die Balance von Teil und Ganzem anstrebend, die Überlebensstrategie der

Integration der Widersprüche zum unausgesprochenen Programm erhoben hatte.[26]

Die Thematisierung und die Konsequenzen der Ethik Pomponazzis sind nicht zufällig als museal-philosophische Renaissance-Traditionen abgetan und kaum je als Gegenstand wissenschaftlicher Forschungen um Konzeptionen und Zusammenhänge angewandter Lebensgestaltung für würdig befunden worden.

Pomponazzi selbst lenkte mit schon damals kühnem Blick die Aufmerksamkeit auf so viele Intelligenz-Varianten wie es Menschen gebe, die alle völlig zweck- und folgenlos danach strebten, sich durch unkörperlich-theoretische Tätigkeit zu verewigen. Da indessen nicht nur – nach der Lehre des Aristoteles – die Unsterblichkeit der Seele unbeweisbar, sondern auch der menschliche Geist mit seinem Körper vergänglich sei, könne die hauptsächliche Aufgabe menschlicher Existenzgestaltung sich nicht im produktiven Handeln oder in der Erkenntnissuche an sich erschöpfen; sie erforderte vielmehr darüber hinaus eine notwendig harmonische Aufgabenteilung eines jeden im Hinblick auf das aktuelle Wohlergehen der Gesamtheit und vor allem den Verzicht jedes denkenden Menschen auf die Erreichung eines vollkommenen Ergebnisses.[27]

Mit dieser Schwerpunktverlagerung nimmt Pomponazzi nicht nur auf die oben gestellte Frage nach dem Zusammenhang der Priorität von Intellekt und Moral Bezug – die ihrerseits nur einen Sinn hat, wenn sie sowohl unreflektiertem Verhalten als auch rationalem Denken entgegengesetzt wird[28] –, er gibt gleichzeitig Kriterien und Maßstäbe der Zusammenhänge von Individual- und Gemeininteressen, politisch-gesellschaftlicher Programme und ihrer Realisierbarkeit als Lebens- und Materialgestaltung.

Versuchen wir uns aus der großen Entfernung von fast einem halben Jahrtausend auf zwei nicht-venezianische Beobachter einzulassen, deren unmittelbare Erlebnisse zu Beginn des 16. Jahrhunderts in der Lagunen-Republik immerhin aufschlußreiche Hinweise enthalten, um unsererseits Rückschlüsse auf Selbstverständnis, Alltagspraxis und Lebensgestaltung der als »Serenissima« bezeichneten Weltstadt und ihrer kulturellen Eliten und Bewohner zu ziehen.

Matthäus Schwarz, der Sohn eines wohlhabenden Weinhändlers aus Augsburg, ritt im Jahre 1514 erst 17jährig nach Italien – »so wars der Brauch [. . .] ich wüßte aus jener Zeit keinen nur halbwegs namhaften Kaufmann zu nennen, der nicht zunächst dort [in Venedig] seine Studien gemacht hätte«.[29]

In Mailand und Genua fand Schwarz trotz langen Suchens keinen Kaufmann, der bereit gewesen wäre, ihn in die Lehre zu nehmen und mit der »doppelten Buchführung« vertraut zu machen, »weil diese Kaufleute anscheinend ihre Kunst lieber für sich behielten«.[30] Auf mehrfachen Rat reiste Schwarz schließlich nach Venedig und fand hier bei dem Kaufmann Antonio Mariafior eine Lehrstelle.

Nach einem Jahr Venedig-Aufenthalt saß er seit 1517 sein ganzes Leben in der »Goldenen Schreibstube« am Rindermarkt zu Augsburg, um als Hauptbuchhalter Jakob und später Anton Fuggers deren Geschäfte zu führen. Angesichts der zu dieser Zeit noch überwiegend an mittelalterlichen Buchhaltungs- und Geschäftsführungsmethoden orientierten deutschen Kaufmannspraxis – selbst der Gebrauch arabischer Ziffern hatte sich noch nicht durchsetzen können – verfaßte Matthäus Schwarz unter Einbeziehung seiner Erfahrungen und Einblicke in die »Feinheiten der Organisation des venezianischen Geld- und Warenhandels«[31] und unter Bezugnahme auf die großen und kleinen Geschäfte, Originalabrechnungen und Geschäftsdokumente der venezianischen Faktorei Fuggers, als der bedeutendsten deutschen Filiale dieser Zeit, eine der ersten »Musterbuchhaltungen«.

Narziß Renner, Bildnis des Matthäus Schwarz, *1524.*

Es ist für unser Erkenntnisinteresse von sekundärer Bedeutung, daß Matthäus Schwarz seine Aufzeichnungen erst 30 Jahre nach der Entstehung des Originals (1519–20) und lange nach dem Tode Jakob Fuggers (1525) herausgab – wahrscheinlich war die »Musterbuchhaltung« zunächst noch zu sehr auf die Faktorei Fuggers zugeschnitten und für Anfänger wohl auch wenig geeignet.[32]

Bemerkenswert ist jedoch, trotz der wenigen erhaltenen Hinweise auf sein privates Leben, daß Matthäus Schwarz über ein ausgeprägtes Gestaltungs- und Selbstdarstellungsvermögen verfügt haben muß. Dafür sprechen nicht nur die 137 erhaltenen Bilder, die er von sich malen ließ und die ihn in jeweils verschiedenen Trachten zeigen, dafür sprechen auch sein Auftreten und seine für einen freien Augsburger Kaufmann typischen wirtschaftlichen, ethischen und religiösen Anschauungen. Der »Hauptbuchhalter« und Geschäftsführer des Hauses Fugger, dessen Rang im 16. Jahrhundert vielleicht noch nicht ganz dem des Vorstandssprechers der heutigen Deutschen Bank entsprach, machte jedenfalls bereits in jungen Jahren in Venedig eigene Erfahrungen mit den Problemen transnationaler Geschäftsbeziehungen. Dabei zeichnete sich das Haus Fugger bereits als eine der modernsten »Organisationen« im Waren- und Bankgeschäft, sicher auch dank seiner intereuropäischen Interessen aus.

Moderne Organisationsformen, Methoden, Techniken und Spielregeln des Handels waren es, denen Matthäus Schwarz in Venedig erstmals begegnete. Wie hatte sich ein Kaufmann im regionalen und überregionalen (ausländischen)

Handelsverkehr zu orientieren, der noch nicht durch verbindliche, handelsgesetzliche Normen geregelt war, mit Ausnahme der Spielregel »Was vereinbart wurde, gilt« *(Pacta sunt servanda)*? Wie hatte er sich zurechtzufinden angesichts des Chaos unübersehbar verschiedener Münz-, Maß-, Gewichts- und Zollsysteme, interner und externer Kursschwankungen, einer Unmenge häufig überlebter Zahlungsusancen (welche Waren waren mit welchen Münzen in welcher Verrechnung zu bezahlen) sowie eines für heutige Verhältnisse ganz unvorstellbaren Transport- und Informationswesens?

In dieser Zeit wuchs deshalb die Nachfrage nach Taschenhandbüchern sprunghaft, *Tariffa,* Unkostbüchlein, Handels- und Rechenbücher – und Matthäus Schwarz war einer der ersten, der, was »doppelte Buchführung« anbetrifft (die Lucca Pacioli bereits 1454 publiziert hatte), im 16. Jahrhundert die Initiative ergriff, um deutschen Kaufleuten den Zugang zu internationalen Märkten zu erleichtern.

Die Ausführungen des »Hauptbuchhalters« aus Augsburg, soweit sie über jene »Musterbuchhaltung« und Details der Fuggerschen Venedig-Faktoreien als angewandte Geschäftspraktiken hinausgehen, lassen in unserem Zusammenhang einige interessante Rückschlüsse zu, die ausdrücklich oder auch unausgesprochen das Bewußtsein der Differenz damaliger einheimischer Organisationsstrukturen, Werteinstellungen und Verhaltensweisen gegenüber jenen Venedigs erkennbar werden lassen.

So bestätigt Schwarz im Rückblick den in Europa beispiellosen Charakter einer Weltstadt und hohen Schule des Handels. Hier hatte vor ihm bereits der junge Jakob Fugger erste eigene Erfahrungen gesammelt. Mit gutem Grund schickten also die führenden Kaufleute nördlich der Alpen ihre Söhne hierher zu gründlicher kaufmännischer Ausbildung. Matthäus Schwarz wußte dieses Privileg also offensichtlich zu schätzen. Die Berührung insbesondere deutscher Kaufleute mit einer, für damalige Verhältnisse buchstäblich offenen Stadt (was angesichts befestigter Urbanräume ganz unvorstellbar erschien), ihr Grad an sozialer und ökonomischer Organisation sowie der Qualitätsstandard von Waren und Luxusgütern aus der gesamten damaligen Welt, mußte neue Wertkriterien und Maßstäbe in Sachen Ökonomie setzen.

Auch wenn der Zeitpunkt der unmittelbaren Beobachtungen durch Matthäus Schwarz (in Augsburg hatte er ja ständig weitere Kontakte zur Rialto-Filiale) in den Jahren 1515–1516 ein kritisches Jahr für Venedig bedeutete – damals verlor die Republik vorübergehend ihre Monopolstellung im Gewürzhandel mit unkalkulierbaren Folgen –, so dürfte er sich im Verlauf seiner weiteren Tätigkeit und Schlüsselposition im Stammhaus am Rindermarkt doch der Bedeutung und Ausnahmestellung des Hauses Fugger und seiner damals zwölf europäischen Faktoreien bewußt geworden sein.

Es war kein Zufall, daß einer der prominentesten Volontäre in der »Hauptstadt« Europas – Jakob Fugger – bereits am Rialto seine ersten prägenden Beobachtungen gemacht hatte, die sich später sicher nicht in der Übernahme buchhalterischer, organisatorischer und wirtschaftspolitischer Verfahrensweisen und Finessen oder gemeinnütziger Sozialbau-Wohnungen (Fuggerei) erschöpften.[33]

Die wenigen ausdrücklichen Hinweise des Matthäus Schwarz lassen die Gestaltungsparallelen der Kaufmannsstadt San Marco zum Haus Fugger dieser Zeit und dessen in ganz Europa fast unbegrenzte Kreditfähigkeit erkennen; sie beruhten auf einem Gestaltungskonzept – »weder reine Ware, noch reine Geldgeschäfte, immer bis in die Einzelheiten verknüpft mit der allgemeinen Situation und den individuellen Notwendigkeiten«[34] –, in welchem stets die faktisch-organisatorischen wie psychologischen Zusammenhänge von Entscheidungsspielräumen (Freiheiten) und Verantwortlichkeit (Kontrolle) einer kleinen Gruppe vertrauenswürdiger und einbezogener »Handlungsdiener« nach innen und nach außen wie unsichtbare Goldfäden zu einem Beziehungsnetz verknüpft waren.

Zu den aufschlußreichsten Aspekten gehören solche Hinweise bzw. Informationen des Matthäus Schwarz, die über den Horizont seines unmittelbaren Tätigkeitsbereichs, sowohl in Augsburg wie auch in Venedig, hinausreichten. Im Zusammenhang mit der Abwicklung der Fuggerschen Geschäfte in bzw. von Venedig wird ausführlich auf das Transportwesen und seine Probleme eingegangen. Die unübersehbare Anzahl von Zoll-, Maut-, Territorial- und Strandrechten sowie Privilegien, neben Straßen-, Wege- und Brückenzwang, boten kleinen und großen Potentaten und Fürsten, aber auch Raubrittern die willkommene Gelegenheit, Kaufleuten und Transporteuren auf »legalem« Wege einen möglichst großen Teil ihrer Kapitalien abzunehmen.

Es war bekanntlich Jakob Fugger, der Raubritter nicht mehr bekämpfte, sondern sie (in venezianischer Manier als »Negation der Negation«) zu seinen »Verbündeten« machte, indem sie die Sicherheit seiner Transporte gewährleisteten.

Ungeachtet der wenigen detaillierten Äußerungen des Matthäus Schwarz bzw. seines Biographen Alfred Weitnauer bildeten selbstverständlich auch Fragen und Probleme dieser Art den Hintergrund seines Geschäftsalltags, insbesondere jene nur der Piraterie vergleichbaren Praktiken unrechtmäßiger Erwerbsquellen eines ausschließlich am jeweils eigenen Interesse orientierten Territorial-(Revier-)Egoismus, jenseits jeglichen transregionalen, auf Kooperation beruhenden volkswirtschaftlichen Denkens.[35]

Kaum zehn Jahre vor der Reise des Augsburger Weinhändlersohns Matthäus Schwarz, im Herbst 1505, unternahm ein zu dieser Zeit bereits berühmter Maler aus dem benachbarten Nürnberg mit einem kurzen Umweg über Augsburg seine zweite Reise nach Venedig, um sich hier bis Anfang 1507 aufzuhalten. Albrecht Dürer, väterlicherseits mit dem Namen Ajtós aus Ungarn stammend, wählte unter den zahlreichen deutschen Herbergen der Lagunen-Stadt das Gasthaus Peter Panders, unmittelbar neben der deutschen Kirche St. Bartolomeo, wo auch andere deutsche Gäste und hohe Herrschaften abstiegen.

Scheinen den sehr viel jüngeren Matthäus Schwarz selbst im Rückblick naturgemäß eher die Gestaltung der Organisation aus kaufmännischer Sicht interessiert und beschäftigt zu haben, so lassen sich aus den nur zehn erhaltenen Briefen Albrecht Dürers aus Venedig einige essentielle Anhaltspunkte über dessen Horizonte in dieser für ihn nicht mehr ganz fremden Welt gewinnen.

Jedenfalls standen auch hier, ganz unabhängig von der Unvergleichbarkeit zweier so grundverschiedener Persönlichkeiten, Beobachtungen über die kommunikative »Gestaltung« in einer Weltstadt und ihrer Menschen im Vordergrund. Wie wir von Dürer persönlich wissen, hatte dieser den Auftrag, der den Fondaco dei Tedeschi betreibenden deutschen Kolonie – eine der deutschen Bruderschaften bestand überwiegend aus Nürnberger Handelsherren, die andere, mit Fugger an der Spitze, aus Handelsherren süddeutscher Städte – eine für die deutsche Kirche San Bartolomeo bestimmte Altartafel mit der Darstellung eines »Rosenkranzfestes« zu malen. Damit verfügen wir über in zwei verschiedenen »Sprachen« bzw. Medien verfaßte Kommentare Dürers. Spiegelte sich in seinen ungewöhnlich offenen und ausführlichen Briefen sein höchst privates, unmittelbar in Kommunikation mit den Menschen dieser Stadt und seinen Briefpartnern begriffenes Wesen, so trat dasselbe in seinem Rosenkranz-Bild trotz der Einfügung seines Selbstbildnisses in die Gesamtkomposition hinter das religiöse Thema und Programm zurück.

Die Mitglieder der beiden Bruderschaften von San Bartolomeo hatten es Dürer, der vor allem nach der Vollendung seines Auftrages Anfang September 1506 als unbestritten hochgeschätzter Künstler auch in Venedig anerkannt wurde, selbst überlassen, die ikonographische Dramaturgie des Rosenkranz-Bildes zu gestalten. Wenn Kunst als konstitutioneller Widerpart der Wirklichkeit das Schweigen der Welt zu durchbrechen vermag,[36] dann hat Albrecht Dürer mit seinem »Rosenkranzfest« mehr über sein in Venedig gewonnenes Selbstverständnis – als Renaissance-Mensch und Künstler –, der lebendigen Anteil an den Geschicken des Gemeinwesens nimmt – mitgeteilt, als dies all seine noch so unvergleichlichen Briefe aus Venedig vermochten.

Er hatte die Rosenkranz-Bruderschaft zunächst aus dem herkömmlicherweise neutral-sakralen Hintergrund in eine lichtüberflutete Landschaft versammelt. Er hatte ähnlich Giottos »Krippenwunder« in San Francesco-Assisi und seines listenreich die liturgischen »Fassaden« entlarvenden Realismus[37] die stereotypen Vertreter der christlichen »Gemeinschaft«, also die Geistlichkeit ebenso wie die Laien, durch individuelle Bildnisse der Mitglieder der deutschen Kolonie in Venedig ersetzt, ausgenommen natürlich solche Portraits, deren Repräsentanten – wie Kaiser und Papst – ihm nicht zur Verfügung standen.[38]

Tatsächlich erweisen sich, vor allem in den Briefen des Künstlers, die Mischung von fränkischer Herbheit, der spröde Tonfall, die in so eigentümlichem Kontrast zur Scheu, aber auch Aufgeschlossenheit und Güte ihres Verfassers stehen, wie auch seine Nüchternheit und scheinbare Distanziertheit als ein untrüglicher »Spiegel« dieser venezianisch mediterranen Welt, ihrer »Botschaft« und ihrer Reize, die sich in diesem »Spiegel« geradezu zur Zierde verkehren.

Ob es sich im Rosenkranzfest mit seiner Hinwendung zur luzide orchestrierten Bilderwelt um die deutsch-venezianische Gemeinschaft von San Bartolomeo handelt; in den zahlreichen, in Venedig entstandenen Portraits und Skizzen um scharfsinnige Charakterisierungen deutscher und venezianischer Frauengesichter; um die briefliche Schilderung seiner Arbeit und die verbreitenden Studien für das Altarbild; die Konfrontation mit eifersüchtigen, ihn bedrohenden oder bewundernden Berufskollegen, denen gegenüber im Falle des ihn kopierenden Marcantonio Raimondi erst seine Beschwerde bei der Signoria mindestens das Verbot seines Signums bewirkt hatte;[39] ob es sich um seinen wachsenden Bekannten- und Freundeskreis, »verlogene, diebische Bösewichte«, den Besuch des von ihm so bewunderten Giovanni Bellini handelte oder um den ihn in seinem Atelier persönlich beehrenden Dogen Lorenzo Loredan, der ihm, wie Dürer 1524 dem Rat der Stadt Nürnberg mitteilte, eine gutbezahlte Dauerstellung im Dienste der Signoria in Aussicht gestellt hatte[40] – Dürers Selbsterfahrungs- und Erkenntnisprozeß in Venedig reflektiert unbewußt die »température d'âme« der Serenissima: eine nur ihm erfahrbare Gesellschaft und Kultur, die auf der einen Seite seinen Wissensdurst und seine theoretische Neugierde erst eigentlich entflammt hatten. Dürer war einer der ersten bedeutenden Künstler nördlich der Alpen, der sich intensiv mit der Proportionslehre und Kunsttheorie auseinandersetzte – eigens suchte er ja deshalb Pacioli in Bologna auf –, und in seinem Todesjahr 1528 erschienen die »Vier Bücher« seiner Proportionslehre. Auf der anderen Seite demonstrierte Dürers Venedig-Erfahrung die Differenz der eigenen Heimatstadt zu den Entfaltungsmöglichkeiten schöpferischer Individualität, in einer für diese Zeit geradezu unvorstellbaren Welt und offenen Gesellschaft, in der der Künstler, dem Handwerkerstand entwachsen, längst einen Bestandteil einer ebenso differenzierten, wie säkularisierten Gesellschaft bildete.[41]

Dürer wollte sich trotz des selbst für die Stadtrepublik außergewöhnlichen Angebots durch den Dogen Loredan nur für die eine Seite der »Alternative« entscheiden, er wollte seiner persönlich-künstlerischen Existenzgestaltung in seinem Nürnberger Wirkungskreis, seinem Streben nach einer seit Venedig unmittelbareren Sicht von »Concinnità« – der Schönheit – und einer aus der Natur abgeleiteten Gestaltungstheorie und Praxis die Treue bewahren.

Während Michelangelo in Rom mit den Arbeiten am Julius-Grabmal begonnen hatte und Bramante den Grundstein für den Neubau von St. Peter in Rom legte, kehrte Dürer über Padua und Bologna, wo man ihn aufs höchste ehrte, nach Nürnberg zurück. Wir haben von Dürers Seite keine Anhaltspunkte, ob dieser damals in Venedig den nur um wenige Jahre jüngeren Schülern Bellinis, Giorgione, Jacopo Palma, Tizian oder Pordenone jemals begegnet ist. Dürer wußte gleichwohl, wofür er sich entschieden hatte. Es scheint kein Zufall, daß in einer Weltstadt vom Zuschnitt Venedigs im 16. Jahrhundert offenbar nur wenige Künstler anzutreffen waren, Lotto ausgenommen, deren Naturell unter melancholisch-saturnischen Aspekten interpretiert worden wäre, wie es Panofsky im Zusammenhang mit Dürers *Melancholia* untersucht.[42] Dürer verläßt den »inneren Hof im Haus der Welt« nun um soviel reicher mit den an seinen Freund Pirckheimer in Nürnberg gerichteten Worten: »Oh, wie wird mich nach der Sonne frieren, hier bin ich ein Herr, daheim ein Schmarotzer.« (Venedig, 13. Oktober 1506)[43]

Und ein reichliches Jahrhundert später, um 1630, bestätigt ein anderer, Dürer wohl nahestehender Kollege und als Spanier in Venedig kaum willkommener Gast, Diego de Silva Velázquez, wie »genußreich die Monate in diesem einzigen völlig freien Staat als Nachtrag seiner eigenen Lehrzeit« in unmittelbarer Konfrontation mit Tizian, Tintoretto und anderen gewesen seien, hier, »in Venedig sei das Gute und Schöne zu finden«.[44]

Kehren wir nach diesem Perspektivwechsel via Matthäus Schwarz und Albrecht Dürer an unseren Ausgangspunkt zurück: die venezianischem Selbstverständnis, seiner Alltagspraxis und Lebensgestaltung zugrundeliegenden ontologischen, anthropologischen und ethischen Wert- und Orientierungskoordinaten, die sich mit Seins-Begriffen wie Individuation und Sozialisation allenfalls vage umschreiben und in der Praxis wiedererkennen lassen. Aus welcher erkenntnistheoretischen, kommunikations-kybernetischen Perspektive, mit welchem Erklärungs- und Verständnisanspruch nähern wir uns dieser Frage?

Bevor dieser Gedanke aufgegriffen werden soll, ist es hilfreich, noch einmal an die normativen und handlungsleitenden Prämissen dieses Gemeinwesens zu erinnern: Die Generalspielregel des Vorrangs öffentlicher vor privaten Gruppen-Interessen, die Verfassungssäulen der *liberté, fraternité* und *légalité,* mit einem gemischten System kollektiver Entscheidungsfindung durch das Patriziat.

Für das politische Selbstverständnis der patrizischen Elite Venedigs ist es bezeichnend, in der Praxis nicht dem Anspruch Pietro Pomponazzis nach prinzipieller Anerkennung der Gleichheit aller Bürger entsprochen, sondern diese vielmehr als Anspruch auf Gleichheit vor dem Gesetz – als *légalité* – beschränkt zu haben. Gleichwohl bestand über den Anspruch allgemeiner Gleichheit innerhalb des Patriziats, der Cittadinanzza und bestimmter Funktionsgruppen, etwa im Seerecht, wo bestimmte Entscheidungen nur per Mehrheitsbeschluß durch die gesamte Besatzung getroffen werden konnten, Einigkeit.[45]

Es gehört sicher zu den als Ironie erscheinenden Eigentümlichkeiten Venedigs, der Spielregel der *égalité* im Sinne der politischen Ethik Pomponazzis, was die konstitutionell niemals ausgesprochene, von allen getragene Gestaltung des Gemeinwohls betrifft, mit dem Verfassungspostulat der *légalité* auf pragmatische Weise ungleich viel näher gekommen zu sein.

Darüber hinaus erwies sich die Praxis eines bis zum Ende der Republik weitgehend akzeptierten und konkreten kollektiven Bewußtseins im Sinne von *fraternité* selbst noch nach der Auflösung staatlicher Souveränität durch Napoleon als eine der überlebensrelevanten Säulen des venezianischen Sozialverbandes.

Für den Anspruch, den politischen Eliten Venedigs anzugehören, genügte es mindestens bis in das 16. Jahrhundert nicht, herausragend und erfolgreich zu sein. Vielmehr vermochte erst das Bewußtsein der Abhängigkeit vom Erfolg der Gefolgschaft – in allen sozialen Schichten – entgegen egoistischen und gruppenbedingten Interessen, jenes Maß an Gesamtverantwortung zu entwickeln, welches Eigensinn nicht ersetzt, sondern erst erfüllt, wenn das Streben nach eigenem Erfolg, ganz im Sinne der Ethik Pomponazzis, auch dem Gemeinwohl über die Notwendigkeit der Gefolgschaft zu dienen vermag.[46]

Es kann nicht überraschen, daß in diesem Zusammenhang seit dem 16. Jahrhundert immer wieder Klagen wegen eklatanter Verstöße, insbesondere bei der Wahl in hohe politische Ämter, erhoben, daß Demonstrationen der Maßlosigkeit und Verschwendung bekannt wurden oder sich sonst »auf unsichtbaren Wegen die Umwandlung von Ehre in Bargeld vollzogen« hatte. (Machiavelli)[47]

Seitens der Empörten und Kritiker handelte es sich wohl überwiegend um solche Zeitgenossen und – seit dem 19. Jahrhundert – Chronisten, die den hohen Anspruch der Serenissima allzu häufig buchstäblich verstanden und es trotz offensichtlicher Vergleichsmöglichkeiten in ganz Europa vorzogen, die Differenz von Anspruch und Wirklichkeit stillschweigend zu ignorieren. Ein bisher noch nicht angestellter Vergleich des Selbstverständnisses venezianischer Eliten mit jenen der Aristokratie des damaligen Europa, insbesondere der Mehrzahl des französischen und spanischen Adels zwischen dem 15. und 18. Jahrhundert, wie er bei Fernand Braudel beschrieben wird[48], relativiert diese Einwände erheblich.

In Venedig bildete der Anspruch, *Nobilità* nicht aus Herkunft oder Reichtum, sondern aus Tugenden wie Verantwortlichkeit und Maß abzuleiten, eine grundlegende Voraussetzung der »Corporate Identity« dieser Patrizier-Republik. So nur ist es verständlich, daß dieses Gemeinwesen die einzige Stadtrepublik Italiens repräsentierte, in welcher kollektives Bewußtsein in einer mythosähnlichen Vorstellung von Solidarität, im gemeinschaftlichen Wettbewerb als »totum«, frei von Parteien und Gruppeninteressen bis in das 17. Jahrhundert praktiziert werden konnte.[49] Die Entwicklung dieser immer mehr ins Paradoxe entgleitenden Leitidee und Praxis wird in den folgenden Kapiteln weiter zu verfolgen sein.

Das im Gegensatz zu anderen italienischen Staaten bekundete Interesse des Patriziats, die gesellschaftlichen Beziehungen zwischen allen sozialen Schichten zu pflegen, fand Ausdruck im unmittelbaren Neben- und Miteinander in Gestalt institutioneller und informeller Kontakte zwischen Gilden, Scuolen und den politischen Institutionen des Großen Rates: »ad proficium et honorem Venetiarum«, zum Gedeihen des Staates beizutragen und an dessen Wohlergehen teilzuhaben.[50]

Erst aus dem Bewußtsein der weitreichenden gegenseitigen Abhängigkeit konnte sich dieses Maß an kollektiver Identität und sozialen Friedens entwickeln und ein für damalige Zeit in Europa nicht anzutreffendes Netz sozialfürsorgerischer und karitativer Einrichtungen entstehen. Auch aus dieser Perspektive ist die Stadtrepublik in Relation zu den übrigen europäischen Staaten als einer der ersten modernen Sozial-und Wohlfahrtsstaaten zu betrachten.[51]

Vor dem Hintergrund solcher Rahmenbedingungen ergänzten sich geradezu die Kontraste von zeitweise unübersehbaren Scharen von Einwanderern, die hier Chancen und Existenzmöglichkeiten erhofften – Landbevölkerung, entlassene Söldner und Seeleute, Emigranten und Abenteurer aus ganz Europa – und andererseits der, wenn auch unerreichbar erscheinende Wohlstand einer Welt-handels-Metropole, der heute vielleicht an urbane Gravitationszentren wie Hongkong, New York oder andere Weltstädte erinnert.

So wie diese städtische Kapitale als Zuflucht bietender Ort und unerschöpf-liches Reservoir an Überlebenschancen die Bedingungen für die spezielle Entfaltung des einzelnen Individuums anzubieten vorgibt und das »Exzeptio-nelle« nur das in gesteigertem Maße repräsentiert, was auch andere zu tun vermögen, so (ver)bindet sie gleichermaßen die anonyme Masse in dem einzigen Bestreben des einzelnen, existent aus derselben herauszutreten.

Aus dieser Perspektive verkörpert die Lagunen-Metropole die Einheit des Uneinigen und zugleich die Uneinheitlichkeit des Einigen, jene »Concordia discors« und »Discordia concors«, in welcher jeder einzelne Teil stets auch das Ganze widerspiegelt: die Gleichzeitigkeit der Gegensätze im scheinbar geschlos-senen Kreis, repräsentiert im System verbindlicher Normen und Werte mit dem unverrückbaren Zentrum der Identität dieser Gemeinschaft, und gleichzeitig die »elliptisch-dezentrierte Philosophie« des offenen, alles relativierenden Lebens-und Gestaltungsraums. So legt diese Betrachtungsweise den Gedanken nahe, den Prozeß der Individuation und Sozialisation unter dem Aspekt des Versuchs der konstruktiven Überwindung der Gegensätze durch eine spezifisch venezia-nische Art des Selbstverständnisses und seiner Gestaltungspraxis zu betrachten.

In den Mythologien verschiedenster Kulturen, in der Natur-Philosophie, vor allem aber in der Kunst handelt es sich um eines der Fundamentalprobleme menschlicher Existenz: die gestörte Harmonie und der Versuch der Überwin-dung dieser »Gespaltenheit« durch Gestaltung. Was Venedig betrifft, ist dabei allerdings nicht an jene neuplatonischen Tendenzen vom androgynen Menschen gedacht.[52] Versuchen wir also, dem komplementär erscheinenden Konzept dieses »hermaphroditischen« Bewußtseins- und Staatszustandes Venedigs ge-genüber eine äquivalente, »außerhalb« gelegene Betrachtungsweise zu erkun-den.

Angesichts der uns vorgegebenen Janusköpfigkeit der kausalen Weltdeutung, entweder die Welt gemäß dem Primat der Erfahrung – Empirismus – aus Kräften und Materialien als nachweisliche wahre Ursachen zu erklären oder diese aus Kategorien der Anschauung und Kultur gemäß dem Primat der Ideen aus Ziel-und Zweck-Ursachen – Finalismus – abzuleiten, und angesichts der Tatsache, daß der Wechselkausalität von Ursache und Wirkungszusammenhängen dieser Welt unsere herkömmliche, alternative und lineare Kausalitätsvorstellung nicht gerecht werden kann, bietet sich als ein selbsttranszendierender, nicht reduktionistischer Erklärungsansatz[53] die Annahme an:

1. daß sich bestimmte Erkenntnisformen (Leistungen) und daran geknüpfte Verhaltensformen als überlebensrelevant erwiesen haben;
2. daß die Strukturierung und der Gewinn von Erkenntnis den Organisationsprinzipien der Evolution unterworfen ist: mit anderen Worten, die Übereinstimmung von Natur und Denkordnung ist ein Ergebnis der Anpassungsfähigkeit. Die erblichen Anschauungsformen von Raum und Zeit, Wahrscheinlichkeit und Vergleichbarkeit, von Ursachen und Zwecken spiegeln soviel von der sog. Wirklichkeit der Welt wider, daß kulturelle Evolution und Überleben gewährleistet werden. Dabei beruht die kulturelle Evolution auf biologischen Grundlagen, wie die kulturelle Evolution ihrerseits auf die biologische Evolution zurückwirkt. Hier sind allerdings andere Selektionskriterien als das reine Überleben maßgeblich.[54]

Aus dieser Sichtweise ließen sich nun, vor dem Hintergrund jeweiliger Weltbildkonstruktionen – Individuation/Sozialisation –, kultureller Fortschritt, Zivilisationsniveau sowie der Überlebenserfolg der Stadtrepublik an den ihr gelungenen Lösungen selbstgestellter und notwendiger Aufgaben ermessen. Dabei kommt den besonderen Beziehungen von Denken und Fühlen insofern ein entscheidender Stellenwert zu, als individuelle und kollektive Anpassungsprozesse an die von Reflexion und Vernunft geleitete Rationalität, das sogenannte Realitätsprinzip einerseits, und Emotionalität, das sogenannte Lustprinzip andererseits, gekoppelt sind.[55]

Wir können davon ausgehen, daß die sozio-kulturelle Anpassungsfähigkeit von Individuen wie von Gruppen maßgeblich auf die Entfaltung intelligenter Potentiale zurückzuführen ist. Allerdings bieten spezifisch sachbezogene Intelligenzleistungen keine Sicherung gegen den Abbau oder Verlust kritischer Realitätskontrollen[56], soweit sie die emotionalen »Mischungen« sogenannter zwischenmenschlicher Beziehungen betreffen. »Davor« liegt und überlebensrelevant ist vielmehr ein angemessenes, »richtiges« Funktionieren auf der emotional-affektiven, das meint, metakommunikativen Ebene.[57]

Die bewußte, in den Hemisphären des Großhirns organisierte Intelligenz ist nicht nur das mit Abstand jüngste und deshalb wohl auch am wenigsten bewährte Orientierungsorgan der Evolution; es ist angesichts unserer angeborenen Anpassungsmängel, des Lerntempos und der Lernfähigkeit auch das am meisten überschätzte. Demgegenüber verfügen wir neben dem System rationaler, d. h. reflektierender Vernunft über ein stammesgeschichtlich ungleich viel älteres Wahrnehmungs- und Erkenntnisreservoir als wichtigstes unserer unbewußten Entscheidungshilfen, den nach Brunswik sogenannten »ratiomorphen Apparat«. Hier werden die meisten der Selbstbeobachtung nicht zugänglichen Assoziationen, Gestaltwahrnehmung und -qualität, komplexe Entscheidungsprozesse und schöpferische Vorgänge, vor allem auf unmittelbarer Interaktion beruhende Aktivitäten als unbewußt ablaufende, vernunftähnliche Leistungen zuwege gebracht.[58]

Konrad Lorenz spricht von den »angeborenen Lehrmeistern der Vernunft«, Fritz Simon meint ähnliches, wenn er von der »Rationalität der Affekte« spricht[59], jenen stammesgeschichtlich angeborenen Entscheidungshilfen, die das Überleben in einer sozialen Umwelt gewährleisten, die entscheidend soziales Milieu und kollektives Bewußtsein formen und deren Rahmenbedingungen und Gestaltungsspielräume kalkulierbar und bewohnbar machen.

Religiöse Macht versus politische Kultur

Im Jahre 1606 heißt es in einem Brief aus Venedig: »Gestern nacht um 2 Uhr wurden die Jesuitenpatres in zwei Booten abtransportiert und außer Landes gebracht. Sie alle trugen ein Kruzifix am Halse und eine brennende Kerze in der Hand. Nach dem Mittagessen hatte man sie im Hause gehalten und zwei Polizisten als Wache an der Tür postiert, so daß niemand den Konvent betreten oder verlassen konnte. Ich glaube, daß sie auch aus Padua und dem ganzen Staatsgebiet ausgereist sind...«[1]

Dem Verfasser dieses Briefes, einem der vier bedeutendsten Skandalträger des 17. Jahrhunderts, hatte die Republik Venedig für sein Geschenk eines selbst konstruierten Fernglases einen Lehrstuhl für Mathematik in Padua verliehen. Im Jahre 1633, also 27 Jahre später, stand derselbe – Galileo Galilei – vor dem Inquisitionstribunal des Heiligen Offiziums in Rom: Angeklagt wegen seines im *Dialogo dei Massimi Sistemi* vertretenen »Kopernikanismus« (»es handelt sich um die verderbteste Materie, [...] eine in hohem Maße verabscheuungswürdige Lehre«, Papst Paul V.).[2] Galilei wurde zum Widerruf seiner Lehre gezwungen und zu lebenslänglicher Haft verurteilt. Die Strafe verwandelte der Pontifex in einen Hausarrest, den Galilei in seiner Villa »Il Gaiello« in Arcetri nahe Florenz verbüßte.

Einem der skandalauslösenden Handexemplare der »Dialoge« hatte Galilei noch vor Beginn des Inquisitionsprozesses, also etwa 1630, seine geheimsten Gedanken in einer handschriftlichen Notiz anvertraut:

»Über die Einführung von Neuerungen: Wie kann man zweifeln, daß es zu den schwersten Ärgernissen führen muß, wenn die von Gott frei geschaffenen Geister gezwungen werden sollen, sich sklavisch fremden Willen zu fügen? Wenn man die eigenen Sinne verleugnen und sie fremder Willkür soll unterwerfen müssen? Wenn man Leute, die jeder Sachkenntnis ermangeln, zu Richtern über Fachleute macht und ihnen eine Autorität verleiht, vermöge deren sie diese nach ihrem Gutdünken behandeln? Das sind Neuerungen, die den Ruin des Gemeinwesens, den Umsturz der Staaten herbeiführen können...«[3]

Die oben beschriebene Szene ereignete sich fast 30 Jahre früher in der »Città apostolica e santa«, die wie kaum eine andere Gemeinde einer tiefen Verbundenheit zum Katholizismus huldigte, deren soziales Leben durchdrungen war von praktizierter Religiosität, die aber ebenso unbeirrbar der Institution Kirche gegenüber die Rechte des Staates zu wahren trachtete. Welche europäisch-katholische, geschweige denn italienische Kommunität hätte zu dieser Zeit einen solch spektakulären Schritt (die Ausweisung katholischer Geistlicher) gegenüber der Autorität des »Patrimonium Petri« durchzusetzen gewagt? »Um ein Omelett zu machen, muß man ein Ei zerschlagen«, sagt ein arabisches Sprichwort. Seit Jahrhunderten war es zu zahllosen Brüchen in den Beziehungen zwischen der Römischen Kurie und Venedig gekommen, doch die endgültige Ausweisung der »Societas Jesu« aus Venedig verfügte San Marco erst im Jahre 1773.

Einer der maßgeblichen Köpfe dieser Aktionen war Paolo Sarpi, der als theologischer Berater der Signoria und persönlicher Vertrauter des Dogen Leonardo Donà dalle Rose (1606–1612) die geistig-theologische Gegenoffensive gegen die massive, anti-venezianische Propagandakampagne des Stuhls Petri und Spaniens anführte. Paolo Sarpi, einst ein Wunderkind, war Servitenpater, Naturwissenschaftler mit grundlegenden, anatomisch-physiologischen Entdeckungen, Historiker, Philosoph, Experte im Kanonischen Recht und Architekt.[4]

Sarpi hatte, wie schon Giordano Bruno, Kontakte zum Umfeld der englischen Botschaft. Deren Repräsentant, Sir Henry Wotton, galt in den Augen des Papstes als »Geheimagent des Protestantismus«. Auf die Klage der Kurie, Wotton führe gefährliche Schriften nach Venedig ein, reagierte der Doge lakonisch: »Es ist der Republik unmöglich, die Koffer des englischen Botschafters zu durchsuchen, wenn wir völlig gewiß sind, daß er ein zurückgezogenes und ruhiges Leben führt und keinerlei Skandal verursacht.«[5]

Tatsächlich war die englische Botschaft ein Eldorado antikatholischer Literatur, vor allem protestantischer Bibeln; der englische König Jakob I. und der Bischof von Canterbury bemühten sich sogar, ein Manuskript Paolo Sarpis, das sie als das »explosivste Buch des Jahrhunderts« einschätzten, in England zu drucken. Sarpi, überzeugter Katholik und Humanist, war – neben Tommaso Campanella und Giordano Bruno – eine jener vier Skandalgestalten dieses Jahrhunderts. Er diente und lebte im Schutze der Stadtrepublik, deren Verlassen sein Freund Galileo Galilei bald bereuen sollte. Nach wiederholten Mordanschlägen auf den Pater soll dieser den ihn vom rechten Ohr bis zum Jochbein durchbohrenden und hier abgebrochenen Dolch der christlichen »Ecclesia militans« mit den Worten »begrüßt« haben, »ich erkenne den Stil [»stilus« – Stilett] der römischen Kurie«.[6] Sarpi lebte noch 17 Jahre, den Attentätern wurde im Kirchenstaat Asyl gewährt. Kein noch so sicherer Rechtsstaat hat sich seither in Fällen wie Sarpi bis Herrhausen der Repressionsstrategien orthodox-militanter Ideologen zu erwehren gewußt. Doch war Venedigs Schwäche von jeher seine Stärke. Und Paolo Sarpi zog die Konsequenzen. Dank der Anwesenheit einer starken deutschen Kolonie, des sicheren Daches republikanischer Toleranz und unterstützt von der Mehrzahl der europäischen Aufgeklärten seiner Zeit, kämpfte er – ganz im Sinne der viel später verfaßten Anklage seines Freundes

Galilei – mit den Waffen des Geistes. Er schrieb eine Geschichte des »Konzils von Trient«, deren Veröffentlichung in England er im Jahre 1618 zustimmte.

Wie erwartet wurde die *Istoria del consilio Tridentino* in mehrere Sprachen übersetzt, in ganz Europa eine der spektakulärsten Publikationen des 17. Jahrhunderts. In Form eines Tagebuchs berichtete Sarpi über die Kontroversen und internen Kämpfe, die heiklen politischen Hintergründe unlösbarer theologischer Streitfragen der Dominikaner und Franziskaner und das »Lavieren, weil die Konzilväter selbst keine eigene Meinung auszudrücken vermochten«. Alles dies war bis dahin geheimgehalten worden, ja sollte der Welt den Text des Konzils als Gesetz der Wahrheit und des Mysteriums der Religion erscheinen lassen. Sarpis Protokoll und Analyse erwiesen sich angesichts des Wahrheitsanspruchs der Kurie als entlarvend. Die »Istoria« wurde ein Schreckgespenst für die Jesuiten. Dies unter anderem auch deshalb, weil die Fundamentaldogmen der Eucharistie, die in Widerspruch zur Vernunft stehend, gar nicht in der Bibel (Offenbarung) vorkamen, eines der Haupthindernisse für einen allgemeinen Religionsfrieden darstellten.

Sarpis eigenes Schicksal und die damit verbundenen Konsequenzen lösten bei seinen Mitstreitern tiefe Zweifel aus, ja sie gaben den Anstoß zu radikaleren Formen der Auseinandersetzung mit Rom. Seinem Ziel, der Preisgabe weltlicher Machtansprüche und der Rückkehr zur urchristlichen Spiritualität seitens Roms, vermochte Sarpi so gut wie keinen Schritt näher zu kommen. Im Gegenteil, die Machtwillkür der römischen Kurie wurde fortan mehr gefürchtet und gehaßt als je zuvor.[7]

Doch Sarpi und seine Mitstreiter blieben sich trotz Exkommunikation und leidvoller Anfeindungen, wie auch dem Anspruch venezianischer Unabhängigkeit und Toleranz als Vorreiter aufgeklärter Ideen in Europa treu. Sein ausgeprägt venezianisches Selbstverständnis für »politische« Gesamtzusammenhänge steht hier, wie auch Galileis Einschätzung, für die Konfrontation mit dem Phänomen institutionalisierter kirchlicher Macht gegen die Kräfte bewußtseinsgesteuerten Wandels. Es steht für »religiöses« Bewußtsein als Ort eines Identitätskampfes und damit in letzter Instanz für eine hochpolitische Frage, die zwangsläufig Paradoxien und Zusammenbrüche zur Folge haben mußte.[8]

Sarpi machte seine Voraussage wahr, er werde nach seinem Tode gefährlicher für das Papsttum werden als zu seinen Lebzeiten. Bis zu seinem Tode 1623 blieb er, als Servitenpater in einer kleinen Zelle nahe San Fosca lebend, der geistige Wortführer der »Jungen«, und mit Spinoza, Giordano Bruno und anderen vertrat er gegenüber Gegenreformation und Indoktrination die Auffassung, herrschaftsloses Denken baue, als jeweils individuelle Bewußtseinsleistung, auf der Beherrschung der Affekte auf.[9] Solange sich die politische Elite von Geistern dieses Formats beraten ließ, stand diese Maxime als programmatischer Anspruch für die venezianische »Logik der Anwendung«. Sarpi war nüchtern genug zu bekennen: »Ich werde es nie wagen, etwas zu bestreiten mit der Begründung, daß es unmöglich sei, denn ich bin mir wohl der unendlichen

Vielfalt in den Werken der Natur und Gottes bewußt.«[10] Das Sarpi zugesprochene, seither in Venedig geflügelte Wort, »Ich spreche nie eine Lüge aus, aber ich sage auch nicht jedermann die ganze Wahrheit«, hatte auch in der antikolympischen Familie Geltung. Denn dieses verpflichtete bereits den jungen Hermes als Förderer des Handels, der Vertragsabschlüsse und des Wegerechts aller Reisenden auf allen Straßen der Welt, »niemals andere zu belügen, aber auch nicht die ganze Wahrheit sagen zu müssen«. So offenbarte sich auch dieser große venezianische Denker als ein Pragmatiker angewandter Vernunft, der angesichts der Ambiguität und Ambivalenz aller Schöpfung jenen hermaphroditischen Bewußtseinszustand zu einem »logischen Imperativ« seines Denkens und Handelns erhoben hatte.

Was aber veranlaßte einen Paolo Sarpi – im Sinne seines Freundes Galileo Galilei –, dessen oben zitierte handschriftliche Notiz ja erst nach Sarpis Tod entstanden sein konnte, Machtmißbrauch und Willkür der römischen Kurie, aber damit wohl auch in tiefer Besorgnis, wie es Galilei ausdrückte, über den »Ruin des Gemeinwesens«, der Kirche einen solch leidenschaftlichen Kampf anzusagen?

Wenn wir die italienische Geschichte aus der Vogelperspektive überschauen, dann dominieren hier die Negativ- und Leiderfahrungen von mehr als 1400 Jahren politischer und kirchlicher Repression und Fremdherrschaft. Die bis in das 20. Jahrhundert hineinwirkende, von Dogmen beherrschte Einflußnahme der Kirche auf die katholisch geprägten Sozialisationsprozesse aller Bürger mit der zwangsweisen Tabuisierung politischen Bewußtseins, um auch nur Ansätze eines italienischen Nationalstaates auf liberaler Grundlage auszuschalten[11], hat bis heute tiefe Spuren hinterlassen.

Gerade weil diese Bestandsaufnahme, mit Ausnahme Venedigs bis zum Jahre 1797, angemessen erscheint, kommt der Kritik und Entschlossenheit Sarpis, der katholischen Kirche so kompromißlos entgegenzutreten, für unsere Thematik eine exzeptionelle, weil politische Bedeutung zu. Ist es ein Zufall, daß offensichtlich nur wenige italienische Autoren auf diesen Aspekt ihrer »politischen Kultur« konkret aufmerksam gemacht haben?

Paolo Sarpis Auseinandersetzung mit den seit Beginn des 15. Jahrhunderts eingeleiteten Reformversuchen des Papsttums – Hadrian VI. (1522–1523), dem Konzil zu Pisa 1409 und Konstanz 1414 – entlarvt und erhellt nicht nur die damals aktuellen Interessen und Zielsetzungen des Katholizismus, sie bietet darüber hinaus ein bis heute relevantes Erkenntnismodell der immanenten Widersprüche jenes zentralistisch-hierarchisch orientierten Dogmas und Universalprinzips einer »Heiligen Ordnung« gegenüber dem Konzept einer am Prozeß orientierten dezentralen, stratifizierten Form der Organisation, wie sie die Stadtrepublik repräsentiert, aber bezeichnenderweise seit je auch aufgeklärte Vertreter der Kurie angestrebt haben.

Sarpi skizziert die sich im 16. Jahrhundert im Vorfeld des Konzils von Trient gegenüberstehenden und unvereinbaren Positionen des Katholizismus: Papst Hadrian VI. beklagt nüchtern den Machtmißbrauch und die Anmaßungen der römischen Kurie. Er versucht daher, der Offensive der Reformation Luthers durch eine grundlegende Reform der katholischen Kirche entgegenzutreten und zuvorzukommen, selbst um den hohen Preis des Verzichts jeglicher weltlichen Macht. Die Gegenposition, repräsentiert in der Gestalt des Kardinals Soderino, befürwortet unmißverständlich die bis zum Unfehlbarkeitsdogma im 19., ja bis in das 20. Jahrhundert weitgehend beibehaltene Linie orthodoxer Intransingenz.

»Nichts befördert den Untergang eines Regiments mehr als die Änderung der Formen. Mit dem Beschreiten neuer, ungewohnter Wege setzt man sich schwersten Gefahren aus. Das Sicherste ist, in den Spuren der heiligen Päpste zu bleiben, keiner hat je Häresien durch Reformen überwunden, sondern durch Kreuzzüge und durch Ermunterung von Fürsten und Völkern zur Ausrottung der Häresien. Außerdem ist keine der Reformen denkbar, die sich nicht beträchtlich auf die kirchlichen Einnahmen auswirkt...«[12]

Die römische Kurie war also schon zur dieser Zeit nicht nur daran interessiert, den damals bereits geschlagen geglaubten Gegner – die Reformation – zu vernichten, wie das Martyrium des Giordano Bruno, die Gefangenschaft des Campanella oder die Entwürdigungen eines Galilei beweisen; sie war darüber hinaus bestrebt, unter eigener Kontrolle ein neues »intellektuelles Personal« heranzubilden, welches, in Gestalt des Jesuiten-Ordens, mit den Kenntnissen und Techniken des Humanismus an Höfen, Schulen und in der Gesellschaft die Vertreter der »Opposition« ersetzen und deren einflußreiche Stellungen einnehmen sollte.[13]

Bereits der erste Versuch der Gegenreformation, sich das kulturelle Erbe einer säkularisierten humanistischen Tradition einzuverleiben, erwies sich als Fehleinschätzung. Auf der anderen Seite mußte der Kampf um die geistigen Freiheiten fortgesetzt werden. Die Zersplitterung der Gegeneliten, die Glaubenskriege, das Heraufkommen neuer Ideologien und naturwissenschaftlich orientierter Glaubensbekenntnisse und Paradigmen – »Descartes' Traum« – durch eine die Wahrheit enthüllende Methode der Mathematik aller Metaphysik zu ersetzen und obendrein auch noch alle Probleme der Menschheit lösen zu wollen[14], bestimmten fortan die weitere Geschichte bis in das 19. und 20. Jahrhundert hinein mit jener Deklaration eines »Unfehlbarkeitsdogmas« des »Vertreters Petri« auf Erden.

Die Existenz des Widerspruchs hat die Immanenz des Widerspruchs dieser »Ordnungs«-Vorstellungen als Schatten bis heute weiter begleitet. Vor dem Hintergrund der Frage der Legitimation von geistiger – geistlicher – Macht und damit gegenseitiger Abhängigkeitsverhältnisse ist das Problem der Einheit und (Un)Vereinbarkeit religiöser, politischer und gesellschaftlicher Gegensätze und Widersprüche bis heute so aktuell wie je geblieben. Unbezweifelbar ist indessen, daß die katholische Kirche – Occam, Nicolaus Cusanus oder Sarpi und heute andere belegen es – zu allen Zeiten eine »complexio oppositorum« dargestellt hat. Die Teilelemente bilden bis heute: monarchische, aristokratische und demokratische Formen der Entscheidungsfindung, ein patriarchalisches und matriarchalisches »Personal«, die »Rationalität« der Institution und die Irrationalität der Formen und Gehalte, mit der Annahme des Menschen als von Natur aus böse und von Natur aus gut, von jüdischem Monotheismus und christlicher Trinität, einer »Entweder-Oder-«, aber auch »Sowohl-als-auch«-Logik, mit Manifestationen des Militarismus und Pazifismus, des Traditionalismus und der Fortschrittsgläubigkeit, wie auch des Konservativismus und des Liberalismus. (Carl Schmitt)[15]

Die Position eines humanistisch orientierten, pragmatischen Katholizismus, wie er unter anderen von Paolo Sarpi vertreten wurde, korreliert mit dem Eintritt in das in Venedig – oder Holland (mit Spinoza) – bereits erprobte Experiment der Moderne. Dieses Projekt läßt jene nun erst einsetzenden endlosen »semantisch-hermeneutischen« Glaubenskriege und Sackgassen eines orthodoxen Determinismus weit hinter sich. Es geht von einem empirischen und »hermaphroditischen« Standpunkt, von einer ebenso begrenzbar wie unberechenbar einzuschätzenden Welt aus. In diesem Zusammenhang ist es kein Zufall, daß die ersten überlieferten Abhandlungen zur Geschichte und Praxis der Wahrscheinlichkeitstheorie, dem einzigen mathematischen Mittel der Darstellung des Unkontrollierbaren, um 1494 in Venedig erschienen sind. Und ihr Verfasser war Lucca Pacioli, jener Mathematiker, den Albrecht Dürer auf seiner Heimreise in Bologna unbedingt kennenzulernen wünschte.

Mit den vorangehenden Darlegungen, der Schlüsselfigur Paolo Sarpi und seiner für die Stadtrepublik geradezu prototypischen Erscheinung haben wir die Konfrontation zweier Ordnungssysteme, Systemlogiken und Seinskonzeptionen vorgestellt, die ihrerseits auf zwei grundverschiedene Arten der Definition von Beziehungen zur »sogenannten Wirklichkeit« (Watzlawick) schließen lassen.

Im Kern geht es um ein aus der abendländischen, platonisch-aristotelischen Tradition entstandenes, universelles Ordnungsverständnis im Sinne des griechischen Begriffs *archein-arche* – Ordnung, Herrschaft, als Über-Unter-Ordnung –, welches bis heute in den meisten Hochkulturen als Universalkonstante die Basis-Koordinaten des Denkens und der Alltagspraxis auszeichnet.

Die Axiome dieses vertikalisierten Ordnungskonzepts manifestieren sich als Entscheidungs- und Kompetenzregelung – Identitätsaxiom –, wonach der Inhaber der obersten Position als Zentralinstanz die wichtigsten und letzten Entscheidungen für andere trifft, wo seine Kompetenz endet, beginnt die nächste Ebene; als Wahrheitsaxiom verfügt die Zentralinstanz hier über die relevanten Informationen und gilt deshalb ohne Widerspruch als kompetent – der Satz vom zu vermeidenden Widerspruch; als Weisheitsaxiom, der Satz vom ausgeschlossenen Dritten, bei Widersprüchen oder Konflikten kann nur die nächst höhere, nichtbeteiligte Instanz als Autorität entscheiden; als Dependenz/Machtaxiom, die an der Peripherie agierenden sind von der Zentralinstanz abhängig, »alles hat seinen zureichenden Grund«, wenn die vorgesetzte Instanz Anordnungen trifft.[16]

Die Existenz dieser Axiome als Manifestation der Macht, der Moral, des Rechts, der Logik, der sozialen und ökonomischen Beziehungen, der Wissenschaft, Technik und der Natur bildete fraglos auch für Venedig maßgebende und Verbindlichkeit stiftende Fundamente gemeinsamen Überlebens. Gleichwohl wurde eine solchermaßen binäre Schematisierung und Handlungsorientierung im Alltag notwendigerweise immer schon durch alternative Begründungs- und Denkschemata ergänzt, galt der Satz: »Die Logik ist zwar unerschütterlich, aber einem Menschen der leben will, widersteht sie nicht.« (Kafka)

Es kann angenommen werden, daß insbesondere kleinere Sozialverbände, weil aus der Position der Schwäche und des Mangels agierend, geradezu darauf angewiesen waren, ihr Überleben durch die Zuhilfenahme alternativer, die herkömmliche binäre Logik ergänzender Begründungsschemata zu sichern. Die Virtuosität der Rialto-Republik im Umgang mit einer mehrwertigen, ja paradoxen Logik und »Logik der Anwendung«[17] dürfte, von wenigen anderen Stadtrepubliken und Gesellschaften des Mittelmeerraums – wie etwa Ragusa, Amalfi und andere – abgesehen, beispiellos geblieben sein.

Wenn Macht das »Privileg« umschreibt, nicht unbedingt die Waffe kreativer Intelligenz einsetzen zu müssen oder zu können, weil Probleme durch den Einsatz zusätzlich verfügbarer Potentiale und Ressourcen gelöst werden, wenn Macht das »Privileg« verminderter Realitätsanpassung und Akzeptanzdrucks bedeutet, weil derjenige, der über Macht verfügt, es sich leisten zu können glaubt, aus Gründen der Sicherheit, Gewohnheit, Fehleinschätzung und ähnlichen Gründen nicht lernen zu müssen (Karl Deutsch), ja die Gelegenheit des kürzesten Weges hat, sich über jede Art von Widerstand hinwegsetzen zu können[18], dann war der wiederholte Konflikt der römischen Kurie mit der Stadtrepublik nicht nur zwangsläufig vorprogrammiert, sondern in seinem Verlauf und Ergebnis absehbar.

Venedigs Reaktion kennzeichnete ebenso typisch die Notwendigkeit diplomatisch-flexiblen Verhaltens aus der Position der relativen Schwäche, die, wie so oft, eine seiner verläßlichsten Stärken gebildet hat. Dabei erwies sich auch in diesem Falle die Fähigkeit des Umgangs mit unterschiedlichen, aber komplementären Systemlogiken und damit Konfliktbewältigungsstrategien langfristig als ausschlaggebend für Anpassungs- und Überlebensfähigkeit der beteiligten Konfliktparteien. Nämlich das Paradoxe mit schwingender Elastizität auszuhalten, Dissonanzen aufzuheben, gegebenenfalls zu bekämpfen, und Zusammenbrüche überleben zu lernen. Eines von zahlreichen Beispielen hierfür liefern die vertraglichen Vereinbarungen Venedigs mit Agostino Chigi, einem der Bankiers Papst Julius' II., die der Republik maßgeblich halfen, den langjährigen Krieg gegen die Liga von Cambrai zu überleben.[19]

Im Jahre 1302 hatte Rom, d. h. Papst Bonifaz VIII., abermals per Dekret »Unam sanctam« den theokratischen Weltherrschaftsanspruch des Heiligen Stuhls gegenüber dem französischen König Philipp IV. angemeldet. Dessen Kanzler Nogaret überfiel, ohrfeigte und arretierte damaligem französischem Courtoisie-Verständnis gemäß den Papst, der bald darauf starb. Die mit der

»babylonischen Gefangenschaft«, der Übersiedlung der Päpste nach Avignon, einsetzende Entwicklung und Verweltlichung löste die ersten nachhaltigen Reformbestrebungen aus. Ein anderer zeitgenössischer Zeuge lieferte eine weniger dramatische Version:

> Rom, das die alte Welt in Ordnung brachte,
> besaß zwei Sonnen, um die beiden Wege
> der Erde und des Himmels zu erleuchten.
> Erblindet sind die Sonnen aneinander,
> in einer Hand sind Schwert und Hirtenstab.
> Wehe der fluchbeladenen Verbindung,
> in der sie sich nicht achten und nicht fürchten.
> (Dante, *Purgatorio* XVI, 106–112)

Die »Ordnung«, die die Päpste Clemens VIII. (1602), Paul V. (1605) und deren Nachfolger gegenüber Venedig gewahrt sehen wollten bzw. als Verletzung kanonischen Rechts erklärten und schließlich mit der letzten und stärksten Waffe durchzusetzen versuchten, konnte in den Augen eines Paolo Sarpi und der Signoria ebensowenig geeignet erscheinen, einen der beiden Wege, den der Erde, zu »erleuchten«. Die »Heilige Ordnung« erwies sich, wie wir durch Sarpi wissen, nicht nur als Bestätigung jener durch Kardinal Soderino geäußerten Worte (»keiner hat je Häresien durch Reformen überwunden, sondern nur durch die Ausrottung der Häresien«) – sie gab ihr wahres Gesicht und ihre Ziele durch die wiederholten Mordanschläge auf Sarpi und weitere ähnliche Aktionen unmißverständlich zu erkennen.

Wenn der Sinn und Zweck von Konflikten darin besteht, im Wettbewerb durch Konkurrenz verschiedene Eigenschaften und Fähigkeiten auszuwählen, um eine Qualität von einer anderen zu unterscheiden, andererseits bei Abweichungen von verbindlichen Normen Außenseiterverhalten durch Sanktionen zu bestrafen, um die Einheit des Ganzen wiederherzustellen, dann schließen sich, der traditionellen Logik und Ordnung gemäß, diese beiden Varianten (entweder die Differenz vermittelnde oder die Einheit stiftende Funktion) aus.[20]

Bei der Auflösung dieses konkreten Widerspruchs von der Koexistenz und Wahrheit beider Varianten auszugehen und – als dritte Variante – den Spielregelbruch in Gestalt der Verweigerung zum Nutzen der eigenen Identität seitens des Spielverderbers (im konkreten Falle Venedigs) zuzulassen, verbot sich für die römische Kurie als Einbruch in den Tabubereich dieser »Ordnung« und als Versündigung gegen die katholische Christenheit. Die seitens der Kurie (bis heute) praktizierte Art der Konfliktlösung (Entweder-Oder) entsprach andererseits weder dem Ordnungsverständnis Venedigs noch seiner Vorstellung von staatlicher Autonomie und Souveränität.

Ist die Position des »Patrimonium Petri« und seiner Repräsentanten – Kardinal Bellarmin war 1600 als Großinquisitor im Prozeß gegen Giordano Bruno aufgetreten – jener des Großinquisitors, als Gegenspieler Christi in Dostojewskis

»Gebrüder Karamasoff«, vergleichbar? Für den Großinquisitor besteht die wahre Erlösung des Menschen darin, ihm die schreckliche Last der Freiheit abzunehmen, ihn unfrei, aber – im Sinne des Determinismus – glücklich zu machen, während sich auf der anderen Seite Venedig prinzipiell für die Priorität des freien Willens – den Indeterminismus – entschieden hatte, dessentwillen Christus vom Großinquisitor angeklagt wird, damit aber jener Paradoxie spontanen Gehorsams ausgesetzt ist, deren Lösung Menschen letzten Endes unmöglich erscheint.[21]

In diesem Rahmen ist die Lösung dieses Dilemmas, d. h. zweier so grundsätzlicher Positionen nicht weiter zu erörtern, sondern vielmehr prinzipiell zu fragen, inwieweit die Existenz jenes »hermaphroditischen Bewußtseins« in Venedig als eine denkbare Variante des Umgangs mit diesem Problem anzusehen ist.

Unter der Prämisse der stufenweise erkämpften staatlichen Souveränität Venedigs und seiner Bürger, sei es als Bourgeois oder als Citoyen, blieb dieser Kommunität gar keine andere Wahl, als von Anbeginn, seit dem Jahre 1414, die faktische Trennung von Politik und Kirche zu vollziehen: Trennung hier jedoch nicht im Sinne von Ausschluß, sondern die, angesichts der Funktionsfähigkeit des Ganzen notwendige, arbeitsteilige Konzentration auf jeweils unterschiedliche politische, soziale und kulturelle Aufgaben.

Die Kurie war als seelsorgerische, die göttlichen Gebote vermittelnde Institution für spirituelle Fragen und Lebensbereiche des einzelnen als Teil der Gemeinschaft zuständig, während die Institution Staat zuständig war für die politischen Aufgaben- und Problemstellungen der Gemeinschaft, d. h. der Abstimmung divergierender Interessen und der kollektiven Sicherung des Gleichgewichts zwischen Befreiung und Beschränkung durch gewaltlose Überzeugung. Die Republik war der einzige Staat, der offen dem Totalitätsanspruch der Wahrheit und Letztgültigkeits-Orientierung durch die Kurie als politische Angelegenheit und Bewußtseinsentscheidung Grenzen setzte. Mit der entschiedenen Einschränkung des Machtanspruchs römischer Inquisitionsgerichtsbarkeit durch die Anwesenheit dreier venezianischer »Consultori in Jure« begab sich Venedig indessen in das Dilemma, seinerseits an der Verfolgung und den Urteilen abweichender Glaubensbekenntnisse mittelbar beteiligt zu sein.[22] Ungeachtet dessen blieb die Stadtrepublik der einzige europäische Staat, der den Schritt der Entmystifizierung hoheitlicher Autorität im Sinne der Autonomie politischer Entscheidungen als Bewußtseinsakt durchzusetzen bemüht blieb. »Die Religion begründet nicht den Staat, die wahre Religion atmet dort, wo Freiheit herrscht.« (Spinoza 1670)[23] Nur in Venedig gelang es trotz seiner tiefverwurzelten, wenn auch sicher zur privaten Angelegenheit tendierenden Religiosität, von den Konsequenzen dieser Trennung um kein Jota abzurücken.

Wann immer in der überschaubar kurzen Kulturgeschichte der Moderne Funktionseliten versucht haben, das Ganze betreffende Probleme der »politiké techné« als den einzelnen betreffende Fragen und Lösungen mit dem Anspruch der »religio«, der Wahrheit und der Anthropologie zu verbinden, über kurz oder lang ist es zu Desorganisation, Funktionsschäden und Implosionen dieser Systeme gekommen. Dafür steht die Entwicklung Osteuropas als abermals letztes Beispiel.

Umgekehrt ist die These nicht allzu gewagt, das Überleben des Vatikan-Staates ohne ein im Staatsgebiet konzentriertes Staatsvolk aus ebendiesem Grunde, mit der Abstinenz der Lösung von Teil und Ganzes betreffender politischer Problemstellungen zu erklären. Wer könnte sich heute die römische Kurie in der Funktion zweckgebundener, politische Alltagsaufgaben, Trivial-konflikte und Managementprobleme lösender Akteure vorstellen?

Über die Funktionsmechanismen und Metafunktionen hinaus sind die Gesetz-mäßigkeiten, die Logik und die Spielregeln dieser zwei »Welten« oder »beiden Wege«, wie sie Dante bezeichnet, »evident«, wenn auch in der politischen Praxis selten durchschaut. Hier geht es indessen um die verschiedenen Wirklichkeits-auffassungen zugrundeliegenden Orientierungsmuster sozialer und religiöser Gemeinschaften.

Der einzelne muß, um leben und überleben zu können, um die Welt und sich selbst zu verstehen, auf die Struktur dieser Welt zurückfragen. Doch stoßen diese Fragen an Grenzen, die unüberwindlich erscheinen. Nur die Religion (Kirche) antwortet auf Fragen, die nicht unbeantwortet bleiben können. Sie muß dem einzelnen daher die Welt als Ganzes verständlich machen. Daß die Kirche nicht nur an die Situation permanenter Unsicherheit gebunden ist wie ein Körper an die Gravitationsgesetze, sondern sich dabei, wie fast alle Institutionen einschließ-lich institutionalisierten Wissens, auf die Schwäche des einzelnen gründet, ist aus der Perspektive des einzelnen als das geringere Übel nachrangig. Gleichwohl bleiben die psychologischen Grundstrukturen der Religion wie der Metaphysik vorgegeben, bleibt ihre Funktion kategorischen Schemata und Imperativen verhaftet. Sobald der einzelne jedoch versucht, diese zu ergründen, bedarf es unausweichlich der Rückversicherung des Absoluten, andernfalls wird die durch Tabus gesetzte Demarkationslinie überschritten.[24]

Es überschreitet den Rahmen unseres Erkenntnisinteresses, die ebenso um-strittenen wie dramatischen Auseinandersetzungen Venedigs als Zufluchtsort sogenannter Häretiker weiter zu vertiefen. Insofern dieses sich hier auf die den kommunikativen Beziehungen San Marcos und der römischen Kurie zugrunde-liegenden Orientierungsmuster, Wertinstanzen und Maßnahmen erstreckt, ist festzuhalten: Die unmittelbar vordergründigen Konfliktursachen zwischen Ve-nedig und Rom lagen in politisch-pragmatischen, höchst diesseitigen Fragen der Gestaltung beiderseitiger Beziehungen.

Die jeweiligen Denkweisen und Handlungsspielräume der Akteure waren, soweit wir sie exemplarisch am Verhalten Paolo Sarpis und andererseits der Kurie dargestellt haben, vorgegeben: die Axiome einer vertikal orientierten göttlichen »Ordnung« per »ex-cathedra-Petri«-Weisungen und Exkommunika-tion als prinzipielle Verfahren der Eliminierung von tabuverletzenden Wider-sprüchen, in besonderen Fällen der Durchsetzung mittels physischer Gewalt, mit dem vorgeblichen Anspruch christlicher »Nächstenliebe« und absoluter göttlicher »Wahrheiten«.

Die den Orientierungs- und Handlungsmustern Venedigs prinzipiell eigentümliche Gestaltung von Interdependenz im persönlichen wie im öffentlichen Leben dieses Gemeinwesens beruhte tendenziell auf Erfahrungen, die ein im 20. Jahrhundert lebender italienischer Schriftsteller, Italo Calvino, ausdrücklich im Hinblick auf Venedig als »antieuklidisch« charakterisiert hat.[25]

Der venezianische Alltag der Handwerker, Schiffsbauer, Händler, Magistrate und Kinder erziehenden Frauen war, angesichts der alles umgebenden und beeinflussenden Existenz von Wasser als einer zusätzlichen Lebensdimension, auf Variabilität und Nichtlinearität, nur in bestimmten Lebenszusammenhängen auf Konstanz und idealtypische Abstraktion eingerichtet. Mit der durch den Ebbe- und Flutrhythmus bedingten, vom Wetter abhängigen Angewiesenheit auf dieses Element ergab sich natürlichermaßen der Sinn für »etwas«, das als wahrnehmbares Phänomen gar keine ihm innewohnende, verabsolutierbare oder isolierbare Relevanz besaß, sondern vielmehr nur für einen jeweils anderen Zusammenhang stand. Die aquatische Dimension gewann als Erfahrung also erst Bedeutung im Bereich der Relationen, energetischer Netzwerkbeziehungen, weniger in dem der Substanzen selbst.

Wer sich täglich im Boot von einem Ort A zu einem Ort B begeben muß, wer jeden Stein, jedes Brot und jede Information nur auf dem Wasserwege erreicht, wird nicht nur die Erfahrung machen, daß die kürzeste Strecke zwischen zwei Punkten in den seltensten Fällen die Gerade ist, er wird darüber hinaus die Gleichgewichtssuche im buchstäblichen wie im übertragenen Sinne als elementare Notwendigkeit gegenüber der Vorläufigkeit und Konstanz eines »Standpunktes« erfahren.

Venezianisches Denken und Erleben bemaß sich also als individuelle wie kollektive Erfahrung an der Unberechenbarkeit nicht nur der äußeren, vor allem der menschlichen Natur selbst. Die Erfahrung des urbanen wie auch jene des maritimen Lebensraumes signalisierte Nichtbegrenzbarkeit des Raumes, wo sich die Frage nach »innen« und »außen«, nach Zentrum und Peripherie als sekundär erweist. Mit Ausnahme des Wassers bedurfte alles der Gestaltung, damit war die Notwendigkeit der Selbst- bzw. Materialgestaltung prädominant. Die Variabilität und Vieldeutigkeit der Gestaltungsmöglichkeiten fanden Ausdruck in präziser, nüchterner Kalkulation, aber auch der Inkaufnahme unvorhersehbaren Notstandes durch Meer, Flut, Stürme, Seuchen sowie die Bedrohung durch äußere Feinde.

Zur Permanenz des Risikos dieser einzigen Metropole Italiens ohne Befestigungsanlagen und eigene Armee gesellte sich früh ein ungeschriebenes Verfassungssystem mit einem nur dem Urbanraum vergleichbaren Labyrinth institutionalisierter, vertikaler, horizontaler und diagonaler Verhaltensspielregeln. Die Bürger, gleich welchen Standes und welcher Profession, orientierten sich an flowtenden Parametern: Wetter und Temperaturen, Sturm und Gefahrenplänen des Mittelmeeres, Windstärken und Jahreszeiten, Tagesreisen und Mondphasen,

Preisen und Tarifen oder den Auslesemodalitäten wie Wahl und Los, Sympathien und Trends, und der Kompaß wie andere Navigationsinstrumente waren den meisten Venezianern von Kindheit an so vertraut, wie dem Festlandbewohner der Wagen und das Pferd.

Die nicht-euklidische und die fraktale Geometrie – die nicht an idealtypisch-regelmäßigen, eindeutigen, vorher bestimmbaren, sondern an komplexen, instabilen, irregulären und chaotischen Strukturen und Prozessen jenseits hoher Redundanz, an Iteration, Rückkoppelung, Netzwerkverbindungen und Systemdynamik orientierte Wahrnehmung und Beobachtung – waren, bevor diese über empirische Forschungen im 19. und 20. Jahrhundert als Teilbereiche neuer Wissenschaftszweige entdeckt wurden, lebensnotwendiger Bestandteil des alltäglichen Orientierungsinstrumentariums.

Die Architekten der Lagunenstadt oder die Kaufleute am Rialto, die Ingenieure und Handwerker des Arsenals oder die zur See fahrenden Besatzungen der Handelsgaleeren, die das politische Geschäft betreibenden Mitglieder des Großen Rates, die Familien-Management betreibenden Frauen oder die Kinder in den zahllosen Spielgruppen der Parochien, sie alle waren auf natürliche Weise prinzipiell Ordnungskonzepten von Organisation verbunden, die in der Tat jenen der Evolution entsprechen. Ihre Stärke beruhte auf »freier Notwendigkeit« und deren konstitutioneller Verknüpfung, wo Macht sich als Unter-Ordnung sozialer Intelligenz, der Freiheit und des Vermögens definiert, auf einer Art der Toleranz, die den Anspruch gegenseitiger Achtung im Sinne der zitierten Verse Dantes postulierte, und die, wie in allen anderen Gemeinschaften zwischen Gut und Böse, egoistisch und altruistisch, in Einzelfällen auch zur »Erleuchtung« Berufene, einen Sarpi und andere hervorgebracht hat, ohne sich unbedingt darüber bewußt zu sein, daß »es schlecht ist in einem Staat zu leben, in dem nichts erlaubt ist, schlechter jedoch noch in einem Staat, in dem alles erlaubt ist«. (Botero, 1605)[26]

Was Dantes Klage »Erblindet sind die beiden Sonnen aneinander« als kollektive Erfahrung des Verlusts einer orientierungsbietenden Autorität und Ordnung artikulierte, das wiederholte fast 300 Jahre später in der nüchternen Wissenschaftssprache Galilei mit der bereits zitierten handschriftlichen Notiz als Befürchtung: »den Ruin des Gemeinwesens [...] wenn die von Gott frei geschaffenen Geister gezwungen werden, sich sklavisch fremden Willen zu fügen, sich fremder Willkür unterwerfen müssen«.

Die Existenz Venedigs als eine »Herausforderung des Unterschieds« (Loewy), als gestaltete Form aller Dinge in Zeit und Raum[27], definiert durch eine Grenze – die Souveränität der Stadtrepublik –, sie hatte die römische Kurie abermals gewaltsam zu überschreiten versucht, ja mit den Attentaten auf Paolo Sarpi eklatant verletzt. Je größer das Maß der Pluralität und damit Nichtabgrenzbarkeit, desto wichtiger wurde die Gestaltung seiner Grenzen als Schranke und Öffnung.[28] Man hatte »auf Grenzen verzichtet, so mußte man nun auch aufs Grenzenlose verzichten«. (Maurice Blanchot)

Mit diesem prinzipiell auch das Bewußtsein des Venezianers auszeichnenden Paradox war die Serenissima ständig konfrontiert, um in diesem konkreten Fall, wie so oft, eine Entscheidung zu treffen. Mußte die Toleranz die Intoleranz tolerieren?

Die Republik wußte »hermaphroditisch«, im Bewußtsein eines großen Risikos, zu handeln: Sie erklärte sich bereit, die Priester an die französische Botschaft auszuliefern, ohne damit die Gerichtsbarkeit der Signoria über Geistliche zu präjudizieren, geschweige denn, diesen Immunitätsrechte zuzugestehen.

Die Gesetze, die zum Konflikt Anlaß gegeben hatten, wurden nicht außer Kraft gesetzt, ihre Befolgung jedoch bis auf weiteres nicht erzwungen. Umgekehrt wurden der Kirchenbann und die Exkommunikation in einer Audienz vor den höchsten Repräsentanten der Republik für nichtig erklärt und die Absolution in grotesker Weise vollzogen. Dem Papst wurde mitgeteilt, die Signoria habe der Absolution einer Sünde zugestimmt, obwohl diese zu bekennen sich Venedig ausdrücklich weigerte, wie auch eine Rückkehr der Jesuiten nicht in Betracht gezogen wurde.

Die Stadtrepublik hatte ihre Souveränität abermals durch die Strategie der »Negation der Negation« zu wahren gewußt. Die Vorreiterrolle Venedigs als einem der ersten und nach Florenz letzten humanistisch-aufgeklärten Staatsgebilde jener alten italienischen »Kultur der Grenzen« (Mariagrazia Dallerba Ricci) blieb auch nach dem Heraufziehen des Absolutismus und der europäischen Nationalstaaten nicht folgenlos.

Die 1648 von Innozenz X. gegen die religiösen Bestimmungen des Westfälischen Friedens erhobenen Proteste wurden bereits von keiner europäischen Macht mehr auch nur ernstlich in Erwägung gezogen. Und kein europäischer Staat machte darüber Aufhebens, als der französische König Ludwig XIV. in der zweiten Hälfte des 17. Jahrhunderts dem vatikanischen Konklave seinen Willen aufzwang.

Einige Rechte, viele Ansprüche, und noch mehr Staatsklugheit, das ist alles, was jetzt noch von der alten Macht übrig ist, welche sechs Jahrhunderte vorher das Römische Reich und ganz Europa der päpstlichen Krone unterwerfen wollte. (Voltaire)[29]

Dennoch wurden die »Freunde der neuen Philosophie«, wie der Papst die Sympathisanten eines Galilei und der modernen Naturwissenschaften bezeichnete, weiter verfolgt. In dem Brief eines aus Rom verbannten herausragenden Diplomaten, Monsignore Ciampoli, aus seinem Exil heißt es: »Ich bin gebrandmarkt, eingeschüchtert, und die Bösartigkeit meiner Verfolger hat mich gelehrt, sogar das Wohlwollen der Gönner zu fürchten. Wir segeln mit heruntergezogenen Segeln, in der Sprache passen wir uns dem Kleinmut der Zeitläufe an.«[30] Das also war die Situation des den Naturwissenschaften gegenüber aufgeschlossenen Katholizismus, wie sie ein Sarpi u. a. betrieben, als Suche nach Wahrheit, als Gemeinschaftsgeist und Reformchristentum, entfernt von jeder visionären Simplifikation.[31]

Kehren wir noch einmal zurück in die Lagunen-Stadt. Während im Zeitalter der Französischen Revolution und der amerikanischen Unabhängigkeitserklärung in ganz Europa die Diskussion um die liberal-rechtsstaatliche Demokratie einherging mit der gleichermaßen unübersehbaren Tendenz der Ideologisierung, hat es in Venedig im Unterschied zu anderen italienischen Stadtrepubliken bzw. -staaten keine gewalttätig ausgetragenen Emanzipations- oder Klassenkämpfe um bürgerliche Freiheiten und Grundrechte gegeben.

Dazu trug, neben der tendenziell positiv orientierten Konformität und Identifikation der Gesamtgesellschaft nicht zuletzt, trotz immer deutlicher erkennbarer Freiräume seit dem 17. Jahrhundert, und der sich von der Verfassungsordnung distanzierenden, kritischen oder desinteressierten Patrizier und Bürger, auch die Abwesenheit politischer Parteien bei.

Aus der Perspektive anderer europäischer Staaten mit Bürgerkriegen und Revolutionen mußte eine Verfassungsordnung, die Jahrhunderte mit rechtsstaatlichen Grundsätzen und der Gewährung von weitreichenden Freiheitsrechten überdauert hatte und jede Art von Gewaltsamkeit bereits im Vorfeld »aufzuheben« wußte, als Muster bürgerlicher Stabilität und Ordnung erscheinen. So war es nur folgerichtig, daß sich England, die Neapolitaner und später die Gründer der Vereinigten Staaten von Nordamerika eingehendere Gedanken über das Modell und die republikanischen Institutionen der venezianischen Republik machten.

Obwohl es kaum einen Grundpfeiler des venezianischen Regierungssystems gab, der nicht seit dem 17. Jahrhundert ins Kreuzfeuer der Kritik geraten, in Frage gestellt und sogar durch Reformansätze verändert worden wäre, wachte ein innerer Kreis des Patriziats argwöhnisch darüber, grundsätzliche Korrekturen der Verfassungsordnung zu verhindern.[32] Obwohl die drei Staatsinquisitoren im 18. Jahrhundert mit teilweise geheimpolizeilichen Mitteln jedem Verdacht dieser Art auf der Spur zu sein bestrebt waren, kann man die Signoria jedoch nicht – wie Galilei seinerzeit die Theologie – mit einer »Despotin« vergleichen[33], geschweige denn von einer Gewaltherrschaft des venezianischen Patriziats sprechen. Dem widersprechen weder die heftig umstrittenen Strafverfahrenspraktiken und Fehlurteile der Staatsinquisitoren in Prozessen um die Gefährdung der Verfassungsgrundlagen, noch das höchst ambivalente Verhältnis gegenüber jeder Art von Spielregeln im Dienste maskierter Machtkompetenzen. Im übrigen belegt dies bereits ein Blick auf die im Großen Rat im 18. Jahrhundert geführten stürmischen Debatten um Reformgesetzentwürfe und Verfassungsfundamente.

Mit den sich seit dem 17. Jahrhundert aufgrund der gesamteuropäischen Politik verändernden Sichtweisen und Ambitionen begannen sich in Venedig wirtschaftspolitische Interessen, die damit verbundene pragmatische Alltagspolitik und an institutionelle Strukturen verhaftetes Denken voneinander zu lösen, wurden die Mechanismen der Einbindung und Integration von Widersprüchen und vor allem kollektiver Identitätsangebote zunehmend brüchig.

Wenn es jemals in der Serenissima im Gegensatz zu anderen europäischen Staaten oder Stadtrepubliken eine Ideologie mit Folgen gab, dann die, an jenen Grundpfeilern der venezianischen Verfassungsordnung unbeirrbar festgehalten zu haben. Doch ist die Republik von San Marco weder an »Entkräftung«, an »der Verkommenheit ihrer Wehrhaftigkeit«, wie es im Jargon der Historiographie des »Tausendjährigen Reiches« heißt[34], noch am fraglos zum Dogma erhobenen Beharren seiner Verfassungsordnung zugrunde gegangen.

Es gehört wohl, wie die Debatte über den »Abschied der Serenissima von der Macht« bestätigt, zum »esprit de finesse«, zu erkennen, daß die Signoria einem zutiefst in seiner Eitelkeit verletzten, mit dem Vorsatz der Demütigung gegenüber Venedig auftretenden Napoleon keine physische Gewalt entgegenzusetzen hatte. Die neutrale Stadtrepublik hatte die Erhebung einiger »Terra-Ferma«-Städte, allen voran Verona, im Kampf gegen die französischen Invasionstruppen unterstützt und am 20. April 1797 den Kommandanten und einen Teil der Besatzung der »Liberateur d'Italie« bei einem Versuch, in den Hafen der Lagune zu gelangen, versenkt.

Wenn Napoleons Raserei gegenüber Venedig keine Grenzen kannte – »alle Schätze Perus könnten ihn nicht abhalten, Blutrache zu üben«; »Ich habe 80 000 Soldaten und 20 Kanonenboote [...] io non voglio più inquisitori, non voglio più Senato, saró un Attila per lo stato Veneto«[35] –, so handelten die letzten Repräsentanten am 12. Mai und 17. Oktober 1797 im Landsitz des Dogen von Campo Formio gegen eine Minderheit Widerstand Propagierender wohl im Bewußtsein der Grenzen ihrer Verantwortung und im Dienste der *raison communale*, Mut nicht unbedingt mit Tugend, Nachgiebigkeit nicht unbedingt als Schwäche zu betrachten.[36]

»Hermaphroditisch« bewahrte man in der Rolle des »Liliput« gegenüber der Gewalt des »Ersten Konsuls« die Würde jener Gemeinschaft, indem sie ihrer Maxime getreu, »was dem Ganzen dient, ist jedem Grundsatz vorzuziehen«, das Prinzip, die »Ideologie« ihrer Verfassungsordnung opferte, damit Venedig überleben konnte.

Bonaparte verlangte sechs Millionen Sesterzen in Bargeld und Gütern als Kontributionen, darunter zwanzig Gemälde und 500 Manuskripte aus öffentlichem Besitz. Um die Republik auf besondere Weise zu demütigen, wurden das Wahrzeichen der Serenissima, der Bronzelöwe, sowie die vier Bronzepferde über der San-Marco-Fassade abtransportiert. Zu diesen Maßnahmen gehörte auch die Beschlagnahme einiger Gemälde des Dogenpalastes von Tizian (*Allegorie des Glaubens*, *Allegorie des die Madonna anbetenden Dogen Andrea Grimani*) und Veronese (*Jupiter straft die Verbrechen*, *Der hl. Markus krönt die religiösen Tugenden*, *Juno schüttet ihre Schätze über die Stadt aus*, *Raub der Europa*). Zu den weiteren beschlagnahmten, teilweise später nach Venedig zurückgeführten Bildern gehörte unter anderem Veroneses *Hochzeit zu Kanaa*, *Jesus im Hause des Levi*, *Jesus im Hause Simons*, *Thronende Madonna mit Heiligen*, Tizians *Martertod des hl. Petrus Dominikus*, *Martyrium des hl. Laurentius*, J. Tintorettos *Der hl. Markus rettet den Sklaven*, P. Bordones *Wunder des Fischers* sowie andere Werke Tizians, Veroneses, Giovanni Bellinis und schließlich eine große Zahl von Skulpturen und Bronzebüsten.[37]

Entscheidungsfindung und die Macht in den Spielregeln

Soziale Beziehungen und damit alles, was Macht in dem breiten Spektrum von Herrschaft und Gemeinschaft bezeichnet, artikuliert sich seit der Existenz von Hochkulturen in Verfassungen. Verfassungen gibt es unausgesprochen und ausdrücklich in allen Institutionen: Familien, Organisationen, Gesellschaften und Staaten. Vergleichbar elektrischen Sicherungen oder Ventilen dienen sie bei Grenzüberschreitungen der Gleichgewichtsregulierung.

Von den Inhalten und der Kapazität einer Verfassung hängen Quantität und Qualität der Beziehungen zwischen den Beteiligten ab: als Spannung, als Transfer digitaler und analoger Sprache, als symbolische, inhaltliche und beziehungstrukturierende Mitteilung, Kommunikation und Resonanz.

Das Medium der Sprache und Kommunikation dient neben dem Denken und der Reflexion der Entscheidungsfindung und Handlungsfähigkeit, um bestimmte Maßnahmen vermittels Institutionen durchzusetzen und verbindlich zu machen. Die hier interessierende Frage ist primär nicht, wer entscheidet, sondern vielmehr, wie Entscheidungen getroffen werden. Innerhalb sozialer Beziehungen ist dieser Vorgang eine Frage der Vereinbarung, d. h. der Spielregeln, die in modernen Sozialverbänden in Verfassungen eingebunden, von den Philosophen früherer Jahrhunderte – Hobbes, Locke, Montesquieu und andere – als »Gesellschaftsvertrag« bezeichnet wurden.

Die Eigentümlichkeiten der – ungeschriebenen – venezianischen Verfassung scheinen sich jedenfalls der herkömmlichen wissenschaftlich-analytischen Beschreibungen zu entziehen. Dafür liefern die Chronisten der Stadtrepublik Venedig bis heute, von wenigen Ausnahmen abgesehen, beredtes Zeugnis. Zu diesen Ausnahmen gehörte bereits im 19. Jahrhundert Leopold von Ranke.

Die auf eine so merkwürdige Weise verschlungene und gegliederte Verfassung erinnert [Leopold von Ranke] an die Konstruktion der Markuskirche: fünf Kuppeln nebeneinander, auf die gleiche Weise gewölbt und prächtig, durch die das Licht in den weiten Dom dringt; jedoch eine von ihnen ist die größte, breiteste und höchste, sie bringt das meiste Licht, sie macht doch nicht, daß es in dieser Halle eigentlich Tag wird. So erscheint uns die Verfassung dieses Staates in den Akten ihrer geheimen inneren Verwaltung um wie vieles anders, als man uns darstellte. Ich bekenne, daß ich, indem ich diese Dinge so wahrgenommen, mich doch von einem gewissen Staunen ergriffen gefühlt habe. Aber [. . .] wie ist es möglich, daß selbst die Zeitgenossen davon wenig ahnten, daß man das Wesen der Dinge in den Formen sieht, aus denen es schon gewichen ist, daß man diese Verfassung als ein Muster pries, ja daß sie, wie wir sahen, wirklich glückliche Resultate hervorbrachte . . .?[1]

Der Prozeß der Entscheidungsfindung, soweit er sich auf das Gemeinwesen als Ganzes bezieht, wurde seit Aristoteles über Machiavelli bis Max Weber bevorzugt aus einem normativ-ontologischen, erst später aus einem realistischen Politikverständnis abgeleitet. Schlüsselbegriffe waren: Staatsform, Verfassung und Herrschaft. Und sie wurden, je nach Zahl der Machtausübenden, typologisch auf Begriffe wie Monarchie, Aristokratie, Demokratie und deren Negativvarianten fixiert. Max Weber modifiziert diese Perspektive auf interessante Weise, indem er eine an Machtverteilung und Machterhaltung orientierte Klassifizierung als jeweils charismatische, patriarchalische oder bürokratische Herrkunft als angemessen hält.[2]

Leopold von Ranke orientiert sich, was Venedig betrifft, nicht an formal-klassifizierenden Kriterien oder konstitutionellen Struktureigenschaften.[3] Treffend bezeichnet er mit den »fünf Kuppeln« die Schlüsselorgane dieses Regierungssystems, und damit die Quintessenz seiner Regierungskompetenzen. Und seine in metaphorisch-analoge Sprache transponierten Überlegungen machen unmißverständlich: Wer wollte sich ernstlich aus der Kenntnis dieser Verfassung und der Analyse ihrer fünf Regierungsorgane ein angemessenes Bild seiner Verfassungs-Wirklichkeit machen? »In der Partitur steht alles, nur nicht das, worauf es ankommt.« (Gustav Mahler)

1. Die Stadtrepublik verfügte über kein schriftliches Verfassungsdokument, mit welchem alle anderen Gesetze in Übereinstimmung zu stehen hatten. Der Grund dafür ergibt sich aus einer Tradition, ähnlich der angelsächsischen, in welcher Worte und Begriffe lediglich Ausdruck einer jeweils temporär bedingten, in der Regel subjektiv-metaphysischen Welt der Abbildung und Abstraktion sind, die der praktisch-pragmatischen Lösung politischer Probleme jedoch nur ungenügend Rechnung tragen.[4] Diese Praxis ließ sich gleichwohl mit jenem Ritual in Übereinstimmung bringen, den Dogen und seine engeren Berater zur Ablegung eines Amtseides – *Promissione* – zu verpflichten und später durchaus bestimmte Gesetzesvorschriften im Verfassungsrang zu kodifizieren.[5]

Die Machtkompetenzen und formellen Verfahrensweisen der venezianischen Regierungsorgane existierten also als materielles Verfassungsrecht lediglich in Form von Gewohnheiten, Überlieferung und Bräuchen, die sich in der zweiten Jahrtausendhälfte der Republik nur um Nuancen änderten. Dementsprechend gab es in Venedig keinen Verfassungsgerichtshof als oberste Instanz. Die Konsequenz daraus führte zu der ungeschriebenen »Spielregel«, daß jeder Staatsdiener, vom Oberhaupt eines Sprengels bis zum Dogen, von jedem anderen Beamten verklagt oder mit Verfahren bzw. Strafen durch Staatsinquisitoren, daß jeder Ausschuß oder Rat von einem anderen Rat überprüft oder eingeschränkt werden konnte, um die Superiorität von Recht und Gesetz der Republik zu sichern, selbst wenn dies zu Lasten aktueller Exekutivaufgaben geschah.[6] Damit wurde einem für Venedig bezeichnenden pragmatischen Paradox[7] Rechnung getragen, verschiedene Regierungskompetenzen zu differenzieren, gleichzeitig aber ein vielfältig durchwobenes Netz unübersehbarer

»Mosaik-Kompetenzen« der verschiedenen Magistrate und Ausschüsse auf-rechtzuerhalten, ohne jedoch eine Trennung der drei Gewalten gemäß der klassischen Gewaltenteilungslehre vorzunehmen.

Im Rückblick wird hier also die Problematik des Begriffs Gewaltenteilung offensichtlich. Man hatte in Venedig pragmatisch denkend gar nicht erst versucht, das Untrennbare, mindestens die exekutive und legislative Gewalt zu isolieren, um dennoch ein größeres Maß an Machtkontrolle, gemäß dem ursprünglichen Sinn der Gewaltenteilung zu gewährleisten.

Im Unterschied zu den Gepflogenheiten anderer europäischer Staaten und entgegen Römischem Recht agierten in Gerichtsverhandlungen turnusgemäß gewählte Mitglieder aller politischen Gremien des Großen Rates bzw. des Senats. Ein Berufsrichterstand oder Rechtsexperten wurden in Venedig nicht gebilligt, vielmehr urteilten rechtsprechende Organe gemäß Gesetzesstatuten, ergänzt durch Analogien (Präjudizien) Rechtsempfinden und im Zweifel nach eigenem Ermessen *(arbitrium)*, denen in Personalunion stets gleichzeitig andere Regierungsaufgaben oblagen.[8]

2. Der Prozeß der politischen Entscheidungsfindung innerhalb besimmter Verfassungsorgane kann prinzipiell idealtypisch als monolithisch-totalitär und/oder pluralistisch bezeichnet werden. Ist diese für die Analyse politischer Herrschaftsstrukturen generell nützliche Klassifizierung jedoch auf die Stadtrepublik Venedig übertragbar, nachdem sich mit der sogenannten *Serrata* im Jahre 1297, der Erblichkeit der Sitze im Großen Rat, die unmittelbare politische Entscheidungsfindung auf die Mitglieder von etwa 200 bis 300 Familien des Patriziats beschränkt hat?

Für die Mehrzahl der Chronisten in Sachen »Stadtrepublik Venedig« wird diese Frage mit der Verwendung des Etiketts »Oligarchie«, von einigen auch als Polizeistaat, im Hinblick auf die Praxis spanischer Inquisitionsmethoden, gelöst. Der Terminus »Oligarchie« entstammt der griechisch-antiken Staatslehre Platons und Aristoteles'. Im Zusammenhang mit der Diskussion der Polis als Interessengemeinschaft freier Bürger entsprach der Nutzen der gesamten Polis dem Nutzen des freien Bürgers. Oligarchien hingegen regierten kleine Minderheiten der Aristokratie im ausschließlichen Interesse der Oberschichten der Polis.[9]

Andere um eine differenziertere Betrachtungsweise bemühte Autoren – Samuele Romanin (*Storia documentata di Venezia*, Venedig 1853–60), Giovanni Scarabello, Alvise Zorzi (1981, 1987) – sprechen seit dem 17. Jahrhundert von einer aristokratischen Republik mit oligarchischem Charakter, wenngleich sie übereinstimmend das Essentielle dieses Sozialverbands als Gemeinschaft hervorheben; ähnlich der britischen Historiker Frederic Lane von einer Aristokratie als potentieller Oligarchie oder Fernand Braudel von der »letzten Polis« des Abendlandes, deren »erzreaktionäre oligarchische Führung« er an den Pranger stellt. Die Mehrzahl der post-venezianischen Chronisten betont einerseits den oligarchischen Charakter der patrizischen Führung, um auf einer anderen Ebene doch immer wieder die in diesem »Sonderfall« eigentlich nicht definierbare Staats-Eigentümlichkeit dieses Gemeinwesens »sprachlos« zu umkreisen. Herrscht demnach nicht auch

in unseren heutigen Demokratien, ja zu allen Zeiten [. . .] ein tückisches Gesetz der kleinen Zahl? Ein Gesetz, das uns irritiert, weil wir seine Gründe nicht durchschauen, das sich aber dennoch unabhängig als Realität aufdrängt und über das sich jede Debatte erübrigt, weil es von allen Zeugnissen übereinstimmend bestätigt wird? (Braudel)[10]

Um uns ebendiesem Phänomen aus einem anderen Blickwinkel anzunähern, gehen wir davon aus, daß nur über die Analyse des Prozesses der Entscheidungs-findung – und damit der institutionalisierten Spielregeln – eine angemessene Einschätzung des Machtmonopols der venezianischen Nobilität als einer Va-riante der Organisation institutionalisierter Interessen im Hinblick auf die Gesamtheit Plausibilität beanspruchen kann.

Ist unter diesen Voraussetzungen eine Klassifizierung wie Oligarchie oder Republik – in Hinblick auf Venedig – überhaupt erhellend? Was sagt sie essentiell über die Qualität eines Sozialverbandes aus, und erheben sich damit nicht weiterführende Fragen wie: Lag in der Geschichte der europäischen Demokra-tien seit dem 19. Jahrhundert trotz der dem Volk formal zugebilligten Staatge-walt die politische Entscheidungskompetenz nicht immer schon bei kleinen Gruppen von Funktionseliten, nämlich Oligarchien? Besteht also die Tendenz zur Exklusivität in Gestalt einer Oligarchie nicht in allen politischen und gesellschaftlichen Institutionen, sofern ihnen einmal Macht und Einfluß übertra-gen wurde?[11]

3. Der herkömmlichen Betrachtungsweise entspricht die Vorstellung, Organi-sationen und Institutionen, also auch Staaten oder andere gesellschaftliche Makro-Akteure als konkrete, natürliche Entitäten zu betrachten, bestehend aus jeweils konkretisierbaren Teilelementen mit präzise bestimmbaren Funktionen, Kompetenzen und Grenzen.[12]

Nach den Darlegungen des vorangegangenen Kapitels zur Frage der Orientie-rungskoordinaten und Ordnungsmuster läßt sich das Wesen der Organisation aus dem alltäglichen Klischee-Horizont herausgelöst als in Beziehungsnetze und Zeit eingebundene »Ströme« von Individuen, Interessen, Informationen, Mate-rialien, Kapitalien, Entscheidungen, die durch »Grenzen« hindurchsickern, betrachten. Damit verstellt die ebenso fiktive wie irreführende Annahme einer Grenze von innen und außen nicht mehr eine angemessene Einschätzung sogenannter Komplexität von Teil und Ganzem. Organisationen sind ihrem Wesen nach »Ereignisse« institutionalisierter sozialer bzw. ökonomischer Inter-essen, die jeweils verschieden weit und verändernd über ihre imaginären »Grenzen« hinaus aktiv sind.[13] Institutionen sind Bindeglieder zwischen Teil (Individuen, Gruppen) und Ganzem (Gemeinwesen), die ihrerseits jeweils Orientierungsangebote machen. Tatsächlich beruht die gesamte Evolution auf diesem Prinzip der Differenzierung als Schaffung von Ordnung, als Aufbau von Strukturen, als Wandel von amorpher »Masse« zu Ordnungsmustern und Gestalt, die als jeweils höhere Organisation in Erscheinung treten.

So liefern die Teileelemente die »Materialien«, während das Ganze Form und Gestalt bestimmt, um mit höherer Komplexität relative Beständigkeit zu erreichen. Am sinnfälligsten veranschaulicht diesen alles Leben organisierenden Prozeß jene Parabel »der Wette zweier Uhrmachermeister« des Mathematikers H. Simon.[14]

Es gehört zu den Paradox-Phänomenen eines naturwissenschaftlich hocheffizienten Zeitalters der Spezialisierung, daß zwar fast jedermann über ganz unmittelbare Erfahrungen mit dem Natürlichsten der Natur verfügt, über Erfahrungen mit dem eigenen Organismus, daß gleichwohl tiefere Einblicke in das Wesen von Organisation selbst weitgehend verborgen, ja rätselhaft erscheinen.

Es erscheint nachvollziehbar, daß ein Tag »mehr« sein kann als 24 Stunden, ein Haufen Steine oder eine gleichzeitig erklingende Summe von verschiedenen Tönen »mehr« als eine Barock-Fassade oder eine Melodie von Mozart. Weniger einsichtig erscheint das Phänomen eines riesigen Vogelschwarms, der wohlformiert spontan seine Richtung ändert und abrupt in nahezu entgegengesetzter Richtung fliegend, allen physikalischen Gesetzen der Bewegung von Körpern zum Trotz, nicht kollidiert. Ähnliche Beobachtungen sechsreihig – ohne Markierung – fahrender Autokolonnen an der Place de la Concorde, 22 auf einem Fußballplatz um einen Ball auf zwei Tore laufende Spieler oder eine Gruppe improvisierender Musiker sind fast jedem vertraut, ohne daß er sie jemals in Verbindung gebracht hätte mit den Gesetzmäßigkeiten der Organisation als der Entstehung einer gänzlich autonomen, übersummativen Qualität, die sich jeder Art linear-kausalen Verständnisses entzieht. Gleichwohl entstehen beim Zusammenwirken mehrerer Individuen schlagartig neue Systemeigenschaften, die diesen vorher auch nicht andeutungsweise eigentümlich waren. So agieren Individuen ständig in »Mischungen« familiärer, freundschaftlicher oder beruflicher Art. Dabei entzieht es sich dem Blick, daß die Teile innerhalb des Ganzen via Kommunikation über Qualitäten verfügen, die diesen außerhalb desselben völlig ermangeln, ja die sie überhaupt nur der Interdependenz im Ganzen verdanken.[15] Die Konsequenz dieser Betrachtungsweise für die Einschätzung des Verhalten sozialer Systeme ist gravierend. Sie verlagert zunächst die Perspektive von der Beobachtung ausschließlich expliziter und quantifizierender Eigenschaften auf die Wahrnehmung dynamisch-prozeßhafter Beziehungsqualitäten von Organisation »zwischen« Individuen und Gesamtheit. Dabei erweist es sich als Illusion, diese Beziehungen als losgelöst vom Beobachter zu betrachten. Diese Annäherung erfordert vielmehr einen erweiterten Blickwinkel in Hinblick auf das Wesen der Entscheidungsfindung, als kybernetischen Gesetzmäßigkeiten unterworfener Prozeß permanenter Rückkoppelung. Sie konfrontiert darüber hinaus mit den Grenzen wissenschaftlicher

Methoden. In diesem Falle mit einer Theorie sozialen Verhaltens, die unmöglich zugleich allgemein, genau und einfach sein kann. Es ist also ausgeschlossen, bei exakter Sprache Totalität einzubeziehen, wie umgekehrt Totalität den Verzicht auf Präzision der Sprache, also Unschärfe bedeuten muß.[16]

Da wir schließlich von einem Punkt allein aus nicht den Zusammenhang des Ganzen zu erfassen vermögen, sind wir gezwungen, einzelne Aspekte desselben Geschehens mittels verschiedener, komplementärer Betrachtungsweisen, die sich gegenseitig ausschließen, aber gleichermaßen auch ergänzen, in Beziehung zueinander zu setzen. Das heißt in unserem Fall, Informationen, die im Hinblick auf den Prozeß der Entscheidungsfindung nur implizit vorhanden sind, explizit zu machen: die Kommunikation der Kommunikation, die Logik der Logik des Handelns zu erhellen, uns damit aber an den Grenzen wissenschaftlicher Methoden in den Bereich der Unbestimmtheit, der Unschärfe, zu begeben.[17]

Es zeichnet einen gebildeten Geist aus, sich mit jenem Grad an Genauigkeit zufriedenzugeben, den die Natur der Dinge zuläßt, und nicht dort Exaktheit zu suchen, wo nur Annäherung möglich ist. (Aristoteles, *Nikomachische Ethik*)

4. Die für San Marco charakteristische Regierungspraxis, und damit der Prozeß der Entscheidungsfindung, hat sich im Verlauf des ersten Halbjahrtausends aus der Erfahrung mit dynastischen Herrschaftsansprüchen, Konflikten und wiederholten Versuchen der Machtwillkür einzelner gegenüber der Gemeinschaft bis zur Schließung des Großen Rates herausgebildet. Das nach allen Seiten hin grenzenlose Venedig bedurfte mehr als andere politische Systeme der Begrenzung, vor allem der Begrenzung politischer Macht. Auch andere italienische Stadtstaaten haben sich zwischen dem 13. und 17. Jahrhundert bemüht, dem Ideal politischer Unabhängigkeit und sozialen Friedens eine greifbare, institutionalisierte Form, insbesondere gegenüber personalisierter Macht zu geben. Dieser Versuch ist jedoch nur Venedig geglückt, das die in seinen konstitutionellen »Spielregeln« artikulierten Grenzen flexibel genug gestaltet, um seine kollektive Freiheit und republikanische Ordnung nach innen und nach außen bis in das Jahr 1797 zu bewahren.[18]

Konkret bedeutet das 275 am unmittelbaren Entscheidungsprozeß mit Machtkompetenzen ausgestattete Regierungsmitglieder, deren innerer Kreis sich indessen auf etwa vierzig Männer, welche die Republik regierten, konzentrierte[19]. Diese 275 Mitglieder der Regierung rekrutierten sich aus den vom Großen Rat als Souverän gewählten Verfassungsorganen.

Das Bewußtsein venezianischer Souveränität und damit auch die Legitimation des patrizischen Machtmonopols hatte sich nahtlos in Gestalt von Gewohnheiten der politischen Praxis aus jener Zeit herausgebildet, als Venedig noch Teil des oströmisch-byzantinischen Kaiserreichs war. Zu den Eigentümlichkeiten dieses Prozesses gehörte jedoch die sich aus politischen »Notwendigkeiten« ergebende Erfahrung, bestimmte soziale Gruppen – gemäß dem vieldeutigen römischen Leitgedanken »Teile und herrsche« – von der unmittelbaren Teilnahme an der Entscheidungsfindung auszuschließen, sie andererseits aber doch informell in

übergeordnete Gemeininteressen betreffende Entscheidungsprozesse einzubeziehen.

Dieser Umstand hat dazu geführt, daß die Mehrzahl der Chronisten sich
darauf beschränkt, vom Ausschluß des »Volkes«, d. h. jener nicht freien, in
abhängigen Diensten arbeitenden Bewohner, der Geistlichkeit sowie der großen
Zahl der in der Metropole lebenden Nicht-Venezianer zu sprechen. Im Gegensatz zur wenig erhellenden Aussage als Negation unterstreicht umgekehrt der
Hinweis auf die Einbindung der Majorität venezianischer Bürger bei der
Entscheidungsfindung grundsätzlicher Natur den auf kollektivem Bewußtsein,
Kooperation und Flexibilität beruhenden Charakter der venezianischen Verfas-
sung.

Auch wenn das die unmittelbaren politischen Entscheidungskompetenzen betreffende
System ein aristokratisches war, so dürfte man doch nicht glauben, daß die Populanten,
obwohl sie vom »Großen Rat« ausgeschlossen [...] ohne Rechte, ohne Einfluß
geblieben wären. Sie bildeten eine Corporation mit eigentümlichen Befugnissen, unter
denen das vornehmste [jenes war], daß ihnen die gesamte Secretaria ausschließlich zu
Teil wurde. Aus ihrer Mitte wurde der Großkanzler genommen, welchen man für die
zweite Person der Republik hält. Es hatte dies aber in einer republikanischen Verfassung,
wo die Ämter vielfach wechselten, eine wesentliche Bedeutung. Die Nobili gingen von
Amt zu Amt über, die Secretäre der Ämter blieben, und behielten dadurch den Faden der
Geschäftsführung in ihren Händen. Sie hatten einen zwar verborgenen, aber nichts desto
minder höchst bedeutenden Einfluß. Das allmähliche Anwachsen der Macht des »Rates
der Zehn« hat man oft von den Bestrebungen der Secretäre hergeleitet. (Ranke)[20]

Darüber hinaus mußte diese Schicht der Regierungsbeamten über ein hohes Maß
an Bildung verfügen. Dazu gehörten nicht nur die Beherrschung Ciceronischen
Lateins, Italienisch, Venezianisch und andere Sprachen und Dialekte, in aller
Regel waren sie auch besser als mancher Patrizier geschult in aristotelischem
Denken, petrarcischem Humanismus und in den scholastischen Künsten.
Gleichwohl diente hier Bildung, jenseits jeglichen Selbstzwecks, pragmatischem
Denken und aktuellen Problemlösungen im Dienste des Gemeinwesens. Indivi-
duelle Verdienste konnten mit höchsten Staatswürden belohnt werden, zu denen
jener *Gran Cancelliere* (Großkanzler) gehörte, der protokollarisch vor allen
Nobiles eine Vorrangstellung an der Seite des Dogen einnahm.[21]

5. Im Rahmen politischer Entscheidungsprozesse hat sich die Begrenzung
politischer Macht in einem viele Jahrhunderte geknüpften Netz ungeschriebener
und später kodifizierter Spielregeln, Rechte und Pflichten formiert. Im vermeintlichen Zentrum der Republik, dem Großen Rat, erscheint die eigentliche
Macht völlig verschleiert. Je höher das Amt, desto schärfer wachte die Nobilität
über ihre Träger, wobei der Kompetenzbereich um so undeutlicher erscheint, je
unentbehrlicher dieser war.[22]

Die Verfassungsorgane – der Große Rat, der Senat, der Rat der Vierzig, der
Kleine Rat und der Rat der Zehn – bilden eine Pentarchie. Der Große Rat und
Senat werden vom Kleinen Rat unter dem Vorsitz des Dogen geleitet. Obwohl

alle Macht aus dem Großen Rat hervorgeht, bildet der Doge den eigentlichen Kristallisationspunkt und Katalysator aller politischen Handlungen. Als Primus inter pares im Kleinen Rat ist dieser ein Teil des Senats, des Rates der Vierzig und des Rates der Zehn, der seinerseits im Großen Rat zusammengefügt ist. Mit dieser Darlegung wird bereits deutlich, daß angesichts der fließenden, geradezu labyrinthisch erscheinenden Netzwerkstruktur dieses Regierungssystems jede Schematisierung, jeder linearkausale Erklärungsansatz unangemessen wäre: Venedig ist die erste »antieuklidische Stadt« (Calvino). Mit der Zurkenntnisnahme der »fraktalen Geometrie« hätten sich zahlreiche Mißverständnisse und Fehleinschätzungen bisheriger Historiographen in Nichts aufgelöst.

Zu den Fundamentalregeln im Verfassungsrang gehört:

– die vielzitierte, uneingeschränkte Priorität des öffentlichen Interesses vor dem Partikularinteresse, welches nicht zuletzt in jedem hoheitlichen Beschluß durch das Wort »unser« im Sinne kollektiven Bewußtseins und der Bindung von Macht an Verpflichtung und Verantwortlichkeit auch formal zum Ausdruck gebracht werden sollte.[23]
– der uneingeschränkte Vorrang der Kollektivität prinzipiell für alle gesetzgeberischen, ausführenden und richterlichen Gewalten bzw. Organe.
– das Prinzip der internen und externen Öffentlichkeit in Gestalt der Transparenz weitgehend aller Akte der politischen Willensbildung und Entscheidungsfindung. Die parlamentarische Geschäftsordnung des Großen Rates und seiner Organe war bestrebt, ein für damalige Zeit einzigartiges Maß an Öffentlichkeit zu gewährleisten. Das schloß u. a. die ständige Hinzuziehung externer Sachverständiger unter Wahrung ihrer Unabhängigkeit ein. Während korrekte Amtsführung, Zivilcourage und gerechte Justiz als selbstverständliche Pflichten keiner besonderen Erwähnung bedurften, wurden alle Arten von das Gemeinwesen betreffenden Verfehlungen in den Loggien des Dogenpalastes, im Arsenal und ähnlichen Plätzen veröffentlicht.

Diese »Spielregeln« wurden ergänzt durch Gesetzesbestimmungen, wonach alle Mitglieder des Patriziats, die mit dem 25. Lebensjahr zur Übernahme politischer Verantwortung im Großen Rat verpflichtet waren, in alle Ämter gewählt werden konnten, ausgenommen ein bestimmtes Amt schloß andere Ämter ausdrücklich aus. Die Amtszeiten der verschiedenen Regierungs- oder Verwaltungsämter waren je nach Funktion und Auftrag auf ein Jahr (im Senat und Rat der Vierzig) mit der Möglichkeit der Wiederwahl bzw. auf 18 Monate (die Ratgeber des Dogen und andere Oberhäupter) beschränkt. Die Wahl bestand gewöhnlich aus alljährlichen Nominierungen der jeweiligen Kandidaten und der eigentlichen Zustimmung durch den Großen Rat oder Senat. Besondere Aufmerksamkeit verdient die Auswahl der häufig nur vierköpfigen Nominierungsausschüsse aus dem Großen Rat, deren Kandidaten jedoch nach wohlerwogenen und offenbar bewährten Erfahrungen durch das Los (oder ein Turnussystem) bestimmt wurden.

6. Zur Begrenzung von Macht trug angesichts einer nicht zentralisierten Bürokratie die Pluralität horizontaler und vertikaler, aber auch diagonaler und fraktaler Kompetenzüberschneidungen und Binnenkontrollen der Regierungsinhaber und Administratoren bei. Jede Behörde besaß in der Praxis für einen bestimmten Aufgabenbereich soviel Zuständigkeiten, wie sie sich nahm und niemand ihr bestritt. Konnte dieser Geschäftsbereich nicht mehr bewältigt werden, so wurde diese Behörde nicht erweitert. Man schuf vielmehr Abzweigungen mit kaum veränderten Kompetenzen, so daß gemäß den jeweiligen aktuellen Erfordernissen ein fast unübersehbares Netz nicht klar voneinander geschiedener »Mosaik-Kompetenzen« entstand, also doppelt, dreifach, parallel, kumulativ und subsidiär besetzt, welches erst im Rückblick eine »folgerichtige Willkürlichkeit« besaß. Dabei gewährleisteten die bürgerlichen Sekretäre, die in sich organisiert und abgestuft waren durch ihre Geschäftskenntnisse, obwohl selbst des öfteren Vertreter des Ressort-Partikularismus, die notwendige Kontinuität der Verwaltung. Wenn es einen »roten Faden« in diesem System gibt, das nach venezianischer Staatsauffassung

unter dem Anschein der Unordnung durch Überwachung und Kontrolle einer Behörde durch die andere, eine wahrhaft strenge Ordnung verbürgen sollte, das aber doch endlich zu innerpolitischer Dürre führen konnte [dann dürfte er in dem Versuch zu finden sein, A.d. Verfassers], die administrative Oligarchie als übelste Form des Bürokratismus ebenso zu vermeiden, wie die politische. Es ist den Venezianern gelungen: Bei allen Bestrebungen haben sie ihrer Verwaltung die Geschmeidigkeit erhalten. Aber hier war mehr ein Instinkt am Werke als konstruierende Vernunft.[24]

Waren es also die heterarchischen Funktionsmechanismen der verschiedenen Verfassungsorgane, die polyzentrische Praxis der politischen Führung, die in diesem Falle auch eine Quelle des sozialen »Immunsystems« Venedigs speiste, um Kontinuität und Turbulenzen über so viele Jahrhunderte immer wieder in der Kunst der *bilancia* (Waage) zu verschwistern?

In einer amtlichen Verlautbarung des Jahres 1487 heißt es: »Man müsse nach den Gegebenheiten und Erfordernissen der Zeiten regieren, einmal so und einmal anders. Die Verwaltung solle dem Tag dienen und nicht mit Grundsätzen belastet sein.« Die Fülle von Verordnungen, kaum erlassen, auch schon wieder aufgehoben oder doch von Ausnahmen durchsetzt, gleichsam wie zur Probe gegeben, erwecke als vornehmsten Verwaltungsgrundsatz fast den Eindruck der Grundsatzlosigkeit. »Was (also) der Erhaltung des Staates dient – verkündet der Senat –, ist jeglichem Gesetz vorzuziehen.«[25]

Mit anderen Worten, diese Art der Regierungspraxis entsprach – in der Sprache des 20. Jahrhunderts – einer weitgehend selbstorganisierenden Dynamik eines Mindestmaßes von Autonomie auf allen pentarchischen Ebenen, innerhalb welcher der Informationsfluß in allen Richtungen gemäß den Gesetzen der Rückkoppelung ein in der jeweiligen Situation erforderliches Maß an Wettbewerb, Kooperation und Innovationsfähigkeit für die Gewährleistung der Funktionsfähigkeit des Ganzen hervorzubringen vermochte.

Betrachtet man die Stadtrepublik aus der makroökonomischen Vogelperspektive im Zeitraum zwischen dem 15. und 18. Jahrhundert, dann ist, von Krisen und temporär bedingten Schwankungen abgesehen, deren Innovations- und volkswirtschaftliche Anpassungsfähigkeit entscheidend auf die oben dargelegte Art und Weise politisch-administrativer Steuerung durch die Signoria und ihre Verwaltung zurückzuführen.

Die Spielregeln venezianischer Regierungspraxis und Administration: an erster Stelle das Kollektivitätsprinzip und der Konsensus als Fähigkeit der Anerkennung des Dissens führten angesichts der ununterbrochenen Krisensituationen, in denen gesamtwirtschaftlich lebenswichtige Entscheidungen zu treffen waren, zu dem, was die Mehrzahl der Chronisten Venedigs immer wieder als »politische Immobilität« charakterisiert hat.[26] Gleichwohl sind diese Folge wie Erfolge des in der venezianischen Verfassung verankerten Bestrebens, jede Art von Machtkonzentration einzelner Magistrate oder Amtsträger durch die Pluralität der Kompetenzen zu verhindern, ohne damit Fehlverhalten gegenüber möglichen Widerlegungen oder gegenüber Kritik zu immunisieren.

Nur unter diesem Blickwinkel ist die hier diskutierte Regierungspraxis als eine »Diktatur« zu verstehen, die jene »Erziehung zum anspruchslosesten Mitglied der anspruchsvollsten Nobilität vollbrachte« (Gasparo Contarini). Wie man überhaupt die Verfassungsgeschichte San Marcos »als einen einzigen heroischen Kampf gegen die Stellenjägerei« auffassen kann. »Die Selbsterkenntnis lag in dem realistischen Vorgehen gegen die eigenen Fehler, d. h. die unter den obwaltenden Verhältnissen schädlichen Eigenschaften, die Selbsttäuschung in dem Glauben, der einzelne habe den Ehrgeiz überhaupt in der Hand.«[27]

Die dargelegte politisch-administrative Praxis spricht für eine sozial-konstruktive Verfassung gegenüber Autorität im Sinne symmetrisch-kommunikativer Beziehungen und Identifikation mit auf sich selbst zurückführbare Orientierungswerte. Diese dürften tendenziell bezeichnend sein für die Fähigkeit der Repräsentanten der jeweiligen Institutionen, Problem- oder Konfliktlösungen im Konsensusverfahren eigenverantwortlich zu suchen, und sich gegebenenfalls von bestehenden Gesetzen oder Spielregeln – »wenn es der Erhaltung des Ganzen dient« – via Metaregeln zu befreien. Daß derartige Lösungen – jenseits binärer Handlungs-Orientierung – häufig einer paradoxen Logik entsprochen haben mögen, ist unschwer vorstellbar.

7. Aus dem Blickwinkel zeitgenössischer Beobachter und Historiographen, Paolo Peruta etwa (*Della perfettione della vita politica*), Donato Giannotti (*Della Repubblica de' Veneziani*, 1526), Gasparo Contarini (*Della Repubblica et Magistrati* 1542 und *Il Mito della Costituzione Veneziana*) und anderen erscheint es angesichts der unsicheren politischen Verhältnisse in Europa verständlich, Venedig als Inbegriff »ausbalancierter politischer Gewalten« – in Anlehnung an Aristoteles und Polybios – zu beschreiben. Ähnliche Vorstellungen umschreiben Äußerungen wie: »lo stato modello per la sua costituzione interna«; die »Regierungs-Maschine« Venedigs als eine Erfindung der politischen Wissenschaften; das

»Goldfischglas« der Signoria, in welchem sich alle Komponenten aufheben und ein vollkommenes Gleichgewicht des Ganzen erreicht werden soll; eine politische »Alchemie«, welche alle Varianten politischer Entscheidungsfindung bündelt, ja optimiert, der Große Rat als das demokratische Element, der Doge als Element der Wahlmonarchie, der Senat, der Rat der Zehn und die beratenden Berater (Savii) als das die extremen Positionen (also Doge und Großen Rat) miteinander verbindende Element. Kurz, ein System von Verfassungsspielregeln, das nicht nur zwischen diesen Organen, sondern auch innerhalb dieser Organe selbst funktionierte. Contarini spricht vom »stato misto«. Er umschreibt damit die Quintessenz dieses pentarchischen Systems:

Wer aufmerksam beobachtet, wird feststellen, daß nicht nur im Staat als Ganzem, sondern auch in jedem seiner Teile jene Mischung und Mäßigung zu erkennen ist, durch welche die guten Staatformen zu einer einzigen Form verschmolzen werden.

Contarini bezeichnet damit aber auch einen höchst aufschlußreichen Informationsaustauschprozeß als Kommunikation über Kommunikation, und er spricht über das mit »Synergieeffekt« nur schwer vermittelbare Phänomen der Verdichtung von Potentialen der einzelnen Teile zu einer neuen Qualität im Ganzen.

Bis heute wird überwiegend die sicher nicht ganz unbestreitbare Auffassung vertreten, es habe sich bei einigen Autoren und ihrer Art von Selbstdarstellung eher um Wunschbilder, um politische Propaganda für die Republik von San Marco gehandelt, um einen selbst Rom überlegenen, platonisch-verklärten Idealstaat heraufzubeschwören.[28]

Wenn der Maßstab für die Beurteilung der Regierungs-Praxis Venedigs die konstitutionell gewährleistete Organisation kollektiver Freiheit, die volkswirtschaftliche Leistungsfähigkeit, das – im Vergleich zu anderen Staaten der Zeit – erreichte Zivilisationsniveau bildet, dann erscheint es allerdings naheliegend, dieses »gemischte System« des politischen Entscheidungsprozesses eingehender vorzuführen.

Bildete das System der Kombination monarchischer, aristokratischer und demokratischer Elemente also eine Variante des politischen Kompromisses, eine unausgesprochene »Koalition«, um Interessen-Konflikte auszubalancieren mit dem Ziel, bei gleichmäßig verteiltem Risiko allen Beteiligten gleiche politische Einflußmöglichkeiten, aber auch Erfolgs- und Gestaltungschancen einzuräumen?

Bot dieses System institutionelle Vorkehrungen des Interessenausgleiches und der Konfliktbewältigung, um sowohl die Machtwillkür einzelner, von Gruppen wie auch die alleinige Herrschaft der Mehrheit zu kontrollieren bzw. zu unterbinden?

Im Jahre 1528 führte beispielsweise die Art und Weise der politischen Entscheidungsfindung einer ausschließlich an Kapitalinteressen orientierten Finanz-Aristokratie und deren autokratisch regierende Schlüsselfigur Andrea Doria in der Stadtrepublik Genua buchstäblich zur Versteigerung allgemeinen sozialen und wirtschaftlichen Wohlstandes. Bildeten die venezianischen Verfassungs-spielregeln immerhin konstitutionelle Vorkehrungen, die Bereicherung einer kleinen Minderheit auf Kosten der Gemeinschaft innerhalb der für die politischen Geschäfte verantwortlichen Nobilität zu unterbinden, so waren der Ausbeutung und Willkür der Majorität Genuas durch die im Interesse der Banco di San Giorgio autokratisch regierende Patriziergruppe keinerlei Schranken gesetzt.

Auf der anderen Seite verfügte man in Venedig seit dem 8. Jahrhundert über Erfahrungen mit Volksversammlungen und verschiedenen Varianten demokra-tisch-mehrheitlicher Wahlverfahren, insbesondere in den Frühformen des Gro-ßen Rates. Seit dem 13. Jahrhundert machte man neue Erfahrungen mit einer mehr als zweitausendköpfigen Schar von Nobiles, deren Majorität im Großen Rat die mittleren und niederen politischen Ämter und reggimenti, Regierungen des *Stato da Mar* und der Terra Ferma besetzte. Da diese Mitglieder theoretisch, und was das Wahlrecht anbetrifft auch praktisch Gleiche unter Gleichen waren, hatte man hier hinlänglich Anschauungsunterricht mit den Konsequenzen und Problemen mehrheitsdemokratischer Entscheidungsfindung und jenen »Grenz-fällen«, in welchen Entscheidungen nur von wenigen oder sogar einzelnen vertreten werden müssen.

Für die Analyse der politischen Institutionen Venedigs erscheint es nicht unproblematisch, den heutigen, vertrauten Erfahrungshorizont mit demokrati-schen Institutionen völlig auszublenden.

Gleichwohl spricht Plausibilität dafür, in der Beurteilung dieser Frage das grundsätzliche Problem der demokratischen Mehrheitsentscheidung, unabhän-gig von Zeit und Raum, auch auf die politische Physiognomie patrizischer Eliten Venedigs übertragen zu können: Die Annahme nämlich, daß das Mehrheitsprin-zip tendenziell die »Bestätigung«, d. h. Bewahrung auf Traditionen beruhender, Gleichgewicht und Widerspruchsfreiheit gewährleistender Leitbilder, Struktu-ren und Gewohnheiten repräsentiert, während es jeder Art von »Erstmaligkeit«, Unbestimmtheit, Vieldeutigkeit, Offenheit, Risiko mißtrauisch, ja ablehnend gegenübersteht.

Es entspricht also nicht erst der Erfahrung der modernen Massendemokratie, daß das Bekenntnis zum Mehrheitsprinzip – als Prinzip der Herrschaft wie »Gemeinschaft« des Durchschnitts – in aller Regel die Konsequenz hat, die gesellschaftliche Dynamik vom schöpferisch-innovativen Individuum auf die – in der Sprache des 20. Jahrhunderts – übersummativen »Systemzwänge« zu verlagern.

Das politische Paradoxon dieser Variante der Entscheidungsfindung wurde bereits zur Zeit der Republik Venedig offensichtlich, wenn diese in Krisen- und Konfliktsituationen unter formeller Mitwirkung des Großen Rates oder des Senats zu weitsichtigen und kühnen Entscheidungen gezwungen war: Die Tatsache nämlich, daß individuelle Kreativität das Gesetz der großen Zahl aufhebt, ja daß Selbstbestimmung der »elitären« Fluktuation bedarf, um – auf einer Metaebene – zu überlebensrelevanter Selbsttranszendenz zu befähigen.[29]

Vor diesem Hintergrund beruhte gerade in Venedig mit dieser Verfassung das unbedingt notwenige Maß an Gleichgewicht der Kräfte und Interessen auf der Fähigkeit zum Konsensus. Doch ein Konsensus, in welchem sich bereits die von Tocqueville im 19. Jahrhundert angesprochene »Macht in der Maske des consensus omnium«, der nicht mehr unbedingt die Anerkennung des Dissens einschloß, ankündigte. So konnte es diese Verfassung seit dem 18. Jahrhundert auch nicht verhindern, sich ihrerseits gegen mögliche Widerlegung oder Kritik selbst zu immunisieren.

Solange in Zeiten wachsender Unsicherheit die Entlastung von individueller Verantwortung mittels einer »Wahrheitsfindung« kraft Mehrheitsbeschluß die Oberhand gewann,[30] wie es moderne Mehrheits-Demokratien fast täglich bezeugen, funktionierten die in der venezianischen Verfassung verankerten negativen Rückkoppelungs-Mechanismen, waren Entscheidungen oder Spielregeln tendenziell im Wege der Selbsttranszendenz korrigierbar. Erst seit Ende des 17. Jahrhundert verhinderten zunehmend vermeintliche Sicherheitsbedürfnisse, wachsende Bedrohungen und Druck von außen notwendige Selbstkorrekturen und Wandel.

8. Nach den vorangehenden Überlegungen zum Prozeß der Entscheidungsfindung vor dem Hintergrund des Verfassungsanspruchs richtet sich unsere Aufmerksamkeit nun auf die unmittelbare Verfassungs-Wirklichkeit und Fragen institutioneller Vorkehrungen der Beschränkung politischer Macht.

Einer der heute renommiertesten venezianischen Historiker, Alvise Zorzi, stellt aus der Vogelperspektive des 20. Jahrhunderts die rhetorische Frage nach jener Aristokratie Europas, die sich nach der Übernahme der Macht soviel Mühe gegeben habe, diese zu begrenzen, zu kontrollieren und in den Schranken zu halten, die nach ihrer Auffassung mit dem öffentlichen Interesse vereinbar erschienen.[31]

Ein Jahrhundert früher hatte Leopold von Ranke als einer der zahlreichen nichtitalienischen Historiker eine Annäherung an diesen höchst subtilen Fragenkomplex gewagt. Seine Äußerungen gehören bis heute zu den wenigen »Erleuchtungen« zu diesem Thema.

Wenn nun aber diese Verfassung wie jede andere mannigfaltige Übelstände in sich schloß, so hat man von jeher gesucht, derselben durch eigene Institutionen Herr zu werden... Die Aristokratie also mußte auf das strengste in den gehörigen Schranken gehalten werden, wenn nicht alles auseinander fallen sollte. Die venezianischen Nobili waren selbst Partei. Was sollte ihren Gewalttätigkeiten Einhalt tun, wenn sie es nicht selbst taten?... Wo fand sich ein Gericht oder eine Behörde, um solche Gegensätze und Conflicte auszutragen und zu entscheiden...?[32]

Mit den folgenden Überlegungen werden wir, der Verfassungs-Wirklichkeit Venedigs auf der Spur, jene Institutionen genauer betrachten, deren Auftrag es war, durch Machtbeschränkung die Balance zwischen zentrifugalen und zentripetalen Kräften und Interessen im Dienste allgemeiner Freiheiten zu gewährleisten. Dabei richtet sich unser Focus vornehmlich auf zwei, ihrem Wesen nach gänzlich verschiedenartige Institutionen: auf den sogenannten Rat der Zehn als kollektives Gremium und auf den als einzigen politischen Amtsträger der Republik durch den Großen Rat auf Lebenszeit gewählten Dogen.

Der Rat der Zehn entstand im Jahre 1310 nach der Niederschlagung einer auf persönlichem Ehrgeiz und Haßgefühlen begründeten Verschwörung gegen die Signoria, also in einer Zeit akuten Staatsnotstands. Das ursprünglich zehnköpfige Sondertribunal diente dem Schutz der venezianischen Verfassungsordnung und damit vorrangig der Wahrung des patrizischen Machtmonopols. Der Wahrnehmung dieser Aufgabe genügten die bereits amtierenden »Avogadori di Comun« als Staatsanwälte nicht mehr. Eine erweiterte Kommission wurde mit mehr Entscheidungskompetenzen und Handlungsspielräumen ausgestattet. Es ist hier nicht der Ort, die detaillierten Aspekte und Hintergründe der Geschichte dieser in der Stadtrepublik ebenso umstrittenen wie exklusiven Institution als Verfassung-Schutzorgan darzulegen. Umstritten, weil dieser »Rat« als Kontrolle und Kontrolleur seinerseits die bis heute aktuelle Frage nach den Grenzen der Grenzen – der Macht – zur Diskussion stellte, weil er darüber hinaus – angesichts der unscharfen Gewaltenteilung – bald auch in politisch dringlichen Problemenbereichen und bei Krisen unverzügliche – und oft vertrauliche – Entscheidungen zu treffen hatte. Solche Entscheidungen bezogen sich in späteren Jahrhunderten auf alle nur denkbaren innerpolitisch-kommunalen, aber auch auswärtigen Angelegenheiten. Formal bot der Rat der Zehn ein, für Venedig nicht ungewöhnlich, mit allen »Sicherungen« von Rechtstaatlichkeit ausgestattetes Staatsorgan: Den Vorsitz führten die drei Häupter des Rates der Vierzig mit Amtszeiten von nur einem Monat. Prinzipiell war die Mitgliedschaft auf ein Jahr beschränkt. Keine zwei seiner Mitglieder durften derselben Familie angehören.
    Der Rat der Zehn handelte, insbesondere in Fragen der Gerichtsbarkeit, niemals allein. Zu den weiteren Mitgliedern gehörte neben dem Dogen und sechs seiner Räte mindestens einer der drei »Avogadori di Comun«.
    In späteren Jahren wurden bei wichtigen Entscheidungen 15 bis 20 Mitglieder aus dem Kreise des Senats mit einjähriger Amtszeit – die sogenannte »Zonta« – hinzugezogen. Ging es um auswärtige Fragen, so mußten die Dogenräte anwesend sein. Trotz kollektiver Beschlußfassungen war in Straf- und Prozeßsachen jedes Mitglied im Zweifel befugt, ein Verfahren anzufechten oder Wiederaufnahmeverfahren zu erwirken. Der den Staat repräsentierende »Avogador di Comun« konnte im Falle der Überschreitung der Befugnisse des Rates, wobei die Entscheidung dieser Frage in seinem Ermessen liegen mußte, oder beim Zuwiderhandeln gegen die in den Statuten gesetzten Grenzen das gesamte Verfahren an den Großen Rat zur Wiederaufnahme verweisen.[35] Keine andere Institution sollte wie dieses Gremium für die politische Gestaltung der Stadtrepublik während ihrer 487jährigen Geschichte eine solche Schlüsselrolle spielen. In keiner anderen Institution spiegelte sich aber auch der Charakter der venezianischen Verfassung in beiderlei Sinn, ebenso wie der einer »Sicherung« wider.

Der Rat der Zehn, *Gemälde von Gabriel Bella um 1553.*

Erklärtermaßen sollte dieses Gremium gegenüber den größeren Organen der Signoria in kritischen Situationen durch unverzügliche Entscheidungen sofortige Handlungsfähigkeit und ein Höchstmaß an Verschwiegenheit in den Dienst der Republik stellen. Niemand konnte jedoch vorausahnen, in welch kurzer Zeit diese Institution gemäß jenen oben beschriebenen Gesetzmäßigkeiten der Übersummativität sich als etwas anderes und mehr als die Summe seiner Teile, tendenziell verselbständigen, ja ein Exempel für die Eigengesetzlichkeit der Macht vorführen sollte: Macht mit der autokatalytischen Eigenschaft, je mehr Kräfte diese in sich vereint, desto schneller breiten diese sich aus, desto stabiler werden sie. Und haben sie sich erst einmal durchgesetzt, so sorgen sie für ihre eigene Erhaltung, während ihre Träger, unbeirrbar in der Lauterkeit ihrer Motive, von der Nützlichkeit ihres Auftrages überzeugt sind.[34]

Aus den Decreten der Zehn, die auf Pergament verzeichnet, in den Archiven aufbewahrt werden, wird deutlich, daß es in der ganzen Republik nichts gab, worin sie ihre Hand nicht hätten legen können. Wie konnte es auch anders sein, da ein ausdrückliches Gesetz vom Jahr 1518 ihnen erlaubte, alle Sachen vor sich zu ziehen, die sie mit 5 oder 6 Stimmen ihres Rates für dazu geeignet erklären würden. Jedesmal, – so heißt es in einem Paragraphen aus dem Capitular, das sie sich unter öffentlicher Autorität selber vorgeschrieben –, wenn ich mich in die Versammlung der Signoren begebe, sollen alle Fremden entlassen werden, die sich um eines Geschäfts willen daselbst befinden, welches auch irgend es sein möge; man soll alle anderen Sachen fallen lassen, und mich hören. Sie hatten die Prärogative einer wahrhaft fürstlichen Autorität. (Capitular dei capi dell'Eccl. Consiglio X. – Ranke)[35]

Um weitere, jeweils maßgebliche Entscheidungen treffen zu können, hatten sich die »Zehn«, wie schon angedeutet, jener 15 bis 20 ergänzenden Mitglieder des Senats – der »Zonta« – als Rückendeckung gegenüber dem Großen Rat versichert.

So erhob sich der »Rat der Zehn« mit seiner »Zonta«; die anderen Räte, obwohl er sie bestehen läßt, beherrscht er, ihm fallen die wichtigen, geheimen Geschäfte zu, er gibt dem ganzen Bewegung und Antrieb. In dem Verhältnis, das er gestattet, in das man sich zu ihm stellt, liegt das Maß des Lebens und der Freiheit, die einem jeden zukommt. Er hält durch den Schrecken seines Gerichts Alles zusammen... Er urteilt allein nach dem Resultat des Verhörs. Geheimnis, treffende Gerechtigkeit und rasche Vollziehung verschaffen ihm eine furchtbare Autorität...

Er entschied darüber hinaus über die Verwendung öffentlicher Gelder, die Regulierung der Bankkurse oder öffentliche Schulden, er übte das Vorschlagsrecht der Ernennung des Patriarchen gegenüber der römischen Kurie aus und griff in die Abwicklung auswärtiger Angelegenheiten – in Konkurrenz zu Senat und Großem Rat – ein.

Die drei Häupter der Zehn waren ohne Zweifel die mächtigsten Männer in der Republik... Wir fragen (also), wo denn die Grenze dieser Befugnisse war, wie die allgemeine Freiheit dabei bestehen konnte, ob nicht die übrigen Räte alle Macht verloren... (Ranke)[36]

Im Jahre 1457 zwang der Rat der Zehn einen der erfolgreichsten und schließlich gehaßten Dogen, Francesco Foscari, nach 34 Amtsjahren zum Rücktritt. Dieser Konflikt bestätigt nicht nur die im vorangehenden Kapitel dargelegten Ausführungen einer generell praktizierten (paradoxen) »Logik der Anwendung«; er fokussiert darüber hinaus den immanenten Widerspruch und damit das grundsätzliche Problem der venezianischen Verfassung: einem Kontrollorgan (dem Rat der Zehn) richtungweisende Entscheidungsbefugnisse und Machtkompetenzen einzuräumen, andererseits aber gemäß Verfassung die Unantastbarkeit der Pluralität der Entscheidungs- und Machtbefugnisse aller maßgeblichen politischen Institutionen zu gewährleisten. Der Widerspruch wurde auf venezianische Weise auf eine höhere Stufe gehoben, indem man gemäß jener »Logik der Anwendung« »von Fall zu Fall« entschied, d. h. die Spielregeln durch Meta-Regeln ergänzte, nämlich durch sogenannte »Correzioni« (Korrekturen) der Gefahr einer möglichen (Macht)Instabilität entgegenwirkte.[37]

Die Evidenz der hier dargelegten Verfassungswirklichkeit führt nach allen historischen und psychologischen Erfahrungen zu einem »circulus vitiosus« unumschränkter, sich aus sich selbst erhaltender und schließlich unkontrollierbarer Macht-(Willkür). Doch ebendiese Schlußfolgerung wäre für Venedig verfehlt. Das *institutionalisierte Mißtrauen* erwies sich als verläßliches, soziales »Immunsystem«, das bis zum letzten Tag der Republik weitgehend intakt, ja unbeeinträchtigt blieb. Nicht nur die jeweils gewählten Mitglieder des Senats, in diesem Falle als Mitglieder der »Zonta« und andere Institutionen nahmen ja unmittelbaren Anteil an den Entscheidungsprozessen des Rates der Zehn, auch führte die Spielregel der »Coutumaz«, die befristete Unterbrechung, ein bestimmtes Amt zu begleiten, zur notwendigen Distanz, daß der einzelne Amtsinhaber, indem er aus einem Gremium in ein anderes übertrat, »doch immer an der Summe der Gewalt als Ganzem Teil behalten konnte«. (Ranke)[38]

Der Kreis der Macht war also immer weit gefächert, Entscheidungskompetenzen, die auf wenige eingeschränkt, unerträglich werden konnten, auf viele ausgedehnt.

Es wäre ein Irrtum anzunehmen, daß der »Rat der Zehn« irgendeinen Zweig der öffentlichen Geschäfte in seiner Totalität verwaltet hätte... weit entfernt, die Tätigkeit anderer Behörden zu lähmen, hat er nur Macht in der Verwaltung, die sich auf besonders wichtige politische Fälle erstreckt, wo es des Geheimnisses und eines raschen Entschlusses bedarf... Wir werden dem Sinne und Geist der venezianischen Verfassung (also nur) näher treten, wenn wir bemerken, wie der »Rat der Zehn« mit den übrigen Behörden zusammengreift, und sie nicht allein selber beschränkt, sondern auch von ihnen wieder modifiziert wird. (Ranke)[39]

Auf diese Weise wurde der Gefahr eines sich schließlich der völligen Einflußnahme und Kontrolle durch das Ganze entziehenden Teils mehr oder weniger erfolgreich entgegengewirkt, auch wenn die Differenz von Verfassungsanspruch und Verfassungswirklichkeit in dieser »Civitas terrena« unübersehbar bleibt.

Sie beleuchtet unter anderem jenes spektakuläre Todesurteil des Rates der Zehn gegen einen der brillantesten Diplomaten und späteren Senator, Antonio Foscari, wegen Hochverrats. Der Vollzug dieses Urteils löste (1622) in der Öffentlichkeit Venedigs eine ungewöhnliche Teilnahme aus, auch wenn ein großer Teil derselben von seiner Schuld überzeugt zu sein schien. Der Protest der in Venedig lebenden englischen Gräfin Arundel – mit der sich Foscari auf »verräterische Gespräche« eingelassen haben sollte – veranlaßte den Senat zur Wiederaufnahme des Verfahrens. Die »Zeugen«-Aussagen erwiesen sich tatsächlich als falsch. Das Inquisitionsgericht (des Rates der Zehn) gestand öffentlich sein Unrecht ein. Die Signoria unternahm alle nur möglichen Versuche der Rehabilitierung der Familie Foscari: ein Staatsbegräbnis und eine persönliche Ehrenerklärung des Dogen sowie ein Rundschreiben an alle europäischen Höfe und Staaten; doch die Empörung erschütterte noch lange die Öffentlichkeit. Sie führte im 18. Jahrhundert abermals wegen der Verhaftung eines Senators (Angelo Querini) zu nachhaltigen Eruptionen, in deren Verlauf dem ehrwürdigen Tribunal (der Inquisition) selbst erstmals der Prozeß durch die Öffentlichkeit gemacht wurde.[40]

Die Tatsache der permanenten Bemühungen um dem Ganzen (Gemeinwesen) dienlicher, erweiterter Entscheidungs- und Handlungsspielräume belegen die seit dem 17., insbesondere 18. Jahrhundert rapide zunehmenden politischen Interessenkonflikte und Reformbestrebungen innerhalb des Patriziats zwischen

»Ordnungstraum und Widerspruchsgeist«. Angesichts der sich kontinuierlich verringernden Mitgliederzahl der Nobilität bildete der unauflösbare Widerspruch zwischen exorbitantem Charakter und glorreicher Tradition dieser Weltmetropole einerseits und reformerischen, der Aufklärung zugeneigten neuen Gesellschafts-Konzeptionen andererseits, ein so fruchtbares wie Unsicherheit auslösendes Spannungsfeld.[41]

Der Prozeß der unmittelbaren politischen Entscheidungsfindung beschränkt sich – ganz im Sinne jener, die von einer aristokratischen Repbulik oder »de facto« – Oligarchie sprechen – auf wenige vermögende und wirtschaftlich einflußreiche Familien, deren Mitglieder in allen maßgeblichen Regierungsgremien mitwirkten, während die Majorität der Mitglieder des niederen Patriziats im Großen Rat ihre Stimmen jener Kerngruppe zu »verkaufen« pflegten. Dennoch ließen sich vor allem im 18. Jahrhundert auf dem Wege des Konsensus Mehrheiten für grundlegende Reformansätze durchsetzen. Bemerkenswert ist in diesem Zusammenhang jedoch weniger der Hinweis darauf, inwieweit derartige Schritte auf eine Stärkung der jeweils eigenen Interessen der Reformbefürworter hinausliefen[42], aufschlußreicher ist vielmehr die Frage, inwieweit solche politisch-innovativen Ansätze der Modernisierung dem Staate als Ganzes zugute kamen: als Stärkung volkswirtschaftlicher Leistungsfähigkeit, als Erweiterung kulturellen Fortschritts in Gestalt der Sicherung von Freiheitsrechten und Gestaltungschancen.

Unter diesem Aspekt sind etwa die Reformen der Neuordnung und Reglementierung kirchlicher Einrichtungen (zwischen 1758 und 1774) in Europa beispiellos. Und sie waren nicht ohne die Rückendeckung des Rates der Zehn und einflußreicher, aufgeklärter Patrizier gegen die Phalanx konservativer Familien durchsetzbar. Die Enteignung kirchlichen Grundbesitzes, deren Erlös der Strukturerneuerung des Schulwesens in Venedig – einschließlich der Terra Ferma – zugute kam, weitreichende Reformen des Schulwesens, der Universitäten, der Technischen Hochschulen, Bibliotheken und Museen sowie Lehrinhalte und -methoden; erste Reformansätze des Zunftwesens und der staatlichen Administration.

Fassen wir das ganze Wesen zusammen, so kann sich der Ruf, den Venedig genoß, die Sicherheit und Ruhe, deren es sich mitten unter den Stürmen der Welt erfreute, bei weitem weniger auf die Form der Verfassung als auf den Grundsätzen der Verwaltung, den Maximen, nach denen sie wirklich verfuhr, begründet haben. (Ranke)

Und weil diese gemäß jener amtlichen Verlautbarung von 1487 den »Erfordernissen der Zeiten« entsprechen, also nicht »von Grundsätzen belastet sein sollten, – gleichsam wie zur Probe« – bildete der Rat der Zehn in jenen Krisenzeiten eine scheinbar unanfechtbare, wenn auch oft umstrittene »Insel« der Kontinuität.[43]

Die jederzeit aktuelle Frage der Macht-
begrenzung politischer Institutionen –
als Bindeglieder im Ganzen – und
gleichzeitig notwendiger Initiativen
einzelner Entscheidungsgremien legt
es nahe, darüber nachzudenken, inwieweit spätere Verfassungs-Konzep-
tionen dieses Problem im Auge hatten,
insbesondere dort, wo es sich um die
Wahrung der von Rousseau (1712 –
1778) als »volonté général« bezeichneten Gemeinwohlinteressen handelt,
die jedoch in Grenzfällen, wie es die
Praxis des Rates der Zehn nahelegt,
durchaus und sinnvollerweise nur von
wenigen oder gar von einzelnen verkörpert bzw. vertreten werden konnten.[44]

Wer aber waren die wenigen oder einzelnen, die in Venedig, wie nirgend
sonst, als Persönlichkeiten in den Hin-
tergrund traten, wo deren Handlungen allein der moralischen »Einheit des
Ganzen« (Staates) zugeschrieben wurden (Ranke)?

In kaum einem anderen Staatswesen waren die Repräsentanten politischer
Profession ihrem Selbstverständnis und Anspruch gemäß so ausdrücklich
bestrebt, als Individuen zurückzutreten, wurde die Anonymität politischer
Ämter so als Tugend stilisiert, wie in der Republik von San Marco. Und doch
gab es eine einzige Figur, deren Profil und Physiognomie gleichsam wie in einem
Brennglas als auf Lebzeiten – also Dauer – ausgewählt, das Ganze als »supremo
magistrato« bündeln sollte: die Person des Dogen. Als »primus inter pares«
wurde er nach dem Tode seines Amtsvorgängers vom Großen Rat gewählt. Der
Prozeß der Entscheidungsfindung für die Besetzung dieses Amtes ist in der
europäischen Verfassungs-Geschichte ohnegleichen. Der immer wieder vor-
gebrachte Hinweis auf die im Verlauf der venezianischen Geschichte zunehmende politische Ohnmacht dieses höchsten Staatsamtes geht nicht nur von
unzulässigen Voraussetzungen, sondern auch unzutreffenden Beurteilungskriterien aus, die für die Eigenart dieses politischen Systems so gut wie keinen
Aussagewert besitzen.

Formulierungen wie »der Doge als Gefangener eines geschlossenen Konzerns«,
als »anonymer Strohmann«, den sein Eid daran hindere, sich in die Politik
einzumischen, als »majestätische Staatspuppe«, als »degradierter Staatspensio-
när«, oder »Königlichen Sklaven der Aristokratie« spielen ebenso ausschließlich

auf den Vordergrund an,[45] wie jene verherrlichenden Floskeln von Zeitgenossen als »Principe buono imagine Dio interra« (Grangiorgio Trissimo 1524); »Principe sacro idolo nostro« (Frangipane, 1577) und ähnliche Äußerungen. Und erst recht entzieht sich angesichts der Inschrift auf dem Siegelring des Dogen: »Voluntas Ducis« – in späteren Jahren »Voluntas Senatus« – nach einem simplifizierenden Schema von Herrscher und Beherrschte eine angemessene Einschätzung dieses Amtes.

In einer Zeit des absoluten Fürstentums war es naheliegend, diesen Status von Autorität auch auf Venedig übertragen zu wollen. Doch hier galten andere Maßstäbe, auch wenn die Serenissima auf ihre Weise dazu beitrug, durch »Personenkult« und offizielles Decorum die Verwirrung im Hinblick auf solche Feinheiten zu vergrößern.[46]

Im zeitgenössischen Kontext existieren durchaus auch maßvoll-kritische Stimmen, so etwa Jean Bodin, der 1576 schreibt: »Principalitie is called a certaine form of Aristocratie wherein one is in honor dignitie and place, above the rest: as amongst the Venetians«; oder wenn Botero von einer »autorità moderata« spricht, welcher die Macht, nicht aber die Würde fehle.

Einer der erklärten Kritiker des venezianischen Patriziats, Girolamo Priuli (Mitglied der »neuen« Familien mit drei Dogen und anderen hohen Würdenträgern), berichtet von Äußerungen über den Dogen als »Wirtshausschild« – »segno di taverna« oder »nome vano, senza oggetto«. Doch

wenn jemand behauptet, der venezianische Princeps sei einem »Wirtshausschild« vergleichbar und könne nichts ohne die Zustimmung seiner Ratgeber beschließen, so sage ich: Ein venezianischer Princeps kann sehr viel und macht schließlich das, was ihm gefällt. Niemand kann ihm widersprechen, und wenn ihm jemand widersprechen will, muß er sorgsam vorgehen, sonst erntet er Ablehnung und Schande. Wahr ist aber auch, wenn ein Princeps gegen das Wohl der Republik entscheiden sollte, so würde dies nicht toleriert. – In minimis – kann er machen, was er will, sofern die Angelegenheit nicht Honor und Decorum des Staats beeinträchtigt.

Und ein anderer nüchterner Zeitgenosse, aus dessen Familie vier Dogen hervorgegangen waren, Domenico Morosini, betonte in »De bene instituta Repubblica«:

Es wäre verfehlt, die einengenden, sich im 16. Jahrhundert nicht mehr nennenswert wandelnden Vorschriften für das Dogenamt und den realen Handlungsspielraum des einzelnen Dogen als deckungsgleich zu betrachten.[47]

Das entscheidende Stichwort: die Differenz von Bild und Abbild, Verfassungsanspruch und Verfassungswirklichkeit, spricht Domenico Morosini aus: Eine Annäherung, ja wissenschaftliche Analyse kann dem Amt des Dogen nur als komplementärem Phänomen venezianischer »Wirklichkeit« gerecht werden. Sowohl das formale Wahlprocedere als auch die Persönlichkeit des Dogen als »Serenissimo Principe« offenbaren einen Vordergrund und einen Hintergrund, eine implizite und eine explizite Realitätsfolie und jeweils wechselnde Wirklichkeitsebenen, die sich gegenseitig ausschließen und gleichzeitig auch ergänzen können.

Wahrscheinlich trauerte man in Venedig – von Ausnahmen abgesehen – nach dem Tod eines Dogen nicht mehr als bei irgendeinem »Gentiluomo«, und doch bewirkte dieses Ereignis eine Folge ritueller, offizieller und informeller Handlungen, deren Bedeutung die Rolle des Dogen-Amtes in einem ganz anderen Licht erscheinen läßt. In Anwesenheit seines Ebenbildes – als lebensgroße Puppe mit Wachsgesicht –, aufgebahrt im Piovego-Saal, werden unverzüglich die »Correttori alla Promissione Ducale« tätig, um dessen Amtshandlungen einer unbestechlichen Überprüfung zu unterziehen, und gegebenenfalls eine Revision seines Amtseides vorzunehmen. Vor der Markuskirche wird dieselbe »Person« (»persona«-Maske) nach dem neunmal wiederholten Ruf: (von Seeleuten) »Erbarmen« in einer Trauer-Zeremonie von Volk und Gefolge verabschiedet.

Das Wesen der politischen Institution des Dogen nur aus der Analyse ihrer formalen verfassungsrechtlichen Eigenschaften zu erschließen, wird diesem Amt ebensowenig gerecht, wie der Versuch einer begrifflichen Definition. Auch die erwähnte »Promissio«, die Eidesformel, ist lediglich als Katalog zu betrachten, in welchem die Befugnisse und Grenzen dieses Amtes summarisch aufgezählt werden. Man hat in dieser Eidesformel immer wieder eine »politische Unmündigkeitserklärung als stärksten Eingriff in die Persönlichkeit des Dogen« gesehen.[48]

Beschränkten sich die Zehn Gebote noch auf 297 Worte, die amerikanische Unabhängigkeitserklärung auf 300, das Bonner Grundgesetz auf 1816 Worte, so bedarf eine Verordnung der Europäischen Gemeinschaft für den Export von Karamelbonbons schon 25 911 Worte, um den Sinn dieser »Botschaft« darzulegen. Dem pragmatischen Denken venezianischen Politikverständnisses lag es

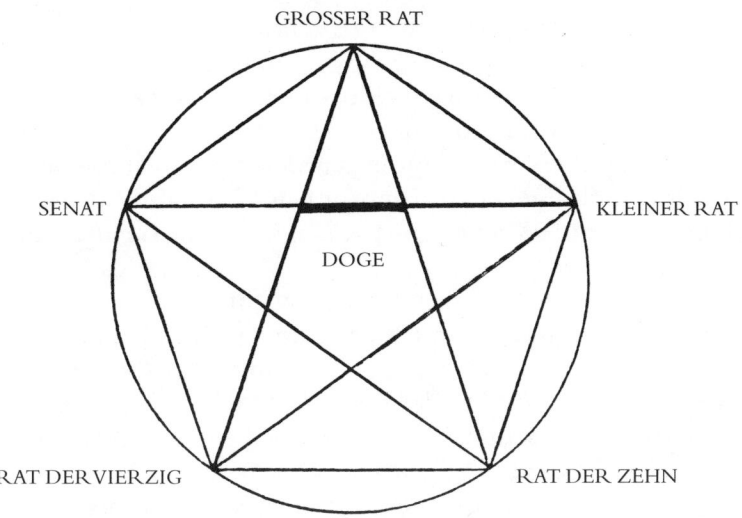

Das Pentagramm der Regierungsorgane

fern, einen Gesetzeskodex als Ausdruck »reiner« Vernunft für das Amt des Dogen zu ersinnen.

Der Prozeß der politischen Entscheidungsfindung der Signoria im Zusammenspiel mit der Person des Dogen ist vergleichbar mit dem Organisations-Prozeß eines Orchesters. Dem Dogen obliegt dabei etwa die Rolle eines Vertrauensmannes und Moderators (Gasparo Contarini), weniger die des Dirigenten im herkömmlich-hierarchischen Sinne. Gemeinsam mit den sechs Dogenräten ein kollegiales Staatsorgan, ist deren Mitwirkung bei allen hoheitlichen Entscheidungen unter dem Vorsitz des Dogen die Regel. In bestimmten Fällen vermochte ein Doge gleichsam »außerhalb« des Systems zu stehen, um mit der notwendigen Distanz Problemlösungen Geltung zu verschaffen. Der Doge ist, wie erwähnt, primus inter pares im Kleinen Rat, dieser war Teil des Rates der Zehn, des Rates der Vierzig und des Senats. Die Repräsentanten dieser Organe waren ihrerseits Mitglieder des Großen Rates als Souverän der Republik. Diese Fünfteilung und Pentarchie der Verfassungsorgane bildet geradezu die Quintessenz der politischen Führung Venedigs. Es ist also kaum ein Zufall, daß die dem Pentagramm zugrundeliegenden morphologischen Gesetzmäßigkeiten wie die Proportionen des Goldenen Schnitts in den weiteren Darlegungen venezianischer Führung und der spezifischen Rolle des Dogen bemerkenswerte Einblicke in die Strategie der Gleichgewichtssuche dieses Gemeinwesens zulassen.

Die Gesetzmäßigkeiten des Goldenen Schnitts beschränken sich also keineswegs nur auf »harmonisch« erscheinende Gestaltungskomplexe dessen, was wir herkömmlicherweise als Kunst bezeichnen, sie manifestieren sich auch in den kommunikativen Funktionsmechanismen sozialer Systeme, in unserem Falle also im Bereich der Führung, Machtbeschränkung und anderen Fragen politischer Gestaltungsspielräume, in spezifischem Kontext durch die Persönlichkeit des Dogen.

Wer jemals Gelegenheit hatte, die offiziell nicht zugänglichen Arbeits- und Wohnräume des Dogenpalastes über die geheimen Zugänge (»itinerari segreti«) zu erleben, ahnt etwas vom schmucklos-nüchternen Zentrum der Macht der einstigen Welt-Metropole. Im frappierenden Kontrast zur glanzvollen Inneneinrichtung seiner Repräsentationsräume wurden hier, in Räumen, deren Größe wohl nicht selten im umgekehrt-proportionalen Verhältnis der hier getroffenen Entscheidungen stand, die eigentlichen Regierungsgeschäfte durchdacht und organisiert.

Der Doge kannte als Vorsitzender der wichtigsten Regierungsorgane die »Partitur« dieser Kommunität, er beherrschte – je nach persönlichem Format – das Instrumentarium, versuchte dem Rhythmus und der Polyphonie dieses Ensembles gerecht zu werden, in der Regel wohl wissend, daß die ihm auf Dauer verliehene Autorität als »Serenissimo Principe« nicht unbedingt ausreichte, »daß es in dieser Halle eigentlich Tag wird«. (Ranke)

Der Erlesenheit und dem Prunk des offiziellen Flügels seiner »Residenz« sowie den Insignien seiner Würde und seines Amtes, stand auf der anderen Seite ein mindestens gleich großes Maß an Entbehrungen, Einschränkungen und Aufopferungsbereitschaft – auch seiner engsten Familienangehörigen – gegenüber. Dazu gehörte nicht nur das Verbot, die zuvor ausgeübten Tätigkeiten fortzusetzen, für Repräsentationsverpflichtungen keinerlei Privilegien, etwa Steuerfreiheit, eingeräumt zu bekommen, seine »Residenz« nur offiziell verlassen zu dürfen und selbst Erholungsaufenthalte begründen zu müssen, keinerlei Geschenke zu machen oder solche entgegenzunehmen; auch seine Kinder, Brüder, Enkel durften keine Wahlrechte wahrnehmen, Zuwendungen annehmen oder bestimmte Ämter begleiten, ja selbst seine Vermögensverhältnisse unterlagen nunmehr strengeren gesetzlichen Bestimmungen als die anderer Nobilitäten.

Es mag also nicht verwundern, daß für manchen hochgeachteten, im Dienste der Republik stehenden Patrizier auch nur die Aussicht, als Kandidat für das Dogenamt in Erwägung gezogen zu werden, bereits ein Damoklesschwert bedeuten konnte. Denn die Ablehnung dieses Amtes war völlig indiskutabel, sie widersprach dem Selbstverständnis des venezianischen Patriziats.

Selbstverständlich mußten in fast 1000 Jahren angesichts der Spielregeln demokratisch-mehrheitlicher Entscheidungsfindung und andererseits in Ermangelung geeigneter Persönlichkeiten oder in der Notwendigkeit, Verlegenheitskandidaten als »Barrieren« umstrittener Politiker auszuwählen, auch höchst fragwürdige Kompromisse gefunden werden. Es überrascht also kaum, Amtsinhabern mit ganz unterschiedlichem Profil zu begegnen. Um so verwunderlicher erscheint es, welche Urteilskriterien zahlreiche Chronisten diesem Amt – im Vergleich zu Würdenträgern anderer europäischer Staaten und deren Selbstverständnis – beimessen. Und welche Aktualität spiegelt sich im Wahl-Ritual des Großen Rates im Hinblick auf die Ideologie und Ambivalenz vom Wesen des Individuums, als vermeintlichem Schlüssel des Verständnisses vom Menschen, wie sie im 18. Jahrhundert bereits bei Friedrich Schiller zum Ausdruck kommt:

> Majestät der Menschen Natur
> Dich soll ich beim Haufen suchen
> bei wenigen nur hast du von jeher gewohnt
> die übrigen alle sind blinde Nieten
> ihr leeres Gewimmel hüllet die Treffer nur ein.

So besetzten insbesondere zwischen 15. und 18. Jahrhundert auch ehrwürdige Senioren den Dogenstuhl, bei denen sich Greisentum und großer Reichtum mit politischer Indifferenz, gelegentlich sogar zum Vorteil des Ganzen verbanden, während wirklich politische Entscheidungen allenfalls den Charakter von Formalitäten besaßen. Andererseits fehlte es nicht an außergewöhnlichen Persönlichkeiten, die weit mehr als nur »erste Magistraten« der Republik vorstellten, ja die Venedig unbezahlbare Dienste, im Rückblick aber auch vermeidbare Leiden erbracht haben.

Alle Dogen kannten jedenfalls die Grenzen der Verfassung und ihrer politischen Mitspieler und Spielräume. Nur wenige haben versucht, diese zum Nutzen oder zum Nachteil der Gemeinschaft oder bestimmter Gruppen, meistens erfolglos, manchmal erfolgreich, zu überschreiten. Sie alle dienten ausnahmslos der moralischen Einheit der Stadtrepublik als höchste Repräsentanten und Hüter der Verfassung und Souveränität. »Darum heißt der Fürst in unserer Republik Großavogador, so lange er sein Amt verwaltet, gehen die Geschäfte wohl, sie stehen still, sobald er darin nachlässig ist.«[49]

Das Wahlprocedere für den Dogen hat eine bis in das 12. Jahrhundert zurückreichende Geschichte, die Heinrich Kretschmayr und andere Autoren umfassend darstellen.[50] Es reicht, wie beschrieben, bis in das Jahr 1268 zurück und erscheint wegen seines aleatorischen Charakters als eine Kombination von deterministischen und zufallsbedingten Elementen, die bereits Frescobaldi (1583–1644) und später Mozart (1756–1791) als Kompositionsmethode praktiziert hatten, als eine »reductio ad absurdum«, deren tieferer Sinn dem außenstehenden Beobachter zunächst verborgen bleiben muß.[51]

Die Dogenwahl ist, weit über den formalen Vorgang hinaus, auch und in erster Linie, als eine analogische Komponente der nonverbalen Sprache – also einer Übergangsform von digitaler und analoger Kommunikation – ein Ritual. Der Akzent liegt vorrangig auf einem Verhalten, welches eine vorsprachlich-archaische Verbindung von Individuum und Gemeinschaft herbeiführt. Der Wahlvorgang selbst gleicht als Verhaltensprozeß einer Kreisbewegung von »Botschaften« zwischen peripheren und zentralen Willensbekundungen[52], welche alle Teilnehmer in einem kollektiven Akt der Vertrauensvorgabe verbindet. Obwohl die formale Gleichheit der Gruppenmitglieder eine Voraussetzung der Teilnahme bedeutet, ist in diesem Moment umgekehrt der Unterschied diskutabler und konsensusfähiger Kandidaten von Interesse. Denn das Ziel der Vertrauensvorgabe besteht in der Delegation von »Verantwortung« und damit der impliziten Aktualisierung von Autorität, die ihrerseits Sicherheit »verspricht«.

Die Erwartung von Sicherheit beruht in derartigen Fällen jedoch keineswegs auf einer »Versicherung«. Im Gegenteil erweisen sich unsichere Erwartungen als wesentlich stabiler, weil diese das Gegenteil, die Enttäuschung, gleichsam mit einbeziehen, das Gegenteil also nicht ausgeschlossen wird, ohne die Erwartung selbst aufgeben zu müssen.[53]

Was die fast einhundertmal auf diese Weise vollzogene Dogenwahl anbetrifft, können wir annehmen, daß die auf Erfahrung beruhende Möglichkeit der Enttäuschung kollektiver und wohl auch individueller Erwartungen, die in zahlreichen Fällen nachweisbar ist, keineswegs ignoriert, sondern als vorsehbar intern verarbeitet wird. Das betrifft sowohl die relative Ungewißheit des Wahlausgangs wie auch die Person des Gewählten und seine Amtsführung. Für die kommunikative Struktur der Vertrauensbeziehungen zwischen Wählenden und Gewähltem ist es lediglich entscheidend, daß diese latent bleibt, und als Sicherheitserwägung unausgesprochen ihre Wirkung verbindlich entfaltet.[54]

Es ist relativ unerheblich, daß dem Dogen ein vergleichsweise geringes Maß an formellen Machtkompetenzen eingeräumt wird. Sein Amt verleiht ihm vor allem kraft seines persönlichen Ansehens und Formats ein potentiell viel höheres Maß an Einflußmöglichkeiten in Gestalt informeller Macht, als allen anderen, ausdrücklich verliehenen, aber zeitlich begrenzten Handlungsspielräumen, unabhängig davon, ob er diese ausnutzt oder nicht. Darauf nehmen im übrigen die zitierten Äußerungen Priulis und Morosinis Bezug. Und bisher unerwähnt bleibt die in zeremoniellen Angelegenheiten stets an seiner Seite in Erscheinung tretende Dogaressa. Ihre Funktion ist vergleichbar jener weiblichen Symbolgestalt der »Venetia«. Unübersehbar existent in einer patriarchalischen Gesellschaft, fesselt sie auch in Venedig nur durch beredtes Schweigen.

Wir gehen davon aus, daß bei der Wahl des Dogen nicht primär »Wissen« im Sinne von Gewißheit in bezug auf einen bestimmten Kandidaten oder dessen erwartete Amtsführung im Vordergrund steht, sondern vielmehr der Vollzug eines rituellen Akts kollektiver Vertrauensbezeugung, die auch nach außen gegenüber dem Volk ihre Wirkung entfaltet. Nur auf diesem Wege ist die paradox erscheinende Aufhebung der »reinen« Idee als vordergründiger Sicherheit und Identifikation durch spontanes Handeln vollziehbar. Nur so ist es wohl verständlich, wenn Contarini darauf anspielt: »Die Spieler sind nichts, das Spiel ist alles.« Und dabei wird offenbar selbst der Einsatz gleichgültig.

Was ist der Kandidat? Ein Gleichberechtigter unter Gleichberechtigten, ein Rechtloser unter Rechtlosen? Es ging nicht so sehr um sein Schicksal, als um die Neubesetzung des Amtes. Wille und Pflicht zur Aufrechterhaltung der Staatsorganisation beseelten die Mitglieder des »Großen Rates«, wenn sie zu den Urnen schritten.[55]

Als Domäne ritueller Erfahrungen entzieht sich indessen der hier beobachtete Akt der Dogenwahl, dessen pragmatische Seite uns vorrangig interessiert, dem Zugriff kausal-analytischer Beschreibung. Das Gewebe um Gewißheit und Sicherheit, Widersprüchlichkeit und Loyalität gewährleistet – wie die Überlebensfähigkeit des venezianischen Sozialverbandes bezeugt – jenes Maß kollektiven und individuellen Gleichgewichts zwischen Teil und Ganzem. Darüber hinaus erreichen wir jene, seit Heisenbergs Unschärferelation erkennbare raum-zeitliche, psychologische Grenze exakter Darstellbarkeit eines Gegenstandes.

Kehren wir zurück an den Ort der Handlung: Im Konklave der »Sala dello Scrutinio« ist die Wahl durch die 41 Wahlmänner so lange fortzusetzen, bis diese sich mit qualifizierter Mehrheit auf einen Dogen haben einigen können. Der Ausgewählte wurde zur Diskussion »freigestellt« und im Zweifelsfall persönlich hinzugezogen. Nach abgeschlossener Wahl war es üblich, den neuen Dogen vorzustellen und »diskret« durch das älteste Mitglied dieses Gremiums zu würdigen. (G. Contarini) Für eine eingehendere Untersuchung dieses Teils der Entscheidungsfindung wären nun weitere Aspekte von großem Interesse: etwa der raum-zeitliche Rahmen und seine Grenzen, die symmetrisch-asymmetrischen, superior-inferioren Beziehungen der Beteiligten, der »Nullpunktbereich« der Kommunikation, das »Nichttun«, die verworfene Entscheidung und deren implizite Sinnzusammenhänge innerhalb des Entscheidungsprozesses für die Beurteilung dieses Rituals – auch im Hinblick auf heutige Wahl-Rituale –, läßt sich hier doch demonstrieren, wie im kommunikativen Prozeß das Nichthandeln als Information – »jener Unterschied eines Unterschieds« –

gravierende Ursachen und Wirkungen in den Beziehungen der Akteure einleiten kann.[56]

Während der Verherrlichung, dem Selbstdarstellungskult und verschiedenen Formen des »Byzantinismus« bis in das 20. Jahrhundert keine Grenzen gesetzt waren, während ein deutscher Souverän noch im Jahre 1918 sagen konnte: »Was wollen Sie, Excellenz, ich bin Dynast, [. . .] dieser Krieg ist eine dynastisch-militärische Angelegenheit der Monarchen. .«(Wilhelm II.)[57], war es einem Dogen der Stadtrepublik Venedig verboten, daß man ihm die Hand küßte, vor ihm niederkniete, ja daß er sein Bildnis auf Münzen prägen ließ, wenngleich derartige Einschränkungen immer wieder listenreich umgangen wurden.

Es entbehrte also abermals nicht einer gewissen Ironie, daß vor allem die Eliten europäischer Staaten noch zu Beginn des 20. Jahrhunderts einem Gottes-gnadentum ohnegleichen gehuldigt haben, daß trotz einer gewissen Politisie-rung seitens der römischen Kurie der Rolle des »Stellvertreters Christi« und dem Unfehlbarkeitsdogma kaum ernsthafte Bedenken entgegengebracht werden, während andererseits literarische Darstellungen des 16. Jahrhunderts, wie die Republik Venedig als »Sonnensystem«, der Doge als Sonne, die Senatoren als Planeten usf., geeignet seien, beim »modernen Leser nur Kopfschütteln« auszulösen.[58] Noch fehlt es an einer übergreifenden, transnationalen, historio-graphisch-politikwissenschaftlichen Gesamtschau, die den Blick auf das Selbst-verständnis und die Selbsteinschätzung politischer Eliten Europas richtet, um solche, für ein europäisch-historisches Selbstbild erforderlichen Zusammen-hänge sichtbar zu machen.

Unser Ausgangspunkt war die Analyse des Prozesses der politischen Entschei-dungsfindung zum Zwecke einer angemessenen Einschätzung jenes Macht-monopols des venezianischen Patriziats.

Am Beispiel der Organisation des Regierungsprozesses sind wir, vor dem Hintergrund der venezianischen Verfassung, wie einem roten Faden jenem »institutionalisierten Mißtrauen« begegnet. Dieses hat sich als die Summe von Erfahrungen und Erkenntnissen der eigenen Geschichte in institutionellen Strukturen und Kulturtechniken politischer Verfahren niedergeschlagen, die als gemischtes System der Entscheidungsfindung über lange Zeit ein Optimum an Realitätsanpassung gewährleistet haben. Obwohl im Prozeß der politischen Entscheidungsfindung Venedigs das Hauptaugenmerk der institutionalisierten Beschränkung und Kontrolle von Macht – dem Rat der Zehn und der Vertrau-enswürdigkeit des Dogen – galt, ist man hier paradoxerweise »prinzipiell« nicht der Versuchung erlegen, Grenzen in Gestalt von Gesetzen und Spielregeln als etwas Definitives, geschweige denn Vollkommenes, das nur sein Gegenteil hätte hervorbringen können, zu etablieren. Diese Fähigkeit bzw. Praxis hat bei fast allen Chronisten als scheinbare Regel- und Grenzenlosigkeit des Gesamtsystems Konfusion ausgelöst. Gerade diese Qualität hat andererseits in der Alltagspraxis als »Logik der Anwendung« ein Maximum an Handlungsspielräumen, Kon-fliktlösungsmechanismen und Überlebensstrategien bereitgestellt.

Heinrich Kretschmayr, dessen Venedig-Portrait zu einer der differenziertesten, auch den Tiefenstrukturen Interesse entgegenbringenden Darstellung gehört, meint,

daß diese Verfassung und Verwaltung funktionierte, lag nicht an ihr. Sie war mitnichten ein Kunstwerk. Es lag in dem einzigartigen Verhalten der Männer, die sich an diesem verworrenen Apparate zu versuchen und mit ihm sich abzufinden hatten. Sie hatten die Beweglichkeit, den Mut und jene Staatsgesinnung die sich beschied, nicht etwas zu gelten, sondern etwas zu sein...[59]

Wir verdanken erst den Wissenschaftsrevolutionen dieses Jahrhunderts, in diesem Zusammenhang der Kybernetik, der Systemtheorie und vor allem den Erkenntnissen der Kommunikationswissenschaften, jene erweiterte Optik eines Begriffsrahmens, in dem sich die Prinzipien der Rückkoppelung und die Einbindung des Beziehungsaspekts miteinander kommunizierender, zwischenmenschlicher Systeme als hilfreich erweisen, um über die Organisation menschlichen Verhaltens im Rahmen institutionalisierter Interessen überprüfbare und relevante Aussagen machen zu können.[60]

Wenn wir in der Einleitung dieses Kapitels davon ausgehen, daß sich soziale Beziehungen in dem breiten Spektrum zwischen Herrschaft und Gemeinschaft in Verfassungen artikulieren und sowohl politische Institutionen wie auch das Zusammenspiel mikro-gesellschaftlicher Interessen in der Gemeinschaft als Ganzem übersummativ, also nicht summativ oder linear, verbunden sind, dann liegt es nahe, daß die – im übrigen ständig modifizierten – Verfassungs- und Verhaltensspielregeln maßgeblich auf die Qualität der zwischenmenschlichen Beziehungen zurückwirken. Wir haben es mit einem zirkulären, d. h. rückgekoppelten Prozeß des Verhaltens, der Interaktion der Beteiligten zu tun, deren »Beweglichkeit, Mut und Staatsgesinnung« ja überhaupt erst diese Strukturen und Spielregeln zu etablieren vermochten. So erweist sich jenes »institutionalisierte Mißtrauen« gleichermaßen als Ursache und Wirkung für ein soziales »Immunsystem«, das nur als Ergebnis jener reflektorisch-kybernetischen Vernunft ratiomorpher Bedingungen – im Gegensatz zu den reflektierend-absoluten Operationen reiner Zweck-Rationalität – verstanden werden kann.[61]

Daß diese Art der Dominanz einer vernunftähnlichen »Rationalität der Affekte« sich in Venedig langfristig als überlebensrelevant erwiesen hat, beweisen im Vergleich zur kulturellen Evolution anderer europäischer Staaten sein Zivilisationsniveau und seine Innovationsfähigkeit in Raum und Zeit.

Tatsächlich werden, wie uns die Zeitgeschichte im 20. Jahrhundert vorführt, politische Gemeinschaften primär »durch Überzeugungen, Gefühle und Ideen, welche die Menschen schon zuvor in ihrem Herzen tragen, geformt«.[62]

Deshalb erweist sich seit der Existenz San Marcos bis heute jede Art autoritärer Herrschaft und schließlich auch Ideologie langfristig als das Ergebnis des in die Stabilitätsfallen des limbischen Systems geratenen neutralen Geistes,

d. h. das auf verschiedene Weise emotional gefärbte, oft verschleierte Festhalten an Leitbildern, Gewißheiten, Widersprüche isolierenden Überzeugungen, die im Namen der Wahrheit, der Objektivität, der Freiheit und anderen »Plakaten« jeder Flexibilität des Denkens entgegenstehen.

Es gehört zum venezianischen Paradox, als patrizische Elite einer staatlichen Gemeinschaft selbst unter dem Diktat des »limbischen Systems«, die schrittweise Emanzipation und Metamorphose der eigenen Verfassungsordnung, konsequent dem eigenen Konzept des Vorrangs des öffentlichen Interesses vor jedem partikularen Interesse folgend, nicht rechtzeitig eingeleitet zu haben.

Der Prozeß (r)evolutionären Wandels vollzieht sich – das zeichnet sich wieder am Ende des zweiten Jahrtausends ab – zuerst in einzelnen Individuen, um beim Erreichen jenes »kritischen Punktes« auf makrosozialer Ebene in einer sozialen Massenbewegung als Fulguration blitzartig durchzubrechen.

Im Gegensatz zur Mehrzahl der europäischen Staaten vollzog sich der Wandel in der San-Marco-Republik weder in einer Massenbewegung noch nach innen gewaltsam. Er bildete eine rationale Entscheidung seiner patrizischen Elite. Was dann folgte, war die erste leidvolle Zeit der Fremdherrschaft, die Venedig erlebte. Man hatte »auf Grenzen verzichtet, so mußte man abermals aufs Grenzenlose verzichten«. Deutet sich in diesem Schritt der Signoria bereits der Anachronismus des Nationalstaates an, wie er heute im europäischen Unions-Modell noch nachhaltig tabuisiert wird?

Orientierungsmedien – Metakommunikation – Exkommunikation

In den kilometerlangen Regalen des Staatsarchivs von Venedig lagern die noch kaum je durch umfassendere, interdisziplinäre Forschungen ausgewerteten Bestände »kristalliner« Kommunikation. Zu ihnen gehören die viele Jahrhunderte gesammelten »Deliberazione misti« des »Senato Terra und Senato Mare«, die »Deliberazione Senato« (»Senato Secreti«) mit den Berichten (»Relazioni«), Depeschen (»Dispacci«) und Briefen (»Lettere«) der Botschafter, Gesandten und Verwaltungsbeamten der Signoria aus der ganzen damaligen Welt. Leopold von Ranke war einer der ersten nicht-italienischen Historiker, der Licht in das »geschichtete Geschehen« dieser einzigartigen Quellen venezianischer Diplomatie zu bringen begonnen hat.

Die »Relazioni« (ital.: Berichte, Beziehungen, Verhältnisse) bildeten für die Stadtrepublik ein besonders sensibles, für die Gestaltung seiner politischen und ökonomischen Lebensräume unverzichtbares Medium der Orientierung. Auf den ersten Blick handelt es sich um nicht mehr als Mitteilungen venezianischer Diplomaten und Verwaltungsbehörden.

Inwiefern diese mikrosoziale und psychologische Spiegelbilder ihrer Verfasser, ihres Menschen- und Weltbildes, ihrer Verständnisweisen und gleichermaßen auch eines makrosozialen Kosmos sind, das bedarf einer eingehenderen Untersuchung.

Nach den Darlegungen verschiedener Teilaspekte sozialer Innenräume und Verknüpfungen venezianischen Bewußtseins und Handelns in den vorangehenden Kapiteln richtet sich unser Erkenntnisinteresse nun auf den Prozeß der Kommunikation selbst, auf das Gesamtspektrum menschlicher Beziehungen, soweit sie uns als »archäologischer Fundus« noch zugänglich sind.

Die Qualität sozialer Organisation ist – wie Venedig modellhaft vorführt – untrennbar mit der Art und Weise, Nachrichten, Mitteilungen, Berichte und andere Informationen zu beschaffen und zu verarbeiten, verknüpft. Denn, »um sich selbst zu verstehen muß man von einem anderen verstanden werden. Um von anderen verstanden zu werden, muß man den anderen verstehen«.[1]

Zu den Besonderheiten dieses Prozesses, gewöhnlich – ähnlich wie Kommune im Sinne von »Verbindung« – als Kommunikation bezeichnet, gehört die Tatsache, daß jedes Individuum vom ersten Tage an Kommunikation betreibt, seine Kontakte mit der Außenwelt ständig durch die Regeln der Grammatik, Syntax und Semantik zu verfeinern trachtet, dennoch aber selten bewußt mit den Regeln der Kommunikation über Kommunikation – Metakommunikation – Bekanntschaft macht, obwohl diese natürlichermaßen eine Voraussetzung für das geistige Überleben darstellen.

Wissenschaftliche Ansätze und Theorien, wie sie, seit Gregory Batesons Forschungen in den vierziger Jahren, die heute durch das »Mental Research Institute« Palo Alto weitergeführt werden, durch Ronald Laing in London oder Mara Selvini Palazzoli und ihre Mitarbeiter in Italien bekannt sind, haben noch kaum Eingang in das öffentliche, geschweige denn politische Bewußtsein der modernen Medien- und Kommunikationsgesellschaften gefunden.

Die Stadtrepublik Venedig bietet, was ihre politische Alltagspraxis anbetrifft, auch in dieser Hinsicht einen Reichtum an Anschauungsmaterial, dessen pragmatischer Wert und Relevanz, unabhängig von Zeit und Raum, abermals nur mit dem Attribut »modern« umschreibbar ist. Zur Diskussion stehen hier:

1. die Gestaltungsaufgaben und -mittel der auswärtigen Beziehungen;
2. die auswärtigen Beziehungen als Kommunikation;
3. die Kommunikationsmedien der Diplomatie;
4. das Kommunikationsspektrum und die Kommunikationsmechanismen im Senat – Informationsverarbeitung im Dienst der Entscheidungsfindung auswärtiger Beziehungen;
5. Interessenkonflikte und Konfliktlösungsmechanismen – die metakommunikativen Mechanismen im Regierungsprozeß;
6. Kommunikation und »Exkommunikation« – die gestörten Beziehungen zwischen Venedig und dem Vatikan.

1. Die Gestaltungsaufgaben und -mittel der auswärtigen Beziehungen

Die Wahrnehmung außenpolitischer Angelegenheiten oblag in Venedig grundsätzlich dem Senat.

Zwei Grundfragen standen von Anbeginn im Zentrum venezianischer Außenpolitik: Die von außerhalb und größtenteils auf dem Wasserwege zu organisierende Zufuhr lebenswichtiger Güter, insbesondere die Nahrungsmittelversorgung einer der damals größten Metropolen mit durchschnittlich 120 000 – 200 000 Bewohnern. Die andere Frage betraf einen nicht materialisierbaren, aber deshalb nicht weniger existentiellen Bereich: die jeweilige Gestaltung der Außenbeziehungen, ursprünglich zwischen Orient und Okzident, seit dem 16. Jahrhundert unter und zwischen den sich neu formierenden europäischen Großmächten und andererseits den islamisch-orientalischen und fernöstlichen Reichen sowie neuen Handelspartnern.

Angesichts der am Ende des 20. Jahrhundert zur fast völligen Bedeutungslosigkeit herabgesunkenen Schriftlichkeit kommunikativer Beziehungen sei der Leser daran erinnert, welcher Rang – ohne Telefon, Telegrafie, Telefax und andere elektronische Datenverarbeitung – vor noch nicht allzu langer Zeit dem schriftlich formulierten Wort zukam, andererseits aber auch, welche völlig andersartigen Raum-Zeit-Dimensionen einst soziale, an Schriftsätze gebundene Kontakte und Organisation prägten. Die politischen Entscheidungsträger einer Handelsmacht waren, zumal in einer Zeit ohne moderne Medien und ohne rechtsstaatliche bzw. völkerrechtliche Sicherheiten, auf Information mindestens ebenso angewiesen wie auf lebenswichtige Rohstoffe und Güter.

Mit Aufgaben- und Problemstellungen dieser Art waren verständlicherweise alle handelspolitisch bedeutenden Mächte früherer Jahrhunderte befaßt, doch hat wohl kaum je ein Sozialverband der systematischen Schulung und Ausbildung in Sachen Nachrichtenauswahl, Übermittlung und Verarbeitung so viel Aufmerksamkeit beigemessen wie die Republik von San Marco. In diesem Zusammenhang gewann die Diplomatie, über die rein politische Dimension hinaus, erstmals eine herausragende Schlüsselfunktion. Und der venezianische Senat wußte diese Domäne auf besondere Weise zu kultivieren. Auf eine für venezianische Mentalität typische Weise wurde Diplomatie als zweigefaltete/fältige Angelegenheit betrieben. Gemäß einem strengen Kanon von Handlungsanweisungen und formalen Kriterien hatten dabei Relationen präzise Tatbestände jeweils aktueller Realitäten zu enthalten, aber gleichermaßen ebenso als Synthesen zu gelten, welchen übergeordnete Zusammenhänge zu entnehmen waren. Dabei wurde ausdrücklich sowohl die bewußt gewählte Distanz gegenüber dem Gegenstand (welche dem Zuhörer oder Leser die Beurteilung überläßt), wie auch gleichzeitig die erkennbare Einbeziehung individuell-subjektiven Beteiligtseins erwartet.

Vom Verfasser wurde buchstäblich diplomatisch, neben den immer wieder vergleichbaren Darlegungen bestimmter prototypischer Tatbestände (statistische, geographische, volkswirtschaftliche, militärische Aspekte) »von der Basis des jeweiligen Volkes bis zur Spitze« der Person des Herrschers eine möglichst breite Skala rollenspezifischer Verhaltensweisen der politischen Entscheidungs- träger erwartet.[2] Daß dabei jedoch auch jene impliziten, rollenunterstützenden Verhaltensweisen und Seiten zwischenmenschlicher Kommunikation ausdrück- lich hervorgehoben wurden, macht einen der maßgeblichen Vorzüge der meisten Relationen aus. Einen Kernpunkt bildete die minuziöse Analyse der regierenden Persönlichkeiten und ihrer einflußreichen Berater. Dabei galt dem Wechselspiel von Physis, Konstitution und Attitüde, allem voran aber dem Gesicht – Façade/Façon – als Maßstab der hinter der Person versteckten Persönlichkeit größte Aufmerksamkeit. Wohl im Bewußtsein des vordergrün- digen Charakters stereotypen Rollenverhaltens gerade dieser Akteure war es deshalb das Bestreben erfahrener Verfasser, möglichst multiperspektivisch vorzugehen, also bewußt oder unbewußt Selbst- und Fremdwahrnehmungsme- chanismen zu berücksichtigen, das jeweilige Verhalten des Gegenübers spiegel- bildlich zu begreifen, sich identifizierend oder antizipierend ein größtmögliches Spektrum an Verhaltens- und Persönlichkeits-Facetten zu erschließen. Daß bei diesen Berichten in Überschneidung von Selbst- und Fremdbild seit dem 17. Jahrhundert auch gewisse, Castigliones *Cortegiano* entnommene Idealvor- stellungen zu erkennen waren, mag dem Einfluß des damaligen Zeitgeistes zuzuschreiben sein.

Interessanter erscheint indessen, daß das Ideal des »edlen Menschen« von höchster Individualität und Vitalkraft insofern einen neuen Akzent gewann, als jetzt von diesem erwartet wurde, sich in einen standesgemäß-geziemenden, wenn auch disponiblen Rahmen und Decorum zu fügen, verbunden mit der Betonung solcher Unterscheidungsmerkmale, die in Venedig einen sozial vorbildlichen Stellenwert besaßen.[3]

Bildeten die – ausgenommen im Winter – täglich eingehenden Depeschen den Rohstoff der politischen Entscheidungsfindung des Senats bzw. der Signoria, so ermöglichten die Relationen verständlicherweise differenziertere Einblicke in Gesamtzusammenhänge und dienten also der längerfristigen Planung und Koordination. Neben dem dargelegten Moment handlungsleitender externer Orientierungshilfen gab es jedoch noch eine weitere, der intern-politischen Orientierung dienende Funktion. Zum einen boten die Relationen den jüngeren Mitgliedern des Senats die Gelegenheit einer intensiveren Schulung ihrer Wahrnehmungsfähigkeit und Informationsverarbeitung; sie förderten aber dar- über hinaus auch die geistige Auseinandersetzung mit politischen Ereignissen anderer europäischer Staaten und deren Interessensphären.

Schließlich hatte jeder von seiner »Botschaft« zurückberufene Venezianer seinen Bericht vor Senatsplenum und dem Dogen vorzutragen, wußte jeder Berichterstatter, daß seine Ausführungen einer ebenso fachkundigen wie maß- geblichen Versammlung vorgelegt wurden, in welcher jeder Vorgänger seines Amtes und jeder Nachfolger sein Kritiker war oder werden konnte. Auf diese Weise entfalteten die Relationen Beziehungsräume, innerhalb welcher Form und

Inhalt, Auftritt und Aufmerksamkeit, Attitüde und Akzente der Botschaft, aktuelle und potentielle Fähigkeiten des Berichterstatters ein Spektrum an Kommunikationsvarianten eröffneten, welches, versetzt man sich in die Senats- oder Parlamentsausschüsse heutiger politischer Institutionen, in Venedig wohl in erster Linie auch Ausdruck einer Jahrhunderte kultivierten Gestaltungsfähigkeit des politischen »Ambiente« sein mußte.

Um nun den Hintergrund eines so vielschichtigen kommunikativen Prozesses, der sich in Venedig nicht zufällig im Rahmen eines ausgewählten Rituals vollzog, auszuleuchten, ist es erforderlich, sich zunächst noch einmal das Gesamtpanorama (die Vogelperspektive) der politisch-geostrategischen Konfiguration und Spielräume der Republik Venedig seit dem 16. Jahrhundert zu vergegenwärtigen. Diese Perspektive gibt erst den Blick frei auf die pragmatischen Vorstellungen venezianischer Außenbeziehungen als permanente Notwendigkeit der Anpassung an äußere Wandlungsprozesse, übrigens auch im Hinblick auf den Doppelcharakter dieser Außenbeziehungen im Innenraum.

2. Die auswärtigen Beziehungen als Kommunikation

Auf dem Schachbrett europäischer Großmachtpolitik traten seit dem 16. Jahrhundert neue Mitspieler in den Vordergrund. Weit außerhalb des unmittelbaren venezianischen Machtbereichs zunächst als Mitkonkurrenten in der Levante, wurden sie alsbald zu einer wachsenden Bedrohung venezianischer Interessen. Was diese neuen Akteure – absolutistische Staaten wie Frankreich, Spanien, Portugal, England und das Haus Habsburg – an Machtpotentialen, Infrastrukturen und zentral organisierter »Masse« in die politisch-ökonomischen Wettbewerbsräume einbrachten, konnten auch die anderen der italienischen Stadtstaaten nur durch differenziertere Methoden der Organisation, des Managements und – was Venedig betrifft – der »Corporate Identity« aufwiegen. Jedenfalls führten die neuen Mitspieler neue Spielregeln ein. Der Konflikt in Gestalt neuer Varianten der Gewaltanwendung bildete die ersten Vorboten neuer Interessen, die das einstige mitteleuropäische Gleichgewicht neu zu formieren begannen.

Zur Überraschung der neuen Mitspieler wußte sich die Stadtrepublik Venedig ihrer Haut zu wehren, ja sie spielte immer mit höchsten Einsätzen. Noch konnte sie als die »Dominante« ihre einstige Rolle in der Levante und in Italien verteidigen. Das änderte sich erst, als das maritime Venedig zu Beginn des 16. Jahrhunderts der militärischen Überlegenheit des Osmanischen Reiches in seinen zahlreichen ägäischen und ionischen Niederlassungen weichen mußte. Bedrohten die Türken die lebenswichtigen Handelsverbindungen wie nie zuvor, und Karl V. die gesamte italienische Halbinsel, so brauchte Venedig französische Hilfe gegen Spanien und Spaniens Hilfe gegen die Türken. Die Konsequenzen aus den wachsenden äußeren Bedrohungen hatten die meisten italienischen Stadtstaaten, allen voran Genua, Florenz, Mailand und Venedig, längst gezogen: Bereits seit dem frühen 15. Jahrhundert unterhielten sie als erste europäische

Staaten ständige Gesandtschaften an ausländischen Höfen oder Signorien, um das Instrumentarium der Diplomatie in den Dienst der Informations- und Orientierungssuche zu stellen.[4]

So nur gelang es diesen politischen Mikrosystemen, aus der Position der de facto Schwäche, das Netz unentwirrbarer Interessen oder bilateraler Vereinbarungen relativ transparent zu gestalten und durch Kommunikation zu öffnen oder doch mindestens beeinflußbar zu machen.

Um die aktuelle Bedrohung der Stadtrepublik Venedig durch seine zahlreichen Mitkonkurrenten sowie unsichtbaren, aber auch offenen Feinde seit dem 15. Jahrhundert zu erhellen, bedürfte es einer wohl umfassenderen Würdigung. Dabei wäre nicht zu übersehen, daß die jedermann offenstehende Metropole wegen ihrer allseitigen Beziehungen geradezu eine Einladung an alle Arten von Nachrichten-»Diensten« und sonst Informationen suchenden Kundschaftern und Spionen bildete, deren Klientel in allen sozialen Schichten zu finden war.

Wir beschränken uns daher hier auf jene subtileren Varianten der Subversion, die weit über die Ausschaltung der wirtschaftlichen Konkurrenz hinaus, mehr oder weniger unverhohlen die Überwältigung der republikanischen Institutionen und Verfassungsfundamente Venedigs anstrebte und damit unmittelbar die Kommunikation der »Innenräume« betraf. Dies mögen einige, aus dem 17. Jahrhundert stammende Quellen, die Leopold von Ranke eingehend kommentiert hat, veranschaulichen.

So wird in einem in Venedig verfaßten Dokument einem europäischen Monarchen der Vorschlag gemacht, wie er das venezianische Patriziat gewinnen und dann überwältigen könne: Es sei wie eine Dame, der man den Hof mache, indem man ihr zuerst eine Zukunft verspreche. Der Monarch möge nichts im Munde führen, als den Wunsch, die Republik größer und mit seinem Lande verbündet zu sehen, das Anerbieten, ihr mit aller seiner Macht beizustehen. Dann könne er weitergehen. Denn Venedig sei durch einen Krieg mit Zypern geschwächt, die Sitten seien völlig zugrunde gerichtet, der Mittelstand der Nobilität vertilgt. Man sei entweder allzu reich oder allzu arm. Der Monarch möge sich erinnern, daß das Eisen geschaffen sei, um den Körper zu besitzen, aber den Geist in Bande zu legen, dazu sei das Gold da. Jetzt sei es das goldene Zeitalter, weil man alles mit Gold zu tun vermag.

Hunderttausend Scudi jährlich genügten, um venezianische Nobile zu blinden Anhängern seiner Krone zu machen. Außer denen, welche sehr reich oder im Dienste der Republik stehen, gebe es sicher Nobiles, welche arm, mit dem bestehenden Zustand unzufrieden, nach einer Veränderung begierig seien. Dies sei der schwache Teil des Staates. Von diesen wird das Gift eingeschlürft, wenn man ihnen den Rand des Gefäßes mit Süßigkeit bestreiche. Denn gerade von diesen werde eine öffentliche Meinung gebildet, von der auch die Senatoren, schon um deren Stimmen weiter im Senat zu erhalten, abhängig seien. Jeder gebe sich ihr (dieser Abhängigkeit) hin, um nicht von seinen Nebenbuhlern ausgestochen zu werden.

So werde der Monarch den ersten Schritt zur Herrschaft einleiten. Er werde die Republik in einen Zustand bringen, in welcher sie unter dem Schein der Freiheit doch dem königlichen Wohlgefallen unterworfen sei...[5]

Dieses wahrscheinlich um 1672 in Venedig verfaßte Schriftstück: »Scherma della Spada di Luigi XIV. re di Francia con la quale potra farsi ligia la repubblica di Venetia«, dessen Autor zu entdecken die amtierenden Staatsinquisitoren sich vergeblich bemüht hatten, war an den französischen König Ludwig XIV. in der Absicht gerichtet, diesen von der Notwendigkeit zu überzeugen – ähnlich der 1672 erfolgreich überwältigten Republik Holland –, sich der Stadtrepublik Venedig zu bemächtigen, um diese als eigenes Staatsgebilde auszuschalten.

In Anbetracht der hier weiter vorzustellenden Schriften, die nicht weniger unverblümt höchst brisante Bestrebungen dieser Art erkennen lassen, waren die politischen Entscheidungsträger Venedigs gezwungen, unverzüglich zu reagieren. Es handelte sich einmal um die angeblich erstmalige Publikation der »Statuten des Inquisitions-Tribunals« (also der Staatsanwaltschaft, die sich mit staatsgefährdenden Aktivitäten befaßte), des weiteren um eine jener Schlüsselfiguren des 17. Jahrhunderts, Paolo Sarpi und eine ihm zugeschriebene Schrift: »Opinione del padre Paolo Servita Consultor di stato, come debba governarsi internamente ed esternamente la repubblica Venetiana per havere il perpetuo domino« – Venetia 1681.[6]

Diese Texte, die aus guten Gründen streng geheimgehalten wurden, dürften wahrscheinlich nur wenigen Mitgliedern des venezianischen Patriziats bekannt gewesen sein.

Die erst zu Beginn des 19. Jahrhunderts in Paris und Wien von Historikern entdeckten »Schriften« stimmen in ihrem Tenor weitgehend überein: Die »Opinione« betont unmißverständlich die grellen Gegensätze zwischen der herrschenden Minderheit und der »untertänig-widerstrebenden Menge des Volkes«. Allzu zahlreich sei die Republik, um eigentlich aristokratisch heißen zu können. Mit allen möglichen Kunstgriffen müsse man es dahin zu bringen suchen, daß der Große Rat seine Autorität dem Senat und dem Rat der Zehn delegiere, doch nur auf die geheimste und unmerklichste Weise.

Was die vermeintlichen Statuten der Inquisition anbetrifft, so werde geradezu erschreckend deutlich, welch eine gewaltsame, ja ethisch verwerfliche Regierung mehr als drei Jahrhunderte die sogenannte Republik regiert habe. Eine Regierung, die nur ein Verbrechen kannte, die Beleidigung der Staatsraison, und nur eine Strafe, den Tod, weit entfernt also, Freiheiten zu gewähren, welche den Namen Republik verdienten. Wie kann also schlagender dargelegt werden, denn durch jene »Statuten«, kraft deren Wenige mit tyrannischer Gewalt ausgerüstet, jede Hinterlist und jede Grausamkeit anzuwenden beschließen, nur um die Menge im Zaum zu halten. Welch ein Zustand einer Republik, wo diese Gesetze notwendig seien.[7]

Die Veröffentlichung dieser Dokumente fällt interessanterweise erst in die Zeit, als Napoleon in den Jahren 1795–97 die Stadtrepublik zu überwältigen drohte.

Einer der letzten Staatsinquisitoren der Republik, Valaresso, gab sein Erstaunen kund, diesen Dokumenten niemals begegnet zu sein. Die meisten Venezianer zogen es vor, darüber zu schweigen. Dies erst recht, nachdem der französische Historiker Daru jene »Statuten«, welche sich das Tribunal selbst gegeben haben soll, zusammen mit Fra Paolos »Opinione« im Jahr 1819 in Paris als »echte Quellen« veröffentlicht hatte, von welchen auch Fassungen in Siena und in Florenz auftauchten.[8]

Selbst Leopold von Ranke schloß sich dieser Darstellung über Venedig noch in seiner ersten Arbeit, *Geschichte der germanischen und romanischen Völker*, an, um allerdings schon 1827 in einer neueren Publikation seinen Irrtum, im Detail begründend, zu korrigieren. Unterdessen hatten weitere Forschungen italienischer Historiker, etwa Samuel Romanins den, unwiderlegbaren Beweis der Fälschung der hier vorgestellten Schriften erwiesen.

Statuten dieser Art waren also nachweislich niemals geschrieben worden, wenngleich sich einzelne Tatsachen daraus in der politischen Alltagswirklichkeit Venedigs ereignet hatten. Das Ausmaß der Feindseligkeit und der Motive ihrer Verfasser, insbesondere die Wahl der Sprache, ist so offensichtlich wie entlarvend. Ungeklärt bleibt, ob sie dem kaiserlichen Gesandten Leopolds I. in Venedig, de la Torre, zugeschrieben werden müssen, ob sie aus dem Umfeld des französischen Gesandten d'Avaur stammen, dessen antivenezianische Haltung bekannt war, oder ob sie von venezianischer Seite selbst als Ausdruck tiefer Verachtung gegenüber der »aristokratischen« Regierungspraxis des 17. Jahrhunderts verfaßt wurden.[9]

Im Rahmen unseres Erkenntnisinteresses erweist sich die Klärung der Urheberschaft der fraglichen Dokumente als sekundär. Bereits ein flüchtiger Blick auf die Zielrichtung dieser Schriften läßt jedenfalls erkennen, daß es sich um keineswegs zu bagatellisierende Bedrohungen der Republik gehandelt haben muß, die hier nur stellvertretend für zahlreiche, mehr oder weniger deutliche Bestrebungen auswärtiger Mächte und deren Einschätzung gegenüber Venedig stehen.

In der Lagunen-Metropole war man sich seit dem 17. Jahrhundert und den auszehrenden Kämpfen gegen das Osmanische Reich im klaren darüber, daß nur noch die strikte Linie der Neutralität die Bewahrung der Autonomie und des politischen Überlebens gewährleisten konnte. In Anbetracht seiner aktiven Handelsbilanz, eines unvergleichbar hohen Pro-Kopf-Einkommens und eines in Relation zu allen anderen europäischen Staaten schuldenfreien Staatshaushaltes sah Venedig in dieser Variante der Kommunikation die optimalste Ausnutzung seiner Handlungsspielräume, die auf vertraglichen, rechtlich verbindlichen Grundsätzen beruhten und Gewalt nur als allerletztes Mittel der Konfliktlösung in Kauf nahmen.

Während die neuen Mitkonkurrenten oder offenen Feinde, allen voran die spanische Krone und deren Vertreter Ossuna, der Vizekönig von Neapel und Mailand selbst entgegen ausdrücklichen Befehlen des spanischen Königs mittels

Vertragsbruchs und schrankenloser Gewalt (Piraterie) ihre Spielregeln durchzusetzen trachteten, während die Gewalt als einziges Mittel der Kommunikation mit der Austragung innereuropäischer Konflikte auf der italienischen Halbinsel erneut die unmittelbaren Grenzen der Stadtrepublik berührte, blieb diese weiter bestrebt, in Konflikten prinzipiell die schwächere Partei zu unterstützen. Das bezeugt unter anderem ein deutsches Flugblatt aus dem Jahre 1588, das die Kunst der »bilancia«, der Gleichgewichtssuche, welcher die Republik ihr tausendjähriges Überleben verdanke, rühmt.[10] Und dabei diente ihr bevorzugt die Waffe der Diplomatie.

Vor dem Hintergrund dieser Perspektive bietet nun die Betrachtung einzelner Bereiche der Kommunikation und ihrer Akteure einen weiteren Schlüssel der Annäherung. Wenden wir uns zunächst noch einmal den Kommunikationsmedien der Diplomatie in Gestalt der Relationen zu.

3. Die Kommunikationsmedien der Diplomatie

Bereits seit der zweiten Hälfte des 13. Jahrhunderts (1268) waren die in den mehr als zwei Dutzend ständigen Gesandtschaften und Residenzen Italiens, Burgunds, Frankreichs und beim Kaiser akkreditierten, nach Hause zurückkehrenden venezianischen Gesandten verpflichtet, alles aufzuzeichnen, was dem Gemeinwesen nützlich sein konnte. Diese Verordnung wurde 1296 dahingehend ergänzt, diese Berichte vor der sie beauftragenden Behörde abzustatten und später (1425) dieselben auch schriftlich abzufassen.

Mit der Erweiterung der Republik zum »Stato da Terra« 1389–1420 und neuen europäisch-diplomatischen Vertretungen wuchs die Zahl der Gesandten sprunghaft auf mehr als das Dreifache an. Da die vom Senat gewählten Gesandten jeweils nur drei bis vier Jahre an einem bestimmten Ort Botschaftsdienste versahen, läßt es sich vorstellen, wie oft in der »Sala del Senato« des Dogenpalastes der Vortrag von Relationen auf der Tagesordnung zu finden war.

Der Vergleich der »Relazioni« mit der Verfertigung eines Portraits mit wechselndem Rahmen, Personal, Interieur und nicht selten unterschiedlichen »Perspektiven« legt es nahe, den bereits zitierten Hinweis Lottos in Erinnerung zu rufen, »Wisset, daß dies Dinge sind, die nicht geschrieben stehen. Die Vorstellungskraft muß sie ans Licht bringen.« Tatsächlich erweist sich – das bestätigt das eingehendere Studium der Relationen – aus diesem Grunde jedes Pauschal-Urteil über dieses Thema als unangemessen.

Über einen Zeitraum von mehr als fünf Jahrhunderten führen die jeweiligen Berichterstatter noch nüchterne Tatbestände bei Tageslicht vor: nackte Zahlen und fotografische Details. Im 14. Jahrhundert überwog so der Eindruck von Geschäftsberichten, Förmlichkeit, Statistik, Distanziertheit, die Auflösung der politisch-sozialen Alltags-Wirklichkeit in analytische Größen, jeweils begrenzte Spielräume und »Spieler«, Herrscher, Ratgeber, Beherrschte, die um mehr oder weniger große Einsätze würfelten.[11]

Das sollte sich jedoch im 15. Jahrhundert ändern. Vorsichtig wurden der schematische Aufbau, die Ausgewogenheit der Teile in dem Bemühen betonter Objektivität oder doch Zurückhaltung des eigenen Urteils immer mehr zugunsten differenzierterer Menschendarstellungen erweitert, wurde die Tendenz verfeinerter Ausdrucksmittel und Nuancen unüberhörbar. Offenbar wollte man im Senatsplenum nicht mehr »nur trockene Zahlen, sondern die Dinge, soweit von ihnen Lebensfragen der Republik abhingen, ganz nahe vor sich sehen«.[12]

Berichterstatter treten nun unmittelbar als Menschen auf, die über Menschen berichten, Portraits werden skizziert, die sich »der Seelen zu bemächtigen beginnen«. Doch bleibt ihnen allen das eine Ziel gegenwärtig, die ihrer Politik innewohnende Logik und ihre Beweggründe zu erforschen. Die Konturen mancher »Portraits« und ihres Personals verschärfen sich. In einigen Berichten entsteht fast der Eindruck, als seien die Beobachteten »ganz mit Spiegeln umstellt«. Und dennoch gibt es weiter auch jene, am Irdischen klebenden, vom Geist reinen Nützlichkeitsdenkens, von der Gedanken Blässe angekränkelter Vordergründigkeit befrachtete, langatmige Berichte, ohne den Sinn für das Besondere im Allgemeinen.[13] Doch die Kunst der Einfühlung wurde perfektioniert: Ein Auszug aus einer Relation des venezianischen Botschafters im Vatikan:

Es ist mit S. Heiligkeit [Papst Paul IV.] viel Geduld und Geschicklichkeit nötig, bei bestimmten Gelegenheiten, die der Klugheit und Einsicht des Verhandelnden anheimgestellt sind, muß man um gewisse Dinge nachsuchen, weil er sie dann, milde aufgelegt, schwerlich verweigert.

Ich habe mich bemüht, mich dieser Natur anzuschmiegen, und ging nie mit dem Entschluß hin, irgendein Geschäft zu machen, sondern paßte mich der Gelegenheit an und der Stimmung, die ich gerade in S. Heiligkeit erkannte... Ob mir das gelungen ist oder nicht, entscheide das Urteil Eurer Herrlichkeiten.

Der Pontifex hat keine bestimmte Stunde zu essen. S. Heiligkeit [Paul IV.] pflegt in publico zu essen, manchmal um die 20. Stunde zu Mittag, manchmal um die 17. Stunde. Er trinkt mehr als er ißt. Sein Rotwein ist so stark und so dick, daß man ihn fast schneiden könnte. Nach der Mahlzeit trinkt er Malvasir, das nennen die Seinen, sich die Zähne putzen. Manchmal verbrachte er drei Stunden vom Niedersitzen bis zur Aufhebung der Tafel, indem er sich in Unterhaltung über die verschiedensten Gegenstände einließ und schließlich in der Hitze viel geheime und wichtige Dinge sagte. So sprach er während der ganzen Dauer des Krieges gegen den Kaiser, gegen den König, und die ganze spanische Nation, indem er keine Gelegenheit übersah, die Römer, von denen immer eine Anzahl da war, gegen sie zu entflammen... Jetzt speist er zurückgezogen und läßt niemanden zu. Damit hat er auch die wenigen Audienzen beseitigt, die er gleich nach dem Essen an einige erteilte, die kein Gehör... finden konnten. Er ließ an seinem Tische nur Kardinäle zu, die ihn verständigt hatten... und es galt als große Gunst, daß er mich zweimal mit ihm zu essen hieß, da er es zu meiner Zeit mit keinem Ambasciatoren tat, außer bei öffentlichen Gastmählern... (Bernardo Navagero, 1588)

Ein knappes Jahrzehnt später, 1566, entwarf Paolo Tiepolo, Gesandter in Rom, ein bestechendes Kontrast-»Portrait« zweier extremer Papst-Persönlichkeiten: Pius IV. und Pius V. Ähnliche Berichte als vieldimensionale Portrait-Skizzen existieren über osmanische Herrscher, französische Monarchen wie Katharina von Medici, als mager-häßliches Kind bis zur tyrannischen Familienmutter, und andere europäische Herrscherhäuser und deren Umfeld. Zu den herausragenden gehören jene Portraits Philipps II., des staatsklugen Arbeiters und des trägen, in sich gekehrten Träumers, »der lieber getäuscht als belästigt werden wollte, der nie seine Gärten verließ, immer dieselben Gewänder von Silberfarbe trage, der immer am gleichen Ort, zur selben Stunde, die gleichen Dinge esse . . . und sich mit niemandem unterhalte . . .« (Tommaso Contarini, 1596). Ein »Portrait« seines Vaters Karls V. (1548) von dem späteren Dogen Mocenigo vermittelt dessen tiefe Religiosität und Fähigkeit zur Grausamkeit, dessen Ängste und Eigenheiten, ähnlich wie bereits das berühmte Portrait Tizians.

Fast selbstverständlich haben seit dem 16. Jahrhundert auch anekdotische, private, ja intime Facetten Eingang gefunden in die Kompositionstechniken der Relationen. Dennoch waren es trotz tendenziell übereinstimmender Auswahl-kriterien und Maßstäbe der Berichterstatter, trotz unverrückbarer Konventio-nen und Interessen, immer mehr oder weniger unterschiedliche Nuancen und Akzente, die den Blick freigaben auf das für den Senat in bestimmten Situationen jeweils Relevante.

Das breite Spektrum zwischen Redundanz und Relevanz blieb von den Ambasciatoren höchst persönlich zu gestalten, wohl »wissend, daß dies Dinge sind, die nicht geschrieben stehen, die Vorstellungskraft muß sie ans Licht bringen«.

Zu den herausragendsten Gestalten venezianischer Diplomatie – und das hieß immer auch Souveränität im Umgang mit Sprache und kommunikativer Vermittelbarkeit – gehörte etwa der als 25jähriger mit ersten Missionen betraute Alvise Contarini: Seine Schlüsselrolle beim Zustandekommen des ersten gesam-teuropäischen Westfälischen Friedens 1648, seine Stärke, selbst noch aus dem Kerker in Konstantinopel der Republik unersetzliche Dienste zu leisten, oder der Einsatz und die Unerschrockenheit des kultivierten »Segretario Ducale« Gio-vanni Dario im Orient und in Asien stehen hier stellvertretend für kommunika-tive Gestaltungspotentiale und Integrität einer politischen Elite ohnegleichen.

Die Liste der in den letzten Jahrhunderten in Venedig herausragenden Diplomaten spricht für sich selbst. Sie legt die Vermutung nahe, daß die Selektionskriterien und -mechanismen, die diese Art von Repräsentanten her-vorgebracht haben müssen auf einem weit zurückreichenden Fundus von Erfahrungen, aber auch auf einem außerordentlichen Maß an Entfaltungsmög-lichkeiten mit Führungsqualitäten basierten.

Der oben zitierte Ausschnitt der Relation des Bernardo Navagero aus dem Jahr 1558 steht als »pars pro toto«: Relationen waren nicht nur mehr oder weniger gelungene »Portraits« politischer Schlüsselfiguren, einflußreicher Per-sönlichkeiten des damaligen Europa und Vorderen Orients, sie waren auch Katalysatoren, Medien, deren zu verlebendigende Existenz Reaktionen auslöste. Dabei war es gar nicht auszuschließen, daß

Francesco Guardi, Die Sala del Collegio.

die völlig objektive, von Vorurteilen wie von sittlichen Bedenken freie Behandlung von internationalen Dingen bisweilen eine Vollendung erreicht, in der sie elegant und großartig erscheint, während das Ganze den Eindruck eines bodenlosen Abgrunds hervorbringt. (J. Burckhardt)[14]

Wir erreichen damit – im Kontext »Relationen« als Abbildung und Medien der Außenwelt – einen Schnittpunkt kommunikativer Beziehungen für den Ausdruck der sogenannten Wirklichkeit, nämlich des Wissens von und des Wissens über die Welt (Wissen erster und Wissen zweiter Ordnung), deren Eigentümlichkeit offenbar darin besteht, daß die Welt, in welcher wir leben, einschließlich des Bewußtseins unser selbst als eine vordergründig hierarchische Über/Unter-Ordnung erscheinen, also tragfähige Aussagen über eine Stufe dieser uns selbst reflektierenden Ordnung nur von einer nächst höheren Stufe aus gemacht werden können.[15]

Hochdifferenzierte Sozialverbände wie die italienischen Stadtrepubliken (insbesondere Venedig) konnten überhaupt nur aus der Überwindung elementarer, unreflektiert ablaufender sozialer Mechanismen der Normenbildung, des Vertrauens, des Lernens und der Institutionalisierung bestimmter Verhaltensmuster und -Erwartungen hervorgehen. Erst sich in Institutionen manifestierende reflexive Mechanismen – zu denen auch der Umgang mit Relationen gehört – haben die Komplexitätspotentiale, die Differenziertheit dieser Sozialordnungen, insbesondere die Kommunikation über Kommunikation, das Lernen des Lernens, Innovationsfähigkeit und damit die Überlebensaussichten dieser politischen Systeme entscheidend erweitert.[16]

Wenden wir uns nun im Kontext der Aktualisierung der Relationen den kommunikativen Prozessen im Senat zu.

4. Das Kommunikationsspektrum und die Kommunikationsmechanismen im Senat – Informationsverarbeitung im Dienste der Entscheidungsfindung auswärtiger Beziehungen

Der Senat bildet die eigentliche Werkstatt der Republik (»Cantiere della Repubblica«). Neben dem Träger der Souveränität der Republik, dem Großen Rat, neben der Signoria (»Collegio«) und dem Rat der Zehn bildet der Senat sowohl eine Art Parlament wie auch ein ausführendes Organ. Zu seinen wichtigsten, im Laufe der Jahrhunderte modifizierten Funktionen gehörten außer den Ressorts Wirtschaft, Finanzen, Überseeschiffahrt und Verteidigung die Wahrnehmung und Gestaltung der Auswärtigen Beziehungen.

Hier absolvierten die jüngeren Mitglieder, sofern es deren Vermögensverhältnisse erlaubten, zunächst als »Savio agli Ordini«, »Berater zur Verfügung«, ihre Praktika mit dem Recht, an Sitzungen und Beratungen der Signoria und des Senats – sofern sie aus weniger vermögenden Familien stammten, als Mitglieder bescheidenerer Magistrate –, teilzunehmen.

Nach altem Brauch wählte der Senat aus seiner Mitte neben allen höheren Beamten für auswärtige Dienste auch die Botschafter und Gesandten. In diesem Zusammenhang bildet nun der Vortrag der Relationen im Senats-Plenum für die jüngeren und noch wenig erfahrenen Mitglieder als potentielle Angehörige des diplomatischen Korps die Gelegenheit der Teilnahme an dieser besonderen Form der Selbstdarstellung. Ein unausgesprochenes Ziel bildete die Vertrauenswerbung, gleichviel ob es sich um noch unerfahrene Diplomaten oder um bereits erprobte Ambasciatori handelte.

Auf welche Weise gelang es jüngeren Diplomaten, durch ihren Vortrag den in sie gesetzten Erwartungen über die eigene Selbstdarstellung gerecht zu werden? Reine Rollenkonformität bietet prinzipiell kaum Spielraum für die eigene Selbstdarstellung – wer sich nur anpaßt, »existiert« nicht, wird als Selbst nicht sichtbar –, andererseits erscheinen die Konventionen dieses Rituals weitgehend unveränderbar: das Decorum, die ästhetischen Prämissen der gedanklichen und sprachlichen Gestaltung, die Berücksichtigung des dramatischen Moments, die Attitüde. Gleichwohl eröffnete dieses Procedere für den Berichterstattenden dennoch vielfältige Möglichkeiten, um der mit diesem Gremium korrespondierenden Identität Ausdruck zu verleihen. Der Weg zum Vertrauen führt über das umformende Eingehen auf fremde Erwartungen, über den »Austausch« bestimmter Standarderwartungen gegen solche, deren Erfüllung nur der jeweilige Berichterstatter als diese spezifische Persönlichkeit mit dem ihm eigenen Stil zu gewährleisten verspricht.[17]

Zur gleichen Zeit fungierten die überwiegend erfahrenen Senatsmitglieder als Ausleseinstanz für Karrieren. Fast alle herausragenden Patrizier hatten einst als Politiker ihre Laufbahn über den Senat mit Relationen eingeleitet, wenngleich nicht alle Politiker durch herausragende Relationen aufgefallen sein konnten. Im politischen Alltag des Patriziats gab es zahlreiche Gelegenheiten sowohl der Selbstinszenierung wie auch der Bewährung. Sie alle konzentrierten sich letzten Endes auf einen Brennpunkt: die Delegation von Vertrauen und Kompetenz unter der impliziten Voraussetzung der Beherrschung metakommunikativer Spielregeln und den Anspruch unbedingter Selbstverantwortlichkeit. Delikaterweise gab der einzelne durch seinen Auftritt vor dem Senat mehr Aufschluß über sich selbst und seine Beziehungen zu den anderen, als er mit seinem idealen Selbst abzustimmen fähig oder bewußt mitzuteilen bereit sein mochte.[18]

Diese Erfahrung hatte im Dogenpalast jeder Patrizier bereits mit seinem Eintritt in das politische Leben der Gemeinschaft mit dem 25., nicht selten mit dem 20. Lebensjahr zu machen, und sie bestätigt sich für den Leser der Relationen bis zum heutigen Tage. Soweit das institutionalisierte Prinzip permanenten Vertrauensangebots – sowohl nach innen wie auch außerhalb – zu den Spielregeln dieser Gemeinschaft gehörte, bezog dieses wohl auch die Erfahrung ein, daß Handlungspotentiale und -Spielräume in dem Maße zunahmen, in welchem auch Vertrauenswürdigkeit, die jeder Art von Kontrolle vorzuziehen ist, wächst.[19]

Vertrauensvorgabebereitschaft war also auch in diesem rituellen Rahmen durch soziale »Kontrollen« beeinfluß- und steuerbar. Hier eröffneten sich mit dem Vortrag der Relation und der allgemeinen Aussprache im Plenum ständig neue Aufgabenbereiche. Vertrauensangebote bildeten also ein Vermögen, das entwickelbar war und Selbstdarstellung das bestmögliche Medium, Vertrauenswürdigkeit als Reduzierung sozialer Komplexität durch Risikoverminderung anzubieten. Es ist unschwer vorstellbar, daß die sich nur dem Zuhörer sinnlich offenbarende Differenz von persönlichem Anspruch und Realität, Eitelkeit, Täuschung, Zweifel, Unsicherheit, aber andererseits auch Souveränität, kein noch so intensives Studium der Relationen – als geschriebenes Dokument – zu ersetzen vermochte.

Die Ausstrahlung der Persönlichkeit, Virtuosität im Umgang mit Kommunikation, vermittelbare diplomatische Erfahrungen, wie sie als »pars pro toto« in dem Text eines Bernardo Navagero über Papst Paul IV. und ähnlichen Relationen zum Ausdruck kommen, ragen sicher aus dem Alltagsgeschäft des Senats heraus, das vergegenwärtigen die außergewöhnlichen Beziehungen zwischen Vatikan und Venedig, wie sie am Ende dieses Kapitels dargelegt sind. Für die jüngeren Anwärter demonstrierten sie vor allem Maßstäbe und Identifikationsangebote. Und im Rückblick existieren jenseits aller Routine und Trivialdarlegungen des natürlicherweise ganz unterschiedlichen diplomatischen Personals Relationen, bei deren Lektüre jenes »Licht«, von dem der Maler Lorenzo Lotto spricht, hervorbricht, ja eröffnen sich Tiefendimensionen: Relationen des Pietro Corner, Giovanni Michele und Giovanni Corner (zum

Hintergrund der Hugenotten-Kämpfe um Katharina von Medici), des Francesco Vendramin, Alvise Contarini, Giovanni Soranzano (zur Persönlichkeit des Prinzen Don Carlos), des Andrea Badoero, Leonardo Donato, Giovanni Capello, Paolo Tiepolo, Tommaso Contarini und des bereits erwähnten Alvise Mocenigo, die jenen »bodenlosen Abgrund« auftun, von dem Jacob Burckhardt gesprochen hat.

Welche Wirkung müssen diese Berichte im Senat ausgelöst, welche Einblicke in die Innenräume ihrer Verfasser eröffnet haben, wenn es sich um Gasparo Contarini oder Marcantonio Barbaro handelt (der zum Gespött der Menge in Ketten durch die Straßen Konstantinopels geschleift wurde, nachdem man seinen Dolmetscher im Gefängnis erdrosselt hatte), wenn es sich um Giovanni Capello handelt, der alsbald an den Demütigungen und Foltern in der Festung Adrianopel starb, oder wenn es sich um die von Ranke kommentierten Relationen zur Morea-Politik Venedigs handelt. Sie lassen ein teilweise überraschendes Maß an Feinabstimmung, Sensibilität für situative Gegebenheiten, Gespür für Gestaltungsspielräume durch den Senat erkennen.

Unübersehbar bleibt indessen jener Schatten: die Differenz von Anspruch und Wirklichkeit, wie sie in der Bemerkung Burckhardts zum Ausdruck kommt. Doch sollte diese Realität aus der Perspektive des Lesers auf der Ebene des konkreten politischen Handelns nicht zu der Schlußfolgerung der »Illusion der Alternative« führen, d. h. zu dem Glauben an zwei »Alternativen«, nämlich mit der Vorstellung, außerhalb dieses Spielraums weitere Aktionsmöglichkeiten nicht mehr erkennen zu können.[20] Die Praxis venezianischer Außenbeziehungen bietet ein verwirrendes Beispiel für den Umgang mit einer paradox erscheinenden »Logik der Anwendung«, und das meint die virtuose Ausschöpfung fast unbegrenzbar erscheinender Handlungsspielräume.

Die gründliche Analyse der Relationen bot eine häufig unentbehrliche Entscheidungshilfe. Sie oblag einem Senatsausschuß, nachdem in aller Regel eine allgemeine Debatte des Plenums vorausgegangen war, in welcher jedem Mitglied unbegrenzte Redezeit eingeräumt wurde. Eines der schwierigsten Probleme bildete dabei, wegen des Kollektivitätsprinzips und wegen der Wahrung einer jeweils unterschiedlich zu bemessenden Öffentlichkeit, die Verschwiegenheitspflicht (»credentia«), insbesondere in den Jahren wachsender Bedrohung der Republik. Wer Informationen aus dem Senat an auswärtige Gesandte verriet – weshalb Nobilitäten private Kontakte dieser Art verboten waren –, zahlte 100 Dukaten. Handelte es sich um ausdrückliche Geheimnisse, so erfolgte neben einer Geldstrafe ein fünfjähriger Ausschluß. Dennoch waren etwa Päpste und andere Potentaten über die meisten Verhandlungsgegenstände des Senats »informiert«. Das System der Sicherung erschien zu »perfekt«, um völlige Sicherheit zu gewährleisten. Es fehlte umgekehrt jedoch auch nicht an Beispielen von Verschwiegenheit und bewundernswerter Loyalität.[21]

Angesichts der in der Lagunenstadt überragenden Bedeutung des Produktionsfaktors Information, angesichts des seit dem 13. Jahrhunderts institutionalisierten Prinzips vertikaler und horizontaler Pluralität (der Machtkompetenzen und Entscheidungsprozesse) können wir nach diesem Einblick davon ausgehen, daß die Organisation interner Kommunikation ein Maximum an Funktionsfähigkeit von Teil und Ganzem gewährleistet hat. Es findet Ausdruck in einem auf Rückkoppelung beruhenden, sich weitgehend selbst regulierenden, labilen (Un)Gleichgewicht zwischen Tradition und Wandlungsfähigkeit.

Der im Zusammenhang mit venezianischem Selbstverständnis so oft wiederholte Hinweis auf das merkantile Macht-Kalkül dieses »Rialto-Wallstreet«[22], auf die sogenannte »Rationalität« der Serenissima, erweist sich bei näherer Betrachtung als eine »Rationalität der Affekte«, die im reflexiven Umgang mit ihren eigenen Widersprüchen und Paradoxien ein überlebensnotwendiges Maß an Anpassungsfähigkeit gewährleistete. Eine der entscheidenden Voraussetzungen dafür bot über viele Jahrhunderte jenes Instrumentarium, das die Fähigkeit, die eigene Kommunikation zum Thema der Kommunikation zu machen, jedenfalls nicht ausschloß. Dafür bieten die Relationen in ihrer doppelten Bedeutung eine bis heute in der angewandten Politikwissenschaft und Praxis weit unterschätzte Quelle von hohem Erkenntniswert.

Nach diesem sowohl die äußere wie auch die innere Kommunikation betreffenden Diskurs über das Medium der Relationen, richtet sich unser Erkenntnisinteresse, bevor wir uns mit dem Phänomen venezianischer Kommunikation versus Ex-Kommunikation im Verhältnis Venedigs zum »Heiligen Stuhl« befassen, auf die metakommunikativen Mechanismen der am Regierungsprozeß beteiligten Institutionen.

5. Interessenkonflikte und Konfliktlösungsmechanismen – die metakommunikativen Mechanismen im Regierungsprozeß

Prinzipiell dient Kommunikation im politischen Prozeß der Entscheidungsfindung und Handlungsfähigkeit der jeweiligen Regierungs- bzw. Verwaltungsorgane. Doch wurden diese ihrerseits auch in der Stadtrepublik Venedig nicht selten aufgrund unterschiedlicher Bewertung und Interessen durch manifeste oder latente Konflikte eingeschränkt, ja bisweilen erheblich gestört.

Schon zu Lebzeiten – mehr noch seit dem 19. Jahrhundert – galt die Republik von San Marco, betrachtet man das Ensemble europäischer Staaten zwischen 14. und 18. Jahrhundert, als ein Muster sozialen Friedens, inneren Gleichgewichts und der Ordnung schlechthin. Die Frage allerdings, welche Ordnungsmuster eigentlich gemeint sind, bleibt bei der Mehrzahl der Chronisten vage. Die Disposition dieser Autoren läßt jedenfalls vermuten, daß nach ihrem Ordnungskonzept der Konflikt eine »quantité négligeable« bleibt, denn innerhalb vertikaler Ordnungsstrukturen bildet Konfliktvermeidung bis in das 20. Jahrhundert ein bewährtes Axiom politisch-sozialen Zusammenlebens.

Tatsächlich erweist sich die Stadtrepublik auch hier als »hermaphroditisch«, als ein Modell prinzipiell menschlicher Disposition. Dem tragen die Ambivalenz und das Mißtrauen gegenüber jeglicher Macht in der politischen Praxis jener venezianischen »Lösung« Rechnung. Den vordergründig ausbalancierten, Loyalität und Geschlossenheit signalisierenden Kräften dieser Kommunität steht ein fast überraschendes Maß an Streitbarkeit und Konfliktbereitschaft gegenüber. Die unausgesprochene Regel lautet: in Meinungsäußerungen jenseits vordergründiger Versöhnungsappelle geradezu einen Garanten zu sehen in der gemeinsamen Übereinstimmung des Konsensus über den Dissens.[23] Und diesem diente ein differenziertes Instrumentarium institutionalisierter Konflikt-bewältigungsmechanismen.

Von der speziellen Funktion, dem Sinn und Zweck des Konflikts im allgemeinen war bereits die Rede. In diesem Zusammenhang interessieren uns die Konfliktparteien und die Konfliktgründe sowie der kommunikative Umgang mit dem Phänomen des Konflikts, der sich ebenso subtil erweisen wird wie die Vielfalt seiner Lösungsmöglichkeiten oder doch Lösungsversuche.

Eine Skizze veranschaulicht die labyrinthische Konfiguration der hier bereits sehr vereinfachten und sich ständig verändernden Kraftfelder, den inneren Kreis mit den etwa 40 politischen Schlüsselfiguren im engeren Kreis um den Dogen, der seinerseits in die Netzwerkstruktur jener Pentarchie eingebunden war. Für das Verständnis des internen Kommunikationsprozesses – die gewöhnlich unausgesprochenen Beziehungsebenen der je nach Rang und Alter nicht gleichrangigen Interaktionen einschließlich der Vermittlung von Wissen, im Großen Rat und anderen Gremien zwischen nicht selten vier Generationen – ist es unerläßlich, auf eine venezianische Eigentümlichkeit des Selbstverständnisses politischer Professionalität hinzuweisen: Die berufsmäßige Auffassung des Politik-Geschäfts als Verpflichtung für jeden Patrizier, zu der keine Alternative zulässig war. Ihr entsprach sowohl der Grundgedanke politischer Spezialisierung mit dem fließenden Übergang und Wechsel von bestimmten Aufgabenbereichen und Ämtern in andere Ressorts wie auch die Praxis, gleichermaßen multiprofessionell etwa als Kapitän zur See, Kaufmann, Finanzfachmann, Ingenieur, Gelehrter und in ähnlichen Berufen tätig zu sein. Nur die Wahl des Priesteramtes führte zum Ausschluß aus dem Großen Rat.

Diese Art der Praxis als Multiversalität und »Rotation«, die damit auch den Werdegang jeweils auswechselbarer Tätigkeitsbereiche jüngerer Mitglieder des Patriziats vorsah, hatte sich über Jahrhunderte bewährt. Sie bot offenbar die bestmöglichen Voraussetzungen eines für die Politik als Profession notwendigen Maßes an speziellen Erfahrungen und übergreifender Urteilsfähigkeit für die Koexistenz und Wahrnehmung der Teil- und Gemeininteressen.

Die uneingeschränkte Favorisierung dieses Prinzips der horizontalen Pluralität der Kompetenzen hat jedenfalls maßgebend zur Kontinuität und Überlebensfähigkeit Venedigs als unabhängigem Staatsverband beigetragen.

Es ist charakteristisch, daß die ausschließlich an einer abstrakt-hierarchischen Herrschaftslogik und politischen »Macht-Perspektive« orientierten Historiographien über Venedig diesen Aspekt bisher weitgehend unbeachtet gelassen haben, während es bis heute offenbar nur wenige Autoren wie Alvise Zorzi, Giovanni Scarabello und andere zu sein scheinen, die einer auf heterarchischen Machtstrukturen und Rückkoppelung basierenden sozialen Gemeinschaft und damit einer »Kultur-« und Zivilisations-Perspektive den Vorrang einräumen.

Ein weiterer Aspekt interner Kommunikation betrifft die Berücksichtigung der gleichermaßen bindenden vertikalen Pluralität im Großen Rat. Hier saßen, legitimiert durch die Eintragung in das sogenannte »Goldene Buch«, Nobiles von enormem Reichtum, die, sofern ihnen die geistigen Kräfte der Ausübung ihrer hohen Ämter fehlten, de facto von ihren bürgerlichen Sekretären »abhängig« waren, wie ebenso die mehr oder weniger bis zum Existenzminimum verarmten »Barnabotti«.[24]

Der Hinweis nahezu aller Chronisten auf die Majorität dieser Gruppe erweckt gelegentlich den Eindruck, einige dieser Autoren seien Mitglieder des »Consiglio Maggior« mit eigenen Erfahrungen gewesen:

Dauerhinterbänkler und Dandys, Schreihälse und Glücksritter, ja eine Plage für Staat und Stadt – zu grotesker Nichtsnutzigkeit fähig, wegen staatsbedrohlicher Ungehörigkeiten streng zu beaufsichtigen, durch die Einrichtung überflüssiger Stellen zu ernähren, um sie so von bedeutsamen Posten fernzuhalten, ... junge Leute, die man mit verantwortungslosen Reden immer nur auf dem Halse habe und doch für das Wahlgeschäft bei guter Laune halten müsse.[25]

Nicht nur die ausdrückliche Hervorhebung ebensolcher Lichtseiten der Mitglieder des Großen Rates bei Autoren wie Heinrich Kretschmayr und anderen wie auch die Evidenz der Funktionsfähigkeit der Stadtrepublik als Staat rückt indessen die Proportionen der Einschätzung dieses wichtigsten politischen Organs wieder ins rechte Licht. Sie bestätigt gleichermaßen jenen immer wieder betonten Charakter der irdischen Stadt – »Civitas Terrena« – und macht darüber hinaus verständlich, daß auch die Nobilität, wie die »Cittadinanzza« oder die Masse des Volkes, die zum überwiegenden Teil aus Nichtvenezianern bestand, gleichermaßen zu schützen, wie im Zaum zu halten war.[26]

Die über die letzten 500 Jahre dominierenden Konflikt-Parteien und die ihnen korrespondierenden Konflikt-Hintergründe lassen sich – zunächst jedenfalls vordergründig – auf in der Skizze tendenziell angedeutete Epizentren zusammenfassen.

In Zeiten staatsgefährdender Gefahr war es in Venedig ein unumstößliches Gebot des Überlebens, die handanlegende Solidarität der gesamten Gemeinschaft zu mobilisieren. So waren nach dem aufopferungsvollen, aber schließlich erfolgreichen Kampf des letzten Genua-Krieges um Chioggia die dreißig Familien in den Großen Rat aufgenommen worden, die die größten materiellen Belastungen während der Verteidigungsanstrengungen gegen Genua getragen hatten.

Ähnliche »Transfusionen« der Aufnahme neuer Familien in den Großen Rat erwiesen sich auch in späteren Jahrhunderten, vor allem während der Türkenkriege zwischen 1645 und 1718, als überlebensnotwendig. Sie signalisieren nicht zuletzt auch die Bereitschaft des Patriziats, mit anderen, zu Opfern bereiten, vorbildlichen Familien, Ehre und Macht zu teilen.[27]

Obwohl die alten Familien weiter einen großen Teil staatstragender Ämter und Würden innehatten, kam es seit dem 14. Jahrhundert (1382) zu sich schrittweise ankündigenden Machtverschiebungen im Großen Rat. In deren Verlauf gelang es jenen neuen Familien über den (aus der Vogelperspektive) erstaunlich langen Zeitraum von 250 Jahren (1382–1612), das Dogenamt ausschließlich mit den von ihnen favorisierten Kandidaten zu besetzen.

Ob die Gründe für diese Machtverlagerung wirklich im wesentlichen auf die vieler – einst reicher – Familien durch Staatsobligationen, also Zwangsanleihen, ausgelöste Verarmung mit katastrophalen Vermögensverlusten zurückgeführt werden kann, bleibt eine umstrittene und heute kaum noch beantwortbare Frage.

Gesichert ist jedoch, daß mit der seit dieser Zeit unübersehbaren Rivalität zweier Gruppierungen im Großen Rat Interessengegensätze zutage traten, die latente und zunehmend auch handfeste Konflikte um die Art der Gestaltung politischer Probleme auslösten.

Zu den Symptomen dieser Rivalität gehörte im Jahre 1470 etwa jene Aufforderung des jungen Bartolomeo Memmo aus einer der vornehmsten alten Familien, am »nächsten Sonntag in großer Zahl in den Senat zu kommen, um die Verräter« – die neuen Familien einschließlich Dogen – »zu ermorden«.

Am Ende des 15. Jahrhunderts geriet die ganze, am politischen Leben teilnehmende Stadt erneut in Aufregung, als an öffentlichen Säulen die Verzeichnisse der neuen und alten Familien angeschlagen waren mit der unausgesprochenen Aufforderung an die eigenen Freunde, keines der Mitglieder der alten Familien mehr in irgendeines der öffentlichen Ämter zu wählen. Natürlich blieb die Suche nach den Tätern trotz ausgeschriebener Belohnung erfolglos.[28]

Von nun an zeichnen sich immer weniger voneinander präzise abgrenzbare Konfliktmotive und -ursachen, aber auch sich zunehmend vermischende Konfliktparteien ab. Sie angemessen zu bewerten, würde umfassendere und vergleichende Analysen der jeweils tagespolitischen Ereignisse und ihrer Akteure über längere Zeiträume voraussetzen. Die Hintergründe dieser Konflikte führen jedenfalls, soweit sie sich in den kommunikativen Prozessen des Großen Rates und des Senats widerspiegeln, auch auf jene zwei grundsätzlich beobachtbaren Paradoxa zurück, die offenbar tendenziell in allen mehrheitsdemokratisch organisierten Systemen anzutreffen sind.

Einerseits muß jedes Mitglied bzw. jede Gruppe bestimmte, sozial verbindliche Normen und Spielregeln gegenüber bewährten Traditionen und als vorbildlich akzeptierten Autoritäten respektieren. Andererseits bedarf jede sozial produktive Weiterentwicklung der Normenverletzung, des Spielregelbruchs, um jeweils eine neue, abgrenzungsfähige Autonomie zu artikulieren, und damit eine eigene authentische Identität zu gewinnen.[29]

Dieses Paradox wird – in mehrheitsdemokratischen Systemen – überlagert von einem, auch im Großen Rat beobachtbaren, das Kollektiv betreffenden Dilemma mit der bereits erwähnten Tendenz zur Dominanz der »Bestätigung« gegenüber jeder Art von »Erstmaligkeit« d. h. der Einschränkung und prinzipiellen Ablehnung innovativer, insbesondere struktureller Veränderungen.

Wenn der in Venedig so vehement verteidigten Unabhängigkeit und kollektiven Selbstbestimmung, die nach allen historischen Erfahrungen stets aus Initiativen »elitärer« Fluktuation hervorgegangen ist, nicht mehr genügend Spielräume evolutionärer Selbsttranszendenz offenstanden, dann waren langfristig Anpassungs- und Lernfähigkeit, und damit die Funktionsfähigkeit des Gesamtsystems im 17. und 18. Jahrhundert gefährdet.

So, wie die in der amerikanischen Verfassung eingebauten konstitutionellen Kontrollmechanismen in so kritischen Fällen wie Warren Harding, Lyndon B. Johnson und Richard Nixon diesen Selbstregulierungsprozeß kraft intakter negativer Rückkoppelung ermöglicht haben – in der neueren Geschichte stehen dafür unmöglich gehaltene Beispiele wie die »Perestroika« eines Michail Gorbatschow als Signale stets möglicher evolutionärer Selbstüberschreitung –, so boten die *correzione* im Großen Rat und im Senat in kritischen Situationen über viele Jahrhunderte die immer wieder notwendige Chance der in der gesamten Evolution angelegten Selbstreparatur.

Die Überlagerung verschiedener Entwicklungsvarianten ist evident: spezifische, auf der pragmatischen Ebene des individuellen und kollektiven Verhaltens relevante Dilemmata als Hintergrund von Konfliktmotiven und -Ursachen vermischen sich zunehmend mit divergierenden Interessen, vor allem alternativer Handlungsperspektiven der jüngeren Generation.

Die seit dem 14. Jahrhundert beobachtbare Konstellation rivalisierender alter und neuer Familien »Case vecchie« bzw. »longhi« gegenüber den »Case nuove« bzw. »curti« mit Normen-, Gruppen-, und generationsbedingten Konflikten erweiterte sich nun zu unüberbrückbar erscheinenden Gegensätzen: Im Großen Rat wie in der Werkstatt der Republik, dem Senat, waren gewöhnlich vier Generationen zu einvernehmlicher Zusammenarbeit aufeinander angewiesen.

Mochten manche Chronisten (wie Heinrich Kretschmayr u. a.) während ihrer Venedig-Studien bereits aus der Altersperspektive herunterblicken, so erscheint es trotz ihrer auffallenden Betonung dieser Kontra-Positionen plausibel, hier ein kommunikations- wie konfliktrelevantes Moment aufzugreifen:

Bei soviel Jugend kam viel Unordnung und Unruhe in den Rat, zumal, wenn wie so oft, die Leitung in den Händen einer leidenschaftlichen nicht immer besonnenen Jugend lag.

Die Jungen im Senat, und erst gar im »Rat der Vierzig«, das waren die Scharfmacher, die den demokratischen Lärm gegen die wirklichen und angeblichen Sünden der Oligarchie besorgten.

Natürlich kam es zu tumultartigen Redegefechten und nicht selten zu Empörungen, in die der Doge persönlich eingreifen mußte, da man sonst Handgemenge im Großen Rat fürchten mußte. Bei den häufigen Wahlprozeduren etwa wußte

Versammlung des Großen Rates, *Gemälde von Gabriel Bella.*

man die Abstimmungsresultate oft im voraus. Manche trugen unbekümmert ihre Waffen bei sich, und »Wahlmachenschaften«, insbesondere der sogenannte »broglio« (die auf der Piazzetta getroffenen Vereinbarungen), waren ein unausrottbares Ärgernis.[30]

Der natürliche Gegensatz der Generationen des Patriziats wurde bereits vor den großen Auseinandersetzungen Venedigs und des Vatikans im 16. Jahrhundert überwölbt von zwei unterschiedlich lautstarken Gruppierungen: den kirchenfreundlichen »Papalisti« einerseits und den Staatsverteidigern »Repubblichisti« oder »Politici« andererseits. Schon bevor im christlich-europäischen Abendland die politisch-philosophische Programmatik des erwachenden Bürgertums als sogenannte Aufklärung – »der Ausgang des Menschen aus seiner selbstverschuldeten Unmündigkeit« (Kant 1784) – proklamiert worden war, erwies sich die oppositionelle Fraktion der Jugend im Großen Rat – seit dem 16. Jahrhundert organisiert im berühmten »Ridotto Mauroceno« – als richtungweisend im Kampf gegen Kardinal Bellarmins Allmachtslehre, wonach die Kirche den Staat zu beherrschen habe wie die Seele den Leib beherrsche. Die Auseinandersetzung um die politische Mündigkeit der Republik von San Marco führte im Großen Rat während des Zeitalters der Gegenreformation zu heftigen Erschütterungen. Und deren Kristallisationspunkte waren in der Alltagspolitik aller Regierungs-Organe wiederzuerkennen.

Weitere Fronten wie die Jugend der »Alten« (Familien) und die Alten der »Neuen« (Familien) schienen die Mischungen nun noch unübersichtlicher zu machen. Und mit neuen politischen Problemen fügten sich neue Ad-hoc-

Gruppierungen und Konstellationen etwa in den außenpolitischen Auseinandersetzungen des 16. Jahrhunderts als spanisch-klerikale versus antispanische; als kirchenfreundlich-römische versus staatsfreundlich antirömische; als habsburgisch-traditionalistische (»Teresiani«) versus antitraditionalistisch-protestantische (»Prussiani«) und immer wieder, insbesondere bei Dogenwahlen wie ein »Cantus firmus«: die »Case nuove« wider die »Case vecchie«.

Wenngleich der Große Rat als Souverän der patrizischen Verfassung und »wirklicher Herr der Republik« keine unmittelbaren Machtkompetenzen besaß, ja nicht einmal in die politischen Alltagsgeschäfte einbezogen war, so bedurften doch alle konstitutionellen Entscheidungen, Gesetze und Neuwahlen für die zahlreichen Magistrate seiner Zustimmung und Mitwirkung. Er bildete die »öffentliche Meinung«, das Forum aller großen politischen Debatten. Und diese wurden über das ständige Wahlkarussell und die Werbung um Stimmen und Stimmungen auf der Piazzetta, wo die jeweiligen Kandidaten im Gespräch mit ihresgleichen um Unterstützung warben, von außen auch durch das Volk erheblich beeinflußt. Vor allem im Hinblick auf den sogenannten Stimmen-(Ver)Kauf erwies sich das bis in das 20. Jahrhundert reichende Dilemma mehrheitlich-demokratischer Spielregeln als unübersehbar: die Unmöglichkeit, in freien Wahlen das unbestechliche Instrument der Auswahl kompetenter, durch Vorbild, Glaubwürdigkeit und Verdienste sich auszeichnender Kandidaten zu sehen. Obwohl bereits damals der Kampf gegen jede Art von Wahlmanipulation und Wahlschwindel geführt wurde, der Eidesschwur, »die eigene Stimme nicht zu geben, wer mit Worten, Winken oder Grüßen darum gebeten hatte«, im Großen Rat wegen unaufhörlicher Meineide abgeschafft werden mußte, mutet die Empörung des Dogen Andrea Gritti (1528), als Zeuge nichts gegen die unerlaubte Stimmenwerbung einiger Senatoren unternehmen zu können[31], als geradezu modern an.

Das in den Parlamenten des 20. Jahrhunderts als Lobbyismus, in Italien in Tauschbeziehungen eingekleidete Patron-Klientel-Verhältnis informell-legaler oder illegaler Einflußnahme war also im Venedig der Renaissance längst gang und gäbe[32], und dies angesichts der hier so verpönten »ambitio«, also übermäßigen Ehrgeizes, während umgekehrt die mangelnde Teilnahme am Gemeinwesen genauso mißbilligt wurde.

Heute ist es in parlamentarischen Staaten eine Binsenweisheit, daß jede, die Vorzüge demokratisch-mehrheitlicher Entscheidungsfindung favorisierende Gesellschaft, wie bereits die einstige Stadtrepublik, auch deren Schattenseiten, den Mißbrauch des Wählervertrauens als nicht regelbaren Spielregelbruch in Kauf zu nehmen hat. Der Mißbrauch von Macht und Vertrauen zieht sich also bereits seit Venedigs »Parlamentarismus« als »Universalkonstante« wie ein roter Faden durch die institutionellen Spielräume demokratischer Konsensbildung. Alle Versuche der Macht- und Kompetenzerweiterung, der Einmischung in andere politische Ressorts und Willkürmaßnahmen der ja vom Großen Rat selbst gewählten Institutionen erwiesen sich als offene oder versteckte Spielregelverletzung. Etwa das im vorangegangenen Kapitel dargelegte Verhalten der Mitglieder des Inquisitionsgerichts (des Rates der Zehn) als »Wächter des Staates, seiner Verfassung und Sicherheit«.

Das aber berührte zwangsläufig die Gestaltung gegenseitiger kommunikativer Umgangsformen, vor allem im unausbleiblichen Konfliktfall. Welche Auswirkungen hatte dieses Verhalten im internen Kommunikationsprozeß?

Auf den spielregelwidrigen Machtmißbrauch anderer Organe hat der Große Rat seit den großen Verfassungsstreitigkeiten zwischen 16. und 18. Jahrhundert in den Jahren 1582, 1628, 1762 gemäß der Verhaltensstrategie des »Tit for Tat« – Wie du mir, so ich Dir – wiederholte Male mit Wahlverweigerung reagiert.

Das Nichterscheinen der Mitglieder des Großen Rates zwecks Verweigerung seiner konstitutionellen Pflichten bedeutete seinerseits eine Verletzung der Spielregeln. Der Wahlboykott der Erneuerungswahlen bzw. der Neunominierung der Mitglieder des Rates der Zehn mit der Folge der Auflösung der erwähnten »Zonta«, und damit der Bestätigung der ursprünglichen Kompetenzen des Senats bedeutete also durchaus einen weiteren, wenn auch nur vorläufigen Erfolg der liberalen Kräfte innerhalb des Patriziats.

Als weniger spektakulär, aber nicht minder wirksam, erwies sich demgegenüber eine andere Verfahrensweise des Großen Rates, gegen allzu exponiert auftretende oder ehrgeizige Politiker vorzugehen. Sie wurden in bescheidene Bürgermeister- oder Burgherren-Ämter ausgewählt. Allein aus Gründen des Prestiges zogen es diese Politiker vor, auf derartige Ämter zu verzichten mit der Folge, für das »Nichterscheinen« eine Strafe zahlen zu müssen. Doch war damit jede, während der abgelehnten Amtszeit angestrebte Neu-Wahl in ein anderes Amt ausgeschlossen und gleichzeitig eine, trotz der Herabversetzung, würdevollere kommunikative Verfahrensweise gewährleistet.

Die bis zum Ende des 18. Jahrhunderts anhaltenden Auseinandersetzungen um die Bewahrung bzw. Weiterbildung der verfassungsrechtlichen Grundspielregeln (insbesondere des Machtmonopols des Patriziats) sind im Grunde genommen allen Rechtsstaatlichkeit, Gerechtigkeit und Freiheit diskutierenden europäischen Theoretikern zwischen dem 17. und 20. Jahrhundert vorweggenommene und seither niemals wieder durch die Sozial-Wissenschaften zur Kenntnis genommene Anschauungsmaterialien in Sachen »politiké techné«. Sie bieten – in Ergänzung zu Blaise Pascals (1623–1662) Äußerung »Es gibt keine (absolute) Gerechtigkeit, aber es gibt Grenzen«[33] – Empirie-Modelle zur in Kulturstaaten notwendigen, permanenten Diskussion um die Grenzen der Macht, die, wie hier dargelegt, nur in den kommunikativ-institutionellen Spielregeln ihren jeweils klärenden oder verschleiernden, aber stets ambivalenten Ausdruck finden können.

Die Aufrechterhaltung des inneren Gleichgewichts zwischen Teil und Ganzem wurde in der Stadtrepublik seit dem 16. Jahrhundert zunehmend schwieriger: Italien war unter europäischer Fremdherrschaft versunken. Die Formierung neuer Macht-Interessen, Wirtschafts-Zentren und Weltbild-Interpretationen seit dem 17. und 18. Jahrhundert (die Idee der Staatsraison, Rationalismus und Empirismus, die Aufklärung mit Liberalismus und Parlamentarismus) führten zu repressiveren Methoden der Machterhaltung absolutistischer Staaten. Die Stadtrepublik wurde außenpolitisch »einsamer«. Die »Welthauptstadt« Venedig, die sich nun mit Paris diese Rolle teilen mußte, verwandelte ihr Wesen: Libertinage, Luxus und Masken schienen ihre »Fassade« zu verändern. Dem Ansturm des (der) Fremden nicht erliegend, aber diesem gegenüber ohnmächtig (»mit Füßen getreten werden wir von Fremden bis mitten in unsere Stadt hinein«)[34], entsprach es fast einer inneren Logik, daß die Gewichtungen der politischen Teil-Ganzes-Interessen nun angesichts eskalierender progressiver und regressiver Kräfte »umschlugen«. Mit der Konfrontation »liberalen« Gedankengutes von außen, der Bedrohung des patrizischen Verfassungsmonopols, und andererseits den Repressionsmitteln der neuen Großmächte (Spaniens, Frankreichs, Habsburgs, Englands) ausgesetzt, gewannen die konservativen Kräfte wieder mehr Gewicht, wurden neue Interessenkonflikte unvermeidlich, und sie manifestierten sich: in der Kommunikation.

Der wiederholte Vorschlag, die jüngeren Mitglieder – besonders jene des Rates der Vierzig – ihrer Unbesonnenheit und Unbeherrschbarkeit wegen wenigstens aus dem Senat auszuschließen, scheiterte an der Einsicht in die Grenzenlosigkeit eines solchen, beliebig erweiterbaren Unternehmens.

Einmal ausschließen, wo sollte man aufhören? Warum nicht auch die Ärmeren, die der Abhängigkeit der Reichen allzu sehr ausgesetzt waren, warum nicht auch die Kaufleute, deren partikulare Interessen bedenklich machten. Also ließ man es, wie es war. (Ranke)[35]

Noch dominierten tendenziell Maß und Gespür für die Proportionen jener Kräfte, welchen Mängeln man durch angemessenere Mittel Herr zu werden vermochte.

Eben noch hatte ein würdiger Greis, der Savio des Consiglio der Prokuratoren, Frederico Badoero zu einem jüngeren Mitglied des Großen Rates (Marino Sanudo) gesagt:

Siehst du diesen Saal (des Senats), man hat ihn zu Zeiten des Dogen Pietro Gradenigo (1289–1311) gemacht. Siehst du diese großen, mittleren und kleinen Bäume? So verhalten sich diejenigen, welche zur Regierung des Staates berufen sind, untereinander. Die kleinen lernen, dann kommen die mittleren, dann die großen. So sind die drei Alter, die Jungen mutig, die Alten vorsichtig und ängstlich und die Mittleren ausgeglichen und sicher . . . auf diese Weise regieren sich wohl eingerichtete Republiken. (Badoero, 1582)[36]

Hatte derselbe Frederico Badoero als hochgeschätzter »Savio« noch erfolgreich in der Opposition gegen die Machterweiterungstendenzen des Rates der Zehn und für die Abschaffung der »Zonta« gekämpft, so war in vergleichbarer Situation Angelo Querini, der »Avogador di Comun« als Anwalt der Gemeinwohlinteressen gegenüber Machtmißbrauchs fast zweihundert Jahre später (1761) wegen seiner Anfechtung eines Urteils des Inquisitionsgerichts des Rates der Zehn kurzerhand des Nachts verhaftet und in Verona inhaftiert worden.

Der Spielregelbruch seitens des Rates der Zehn stand abermals im Dienste zentripetaler Kräfte, um die vermeintliche Staatssicherheit gegen welche Art von Opposition auch immer zu verteidigen. Doch das soziale »Immunsystem« erwies sich noch als intakt. Ein politischer Skandal war abermals ausgelöst worden, der ein letztesmal in der Geschichte der Stadtrepublik eine Sternstunde angewandter politischer Kultur vorführte.

Weniger den in diesem Falle undurchsichtigen und mehr als widersprüchlichen Motiven und Aktionen der Schlüsselfiguren dieses wohl berechtigten Affronts gegen den Rat der Zehn und sein Tribunal sei hier unsere Aufmerksamkeit zugewandt, als vielmehr dem Prozeß der Kommunikation, dem Umgang mit Verhaltensspielregeln.

Empört mobilisierten die Brüder Marco und Vincenzo Querini ihren Anhang im Großen Rat. Einen »Avogador di Comun« gefangennehmen, das hieß, so ihre Version, dem Volke den Weg zum Großen Rat verschließen. Tatsächlich entsprach der Vorgang objektiv abermals einer die Öffentlichkeit als Ganzes ausschließenden, ja brüskierenden Blockade jeglicher Auseinandersetzung und Kommunikation.

Wie in den Zeiten des Frederico Badoero machte der Große Rat auch jetzt von einem ungeschriebenen Recht, einem »Mißtrauensantrag« *(Eccitamento)* Gebrauch. Er verweigerte kurzerhand die Wahl der Neunominierung des Rates der Zehn. Fünf von der Signoria gewünschte, vom Großen Rat gewählte »Correttori« als Revisions-Kommission sollten den Konflikt lösen. Bei ihrer Wahl mit drei zu zwei Stimmen wäre fast derselbe Angelo Querini als Richter *(Correttore)* über seine Richter gewählt worden.

In den viermonatigen Verhandlungen der Kommission konnte keine Einigung über die Kompetenzen (und damit Machtbeschränkungen) des Inquisitionstribunals herbeigeführt werden. Anfang des Jahres 1762 wurden die verfassungsrechtlichen Auseinandersetzungen zwischen den sogenannten »Querinisti« und »Tribunalisti« weitergeführt, von denen die Bewahrer der Verfassungsordnung in früheren Jahrhunderten allerdings schon weitaus kritischere Angriffe überstanden hatten.

Ein allerletztes Mal ging es um die »Sicherungen« jener im 18. Jahrhundert freiheitlichsten Verfassung des damaligen Europa, ja es ging um jenen Geist der »raison communale«, nämlich um die Frage der Definition der internen Beziehungen dieser Gemeinschaft. Der Wortführer des konservativen Lagers, Marco Foscarini, rechtfertigte in einer drei Tage währenden Apologie die Beibehaltung des Inquisitionsgerichts als einzig wirksamen Garanten der bestehenden Verfassungsordnung. Der Wortführer der »Querinisti«, Paolo Renier, wußte die liberale Position überzeugend darzulegen, auch wenn er knapp 17 Jahre später, als vorletzter Doge (1779–89) nur noch ein Schatten einstiger »Serenità« und Freiheitstradition, noch einmal in Erscheinung treten sollte.

Die eigentliche Schlüsselfigur, der Avogador Querini, wird heute eher als im Interesse einiger Senatorenfamilien und ihrer Machtprivilegien agierender, schillernder »Apologet des Patriziats« eingeschätzt.[37] Die faktische Rolle und die Hintergründe einer ernst zu nehmenden oder »Pseudo«-Opposition, insbesondere die Rolle Querinis, der sofort nach seiner Freilassung zu Voltaire reiste, um diesem eine goldene Medaille mit der Darstellung der triumphierenden Philosophie zu überreichen[38] und dann fern der Politik den Künsten und Wissenschaften zu dienen, sollen hier nicht weiter verfolgt werden. Es bleibt gleichwohl unerklärlich, daß nach den tagelangen, die Stadt in Atem haltenden Debatten, die im Namen Montesquieus und der Aufklärung auftretenden »Querinisti« vom dichtgedrängten Volk auf dem Markusplatz als Sprecher einer »Oligarchie« abgelehnt, während die »Tribunalisti« als Fürsprecher des Volkes – gegen die Unterdrückungsmethoden des Patriziats – bejubelt wurden.

Bei aller Undurchschaubarkeit der Ereignisse und in Ermangelung klärender Informationen spricht vieles dafür, es hier mit einem sich verselbständigenden Kommunikations-Prozeß zu tun zu haben. Es ging in dieser höchst dramatischen wie kritischen Phase, welche die Gemeinschaft als Ganzes und deren Identität betraf, wahrscheinlich viel mehr um die Artikulation des kollektiven Selbstverständnisses in einer symbolisch-zeitlosen Sprache, als um die logische Darlegung verfassungsrechtlicher Diskrepanzen und politischer Ambitionen.

Vor dem Hintergrund dieser politisch brisanten Ereignisse erwies sich eine bereits seit längerer Zeit in den politischen Auseinandersetzungen der Stadtrepublik bis zum heutigen Tage in Italien praktizierte Methode parlamentarischen Umgangs als bevorzugte Strategie politischer Gleichgewichtssuche: das im 19. Jahrhundert im Turiner Parlament vom piemontesischen Staatsmann Cavour als *Connubio* (Bündnis), heute als »Trasformismo« bezeichnete Verfahren, eine potentielle regierungsfähige Alternative als Opposition durch Einbindung (»Umarmung«) in die »classe di governanti« gezielt und systematisch zu überholen.

Die beharrliche Verweigerung eines organisierten Parteiensystems muß in einer so streitbaren Gemeinschaft wie jener Venedigs verwundern, doch die konstitutionellen Spielregeln schlossen diese Möglichkeit definitiv aus. Der maßgebliche Teil der patrizischen Führungselite wußte die nicht geschriebene Verfassungsordnung durch die nach bevorzugt pragmatischen, weniger programmatischen Gesichtspunkten sporadisch gebildeten Mehrheitsverhältnisse unter Wahrung republikanischen Selbstverständnisses im eigenen Interesse zu nutzen und so den qualitativen Sprung einer grundsätzlichen Transformation der verfassungsrechtlichen Spielregeln zu umgehen.

Inwieweit die Wurzeln parlamentarisch-prozeduraler Spielregeln und kommunikativen Umgangs des heutigen Italien, wie sie Peter Fritzsche mit der politischen Kultur Italiens für das 19. und 20. Jahrhundert allzu verkürzt darlegt, bereits in der Verfassungsstruktur Venedigs ansatzweise vorgebildet sind, das bleibt eine der vielen zu diskutierenden Fragen. Und sie verbindet sich ihrerseits mit der Frage nach der Qualifikation einer in Venedig seit dem 17. Jahrhundert bis heute zunehmend umstrittenen, zur Führung fähigen, politischen Elite im Umgang mit akuten Konfliktpotentialen und Komplexität.[39]

Im Gesamtspektrum kommunikativer Prozesse Venedigs als sozio-politische Beziehungen fehlt die Perspektive einer an archaische Konfliktlösungsmodelle erinnernden Form ritueller Kommunikation. Vergleichbar den verschiedenen Arten der Todesstrafe bedeutete einst auch der Ausschluß aus der Gemeinschaft die nicht selten existentielle Vernichtung des einzelnen Individuums.

Die Verbannung bildete in Venedig ein dosiertes und wohl auch notwendiges Mittel des Umgangs mit Konflikten. Doch im Gegensatz zu Florenz erwies sich die venezianische Variante ritueller Kommunikation – »Vogelfrei(heit)« – offenbar in der Mehrzahl der Fälle als eine Praxis gemeinschaftsfördernder Konfliktlösungen. Hier erreichte sie jedenfalls niemals die kritische Schwelle totaler Polarisierung, welche in anderen italienischen Stadtrepubliken immer wieder zu unmittelbaren Eskalationen und generationsüberdauernden Gewalt-akten, jenseits realitätsangemessener Konfliktlösungen zugunsten des Ganzen führten. Die prinzipielle Spielregel, in politischen Institutionen keine personifi-zierte unmittelbare Gewalt zu dulden, führte in Fällen der Illoyalität oder auch anderer Vergehen gegenüber der Gemeinschaft zu gewöhnlich begrenztem Ausschluß, aber der prinzipiell möglichen, später uneingeschränkten gesell-schaftlichen Reintegration.

Auffallend ist in Venedig überhaupt die Tendenz, alle Varianten öffentlicher Verpflichtungen nur im Falle ihrer Verletzung öffentlich kundzutun, während jeglicher gesellschaftliche Ehrgeiz, Popularitätssucht oder Dünkel, geschweige denn der äußere Anschein von Macht, nur ein Zeichen mangelnder sozialer Würde und Integrität bedeuten konnte, ja geradezu als Gefahr für den Staat angesehen wurde. Noch einmal sei Contarini bemüht: Politischer Ehrgeiz ist in einem Staat etwas Natürliches. Doch der in aller Unerbittlichkeit geführte Kampf gegen zuviel politischen Ehrgeiz vollbrachte in Venedig ungewöhnlich lange »die Erziehung zum anspruchslosesten Mitglied der anspruchsvollsten Aristokratie«.[40]

In einem Zeitalter programmierter Orientierungslosigkeit und Beliebigkeit – mit dem heutigen Selbstverständnis von politischer Professionalität – mochten derartige Spielregeln Konfusion auslösen. Gleichwohl sind sie in Venedig durch alle sozialen Schichten ein Indiz und Spiegelbild einer bewährten und selbstver-ständlichen kollektiven Identität, deren Realität auch in den beiden letzten Jahrhunderten äußerer Glanz wie auch Elend vordergründig zu verbergen schien.

Der von Kretschmayr im Kontext Venedig immer wieder verwendete Begriff gesellschaftlicher »Verschwisterung« kennzeichnet unüberhörbar ein zu verall-gemeinerndes Phänomen kommunikativen Umgangs dieser Gemeinschaft. Deren essentielles Moment scheint – mehr als einschlägige Klischees oder Abstraktionen – mit Teilnahme am treffendsten umschrieben. Sie verkörpert eine bis heute in Italien erlebbare komplementäre Seite – »jenes unvergleichlich unpersönliche Venedig« (H. Kretschmayr)[41], jener nur hier erfahrbaren Möglichkeitsspielräume im Umgang mit Grenzen.

6. Kommunikation und »Exkommunikation« – die gestörten Beziehungen zwischen Venedig und dem Vatikan

Wenn in der Geschichte der Neuzeit, deren Anfänge mit Säkularisierung und Frühkapitalismus in San Marco bereits vor der Reformation und vor der Kultur der Renaissance einen evolutionären Sprung eingeleitet hatten – ein vergleichsweise kleiner Sozialverband auf exemplarische Weise den Beweis erbracht hat, daß (die) Macht prinzipiell in den Spielregeln liegt – die sich im Zusammenspiel und in Abstimmungen der jeweils beteiligten Akteure herausgebildet haben –[42], dann war dies die vor aller Augen wiederholt der Häresie verdächtigte Stadtrepublik von San Marco.

Bereits der cholerische Papst Julius II. (1503–1513) hatte dem venezianischen Gesandten Giorgio Dolfin angedroht, er werde Venedig wieder zu einem Fischerdorf machen, das es einmal gewesen sei, und ließ in der Tat alsbald die Exkommunikation über die Lagunen-Metropole folgen.

Nur ein venezianischer Diplomat hatte es sich bis dahin herausgenommen, darauf zu erwidern: Dann werde es sich die Republik vorbehalten, aus dem Papst wieder einen »bedeutungslosen Hilfsgeistlichen« zu machen.[43]

Wie also waren die bilateralen Beziehungen zwischen der »Città apostolica e santa« und dem »Patrimonium Petri« geregelt und welche Rückschlüsse lassen sich daraus auf den Charakter und die Organisation der Kommunikation dieser Verbindung ziehen?

Jedenfalls erschien der Umgang mit den Spielregeln innerhalb dieser sonderbaren »Mésalliance«, ebenso auch das Verhalten der ungleichen Parteien, jeweils eigene Ziele durchzusetzen, dramatisch genug, um das gebildete Europa dieser Zeit einschließlich des katholischen Spanien in zwei Lager zu spalten, und ähnlich, wenn auch versöhnlicher traten diese sich auch im Großen Rat gegenüber, um nach außen gleichermaßen uneingeschränkte Bewunderung auf der einen Seite oder abgrundlosen Haß gegenüber dieser bodenlosen Republik von San Marco auszulösen.

Unabhängig davon wurde diese Auseinandersetzung, weit über die bilateralen Beziehungen dieser beiden Kontrahenten hinaus, um alle Katholiken betreffende, überkonfessionelle und grundsätzliche Grenzen zwischen religiösem Glauben und politisch-moralischer Autorität, also unmittelbare Fragen der Macht und Einflußnahme, bis heute geführt.

Nach den vorangehenden Ausführungen können die faktisch-historischen Hintergründe als bekannt vorausgesetzt werden. Beschränken wir uns also auf den pragmatisch-kommunikativen Kern dieses Konflikts.

Die an den Entscheidungszentren der Signoria und dem Heiligen Offizium beschlossenen Maßnahmen ebenso wie die Mittel (vom Dialog, päpstlichen

Breve bis zum »Stilett«) dienten stets nur dem einen Ziel: der Definition der beiderseitigen Beziehungen.

Dabei handelte es sich – die jeweiligen Akteure »hinter« sich lassend – über größere Zeiträume hinweg auf beiden Seiten um Repräsentanten, die jeweils »mehr« und »etwas« anderes zum Ausdruck brachten, als lediglich die Summe ihrer Persönlichkeiten, Erfahrungen, Intelligenz, Affekte, Ambitionen und vor allem funktioneller Kompetenzen: Wenn sich etwa Papst Paul V. (1605) auf die Unfehlbarkeit seines Urteils in bezug auf Venedig als Stellvertreter Christi auf eine göttliche Autorität, Kardinal Bellarmin auf die Traditionen des Kanonischen Rechts berufen oder wenn andererseits Paolo Sarpi als Berater der Signoria die kirchenrechtlich-politisch-philosophischen Grenzen staatlicher bzw. kirchlicher Macht und Fragen der ethischen Verantwortlichkeit anspricht, wenn schließlich der Doge Leonardo Loredan (1501–1521), dessen politische wie persönliche Haltung nicht nur das Lager der Protestanten und aufgeklärten Geister Europas beeinflußt haben, »in der Öffentlichkeit weitauslegbare Andeutungen machte, über die der Papst in Rom den Schlaf nicht finden konnte . . .«.[44]

Wir können mit dem derzeitigen Forschungsstand der Kommunikations-Wissenschaften davon ausgehen, daß prinzipiell jedes Individuum (auch als Repräsentant einer Gruppe) die jeweils beiderseitigen Beziehungen zwecks Bestätigung und/oder Ablehnung in seinem Sinne mittels Regeln zu organisieren und zu gestalten trachtet. Die Beziehungen zwischen der Republik und römischer Kurie waren von Anbeginn durch Dissonanz gekennzeichnet. Die bereits vor und nach dem Konzil zu Trient zwischen 1501 und 1563 zum Konflikt führenden faktischen Gründe artikulieren unmißverständlich den Kern der umstrittenen Beziehungen.

Nach dem Erlaß verschiedener Gesetze und die Gerichtsbarkeit betreffender Verordnungen verlangte Papst Paul V. unter dem Druck der Spanier und in Anwesenheit des gesamten Kardinalkollegiums, nur gegen die Stimmen der beiden venezianischen Kardinäle, ultimativ die Rückgängigmachung »der verabscheuenswürdigsten Verordnungen«, jener Hoheitsakte »ex cathedra Petri« innerhalb von 27 Tagen. Im Falle der Nichtbefolgung drohte er das »Interdikt« sowie die Exkommunikation bestimmter Persönlichkeiten an. In diesem Zusammenhang fiel aus dem Kreise der Kurie seitens spanischer Kardinäle jene bedenkenswerte Bemerkung: In Venedig würden die Geistlichen schlechter behandelt als die Juden unter den Pharaonen.[45]

Die Übermittlung dieser Entscheidung durch ein päpstliches Breve an die Signoria führte seitens Venedigs im Kern zu drei Maßnahmen.

– Die Republik beschloß (auf Empfehlung Paolo Sarpis), dem Päpstlichen Breve mit strikter Nichtzurkenntnisnahme und ausdrücklicher Geheimhaltung gegenüber der Öffentlichkeit zu begegnen. Diese Verfahrensweise hatte bereits 1483 in vergleichbarer Situation einen Papst veranlaßt, nach zwei Jahren die nämlichen Strafmaßnahmen gegenüber der Republik aufzuheben.

- Paolo Sarpi verfaßte mit seinen Mitarbeitern einen Traktat, in welchem er die Angelegenheit aus theologisch-staatsrechtlicher Sicht untersuchte und Venedigs Standpunkt über die Grenzen staatlicher und kirchlicher Macht darlegte, diesen jedoch mit »echt venezianischer Behutsamkeit nicht veröffentlichen« ließ.

- Die Republik teilte der venezianischen Geistlichkeit per Geheimerlaß mit, die Strafe des »Heiligen Stuhls« »als geistliche Zensuren gegenüber weltlichen Dingen als null und nichtig zu betrachten... die getreue Geistlichkeit werde den rechten Weg zu finden wissen...«.
Im übrigen wurde der Geistlichkeit jeder Kontakt mit Rom verboten und der Jesuitenorden aus der Republik ausgewiesen.[46]

Nach Verlauf der vom Vatikan gesetzten Frist und der Abreise der jeweiligen Gesandten aus Rom bzw. Venedig war – wie es in Rom hieß – »der Bruch« vollzogen, doch war damit die Kommunikation der beiden Parteien wirklich abgebrochen?

Da es zu den Eigentümlichkeiten aller Kommunikation gehört, in sozialen Beziehungen als Teile eines größeren Rahmens dessen Totalität als Ganzes nicht unmittelbar wahrzunehmen, es aus diesem Grunde auch nicht möglich ist, nicht kommunizieren zu können, erweist es sich in diesem Falle als aufschlußreich zu beobachten, auf welche Weise die Beziehungen zwischen beiden Seiten angesichts der neuen Lage nun »gepflegt« wurden.
Damit wird nun ein Blick auf den impliziten Hintergrund der bisher skizzierten Beziehungen erforderlich.
Wie die menschliche Sprache eine digitale und eine analoge (eine verbale und nonverbale) Seite anbietet, so vermittelt auch Kommunikation Daten und enthält gleichermaßen Mitteilungen darüber, wie der Sender diese Daten verstanden haben möchte. Diese Doppelseitigkeit schließt also stets neben einem inhaltlich bestimmten Aspekt einen jeweils komplementären, beziehungsorientierten Aspekt ein. Obwohl jedoch jener Beziehungsaspekt selten ausdrücklich, geschweige denn bewußt, definiert wird, determiniert und subsumiert dieser doch eo ipso auch den Inhalt.[47]

Die Stadtrepublik hatte bereits zu Beginn des 15. Jahrhunderts, im Jahre 1414, durch ihre politische Organisation unmißverständlich die Trennung bzw. den Ausschluß des Klerus von allen politischen Ämtern und Räten bekundet und diese 1474 und 1498 kodifiziert. Dasselbe betrifft die Wahrnehmung uneingeschränkter Finanzhoheit und Gerichtsbarkeit gegenüber der Geistlichkeit sowie gleichzeitig die Förderung karitativer (kirchlicher) Einrichtungen und die Duldung von Zuwendungen an kirchliche Orden. Besondere Aufmerksamkeit räumte der Senat als oberste politische Instanz kirchlicher Angelegenheiten der Auswahl und Ernennung kirchlicher Ämter und Würdenträger ein, ja die Republik hatte als einer der ersten Staaten Jesuitenpredigern in der Kirche San

Salvatore Zugang gewährt, allerdings auch die ersten Konflikte mit ihnen auszutragen.[48]

Damit hatte Venedig seine Beziehungen gegenüber Kirchenstaat und Kurie gewissermaßen über reale Lebens- und Funktionsbereiche inhaltlich auf eine, aus seiner Sicht, durchaus konstruktive Weise und eindeutig definiert.

Wenn also der Vatikan im 17. Jahrhundert angesichts dieser Sachlage in der beschriebenen Weise auf die politischen Maßnahmen venezianischer Magistrate reagierte, so signalisierte er erneut einen Dissens sowohl auf der Inhalts-, deutlicher jedoch auf der Beziehungsebene. Das wird durch das Ultimatum gegenüber Venedig offensichtlich. Seinen besonderen Charakter erhält der hier beleuchtete Konfliktausschnitt indessen dadurch, daß sämtliche Verlautbarungen und späteren Entscheidungen des Papstes »ex-cathedra Petri«, also von einer ausdrücklich asymmetrischen Position der Über-Unter-Ordnung ausgingen.

Damit wurde aber nicht nur die Selbstdefinition seitens der Republik als souveräner Staat – im Sinne des Nichtakzeptierens – »verworfen«, sondern mit der Androhung und dem Vollzug der Ex-Kommunikation gleichermaßen eine »Entwertung«, d. h. die Nichtexistenz der Betroffenen (Gemeinschaft) als Subjekt ausgesprochen. Stellt die »Verwerfung« lediglich eine begrenzte (einschränkende) Maßnahme dar, die im Hinblick auf die Selbstdefinition der Gegenseite (deren Existenz unbezweifelt bleibt) Spielraum läßt, so vollzieht im Falle der »Entwertung« – also der Ex-Kommunikation – die eine Seite die Außerkraftsetzung der Maßstäbe von Wahr(heit) bzw. Falsch(heit) im Sinne der formalen Logik:[49] Die »Entwertung« als Unentscheidbarkeit gleicht also gewissermaßen einer »exorbitalen« Position, deren Charakter erst den eigentlichen Hinter-(Un)Sinn einer solchen Maßnahme durch den »Stellvertreter Gottes auf Erden« erkennen läßt.

Ein die unverrückbare Suprematie der römischen Kurie ebenso bezeichnendes Moment bildet in der weiteren Austragung des Konflikts der Versuch, denselben ausschließlich auf der Inhaltsebene zu lösen. Anstatt der immer wieder versäumten Gelegenheit, durch eine wohlwollend-abwartende Bewertung die Beziehung gegenüber der Stadtrepublik Venedig zu klären, reagierte die Kurie in jedem Einzelfall erneut auf »Abweichungen« oder Widerstände der Gegenseite zwecks Aufrechterhaltung der eigenen Autorität mit den Mitteln der Repression. Das »Tabu« der Nichtdefinition der Beziehungen (zwischen Rom und Venedig), also die Unfähigkeit, die Kommunikation als einziges Mittel der Verständigung mit der Gegenseite selbst zum Thema der Kommunikation zu machen, führte, wie die weiteren Eskalationen, die Mordanschläge auf Sarpi, die Inquisitionsprozesse gegen seine Mitarbeiter und die weiteren Schikanen bis in das 18. Jahrhundert, zu jenem »circulus vitiosus«, den schließlich in dieser Phase endlich (1608) französischen Diplomaten zu überwinden gelungen war.

Demgegenüber hatte es die Signoria ihrerseits wohlweislich zu vermeiden gewußt, auf dieser Ebene der belasteten Beziehungen auch nur Anklänge von Drohungen oder ultimativen Verlautbarungen auszusprechen. Wie sehr dieser

Konflikt von Anfang an ein typischer Beziehungskonflikt war, dessen Lösung vergeblich auf der Inhaltsebene gesucht wurde, beweisen nicht nur die wiederholten, oft halb offiziellen Beteuerungen, wer denn christlicher, als es ihre venezianische Einstellung offenbare, sei, ja es kränkte das kollektive Bewußtsein Venedigs, als Ketzer bezichtigt zu werden (ähnlich wie sich bereits Luther als »orthodoxer« wähnte als seine Gegner).

Während die römische Kurie ihrerseits durch andere Mächte, insbesondere Spanien, in provozierender Weise gedrängt, keinen noch so geringen Anlaß ungenutzt ließ, Venedig als den Hort der Ungläubigkeit zu bezichtigen, wankte San Marco nicht in seinem katholischen Glaubensbekenntnis. Man ließ andere, insbesondere die zahlreichen in Venedig lebenden Ausländer nach ihrer Façon selig werden, und übte insoweit eine tolerante Haltung gegenüber Andersgläubigen, als nicht Verfassungsgrundsätze oder die »Sicherheit« der Republik gefährdet erschienen.

»Wir haben immer Irrgläubige unter uns gehabt, deutsche Protestanten haben venezianische Frauen genommen, unser Glauben hat nicht gelitten, und die Kinder dieser Ehen sind gute Katholiken geworden«, äußerte sich ein Doge gegenüber dem päpstlichen Nuntius. (Leonardo Donà, 1608)[50]

Die Republik von San Marco reagierte auch in dieser langwierigen Auseinandersetzung mit dem Heiligen Offizium »hermaphroditisch«, alle Gestaltungsmittel nutzend und getreu ihrer Strategie der »Negation der Negation«, während der »Stellvertreter Gottes« und sein »Personal«, seiner seelsorgerischen Funktion gemäß prädestiniert, jede als Beziehung denkbare Verbindung christlicher Nächstenliebe und Offenbarung zu pflegen, »um die beiden Wege der Erde und des Himmels zu erleuchten« (Dante), erneut die Ex-Kommunikation verordnete.

Die Republik von San Marco hingegen offenbarte noch in der letzten Konfrontation, die 1773 mit der Bulle Clemens' XIV. und der zwangsweisen Auflösung der »Societas Jesu« ihren Höhepunkt fand, ihren prinzipiell beziehungsgeneigten »Billigkeitssinn« indem sie die Mitglieder des aufgelösten Ordens nicht schutzlos »in die Welt hinaus« stieß, sondern ihnen eine Entschädigung aus der Kasse »opere pie« zukommen ließ.[51]

5
Buon Governo / Mal Governo, Überlebensspielräume und Potentiale

Die Koexistenz von Politik und Wirtschaft

Aus gesamteuropäischer Sicht erscheint die Geschichte Venedigs als sozio-ökonomischer und kultureller Prozeß wie ein unendlich ruhig seine Bahn ziehender Planet einer fernen Galaxie. Doch bei näherem Blick erweist sich die scheinbar unerschütterliche Kontinuität dieses Kosmos als ein höchst diskontinuierliches Ganzes, mit voneinander wohl unterscheidbaren Einzelphasen, mit jeweils ganz spezifischen Eigenfrequenzen und kritischer Masse.[1]

Das auffallendste aber an diesem Prozeß ist die von Anbeginn angestrebte, erst in der Endphase der Republik nicht mehr unbeeinträchtigte Koexistenz einer Politik und Ökonomie, deren Fundamente in dieser bodenlosen Stadt – entgegen allen Vorurteilen – nicht, wie in anderen Staaten, vornehmlich auf Gewaltherrschaft und Bargeld beruhten.[2]

Die Historiographie der vergangenen Jahrhunderte hat bis heute die Karriere der Stadtrepublik als singulären Aufstieg und Fall – so und ähnlich lauten die Titel zahlreicher Publikationen – mit jeweils unterschiedlichen historisch-kulturgeschichtlichen, wirtschaftswissenschaftlich-soziologischen, kunst- und architekturgeschichtlichen Akzenten betrachtet.

Unsere Aufmerksamkeit richtet sich auf die bisher völlig vernachlässigte kommunikative Seite sozialer Organisation und deren Gestaltung, also gruppendynamisch-institutionelle Prozesse um Wert/Zielsetzungen und Autorität. Wettbewerb und Leistung, die Sicherung und Optimierung der Produktionsmittel und Güterversorgung angesichts knapper Mittel, auf den einfachsten Nenner gebracht jenes Aktionsfeld, das wir hier im operationalen und pragmatischen Sinne als Koexistenz von Politik und Wirtschaft umkreisen.

Es ist kein Zufall, daß Kopernikus, Darwin und Freud mit ihrem jeweils revolutionären Paradigmenwechsel in dieser Reihenfolge unser Bild von der Stellung des Menschen im Universum so radikal verändert haben. Natürlich war es leichter, Himmelskörper objektiv zu betrachten, als lebendige Menschen. Und dies fiel leichter als die Wahrung von Objektivität gegenüber Individuen und deren Anpassungs- und Selektionsmustern, und dies erst recht in der rationalen Analyse und dem Bild des Menschen von sich selbst.[3] Ungleich problematischer scheint es, mit der Darstellung der Vermittelbarkeit, insbesondere des impliziten, kommunikativen Verhaltens, den informellen Spielregeln sozialer Systeme zu konfrontieren. Wie sonst wäre es zu erklären, daß ein so geschätzter Sozialwissenschaftler wie Fernand Braudel die feste Überzeugung äußern konnte, »über Venedig sei so gut wie alles gesagt worden und das Gegenteil auch«.

Tatsächlich gewinnen die Probleme des Zusammenlebens, und das meint die kommunikativen Seiten der Organisation, wie sie täglich in der eigenen Kommune erlebbar sind, wie sie uns mit dem Übergang in die Netzwerkkultur der Info-Highways und des kybernetischen Raums mit völlig neuen Orientierungskoordinaten multimedialer Navigation konfrontieren, eine noch weitgehend unvorstellbare soziale Qualität.

Sie betreffen zunächst als Binnenproblem fast alle parlamentarisch-demokratischen Massengesellschaften und deren Schwierigkeiten der Steuerung von Teil und Ganzem, d. h. von industriell allein entscheidungskompetenter Managementmacht einerseits, allein verantwortlicher Staatsmacht andererseits, die nun ihrerseits mit europäischen Exekutivorganen und verbindlich-unverbindlichen Spielregeln einer Europäischen Union konfrontiert ist.

Sie betreffen seit den 90er Jahren das Zusammen- und Überleben heterogener, einst gezwungenermaßen zusammenlebender, nationaler Einheiten bzw. Minderheiten und sich neu mischender Bevölkerungsgruppen durch Aus- bzw. Einwanderung und Umsiedlung.

Darüber hinaus entstehen mit dem europäischen Einigungsprozeß und der Öffnung Osteuropas noch nicht erfaßbare Probleme und Dilemmata des orchestralen Zusammenspiels, der Abstimmung heterogener nationaler, ethnischer, religiöser und kultureller Interessen mit dem einzig unbestritten gemeinsamen Ziel einer vagen Vorstellung von europäisch-globaler Koexistenz.

Es spricht vieles dafür, daß die heute jeweils latent angstauslösende Einbeziehung, ja Verstrickung aller in den Prozeß kulturell-ethnischer Vermischung und ihrer Dilemmata das größte Hindernis bildet, jenes Phänomen koexistentieller, intra- und interspezifischer Beziehungen kritisch wahrzunehmen und angemessene Methoden seines Verständnisses, seiner Beschreibung, Kontrolle und künftigen Gestaltung zu entwickeln.[4]

Bietet die Lagunenrepublik in diesem Zusammenhang als Modell Anschauungsmaterial für Kulturtechnik im Umgang mit koexistentiellen Beziehungen als eine ihre kulturelle Identität wahrende, prinzipiell aber offene Gemeinschaft?

Dabei geht es nicht um die vordergründige Frage der Übertragbarkeit einst – oder heute im Kontext Japan – erfolgreich erprobter Strategien der politischen, unternehmerischen und kulturellen Wertschöpfung auf jeweils spezifische Problemkonstellationen. Es geht vielmehr darum, herkömmliche Denksysteme und Handlungsschemata zu überschreiten, sich auf neue, widersprüchliche und risikoreiche Systemlogiken, aufs Experiment einzulassen. Tatsächlich liegt aus dieser Perspektive die Beispiellosigkeit des Systems Venedig im Zeitraum eines Jahrtausends in der Kontinuität seiner Wandlungsfähigkeit und Lernpotentiale.[5]

Wir gehen von der Annahme aus, daß die Voraussetzungen der Koexistenz von Politik und Wirtschaft in der Rialto-Republik das Ergebnis eines unterschiedliche Organisationslogiken auf einer höheren Ebene verbindenden kulturellen Bewußtseins nahelegt: ein Bewußtsein, das sich als evolutionsrelevant bewährt hat in der Wechselkausalität von Wettbewerb/Leistungsprinzip und gleichzeitiger Kooperationsfähigkeit und Solidarität gegenüber dem impliziten Ganzen/Gemeinwesen.

Anstelle der Burckhardtschen Formel vom »modernen Staat als Kunstwerk« oder der »Politik als Poesie« erscheint es angemessen, für die Kunst des Managements eines so komplexen Prozesses wie der sozialen »Autopoiese« – der sowohl steuerbaren wie spontanen Selbstregulierung komplexer Systeme – doch wohl etwas bescheidener wieder den ebenso nüchternen wie anspruchsvollen Begriff des Governo und Disegno – im Sinne von Gestaltung zu bemühen.

Anstelle also der Schicksalsfrage um Herrschaft, Machtinteressen, Führungsrolle, Erfolg und Beute, wie sie Braudel und andere diskutiert haben, soll es in diesem Kapitel um die metatheoretische Perspektive gehen: nämlich die Gestaltungsträger und Motive, die Gestaltungsregeln, Gestaltungsräume und Gestaltungsgrenzen unter der Voraussetzung der alle Evolution kennzeichnenden Notwendigkeit von Koexistenz im Sinne jener Formel »Chaos plus Rückkoppelung« (J. Fords)[6].

Unsere Aufmerksamkeit beschränkt sich dabei allerdings nur auf einen Ausschnitt: die Rahmenbedingungen und Voraussetzungen der Koexistenz, soweit sie die Gestaltung der Teil-Ganzes-Interessen Venedigs auszeichnen.

Seit dem 17. Jahrhundert sprechen ausnahmslos alle Chronisten Venedigs vom beginnenden Verfall und Niedergang der patrizischen Elite als staatstragende Institution. Wenn es der politischen Führungsschicht auch bis zum formellen Ende der Republik 1797 nicht an exzeptionellen Persönlichkeiten gefehlt hat, so scheint seit der zweiten Hälfte des 18. Jahrhunderts die ihr essentielles Wesen auszeichnende Mischung im Großen Rat und anderen Organen als übersummative Einheit in einer Art Auflösungsprozeß begriffen: ein Prozeß, der in einer Atmosphäre von Indifferenz ratloses Abwarten, Indolenz und tiefe Melancholie widerspiegelte und der schließlich in dem Nervenzusammenbruch des letzten Dogen Manin – nach dessen Wahl, die er befürchtet hatte – einen fast symptomatischen Ausdruck fand.

Bereits der Politiker und spätere Kardinal Gasparo Contarini hatte um die Mitte des 16. Jahrhunderts über Auflösungssymptome Klage geführt: »Die Gemeinsten . . . der Bevölkerung, die sich unfeinen Beschäftigungen hingeben, nur um mit ihrer unerträglichen Sparsamkeit Geld zusammenzubringen, steigen auf. Ihr Aufstieg ist begleitet vom Abstieg ehrlicher, liberal erzogener Bürger, die der Armut verfallen durch Vernachlässigung ihres Besitzes oder noblen Neigungen wegen, während jetzt schmutzige Männer von schlechten Manieren, die nichts im Kopf haben als Gewinn, nichts von guten Künsten verstehen, das Staatswesen zu regieren beginnen . . .«[7]

Doch derartige, aus verschiedenen Motiven gespeiste Klagen bilden bis in das 18. Jahrhundert keine Ausnahme. Sie sind vielmehr der Beweis für die Existenz turbulenter Auseinandersetzungen und widerstreitender Interessen jener Civitas Terrena, deren politischem Gestaltungsvermögen hier unsere Aufmerksamkeit gilt: der Wahrnehmung von Anspruch einerseits und Wirklichkeit andererseits, der labilen Balance von integrierenden und desintegrierenden Kräften.

Nicht die für jede Organisation vordergründig typischen Mängel sind hier vorranging darstellenswert, vielmehr die Praxis kommunikativer Rückkoppelung, die Unantastbarkeit der Konsens/Dissens-Abstimmung, die Transformationsfähigkeit und tendenzielle Bewahrung des sozialen Immunsystems. Der hohe Anspruch der Professionalität des politischen Geschäfts beruhte ja ursprünglich auf dem Selbstverständnis kommunaler Verantwortlichkeit der Interessenidentität des Patriziats.

Wenn im 17. und 18. Jahrhundert die Symptome der Auflösung dieser Zielkongruenz und Identität immer offensichtlicher zutage traten, wenn dem Loslassen gleichermaßen das immer unnachgiebigere Festhalten an der bestehenden Verfassungsordnung und einem sich mindestens teilweise verselbständigenden Verwaltungssystem gegenüberstanden, wenn die formellen Mechanismen der Konfliktlösung zwar durchaus noch funktionsfähig waren, aber der Konsensusfähigkeit keine verbindenden Inhalte mehr zugrunde lagen, dann war die innere Auflösung einstiger Einheit in Gestalt kollektiver Interessenwahrnehmung gleichermaßen Ursache wie Folge der sich wandelnden kommunikativen Beziehungen zwischen Teil und Ganzem.

Wie groß das Ausmaß der Konfusion gewesen sein mochte, belegt jene dramatische Szene knapp 20 Jahre vor Napoleons Auftritt im Dezember 1797, als Carlo Contarini wieder einmal einen Mißtrauensantrag im Großen Rat formulierte, um eine Initiative zwecks Verfassungreform, die Modifizierung des patrizischen Machtmonopols, zur Diskussion zu stellen. »Alles ist Unordnung, alles ohne Regel« rief Contarini empört.

Doch der vorletzte Doge Paolo Renier und seine Gefolgschaft sahen darin den Versuch eines Umsturzes:

Wenn es einen Staat gibt, der Einigkeit braucht, so sind wir es, die wir keine Land- und Seestreitkräfte, keine Bündnisse besitzen, die wir nur auf gut Glück leben mit dem Gedanken an die Klugheit der Regierung der venezianischen Republik. (Paolo Renier, *Großer Rat*, 1779)

Tatsächlich schienen jene Klugheit und Einigkeit zu leeren Etiketten, der Appell an den Patriotismus zur Farce verblaßt zu sein. Der Vorschlag Contarinis wurde als Verschwörung gegen die Republik durch die Staatsinquisition bestraft. Tatsächlich waren die vermeintlichen Verschwörer, die eine zurückgewandte, an der glorreichen Vergangenheit orientierte Verfassungsreform anstrebten, weit entfernt von dem Wunsch einer grundsätzlichen, systemerneuernden Demokratisierung der Institutionen.

Obwohl in Venedig vornehmlich das Bürgertum und das Volk seine alten, einfachen Sitten weitgehend treu bewahrt hatte, und in der ungewöhnlich strengen Justiz den einzigen Garanten und Schutz gegen Übergriffe des herrschenden Patriziats sah, obwohl es nicht an vorausschauender Einsicht bedeutender Staatsmänner im Großen Rat fehlte, war es gerade die nicht mehr existente Mischung des Ganzen, die Ohnmacht gegenüber den Teilen angesichts der Notwendigkeit zur Koexistenz, die sich nach außen als Krise, intern als Desintegration in Ermangelung neuer Gestaltungsimpulse durch initiative Gestaltungsträger erwies.[8]

Der Auflösung der Geschlossenheit entsprachen die als Unsicherheit und Fluktuation des unter damaligen Verhältnissen ein Maximum an Lebens- und Gestaltungsqualität erreichenden gesellschaftlichen Lebens in der Metropole: die scheinbar unaufhaltsame Zersetzung traditioneller sozialer Bindungen und Verhaltensregeln, die als nicht enden wollendes Spiel mit Masken, als Lasterhaftigkeit und Frivolität, als Dekadenz und Après-nous-le-déluge-Atmosphäre registriert, kraft selbsterfüllender Prophezeiung eine magische Anziehung nach außen und nach innen entfaltete.

Es ist hier nicht der Ort, den komplexen Ursachen des politischen oder moralischen Verfalls, der Gleichzeitigkeit ihres Versagens als politische Gewalt, ihrem Verklingen als große Geistesmacht (Kretschmayr) nachzugehen, dem Irrtum überzeugter Pazifisten, daß fremde Mächte nicht die Zerstörung eines Staates verlangen könnten, der sorgfältig bestrebt sei, in guter Nachbarschaft mit allen zu leben, ja einer Vorstellung, die ernstlich meinte, die Französische Revolution als eine Polizeiangelegenheit behandeln zu dürfen, mit welcher es der Umsicht der Staatsinquisition gelingen werde, fertig zu werden.[9]

Es ist jedoch nicht zu übersehen, daß in allen historisch vergleichbaren Situationen eines sterbenden Staatswesens und seiner Führungseliten der Verfall bzw. gewaltsame Austausch der politischen Führung nicht nur auf Druck oppositioneller Kräfte und durch politisch alternative Programme in Gang gesetzt, sondern stets auch vom mehr oder weniger offensichtlichen wirtschaftlichen Bankrott des Gesamtsystems begleitet wurde. Bildet die Republik von San Marco auch hier eine beispiellose Ausnahme?

Die Stadtrepublik war bis zur ultimativen Aufforderung Napoleons (12. Mai 1797) zur sofortigen Demokratisierung der Stadt als politisches Gemeinwesen uneingeschränkt funktionsfähig. Dies betraf vor allem das hohe Niveau venezianischer Binnen- und Außenwirtschaftsaktivitäten, flankiert von stetig wachsender landwirtschaftlicher, industrieller und gewerblicher Produktion der Terra-Ferma-Gebiete.

Wenn die Insuffizienz der politisch maßgeblichen Entscheidungsträger des Patriziats als Hauptsäule des Gesamtsystems aus dieser Perspektive also auf die Symptome einer tiefen Führungs- und Identitätskrise hinzuweisen scheint, die auch nur im Kontext der gesamteuropäischen Konstellation des ausgehenden 18. Jahrhunderts und der kometenhaft aufsteigenden Figur Napoleons angemessen einzuschätzen ist, dann gewinnt die Frage der Gestaltung der Koexistenz von Politik und Wirtschaft im Hinblick auf das Gesamtsystem doch eine völlig neue Qualität.

Bereits im Jahre 1797, nach dem Rücktritt des Patriziats, belegen die von dem Archivar Carlo Antonio Marin verfaßten Studien zur Geschichte des venezianischen Handels eine Bilanz, die jener berühmten Rede des Dogen Tommaso Mocenigo aus dem Jahre 1423 vergleichbar ist. Neuere Forschungen über wirtschaftliche Innovationen und Wachstum, die Zurückgewinnung einstiger Märkte im östlichen Mittelmeer, neue Produktionszweige und die ersten modernen Seeversicherungen bestätigen diese Sachlage.[10]

Die Funktionsfähigkeit des Gemeinwesens: also Pro-Kopf-Einkommen, Investitionsvolumen, Kapitalkonzentration, letztlich das Zivilisationsniveau, der kulturelle Fortschritt und die Gestaltungsfreiheit des einzelnen, beruhte in der Rialtorepublik auf einem über Jahrhunderte entstandenen Fundus materieller, geistiger und psychosozialer Ressourcen. Sie aber haben sich nur als Optimierung von Gestaltungschancen, als Ergebnis der Koexistenz politischen und wirtschaftlichen Zusammenspiels – auch in Zeiten der Krise entfalten können.

Um den Prozeß des Zusammenwirkens der aktiven Mitspieler der Nobilität sowic dcr Cittadinanzza zu bclcuchtcn, zunächst cin Blick auf dic quantitativen Relationen der am Produktionsprozeß im weitesten Sinne beteiligten Akteure:

Im zweiten Drittel des 16. Jahrhunderts, nach der großen Pestwelle des Jahres 1575, belief sich die Gesamtzahl der Nobilität auf etwa 10 000 Mitglieder als oberste Grenze in der Geschichte der Stadtrepublik. Ihnen standen eine ebenso große Zahl der Cittadinanzza und etwa 34 000 Arbeitnehmer gegenüber. Die Zahl der Nobili verringerte sich von im Jahre 1520 noch 6,4 Prozent auf im Jahre 1797 nur noch 3,2 Prozent bzw. 2,5 Prozent. Das bedeutete bei einer Gesamtbevölkerung Venedigs zwischen 120 000 und 200 000 Seelen rund 5 Prozent der Einwohnerschaft.

Dieses Verhältnis relativiert ein Blick auf etwa vergleichbare Stadtkommunen. Im ausgehenden 17. Jahrhundert gehörten in Genua unter etwa 500 patrizischen Familien nicht mehr als 700 aktive Mitglieder zur Nobilität gegenüber einer Gesamtbevölkerung von rund 80 000 Einwohnern. In Florenz verringerte sich im 15. Jahrhundert die Zahl der Nobili von 3 000 Mitgliedern auf unter 800 zu Beginn des 18. Jahrhunderts, so daß auch hier, wie in Venedig, neue Mitglieder aufgenommen werden mußten. In der kleineren Stadt Piacenza betrug – inklusive bäuerlicher Bewohner des umgebenden Landes mit rund 170 000 Bewohnern – der Anteil Privilegierter kaum 1 Prozent.

In London beschränkte sich die Zahl tonangebender Großkaufleute im Jahre 1603 auf knapp 200 Mitglieder, in den Niederlanden des 17. Jahrhunderts – bei 2 Millionen Gesamtbevölkerung – auf 10 000 Mitglieder, in Sevilla beherrschten im Jahre 1702 vier bis fünf Kaufleute den gesamten Handel, und im Nürnberg des 14. Jahrhunderts bestimmten bei etwa 40 000 Einwohnern 150 bis 200 Mitglieder des Patriziats die Belange der Reichsstadt.[11]

Dieses demographische Gesamtpanorama verdeutlicht: Venedig verfügte mit im Jahre 1520 6,4 Prozent, 1797 noch 3,2 Prozent der patrizischen Oberschicht über eine der im Vergleich zu anderen Stadtstaaten höchsten Anteilsraten der die politischen Geschäfte beherrschenden Privilegierten.[12] Darüber hinaus unterschied sich der Status der Nobilität in Venedig auch insofern von anderen privilegierten Schichten Europas, als dieser ungewöhnlich strikte Pflichten und ein in Europa beispielloses Maß an Verantwortlichkeit auferlegt war.

Die funktionelle Einbindung der Cittadinanzza in Gilden und Bruderschaften war bereits Gegenstand einer skizzenhaften Darstellung im ersten Teil. Das Bürgertum war nach Populani *Artesani* und Cittadini, also Handwerkern, Arbeitern, Kleinkaufleuten, Großhändlern und Beamten, nach Bürgern durch Verleihung oder Geburt, *Cittadinanzza per previlegio, originari, dei segretari* gestaffelt, sein Anteil betrug vier Fünftel der Gesamtbevölkerung gegenüber einem Zehntel des Patriziats. Jedem mit vollem Bürgerrecht ausgestatteten Bewohner Venedigs stand es bis zur Schließung des Großen Rats 1297 offen, vom Krämer über den Händler, vom Handwerker und Gondoliere, vom Seereisenden bis zum Schiffs- und Grundbesitzer, in das Patriziat aufzusteigen.

Seit 1297 war der Eintritt der wenigen hundert vermögender Familien in das Patriziat vordergründig fraglos an Reichtum geknüpft, doch waren es wohl spezifische Interessen und Fähigkeiten, die diese Habilitierung in Übereinstimmung von wirtschaftlicher Macht und politischer Einflußnahme auch später noch nötig machten.

Auch das Bürgertum war spiegelbildlich der Organisation des Patriziats, je nach Berufsinteressen und Vermögen in mehr als einhundert, immer reicher verzweigten Scuolen, das vermögende Bürgertum (einschließlich der Ärzte und Künstler-Bruderschaften) in den Scuole Grandi organisiert, um (im Gegensatz zur politisch wachsenden Einflußnahme etwa der florentinischen Zünfte) unter klarer Kompetenzumschreibung und staatlicher Aufsicht als Monopolvereinigungen der Pflege ausschließlich gewerblich-wirtschaftlicher, gesellschaftlich-kultureller und religiöser Zwecke innerhalb des Gemeinwesens zu dienen. Auf den besonderen Status und die Rolle der Cittadinanzza dei segretari und deren die Kontinuität der Verwaltung verkörpernden, informell-politischen Charakter als gewählte Stadträte und ständig tätige Magistratsangestellte wurde bereits hingewiesen.

Dem Faktum der institutionellen Einbindung – in Scuolen – und also mitverantwortlicher Teilnahme am Gemeinwesen hält Frederic Lane die Hypothese entgegen, ob nicht die Vielfalt des Organisationsrechts (einschließlich der Entfaltungschancen des einzelnen) diese Bevölkerungsschichten in divergierende Interessengruppen gespalten habe, die jede Einigung untereinander gegenüber dem herrschenden Patriziat unmöglich machen mußte. Dies um so mehr, wenn man nur an die seit dem 13. Jahrhundert sich gegenüberstehenden *arti* denkt, die Gewerkschaften ähnlich, die verschiedenen Handwerker-Gewerbeinteressen – also der Arbeitnehmer auf der einen Seite – und die Geschäfts- und Händlerinteressen der Arbeitgeber andererseits, repräsentierten. Lane räumt jedoch ein, und damit bietet er implizit die Antithese an: »Das Regieren durch die Befriedigung oder Bedrohung der Eigeninteressen von getrennt organisierten Gruppen würde zur Korruption führen, wenn es nicht vom Gedanken an das Gemeinwohl geleitet wäre.«[13] Tatsächlich diente diese Politik angesichts eines weitgefächerten Katalogs potentieller Betätigungsspielräume (unabhängig davon, ob eine Einigung der bürgerlichen Majorität untereinander überhaupt angestrebt wurde), sowohl den Einzel-(Gruppen-)Interessen wie dem Gemeininteresse, so daß sich damit in der Praxis derartige Erwägungen (im Hegelschen Sinne) aufhoben.

Ein weiterer, für die Rialto-Wirtschaft ausschlaggebender Aspekt der Abstimmung partikularer Interessen war die Frage der Regelung (Abgrenzung) jeweils eigener Erwerbs- und Marktchancen gegenüber nichteinheimischen, fremden Kaufleuten und Interessenvertretungen.

Die Stadtrepublik Venedig entschied sich, sowohl im Interesse ihrer eigenen Kaufmannschaft, wie auch dem der Kommune, für die in den meisten Handelsmetropolen gebräuchliche Variante des Wirts- und Residenzzwangs: in Venedig der sogenannte Fondaco. Auf diese Weise ließ sich am besten die monopolistische Tendenz ansässiger Handelsgesellschaften und Kaufleute verbinden, alle Güter- und Kapitalbewegung zu kontrollieren, um damit weitgehend der Gleichheit der Erwerbs- und Marktchancen nach innen zu dienen.[14]

Vor diesem Hintergrund wurde in Venedig bereits im Jahre 1228 (1507) der berühmte *Fondaco dei Tedeschi*, 1587 (1621) der *Fondaco dei Turchi* begründet. Diese Form der auf den ersten Blick zwangszweisen Integration ausländischer bzw. nicht einheimischer Handelsinteressen, einschließlich der fiskalischen Interessenwahrnehmung über Zölle, Gebühren, Tarife, etc., war in allen europäischen und außereuropäischen Handelszentren seit dem Aufkommen des Fernhandels im ausgehenden Mittelalter selbstverständlich. Es erscheint also unverständlich, weshalb die Mehrzahl der Chronisten nur in bezug auf Venedig von »drückender Abhängigkeit, Einsperrung, Behinderung eigener Interessen; venezianischen Dienstleistungen ausgesetzt, und entwürdigendem Zwang gegenüber einem vielstufigen Maklergebühren- und Provisionssystem, ja ungeniertem Protektionismus am Rialto sprechen, welche den ausländischen Handel an der freien Entfaltung seiner eigenen Bedürfnisse hindere«. (Braudel)[15]

Obwohl also – wie das Jakob Fugger und Matthäus Schwarz im Fondaco erlebt haben – im Einzelfall als unzumutbar empfundenen Nachteilen dieser »Zwangsherberge« (Lebe)[16] zahlreiche, und in dieser Zeit hochzuschätzende Vorteile (der Organisation, Konzentration, Information, Risikoverminderung, Sicherheit, Rechtsschutz, Kontaktaufnahme, Werbung) gegenüberstanden, sind nicht nur die deutschen Kaufleute trotz zahlreicher Alternativen spontan in die Lagunenmetropole und zum Rialto gereist, haben sie sich freiwillig den hier geltenden Usancen und Spielregeln unterworfen. Im übrigen gab es bis in das 17. Jahrhundert zu diesem Waren- und Informationsangebot, diesem Qualitätsstandard, und nicht zu reden von Lebensstil und Weltoffenheit San Marcos, keine vergleichbare Alternative in Europa.

Nach der großen Pestepidemie und nach der Zypernkrise am Ende des 16. Jahrhunderts, nach stetig wachsenden, neuen Wettbewerbsherausforderungen durch Genua, Livorno, Triest, nach der Hochkonjunktur der Piraterie im gesamten Mittelmeer, den revolutionierenden neuen Schiffsbautechniken der Holländer und explosionsartig steigenden Transportkosten, schließlich angesichts der Ohnmacht gegenüber der Nichtigkeitserklärung seitens Englands, in der Levante weiter unter der Flagge der Republik Venedig zu fahren und sich auch nicht mehr deren Gerichtsbarkeit zu unterwerfen, war die Signoria gezwungen, sowohl ihre welthandelspolitischen Prämissen, als auch die Gestaltung der kommunikativen Seite ihrer Organisation gegenüber ausländischen Handelsinteressen und deren Repräsentanten grundlegend zu überprüfen und abermals politische und wirtschaftliche Prioritäten völlig neu aufeinander abzustimmen.

Dabei erwies sich Venedig als ein in der europäischen Wirtschaftsgeschichte weitgehend ignorierter Vorreiter eines atypischen Modells der Gestaltung des Verhältnisses von Politik und Wirtschaft.

Wenn Max Weber in seiner Wirtschaftsgeschichte (1928) das England des 14. Jahrhunderts als Ursprungsland des sogenannten Merkantilsystems vorstellt und das Emporkommen einer von der Staatsgewalt unabhängigen, an Marktchancen orientierten Unternehmerschicht und deren Unterstützung durch das Parlament hervorhebt, dann wird deutlich, daß sich schon die Grundvoraussetzungen der Entfaltung des venezianischen Kapitalismus von denen des englischen Modells erheblich unterscheiden.

In Ermangelung eines aus feudalen Herrschaftsstrukturen hervorgegangenen Staatsgebildes gegenüber einer selbständig und in Konkurrenz zur politischen Macht agierenden Unternehmerschaft, bestand in der Commune Venetiarum von Anbeginn eine Interessenidentität und Personalunion der politisch verantwortlichen Entscheidungsträger einerseits und der individuell wirtschaftliche Entscheidungen treffenden Unternehmerschaft andererseits.

Doch nicht nur das damit verbundene, schon für den frühkapitalistisch-bürgerlichen Staat geltende und in noch höherem Maße heute hochaktuelle Verfassungsproblem und Dilemma zweier gegeneinander wirkender sozialer Kräfte besaß in Venedig keine Relevanz. Hier waren auch von Anbeginn das Fließgewicht die Symmetrie von Wettbewerb, Leistungsprinzip und Kooperation, in gegenseitiger Abstimmung partikularer und politisch übergeordneter Interessen bis in das 17. Jahrhundert weitgehend gewährleistet.

Nach Max Weber war der erste in jener mittelalterlichen Epoche rational lebende Mensch der Mönch, der in seiner klösterlichen Gemeinschaft methodisch und mit rationalen Mitteln ein Ziel anstrebte: das Jenseits[17] – nur für ihn gab es doch Glockenschlag, nur ihm sind die Tagesstunden eingeteilt zum Gebet.

Die Venezianer waren also wahrscheinlich die erste Gemeinschaft, die gewiß nicht ganz unabhängig vom Anteil ihrer rationalen Intelligenzpotentiale, kraft einer evolutionären, selbstregulierenden Kreativität jener ratiomorphen, nicht bewußt reflektierenden Vernunft und trotz aller mit ihrem Lebensstil seit dem 17. Jahrhundert in Verbindung gebrachten Dekadenz, ein ungewöhnliches Gespür für die Umsetzbarkeit von Überlebens- und Gestaltungsstrategien mit dem einen Ziel: der Optimierung von Lebensqualität im Diesseits, entwickelt hatten. Daß sie auch zu den ersten gehörten, die allen europäischen Staaten voraus rationale Techniken der politischen Konfliktlösung, ein rationales Recht und eine rationale Wirtschaftsethik [18] praktizierten, soll hier dargelegt werden.

Das setzt indessen, im Gegensatz zu den modernen, kapitalistischen Industriestaaten des 20. Jahrhunderts, den kalkulierten Verzicht auf die Prädominanz sowohl der Politik über die Wirtschaft, wie auch den der Wirtschaft über die Politik voraus.

Dabei ging es in Venedig nicht um die Schein-Alternative:[19] politische oder wirtschaftliche Macht, es ging vielmehr um eine anzustrebende Interessenidentität sowie verbindliche, aber flexible Spielregeln der die Koexistenz zwischen Teil und Ganzem gewährleistenden Konsens- und Handlungsfähigkeit.

Es ist aufschlußreich, daß seit dem ausgehenden 17. und 18. Jahrhundert unter den Mitgliedern des Patriziats – im Großen Rat und in anderen Organen – nur noch wenige Venezianer unternehmerischen Aktivitäten nachgingen oder sonst freie Berufe ausübten.[20] Damit war das Gemeinwesen als übersummatives Ganzes weitgehend jener Gestaltungsträger und Impulse beraubt, die aufgrund verbindender Teilnahme eine produktive, d. h. konfliktfähige Koexistenz ermöglichten, die ihrerseits unlösbar an die selektive Wirkung des Wettbewerbs gebunden, allein die Wandlungsfähigkeit des Gesamtsystems hätte gewährleisten können.

Auch in Venedig wurde nun die Tendenz jenes Merkantilismus unübersehbar, die Montaigne und Voltaire im selben Jahrhundert als die Politik des »jeder für sich« bezeichnet hatten.[21]

Die Sonderrolle Venedigs, das auch hier in keines der herkömmlichen Stereotypen oder Klischees der Sozialwissenschaften paßt, läßt sich am treffendsten an der Dynamik des kulturellen Wandlungsprozesses seit dem 13. Jahrhundert veranschaulichen, der in der säkularisierten Weltstadt erstmals eine Relativierung »ewig gültigen, jenseitsbezogenen Wissens« eingeleitet hat, indem sich Menschen in einem ganz praktischen Sinne bemühten, »sich der Erfahrung des eigenen Verstandes ohne Leitung eines anderen zu bedienen« (Kant), um diesen in den Dienst sozialen und wirtschaftlichen Aufstiegs innerhalb einer alle verbindenden Gemeinschaft zu stellen.

In Venedig und anderen Stadtrepubliken bildeten Nützlichkeit und Zweckgebundenheit von Anbeginn ganz natürliche Impulse unerschöpflicher Neugier und neuen Wissens, war Empirie jeder Art von Theorie überlegen, aber zugleich auch deren positive Begrenzung.[22] Nur so ist es wohl verständlich, daß mit der unumschränkten Würdigung der Handarbeit der Technik eine ganz ungeahnte, nun auch von den angewandten Wissenschaften befruchtete, sozialproduktive Rolle zuwuchs, die bald im Dienste der Gemeinschaft das zuwege brachte, was wir als zivilisatorischen und kulturellen Fortschritt bezeichnen.

Doch all das konnte sich nur dank der Einbeziehung und Gestaltungsvorgaben politischer Institutionen wirklich weiterentwickeln und fruchtbar werden. Ein Blick auf die Flut der im 15. Jahrhundert neu erlassenen Gesetze und Verordnungen zwecks Förderung und Schutz von Patenten für die Glasverarbeitung, hydraulische Anlagen, Transportgeräte, Webstühle, Mühlenprojekte, astronomische und nautische Instrumente, Bergbauvorrichtungen, Schiffstechniken und Kriegsmaschinen verdeutlicht, welcher soziale und ökonomische Stellenwert Innovationen jeglicher Art seitens der Signoria beigemessen wurde.

Während seiner Senatorenzeit unterstützte der oft erwähnte Gasparo Contarini, dessen besonderes Interesse für das Seewesen bekannt war, die Durchführung eines Experiments zwecks Erprobung eines Fünfer-Ruderboots. Das ungewöhnliche Unternehmen wurde in der Sala del Collegio von Schiffsingenieuren, Handwerkern und Sachverständigen vorgestellt und diskutiert.[23] Ähnliche Vorstellungen und »Hearings« mit Praktikern, Wissenschaftlern und Künstlern waren im Dogenpalast an der Tagesordnung, wie hier überhaupt der Geist der Kooperation und Koexistenz von pragmatischer *politiké techné, disegno* und angewandten, praktisch-konkreten Tagesproblemen einen heute fast unvorstellbaren Ausdruck fand.[24]

Dieser Tatsache ist es zuzuschreiben, daß man hier bereits ein zivilisatorisches und technisches »Know-how« hervorbrachte, dessen Standard Diderot in zahlreichen Teilbereichen erst im 18. Jahrhundert in seiner *Encyclopédie* vorgestellt hat.

Während der Geist des wirtschaftlichen, kulturellen und wissenschaftlichen Aufbruchs, der in ganz Europa ein neues individuelles und kollektives Selbstbewußtsein auszulösen begann, mit Gegenreformation und Nationalstaatenbildung wieder eingedämmt, verfälscht und umgeleitet wurde, konnte die Lagunenmetropole ihre Grundhaltung als politisches Gemeinwesen mit dem ihm eigentümlichen Selbstverständnis jener »raison communale« bis in das 17. Jahrhundert weitgehend bewahren und in vielen Teilbereichen auch weiterentwickeln.

Dieser Grundhaltung entsprach das, was wir als den jeweils aktuellen Versuch der Optimierung von Gestaltungsräumen unter der Voraussetzung von Koexistenz angesprochen haben. In diesem Prozeß politischer, wirtschaftlicher und kultureller Mitgestaltung spielten sowohl der Zugang und die Umsetzung von Wissen über Information in die jeweils individuelle Lebens- und Materialgestaltung im Sinne Pomponazzis als auch das Maß der Teilnahme und Identifikationsmöglichkeiten am Ganzen eine entscheidende Rolle, wie auch die Bereitschaft zur Koexistenz seitens der am gesamtpolitischen Prozeß beteiligten

Entscheidungsträger: Und sie gewährleisteten gemäß ihrem eigenen Anspruch mit Hilfe der Instrumente des institutionalisierten Konflikts politische Perspektiven und Führung. Doch vermochten sie das noch im 18. Jahrhundert?

In der Sala del Senato befaßte sich am 29. Mai 1784 einer der bedeutendsten Repräsentanten des Patriziats in einer berühmt gewordenen Rede mit der allgemeinen wirtschaftlichen Lage Venedigs:

Der Handel wird eklatant vernachlässigt. Vergessen sind die alten Maximen und Gesetze, die einen Staat geschaffen haben und schaffen würden. Mit Füßen getreten werden wir von Fremden bis mitten in unsere Stadt hinein; unserer Substanz beraubt, fehlt bei Bürgern und Untertanen jede Spur von unseren einstigen Kaufleuten. Es gibt kein gegenseitiges Vertrauen mehr. Es fehlt an Kapital, nicht im Staat, sondern im Handelsgeschäft, und das vorhandene dient eher der Verwöhnung, dem übermäßigen Luxus, nutzlosen Schauspielen, angeblichen Vergnügen und den Lastern, statt das Gewerbe zu unterstützen und zu vergrößern, Mutter der guten Sitten, der Tugend und des nützlichen nationalen Handels ... (Andrea Tron)

Tatsächlich verraten diese Worte eines der einflußreichsten Sprecher des Senats auf entlarvende Weise den Verlust einstiger kosmopolitisch-toleranter Weitsicht. Bekanntermaßen äußerte er sich ebenso ablehnend wie geringschätzig über alle Bemühungen neuerer, in die Stadt eingewanderter Schiffahrts- und Handelskreise, insbesondere jüdischer Unternehmer als Emporkömmlinge, die den altetablierten Familien Gewinne streitig zu machen trachteten. Und der Vorwurf gegenüber seinen eigenen Standesgenossen wegen mangelnder Beteiligung an Handel und Schiffahrt, vor allem aber der Dekadenz, traf ihn, einen zum Herrschen geborenen, wahrlich höchst persönlich.[25]

Zu den von Andrea Tron beschworenen Maximen gehörten einst prinzipiell die Integration des Fremden, soweit es dem Gemeinwesen als Ganzem förderlich war, und natürlich die Bereitschaft zur Koexistenz und Konfliktfähigkeit. Hier wird also die falsche Tonart erkennbar. Die Berufung auf gute Sitten und Tugenden ist erkennbar ein falsches Emblem, eine feierliche Ergänzung patrizischer Herrschaft, die zur Idee erstarrt ist, in dem Moment, wo die Tugenden, statt der tugendhafte Mensch verteidigt werden. (Merleau-Ponty)

Die »Krise« innerhalb der Führungselite des Patriziats spitzte sich im 18. Jahrhundert dahingehend zu, daß die Initiative zu einer Spielregeländerung der Verfassungsordnung zu diesem Zeitpunkt offenbar von innen nicht zu erwarten war. Vor allem aber die auf kommunikativer Seite unüberwindbare Barriere, die konstitutionellen Spielregeln als internes Beziehungsgeflecht selbst zum Thema notwendigen, alle(s) verbindenden »Festhaltens« oder »Lösens« zu machen, führte so zwangsläufig zu der einzig noch möglichen Chance des Wandels per Spielregel – also (Verfassungs)bruch – durch einen Eingriff von außen: Und dieser ist im Gewaltakt Napoleons im Mai 1797 zu sehen.

Die Ironie dieser Phase der Geschichte besteht wohl darin, daß es im damaligen Europa zahlreiche Staaten gab, denen gegenüber Nachhilfeunterricht in Sachen: politische Spielregeln – »liberté«, »fraternité« oder »égalité« – durch das Direktorium in Paris angemessen erscheinen mochte, selbst, wenn auch in Venedig das Volk mehr demokratische Mitspracherechte gewünscht haben sollte. Das war jedoch nachweisbar kein Grund für einen grundsätzlichen Regierungswechsel. Auch hatte die französische Regierung (Direktorium) 1795 selbst das allgemeine Wahlrecht und die politische Gleichheit wieder rückgängig gemacht, so daß die Rede des französischen Generals Ballaud über den »Geist und die Würde der von allen Schlacken gereinigten Republik« ausgerechnet im Hinblick auf die Republik Venedig als reiner Hohn erscheinen mußte.

Die Differenz von politischem Anspruch und Wirklichkeit im »Großen Rat« machte es Napoleon leicht, seinem Ultimatum der sofortigen Demokratisierung nach dem »Fehlverhalten« der Republik durch ihre Unterstützung Veronas gegen Napoleon und nach der Beschießung der »Liberateur d'Italie« den Anschein der Legalität zu verleihen.

Das intuitive »Wissen« um die lange bewährte Gemeinsamkeit im Großen Rat ermöglichte es auch noch in dieser Situation, praktischer Vernunft und dem Nutzen den Vorrang vor der heroischen Gebärde einzuräumen, Ängste und Einschüchterungsversuche von außen nicht durch Demonstrationen historischen Glanzes, der »Einheit« oder »Tugenden« (jener oben erwähnten Senatoren) zu verschleiern, sondern Realitäten zu akzeptieren und die entsprechenden politischen Folgerungen zum Wohle Venedigs daraus zu ziehen.[26]

Die Ökonomie der Wertschöpfung

In direkter Weiterführung des vorangehenden Kapitels zur Koexistenz von Politik und Wirtschaft sollen mit dieser Titelwahl bereits der Akzent und die Perspektive unserer Annäherung erkennbar werden. Wir gehen davon aus, die Summe aller inländischen Erwerbs- und Vermögenseinkommen, also Löhne, Gehälter, Mieten, Gewinne und alle für die Zurverfügungstellung von Produktions- und Dienstleistungsfaktoren empfangenen Gelder zunächst als eine Seite der Wertschöpfung im Sinne des sogenannten Sozialprodukts zu bezeichnen: Im Unterschied zur traditionellen National-Ökonomie beschränken wir uns indessen nicht auf die rein ökonomische Seite, sehen wir das ökonomische Kernproblem nicht ausschließlich im Fokus rein profitorientierter Ziele, sogenannter »Wirtschaftsubjekte«, wir beziehen vielmehr die Komplexität politischer, gesellschaftlicher und kommunikationsrelevanter Faktoren wie soziales Verhalten, die Frage nach Sinn, Qualitäten und normativen Wertsetzungen in die Analyse des Prozesses einer (Lebens-)Ökonomie als Wertschöpfung ein.[1]

Dafür spricht nicht nur der in Venedig unübersehbare Umstand, bestimmte, für die Überlebensfähigkeit dieser Kommune notwendige, soziale öffentliche Güter wie Sicherheit, die Regelung lagunarer Probleme, die Versorgung und

Organisation mit bestimmten Verbrauchsgütern und Dienstleistungen, gar nicht über Marktmechanismen gewährleisten zu können. Für diesen politisch-ökonomischen Ansatz spricht vor allem das Selbstverständnis der Republik Venedig und ihrer eigentümlichen Vorstellung einer »raison communale«.

Diese Betrachtungsweise hat zwar den Nachteil, daß sich normative Aussagen im Gegensatz zu positiven Aussagen nicht ohne weiteres durch die Konfrontation mit der Realität falsifizieren lassen, es also sinnvoll erscheint, Werturteile wohl abzuwägen, andererseits wird mit dieser erweiterten Perspektive doch dem Umstand Rechnung getragen, sowohl venedigspezifische, widersprüchliche, wie eigene, nicht widerspruchsfreie Wert- und Vorurteile eher transparent zu machen.[2]

Darüber hinaus kommt dem Begriff der »Ökonomie« im Sinne von »oikos«: Haushalten und »nomos« im Sinne von Verfahren, Ordnung, Brauch – »Oikonomia« – in Venedig eine, mit anderen Kommunen nur bedingt vergleichbare Bedeutung zu. Dies um so mehr, als wir beim Prozeß der Wertschöpfung auch dem Umgang bzw. Aufwand an Arbeit, sozialproduktiver Energie, der Balance von Kapital- und Humanakkumulation, Zeit, Risiken sowie der Tatsache, daß Venedig stets aus der Position der Schwäche und des Mangels handeln mußte, zu berücksichtigen haben.

Aus dem Kaleidoskop möglicher Wirtschaftssektoren seien zwei Vermögen transformierende Bereiche hervorgehoben, die exemplarisch für den Prozeß der Ökonomie der Wertschöpfung stehen: der Gewürz- und Luxusgüterhandel bis in das 18. Jahrhundert und die »Kolonisation« der Morea-Halbinsel im 17. Jahrhundert.

Zwischen dem 11. und 17. Jahrhundert nahm der Gewürzhandel Europas mit dem Vorderen Orient als Zwischenhändler, an erster Stelle Pfeffer als profitabelster Einzelposten, den absoluten Spitzenplatz in der Skala importierter Luxusgüter für die »Companie« in Amsterdam um 1650 bis zu 33 Prozent des Umsatzes ein.

Die europäischen Einfuhrquoten lagen um 1600 bei durchschnittlich 20 000 Doppelzentnern bei einer Gesamtzahl von 100 Millionen Europäern. Bis 1680 stieg der Umsatz auf sein letzterreichtes Volumen von 50 000 Doppelzentnern an, um dann 1780 auf den vierten Rang (11 %) hinter Seide, Baumwolle (32,6 %), edle Gewürze (24,4 %) sowie Tee und Kaffee (22,9 %) zurückzufallen und schließlich mit dem langfristigen Geschmackswandel Europas fast gänzlich in den Hintergrund zu treten.[3] Die Transporthandelsmarkt- und Wettbewerbsprobleme betreffenden Fragen des Gewürzhandels durch Venedig sind im 1. Teil skizziert. Der Gewürzhandel war für Venedig ein ebenso existentielles wie höchst profitables Unternehmen mit vielen Facetten. Er bildete – ähnlich wie die Börse – ein hochsensibles »Barometer« und schließlich, als neue Konkurrenten mit weitaus größeren Ressourcen auftraten, Anlaß für zahlreiche Konflikte mit ägyptischen und türkischen Herrschern. Am Ende des 16. Jahrhunderts löste er den ersten Vorgeschmack eines europäisch-islamischen Weltkrieges aus. Pfeffer,

Zimt, Nelken, Muskatnuß, Ingwer, aber auch Seide, Samt, Taft, Teppiche und Baldachine standen nicht nur für die vielfältigen Einflüsse arabischer Kultur in Europa, sie finden ebenso sichtbaren Ausdruck in der mehr als 500jährigen Architekturgeschichte der Lagunenstadt. Aus dieser Perspektive bildete der Gewürzhandel – und mehr noch das von ihm beeinflußte kommerzielle, politische und kulturelle Umfeld – ein fast alle Lebensbereiche berührendes markt- und geschmacksbeherrschendes Stimulans.

Im ersten Teil dieses Kapitels beschäftigen uns nach einem Blick auf die normativen Zielsetzungen venezianischer Ökonomie die meßbaren Parameter der Gewinnmaximierung und Wertschöpfung, während wir mit dem zweiten Aspekt die implizite Seite dessen, was Wertschöpfung umfaßt, beleuchten.

Die Lagunenrepublik lebte handelnd vom meßbaren Erfolg ihrer Vermittler-potentiale und -funktionen. Die Fundamente sowohl des Privatvermögens, der Staatseinkünfte wie die des gesamten Volksvermögens bildeten auf zweifache Weise die Einfuhr und die Ausfuhr – einschließlich des Transports – wertvoller Güter und später auch Dienstleistungen neben Gewerbe-, Finanz- und Versiche-rungswesen, Kunsthandel und Kunsthandwerk.

Die Manifestationen dieser Aktivitäten spiegeln sich zu Beginn des 15. Jahrhun-derts im Sozialprodukt Venedigs mit 7,5–12 Millionen Dukaten, Staatseinkünf-ten von 1 615 000 Dukaten und einem Pro-Kopf-Einkommen zwischen 50 und 100 Dukaten jährlich.

Die Majorität des Kleinbürgertums – mehrere Zehntausend gelernter Handwer-ker, Ladenbesitzer und Händler mit vergleichbarem sozialem Status – lebte in der Metropole. Im 16. Jahrhundert bildeten sie in den jeweiligen »arti« organi-siert – neben 8 Prozent Bediensteten einschließlich Sklaven und einem Überan-gebot an billigen, meist ungelernten und nichtorganisierten Arbeitskräften – eine abgesicherte untere Mittelschicht. Sie verdienten etwas das Doppelte des Lohnes ungelernter Arbeiter und ein Drittel mehr als angelernte Gehilfen. Ungelernte Arbeiter verdienten beispielsweise im Arsenal jährlich zwischen 15–20 Dukaten, während Lehrlinge und Frauen, die Segel nähten, etwas über die Hälfte dieses Lohnes erhielten. Der Grundlohn eines Galeerenruderers betrug durchschnitt-lich 20 Dukaten, die Einkünfte eines Handwerkers um 50, die von Handwerks-meistern um 100 Dukaten pro Jahr.

In der Mittelschicht der Cittadinanzza verdienten öffentliche Angestellte, hochqualifizierte Werkmeister, Schiffsbaumeister, Ingenieure, Kapitäne, Buch-halter des Arsenals und andere Baumeister zwischen 80 und 120 Dukaten pro Jahr. Einige von ihnen verfügten über Dienstwohnungen und andere Vergütun-gen. Obwohl bei dieser Schicht das Einkommen leicht schwankte, nahmen sie weitgehend am Wohlstand des Staates teil, und nicht selten gehörte, insbeson-dere bei der *Cittadinanzza di segretari* und wohlhabenderen Kaufleuten der Landaufenthalt im Frühsommer und Frühherbst zum selbstverständlichen Be-standteil urbaner Lebensqualität.

Die Gehälter der Nobilität – als Mitglieder des »Rates der Vierzig« oder des Senats – bewegten sich zwischen 100 und 500 Dukaten aufwärts, während der Doge mit 4800 Dukaten über die höchstdotierten Einnahmen verfügte, allerdings auch mit Geldbußen belegt werden konnte, wenn er – oder andere Höchstverdiener – nicht genügend von ihren Gehältern ausgaben. Anspruchsvollere Gesandtschaftsposten konnten überhaupt nur mit privatem Vermögen angemessen wahrgenommen werden. Kaufleute, Unternehmer, Künstler oder Wissenschaftler, die über 1000 Dukaten jährlich verdienten, galten als wohlhabend – Galilei erhielt von der Signoria ein Gehalt von 1000 Dukaten –, jenseits dieser Grenze, etwa bei Künstlern wie Tizian, öffnete sich die Pforte zum Reichtum. Ihn repräsentierten in Venedig etwa 40 bis 60 hochbegüterte Familien, zu denen einige zu Wohlstand gelangte Populani bzw. Cittadini aufgestiegen waren.[4]

Die Löhne der arbeitenden Klasse blieben in den folgenden Jahrhunderten trotz rapider Verteuerung der Lebenshaltungskosten mit Hilfe steuerlicher und staatlicher Maßnahmen annähernd ausgeglichen.

Nach dieser Darlegung aus mikroökonomischer Perspektive auf Realeinkommen und Vermögensbildung (Sozialprodukt) werfen wir nun einen Blick auf den Staatshaushalt der Signoria, auf das Steuerwesen einschließlich Schulden, auf die Bereitstellung öffentlicher Güter, Infrastrukturen sowie die Transformation von Vermögen und die Wachstumsfaktoren.

Inwieweit läßt sich am Staatshaushalt der Republik Venedig die These Leopold Kohrs belegen, dieser sei prinzipiell Maßstab und Gradmesser des Selbstverständnisses eines staatlichen Gemeinwesens, seiner Ideologie, seiner politischen Kultur und vor allem der meßbaren Gestaltungschancen und Freiheiten seiner Bürger?[5]

Die von Frederic Lane erstellte Bilanz der venezianischen Staatseinnahmen und Staatsverschuldung anhand der »Bilanci generali« spiegelt über einen Zeitraum von rund 500 Jahren die Kontinuität des Gemeinwesens, wie auch die Diskontinuität situativ bedingter Einzelphasen wider. Während der mehr als eintausendjährigen Geschichte Venedigs gelang es der Signoria im Vergleich zu anderen Stadtrepubliken, etwa Genua, Florenz oder Mailand, trotz verheerender Kriege und Pestepidemien ein ausgewogenes Verhältnis von Staatseinnahmen und andererseits Schulden bzw. Schuldverpflichtungen zu erreichen. Diese in der europäischen Finanzgeschichte einzigartigen *Bilanci generali* offenbaren in der Tat mehr über das Selbstverständnis venezianischer *politiké techné* als absolute Zahlen oder der Hinweis Fernand Braudels:

Der Reichtum Venedigs sei schon Ende des 14. Jahrhunderts sehr unterschiedlich verteilt gewesen. Die ungeheure Überlegenheit der Republik vermittle gegenüber anderen europäischen Territorialstaaten eine Vorstellung davon, welche Gewinne eine Stadt, d. h. letztlich eine Handvoll Leute, aus der frühen Konzentration des Kapitals zu ziehen vermochten.[6]

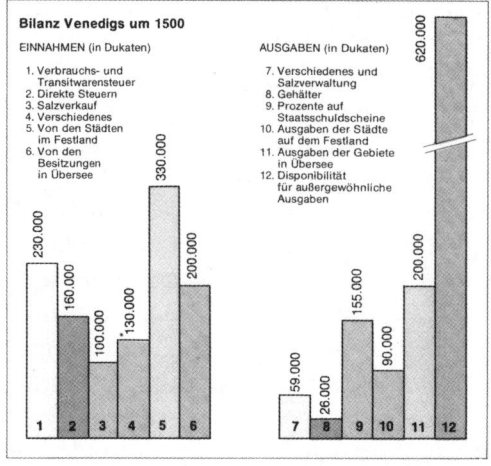

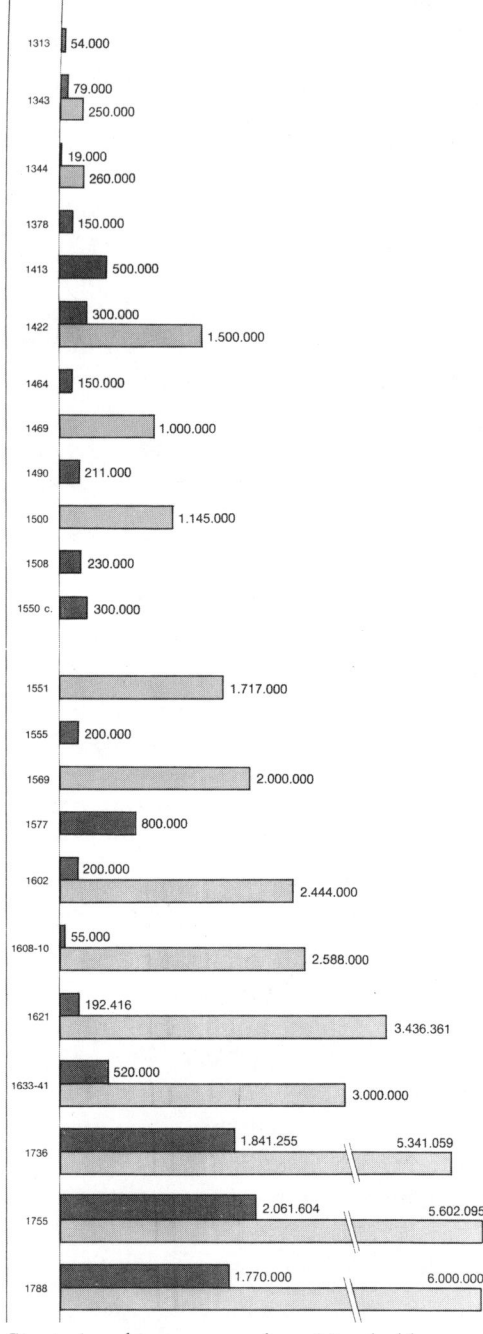

Staatseinnahmen, -ausgaben, Verschuldung

Denn weder die unbestreitbare Tatsache der unterschiedlichen Vermögensverteilung in San Marco, noch die Konzentration der vergleichsweise enormen Gewinne aus dem Gewürzhandel innerhalb einer kleinen Gruppe venezianischer Unternehmer lassen Rückschlüsse über den Charakter und die Vieldimensionalität einer Ökonomie der Wertschöpfung, wie sie oben angedeutet wurde, zu.

Anhaltspunkte dafür bietet ein Blick auf die Finanz- und Steuerpolitik Venedigs. Wie bereits dargestellt, wurden einige der wichtigsten Verbrauchsgüter indirekt besteuert. Von allen getragen, bildete diese Steuer eine große Belastung insbesondere für die Armen. Andererseits wurden außerordentliche Ausgaben wie Verteidigungslasten, Folgelasten von Katastrophen oder Epidemien zwischen 13. und 17. Jahrhundert durch Zwangsanleihen der Begüterten mit anfänglich 5 Prozent Zinsen aufgefangen. Diese Art der indirekten Besteuerung bildete nicht nur ein höchst fragwürdiges finanzpolitisches Instrument, das dem Selbstverständnis der Kommune widersprach, es führte obendrein auch zu das Gemeinwesen schädigenden Auswirkungen, welche zu überwinden den Dogen

Tommaso Mocenigo erhebliche Mühen kosten sollte. So ging man seit Mitte des 15. Jahrhunderts zu einer direkten und progressiven Art der Grundbesitz-, Umsatz- und Gewerbesteuer über. Gleichwohl bildeten nach wie vor die aus Schutzzöllen sowie über indirekte Abgaben besteuerten Konsumgüter eine der Haupteinnahmequellen der Signoria.

Nachdem seit dem 15. Jahrhundert die Festlandgebiete der »Terra Ferma« der Dominante einverleibt worden waren, ließen sich naturgemäß zahlreiche finanz-politische Probleme angesichts größerer Spielräume flexibler lösen, mußten damit aber auch neue Risiken und Abhängigkeiten in Kauf genommen werden. Um sich ein detailliertes Bild des Staatshaushaltes Venedigs zu machen, sei die Gesamtbilanz der Stadtrepublik durch eine Momentaufnahme um etwa 1500 ergänzt. Dabei fällt nicht nur die Erhebung der in der »Terra Ferma« nun eingeführten direkten Steuern, die Übereinstimmung von Soll und Haben auf, sondern auch jener für die »Dominante« charakteristische »Risikofonds« (Aus-gaben Nr. 12), der so oft in der Geschichte der Republik die Lösung fast aussichtsloser Krisen ermöglicht hatte und zwischen *disponibilità* und *responsabi-lità* ein Kriterium politischer Professionalität bezeugt.

Dieser jedenfalls als »pars pro toto« typische Einblick in den venezianischen Staatshaushalt läßt die Schlußfolgerung kontinuierlichen Wirtschaftswachs-tums, eines maßvoll steigenden Sozialprodukts und Pro-Kopf-Einkommens zu, über deren quantitativen Charakter wir dank umfassender Dokumentationen der venezianischen Verwaltungen statistische Größenvorstellungen besitzen: das Pro-Kopf-Einkommen zu Beginn des 16. Jahrhunderts, Investitionsvolumen, Staatseinnahmen, Staatsverschuldung u. a. volkswirtschaftlich relevante Grö-ßen. Lassen sich indessen aus derartigen Parametern bereits die Steigerung von Lebensqualität, eine dem Gemeinwesen wie dem einzelnen zugute kommende Wertschöpfung ableiten?

Einige, für eine tendenziell positive Antwort sprechende Indikatoren seien hier genauer betrachtet. Bevor wir auf die in den Teilsystemen relevanten Aspekte der Wertschöpfung eingehen, den Ausbau und die Bereitstellung sozialer-öffentlicher Güter oder die Förderung zivilisatorischer und kultureller Infrastrukturen, seien noch einmal die Rahmenbedingungen der als Koexistenz bezeichneten Beziehungen zwischen Politik und Wirtschaft in den Vordergrund gerückt, soweit sie überhaupt erst die Voraussetzungen für ein Konzept der Ökonomie der Wertschöpfung geschaffen haben.

Als gesichert kann davon ausgegangen werden, daß die Rialto-Republik als der einzige Staat im europäischen Konkurrenzkampf zwischen dem 14. und 16. Jahrhundert als maßgeblicher wirtschaftlich-politischer Einflußfaktor, seit dem 17. Jahrhundert als Synonym für je verschieden eingeschätzte kulturelle Innovationen und Kulturtechniken angesehen werden kann, der – im Gegensatz zu Frankreich, Spanien und England – seit dem 16. Jahrhundert nicht verschul-det, doch ständig in eine nicht abreißende Kette von Konflikten, Verdrängungs-

und Pirateriekriegen, Pestepidemien und andere Krisen verwickelt, eine überwiegend ausgeglichene Haushaltsbilanz aufweist.

Dabei war das vergleichsweise verschwindend kleine San-Marco-Unternehmen nicht nur das mit Abstand am meisten türkischen Zerstörungen ausgesetzte Territorium, es trug auch lange Zeit, von 1463–1479, und völlig auf sich selbst gestellt – vor allem während und nach der Seeschlacht von Lepanto – die Hauptlast im Abwehrkampf gegen das Osmanische Reich.[7]

Das Verhältnis Venedigs zum Osmanischen Reich war, wenn auch ganz anders als jenes zum Vatikan-Staat, hochambivalent. Fast ständig waren sich gegenseitig ausschließende Entscheidungen und Maßnahmen erforderlich, um mittels machtpolitisch paradox erscheinender Kompromisse, kalkulierter Nachgiebigkeit und risikoabwägender Diplomatie die eigene Interessenwahrnehmung zu gewährleisten. Wenn die spanische Politik, die wie alle Beteiligten der christlichen Liga vom Seesieg über die Türken (1571) profitierte diesen Sieg nicht als gemeinsam durchgeführtes Kooperationsunternehmen betrachtet, nur um Venedig »nicht zu stärken«, dann entsprach das der spanischen Politik der Konfrontation als Nullsummenspiel, um mit allen Mitteln Venedigs Einfluß und Souveränität zu unterwandern.

Bis in das 17. Jahrhundert dominierte daher im Prioritätenkatalog der Signoria verständlicherweise der Kampf um die Verteidigung und Wahrung der weitverzweigten Fernhandelsbeziehungen. Von deren Aufrechterhaltung war die Gewährleistung jenes, aus den *Bilanci generali* ersichtlichen und weitgehend allen aktiv beteiligten Venezianern zugute kommenden wirtschaftlichen Wohlstands abhängig. In einer – nicht erstellten – Dokumentation über das Kosten-Nutzen-Kalkül dieser Bemühungen würde auf der Seite der höchsten Kosten und Opfer auslösenden Risikofaktoren das Osmanische Reich den ersten Platz einnehmen.

Diese Politik änderte sich erst, als im 16. Jahrhundert in Venedig, wie in vielen italienischen Städten, ein struktureller Wandlungsprozeß einsetzte, der auch in der Lagunenstadt gewerblichen Wirtschaftssektoren und neuen Luxusgütern zu großem Aufschwung verhalf und neue Aktionsspielräume in Konkurrenz zur ausschließlichen Orientierung am Handel eröffnete.

Damit verlor der einst fast uneingeschränkte Priorität einnehmende Gewürzhandel seine wirtschaftliche Vorrangstellung, während nun allerdings jene »feineren Stimulans«: Kaffee, Tee, Tabak, Schokolade, Zucker, aber auch Seiden, Taft und Baumwolle an seine Stelle traten.

Obwohl Venedig nach der portugiesischen Umseglung Afrikas das Pfeffermonopol schrittweise verlor und alsbald von den größeren europäischen Mitbewerbern endgültig aus seiner Position verdrängt werden sollte, konnte bzw. mußte die Signoria es wagen, das Angebot Spaniens im Jahre 1584 abzulehnen, den gesamten Pfefferimport Lissabons, rund drei Millionen Pfund jährlich, also fast das Dreifache seines bisherigen Handelsvolumens, als Pacht zu übernehmen, um in Abhängigkeit zwischen Frankreich und Spanien, andererseits zwischen Spanien und Osmanischem Reich als unabhängig entscheidender Akteur die Durchsetzung eigener multilateraler Interessen nicht aufs Spiel setzen zu müssen.

Dank der Gold- und Silberimporte aus Deutschland und Ungarn konnte Venedig vorübergehend einen Teil seiner indischen Gewürzimporte über Ägypten abwickeln, während es gleichzeitig in dem auf 700 000 Bewohner angewachsenen Konstantinopel – dessen Sultan mittlerweile von Marokko bis an die Wiener Stadtmauern herrschte – einen seiner besten Absatzmärkte auszubauen begann.

Das Aufblühen neuer europäischer Handelszentren – u.a. Antwerpen, Lissabon und Sevilla – zwang die Handelspolitik der Signoria zur Einleitung gezielter Struktur-Anpassungsprozesse, die um so mehr die politisch-wirtschaftliche Abstimmung mikro- und makroökonomischer Aktionsfelder erforderlich machten.

Wie ließen sich etwa externe Nachteile in Vorteile verwandeln: im Bereich der Export-Import-Prioritäten, Antitrust/Monopolmaßnahmen, der Konsumgüterversorgung, der privaten und öffentlichen Finanz- und Bankgeschäfte, oder der Versorgung mit öffentlichen Gütern?

Ähnlich wie in den modernen marktwirtschaftlichen und informationstransparenten Wirtschaftssystemen unserer Zeit bewährte sich in San Marco jenes hermaphroditische Konzept: zentral durch den Senat und spezielle Magistratausschüsse und dezentral durch handelspolitische Entscheidungsprozesse untereinander konkurrierender Wirtschaftssubjekte bzw. sich selbst regulierender Angebots-Nachfrage-Mechanismen.

Als Florenz den Wunsch eines Bündnisses mit Venedig gegen Mailand und Felippo Maria Visconti (1412–1447) aussprach, lehnte dies der Senat ab mit der klaren, durch Handelsbilanzen belegten Überzeugung, jeder Krieg zwischen Mailand und Venedig, d. h. zwischen Abnehmer und Verkäufer, sei eine Torheit. Wenn die Visconti nur ihr Heer zu vergrößern gezwungen seien, werde Mailand wegen sofortiger Erhöhung der Steuern ein schlechterer Konsument. Besser man lasse also die Florentiner unterliegen, dann siedelten sie, städtisches Leben gewohnt, zu uns über und bringen ihre Seiden- und Wollweberei mit...[8]

Diese nüchterne Argumentation des Senats demonstriert die venezianische Vorstellung des »politischen Geschäfts«, eine Ökonomie der Wertschöpfung als »Positivsummenspiel«, d. h. einerseits kann Gewinn nur im beiderseitigen Interesse via Kooperation liegen, denn er ist langfristig die Voraussetzung für den eigenen Erfolg. Andererseits intendiert dieser Standpunkt buchstäblich die »Not der Wendigkeit«, angesichts ständig kritischer Masse und Grenzen jene »Ethik der Optima« (Gregory Bateson) anzustreben, nämlich Variable möglichst zu optimieren.

Dieselbe Einstellung vermittelt zur selben Zeit die Vermächtnisrede des bereits erwähnten Dogen Tommaso Mocenigo (1414–1423) vor seinen Senatoren:

Also ermahne ich euch zu Gott zu beten... Frieden zu machen... Warum einige Francesco Foscari wählen möchten, weiß ich nicht... Wenn ihr ihn (Foscari) zum

Dogen macht, werdet ihr bald Krieg haben. Wer jetzt zehntausend Dukaten hat, wird bald nur noch tausend besitzen, wer jetzt zehn Häuser hat, wird nur noch eines besitzen, wer jetzt zehn Kleider oder Hemden hat, wird nur noch mit Mühe etwas anzuziehen finden... Was geht uns Florenz an, es ist nicht unser Nachbar... Warum sollen wir den schönen Garten von Mailand verwüsten, der uns so reiche Erträge einbringt?... Hütet euch wie vor dem Feuer, Dinge anderer zu nehmen... und ungerecht Kriege zu führen...[9]

Die Wahl fiel gleichwohl dennoch auf Francesco Foscari (1423–1457) und damit auf eine mehr als 30jährige Phase der Expansionspolitik. Sie führte zu einem Zielkonflikt zwischen hohen Kosten bzw. Opfern und erwartetem Nutzen, deren sich gegenseitig ausschließendes, paradoxes Verhältnis denjenigen, die diese Politik unterstützten, nicht erkennbar und den Weitsichtigeren unter ihnen nicht überzeugend vermittelbar gewesen war.

Dennoch entsprach Venedigs Politik keineswegs pauschal derjenigen einer »sanktionierten Räuberbande und Freibeutertum« (W. Sombart); es strebte vielmehr, Florenz vergleichbar, prinzipiell Vermittlung und Zwischenhandel, nicht die Eroberung fremder Märkte oder Territorien an. Obwohl seine auch für Kriege umrüstbare Handelsflotte das einzige militärische Instrument bildete, um seine Lebenszentren zu schützen, führten Zielkonflikte zur Zeit Foscaris, aber auch zur Zeit anderer Dogen, zu der für den modernen kapitalistischen Staat typischen Diskrepanz zwischen höchst rationalem Handeln und andererseits einem hohen Maß an Manipulierbarkeit und irrational-repressivem Verhalten.

Der erste Schritt der »Entzauberung der Welt« (Max Weber) mit der Rationalisierung ihrer sachlich unpersönlichen Ordnung, ihren brüderlichkeitsfremden Bedingungen und der Intellektualisierung der menschlichen Stellungnahme zu ihnen[10] wurde tendenziell bereits in den italienischen Stadtrepubliken eingeleitet. Er bildete auch in Venedig eine komplementäre Seite jenes von Jacob Burckhardt als »Kunstwerk« bezeichneten modernen Staates. Vielleicht hat die Stadtrepublik Venedig als eine der wenigen Kommunen den gelungenen Versuch unternommen, den Begriff der Praxis als kultureller Einheit von Denken, Handeln und Arbeiten, von Bewußtsein, Gesellschaft und Handel[11] mit dem Anspruch permanenter Wertschöpfung nicht im Sinne der Perfektion, wohl aber der Perfektibilität und damit der Optimierung zu verbinden.

Unter diesem Gesichtspunkt gewinnen die sich in den sozialen Teilsystemen widerspiegelnden Aspekte der Wertschöpfung unser Interesse:

– als Ausbau und Bereitstellung sozialer öffentlicher Güter
– als Zurverfügungstellung bzw. Förderung zivilisatorischer und kultureller Infrastrukturen.

Zum Wesen des modernen Staates gehörte in der Stadtrepublik bereits die Erfahrung und Einsicht, daß es wegen bestimmter öffentlicher Güter – deren Eigentümlichkeit darin besteht, daß von ihnen (im Gegensatz zu privaten Gütern) niemand ausschließbar ist – für alle Gesellschaftsmitglieder und Wirtschaftssubjekte vorteilhaft sein kann, der Existenz mit staatlicher Macht ausgestatteter Behörden zuzustimmen, d. h. angesichts der für jedermann sichtbaren Vorteile die damit verbundenen materiellen oder immateriellen Einschränkungen eigener Gestaltungsspielräume und Freiheiten in Kauf zu nehmen.[12]

In der Lagunenstadt ging es um öffentliche Güter wie: die Organisation der Bereitstellung bestimmter elementarer Güter, Infrastrukturen, Informationen, Transportmittel, Sicherheit und Sozialaufgaben. Obwohl diesen Gütern nicht unbedingt der gleiche Rang, geschweige denn die gleiche Bedeutung beigemessen werden kann in Zeiten verheerender Wetterkatastrophen, Pest- und anderer Epidemien, während der wiederholten Überflutung der Stadt mit verhungernden Bauern und Söldnern, wurde die Funktionsfähigkeit und Kooperation dieser Sektoren des öfteren auf harte Proben gestellt. Dabei galt der Sozialsektor in Venedig seit dem 16. Jahrhundert als besonders hoch entwickelt.

Welche Kommune leistete sich bereits zwischen 13. und 18. Jahrhundert in Europa angesichts einer so beherrschend am Kosten-Nutzen-Kalkül orientierten Gesellschaft ein solches Maß sozialer Solidarität? Neben Privatinitiativen wurden finanzielle Mittel für diese wie auch andere aufwendige Fiskalaufgaben seit 1485 überwiegend aus dem überreichen Fonds der Proveditoren des *magistrato al sal*, also dem Salzmonopol, aufgebracht.[13]

In der Prioritätenliste öffentlicher Güter und Infrastrukturen bildete selbstverständlich der Rialto das Herzstück der Republik von San Marco. Hier konzentrierten sich für jeden aktiv am Prozeß der Wertschöpfung Beteiligten die maßgeblichen Medien und Informationsträger aus der ganzen damaligen Welt. Hier instruierte ein Andrea Barbarigo – dessen Geschäftsberichte und -praktiken bis 1449 in einem »Journal« festgehalten sind – seine zahlreichen Agenten, hier befanden sich Banken, auf deren Dienstleistungen alle angewiesen waren, hier erfuhr er im Fondaco dei Tedeschi, welche Trends und Wechselkurse seine Kalkulationen bestimmen sollten, und hier erreichte den Bankier und Tagebuchschreiber Girolamo Priuli die sensationelle Nachricht von der Kapumsegelung und Ankunft einer portugiesischen Flotte in Indien. Der Rialto bildete buchstäblich bereits eine »Zeitung«: als Markt, Börse, Agentur, Versicherung, Werbung und Zentrale des damaligen Welthandels; und die Signoria tat alles, um sich ständig weiter entwickelnde Infrastrukturen, private Investitionen, Geschäfte und Kontakte zu erleichtern und zu fördern.

Um nach den häufigen Fluktuationen der Waren- und Kapitalströme die Anpassung und Umorientierung der eigenen Handelsunternehmen und Handelsflotte vor der sich seit dem 16. Jahrhundert rapide verschärfenden ausländischen Konkurrenz abzuschirmen, erprobte die Signoria notwendigerweise wechselnde und jeweils mehr oder weniger erfolgreiche bis heute auf den Weltmärkten übliche Methoden, um »externe« Nachteile durch Subventionen, Protektionismus, Dumping, Prämiensysteme für den Bau bestimmter Schiffstypen mit höheren Frachtraten und ähnliches aufzufangen bzw. auszugleichen.

In diesem Zusammenhang war bereits die Rede von den durch das Arsenal bereitgestellten »galeere da mercato«. Nach festgelegten Zeitplänen verkehrten regelmäßig Handelskonvois unter Geleitschutz auf allen europäischen und transeuropäischen Routen, die an Handelsgesellschaften zu 10–30 Prozent Provision versteigert wurden. Naturgemäß ergänzten sich in diesem Basissektor nationaler und internationaler Handel, private und öffentliche Wertschöpfung, die Bereitstellung öffentlicher Güter sowohl als Organisation wie auch als Sicherheit und Sozialaufgaben: durch die Signoria neben Rialto, Arsenal, »Münze«, »Tana« und deren institutionell mobilisierbare Potentiale an personellen bzw. funktionellen Ressourcen und technischem Know-how, seitens der Kaufleute und Unternehmen als eigenverantwortliche und risikotragende Initiatoren und Akteure.

Darüber hinaus bot die Signoria »Sicherheit« und Organisation in Gestalt weiterer, breitgefächerter protektionistischer Maßnahmen, zu denen notwendigerweise auch der Wirts- und Residenzzwang in den »Fondaci« gehörte, die Bereitstellung und Konzentration von Informationskosten reduzierender Infrastrukturen (u. a. Rialto, Magistrate) sowie im Bereich der Sozialaufgaben die Übernahme der Existenzsicherung aller (kranker) Seeleute und Beamten in Sozialwohnungen und anderen Einrichtungen.

Sicher aber bildeten das Arsenal, die »Tana« (Seilerei) und die »Münze« als rein gewerblich-industrielle Staatsunternehmen die Säulen kollektiver Manifestationen von Wertschöpfung. Als in Europa modernste Organisationsstrukturen und Managementmethoden, symbolisieren sie auf je verschiedene Weise venezianische »Corporate Identity«. Die Serenissima verzichtete als einziger Stadtstaat auf eigene Soldaten. Es waren die »Arsenalotti«, die in Eventualfällen als Feuerwehr oder als Polizeiersatz dem Dogen zur Verfügung standen. Im Arsenal wie auch in der »Münze« verbanden sich so komplementäre Komponenten wie handwerkliche Kunst, Technik, Ökonomie, Management, angewandte Wissenschaften und politische Strategie. Heute erinnern, außer einer als Arsenal bezeichneten militärischen Werftanlage, nur noch Dantes Verse an jene,

> die man zur Winterzeit im Arsenal
> Venedigs sieht den zähen Teerbrei kochen
> zu heilen kranke Schiffe im Spitale
> (*Inferno*, XXI. Gesang, 7)

und an den Werftaußenmauern (heute noch sichtbar) angebrachte Prangertafeln. Sie gemahnen an den einstigen Anspruch kollektiver Wertschöpfung, in welchem aus Dantes Sicht das siedende Pech als Symbol der Strafe für den korrumpierbaren Geist und Verlust der (christlichen) Gemeinschaft in der menschenüberfüllten Dunkelheit der Hölle Ausdruck findet.

In anderem Zusammenhang war bereits die Rede vom in Venedig überlebenswichtigen Stellenwert des Darlehenswesens, d. h. der kollektiven Risikogemeinschaft von Handelsgeschäften in Gestalt verschiedener Varianten von Kapitalbeteiligungen einzelner Familien, insbesondere der sogenannten »Colle-

Das Portal des Arsenals bei Arbeitsschluß. Kupferstich von 1600.

ganza«. Diese Praxis verband sich nicht nur mit der hohen internationalen Wertschätzung des venezianischen Golddukaten neben seiner Silber-(Scudo-) Währung, sie spiegelt sich auch in der Finanzpolitik der Signoria und deren Verhältnis gegenüber dem Bank- und Versicherungswesen mit der besonderen Funktion der »Münze«.

Innenansicht der Corderia bzw. Tana (Seilerei).

Widmete die Signoria den zahlreichen Privatbanken und der Kontrolle des Kapitaltransfers bereits seit dem späten Mittelalter besondere Aufmerksamkeit, so wurde eine Staatsbank – »Banco della piazza«, »Banco del giro« – erst in der Mitte des 16. Jahrhunderts gegründet, die jedermann, auch kleinen Handwerkern und Arbeitern als Spar- und Kreditinstitut zugänglich, unter Aufsicht der »Consoli dei mercanti«, später der »Cinque Savi delle mercanzia« stand.

Die Münze (»Zecca«), deren technisch-buchhalterische Organisationsmethoden, deren handwerkliche Kunst im Umgang mit Gold und Silbermetallen, aber auch deren Kosten-Nutzen-Analyse für die Signoria hoch geschätzt wurden, prägte seit dem ausgehenden 16. Jahrhundert jährlich Gold- und Silbermünzen im Werte von rund zwei Millionen Dukaten, während das Volumen des Geldflusses dieser Zeit bei rund 40 Millionen Dukaten lag.[14]

Wenn man berücksichtigt, daß ein erheblicher Anteil der Kapitalreserven seit dem 14. Jahrhundert in Form von Guthaben und Lastschriften in Bankdokumenten deponiert war, daß venezianische Banken einen favorisierten Ruf genossen, um Konten zwischen nordeuropäischen und italienischen Handelszentren auszugleichen, daß der Wert des Golddukaten zwischen 1284 und 1797, also fast 500 Jahre, nahezu unverändert bei 3,56 Gramm reinem Gold und 24 Karat, im Jahre 1550 auf 3,49 Gramm reduziert, lag, der Scudo, die am meisten bevorzugte Silbermünze, nur ein Zehntel seines Wertes verlor und die Verringerung der öffentlichen Verschuldung infolge des fast gleichbleibenden Wertes des Golddukaten auch nicht über eine Geldabwertung erfolgte, dann ist darin angesichts der tiefgreifenden Wandlungsprozesse und Krisen zwischen 16. und 18. Jahrhundert in Europa ein untrüglicher Indikator für einen außergewöhnlichen Wertschöpfungsprozeß der Republik von San Marco zu erkennen.[15]

Der Prozeß der Wertschöpfung wurde indessen im 18. Jahrhundert parallel zum stufenweisen Abbau der öffentlichen Verschuldung vor allem durch eine maßvolle Zins- und Kapitalanlagepolitik der Scuolen noch weiter gefördert, so daß Investitionen immer häufiger auf dem Wege der Vermögenskonzentration als Anleger in Erscheinung traten.[16]

Hinzuweisen bleibt schließlich im Hinblick auf das öffentliche Gut »Organisation« auf die Vielzahl der Aufsichts- und Kontrollfunktionen der unterschiedlichen Magistrate und anderer Behörden im Dienste der Qualitätsstandardüberwachung gegenüber der seit dem 17. Jahrhundert sprunghaft wachsenden Zahl von Gewerbebetrieben. Ob die nicht selten als übertrieben bezeichnete Überwachung sowie die hohen Qualitätsansprüche mit vorgeschriebener Größe von Stoffen, der Zahl der Fäden von Kette und Schluß, der Färbemittel etc., tatsächlich einer ständigen Produktionsanpassung entgegengewirkt, oder letzten Endes eher den guten Ruf venezianischer Produkte bestätigt haben[17], mag im Einzelfall umstritten sein. Dem Image Venedigs, und damit einer Wertsteigerung, haben sie jedenfalls gedient, denn mit der seit dem 16. Jahrhundert rückläufigen Tendenz bestimmter Güter des Levante-Zwischenhandels wuchs die Bedeutung mediterraner Produkte und hier selbst hergestellter, weiterverarbeiteter Luxusgüter, insbesondere des Textilgewerbes. Fast alle deutschen Kaufleute und großen Handelsgesellschaften kauften Seide u. ä. Luxusgüter bevorzugt am Rialto.

In einer Relation Mitte des 15. Jahrhunderts beklagt der venezianische Gesandte in Frankreich das mangelnde Verständnis venezianischer Fabrikanten gegenüber dem Geschmack der Franzosen und den geringen Absatz venezianischer Stoffe im Gegensatz zu Genua und Florenz, die es verstünden, deren Wünschen entgegenzukommen, nämlich »billiges und weniger dauerhaftes Zeug zu verkaufen, denn diese Nation würde sich ja langweilen, wenn ein Gewand längere Zeit hielte«. (Relatione, 1546)[18]

Daß in einer Stadt, deren Bewohner »nicht säen und nicht ernten«, lebenswichtigen Grundnahrungsmitteln, also der Versorgung der Metropole durch eigene Magistrate, dem sogenannten Getreideamt, eine überragende Bedeutung zukommt, bedarf keiner besonderen Erwähnung. Doch verband sich gerade dieser Sektor der Bereitstellung und langfristigen Planung des Brotgetreideimports mit großem Aufwand an Organisation, Risiken und Kosten. Allmorgendlich ließ sich der Doge über die Versorgungslage und die Vorräte unterrichten. Seit dem 16. Jahrhundert wurden aufwendige Kapitalinvestitionen in der »Terra Ferma« durch Subventionen flankiert, um neben Getreide auch durch den Maisanbau eine verläßliche Versorgungsbasis für die Stadt zu schaffen.

Mit den folgenden Ausführungen sollen die Kriterien und Maßstäbe einer Ökonomie der Wertschöpfung über reine Profitmaximierung, Pareto-Optimalität und Effizienz der Produktion hinaus (wenn kein Wirtschaftssubjekt bessergestellt werden kann, ohne daß ein anderes schlechter gestellt wird, bzw. kein Gut mehr produziert wird, ohne daß die Produktion eines anderen Gutes eingeschränkt werden muß[19]) durch eine normativ ethische, ästhetische und erkenntnisleitende Dimension[20] im Sinne der politischen Ökonomie erweitert werden.

Unsere Aufmerksamkeit richtet sich damit auf die Herausbildung zivilisatorischer und kultureller Infrastrukturen, die maßgeblich sowohl Ursache wie auch Wirkung des seit dem Mittelalter ganz Europa revolutionierenden Gewürz- und Luxusgüterhandels aus dem Orient und Asien waren.

Zwischen dem 12. und 16. Jahrhundert war Venedig, wie hier dargelegt, der größte europäische Umschlagplatz für diesen Handel. Während Portugal mit Vasco da Gama den Wettlauf zu den Gewürzquellen Indiens für sich entschied, hatten die Spanier die Neue Welt entdeckt. Die Auflösung der christlich-mittelalterlichen »harmonia mundi« in die moderne Welt – mit Kolonisation, kommerzieller Vereinheitlichung und Nationalstaatenbildung – war damit eingeleitet. Als ebenso folgenreich aber erwies sich der Anfang vom Ende spanisch-portugiesischer Vorherrschaft, deren Erbe nun andere europäische Nationalstaaten antraten, während gleichzeitig im 17. Jahrhundert der Geschmackswandel mit der Sättigung der Märkte (mit scharfen Gewürzen) neue Stimulantia, damit aber auch neue Märkte hervorbrachte.

Obwohl Venedig früher als das übrige Europa durch die Einflüsse der arabisch-orientalischen Kultur, durch Säkularisierung und den Geist der kapitalistischen Ökonomie in seinen politisch-gesellschaftlichen Strukturen umgeformt und geprägt worden war, haben doch auch die äußeren, oben angesprochenen Ereignisse und Veränderungen, insbesondere der Verlust des Gewürzhandelsmonopols mit dem Auftauchen neuer »Stimulantia« seine Wirtschaft und Lebensgewohnheiten im Hinblick auf den Prozeß der Wertschöpfung nachhaltig beeinflußt.

Die Schlüsselrolle des Kaffees, der im 17. Jahrhundert erstmals der Institutionalisierung öffentlicher Meinungsbildung sowie dem Journalismus den Weg geebnet hat, wurde bereits skizziert. Dieser Impuls bedeutet einen evolutionären Schritt zum modernen Menschen, dessen Weltbild nicht mehr ausschließlich durch Konventionen, Elternhaus und Klerus, sondern auch durch Medien, Technik und seither durch Pluralität, die Konkurrenz der Interessen und Werte, vor allem aber durch Dynamik, Ambivalenz und variable Identitäten geprägt wurde.[21] Die Stadtrepublik schuf dafür beispielsweise im Bereich:

- der Medien
- des Gewerbes
- des Rechtsschutzes
- des Kunsthandwerks
- des Bildungswesens

die politischen Rahmenbedingungen. Für den Bereich der Informationsverarbeitung in Gestalt des Verlagswesens und des Journalismus sei auf die Ausführungen im ersten Teil verwiesen.

Der Verlust des Gewürzmonopols führte zu vielschichtigen Strukturwandlungsprozessen. In diesem Zusammenhang waren zunächst herkömmliche Produktionsverfahren durch innovative Techniken zu erweitern oder völlig zu erneuern. So gewährte die Signoria Vergünstigungen und Privilegien für die Erfindung und den Schutz von Patenten – ein Gesetz von 1474 sah den urheberrechtlichen Schutz aller Arten von Erfindungen und Patenten vor, verlangte aber ausdrücklich, daß diese dem Nutzen des gesamten Gemeinwesens gereichten. Der zuständige Magistrat unterstützte etwa in einem Streit um die Einführung einer neuen Maschine, deren Verbot die Arbeiter einer Gilde gefordert hatten, deren Einsatz unter bestimmten Auflagen und ermöglichte so einen Konsensus aller Beteiligten. Umgekehrt initiierten verschiedene Gilden ihrerseits Wettbewerbssteuerung, gezielte Qualitätskontrollen und Verbesserungen, die seit dem 16. Jahrhundert nicht nur die Leistungsfähigkeit des venezianischen Luxus-Textilgewerbes förderten, sondern auch die Motivation der Handwerker, sich als ihre eigenen Herren und nicht »als Arbeiter im Hause eines anderen« zu fühlen.[22]

Langfristig gefährdete, ja verdrängte jedoch eine an Quantität, nicht Qualität orientierte Produktionsmentalität seitens Englands, Hollands, Spaniens und einiger italienischer Stadtrepubliken andere, überwiegend italienische Produzenten mit hochwertigen Erzeugnissen. Das veranlaßte wiederum den Senat, wie auch andere betroffene Staaten, zum Schutz der eigenen Industrie und Gewerbebetriebe zu protektionistischen Maßnahmen durch Produktionsprämien und Subventionen, die sich ihrerseits ungünstig auf die eigene Volkswirtschaft auswirkten.

Mit der sprunghaften Entwicklung der Luxusgüterproduktion, insbesondere des heimindustriellen Gewerbes, verband die Signoria soziale Schutz- und Vorsorgegesetze mit dem Verbot von Nacht- und Kinderarbeit – während es im modernen England zu Beginn des 19. Jahrhunderts als Fortschritt galt, das Mindestalter in Fabriken arbeitender Kinder auf neun Jahre und eine zwölfstündige Arbeitszeit zu verkürzen. Die Signoria veranlaßte Gesetzesbestimmungen und Aufsichtsmaßnahmen gegenüber Gilden bzw. Bruderschaften, die ihrerseits verpflichtet wurden, die soziale Integration und materielle Sicherung ihrer Mitglieder zu gewährleisten. Um auch in Notzeiten über genügend Schiffsbaumeister, Zimmerleute und Kalfaterer im Arsenal zu verfügen, gewährte der Senat diesen, wenn auch zu etwas niedrigeren Löhnen, ausdrücklich ein Recht auf Arbeit, vorausgesetzt sie fanden keinen anderen Arbeitsplatz.[23]

Der Katalog politisch-sozialer Rahmenbedingungen in Gestalt von Aufsichts- und Vorsorgemaßnahmen des Staates während der Wandelungsprozesse des 17. Jahrhunderts ist zu umfangreich, um hier auch nur annäherungsweise vorgestellt zu werden. Mit diesem Einblick soll vielmehr lediglich die Tendenz erkennbar werden, auf welche Weise die Rialtorepublik versucht hat, volks- und betriebswirtschaftliche Zielsetzungen, Traditionen und Innovationen im Hinblick auf Wertschöpfung zu verbinden.

Bereits nach der Überführung der Beutestücke und Schätze aus Konstantinopel nach dem Vierten Kreuzzug im Jahre 1204 war Venedig bemüht, als Mittler zwischen Orient und Okzident, systematisch die Erneuerung (»renovatio«) eigener Kunst noch vor der eigentlichen Renaissance voranzutreiben. Dabei erfahren die aus Byzanz mitgebrachten Reliquien weit über ihren ästhetisch-dekorativen Charakter hinaus eine hohe spirituelle Wertschätzung innerhalb der eigenen liturgisch-religiösen Bräuche. Doch im Laufe der Zeit wurde auch die künstlerische Qualität der Reliquien ein Kristallisationspunkt der weiteren Erschließung neuer kunsthandwerklicher, gewerblicher, technischer und kommerzieller Aktionsbereiche.

Die Impulse gingen von aus dem Orient und ganz Europa nach Venedig strömenden Fremden – meist Handwerkern – aus. Hier fanden sie Lebensbedingungen, um sich als Kunsthandwerker niederzulassen; als Goldschmiede – venezianisches Filigran bildete zwischen dem 13. und 15. Jahrhundert ein Monopol –, Tafelmaler, Steinmetze, Kristallschleifer und -schneider mit den ersten Brillen im Jahre 1317 und als Künstler in den Techniken des Mosaiks, der Emaille, des Medaillons, Marmors und Mobiliars.[24]

Die Konzentration von Handwerkern war, wie auch in anderen Stadtstaaten, eine Voraussetzung künstlerischer Kreativität. Zwischen dem 14. und 17. Jahrhundert hat sie zu jener außergewöhnlichen Potenzierung kreativer Eliten in einigen italienischen Metropolen geführt. Auch wenn es über die vieldimensionalen Beziehungen zwischen Renaissancestaat und -kultur bisher nur ansatzweise Forschungen gibt, dürfte in leistungs- und wettbewerbsorientierten Kommunen wie Venedig u. a. Stadtstaaten dem Beitrag von Kunsthandwerk und Künstlern zur allgemeinen Wertschöpfung und Innovation, wie es Bram Kempers *Kunst, Macht und Mäzenatentum* belegt, ein jedenfalls höchst aufschlußreicher Stellenwert zukommen.[25]

Von den dreizehn Universitäten zwischen dem 13. und 16. Jahrhundert war die venezianische Universität Padua mit Abstand die bedeutendste Bildungsstätte Italiens. Hier erhielten die mehr geistig denn praxiszugewandten Mitglieder patrizischer und bürgerlicher Familien ihre Ausbildung, ehe sie im »Großen Rat« und seinen Organen in den Staatsdienst eintraten oder andere Berufe wählten. Die Signoria förderte diese Universität auf dem Territorium der Terra Ferma mit allen nur erdenklichen Mitteln. Den angewandten Wissenschaften »Meccaniche«, den Naturwissenschaften, der Medizin, der Schiffahrtskunde, der Flugtechnik (Vettore Fausto 1480-1538), der Kartographie, seit 1765 einer der ältesten Lehrstühle der Agrarwissenschaften mit einer Versuchsstation, den seit 1771 volkstümlichen Vorlesungen über Architekturgeschichte sowie den geisteswissenschaftlich-philosophischen Fakultäten wurde die besondere Aufmerksamkeit und Unterstützung der Signoria zuteil.[26]

Bezeichnend für den sich in diesem Falle durch das Patriziat artikulierenden Geist der Republik war die Androhung einer Strafe seitens des »Rates der Zehn«, eine durch eine Privatstiftung begründete öffentliche naturwissenschaftlich-philosophische Vorlesung auf dem Rialto (!) nicht als organisiertes Konkurrenzunternehmen gegenüber der offiziellen Universität Padua zu mißbrauchen. Der Senat erwog, einen ebenso beliebten wie engagierten Professor durch ein gewähltes, angesehenes Mitglied des Patriziats zu ersetzen, bei dem man »sicher sein konnte, daß dieser kein akademisches Imperium aufbauen und Doktrin verbreiten würde«.[27] Dieses Ereignis ist ebenso typisch für den Geist der Ökonomie der Wertschöpfung, wie es, je nach Standpunkt, für oder gegen das Patriziat interpretierbar erscheint. Unbestreitbar ist die Tatsache, daß es neben der Universität Padua direkt am Rialto in einem von der Signoria bereitgestellten Gebäude öffentliche Vorlesungen in Philosophie, Theologie und bald auch angewandter Mathematik, Navigation und Medizin gab, die jedermann zugänglich waren.[28] Daß diese Vorlesungen am Rialto, also in einer eigentlich der Geschäftsabwicklung vorbehaltenen Gegend, auf Initiative einer privaten Stiftung abgehalten werden konnten, spricht für die Toleranz der Magistrate ebenso wie auch für das Interesse der Öffentlichkeit, d. h. die Nachfrage nach Wissensangeboten.

Mißbilligt wurde diese Form »akademischer Wertschöpfung« nur insofern, als sie den Verdacht auslöste, dem uneingeschränkten Postulat der Pluralität und Toleranz zu widersprechen und sich damit der Kontrolle der ständigen Behörden zu entziehen.

Venedig vermittelt also auch hier die typischen Momente einer vermögenden und im funktionalen Sinne progressiven Modernität: Fortschritt ohne Wagnis, Reform innerhalb der Kontinuität (Antonio Negri). Vermögen hier im doppelten Sinne, der Ausdruck findet in der Weitsicht und Kühnheit, den Prozeß der Säkularisierung auch auf das Erziehungs- und Bildungswesens auszudehnen. Und dabei bildete notwendigerweise die Popularisierung von Lernen und Bildung ein spezifisches Charakteristikum venezianischer Koexistenz von Ökonomie und Kultur als ein Element überlebensrelevanter Wertschöpfung.[29]

Die Kolonisation der Morea

Inwieweit erweist sich das für zahlreiche Chronisten repräsentative Bild als haltbar, welches mit Venedig »das große koloniale Netz der alles aussaugenden Spinne assoziiert, gekennzeichnet vom erschreckenden Mangel selbstloser Ideale außer dem obersten Ziel, überall dem eigenen Vorteil und jenem, der Republik dienstbar zu bleiben, ... die Ausnutzung bis an den Rand der Leistungsfähigkeit und darüber hinaus zu betreiben... die einen wesenhaften Bestandteil des gesamten Systems bildete und ihm bei aller brutalen Schamlosigkeit einen echt venezianischen Zug von beinah amoralischer Größe verlieh«.

Die 30jährige Kolonisation der Morea erschien venezianischen Chronisten bis in das 19. Jahrhundert kaum besonderer Aufmerksamkeit wert. Mit ihrem

Verlust an die Türken im Jahre 1714 verlor sie sich spurlos im Dunkel der venezianischen Geschichte.

Leopold von Ranke war der erste, der, aus dem reichen Fundus von bis zu dieser Zeit unbekannten Relationen und anderen Dokumenten venezianischer Administratoren schöpfend, Licht in diesen Abschnitt venezianisch-griechischer Geschichte warf.

Die Kolonisation dieser für die maritime Republik Venedig strategisch kaum wichtigen, knapp 200 km langen und wenig schmaleren, am südlichen Ende gelegenen Halbinsel zwischen Ionischem und Ägäischem Meer, dem heutigen Peloponnes – von Stützpunkten wie Modon, Koron oder Negroponte abgesehen –, war zunächst das Werk eines der letzten Aristokraten von altem Schrot und Korn: Francesco Morosini. Lange mochte es ihm, bereits 66 Jahre alt,

in der Beschränkung, welche ihm das Maß der Macht und die Politik seiner Republik auferlegte, zu eng geworden sein. Jetzt hatte er wieder eine große Laufbahn vor sich, er gab dem Kriege, den man unternahm, seine ganze Richtung. Er war nicht, wie die meisten anderen im Genusse jener schwelgerischen, friedlich geschmeidigen Kultur alt geworden, die Venedig damals, eine Hauptstadt des europäischen Luxus, auszeichnete.[30] Dieser Mann war zu anderem geboren.[31]

Im letzten Drittel des 17. Jahrhunderts formierten sich die christlich-europäischen Staaten für kurze Zeit im gemeinsamen Abwehrkampf gegen das Osmanische Reich, das die Republik Venedig noch 1669 zur Kapitulation und Aufgabe der Insel Kreta unter dem eben erwähnten Francesco Morosini gezwungen hatte. Die Gelegenheit, diesen Verlust wieder rückgängig zu machen, ergab sich nach der türkischen Niederlage vor Wien im Jahre 1683. Eine nun auf Vergeltung drängende kriegswillige Fraktion im Großen Rat unterstützte die Expansionspolitik des Generalkapitäns Francesco Morosini. Innerhalb von nur vier Jahren gelang es ihm, fast alle an die Türken verlorenen Stützpunkte im Ionischen Meer, einschließlich der Morea, zurückzuerobern.

Nach der Einnahme des bald wieder aufgegebenen Athen im Jahre 1687, wobei eine venezianische Kanonenkugel eine Explosion des im Pantheon lagernden türkischen Munitionsdepots auslöste, und dem vergeblichen Versuch der Zurückeroberung des einstigen venezianischen Stützpunktes Negroponte, gipfelte der unaufhaltsame Aufstieg des nun populären Francesco Morosini 1688 in der Dogenwahl.

Der alte Aristokrat mußte über manche neu nobilitierten Krämer lächeln, die nun mit langen, gepuderten Perücken unter den Bildern Tintorettos im großen Ratssaal einherstolzierten . . . aber er wäre kein Venezianer gewesen, wenn er nach der Herkunft jenes Geldes gefragt hätte, dessen er bedurfte, und er mochte wohl einen Grund besitzen, weshalb er sich in seinem herrlichen Gebetsbuch, unauffällig und verborgen, eine Pistole einbauen ließ . . .[32]

Morosini setzte seinen Seekrieg im Ägäischen Meer fort. Ganz wider die venezianische Sitte und alle Bedenken, als bürgerliches Oberhaupt (Doge) 1693 abermals zum Generalkapitän der Republik ernannt, erreichte den weiter kämpfenden Morosini 1694 unerwartet der Tod. Mit Unterstützung seiner europäischen Verbündeten kam es 1699 zu einem Friedensvertrag Venedigs mit dem Osmanischen Reich.

Unter den Nachfolgern Morosinis verzichtete man auf eine weitere Expansionspolitik. Venedig hatte mit der Eroberung der Morea eine Ruine übernommen, in der ein Feuer gewütet hatte (Ranke). Gesellschaftlich-administrative Institutionen, von Zivilisation oder Kultur gar nicht zu reden, existierten nicht. Seit 1451 hielt das türkische Heer die gesamte Einwohnerschaft in Knechtschaft zu eigenen Diensten verpflichtet: überwiegend Landbevölkerung, Griechen und Albaner, wenige Bürger und griechisch-orthodoxe Priester, die ihrerseits dem Patriarchen von Konstantinopel in blinder Ehrfurcht ergeben waren.[33]

Eine Volkszählung des ersten venezianischen General-Proveditore Giacomo Corner ergab nach Kriegen und Pestepidemien in 1459 Ortschaften 86 468 Seelen gegenüber 250 000 Einwohnern in 2115 Ortschaften während der osmanischen Herrschaft. Das Land war also zu diesem Zeitpunkt weder fähig, die Kosten einer wie immer beschaffenen Verwaltung, noch die einer eigenen Verteidigung aufzubringen. Die griechische Bevölkerung, die überwiegend in den Städten lebte oder Ackerbau betrieb, galt gegenüber albanischen Bauern und Hirten als die zivilisierte Sozialklasse. Seit etwa 1690 gelang es den Venezianern, mehr als 6000 neue Bewohner aus den einst von ihnen beherrschten Ionischen Inseln zur Übersiedlung auf die Morea zu veranlassen, so daß die Bevölkerung bereits 1709 wieder um 20 000 Bewohner angewachsen war.

Während der 30jährigen venezianischen Kolonialzeit verwaltete gewöhnlich ein »Reggimento« von etwa 25 vom Großen Rat bzw. Senat gewählten Mitgliedern des Patriziats, ein für drei Jahre gewählter General-Proveditore, zwei »Rettori«, ein »Capitano« mit Offizieren und einer Besatzung sowie zwei weiteren Dutzend Verwaltungsbeamten und Personal die Morea-Halbinsel.

Bevor auf die konkreten Aufgaben und Problemstellungen der venezianischen Verwaltung, ihre politischen Zielsetzungen sowie Mittel und Methoden der Durchsetzung – unter dem Gesichtspunkt der Ökonomie der Wertschöpfung – einzugehen ist, stellt sich nach der vorangehenden Skizze venezianischer Außenpolitik im letzten Viertel des 17. Jahrhunderts die Frage: Was war von dieser Verwaltung unter diesen besonderen Umständen überhaupt zu erwarten?

Die Darlegungen venezianischer Außenpolitik im letzten Drittel des 17. Jahrhunderts haben uns mit jenen Kräften und Interessen um Francesco Morosini als maßgeblichen politischen Entscheidungsträger bekannt gemacht. Morosini war Generalkapitän, für den die Weihung der Feldherrenstandarte in San Marco (Pölnitz) oder die Brüskierung seiner republikanischen Mitbürger, während eines Rituals auf der Piazza San Marco als Doge den Kommandostab nicht aus der Hand zu legen, keinerlei Skrupel auszulösen vermochten. Weit entfernt vom politischen Selbstverständnis der Republik interessierten ihn ausschließlich

Schiffe und Truppen, und die Republik mochte sehen, wie sie die nötigen Mittel hierzu beschaffte.[34]

Wäre es mit einer Herren-Mentalität und militärischen Denkkategorien dieser Art möglich gewesen, über ein viele tausend Kilometer verstreutes Netz von Handelsniederlassungen und Stützpunkten mit den beschränkten Ressourcen an Menschen und Mitteln jahrhundertelang erfolgreich zu regieren? Dabei verbirgt sich hinter »erfolgreich« und »regieren« jener Anspruch von *politiké téchné, raison communale* und Perfektibilität, den die Stadtrepublik als Kommunität mit allen ihren Mängeln und Unvollkommenheiten bis 1797 vorgestellt hat.

Abgesehen davon, daß expansionistische Bestrebungen in der venezianischen Geschichte, wie die Evidenz der vorangehenden und folgenden Ausführungen zur Ökonomie der Wertschöpfung in Venedig – auch im Vergleich zur Stadtrepublik Genua – belegen, zum überwiegenden Teil nicht politischen Machtansprüchen, vielmehr der Gewährleistung und dem Ausbau vielfältiger Handelsbeziehungen gedient haben, gehen wir davon aus, daß dieser Strategie ihrerseits die Jahrhunderte bewährte Erfahrung zugrunde lag, nur über eine sozialkonstruktive Entfaltung gesellschaftlicher und ökonomischer Gestaltungsräume dem Prozeß der Wertschöpfung im Sinne eines »Positivsummenspiels« dienen zu können.

Dem Denken in den Kategorien reiner Macht und einer abstrakten Herrschaftslogik korrespondieren Urteile wie » . . . die alles aussaugende Spinne . . .« oder »Seitdem die Republik sich endgültig vom Heroismus zu Karneval und Idylle bekehrt hat, verloren die Klauen des Löwen an Schärfe.« (Pölnitz)[35]

Demgegenüber haben in der deutschen Historiographie ausnahmsweise Leopold von Ranke Fragen der sozioökonomischen Gestaltung mit dem Ziel einer auf der Berücksichtigung gegenseitiger Interessen beruhenden Wertschöpfung – ausdrücklich im Sinne einer Aktualisierung der Geschichte – interessiert: »Es wird immer ein gewisses Interesse haben zu beobachten, wie sie (die Venezianer) Aufgaben angegriffen haben, die man auch heute zu lösen hat.«[36]

In den folgenden Ausführungen richtet sich unser Interesse also auf die Gestaltungsmittel und Gestaltungsmethoden, die den politisch-militärischen Zielsetzungen der venezianischen Verwaltung zugrunde lagen, um unter den gegebenen Bedingungen ein Maximum an Handlungsspielräumen und Gestaltungsmöglichkeiten auszufüllen. Angesichts der oben angedeuteten Bestandsaufnahme im Jahre 1648 hätte sich die kleine Schar venezianischer Administratoren und ihre Helfer, Ranke spricht auch von einer Flotte und einem stehenden Heer, ohne dies zu präzisieren, darauf beschränken können, die bereits existierenden Seefestungen und deren unmittelbares Umland – soweit sie für die militärischen und handelspolitischen Belange Venedigs von Bedeutung waren – wieder aufzubauen und zu sichern.

Die Venezianer verließen nach den erneuten Eroberungszügen der Türken nach kaum dreißig Jahren im Jahre 1714 endgültig die Morea. Sie hinterließen ein von Korinth bis Modon weitgehend zivilisiertes Land, Kommunen, die im Vergleich zum ausgehenden 17. Jahrhundert relativ emanzipiert, mit funktionsfähigen Institutionen und Infrastrukturen ausgestattet waren. Dieser Bestandsaufnahme widerspricht nicht, daß oft nur erste, aber entscheidende Schritte der Zivilisation eingeleitet worden waren.

Das Land war nach dem offiziellen Friedensvertrag mit dem Osmanischen Reich 1699 durch die Vermessung der Territorien und die Dokumentation der Art und Titel des Grundbesitzes in Kategorien rechtsverbindlich neu geordnet und verteilt worden. Aufgrund des nach der ersten türkischen Herrschaft überwiegend herrenlosen Bodens waren Landverleihungen, Pachtverhältnisse, Konzessionen und verschiedene Formen der Grundbesteuerung – an erster Stelle der seit ältesten Zeiten auch in Griechenland übliche »Zehnt« – auf eine neue Rechtsgrundlage gestellt worden.

Staatsgüter, Domänen wurden durch Konzessionen und Pachtverträge an Einheimische und Neuzugewanderte, denen besondere Begünstigungen eingeräumt wurden, vergeben. Bald erwies sich diese Praxis – nicht zuletzt durch die Unzuverlässigkeit der Pächter – jedoch als kontraproduktiv. Mit zunehmender Kultivierung und Rechtssicherheit, aber bei fallenden Getreidepreisen, sank das Interesse an Pachtverhältnissen rapide, so daß viele dieser Güter jahrelang brachlagen.

Das Überangebot an Grundbesitz, andererseits der große, nur langfristig zumutbare Arbeitsaufwand ohne die Möglichkeit der Weitervererbung, führten zur Notwendigkeit, die Pachtverhältnisse in Grundbesitz und Eigentum unter Zugrundelegung von Erbzinsen zu verwandeln. Damit wuchs die Nachfrage sprunghaft an, doch erwies sich der neu festgesetzte Erbzins, als erste Zahlungstermine fällig wurden, als überhöht. Die Hälfte der Eigentümer waren zahlungsunfähig: »Ein Volk von Schuldern.«[37]

Erst zur Zeit der letzten Generalproveditoren Marco und Antonio Loredan und schließlich Agostino Sagredos (1714) war es endlich gelungen, über die Herabsetzung des Erbzinses, die gänzliche Abschaffung der Pacht, über die Koppelung von Eigentum und Eigeninteresse stabile und im beiderseitigen Interesse liegende profitable Einkommens- bzw. Zinsabgabekonditionen zu schaffen. Damit wurde nun auch der Entwicklung der Landwirtschaft und Viehzucht ein erster Wachstumsschub gegeben. Damit waren schrittweise in einem verhältnismäßig kurzen Zeitraum (zwischen 1699 und 1714) über die Entfaltung der Produktionsmittel und Produktivkräfte die Voraussetzungen für erste Schritte der Eigenproduktion sowie eines nun langsam einsetzenden Handels, der früher weitgehend auf die nächstliegenden türkischen Provinzen beschränkt war, geschaffen: Wolle, Baumwolle, Seide, Getreide, Öl, Wein und Rosinen.

Grundsätzlich entsprach es venezianischer Handelspolitik, Ranke spricht von »den Grundsätzen der alten Colonialpolitik«,[38] allen Handel über die »Dominante« abzuwickeln. Dieser Maxime widersprach als erster Generalproveditor Grimani:

Die vornehmste Quelle des Wohlstandes ist der Handel. Nur Freiheit und Sicherheit vermögen ihn zu fördern. Die Auflage auf Einfuhr und Ausfuhr bietet einen bei weitem größeren Vorteil, als die Bannung des Verkehrs in die Hauptstadt.[39]

Der Senat ging auf diese Argumente Grimanis ein, verfügte jedoch bestimmte Fristen, Handelsbeschränkungen, verbesserte die Verkehrsmittel und leitete auf Grimanis und seiner Nachfolger Anregungen die Belehnung der Industrie an. Nachdem aufgrund dieser Handelsbeschränkungen französische und englische Kaufleute auf günstigere türkische Märkte auswichen und damit die Morea-Bewohner Absatzeinbußen hinnehmen mußten, setzten erneut Auseinandersetzungen zwischen den Proveditoren bis zur Zeit Loredans und andererseits dem Senat ein. Einer endgültigen Regelung dieser Probleme kam die Zurückgewinnung der Morea durch die Türken zuvor.

Erfolgreicher entwickelte sich demgegenüber die Einführung von Manufakturen, allen voran die Fabrikation von Seiden, die bald zu »einer gewissen Eifersucht venezianischer Manufakturen führte«. Diesen folgte die Grundlegung einer später hochentwickelten Weinkultur, deren Früchte indessen erst die Türken ernteten.[40]

Ein für die Administration Venedigs typisches Unternehmen bildete die Gewinnung von Salz. Der Import dieses Salzes nach Venedig ließ nicht lange auf sich warten. Es scheint, als habe man am moreatischen Salz nicht viel Geschmack gefunden. Dagegen erwies sich die Salzproduktion für die Morea von großer Bedeutung. Die Republik übernahm das Monopol und vergab Produktion und Verteilung jeweils Pächtern in acht Provinzen. Zwischen diesen und den Konsumenten kam es wegen der Verpflichtung, nur bei diesen Salz kaufen zu dürfen, zu einem Konflikt. Der Generalproveditor Grimani machte daraufhin dem Senat den Vorschlag, jede Familie zum Kauf einer bestimmten Menge Salzes vom Staat zu verpflichten. Der Senat zu Venedig befaßte sich mit dieser Frage: Er fürchtete, durch eine Zwangsregelung dieser Art allgemeine Unzufriedenheit zu erregen und ging auf den Vorschlag Grimanis nicht ein. Der Nachfolger Grimanis, Anzolo Emo, riet seinerseits, die acht Verpachtungen durch eine einzige zu ersetzen und den Verkaufspreis zu senken. Der Senat stimmte diesem Vorschlag zu. »Mit der gewohnten Vorsicht und Langsamkeit schritt man zu Vereinigung der Salzverpachtungen.« Bei dem Emo nachfolgenden Generalproveditor Marco Loredano traf 1711 die Anfrage des Senats ein: »Was er von der Herabsetzung des Preises halte . . .?« Loredano fürchtete einen allzu abrupten Rückgang der Einnahmen. Er bat deshalb, ein Gutachten der Pächter selbst abwarten zu dürfen.[41] Nachdem sich jedoch bald keine Pächter mehr bereit fanden, diesen Geschäftszweig weiter zu betreiben, »berief Loredano die Vorsteher des Distrikts zu sich. Er stellte ihnen die Verlegenheit vor, in der er sich befand, und brachte sie in der Tat dahin, daß sie sich mit Einwilligung der Primaten der jeweiligen Dörfer dazu verstanden, zwei Jahre jährlich eine bestimmte Menge Salz der Staatspächter zu nehmen.«

Tatsächlich waren die Dörfer bereit, je nach ihrer Größe zu bezahlen. Diese Regelung wurde bald in anderen Provinzen nachgeahmt und damit jene oben erwähnte Absicht Grimanis erfüllt.

Allein auf eine ganz andere Weise war sie erfüllt worden, als er gedacht hatte. Nicht durch einen Akt der Machtvollkommenheit, welcher ohne Zweifel Klage und Widerstand erweckt haben würde, sondern durch freiwillige Übereinkunft, was den Erfolg um vieles sicherer stellte und zugleich die Bande des Staates festigte. (*Relation*, Loredano)[42]

Die ausführliche Beschreibung dieser scheinbar nebensächlichen Frage der Produktion und Verteilung des Salzes ist insofern aufschlußreich, als sie zunächst ein bezeichnendes Licht auf die Art und Weise einvernehmlich abgestimmter Entscheidungsprozesse aller Beteiligten: der kommunalen Vertreter, der venezianischen Morea – Verwaltung und des Senats wirft. Sie bestätigt die in dem Kapitel zur »Entscheidungsfindung« dargelegten »Prinzipien« und Praktiken kommunikativer Spielregeln auch außerhalb der »Dominante«. Darüber hinaus veranschaulicht sie die Einstellung der »Serenissima« bzw. ihrer Repräsentanten gegenüber ihren »Untertanen, ... deren Interessen wahrgenommen und mit Sorgfalt auf die eigenen Interessen abgestimmt wurden«. (Ranke)[43]

Grundsätzlich waren es also nicht Kommandostrukturen, Herrschaftsattitüde, noch »Heroismus«, mit denen die venezianische Verwaltung eine Chance gehabt hätte, angesichts der oben beschriebenen Verhältnissen aus dem »Vakuum« an Infrastrukturen, psychosozialer Entwicklung und der Mentalität der Morea-Bewohner als Besatzungsmacht venezianische Interessen erfolgreich zu vertreten. Die verfügbaren Gestaltungsmittel prinzipiell aus der Situation des Mangels und der Schwäche gezielt einzusetzen, war eine dem erfahrenen Administrator, der im »Rotationsverfahren« bereits an anderen Orten ähnliche Probleme zu lösen und Erfahrungen zu sammeln hatte, vertraute Aufgabenstellung. Daß dabei die Organisation der Beziehung zu den beteiligten Menschen unabhängig von Funktion oder sozialer Rolle der Organisation der Sachbereiche übergeordnet sein mußte, belegen nicht nur zahlreiche Relationen, als pars pro toto wird dies auch mit dem Einblick in die konkrete Verwaltungspraxis der Morea evident: Die Organisation der Besitz- und Eigentumsrechte an Grund und Boden, eines Besteuerungssystems der Kommunen, die Organisation städtischer und ländlicher Behörden und deren rechtliche, personelle und funktionelle Aufeinanderabstimmung, einer Justiz, die sich bis zur Übernahme durch die venezianische Verwaltung auf Willkür und Gewaltakte türkischer Behörden beschränkte, eines Minimalangebots an öffentlich-sozialen Gütern, allen voran Sicherheit, vor allem im Kampf gegen ein seit Jahrhunderten die Schiffahrt wie das Binnenland ständig bedrohendes und sich selbst bekämpfendes Banden- und Piratenwesen, die Organisation eines Minimums an gesicherten Verkehrsverbindungen, eines Schulsystems, das bis dahin von Priestern abhängig war, unter Einbeziehung kichlich-religiöser Institutionen, von deren Unterstützung oder

Widerstand weitgehend jede handlungsleitende Einflußnahme auf politisch-gesellschaftliche Strukturen abhing; all das waren Aufgaben- und Problemfelder, die sich in den durch Ranke zugänglich gemachten Dokumenten der Morea-Kolonisation widerspiegeln.

Angesichts der nun vorstellbaren Gestaltungsprobleme stellt sich mit Ranke durchaus noch einmal die Frage: Wie hat die venezianische Administration in knapp 30 Jahren – vom Zeitpunkt rechtsverbindlicher Maßnahmen seit dem Friedensschluß mit dem Osmanischen Reich im Jahre 1699 in nur 14 Jahren – gegen den Widerstand der durch Morosini voreilig mit Privilegien und Verfassungen ausgestatteten Stadtkommunen (die teilweise wieder aufgehoben oder modifiziert werden mußten[44]), gegen den Widerstand des Klerus, einer der Rechtsprechung unkundigen Beamtenschaft sowie zahlreicher Minderheiten, insbesondere die Banden der Mainoten, dennoch die Grundlagen bzw. erste Ansätze einer funktionsfähigen Agrikultur, erste Manufakturen, intakte Verteidigungsstrukturen schaffen, vor allem aber eine selbstbewußte Haltung der Jugend in Gang setzen können? Unübersehbar erwiesen sich die durch die venezianische Verwaltung offenbar weitgehend beherrschten Kommunikationstechniken als am wirksamsten, die aus der Position der relativen Schwäche, ja der Ohnmacht den Weg beiderseitiger Verständigung anstrebten. Ranke spricht von: »freiwilligen Gehorsam hervorrufen«, also jenem Modell sogenannter »paradoxer Handlungsanweisungen«; wenn sich etwa der Generalproveditore Grimani persönlich in die »Schlupfwinkel« der so gefürchteten wie gewaltsamen Mainoten begab, um mit diesen über ständige Rechtsbrüche, Konflikte, Bestrafung und Bürgschaften zu verhandeln, und so zukünftige, auf Gegenseitigkeit beruhende Abmachungen, Kompromisse, ja Verständigung herbeizuführen verstand.

Grimani, Loredano und andere verstanden es, sich »umgeben vom Glanz ihrer Würde« mit den Mitteln persönlicher Autorität und Vertrauensvorgabefähigkeit ihrer Ergebenheit und Unterstützung im Dienste des Ganzen einvernehmlich zu versichern. Ähnliche Ansätze von Zusammenwirken gelangen dort, wo die Verpflichtung der Kommunen auf dem Prinzip der Gegenseitigkeit der Interessen und der jederman erkennbaren hoheitlichen Toleranz und Verbindlichkeit beruhten. Sie mißlangen, wo man »gegen die unsichtbaren Waffen« der das Volk beherrschenden Priester vorzugehen versuchte, von deren Einflußnahme jedwede Weiterbildung gesellschaftlicher Institutionen abhing.[45]

Die Kolonialverwaltung Venedigs verließ die Morea auf der ersten Stufe einer sich abzeichnenden eigenständigen Entwicklung. Sie hatte durch ihre Verwaltung mit ihrer eigenen Interessenswahrnehmung »als Hilfe zur Selbsthilfe« einen ökonomischen und zivilisatorischen Wertschöpfungsprozeß eingeleitet, der auch durch die folgende türkische Besetzung nicht mehr rückgängig zu machen war.

Es kann in der Politik wie bei aller Tätigkeit nur darauf ankommen – so resümiert Ranke seine Morea-Studien –, die wahren Interessen derselben ins Auge zu fassen, um sie mit Sorgfalt und gesundem Sinn zu verwalten, aber so wie sie sind, aus sich selbst zu entwickeln. Um das Neue zustande zu bringen, wird man vom Herkömmlichen zu abstrahieren und ganz allein die Forderung der Dinge, die innere Notwendigkeit der Aufgabe ins Auge zu fassen haben ... so entspringen die Formen mit Notwendigkeit und ganz von selbst.[46]

Das Bankwesen in Venedig und Genua und die kriminelle Energie

1. Die Stadtrepubliken Venedig und Genua im Vergleich

Im folgenden Kapitel soll eine Manifestation kollektiver Wertschöpfung, sogenannter »Reichtum«, vor dem Hintergrund unterschiedlicher Konzeptionen von Gestaltungs- und Sozialtechniken – »skillful management« – mit der Gegenüberstellung der Stadtrepubliken Venedig und Genua zur Diskussion gestellt werden.

Zu allen Zeiten diente kapitalistisch organisierter Reichtum als Schlüssel zur Macht, verbarg sich hinter Kapital nicht selten Machthunger und Gewaltherrschaft, schien Geld die einzige Garantie und Sicherheit zu bieten, staatliche Autorität durchzusetzen und zu gewährleisten, löste Reichtum in Gestalt von Luxus, Ignoranz und nicht selten Hybris – in Venedig wie in Genua – schonungslose Kritik und die Beschwörung alter republikanischer Tugenden aus.

Reichtum, im herkömmlichen Sinne identisch mit Kapital, erlangte eine religiöse Weihe durch ein Edikt Papst Johannes' XXII. im Jahre 1323, welches die damals noch verbreitete Vorstellung, Jesus Christus habe weder Privateigentum noch Gemeinschaftseigentum besessen, als ketzerisch verdammte. Der Dominikaner und spätere Kardinal Giovanni Domenici lehrte, Reichtum könne ein Zustand sein, zu welchem Gott bestimmte Menschen berufen habe. Reich zu sein galt also an sich keineswegs als verdammenswert.[1]
Den beiden Stadtrepubliken Venedig und Genua wird nachgesagt, durch das auf Reichtum gestützte Machtmonopol ihrer patrizischen Eliten das eigene Volk moralisch und materiell entwaffnet, ja um seine einst erkämpften Unabhängigkeitsrechte gebracht zu haben.[2] Beide Stadtrepubliken haben in der Tat ein Maß an Reichtum – was immer sich heute hinter diesem janusköpfigen Begriff verbergen mag – geschaffen bzw. erwirtschaftet, das unter dem Gesichtspunkt der Wertschöpfung näher zu betrachten, Gegenstand dieser Annäherung sein soll.

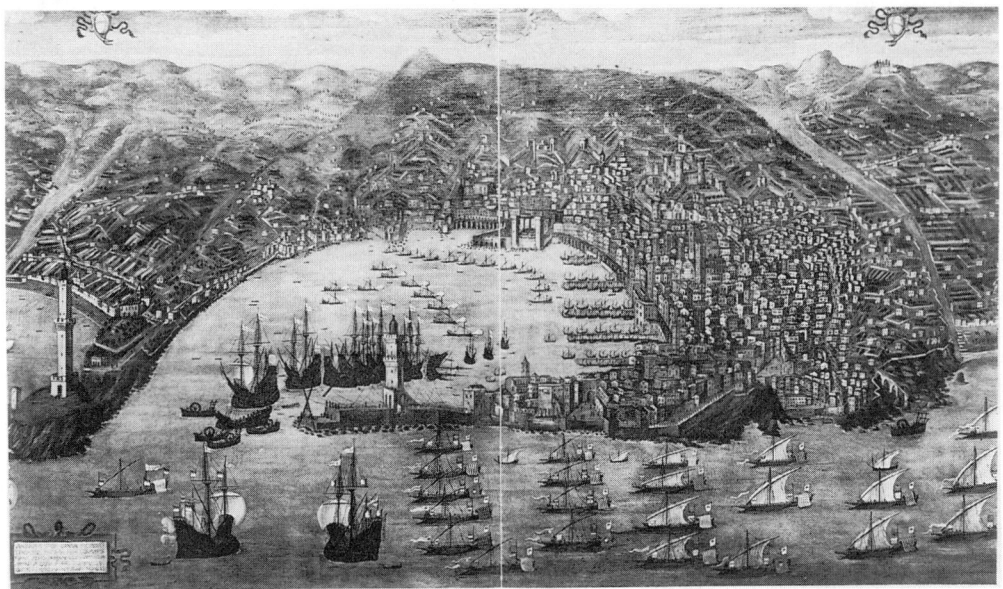

Gerolamo Bordoni, Ansicht Genuas, *1616.*

Venedig und Genua bildeten – neben dem weniger bedeutenden Pisa – die einzigen norditalienischen Hafenstädte, die vergleichbare geopolitische Voraussetzungen, wirtschaftliche Entwicklungsmöglichkeiten sowie formell ähnliche politische Institutionen und Verfassungen besaßen. Beide Republiken entfalteten je eigentümliche Überlebensstrategien, denn räumlich »eingeschlossen« – Genua durch das rückwärtige Gebirge, Venedig durch das Meer – waren sie gleichermaßen geschützt und schutzlos zugleich, trachteten sie stets aus der Position der Schwäche und des Mangels an Ressourcen, die für ihre Metropolen erforderliche Sicherheit zu gewährleisten.

Aus dieser Grundkonstellation der »Grenze« die vertraute Position notwendigerweise aufgeben zu müssen, die eigenen Handlungsspielräume ins Grenzenlose – sowohl räumlich als auch materiell – erweitern zu müssen, waren Venedig und Genua gleichermaßen früh erfahren.

In dieser Zwischenzone Orientierungsfähigkeit zu besitzen, das war hier die alles entscheidende Frage. Bevor 1477 in einem Kommentar zu Dantes *Divina Commedia* die Möglichkeiten der Berechnung des Zufalls im Würfelspiel und Luca Paciolis Geschichte der Wahrscheinlichkeitstheorie 1494 in Venedig erschienen waren, hatte man in Venedig und Genua hinlänglich handelspolitische und organisatorische Erfahrungen mit Ungewißheit, Wahrscheinlichkeit und Risikoabwägung als Mutmaßungskunst – »ars stochastica«. Die Schlußfolgerungen aus diesen Erfahrungen waren indessen, trotz nahezu identischer Interessen, höchst verschieden. Es kann also nicht verwundern, daß die beiden Republiken gerade deshalb Beziehungen besonderer Art miteinander verbanden. Ob diese bis Ende des 14. Jahrhunderts, nach vier erbitterten Kriegen und zahllosen lokalen Konflikten eher von »Haß und eitlem Stolz, denn durch rein wirtschaftliche Berechnung«[3] gekennzeichnet waren, oder sich mischten mit Rivalität um Handlungsspielräume, also Märkte, soll hier nicht entschieden sein. Sie waren jedenfalls bis zu diesem Zeitpunkt auf der untersten Skala der Kommunikation von Gewalt und also Wertminderung beherrscht. Langfristig wurden sie nicht mehr durch See-Kriegskunst, sondern durch die Waffe der »politiké techné« zugunsten einer distanzierten Koexistenz »gelöst«. Auch wenn der Appell Petrarcas, sich in Frieden zu versöhnen, denn »sie seien die beiden Augen Italiens, von denen weder das eine noch das andere ausgestochen werden dürfe«, die beiden Rivalen wenig berührt haben mochte, begegneten sie sich nie wieder in der Adria.

Überhaupt stand der Wettbewerb um Märkte und Rohstoffe zwischen den meisten europäischen Handelsmächten unter dem Vorzeichen tendenziell gewaltsamer Konfliktaustragung: etwa wenn Italien, Genua und Florenz in England weitreichende Handelsprivilegien besaßen, während diese englischen Schiffen den Zugang zum Mittelmeer erschwerten, ja Genua englische Schiffe, später England venezianische Schiffe plünderte; während deutsche Kaufleute in Italien Handelsgeschäften nachgingen, Italien im deutschen Raum jedoch keine Konkurrenz gestattet wurde und die Hanseaten mit allen Mitteln, einschließlich Gewalt, sowohl einheimische wie auch ausländische Kaufleute von ihren Märkten verdrängten.[4]

Auf ähnliche Weise behandelten die Stadtrepubliken Venedig und Genua ihrerseits ausländische Handelskonkurrenten in den von ihnen beherrschten Hoheitsgebieten des adriatischen bzw. tyrrhenischen Meeres. Daß die historischen Quellen jedoch die gewaltsame Seite konkurrierender Handelsbeziehungen, die ja noch nicht durch völkerrechtlich durchsetzbare Verträge oder Vereinbarungen geregelt waren, ausdrücklich hervorheben, während auch weniger spektakuläre, alltägliche Handelsgeschäfte auf der Grundlage einvernehmlicher Koexistenz stattfanden, ist ebenso bemerkenswert.[5]

Wir gehen von der Annahme aus, daß Reichtum als kapitalorientierte Manifestation in Größenordnungen, wie ihn Venedig und Genua hervorgebracht haben, nicht ohne soziale und politische Interessenkonflikte entstehen konnte, ja seinerseits in seinen negativen Erscheinungsweisen weiteren Konfliktstoff in sich barg, wie die in Venedig und Genua ausgelösten politischen Konflikte und Auseinandersetzungen bestätigen.

Damit stellt sich die Frage nach den »Spielregeln«, die solchen Interessenkonflikten bzw. Lösungsversuchen zugrunde gelegen haben, ja in welchem politisch-konstitutionellen Kontext diese unter dem Gesichtspunkt einer »Ökonomie der Wertschöpfung« – tendenziell als Nullsummen bzw. Positivsummenspiele – im Hinblick auf Teil- und Ganzes-Interessen zu betrachten sind.

2. Die »Casa di San Giorgio« als Gläubigerversammlung

Die erste Stadtcharta erhielt Genua als »Compagna«, Vereinigung von Kauf-leuten, bereits im Jahre 985 von Berengarius III. und Adalbert (Könige von Italien). Sie bestätigt die Kommune als Stadtrepublik einschließlich ihrer territorialen Ansprüche. Im Jahre 1099 garantiert abermals Kaiser Heinrich VI. die Herrschaft Genuas über die Küste von Porto Venere bis Monaco und große Teile Korsikas. Zudem verfügte die Republik bereits in Sizilien und in verschie-denen Städten des Vorderen Orients wie Konstantinopel über Privilegien und Stapelrechte. Die Regierungsgewalt Genuas oblag von Anbeginn dem Bischof als Feudalherren und obersten »Gouverneur« neben einem Konsulat der Feuda-laristokratie, welcher eine rivalisierende städtische Aristokratie gegenüberstand. Die einzige Konstante dieser Kommune bildete vordergründig ein fast ununter-brochener interner Klassenkampf, in den regelmäßig auswärtige Mächte ver-wickelt waren.[6]

Aus diesem Grunde war die Stadtrepublik Genua nur während kurzer Phasen ihrer Geschichte ein unabhängiger Staat im Sinne eines sowohl nach außen wie auch nach innen souveränen Völkerrechtssubjekts. Während Genua also im Mittelalter formell die Oberhoheit des Kaisers anerkannte, befand es sich seit dem 14. Jahrhundert in mehr oder weniger unfreiwilliger wirtschaftlicher und politischer Abhängigkeit europäischer Mächte. Spiegelbildlich der Vielzahl eigener Eroberungen erlebte die Metropole Genua selbst mehrere verheerende Zerstörungen und Plünderungen durch die Araber 936, Frankreich 1396, 1458, 1507, 1684, Mailand 1354, 1463, Spanien, 1522, und Habsburg 1746.[7]

Unter den vielen und ständig wechselnden Verfassungen Genuas sind in unserem Zusammenhang lediglich jene von 1339 und 1528 von herausragendem Interesse. In den Jahren bis 1528 beruhte die verfassungsmäßige Ordnung der Republik vorübergehend auf dem Gleichgewicht aller tragenden sozialen Stände, der Nobilität, der Mercatores und der Artegiani – Handwerker, innerhalb derer auch der Beteiligung der guelfischen und der ghibellinischen Partei Rechnung getragen wurde. Die Regierung und das Dogenamt behielten sich die Populanen – unter Ausschluß der Nobilität – vor. Der Versuch, durch diese Art der Machtverteilung das Mißmanagement kommunaler Finanzen zu überwinden, scheiterte jedoch aus vor allem in den konstitutionellen Spielregeln liegenden Gründen.

Die Verschuldung des Staates war nicht zuletzt wegen wiederholter Kriegs-ausrüstungen gegen Venedig ins Uferlose gewachsen. Da die Kommune wegen weit zurückreichender Schuldübernahmen außerstande war, erforderliche Aus-gaben aufzubringen, konnten die notwendigen Mittel, wie auch in früheren Jahrhunderten, nur durch Zwangsanleihen vermögender Familien aufgebracht werden. Dafür hatte die Kommune jedoch sämtliche staatlichen Einkünfte – insbesondere Steuern und Monopole – an ihre Gläubiger verpfänden müssen. Den in der Casa di San Giorgio organisierten Staatsgläubigern wurde es damit möglich, eine unantastbare Machtstellung gegenüber der Kommune einzunehmen. Während sich ihre Einfluß- und Kontrollmöglichkeiten mit wachsender Verschuldung vervielfachten, vergrößerte sich andererseits die Ohnmacht der kommunalen Regierung. Damit verlagerte sich die tatsächliche Staatsmacht zunehmend auf die Gläubigerversammlung der Casa San Giorgio als legislative Gewalt und deren Geschäftsführung als informell amtierende Exekutive.

Die kommunale Biographie Genuas beherrschen die Feindschaften rivalisierender Dogenfamilien, die Uneinigkeit und Konzeptionslosigkeit der vor diesem Hintergrund regierenden Populanen, das Schwanken der mächtigen popularen Mercanti zwischen Artegiani und Nobilität sowie andererseits die Furcht vor einem Bündnis mit den unteren Ständen. Nachdem diese den Seidenfärber Paolo da Novi zum Dogen gewählt hatten, verhalf abermals ein französisches Invasionsheer der Nobilität zurück zur Macht. Diese Situation nutzte Andrea Doria 1528 zum Staatsstreich, um alsbald das Bündnis der Republik mit Frankreich zu brechen und sich auf die Seite Spaniens zu stellen.

Die Verfassungsreform Andrea Dorias brachte nicht nur den alten Familien und Finanzdynastien unter seiner Führung wieder die alleinige Macht, sie ermöglichte auch jenen »contractus solidationis« (1539), welcher die Kommune Genua nun vollends der unbeschränkten Herrschaft des Banco di San Giorgio auslieferte. Die neue Verfassung verfügte den Übergang der Souveränität auf die in den 28 »alberghi« bereits seit dem 13. Jahrhundert in Kampf- und Interessengenossenschaften organisierten alten Familien, neben fünf neuen Familien, und das Angebot, jährlich zehn weitere verdiente Bürger aus Stadt und Land zu nobilitieren.

Der Widerstand dieser Familien führte 1547 zu einer erneuten, von Frankreich unterstützten Verschwörung, die einen Volksaufstand nach sich zog. Sie lieferte Andrea Doria nur einen erneuten Vorwand, die eigene Machtposition auszubauen. Ein Viertel der Mitglieder des »Gran Consiglio« wurde nun, statt durch das Los, von den Gouverneuren des Banco di San Giorgio bestimmt, die Mitglieder des Kleinen Rates vom Großen Rat eingesetzt.[8]

Hatte bis zum Jahre 1339 die Souveränität der Republik, – von Unterbrechungen abgesehen – bei der Gesamtheit waffenfähiger Bürger, Nobiles und Populares gelegen: institutionell im »Consilium Generale« als gesetzgebendem Organ, als Exekutive in den Händen der Protektoren, Commissionen und des Officium unter Leitung des Dogen als Primus inter pares, so repräsentierten die Souveränität seit Andrea Doria die nicht mehr der kommunalen Regierung verantwortlichen Protektoren des »Gran Consiglio delle Compere«. Diese Organisation von Staatsgläubigern, die als Repräsentanten mit Rechten und Pflichten der Republik ausgestattet, deren Regierungsgeschäfte führten, nahmen gleichzeitig die vielfältigen Interessen der Casa di San Giorgio – deren Fassade als »Banco di San Giorgio« firmierte – wahr.

Gemäß der Verfassung von 1568 lagen die legislativen und exekutiven Machtkompetenzen bei 480 Mitgliedern des Großen Rates. Sie waren ohne

Ausnahme Teilhaber der Compere, also Staatsgläubiger im Besitz von mindestens zehn »luoghi«, Aktien bzw. Schuldanteilen, und wurden wie in Venedig durch Ballotage gewählt. Die Regierungsgeschäfte leiteten neben einem auf zwei Jahre gewählten Dogen acht Protektoren – seit 1568 Prokuratoren, die im Besitz von 80 schuldfreien oder 100 belasteten »luoghi« nach einem komplizierten Wahlverfahren halbjährlich gewählt und durch das Officium und andere Beamte unterstützt wurden.[9]

Auf den ersten Blick erscheinen die konstitutionell-formalen Machtmechanismen mit dem Machtmonopol einer politischen Elite der Aristokratie in Genua denen der Republik Venedig weitgehend identisch, wie ja auch die überwiegende Zahl der wie immer akzentuierten Chroniken die Regierungssysteme beider Stadtrepubliken als patrizisch-aristokratische Finanz-Oligarchien klassifizieren.

Am Prozeß der Ökonomie der Wertschöpfung wird darzulegen sein, inwieweit es sich tatsächlich um zwei grundlegend voneinander unterscheidbare politische Konzeptionen eines Gemeinwesens handelt.

Stand das politische Geschäft im Falle Venedigs bis zum letzten Tage im Dienste uneingeschränkter politischer und ökonomischer Unabhängigkeit und staatlicher Souveränität nach außen und kategorischer Ablehnung jeglicher personifizierten oder dynastischen Herrschaft im Inneren, so kennzeichnet den republikanischen Status Genuas seit der Entscheidung Andrea Dorias für das spanisch-habsburgische Kaiserhaus eine Art »Schatten-Souveränität« und Satellitenrolle. Dynastisch-partikularen und rein wirtschaftlichen Interessen untergeordnet, entbehrten in Genua politische Entscheidungsprozesse nicht nur jeglicher Pluralität von Machtkompetenzen, Interessen und Werten, sondern auch interner Kontrollmechanismen gegenüber Machtüberschreitungen und – Venedig vergleichbar – institutionalisierter Konfliktbewältigungsmechanismen.

Die skizzenhaften Hinweise zur politischen Morphologie Genuas deuten bereits auf ganz unterschiedliche Wurzeln der patrizischen Eliten dieser beiden Stadtrepubliken hin:

Formierte sich das venezianische Patriziat ursprünglich – zwischen dem 6. und 9. Jahrhundert – neben Grundbesitzern aus einer schließlich dominierenden Schicht von Kaufleuten, Unternehmern, Handwerkern und Schiffseignern, so waren dessen Denk- und Handlungsperspektiven doch von Anbeginn im mediterran-italienisch und europäisch-orientalischen Kultur-Raum, vor allem aber im frühsäkularisierten, kosmopolitischen Geist der Pluralität geprägt worden. Demgegenüber sind Orientierung, Wertesystem und gesellschaftliche Institutionen der genuesischen Nobilität ausschließlich durch feudal-mittelalterliche, römisch-katholische Traditionen geprägt, aus denen jene Mischung einer spezifisch kapitalistischen Mentalität hervorgegangen ist. Die Macht dieser Familien – ursprünglich der Grimaldi, Fieschi, Spinola und Doria – beruhte auf ihrem ligurischen Landbesitz, und selbst ihre Palazzi in der Stadt waren ihren burgähnlichen Latifundien nachgebildete, mit Wehrtürmen und großen Höfen ausgestattete »Alberghi«.[10]

So waren im Unterschied zu Venedig von Anbeginn die Lebensschwerpunkte zwischen Zentrum und Peripherie »umgekehrt« definiert: das Zentrum befand sich für die genuesische Nobilität weit außerhalb der Metropole in den eigenen Landburgen im sicheren Hinterland. Damit aber waren kollektive Gemeininteressen und private Gruppeninteressen grundsätzlich voneinander geschieden:

Soziale Verhaltens-»Spielregeln«, Sozialtechniken und ihnen komplementäre Wert- und Zielsetzungen; die Priorität von Gemein- vor Partikularinteressen; ein gemischtes und kollektives System der Entscheidungsfindung; das institutionalisierte Mißtrauen und die prinzipielle Verantwortlichkeit des einzelnen gegenüber dem Ganzen, das waren im genuesischen Koordinaten-System der Macht nicht vorgesehene, und wohl überwiegend unbekannte Größen. Und es besteht kein Zweifel, daß solche Vorstellungen und Zusammenhänge der Interdependenz von Teil und Ganzem auch für manchen venezianischen Patrizier, wie die Darlegungen um Francesco Morosini belegen, kaum eine handlungsleitende Relevanz besaßen.

3. Die genuesische Variante der Ökonomie der »Wertschöpfung«

Um nun den inneren Kreis der Hervorbringung kollektiver Wertschöpfung in Genua zu betreten, richtet sich unsere Aufmerksamkeit auf die drei für Genua wichtigsten Wirtschaftssektoren:

– Handel
– Kapital-Investitionen
– Bankwesen

Wenn Reichtum und Geld im Spannungsfeld von Freiheit und Spielregeln, Herrschaft und Gemeinschaft Gestaltungsräume eröffnen, dann gewinnt Wertschöpfung als Reichtum in Genua im breiten Spektrum zwischen sozial produktiver und krimineller Energie einen hohen Erkenntniswert.

Die Stadtrepublik Genua war ursprünglich – wie Venedig – eine vom Handel lebende Kommune, die seit dem 13. Jahrhundert über ein weitverzweigtes Netz von Handelsniederlassungen im Mittelmeerraum, in Westeuropa und im Vorderen Orient verfügte, mit dem nicht unbedeutenden Unterschied, daß ihre Kolonialterritorien als Privatbesitz genuesischer Familien allein deren Interessenwahrnehmung und Entscheidungsbefugnis oblagen.

Die in der ganzen damaligen Welt ansässigen Genuesen waren bis zum 16. Jahrhundert bevorzugt Kaufleute, Spediteure, Kommissionäre und Handelsagenten, die im eigenen Namen und ohne engere organisatorische Verbindung zur eigenen Metropole Handelsgeschäfte betrieben. Eine schrittweise Umorientierung in das westliche Europa setzte bereits seit dem 14. Jahrhundert aufgrund der besser organisierten Handelsbeziehungen Venedigs im Levantebereich ein.

Aufgrund der explosionsartig wachsenden Nachfrage und angetrieben durch die Aussicht auf gewaltige Gewinne aus dem Gewürz- und Luxusgüterhandel mit

Indien hatten sich auch genuesische Handelsunternehmen bereits seit mehreren Generationen erfolglos bemüht, den Seeweg nach Indien für sich nutzbar zu machen. Ähnliche Bemühungen, seit den Entdeckungen ihrer eigenen Landsleute – etwa Columbus – mit der Neuen Welt in Handelsbeziehungen zu treten, hatten ihnen erfolgreichere Konkurrenten (Spanien und Portugal) verwehrt.[11]

Eine Neuorientierung war notwendig, in deren Verlauf genuesische Kaufleute seit dem 15. Jahrhundert in portugiesisch-spanischen Diensten in führende militärische oder administrative Positionen aufrückten oder im eigenen Namen bzw. für genuesische Handelsunternehmen in Portugal oder Spanien intensivere Geschäftsbeziehungen aufzubauen begannen.

Diese Tendenz zeichnete sich bereits ab, nachdem die Expansionspolitik des Osmanischen Reiches zum Verlust so wichtiger Handelsstützpunkte wie Kaffa (1475), Chios (1566) oder Zypern geführt hatte.

Genuesische Kaufleute entwickelten moderne Finanz- und Organisationstechniken, sie wußten aufgrund ihrer Erfahrungen und Konkurrenzmethoden, vor allem im organisatorisch wenig entwickelten Spanien, völlig neue Nischen nutzbar zu machen: Mittels finanztechnischer Dienstleistungen, Kapitalinvestitionen und nicht zuletzt mit Bankgeschäften gelang es ihnen, höchst profitable Quellen zu erschließen und bis zum 17. Jahrhundert außergewöhnliche Innovationsfähigkeiten, wenn auch unter fragwürdigen Vorzeichen und zum Nachteil für die Kommune Genua, unter Beweis zu stellen.

Wirklich erfolgreich wurde zwischen 1570 und 1630 – in selbst für heutige Maßstäbe unvorstellbaren Größenordnungen – eine kleine Gruppe genuesischer Familien der »Nobili vecchi«. Diesen gelang es, nachdem die Fugger vorübergehend in den Hintergrund zu treten gezwungen waren, die Casa di San Giorgio zum Angelpunkt aller damals weltpolitisch zentrierten Finanzströme, Devisen- und Kreditgeschäfte europäischer Machtpotentaten, einschließlich eines so profitablen Bereichs wie Rüstungsinvestitionen, zu machen.

Bevor wir diesen, bis in das 20. Jahrhundert aktuellen Geschäftsbereich unter dem Gesichtspunkt der Wertschöpfung näher beleuchten, verweilen wir bei solchen Wirtschaftsaktivitäten, mit denen die vergleichsweise kleine Stadtrepublik Genua zwischen dem 15. und 17. Jahrhundert in die vorderste Reihe der Kapital- und Güterströme tonangebenden Wirtschaftsmächte trat.

Die Gestaltungsimpulse genuesischer Investoren lagen auch hier in den Händen einer kleinen Gruppe genuesischer »Nobili vecchi«. Sie hatten es über mehrere Jahrhunderte verstanden, ohne eine sie verpflichtende Verfassungsordnung, und unter Nutzbarmachung jeweils wechselnder Interessen größerer Staaten Interdependenzen mit dem Ziel gegenseitiger Kosten-Nutzen Beziehungen politisch-wirtschaftlich erfolgreich mit eigenen Interessen zu verknüpfen.[12]

Diese Familien beherrschten in Italien, und weit entfernt der eigenen Metropole, zahlreiche Territorien als Privatbesitz, wenngleich sie für alle außerordentlichen Ausgaben kommunale Mittel und Dienste als »Staatsgläubiger« in Anspruch nahmen. Vor hier aus – etwa Sizilien – steuerten sie während des

16. Jahrhunderts den Hauptanteil des Getreidehandels oder der Zuckerrohrproduktion, hier organisierten sie den sizilianischen und kalabrischen Seidenmarkt.[13]

Zur selben Zeit lagen Handel und gewerbliche Produktion in der Metropole Genua überwiegend in den Händen der »Nobili nuovi«.

Eine Schlüsselrolle spielte hier bis in das 16. Jahrhundert die Woll-, Seiden- und Textilproduktion. Begünstigt durch die seit 1528 stufenweise erkämpfte Gewerbefreiheit – bis in das 14. Jahrhundert waren vor allem halbstädtisch-bäuerliche Heimproduzenten auf wucherische Weise ausgebeutet worden –, begünstigt durch die geringe Steuerlast und niedrige Zolltarife auf Stoffe, bildete dieser Gewerbezweig, der zahlreiche Fremdarbeiter in die Stadt führte, bis in das 16. Jahrhundert die wichtigste Erwerbs- und Nahrungsquelle der Bewohner Genuas.

Die Kommune sicherte ihrerseits den einheimischen Markt durch das Verbot des Kleinverkaufs auswärtiger Seiden. Außer Taft, Atlas und ähnlichen Stoffen genuesischer Handelsniederlassungen durften fremde Seidenstoffe nur zum eigenen Gebrauch oder als Transitwaren eingeführt werden, ihr »Verschleiß war in Genua offiziell verboten«.[14]

Erst als neue fiskalische Auflagen durch Lohnerhöhungen, Ausfuhrzölle, Konflikte und bald Pestepidemien das Seidengewerbe bzw. seine Konkurrenzfähigkeit einzuschränken begannen, setzte Ende des 16. Jahrhunderts eine Verlagerung gewerblich-wirtschaftlicher Aktivitäten ein – von der Textilproduktion, des Gold- und Silberhandwerks sowie des Schiffbaus – zugunsten der als Folge der engen Bindungen mit dem spanisch-habsburgischen Kaiserhaus Genua nun dominierenden Kapital- und Bankgeschäften.

Beeinflußten bereits seit dem beginnenden 16. Jahrhundert die Geschäftsverbindungen nach Spanien nahezu alle Wirtschaftszweige und Handelsaktivitäten des Binnen- und Kapitalmarktes Genua, so wußten nun jene »hombres de negocios« – wie sie in Madrid genannt wurden – als Vermittler langfristiger Finanzgeschäfte in Spanien und Portugal, aus ihren seit Jahrhunderten getätigten Kapitalinvestitionen Nutzen zu ziehen. Dabei hatten sie seit dem 15. Jahrhundert bevorzugt zahlungsunfähige, verschuldete Herrscherhäuser als Geschäftspartner umworben, um anstelle von Bargeldzahlungen Handelsmonopole, Steuerpachten, Gerichtsbarkeitsrechte, Titel aller Art, hohe Verwaltungsämter, Anweisungen auf Steuereinkünfte und vor allem Ländereien – in Sizilien, Neapel, seit dem 16. Jahrhundert auch in Portugal und Spanien – zu erwerben oder die vom Hunger heimgesuchten islamischen Randstaaten des Mittelmeeres zu zwingen, im Austausch mit eigenem Getreide, von ihnen nordafrikanischen Goldstaub zu bekommen.[15]

Mit dem Prinzipat Andrea Dorias im Jahre 1528 nützte die Gelegenheit, dem bereits hochverschuldeten habsburgischen Kaiserhaus mit langfristig günstigen Krediten die Weiterführung seiner Weltmachtpolitik durch die dosierte Bereitstellung flüssigen Eigenkapitals zu ermöglichen.

Es ist soweit gekommen, daß sie (Genua) es für eine Schande halten, andere Geschäfte zu machen. Das Wechsel- und Geldgeschäft erklären sie für die ehrenvollste Art des Handelsbetriebes, während sie von Warenhandel und Schiffahrt sagen, das sei Sache der Krämer. (Venezianische Relation 1573)[16]

Unversehens waren die genuesischen Kapitalgeber längst in jene Falle des »too much invested to quit« – zu viel investiert, um auszusteigen – geraten, um die Risiken dieser Investitionen noch abschätzen zu können. Neben der Abwicklung und Vermittlung von Bank- und Kreditgeschäften hatte Genua nun auch für den gesamten Zahlungsverkehr zwischen Spanien, den Spanischen Niederlanden, Italien und nicht minder wichtig, die Messen in Besançon und Piacenza Sorge zu tragen. Allein die Summen für die spanische Armee und Flotte zwischen Italien und den Niederlanden bewegten sich zwischen 1550 und 1650 jährlich zwischen der enormen Summe von einer und fünf Millionen Dukaten.

Wie ermöglichte es Genua, Kapitaltransfers dieser Größenordnung in einer Zeit permanenter Kriege und Krisen auszuführen, während Spanien seinerseits – und in seinem Sog weitere Gläubiger – von einem Bankrott auf den nächsten zusteuerte?[17] Um der enormen finanzorganisatorischen Probleme der Durchführung des Groß-Zahlungsverkehrs angesichts der relativen, in Spanien absoluten Bargeldknappheit Herr zu werden, favorisierten die Genuesen eine Organisationsform, die es ihnen ermöglichte, statt Bargeld eine Form des Kredit-Zahlungsverkehrs zu nutzen. Dazu dienten ihnen jene Genueser Wechselmessen. Aus Gründen der Risikoverteilung bevorzugten sie zunehmend Kreditgeschäfte anstelle von Eigenkapital.[18]

Wechselmessen oder die Messe von Besançon, wie man sie nannte, weil sie dort ihren Ursprung nahm, findet man heute in Savoyen, Piemont, im Trento, vor den Toren Genuas, so daß man sie besser »Utopia« (Messen ohne Ort) nennen sollte. In ihnen findet kein Warenhandel statt, sondern es kommen 50 bis 60 Bankiers zusammen, jeder mit einem kleinen Papierbuch, um die Wechselgeschäfte von fast ganz Europa zu regulieren, und diesem Spiel möglichst lange Dauer zu verleihen. Daran verdienen sie allein jährlich an Provision 250 000 Scudi. (Davanzati 1581)[19]

Da die Provisionen $1/3$ Prozent beider Parteien ausmachten, mußte der Jahresumsatz dieser Messen um 37,5 Millionen Scudi, d. h. Golddukaten betragen haben.

Die diesen Messen als europäische Giro- und Kreditbank zugrundeliegende Währungs-Werteinheit war der Marken-Scudo – Scudo de Marchi –, d. h. eine imaginäre, nicht in einer tatsächlich vorhandenen Münze ausdrückbare Werteinheit, vor der 100 Scudi soviel wie effektive 99 Golddukaten der besten Prägung Spaniens, Neapels, Venedigs, Genuas, Florenz' bedeuteten.[20]

Erwähnenswert ist diese Institution im Rahmen unseres Erkenntnisinteresses insofern, als sie ein Symptom einer tiefgreifenden Erschütterung der damaligen europäischen Finanzpolitik, einen durch Genua institutionalisierten »zivilisatorischen Rückschritt« darstellte.[21] Denn tatsächlich waren es nicht die Silbergruben Potosis, sondern die Genueser Messen, die es dem spanisch-habsburgischen Königshaus bis fast in das 17. Jahrhundert ermöglichten, seine europäischen Hegemonialansprüche als verlustreiche intereuropäische Kriege zu finanzieren, und damit langfristig eine Ökonomie der Wertschöpfung unmöglich zu machen.

Die zahlreichen und detaillierten Handelskorrespondenzen und Berichte der Fuggerschen Faktoreien sowie die nüchternen venezianischen Gesandtschaftsberichte aus Spanien gewähren Einblicke in die Entwicklung und Gestaltung spanisch-genuesischer Geschäftsbeziehungen und die Praxis spanischer Finanzverwaltung. Deren bereits im 16. Jahrhundert allen Spielregeln volkswirtschaftlichen und politischen Kalküls widersprechende Inkompetenz und Korrumpiertheit entzieht sich – ohne hier ins Detail zu gehen – selbst kühnsten Vorstellungen.

Wenn Philipp II. nach dem zweiten spektakulären Staatsbankrott innerhalb von weniger als 20 Jahren 1575 unter dem Jubel des die Genuesen hassenden Volkes abermals jegliche Zahlungen an seine Gläubiger mit dem Hinweis verweigerte, »er wolle Niemanden berauben, sondern nur der Beraubung seiner Finanzen ein Ende machen«, dann erhellt dies nur einen Bruchteil der vielschichtig-unlösbaren Verstrickungen zwischen »Tätern und Opfern«. Er verbarg, nach Jahrhunderten praktizierter Mißwirtschaft und politischer Konzeptionslosigkeit, den von den »Mitspielern« selbst nicht mehr lösbaren »Circulus vitiosus« gegenseitiger Abhängigkeit.[22]

Die genuesischen Bankiers verdankten ihren Kredit lange Zeit ihren Geschäften mit dem spanisch-habsburgischem Kaiserhaus. Um dessen maßlosen Geldforderungen nachzugeben, waren diese immer wieder gezwungen, eigene ältere Forderungen »zu retten« und gleichzeitig mittels wucherischer Zinsen die eigenen Gewinnmöglichkeiten zu vergrößern. Vor einer noch glänzenden Fassade und weit in die Zukunft hinein verpfändeten Einkünften auf jeden fremden Dukaten angewiesen, gelang es Spanien immer wieder, den völligen Bankrott und Höhepunkt »wahrer Räuberwirtschaft« endlos hinaus zu verzögern.[23]

Genua kann sich der spanischen Herrschaft schon deshalb nicht entziehen, weil zu große Reichtümer seiner Bürger sich in den Händen des Königs befinden. (Venezianische Relation, 1559)[24]

Obwohl die genuesisch-spanischen Beziehungen bereits um 1575-1577 in gleichem Ausmaß irreparabel erschienen wie die Konsolidierung des spanischen Staatshaushaltes, zwang die akute Not der spanischen Krone wie umgekehrt die Furcht vor dem unwiderruflichen Verlust die beiden Parteien, bis weit in das 17. Jahrhundert zu weiteren Zugeständnissen und »Verträgen« in astronomischen Größenordnungen. Selbst die wachsende materielle Not und Empörung der in Genua betroffenen Bevölkerung hatte trotz mehrerer gewaltsamer Unruhen keine wirksame Gegenmacht zu organisieren vermocht.[25]

So erwiesen sich die genuesisch-spanischen Geschäftsbeziehungen seit Andrea Doria in ihrem Kern als die mit privaten Kapitalien finanzierte Fortsetzung spanisch-dynastischer Machtpolitik.[26] Dabei bedeuteten der Waffendienst großer Söldnerheere und eine seit dem 15. Jahrhundert expandierende Waffenindustrie nur eine Seite Jahrhunderte währender ökonomischer und kultureller Wertminderung im Europa der Neuzeit. Die Kunst der Kriegsführung bildete ein profitables Geschäft unter sorgfältiger Schonung selbstinvestierter Vermögenswerte. So ließ Gian Andrea Doria in der Seeschlacht von Lepanto dem Manövrieren größere Aufmerksamkeit zukommen als dem Angriff der türkischen Galeeren, was in Venedig größte Empörung ausgelöst hatte. Doch langfristig blieb diese Taktik ebensowenig erfolgreich wie nach dem Wechsel der Geschäftsbeziehungen mit Spanien neue Großinvestitionen genuesischen Kapitals im vorrevolutionären, wirtschaftlich bereits ruinierten »Ancien régime« Frankreichs.

Nach einem mehr als 100jährigen Kapitalboom zwischen 1560 und 1628 – mit Hilfe jener Genueser Messen – an die Spitze internationaler Kapitaltransfer-Geschäfte emporgetragen, wurde die allmächtige Casa di San Giorgio 1797 bzw. 1814, nicht zuletzt wegen gesamtpolitischer Interessen Genuas, per Dekret endgültig für aufgelöst erklärt.[27]

Bevor wir noch einmal der Koexistenz von Politik und Wirtschaft Genuas unter dem Gesichtspunkt der Ökonomie der Wertschöpfung unsere Aufmerksamkeit zuwenden, erweist sich ein Blick auf den Staatshaushalt, das Steuersystem und die Bereitstellung öffentlicher Güter in der Stadtrepublik Genua als aufschlußreich.

Es liegt in der Logik der von Mißmanagement, Gewaltsamkeit und Entfremdung gekennzeichneten Geschichte Genuas, angesichts permanenter, politisch unlösbar erscheinender Konflikte, hier auf wenig Interesse an einer kontinuierlichen Dokumentation interner Organisationsprozesse zu stoßen. Ein erheblicher Teil der in hochentwickelten Buchführungs- und Bilanzierungstechniken dokumentierten Bestände der Kommune ist durch wiederholte Brandlegungen zerstört worden. Exakte Daten über hoheitlich-fiskalische Finanz- und Budgetvorgänge sind also bruchstückhaft, und nur in neueren Forschungen zugänglich.[28]

Nach venezianischen Quellen standen für das Jahr 1423 in Genua einem Budgetvolumen von 180 000 Golddukaten – laut Compere di San Giorgio – knapp drei Millionen Golddukaten Schulden im Jahre 1407 gegenüber.[29] Eine genuesische Chronik weist 1507 ein Budgetvolumen von 100 000 Dukaten aus, denen 1509 bereits 19,2 Millionen Dukaten Schulden gegenüberstehen. Bis zum Ende des 16. Jahrhunderts standen einem Staatshaushalt von 800 000 Dukaten im Jahre 1544 etwa 47,7 Millionen, im Jahre 1572 42 Millionen Dukaten Staatsschulden gegenüber.

Im Staatshaushalt Venedigs standen demgegenüber zu Beginn des 15. Jahrhunderts Einnahmen von 800 000 Dukaten, mit den Einnahmen der Terra Ferma und des »Stato da Mar« 1,6 Millionen Dukaten einer Schuldensumme von 500 000 Dukaten gegenüber. Vergleicht man weiter die Staatsbudgets und Verschuldungsquoten auch der übrigen europäischen Staaten in diesem Zeitraum, dann werden die Konturen dessen, was im Hinblick auf Wertschöpfung

Aussagekraft gewinnt, erkennbar. Dabei ist in bezug auf Genua zu berücksichtigen, daß die gesamte Schuldenverwaltung, nämlich die den Comperen verpfändeten Einkünfte und Tilgungsfonds dem Staat entzogen waren, also ein erheblicher Anteil der öffentlichen Einnahmen, für die Kommune unkontrollierbar, direkt an die privaten Staatsgläubiger geleistet wurde.

Als noch problematischer erweist sich der Versuch, detaillierte Einblicke in das Besteuerungssystem der Stadtrepublik Genua zu erhalten. Angesichts der zwischen dem 14. und 16. Jahrhundert »weniger im Interesse des Gemeinwohls, als um des Ehrgeizes der Parteiführer willen geführten unglücklichen Kriege« und der infolgedessen im Jahre 1407 von 3 bis 1544 auf 47,7 Millionen anwachsenden Staatsschulden; und angesichts der nach 1528 immer engeren politischen Gestaltungs- und Handlungsspielräume der Kommune gegenüber der Geschäftsführung der Casa di San Giorgio, die sich die Notlage des Staates und die Erhaltung des Status quo auf jede nur erdenkliche Weise zunutze machte, bildeten die politisch noch durchsetzbaren Besteuerungsmöglichkeiten einen weiteren, unüberwindbaren Konfliktanlaß zwischen den ständig wechselnden Interessengruppen.[30]

Die jeweils aus Kompromissen, häufiger jedoch durch gewaltsam ausgetragene Konflikte schließlich erkämpften Varianten neuer Besteuerungsarten machten alleine eine umfassendere Darstellung unter dem Gesichtspunkt der Wertschöpfung erforderlich.

Seit Ende des 14. Jahrhunderts beruhte der Staatshaushalt hauptsächlich auf einem alle Schichten belastenden, immer wieder modifizierten System indirekter Steuern, die ähnlich Venedig Grundnahrungsmittel, vor allem aber Salz und Wein betrafen, daneben ausnahmsweise Luxus-, Aufwands- und Vermögenssteuer für wohlhabendere Schichten, die jedoch nicht immer durchsetzbar waren. Dazu gehörten Spiel, Pferde, Sklaven, Unzucht. Die Stadtbevölkerung zählte zu diesem Zeitpunkt 70 000–80 000 Seelen, davon 12 000 Bürger, 4000 Bedienstete, 2124 Nobili, 1867 Geistliche, 2500–3000 Sklaven, 2769 Arme sowie 16 000–20 000 waffenfähige Seeleute und zahlreiche Ausländer. Die Gesamtbevölkerung einschließlich der übrigen Territorien zählte rund 400 000 Bewohner.[31]

Die genannten Steuern ergänzten in den folgenden Jahrhunderten eine alle Bewohner, einschließlich Klerus, betreffende Kopfsteuer (1629), eine einprozentige Vermögensteuer für die gesamte Nobilität (1636), die im Jahr 1681 auf alle Untertanen der Republik ausgedehnt wurde, sowie bis in das 18. Jahrhundert wiederholt erhoben, gering verzinsliche Zwangsanleihen zu Lasten der vermögenden Schichten.[32]

Im Gemeinwesen Genua – das Territorium einbezogen – lebte eine relativ breite Oberschicht, die über nur grob schätzbare, enorme Vermögenswerte und Reichtümer verfügte, denen sich seit dem 14. Jahrhundert neben mehreren Privat-Banken bis 1797 jene organisierte Kapitalkonzentration der »Casa di San Giorgio« hinzugesellte. Ihnen stand ein zeitweise verarmter, seit dem 14. Jahrhundert gleichermaßen verschuldeter Staat, die Kommune, gegenüber, welchen jeweils diejenigen für sich in Anspruch nahmen, die sich durch ihn Vorteile versprachen, ohne sich je mit ihm identifizieren zu wollen.

Die wiederholten, zeitweise durch die Majorität unterstützten Versuche, wenigstens – wie in anderen, Genua als Vorbild erscheinenden Stadtrepubliken – Florenz, Venedig – die Verwaltung und Entscheidungskompetenzen über neu entstandene Gemeinschulden selbstgestaltend in der Hand zu behalten, scheiterten in dem Maße, wie Interessenkonflikte innerhalb der Nobilität, aber auch der Nobilität im Verhältnis zu Popularen und Artegiani, die Lösung der Schulden und Risikoverteilung zunehmend unmöglich machten, und die materielle Abhängigkeit von einer an keine verbindlichen konstitutionellen Spielregeln gebundenen Gläubigergruppe immer größer und unkontrollierbarer wurde.

Die im Laufe von fast fünf Jahrhunderten angewachsene Staatsschuld war, wie bereits wenige Beispiele belegen, das Resultat einer langfristig bewußt herbeigeführten Vermögenskonzentration, die in Ermangelung machtbeschränkender Spielregeln mittels weiterer Spielregelbrüche als Erpressung auf Kosten des Gemeinwesens ausschließlich der weiteren Kapitalmaximierung der Casa di San Giorgio diente.

Eine der Hauptursachen der chronischen Schuldenkrise lag in der Handhabung der genuesischen Münzwährung und der damit untrennbar verbundenen Bankorganisation, die zum unaufhaltsamen Auseinanderfallen der Gold- bzw. Silbermünzen-Wertbasis führte.

»Da die Casa di San Giorgio nichts umsonst tat, bedeutete jeder dem Staat geleistete Dienst für sie einen Machtzuwachs«, den diese auch gegen die Interessen des Staates für sich nutzbar machte.

Stellte die Goldmünzenwährung – Scudi d'Oro, aber auch die schweren Silbermünzen Scudi d'Argento – wie in Florenz oder Venedig einen konstanten Wertmaßstab dar, so verlor die in Genua im Umlauf befindliche, die Grundlage seiner Währung bildende kleine Silbermünze teils durch Abnutzung, teils durch Einströmen minderwertigerer auswärtiger Münzen stetig an Wert. Zu Beginn des 15. Jahrhunderts hatte diese Wertminderung das genuesische Nationalvermögen bereits um die Hälfte verringert. Der kontinuierlich sinkende Wert der Silbermünzen – gegenüber stetig steigendem Goldwert – kam indessen den Banken zugute, die nicht nur bevorzugt in diesen Münzen – bei urspünglich wertvollerem Depositum – auszahlten, sondern selbstverständlich umgekehrt für Auszahlung in wertvollerer Münze, d. h. Goldwährung berechneten.

Seit dem 15. Jahrhundert scheiterten alle durch die Regierung erlassenen Dekrete und Verbote (1461, 1490, 1509) mit dem Ziel der exklusiven Einführung der Goldwährung, solange die kleinen Silbermünzen die Grundlage der Währung bildeten. Während die Regierung alle nur erdenklichen Kontrollmaßnahmen einleitete, wurden die alltäglichen Geschäfte und die Auszahlung der Arbeitnehmer weiter in Silbermünzen-Währung abgewickelt, unterließen andererseits die Banken eine ihren Interessen entgegensteuernde Mitwirkung, und »das Publikum – auf die Banken angewiesen – ließ es sich gefallen«.[33]

Auch der wiederholte Versuch einer festen Tarifierung seitens der Regierung, mittels einer »Muster-Zentralbank« die Einheit des genuesischen Münzwesens wiederherzustellen, scheiterte ungeachtet der die Gesamtheit schädigenden Wertminderung an der Interessenpolitik der Banken. Schließlich wurden die Anteile der Casa di San Giorgio nicht zuletzt auch infolge der Kursschwankungen seit dem 15. Jahrhundert Gegenstand lebhaftester Spekulationen, welche die jeweilige Konjunktur Genuas widerspiegelten. In diesem Zusammenhang spielte das von der katholischen Kirche ausdrücklich ausgesprochene und in Genua wohlbekannte Zinsverbot eine bemerkenswerte Rolle.[34]

Zinsbezug war nach der kanonischen Lehre eine unrechtmäßige Handlung, die Auswirkung von Gier und Habsucht, ein unter dem Deckmantel der Menschenliebe verübter Betrug. So dienten verschiedenste Zinstitel und Münzsorten der Verschleierung aller Arten von Darlehns- bzw. Kreditgeschäften, die im Kontext der hier zur Diskussion stehenden Wertschöpfung – vor allem im Rahmen größerer Kapitalstransfergeschäfte – weitere Forschungen wert wären.

Zur selben Zeit, nachdem die Ära des Andrea Doria ihre ersten Schatten warf, und vor dem Hintergrund kompromißloser interner Machtkämpfe zwischen den »Nobili vecchi« und den »Nobili nuovi«, wurde ein gegenläufiger Prozeß in Gang gesetzt, zu dessen Hauptakteuren auch Genua gehörte, und der in der Gegenüberstellung der beiden Stadtrepubliken ein bezeichnendes Licht auf die verschiedenartigen politisch-ökonomischen Gestaltungskonzepte der beiden Republiken – was Teil-Ganzes-Interessen anbetrifft – wirft.

Spanien und Portugal lösten mit den nun aus der Neuen Welt einströmenden Edelmetallen Gold und Silber nicht nur eine Europa bis in das 17. Jahrhundert heimsuchende Inflation und Preis-Revolution bis dahin unbekannten Ausmaßes aus, sie beschleunigten darüber hinaus ihren und anderer europäischer Mächte bevorstehenden Staatsbankrott.

Die Hegemonialpolitik Spaniens, genauer, sich verselbständigende politische, militärische und wirtschaftliche Faktoren, zwangen die spanische Krone, ganz Europa mit diesem »Treibstoff der Wirtschaft« zu überfluten. Dafür bildeten aber die Dienste Genuas – das Kapital und »Know-how« der »Banco di San Giorgio« – eine unerläßliche Voraussetzung. Genuesische Reeder und Kapitalanleger waren aufgrund umfangreicher Spekulationsgeschäfte und durch großangelegten Schmuggel mehr als ein Jahrhundert die Hauptnutznießer dieser Entwicklung. Diese führte indessen langfristig auch für Genua zu einem Abkoppelungsprozeß des Finanzsektors, d. h. des Kapitalvolumens einerseits, und des Produktionssektorvolumens in der Metropole andererseits, ja kündigte sich eine Entwicklung des Außen-Handels an, der keine komplementäre Entfaltung inländischer Märkte entsprach.

Noch befand sich Genua im konjunkturellen Aufschwung, noch wußte es über die Messen von Piacenza Vertrauen und Kontrolle über die wichtigsten

Kapitalmärkte Italiens und des südlichen Europa zu seinen Gunsten profitabel umzusetzen, den Gold- und Silbermarkt in Italien und Europa mittels vertraglicher Vereinbarungen und illegalen Schmuggels zu steuern – im Jahre 1580 mit Gewinnen von schätzungsweise 37 Millionen, wenige Jahre später mit 48 Millionen Scudi beteiligt zu sein, an den Darlehns-Kredit-Geschäften mit der spanischen Krone bis zu 30 Prozent, im Jahre 1673 40 Prozent Gewinnen über Zinsen und Zinseszinsen bei 45 Prozent, mittels Wechsel und Rückwechseln, Vermittlungsgebühren und »Schleppertaktiken« einen einzigartigen Kapitalboom auszulösen. Doch zur gleichen Zeit vollzog sich eine »Versteigerung« der politischen und sozialen Verhältnisse in der eigenen Metropole, die beispiellos in der Geschichte der italienischen Stadtrepubliken sein dürfte. Vielleicht ist es nicht allzu kühn, wenn man Genua als ein Sinnbild der ganzen italienischen Geschichte in der zweiten Hälfte des 16. Jahrhunderts ansieht.[35]

Und diese manifestiert sich auf vielfältige Weise: im Erscheinungsbild der Metropole, mehr aber in den informellen politischen und soziokulturellen Beziehungen, deren Gestaltungsräume immer enger, deren Gegeneliten immer ausgetrockneter den Zustand einer nach vielen Jahrhunderten erreichten Versteinerung signalisieren.

Sie findet Ausdruck in jenem »Contractus Solidationis« 1593, in welchem die Regierung angesichts der Übertragung aller Schulden an die Casa di San Giorgio buchstäblich die letzten Entscheidungsspielräume an die Gouverneure der »Bank« übertrug, während sie ihrerseits weiter Leistungen, Lasten und Risiken als amtierende Regierung zu tragen hatte. Ein minuziös bewanderter Chronist spricht deshalb nicht vom Ende des genuesischen Staates, weil auch unter den Staatsgläubigern der Bank von San Giorgio Einheimische, dem Gemeinwohl Verantwortliche zu finden gewesen seien.[36]

Gleichwohl kennzeichnete die Praxis die Konfrontation jener privilegierten allmächtigen Organisation, die sich jede Gefälligkeit für das Gemeinwesen durch neue Privilegien und Prozente erkaufen ließ, deren unumschränkte Entscheidungsbefugnisse, ausschließlich am eigenen Interesse orientiert, jede Konsensusbildung ausschlossen, und auf der anderen Seite die Kommune als formelle Regierung, die trotz voller Verantwortlichkeit zur weitgehend politischen Handlungsunfähigkeit verurteilt, nur im »Vakuum« agieren und die »Sündenbockrolle« übernehmen konnte.[37]

Die für die moderne parlamentarisch-pluralistische Industriegesellschaft des 20. Jahrhunderts charakteristische Trennung von formal-konstitutioneller, d. h. politischer Verantwortlichkeit und andererseits marktwirtschaftlich orientierter Entscheidungskompetenz seitens der Industrie[38] aufgrund weitgehend fehlender Interessenidentität, die umgekehrt in Stadtstaaten wie z. B. Venedig und zeitweise Florenz eine so maßgebliche Rolle im Prozeß der Gleichgewichtssuche zwischen Teil und Ganzem gespielt hat, war also in Genua ansatzweise bereits vorgezeichnet.

Selbstverständlich gab es in Genua, wie in anderen Stadtstaaten, seit dessen Anfängen ein differenziertes institutionelles Gefüge von »magistrati« und »officien« verschiedenster Art, um den Bürgern der Kommune vor allem in Krisenzeiten ein Mindestmaß an öffentlichen Gütern, Organisations-Leistungen und Infrastrukturen zur Verfügung zu stellen. Dies betraf in Genua von Anbeginn bevorzugt den Geschäfts- und Handelsbereich sowie die Überwachung und den Schutz organisierter Handwerker und Gewerbetreibender in Zünften. Versuche dieser Organisationen wie in Florenz, auf den politischen Entscheidungsprozeß Einfluß zu nehmen, wurden in Genua wie in Venedig unterbunden und in Satzungen ausdrücklich auf rein gesellschaftlich-wirtschaftliche Gestaltungsbereiche eingeschränkt.

Im Unterschied zu anderen Stadtstaaten ließ die Kommune – von Ausnahmen abgesehen – seit dem 13. Jahrhundert die Lebensmittel- und Getreideversorgung in Krisenzeiten zu Lasten der Allgemeinheit durch private Handelsunternehmen organisieren. Für die Münzprägung durch die Casa di San Giorgio – und die Inanspruchnahme der im allgemeinen relativ kleinen Handelsflotte von Privatreedern – konnten diese von Fall zu Fall für die Kommune verpflichtet werden.

Die Gewährung öffentlicher Güter, insbesondere unter dem Aspekt der »Sicherheit« für die eigenen Wirtschaftssubjekte, etwa Stapelrechte, Zölle, Tarife, Vermittlungsgebühren und anderer Dienste, ebenso wie protektionistische Maßnahmen, Monopole, Kartelle etc. – ähnelt formal jenen Venedigs. Sie unterscheidet sich von diesem durch die stärkere Betonung rein Kosten-Nutzenorientierter, weniger die Interessen der Kommunität einbeziehender Maßnahmen.

Für die auch in Genua in großer Zahl sozial nicht organisierten, meist ungelernten Arbeitnehmer sowie die unter dem Existenzminimum lebenden armen Bürger gab es neben zwei Armenhäusern, deren Ausgaben so gewiß seien wie ihre Einnahmen ungewiß[39], zwei Spitäler, die sich, angewiesen auf die Spenden Reicher, nicht aus den Zuschüssen der Kommune erhalten konnten.[40]

Die Divergenz gesamtpolitischer und wirtschaftlicher Partikularinteressen ist also auch in diesem Sektor, der Bereitstellung öffentlicher Güter, unübersehbar. Den an Vehemenz und Schärfe kaum übertreffbaren internen Machtkämpfen der am politisch-wirtschaftlichen Leben aktiv Beteiligten entsprach auf der anderen Seite das Desinteresse gegenüber der Lösung auch in Genua manifester und latenter sozialer Konflikte.

In diesem Kontext sind nun kollektive Manifestationen sogenannten »Reichtums« und der Wertschöpfung zu sehen. Mit der im »Schatten« der spanischen Krone ermöglichten Kapitalmaximierung vollzog sich seit dem 16. Jahrhundert auch im äußeren Erscheinungsbild der Metropole Genua der Übergang von der Sparsamkeit zur Prachtentfaltung, und diese Manifestation der Pracht war für Genua etwas Neues. Ein Genueser Patrizier äußert sich 1575 zu diesem Thema: »Der Prunk hat zugenommen, eine neue Stufe der Ausgaben für Bauten, Kleider und Delikatessen ist in Genua eingeführt worden.« 1569 heißt es: Nachdem sie

»ungeheure Profite gemacht hatten, wurden sie stolz und ehrgeizig und gaben den republikanischen Lebensstil auf, kauften Titel und Lehen, bauten fürstlich geschmückte Paläste und lebten in unerhörtem Glanz und Pracht, die weit über das hinausgingen, was republikanische Bescheidenheit erlaubt«.[41]

In der zweiten Hälfte des 16. Jahrhunderts entstand unter Leitung des Michelangelo-Schülers Galeazzo Alessi der einzige Repräsentations-Boulevard Genuas, die »Strada Nuova«, genau zu jener Zeit, als die alten Familien, nun reicher als je zuvor, nachdem sie in den Genuß der Zinsen ihrer, dem spanischen König geliehenen Gelder kamen, und ängstlicher besorgt als zuvor darauf achteten, sich von den »neuen Familien« zu unterscheiden. Ein anonymer Dialog über das Wirtschaftsleben Genuas um 1600 behauptet geradezu provokativ, daß die Pracht bewußt sadistisch sei, und die Patrizier mehr ausgäben als sie brauchten, um denen weh zu tun, die es ihnen nicht gleichtun könnten, um sie todunglücklich zu machen.[42]

Eine Schlüsselrolle im Umgang mit Kapital und Großzügigkeit spielte die Familie Spinola. Nach dem zweiten Staatsbankrott 1575 war Agostino Spinola mit 1,5 Millionen Dukaten auf der Gläubigerliste des spanischen Königs als einer »die Krone Beraubender« leer ausgegangen. Gleichwohl half er der spanischen Regierung im Jahre 1587 erneut mit einer Million in Italien, Ambrosio Spinola 1590 mit 2,5 Millionen in den Niederlanden aus. Zu Beginn des 17. Jahrhunderts äußerte sich ein anderes Mitglied dieser alten Familie in Genua, Andrea Spinola, unverhüllt zu »Extravaganz und Verrücktheit des Luxus« seiner Zeitgenossen. Vehement kritisierte er die Ausgaben für Karossen, Beerdigungen und Paläste als Beispiele einer politisch gefährlichen Eitelkeit, verteidigte er die einstigen republikanischen Tugenden der Sparsamkeit, weil sie mit Freiheit verbunden seien. Unmißverständlich plädierte er als Patrizier Genuas für eine prachtvolle Ausstattung des Palazzo Pubblico, da solch ein Schmuck den Respekt für die Institution fördere.[43]

Und auf die in einem Brief an die Regierung Andrea Dorias erhobenen Vorwürfe eines der wenigen, immerhin später zum Staatshistoriker berufenen unerbittlichen Republikaners, Umberto Folietta: »Glaubt ihr denn, daß Unruhen unter den Bürgern nicht nur für das Gemeinwohl etwas erreichen, sondern oft genug die Staaten vor dem Untergang selbst bewahrt haben...« – reagierte dieselbe 1559 mit Bann und Güterentzug.[44]

Doch die politischen Alltagsgeschäfte in und um die Metropole Genua blieben gleichwohl von den Demonstrationen des Geistes, von einer konfliktfähigen politischen Kultur, wie sie Venedig kannte, unberührt. Der sich unaufhaltsam vergrößernden Diskrepanz von privatem Reichtum und öffentlicher Armut ließen sich hier, im Gegensatz zu Venedig, nicht Äquivalente wie soziale Integration, potentielle Gestaltungschancen der Selbstverwirklichung oder kollektive Identität entgegensetzen.

Venedig versuchte, den immer bedrohlicheren handelspolitischen Herausforderungen, der Neuorientierung der Kapitalströme, den Krisen seit dem 16. und

17. Jahrhundert tendenziell durch die Sensibilisierung für qualitativ erweiterte Raum-Zeit-Koordinaten, Strukturwandel, Maß und Grenzen die Diplomatie der offensiven Neutralität entgegenzusteuern, neue Handlungs- und Gestaltungsräume zu erproben und damit Orientierungs- und Innovationsfähigkeit in Übereinstimmung mit neuen Realitäten zu bringen.

Während Venedig neben Genua einen führenden Platz im internationalen Banken- und Wechselgeschäft einnahm, venezianisches Kapital jedoch in der Lagunenstadt beim »Publico« von San Marco blieb[45], beherrschten genuesische Banken seit dem 16. Jahrhundert zeitweise ganz Europa, flossen genuesische Kapitalien über ein ganzes Jahrhundert (1528–1632) in ein bereits seit Ende des 16. Jahrhunderts von Mißwirtschaft und Korruption beherrschtes bankrottes Staatswesen Spanien, das so vollkommen ruiniert war, daß nichts mehr daran verdient, sondern nur noch alles verloren werden konnte[46]. Seit dem 17. Jahrhundert folgten Investitionen in venezianische Fonds, in die wiederaufblühenden Kreditgeschäfte des Vatikans, in Österreich, Schweden, Bayern und vor allem in Frankreich: Kapitalinvestitionen im Jahre 1725 von 271 Millionen Dukaten, 1785 342 Millionen »lire di Banco« bei 0,328 gr. Gold, die sich mit der Revolution (1789) abermals in Nichts auflösen sollten.

Wir haben in Italien zwei blühende Republiken, Venedig und Genua. Die Venetianer haben sich mit reellem Warenhandel beschäftigt. Sie sind als Privatleute nur mäßig reich geworden, haben dafür aber ihren Staat außerordentlich groß und reich gemacht. Die Genuesen dagegen haben sich ganz dem Geldgeschäft ergeben und ihren Privatbesitz sehr vermehrt, während ihr Staatswesen verarmt ist.[47]

Die Stadtrepublik Genua bildete also de facto eine große, verarmte Hafenstadt, deren politische Führung nach Maßgabe einer Firmenleitung einen defizitären Kommunalverband ambulant verwaltete, während die unschätzbaren genuesischen Privatvermögen weit verstreut in ganz Italien über Einnahmequellen verfügten, die, unerreichbar für die Kommune Genua, diese an Kapitalvolumen um ein vielfaches übertrafen.

Natürlich hatte die Überspannung des Kredits, die nicht endende Folge spanischer Bankrotte Opfer gefordert, mehrere Genuesische Häuser gestürzt, Zahlungsunfähigkeit und akuten Geldmangel vieler Banken ausgelöst, ganze Gewerbezweige sowie die kommunale Administration in ausweglose Notlagen gebracht, selbst den Fürsten von Salerno, Herzog von Eboli, Marchese von Diano und Besitzer zahlloser Latifundien, »Monarch« genannt, Nicola Grimaldi, den Hauptauftraggeber der Prachtarchitektur der »Strada Nuova« gezwungen, sofort seinen glänzenden Haushalt abzuschaffen und sich wieder so einfach wie früher einzurichten.

Doch die Reserven Genuas übertrafen alle Schätzungen: Für die überwiegende Zahl genuesischer Bankiers kam es nur vorübergehend zum Verlust ihrer Kreditfähigkeit, zur Zahlungseinstellung, zu vorläufigen Geschäftseinstellungen bzw. zu Geschäftsaufgaben. Per Verfassungsrevision wurde 1576 ein Kompromiß der »Nobili vecchi« und »Nobili nuovi« zwecks Einrichtung einer

Börse ausgehandelt, deren Bau und Finanzierung in einem schließlich mit Dolch ausgetragenem Konflikt zwischen den Mitgliedern der Casa di San Giorgio und den »Signori di palazzo«, der Regierung, endete.[48]

Die Frage der für Bankgeschäfte entscheidenden Vertrauensvorgabefähigkeit seitens nicht-genuesischer Kreditgeber wäre sicher im Hinblick auf das Wesen der hier interessierenden Wertschöpfung einer weitergehenden Untersuchung wert. Gesichert ist jedenfalls, daß Genuas größtes Aktiv-Kapital in der von Vertrauen abhängigen Kreditfähigkeit und nicht in seinen Gold- oder Silberbeständen begründet war. Nach der Auflösung jener Messen von Piacenza, nachdem italienische Darlehensgeber, eine große Zahl kleiner Sparer, die genuesischen Banken ihre Guthaben anvertraut hatten, vor allem Venedig, durch die letzten spanischen Bankrotte hohe Wertverluste hatte hinnehmen müssen, entzogen die meisten italienischen Banken genuesischen Kapitalgebern ihr letztes Vertrauen.

Bevor wir auf die abschließende Frage der Wertschöpfung als Reichtum in dem breiten Spektrum zwischen »Erwerbsstreben und Machtstreben« (W. Sombart), sozialproduktiver und krimineller Energie eingehen, bleibt im Vergleich der beiden Stadtrepubliken ein interessanter Aspekt offen:

Im Sinne der Nationalökonomie hatte die Stadtrepublik Genua seit dem Seicento ein mit anderen Metropolen annäherungsweise vergleichbares, quantitatives Maß an Wertschöpfung – Netto-Sozialprodukt – in Gestalt von Kunst-Investitionen hervorgebracht und zeitweise bedeutende Künstler aus ganz Europa und Italien beherbergt.[49]

Aus der Perspektive der politischen Ökonomie ist diese Fragestellung jedoch zu modifizieren: Wenn in der Organisation eines Wirtschaftssystems das Ganze mehr ist als die Summe aller quantitativen Wertschöpfungsfaktoren, wenn Wertschöpfung als Prozeß der Optimierung auch die Bereitstellung immaterieller Güter, die Qualität zwischenmenschlicher Beziehungen, die Gestaltungschancen kreativer Eliten einbezieht, dann sind Fragen, wie läßt sich das »künstlerische Dunkel jener Geschäftsmetropole erklären« (Robert Lopez) oder »warum hat Genua als einzige der größeren Stadtrepubliken auf künstlerischem Gebiet nie etwas Bemerkenswertes hervorgebracht« (Hobsbawn), durchaus diskutabel.[50]

Sicher waren auch für herausragende Künstler gutdotierte Aufträge und bestmögliche Arbeitsbedingungen zu allen Zeiten entscheidendes Kriterium, bestimmte Städte bzw. Auftraggeber auszuwählen. Andererseits sind Pluralität, kulturelle Offenheit, symbiotische Rückkopplungen und Höchstleistungen auslösende Leistungsmaßstäbe immer auch der Motor an bestimmten Orten konzentrierter kreativer Eliten gewesen. Es ist unter diesem Gesichtspunkt also wohl erklärbar, welche Qualitäten Orte wie Florenz oder Venedig gegenüber jener auf sich selbst bezogenen, von außen abgeschirmten, gewaltsamen Stadt Genua anzubieten hatten.[51]

4. Reichtum zwischen sozialproduktiver und krimineller Energie

Die komplementären Seiten einer Ökonomie der Wertschöpfung haben wir nun mit je verschiedenen Konzeptionen politisch-ökonomischer Gestaltungs- und Sozialtechniken am Beispiel der beiden Stadtrepubliken Venedig und Genua vorgestellt.

Läßt sich mit Genua die Annahme belegen, daß die nicht mehr meßbare Konzentration von Kapitalvolumen und also Macht mit der Tendenz, das Maximum zu optimieren, einem sich verselbständigenden Prozeß positiver Rückkopplung entspricht, so war Venedig tendenziell bestrebt, diesem Prozeß negativer Rückkopplung gegenüber Grenzüberschreitung zuungunsten des Ganzen entgegenzuwirken, mit anderen Worten, die Optimierung des Maximums anzustreben und prinzipiell dem Prozeß der Optimierung Priorität einzuräumen, soweit damit die bestmögliche Einbindung von Kapital in gesamtpolitische und damit untrennbar soziokulturelle Manifestationen der Gestaltung von Teil und Ganzem gewährleistet erschien.

Wir haben mit der Darlegung des politisch-ökonomischen Konzepts Genuas bzw. der Casa di San Giorgio den via Kapital und konstitutionellen Spielregeln eingeleiteten unsichtbaren Wandlungsprozeß kommunikativer – politisch-sozialer – Beziehungen in eine »sachliche Macht« der »Versteinerung« nachgezeichnet. Denn »war erst einmal das Sachvermögen zur ›Person‹ Casa di San Giorgio geworden, so wurde nun langsam die Person zur Sache, einem willenlosen Rädchen im Riesenwerk des modernen Geschäftslebens«. (W. Sombart)

Und in Genua, wie auch in den anderen italienischen Stadtstaaten deutet sich bereits vor dem Zeitalter des Kolonialismus jenes

Unendlichkeits- und Machtstreben an, in dem Jagen nach dem Gelde, diesem völlig abstrakten, aller organisch-natürlichen Begrenztheit enthobenen Wertsymbol, dessen Besitz dann immer mehr auch als Machtsymbol erscheint. Erwerbsstreben und Machtstreben gehen ineinander über: Der kapitalistische Unternehmer erstrebt die Macht, um zu erwerben, und will erwerben um der Macht willen und die Rücksichtslosigkeit des zur Autonomie erwachenden Wertes richtet sich gegen ihn selbst. (Sombart)[52]

In den italienischen Stadtstaaten werden also bereits die Widersprüche des Kapitalismus, d. h. das Konzept der modernen Rationalität in Gestalt stetiger Veränderung bzw. Beherrschbarkeit der Welt und Natur vorgezeichnet. Das immer »mehr desselben«: mehr politische und wirtschaftliche Macht, mehr Kapital, Information, Sicherheits- und Gleichgewichtsstreben, Expansion, Interdependenzen, aber auch Eingriffe um zu koordinieren, zu ordnen und Probleme zu lösen, welche ihrerseits immer neue Fakten, Probleme, Risiken und Konflikte eines paradox erscheinenden, infiniten Prozesses in Gang setzen.[53]

Der in Venedig jedoch durch konstitutionelle Machtbeschränkungen, kollektive Entscheidungsfindung, durch die Entflechtung der Interessen, Koexistenz und kollektive Identitätspotentiale noch hinreichend »gezähmte Kapitalismus« war in Genua lange vor dem Zeitalter der Industrialisierung in einem auf Kosten der Gemeinschaft gegründeten, schrankenlosen Erwerbs- und Machtstreben entgleist.[54]

Das ergibt sich nicht nur aus dem hier dargelegten eigentümlichen Verhältnis der Casa di San Giorgio gegenüber dem Gemeinwesen – Genua –, Sieveking spricht von doppelter Moral und »parasitärer« Mentalität, Braudel von der »Intelligenzbestie«, die stets vor der Alternative stand, sich die Welt anzueignen oder unterzugehen, das erhellt auch, wenn man der Geschäftsgrundlage, der Art und Weise der Beschaffung jener Kapitalien auf der Spur, entdeckt, daß tendenziell fast alles auf strafrechtsrelevante Tatbestände der Täterschaft, Teilnahme oder Beihilfe u. a. Aktionen im Umfeld krimineller Energien hinweist.[55]

Wenn wir hier, konfrontiert mit den Wurzeln der bürgerlich-kapitalistischen Gesellschaft, verschiedenen Konzeptionen einer Ökonomie der Wertschöpfung begegnen, in deren letzten Ausformungen die systematisch-kalkulierende Beherrschung menschlicher Natur mit dem Ziel der Gewinn- bzw. Profitmaximierung steht, dann hatte Venedig trotz der Ambivalenz von Buion Governo und Mal Governo der bereits vorweggenommenen »Spaltung« – »Mitspieler eines affektentleerten, auf reine Konkurrenzverhältnisse reduzierten Nullsummenspiels zu sein, in welchem jeder sich selbst der nächste sein muß, oder in einem von Affekten bestimmten Positivsummenspiel, in welchem Zusammengehörigkeit und Kooperation die höchste Maxime sind« (Simon)[56] – noch jenes Mindestmaß an Balance entgegenzusetzen, für das die Mehrzahl der Chronisten bis heute um Begriffe verlegen sind.[57]

Heinrich Kretschmayr spricht noch im ersten Drittel dieses Jahrhunderts von »einem Reichtum, der nicht nur der Reichtum der gebietenden Weltkaufleute gewesen sei, vielmehr der Reichtum einer in Wahrheit unvergleichlichen geistigen Gesamthaltung«.[58]

Im letzten Moment dieses Jahrhunderts erhält eine Annäherung an dieses Thema eine wiederholt angesprochene Aktualität, der eine andere Stimme – heute – einen angemessenen Ausdruck verleiht:

»Ich vermute, daß das kulturelle Niveau innerhalb einer Gesellschaft von zwei Faktoren abhängt: vom Selbstbewußtsein seiner Mitglieder und von deren Zuversicht, das heißt, vom Vertrauen in die Zukunft. Es dürfte Einigkeit darüber bestehen, daß der kulturelle Standard einer Gesellschaft nicht mit ihrem Wohlstand verwechselt werden darf. Lange hat mich die Frage beschäftigt, ob es ... eine Eigenschaft gibt, die man als Fundament einer kulturellen Existenz ansehen könnte, ... der Begriff, der mir der Sache am nächsten zu kommen scheint, lautet: Solidarität. Solidarisches Verhalten impliziert ein Interesse, das über die eigene Existenz hinausgeht. Es hat mit Verantwortung zu tun, mit Anteilnahme, gleichermaßen mit Eigenliebe wie mit Selbstlosigkeit... Ein solidarisches Verhalten, das auf die Zukunft gerichtet ist, also ein optimistisches. Zugleich zeugt es von Selbstbewußtsein.« (Jurek Becker)[59]

Der Serenissima-Attraktor: Imagination und Aura

Welches Bild verbindet sich seit Jahrhunderten mit der legendären, »auf dem Unmöglichen gegründeten« Lagunenstadt Venedig (Sansovino)?

Seit dem 17. Jahrhundert standen sich in Europa, so die Hypothesen Tapiés (1957) und Polisenskýs (1971), zwei Kulturen gegenüber: das Europa des Barock mit Katholizismus, Höfen und Aristokratie auf der einen, und das Europa des Klassizismus und Protestanismus, der Republiken und Bourgeoisie auf der anderen Seite. Peter Burke greift diesen Vergleich in seiner historischen Anthropologie zur städtischen Kultur Italiens dieser Zeit auf und erweitert ihn: »könnten in diesem Kontext den Kontrast zwischen Prachtentfaltung als Statussymbol und Bescheidenheit als Symbol der Tugend hinzufügen«. Peter Burke relativiert diese Verallgemeinerung sogleich, betont indessen den Wert solcher Gegenüberstellungen, »um lokale Trends in eine europäische Perspektive stellen zu können«.[1]

Es soll hier nicht um Etikettierungen gehen, ist doch mit Venedig der Beweis zu erbringen, sich auf diesem Wege vom Wesen der Phänomene zu entfernen. Gesichert scheint nur, daß uns mit der Republik von San Marco ein säkularisierter Katholizismus als Variante eines ganz unkalvinistischen Protestantismus begegnet, eine patrizische Aristokratie im Gewande einer in mancher Hinsicht »modernen« Bourgeoisie, Höfisches gleichsam »venezianisiert« mit den Attributen der patrizischen Republik. Und ebenso »hermaphroditisch« begegnen wir Prachtentfaltung als bourgeoisen Statussymbolen neben republikanischen Tugenden.

Im Jahre 1662 wurde der Tuchhändler Polinaro erst nach einer förmlichen Erklärung ins Patriziat aufgenommen, in welcher bestätigt wurde, »daß der Antragsteller prunkvoll lebt, mit eleganten Kleidern und einer Gondel«,[2] oder Prachtentfaltung im Gewande republikanischer Tugenden »als Bescheidenheit«, wenn der Doge Leonardo Donà dalle Rose seine Kutsche zum Gebrauch für seine Landvilla auf der Terra Ferma aus zweiter Hand kaufte und sich trotz größter Hochachtung durch die Einschränkungen der Staatsbankette unpopulär machte.[3]

Als Afficionado – des sich Anvertrauenden – mit Assoziationen zur Imagination und Aura ergänzen wir aus einer weiteren Perspektive die vorangehenden Überlegungen zur Ökonomie der Wertschöpfung. Handelt es sich hier um eine umfassendere Ausdruckform und Eindrücke dessen, was wir bisher als Kaleidoskop in zahllosen Spiegelungen in politischen, wirtschaftlichen und kulturellen Brechungen und Facetten wahrgenommen haben?

Stellt Image-Inszenierung die Vorwegnahme einer bereits seit dem 17. Jahrhundert auf ökonomischen Notwendigkeiten beruhenden kulturellen Neuorientierung sozialer Systeme mit neuen, kommunikativen Mitteln dar, Mittel, die bereits ein ganzes Bündel aktueller Probleme des ausgehenden 20. Jahrhunderts erkennen lassen? Etwa die Potentiale der Koexistenz heterogener Kulturen und Subkulturen, die Überschwemmung mit dem »Fremden«, auch als Besucher via Tourismus, mit Medienangeboten und Informationsflut, mit Werbung und Stil-Environment oder »demonstrativem Konsum« (Veblen, 1899) mit einem grundlegenden Wandel des Kommunikations-Designs?

Bei wenigen europäischen Staaten der Neuzeit dürften Image, Imagination vor dem Hintergrund von Mythen – nicht nur im Sinne eines bestimmten Zustandes, sondern als Intensität und Dynamik, in welcher eine Gemeinschaft gezwungen war, sich mit ihrer Außen-Innen-Welt auseinanderzusetzen – einen so essentiellen Stellenwert einnehmen, wie im Falle der »Serenissima Repubblica«.

Dieses Image wurde im Verlaufe der langen Geschichte Venedigs immer wieder durch äußere Ereignisse zu Modifizierungen und Korrekturen gezwungen. Einen der schicksalhaften Wendepunkte markierte, nachdem Konstantinopel 1453 endgültig an das Osmanische Reich verlorengegangen war, die Aufgabe lebenswichtiger Schlüsselpositionen Venedigs in der Levante. Den »Vordergrund« zu dieser Katastrophe bildeten die Entdeckung der Neuen Welt, die erste Phase der Herausbildung europäischer Nationalstaaten, der Eintritt in das Zeitalter organisierter kolonialer Ausbeutung und kultureller Assimilation sowie die Verlagerung der Handelsströme und Märkte zum Atlantischen Ozean. Innerhalb dieser nun erweiterten Koordinaten hatte die Republik Venedig neue politische und wirtschaftliche Gestaltungsräume und Chancen auszuloten, und dies vor dem Hintergrund des zerbrechenden traditionellen Weltbildverständnisses und dem Paradigmenwechsel der Kopernikanischen Revolution mit dem bis heute gültigen Satz Francis Bacons, den er 1598 im *Novum Organum* formulierte: »Wissen ist Macht« (»Knowledge itself is power«).
Fraglos bildete Wissen gerade in Venedig den Kristallisationspunkt von »etwas«, das – im Hinblick auf die erwähnten äußeren Veränderungen – Vorstellungen auslöste, ein Bild projizierte, ein Image schuf: Dieses Image hat, soweit es seinen impliziten Kern anbetrifft, bis 1797, ja vielleicht bis heute, nichts von seiner Imagination verloren. Und doch ist über dessen essentiellen Charakter, über die Beziehungen des Betrachters zum Wesen des Betrachteten etwas ausgesagt mit einem Satz wie: »You will not find its match in all the World« – Seinesgleichen ist in der ganzen Welt nicht zu finden.[4]

Wenden wir uns also zunächst dem ursprünglichen Image der Lagunenstadt, deren Informationen, deren Wandlungsprozeß und der pragmatischen Seite ihrer Gestaltungs-Topoi während der letzten Jahrhunderte zu.
Eine Vorstellung über jenes urspüngliche »Bild« im noch gotisch-byzantinischen Stil an der Schwelle zur Renaissance vermitteln die Memoiren eines damals weltkundigen Diplomaten, des französischen Botschafters Philippe de Commynes, der anläßlich seiner Amtseinführung im Jahre 1491 in Begleitung venezianischer Patrizier über den »Grand Boulevard« durch die Metropole begleitet wurde.

Wie war ich voller Bewunderung, als ich diese herrliche Stadt selbst liegen sah, so viele Glockentürme und Klöster und so großes Bauwerk, alles im Wasser: Als ich sah, daß das Volk keine andere Möglichkeit des Gehens hat, als in diesen Gondelchen, ich glaube dreißigtausend an der Zahl. Rings um die Stadt erheben sich auf weniger als einer halben französischen Meile auf Inseln 70 Klöster ... reiche Gebäude und künstlich geschmückt mit wunderlichen Lustgärten, wo die vier Bettelorden, wohl 72 Pfarren und und manche Bruderschaften ihren Sitz haben. Ein fremder, fabelhafter Anblick, diese schönen, mächtigen Kirchen, die gleichsam aus dem Meer emportauchen. Nach Liza Fusina kamen mir 25 Nobile entgegen mit schönem Seidenzeug und Scharlach wohl und reich angetan und boten mir den Willkommensgruß und geleiteten mich zu einer Kirche, wo ich abermals viele andere Nobilitäten traf ... Mir wiesen sie den Platz mitten zwischen den beiden Gesandten von Mailand und Ferrara an, weil bei ihnen der Ehrenplatz in der Mitte ist, und nun fuhren wir die große Straße hin, die sie Canal Grande nennen. Sie ist so breit, daß Galeeren sie durchqueren. Dicht bei den Häusern habe ich Schiffe von vierhundert Tonnen und mehr gesehen. Ja, das ist meines Erachtens die schönste Straße auf der ganzen Welt, unübertrefflich fein angelegt, durchquert sie die ganze Stadt. Sehr groß und hoch sind die Häuser, von gutem Stein die alten und alle bemalt. Die anderen, die seit hundert Jahren gebaut sind, haben alle Fassaden aus Porphyr und Serpentin ... Das ist die triumphalste Stadt, die ich mein Lebtag je gesehen habe. Sie erweist Gesandten und Fremden höchste Ehren und regiert sich selbst mit größter Klugheit (Weisheit) ... Ich sage Euch allen Ernstes, daß ich sie als so klug und so geneigt, ihre Signorie zur Macht zu bringen, erkannt habe, daß, wenn da nicht gleich vorgebeugt wird, alle ihre Nachbarn ihre Saumseligkeit verwünschen werden ...[5]

Immerhin vermittelt dieser frühe Eindruck eines ausländischen Beobachters – mit dem ausdrücklichen Akzent auf der politischen Führung – ein Bild von Venedig, eine Struktur und Substanz, die, in sich gefestigt, doch noch nicht abgeschlossen, bereits einen Hinweis auf die Symmetrie städtebaulich-ästhetischer, sozioökonomischer und politisch-ethischer Gestaltqualitäten dieses Gemeinwesens erkennen läßt.

In den folgenden Jahrhunderten haben zahllose Kommentare, Eindrücke und spontane Äußerungen – von innen und von außen – den Kern jenes Images in Wort und Schrift umkreist. Der Versuch, das eigentümliche »exemplum« via Modell, Transplantation oder aber auch als Vorbild zu imitieren, hat zahllose Kopien hervorgebracht. Genuesische Kaufleute »fanden« im Osten die Gebeine des heiligen Johannes des Täufers. Sie eigneten sich die Reliquie an, um sie als Schutzpatron in den Dienst ihrer Heimatstadt zu stellen. Sowohl die Oberschicht von Florenz wie auch Genuas bewunderte das System der patrizischen Republik San Marcos. Doch der konkrete Versuch, dieses Staats-Ideal – mindestens Teile der Verfassung – in die Tat umzusetzen, hatte wenig Erfolg. Alle Anstrengungen Genuas, die politische Organisation zu kopieren, etwa dem Amt ihres Dogen jene (venezianische) Stabilität zu verleihen, scheiterten auf dem schwankenden Boden der an keine verbindlichen Spielregeln gebundenen Parteilichkeit.[6]

Was also hat das Image jenes »Originals« – der Civitas Venetiarum – ausgezeichnet, welche »informatio«[7] vermochte bei den einen so viel Haß und Neid, bei anderen so übermäßige Erwartungen auszulösen, daß die Stadtrepublik als die »Schule höchster Kenntnisse« galt, wo sich die Fürsten der Welt, ein jeder »à proportion de sa qualité«, unterrichten ließen, Lektionen unter der Schirmherrschaft des Senats zu nehmen wünschten, wo die mächtigen, ihre Herrenrolle gewohnte Hanseaten Norddeutschlands sich zwischen Venezianern als Lernende bewegen konnten, wohin Handwerker, Künstler und Wissensdurstige aus ganz Italien, Europa und dem Orient strömten, um »ihr Glück zu machen, es zu etwas zu bringen« (Paolo Sarpi)[8]. Und welches Bild verbindet sich in dieser auf den ersten Blick so herrschaftlichen Welt mit der Frau, soweit das »Glückmachen, es zu etwas zu bringen« die Partizipation der Frau und ihre Kulturleistungen, ihren Zivilisationsbeitrag als manifesten Ausdruck dieser Imagination einbezog?

Bereits 1633, 1642 und 1670 in Venedig erstellte Zensuslisten bieten aus den zwar unvollständig erhaltenen Akten bei etwa 60 000 in der Lagunenstadt lebenden Frauen einen Einblick in eine statistisch geradezu modern erscheinende Klassifizierung der Stadtbewohner. Dabei werden immerhin, weibliche Dienstboten und Nonnen ausgenommen, nicht weniger als 112 berufsspezifische Adjektive bzw. Tätigkeiten aufgeführt wie:

Hunderte in verschiedensten Handwerkssparten beschäftigte Frauen, im Dienstleistungssektor, im Klein- und Einzelhandel Tätige, in allen textilhandwerklichen Branchen, Schornsteinfegerinnen, Lastenträgerinnen, Bootsfrauen, zur See Fahrende, 13 Schulmeisterinnen, Hebammen, Zahnreißerin, Heilkundige, elf Barbiere, Musikantinnen, Schauspielerinnen, Gastwirtinnen, Prostituierte. Bestimmte Tätigkeiten erschienen den die Zensuslisten führenden Priestern nicht als mit »Frau« verbindbare Qualifikationen, wie etwa Hausarbeit, Haushaltsvorstände, »alleinstehende Frauen aus verschiedenen Ländern« und dergleichen mehr.[9]

Was hat das Image eines auf eine Fläche von 7,06 qkm Lagune und 120 000–180 000 Menschen begrenzten Gemeinwesens ausgemacht, dessen soziale und wirtschaftliche Organisation zwischen dem 13. und 18. Jahrhundert so im Zentrum des europäischen Interesses standen, bevor es noch irgendwelche modernen Medien gab? Tatsächlich beherbergte die Stadt bereits seit dem 14. Jahrhundert zahlreiche herausragende Herrscher, Kaufleute, Künstler und Geistliche der damaligen Zeit. Was bewog europäische Regenten wie Eduard III. (1327 – 1377), sich mit großzügigen Gegenangeboten um Hilfe an Venedig zu wenden; die Neapolitaner 1647 einen Gesandten zu Konsultationen zwecks Beratungen über venezianische Verfassungsstrukturen nach Venedig zu schikken; zahlreiche Sonderbotschafter oder Päpste, venezianische Dienste und seine Gesandten in heiklen Situationen in Anspruch zu nehmen; Joseph II. von Habsburg (1769, 1775), persönliche und politische Erkundungen über administrative Strukturen der Republik einzuholen und ähnliches mehr?[10]

Was bewog Ausländer aller sozialen Klassen, bevorzugt Deutsche, als Kaufleute im Fondaco dei Tedeschi oder im Hanseatischen Kontor als Privatleute erhebliche Mühen auf sich zu nehmen und nach Venedig zu gehen oder als

Studenten in Padua zu studieren (Willibald Pirckheimer u. a.)? Wie umgekehrt natürlich auch zahlreiche italienische Stadtstaaten, venezianische Patrizier, Künstler, Wissenschaftler, u. a. Fachleute einluden, administrative Sonderaufgaben und Dienste zu übernehmen.[11]

Gesichert ist, um noch einmal auf die als beispielhaft einzuschätzende Kolonie deutscher Kaufleute und Handwerker zurückzukommen, die sich seit dem 15. Jahrhundert in Venedig niedergelassen hatten, daß die San-Marco-Republik der erste merkantile Staat, ja eine auf fachübergreifender Zusammenarbeit beruhende Lernwerkstatt modernster, vornehmlich profitorientierter Kulturtechniken war. Es ist kein Zufall, daß ein Jakob Fugger am Rialto als junger Mann erste Erfahrungen in Sachen Ökonomie und Finanzen machte, daß ein Matthäus Schwarz, in Genua und Mailand erfolglos, erst am Rialto einen Lehrmeister für die »doppelte Buchführung« fand.

Versuchen wir noch einmal, die Voraussetzungen für die Herausbildung und Entwicklung eines solchen Images und die diesem Prozeß ihrerseits Dynamik verleihenden Faktoren, soweit sich diese tendenziell einkreisen lassen, zu umschreiben:

- Der Start dieses Sozialverbandes jenseits ideologischen Ballasts und standesbedingter Konventionen; den Gestaltungschancen des einzelnen für Experimente und Innovationen ein größtmögliches und selbstorganisierendes Maß an Spielräumen, Motivationen und Identifikationsangeboten im Dienste des Ganzen einzuräumen.
- Angesichts »grenzenloser« Offenheit und Pluralität die Fähigkeit zu entwikkeln, jeweils selbstverantwortlich Grenzen als Teil eines Ganzen zu definieren.
- Die dem einzelnen wie dem Kollektiv aus der Position der Schwäche und des Mangels erwachsende Notwendigkeit, der Ambivalenz der Evolution im Wechselspiel zwischen Variation und Selektion Rechnung zu tragen, der Symmetrie von Wettbewerb und gleichzeitiger Kooperation bei sich ständig wandelnden Interessenlagen gerecht zu werden.
- Bei der Gestaltbarkeit von Organisation und Kommunikation der Funktion sozialer Spielregeln wie der Optimierung informeller Kommunikations- und Beziehungsstrukturen Sorge zu tragen.

Kann die topographische Lage Venedigs das entscheidende Moment seiner einzigartigen Geschichte gewesen sein? Rivalisierende Lagunenbefestigungen wie Aquileia, Malamocco, Comacchio und andere Hafenstädte – im Unterschied zu Amalfi – hatten vergleichbare Ausgangs- und Entwicklungschancen. Doch nur jene am Rivoalto gelegene Metropole – Venedig – wußte dank evolutionsrelevanter Gestaltungsregeln, -maßstäbe und -grenzen, dieses Gemeinwesen als Kollektiv, in der Balance von Teil und Ganzem zu entfalten. Venedig war umgeben von einer Vielzahl von Stadtkommunen und Orten, von denen jede eine gescheiterte venezianische Möglichkeit darstellt.[12]

Versuchen wir nach dieser ersten Annäherung an das spezifische Image des frühen Venedig nun auf einer höheren Abstraktionsebene dessen Gestalt- und Beziehungs-Qualitäten zu umschreiben:

Dafür bieten in Weiterentwicklung der Zeichentheorie Gottlob Freges (1892) und Phillip Morris' (1932)[13] drei Kriterien einen Schlüssel:

1. Konzentration
2. Funktionalität
3. Aura (als kommunikativer Prozeß)

Wohl nur nach einem persönlichen Besuch im Arsenal läßt sich auch heute noch ermessen, welche bereits durch Dante mitgeteilte magische Wirkung von dieser physischen Bündelung kollektiven Geistes, Organisation, »Industrie«, Technik, Handwerk und gestalteter Materie ausgegangen sein muß. Vergleichbar vielleicht dem Besuch in einem Weltraum-Hangar, einer Raketen-Fabrikationsanlage Kaliforniens, vermittelt die zwischen dem 13. und 17. Jahrhundert größte Werft und Manufaktur Europas die Vorstellung der »vierten Dimension«, den Eindruck vollendeter technischer und moralischer Übereinstimmung; und natürlich die unmittelbar-sinnliche Berührung mit dem für die Lagunenstadt wichtigsten Rohstoff Holz neben Leim, Hanf, Farben, Teer, Metallen und seinem Endprodukt Schiff, das Schiff und die Segel als Symbol jenes damals den Weltraum eröffnenden Mediums.

Dann zeigten sie mir ihr Arsenal, wo sie ihre Galeeren halten und alles herstellen, was für ihre Kriegsflotte erforderlich ist, das schönste auf der Welt heutzutage und nach wie vor das zweckmäßigste... (Commynes, 1491)

Diesem »Bild« korrespondierte auf der anderen Seite der Eindruck des Gesamtensembles der Lagunenstadt als konzertante Summe wirtschaftlicher, organisatorischer und städtebaulich-architektonischer Phantasie und Kooperation: die Repräsentation eines »Gesamtkunstwerkes«, ein »Wunder an Komplexität«[14], die Organisation eines sensiblen »Chaos« und zugleich das Ambiente der Überschaubarkeit, der Grenzen und Gestalt. Der Organisation um administrative, wirtschaftlich-gewerbliche, gesellschaftliche und sakrale Zentren – Konzentration – entspricht spiegelbildlich die Gewährleistung, Aufrechterhaltung und Kanalisierung potentieller Varietät in Gestalt vielfältiger sozialer Aktivitäten. Der Anspruch, jeweils unter Wettbewerbsbedingungen bestimmte Leistungen zu erbringen, deren partielle und gesamtgesellschaftliche Effizienz zu Wohlstand, Prestige und Wertschöpfung führen, etablierte in allen italienischen Stadtstaaten patrizische Führungseliten. Doch allein das venezianische Patriziat fand Mittel und Wege, seine Interessen in einer republikanischen Verfassung – jenseits religiöser und ideologischer Dogmen – fortzuentwickeln und die Funktionsfähigkeit von Teil und Ganzem (Interessen) durch machtbeschränkende Spielregeln zu sichern, während die Mehrzahl der anderen italienischen Stadtrepubliken und Staaten sich in Rivalitäts- und Territorialkämpfen erschöpften.

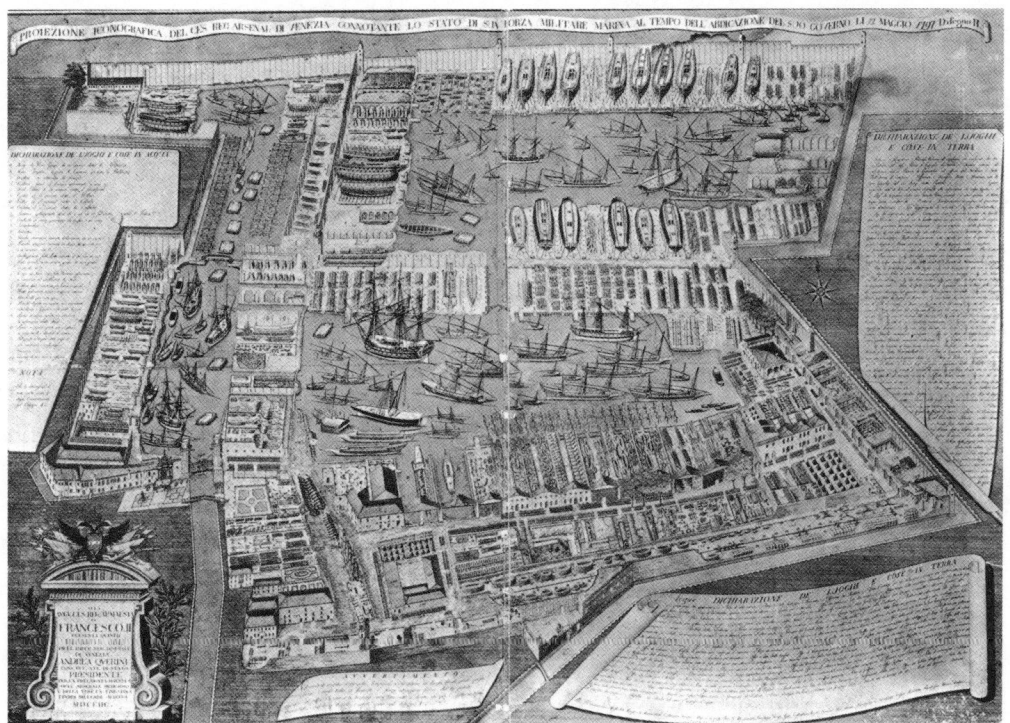

Ansicht des Arsenals aus der Vogelschau, Kupferstich um 1800.

Die Herausbildung eines Optimums an politischen, wirtschaftlichen und kulturellen Funktionsfähigkeiten – sie schlossen natürlicherweise das ganze Spektrum sensueller und ikonischer Wahrnehmungsantennen ein – erforderte für Venedig nach Maßgabe empirischer Methoden Jahrhunderte während Anpassungs- und Lernprozesse.

Deren Basis bildete die früh einsetzende Säkularisierung und Popularisierung des Bildungswesens. Früh gab es in der Metropole ein weitverzweigtes Erziehungssystem mit Schulen der öffentlichen Hand, halbstaatlichen Schulen, Privat- und Konfessionsschulen, gemischtkonfessionellen Schulen, und früh war mit der Fähigkeit des Schreibens und Lesens ein großes Informationsbedürfnis zu befriedigen. Venezianische Eliten entwickelten spontan ein ausgeprägtes Interesse für außereuropäische Bräuche und zivilisatorische Errungenschaften fremder Kulturen.

Während der überwiegende Teil Europas noch im mittelalterlich-christlichen Weltbild verharrte und die Kolonisation der Neuen Welt unter dieser Prämisse einleitete, wandte man sich in Venedig offiziell den beiden damals einzig zugänglichen Quellen zivilisierter Völker unserer Hemisphäre, den Arabern und den Griechen zu, um Elemente ihrer Zivilisations- und Kulturtechniken zu entlehnen und in der eigenen Praxis zu erproben. Das schloß im 11. Jahrhundert auch in Venedig nicht unbedingt einen Skandal aus, als die griechische Gemahlin eines Dogen und ihre byzantinische Begleitung ihre Speisen mit einer Gabel zu essen pflegten.[15]

Wenn Venedigs Wettbewerbsfähigkeit und Überlegenheit vor allem auf den außereuropäischen Märkten der Levante – zwischen Tana, Alexandria und Cadiz – eine so außerordentliche Effizienz hervorzubringen vermochte, dann beruhte sie maßgeblich auf diesen Säulen: eine der individuellen Neugierde überlassene Ausbildung und grenzüberschreitenden Kultureinflüssen. Für sie stehen stellvertretend für viele Unbekannte Matteo und Nicolo Polo und dessen Sohn Marco Polo.

Sie leiteten maßgeblich wissenschaftliche, technische und organisatorische Innovationen und die Popularisierung des Wissens in Venedig ein, etwa jene öffentlichen Vorlesungen, die rückkoppelnd dessen handelspolitische Effizienz und Wettbewerbsfähigkeit trotz vergleichsweise begrenzter personeller Potentiale um ein Vielfaches muliplizierten. Umgekehrt wird es erklärlich, wieviel »Anregungen und Nahrung in dieser Atmosphäre von Wissenschaften und Kunst die deutschen Kaufleute in einer Weltstadt dieser Art empfingen«, wenn sie längere Zeit im Fondaco dei Tedeschi lebten.[16]

Information bildete so seit dem 11. Jahrhundert eines der wertvollsten Produktionsmittel am Rialto – »outward expression« –, ein funktionelles, d. h. sinnvolles wie sinnliches »Stimulans« des ökonomischen-gesellschaftlichen Lebens der Handelsstadt San Marco.

Das Kriterium Funktionalität unter der Voraussetzung der oben genannten Aspekte steht und fällt also mit Information und deren Doppelnatur: als Gestaltungsmittel mit Gestaltungsgrenzen, die sowohl im ästhetisch gestalteten Verhalten und Lebensraum wie auch in den ethisch-moralischen Spielregeln des Gemeinwesens Ausdruck finden. Informationen als Bausteine handlungsleitender Kommunikation, wie sie in Venedig bereits mit der Sozialisation angeboten wurde, um Gestaltungspotentiale als »Spontan-Instrumentarium« des einzelnen zu mobilisieren, mit der Besonderheit: kapitalistischen bzw. säkularisierthumanen Leitbildvorstellungen als individualistischer, egozentrischer Orientierung – der Mensch als das Maß aller Dinge – zu entsprechen, doch gleichzeitig auch einem sozio-zentrischen Weltbild, das den Interessen der Gemeinschaft einen fast absoluten Wertmaßstab und Vorrang einräumte, verpflichtet zu sein.[17] Ein Leitbild, das in der Praxis, einer mehrwertigen »Logik der Anwendung« folgend, das »Sowohl-als-auch« mit dem »Weder-noch« verband und im Anspruch des »Kosmopolitischen« die höchste Form des Individualismus zu sehen meinte. (Jacob Burckhardt)[18] Wo Informationen fließen, ist potentielle Energie, wo aus dem Ozean des Informationschaos Gestalt wird, die über ihre Träger hinaus reicht, entfaltet sich schöpferische, soziale und virtuelle Energie, die Kultur formiert. Diese Botschaft hatte Venedig mitzuteilen, und es gab zu allen Zeiten Empfänger, die dieses Signal wahrnahmen. Das Kriterium der Funktionalität bildet eine über die Information als Selbsterhaltung hinausreichende Weise der Selbstdarstellung, des in Erscheinungtretens als Rendezvous von Unterschieden. Sie bezeichnen als Gestaltqualität das so vieldeutige wie mißbrauchte Phänomen der Aura.

Der bereits zu Zeiten Petrarcas und Aretinos unternommene Versuch, dem exorbitanten Charakter der »Hauptstadt Europas« und ihrer Aura Ausdruck zu verleihen, wird von jeder nachfolgenden Generation aufs neue wiederholt: Von Petrarcas »serenissima miraculosissima civitas« und »alter mundus«, Boccaccios »Venedig als jeder Häßlichkeit Empfängerin« (*Decamerone*) über Hippolyte Taines »Gebt mir einen Wald am Fluß oder Venedig« bis hin zu Nietzsches »Wenn ich ein anderes Wort für Musik suche, so finde ich immer das Wort Venedig« (*Ecce Homo*)[19] sind der Bilder und Assoziationen kein Ende.

Eine Annäherung an die Aura Venedigs und deren situativen wie übersummativen Charakter erscheint nur im Kontext wechselnder Innen- und Außenperspektiven angemessen.

Im Vergleich zu fast allen anderen Stadtstaaten Italiens hat Vendig sein Konzept der Grenzen konsequent, vor allem aber erfolgreich zu »definieren« vermocht. Wenn Grenze die Form der Existenz aller Dinge und Wesen in Raum und Zeit bezeichnet, dann hat dieser Sozialverband in der Tat durch die Art und Weise der Organisation und Gestaltung des Heraustretens, des sich von anderen Unterscheidens, seine Souveränität aufs eindrucksvollste zu formulieren und zu wahren gewußt.

Der für jedermann wahrnehmbare, physisch-sinnliche Eindruck der politisch-republikanischen Macht, der bürgerlichen Kultur, des Ingenius dieser Stadt als urban-weltoffenen Lebensraum, seiner solennen »façade«, seiner lasziven »morbidezza«[20], bedeutete eine magische Faszination für alle, die das Antlitz dieses Ortes je erblickt haben: Denn »...man hat ähnliches... überhaupt nicht gesehen, alles ist neu daran...« (H. Taine, 1864). Angesichts der fast das gesamte übrige Italien heimsuchenden Fremdherrschaft, der Jahrhunderte von dynastisch-religiös motivierten Kriegen, Rechtlosigkeit und fortgesetzter Zerstörungen mußte dieser Ort, der fähig war, seine Leitbildvorstellungen über ein Jahrtausend fast ungestört in die Tat umzusetzen, der Exzentrizität und Urbanität jenseits antiquierter Identitätserwartungen oder -zumutungen nicht nur tolerierte, sondern belohnte,[21] als eine Art »ou-topos« in den Vorstellungen der Außenstehenden erscheinen.

Manche dieser Eindrücke wurden von Fremden, gelegentlich von Venezianern, in Ermangelung tieferer Einsicht, »Wundern« ähnlich, weitererzählt. Und ähnlich, wie es die Zeitgenossen Marco Polos nach seinen Erzählungen aus Asien taten, mochte es sich auch mit der »Serenissima« verhalten: was mit den bekannten »Tatsachen« nicht in Übereinstimmung gebracht werden konnte, das wurde »berichtigt«, indem man es in jenes »gewohnte Wunderschema« zurückübersetzte.[22]

Nur eine solche aus kollektiver Leistung hervorgegangene »Mischung« und Affektkultur kann wohl dem nahe kommen, was als Aura das Image Venedigs, das kollektive Bewußtsein als identitätsbildendes Moment geschaffen und verstärkt hat: schöpferisch-ästhetische Formgebung, rational-ökonomisches Kalkül und Disziplin, konstitutionell verankerte Macht-Kontroll-Mechanismen, konfliktorientierte Kommunikationsstrukturen, kulturelle Pluralität, Ambivalenztoleranz, Distanzfähigkeit, diesseitig orientierte gesellschaftliche Moral- und Tugendvorstellungen sowie eine ausgeprägte spirituelle, in Mythen verankerte Vertrauensbasis und Geisteshaltung.

Wenn es wirklich in Venedig eine Art nationales Empfinden gegeben hat, dann bestand dies im Bewußtsein eines aus vielen Nationalitäten hervorgegangenen, spezifisch »transnationalen« Status des Stadtstaates.[23]

Es gehört offenbar zu den Eigentümlichkeiten eines differenzierten, aber positiv besetzten Images, daß dieses seinerseits Image zu verleihen vermag. Man mußte bereits in früheren Jahrhunderten in Venedig gewesen sein, »um es zu etwas zu bringen«. Diese Vorstellung erstreckte sich auf alle gesellschaftlich »interessanten« Aktionsbereiche, deren Image auch aus Wettbewerbsbeziehungen abgeleitet wurde. Die Frage war nur, welchen Interessen diese jeweils dienten.

Mit neuen Konkurrenten, neuen Märkten und neuen Produktionsmitteln wechselten seit dem 16. Jahrhundert die Wettbewerbsbedingungen, die ihrerseits ständig neue Spielräume und neue Gestaltungsmöglichkeiten eröffneten. Dieser sich zwischen 15. und 18. Jahrhundert stufenweise vollziehende Prozeß ist in den vorangehenden Kapiteln ausführlich dargelegt. Er hat natürlich auch das Image des San-Marco-Staates gewandelt und in neue Bahnen gelenkt.

Während im 17. und 18. Jahrhundert die ersten Weichen der vorindustriellen, bürgerlich-parlamentarischen Revolution in Europa gestellt wurden, und aus der Sicht der damaligen Zeit der handelspolitische Niedergang des »Ancien régime« San Marcos eingeleitet wurde, verstärkte sich gleichermaßen Venedigs Bedeutung und Einflußnahme als kulturelles Zentrum Europas.

Die Rialto-Republik blieb indessen objektiv einer der aktivsten Schiffsbauplätze und führenden Adriahäfen mit einem seiner Blütezeit vergleichbaren Handelsvolumen und, dank der Terra Ferma, stetigem Wirtschaftswachstum. Neben dem Handel bildeten nun industrielles Gewerbe nach dem Vorbild englischer Fabrikationstechniken, Textilverarbeitung, Gold- und Seidenbrokate, Glas, Spitzen, Dekorationsgegenstände und Bücher, deren Absatzmärkte nördlich der Alpen nach der gesamteuropäischen Krise des Dreißigjährigen Krieges schlagartig zurückfielen, dennoch weiter einen Aktivposten der Wirtschaft Venedigs. Sie wurden im 18. Jahrhundert, vor allem in der Terra Ferma, durch neue Textil-Produktionstechniken, Metallverarbeitung, Luxusgüter und agrarwirtschaftliche Produkte ergänzt.

Venedig wurde nun »Trendsetter«: in der Mode, als Reiseziel, in Sachen Luxus und Kultur. Ein venezianischer Kaufmann soll als erster türkische Hosen in Venedig getragen haben, bevor diese alsbald weit über die Lagunenmetropole hinaus in Mode kamen.[24]

Dieses Image verband sich mit San Marco zunächst als Dienstleistungsanbieter: als eine der ersten europäischen Metropolen des Fuß- und Postkutschen-Tourismus, des Gaststättengewerbes, des Kunst- und Kunstfälscherhandels, der Mode, Modemessen, Modejournale, moderner Werbung, vor allem aber des Theaters, der Oper und als *das* europäische Vergnügungszentrum mit dem Ritual des Carnevals und anderer venezianischer Feste.

Wie sich das »Bild« des letzten souveränen Stadtstaates als multikulturellem und vielseitigem Anbieter und Marktes infolge des »demonstrativen Konsums« seiner Oberschichten, aber auch durch die zunehmende Überflutung Fremder veränderte und sich damit sein einstiges, originäres Kommunikations-Design verwandelte, das soll nun abschließend in diesem letzten Kapitel zur Ökonomie der Wertschöpfung unter dem Aspekt des Prozesses der Image-Gestaltung zur Diskussion stehen.

Der Besucherstrom verwandelte Venedig in eine Stadt des Müßiggangs und des Vergnügens. Ein Ort in der Welt, wo die Vergnügungen am raffiniertesten sind. (Gilbert Burnet, 1686)[25]

So weist Venedig im 18. Jahrhundert trotz seiner morschen Fundamente und der fortschreitenden sozialen Zersetzung überall eine nicht verächtliche Energie des Lebens auf, keineswegs Stagnation und Erschöpfung der produktiven Kräfte wie sie in den großen Zentren des damaligen Italien, Florenz nicht ausgenommen, vielfach bemerklich ist. Daß diesem alten Gesellschaftskörper noch immer bedeutende expansive Kraft innewohnt ... fand Ausdruck auf jenem Gebiete, das stets der eigenste Ruhm venezianischen Kulturlebens gewesen ist, auf dem der bildenden Kunst. (Julius von Schlosser)[26]

Alles was mich umgibt ist würdig, ein großes, respektables Werk versammelter Menschenkraft, ein herrliches Monument, nicht eines Gebieters sondern eines Volkes. Und wenn auch ihre Lagunen sich nach und nach ausfüllen, böse Dünste über dem Sumpfe schweben, ihr Handel geschwächt, ihre Macht gesunken ist, so wird die ganze Anlage der Republik und ihr Wesen nicht einen Augenblick dem Beobachter weniger ehrwürdig sein. Könnte ich nur den Freunden einen Hauch dieser leichten Existenz hinüber senden, ... auch mir kommt das jenseits der Alpen nun düster vor ... (Goethe, Venedig 1786)[27]

Wenn wir in jener Zeit an Venedig als Reiseziel denken, das nur zu Fuß, mit Pferd oder Schiff zu erreichen war, dann handelt es sich überwiegend um Reisende gehobener Gesellschaftsschichten. Kaum ein Name der bekannten oder weniger bekannten europäischen Gestalten, sicher auch Abenteurer, die diesem Ort nicht die Ehre ihres Besuches erwiesen hätten. Nicht nur die steigende Zahl der im Gastgewerbe Beschäftigten ist ein Indiz dafür. Gab es im Jahre 1502 in Verona, an der meistbenutzten Straße nach Venedig nur fünf Gastwirtschaften, so waren es 1616 bereits 27. Zur selben Zeit arbeiteten 2818 Haushaltsvorstände – 10 Prozent der aktiven Bevölkerung Venedigs – im Gastgewerbe[28]. Sprunghaft stieg die Zahl der Reiseführer und Gondolieri, wurden bereits seit dem 15. Jahrhundert Führungen organisiert und gab es »Ciceroni«, die Fremden Sehenswürdigkeiten, Gemäldesammlungen zeigten, aber auch Übersetzerdienste, Geldwechsel, bestimmte Tavernen-Adressen und andere Dienste anboten.

Die fraglos größere Attraktion boten die über das ganze Jahr verteilten religiösen und patriotischen Feste, an erster Stelle des Dogen Vermählung mit dem Meere, und der sich für die Besucher und diejenigen, die daraus Geschäfte machten, als zu kurz erweisende Carneval: Man verlängerte die Carnevalsaison, so daß sich die »spettacoli«, einschließlich aller offiziellen Festlichkeiten, nun über einen Zeitraum von mehr als sechs Monate des Jahres erstreckten. Das ursprünglich zentrale Ritual des Carneval auf der Piazza vor Dogen und ausländischen Gesandten – eine Scherzjagd und Spottexekutionen mit zwölf Schweinen und einem Stier, welche die zwölf Kanoniker und den Patriarchen darstellten, denen die Köpfe abgeschlagen wurden, um dann das Fleisch vom Dogen verteilen zu lassen – hatte seinen originären Charakter zunehmend verloren.

Das Patriziat distanzierte sich immer mehr von bestimmten Carnevalsbräuchen und überließ sie dem Volke, während andere zeremonielle Veranstaltungen zwar weiter gepflegt wurden – die »Trionfi«, rituelle Kämpfe, die Stierhatz in den Straßen, Tänze, Bankette, Straßentheater, Pasquinaden, die Maskenspiele und Maskenspektakel auf San Marco –, aber bereits damals einer nicht mehr rückgängig zu machenden Kommerzialisierung ausgeliefert waren.[29]

Daß die während des Carnevals selbstverständliche Außerkraftsetzung der Luxusgesetze, die in Venedig eine gesellschaftliche Funktion erfüllende Maskierung und die vor allem durch den später berüchtigen Kardinal Roberto Bellarmin ausgelösten öffentlichen Kontroversen – Bellarmin hielt ausgerechnet zur Carnevalszeit (1567) in Venedig Predigten gegen Tanzvergnügen und andere Narrheiten – aber auch der Versuch des Rates der Zehn, Exzessen vorzubeugen, Venedigs »Marktwert« und Image um ein vielfaches interessanter machten, läßt sich unschwer denken.

Doch die Serenissima war auch sonst, was »amante dei divertimenti«, also Vergnügungssüchtige, anbetraf, origineller als andere europäische Weltmetropolen. So waren das Glücksspiel, eine im Jahre 1521 noch verbotene, 1734 schließlich zugelassene und verpachtete Vorläuferin des aus Genua übernommenen »Lotto« – eine Niete enthielt den Hinweis »paciencia« – sowie Spielsalons »ridotti«, ein für Reisende und Einheimische nur dem Theater vergleichbarer, höchst begehrter »Luxusartikel«.

Professionell organisierte und vom zuständigen Magistrat protegierte, bei allen öffentlichen Festen auftretende Berufsunterhalter, mehr als ein Dutzend Cafés allein auf der Piazza San Marco, die »Donna lascivissima« des Pietro Aretino, was bis zum 17. Jahrhundert noch eine, üblicher Prostitution nicht vergleichbare Nuance hochkultivierter »Cortigianata« umschrieb und ähnliches mehr, taten ein übriges, Venedig als Reiseziel jenen »Hautgout« des Morbide-Mondänen, den Ruf einer »verkehrten Welt« – so der Titel eines Goldoni-Stücks –, ja des »Lupanariums des Abendlandes« zu verleihen.

An oberster Stelle der Nachfrage rangierten indessen für Einheimische wie für die Mehrzahl der Fremden, neben der Carnevalsaison die Bühnen Venedigs, das

seinerseits selbst jene große, von Wasser-Spiegeln umstellte Welt-Bühne darstellte. Bereits im Jahre 1580 gab es hier trotz heftigen Widerstandes seitens
strenggläubiger Moralisten, jenem oben zitierten schottischen Protestanten
Gilbert Burnet vergleichbar, zwei in der Saison regelmäßig spielende Schau-
spielbühnen.

Im Jahre 1637 wurde das erste offizielle Opernhaus (1792 das Teatro Fenice) mit
einem, im Gegensatz zu den Hof-Theatern, selbstzahlenden Publikum eröffnet.
Mit siebzehn Sprech- und Musikbühnen Ende des 17. Jahrhunderts, mit pro
Saison (Autunno, Carnevale, Sensa) 385, im 18. Jahrhundert 1274 ausverkauften
und täglich mindestens vier gleichzeitigen Aufführungen, wurde Venedig die
erste europäische Weltstadt des Sprechtheaters und der Oper. Wie effizient das
Kultur-Management dieser Zeit entwickelt gewesen sein muß, mag der Umstand belegen, damals – ohne jegliche öffentlichen Subventionen u. a. moderne
Infrastrukturen, bei Kerzenlicht in Orchester- und Bühnenraum – ausschließlich
auf Einfallsreichtum, Engagement und Leistung angewiesen zu sein. Gleichwohl verfügte man bereits über eine hochentwickelte Bühnentechnik, wurden
venezianische Bühnentechniker nach Wien, Versailles oder London eingeladen.
Ein so hoher Leistungsstandard war allerdings auch in damaliger Zeit verständlicherweise abhängig von großen Namen. Vergleichbar heute dem Festspiel-
nimbus Salzburgs, spielte nicht nur die Anwesenheit damals berühmter Autoren
und Komponisten wie da Ponte, Goldini, Gozzi, Monteverdi, Vivaldi, Mar-
cello, Galuppi, Cavalli u. a., sondern vor allem die der Primadonnen, männlichen Bühnenstars mit Spitzengagen von pro Auftritt um 700 Golddukaten-
Zechinen und anderer Virtuosen eine alles entscheidende Rolle für Angebot,
Nachfrage und Interesse des zahlenden Publikums.

Unter solchen Umständen, und angesichts des mit der Commedia dell'arte
auch das ganze Spektrum volkstümlicher Bühnenkunst abdeckenden Angebots
für ein großes Publikum, ist der überragende mediale Rang der Bühne als der
gesellschaftlichen Institution, ja Staatsangelegenheit in Venedig nachvollziehbar. Neue Bühnenstücke und deren Inszenierung bedeuteten nicht selten
Staatsaffairen und gesellschaftliche ebenso wie künstlerische Konkurrenz-
kämpfe, aber auch Bestandteile venezianischen Bühnen-Alltags, wie dieser in
»opera buffa«, Stegreifbühnen, Pantomime oder Commedia – dell'arte-Texten
Ausdruck fand.

Unbezweifelbar bildete die Bühne, ebenso wie Spiele und Feste, auch in
Venedig als »panem et circenses« Ventile, subtile Instrumente politischer
Machtbalance. Ständig hatten die Mitglieder des Rates der Zehn die Sorge, die
Bühne könnte als Medium der Subversion das fragile Sozialgleichgewicht der
Republik gefährden. Noch im Jahre 1776 wurden die Aufführungen eines
Dramas »Coriolan« verboten, während der wiederholte Auftritt eines »Dogen«
mit Gefolge anläßlich des Carnevals kaum Aufsehen erregte[30]. Gleichzeitig
bildete doch das »Spiel« nicht nur den Katalysator profitabelster Unternehmen
und fiskalischer Einnahmequellen, es gewährte auch als Folie potentieller

Freiheit die jeweils individuelle Entfaltung schöpferisch-ästhetischer, nicht herrschaftsbezogener Gestaltungsspielräume und Teilnahme am Ganzen. (Schiller, 1795)[31]

Die Imagination der Lagunenstadt – »Alles zu Venedig schmeckt nach der großen Freiheit« (französischer Anonymus)[32] – mochte innerhalb und außerhalb unterschiedlich wahrgenommen werden. Zentrifugale Kräfte, die sich auflösende Einheit des Patriziats, strukturelle Not und Zwänge waren ebenso unübersehbar, wie – angesichts des äußeren politischen Drucks – Präventivmaßnahmen der als »Staats-Inquisition« agierenden Verfassungsschutzorgane des Rates der Zehn. Und bezeichnenderweise wurde der Auftritt politischer, religiöser oder moralischer »Spielregelbrecher« – vergleichbar jenem »Judas-Syndrom« (Pinchas Lapide) – von jeher schon dramatischer herausgehoben, als jene integrierend wirkenden Akteure hinter den weniger spektakulären »Kulissen« des gesellschaftlichen Wandels.

Das so diffuse wie facettenreiche Image der Serenissima formierte und wandelte sich seit dem ausgehenden Mittelalter von Dante und Petrarca bis zu den literarisch-ästhetisierenden Topoi und Mythen des 19. und 20. Jahrhunderts.
    Es entwickelte sich aus dem buchstäblich exorbitanten Raum und einem seiner sozialen Polyphonie erwachsenden Maß an individueller und kollektiver Gestaltungsdynamik »als Wille zum Staat«, es formte sich zum unerschütterlichen »Verharren mit der Bereitschaft zum Risiko, zum Verzicht auf das Festland«, die »das Paradoxon, und die Verderbnis« einschlossen, wie der Venezianer Massimo Cacciari Nietzsches »Bild« aus heutiger Sicht darlegt.[33] Dieses von Liebe und zugleich tieferer Kenntnis geprägte Bild Venedigs läßt sich im Hinblick etwa auf den Carneval und ähnliche Rituale nicht mit vordergründigen Bewertungen wie »In Venedig wird so gut wie alles zum Fest« stilisieren oder »Leute, die Feste feiern, denken nicht viel« (Heinrich Kretschmayr) erfassen[34], und nicht weniger unangemessen erscheinen jene Topoi des 18. Jahrhunderts (»Venezia città galante«) oder im 19. Jahrhundert die »Civitas metaphysica« – und Nekropolis-Stilisierungen eines Lord Byron bis zu der trivialisierten Dekadenz der Novelle *Tod in Venedig* Thomas Manns.[35]
    In diesem Zusammenhang führen James Howells »Venus and Venice are Great Queens in their degree, Venus ist Queen of Love, Venice of Policie« (1651) oder Apollinaires »Venise, sexe femelle d'Europe« und die von Hegel überlieferte Äußerung »dieses Weibliche, die ewige Ironie des Gemeinwesens« zurück zum Thema der Rolle der Frau in Venedig. Immerhin gibt es vage emanzipatorische Ansätze und Tendenzen weiter zu verfolgen, welche Rolle die Frau in dieser so bewunderten wie beargwöhnten Patrizier-Kommunität gespielt haben mochte. So wurde ihr bereits im 17. Jahrhundert in Padua das Promotionsrecht zugestanden, wie die in Vendig zu hohem Ruhm gelangte Elena Corner-Piscopia belegt, während in Köln im 19. Jahrhundert der als Genie bewunderten Anna Maria van Schurmann die Teilnahme an Vorlesungen nur in einem eigens für sie im Hörsaal installierten Käfig gestattet war.[36]

Die Konturen des Images Venedigs, wieviel Inkongruenz, Manipulation, Kommerzialisierung oder Ausdruck von Lebensqualität und kulturellem Fortschritt wir immer damit in Verbindung bringen mögen, zeichnen sich jedoch erst schärfer vor dem Hintergrund eines gesamteuropäischen Panoramas ab: Und in dieses mischen sich im 17. und 18. Jahrhundert unübersehbar die Elemente kulturell-innovativer Kräfte mit kommunikativen Formen der Gewaltsamkeit.

1618–1623 der Böhmisch-Pfälzische Krieg zwischen Katholiken und Protestanten
1618–1648 der erste europäische (Dreißigjährige) Krieg
1625–1629 der Dänisch-Niedersächsische Krieg
1630–1635 der schwedische Kriegseintritt zur Rettung des Protestantismus
1635–1648 der Schwedisch-Französische Krieg
1642–1649 der Englische Bürgerkrieg
1667–1668 der Französisch-Spanische Krieg
1672–1678 der Französisch-Holländische Krieg (mit Österreich, Spanien und deutschen Fürsten)
1688–1697 der Französisch-Pfälzische Krieg (mit Spanien, Holland, Schweden, England und den norddeutschen Staaten)
1658–1705 der Osmanisch-Europäische Krieg I
1683–1697 der Krieg vor den Toren Wiens (mit Polen, Rußland, Ungarn, Sachsen)
1701–1714 der Spanische Erbfolgekrieg unter Beteiligung fast ganz Europas
1714–1718 der Osmanisch-Europäische Krieg II
1700–1721 der Schwedisch-Russische Krieg
1733–1738 der Polnisch-Russische Erfolgekrieg (mit Österreich)
1740–1748 der Österreichisch-Bayerisch-Preußische Erbfolgekrieg
1740–1742 der 1. Schlesische Krieg, Preußen, Frankreich, Spanien, Sachsen, Bayern
1744–1745 der 2. Schlesische Krieg, Österreich, Preußen
1755–1756 der Englisch-Französische Kolonial-Krieg (Nordamerika)
1756–1763 der Preußisch-Österreichische Krieg, Englisch-Französische Kolonialkrieg
1768–1774 der 1. Russisch-Türkische Krieg
1787–1792 der 2. Russisch-Türkische Krieg
1776–1783 der Amerikanische Unabhängigkeitskrieg
1792–1814 der Beginn der Französisch-Europäischen Revolutionskriege

Zur selben Zeit – während des 17. und 18. Jahrhunderts – war Venedig seinerseits in folgende Kriege verwickelt:

1613–1617 Piratenkrieg mit den Uskoken in der Levante
1617–1618 Krieg mit dem Vizekönig von Neapel (Ossuna)
1645–1669 mit dem Osmanischen Reich in der Levante
1684–1699 mit dem Osmanischen Reich in der Levante
1714–1718 mit dem Osmanischen Reich in der Levante
1766   Piratenkrieg mit nordafrikanischen Berbern
1784–1786 Piratenkrieg mit nordafrikanischen Berbern

Die unter dem Stichwort »Ökonomie der Wertschöpfung« vorgestellten Überlegungen gewinnen also erst nach dieser »Bilanz« unter dem Gesichtspunkt kommunikativer-sozialer Beziehungen ein schärferes Profil:

Auch der Umgang mit Volksvermögen, Staatsbudgets, Staatsschulden und deren Hintergrund, die unsichtbaren Methoden der Beraubung durch Veruntreuung öffentlicher Gelder, Bestechung oder Korruption in den Größenordnungen eines Mazarin, Fouquet u. a. Staatsmänner[37], »welchen das Vermögen der Untertanen nicht mehr bedeutete, als ein in vielerlei Börsen verteilter Schatz der Fürsten« (Relation, 1561),[38] ist untrennbarer Bestandteil kommunikativer Verhaltensmuster und damit auch jeweils verschiedener Arten der »Image-Gestaltung«. Er offenbart als Differenz von politisch-moralischem Anspruch und politischer Praxis mehr als die isolierte Betrachtung aristokratischer Prachtentfaltung, Dekadenz oder manipulativer Strategien der Konflikteliminierung durch Spiele und Feste »voller animalischer Stimmung«.[39]

Tendenziell vertrat man auch in Venedig, wie Mandeville in seiner »Bienenfabel«, die Auffassung, daß »Luxus an sich nicht verwerflich, sondern volkswirtschaftlich geradezu erwünscht« sei, wie es 1858 ein New Yorker Stadtrat während einer Depressionsphase als Motto ausgegeben hatte.[40] So zeichneten sich seit dem 17. Jahrhundert auch in San Marco die Symptome politisch-gesellschaftlicher Asymmetrie ab: der Kontrast zwischen Schein und Sein, der Trend zu einem im 20. Jahrhundert gar nicht vorstellbaren Aufwand öffentlicher und privater Selbstinszenierungen und Feste als Ausdruck »demonstrativen Konsums« und »Impression Management« der Oberschichten.

Ungeachtet der niemals endenden Klagen jener, die sich als letzte Überlebende eines höherwertigen und kultivierteren Lebensstils betrachteten, ungeachtet auch der so unentbehrlichen wie unausweichlichen Existenz neureicher Emporkömmlinge und Parvenüs, die der Nivellierung moralischer, geistiger und ästhetischer Ansprüche stets Vorschub leisteten, war die gesellschaftliche Funktion des Luxus seit Aesop, Thukydides über Alberti, La Fontaine und Mandeville bis heute so umstritten wie ungeklärt. In kaum einer Zeit dürften indessen das Decorum und die Dramaturgie der »Fassade« – im wörtlichen und übertragenen Sinne – einen so überragenden Stellenwert eingenommen haben, wie im Italien des 17. und 18. Jahrhunderts.

Infolge der immer wieder erforderlichen »Auffrischung« des Großen Rates wurden zwischen 1645 und 1718 auf Empfehlung des »Collegio« erneut 137 Kaufmannsfamilien, Advokaten und Beamte Venedigs und der »Terra Ferma«, bei einer Gegenleistung von jeweils einhunderttausend Dukaten, nobilitiert. Der größere Teil dieser Familien gab daraufhin alle Gewerbe- und Handelsaktivitäten mit dem Argument auf, daß abgesehen von der Verringerung ihres Gesamtvermögens der gesellschaftliche Aufstieg in das Patriziat fortan aus Gründen ihrer Gleichrangigkeit gegenüber den alten Familien ein größeres Maß an Repräsentationsverpflichtungen erfordere. Die einzig standesgemäße Kapitalanlage sahen also auch sie in der Ausstattung mit Grundbesitz.[41]

Umgekehrt wuchsen Sorge und Mißtrauen der alten patrizischen Familien, ruiniert zu werden, ja mit den »Nobili nuovi« nicht mehr konkurrieren zu können.[42] Die gesellschaftliche Ordnung des Staates schien in akuter Gefahr.

Vor diesem Hintergrund wurde staatlicherseits der Versuch gemacht, den »demonstrativen Konsum« sogenannter Neureicher durch eine in den Jahrhunderten immer wieder modifizierte Luxusgesetzgebung einzudämmen. Die einem »double bind«–Effekt vergleichbare Situation ist evident:

Das Verbot weitgehend jeder Art ostentativer Bekundungen von Reichtum bei gleichzeitig unausgesprochener obligatorischer Repräsentationspflicht jener Mitglieder der Gesellschaft, die vom Patriziat akzeptiert und gleichermaßen mit Würden ausgestattet werden wollten. Und diese war nur präsentabel in Gestalt eines eigenen »Palazzo« einschließlich aller dazu erforderlichen »Attribute«. Daß diese Tendenz seit dem 16. Jahrhundert auch Widerstände auslöste, bezeugen zahlreiche öffentliche Meinungsäußerungen u. a. als Karikaturen, wie etwa jene am Rialto auf den Dogen Leonardo Loredan mit einer »Sprechblase«: »Mir ist alles schnuppe, solange ich fett werde, ich und mein Sohn Lorenzo.«[43]

In anderen italienischen Stadtstaaten erließen deren Signorien bereits im 17. Jahrhundert in Rom fünf, in Mailand elf, in Florenz 21 und in Venedig 80 Luxusgesetze. Diese Tatsache unterstreicht unübersehbar den venezianisch-republikanischen Anspruch bürgerlicher Gleichheit und Mäßigung im Interesse des Gemeinwesens.

Der Erlaß derartiger Luxusgesetze kann gleichwohl nicht darüber hinwegtäuschen, daß auch im Venedig des 17. und 18. Jahrhunderts zahlreiche Versuche unternommen wurden, alle Varianten der Image-Aufwertung und also der Konkurrenzfähigkeit – »sostentar la splendidezza della casa« – bis zur Schaustellung verschwenderischen Luxus auszunutzen. Das konnte sich in Palastbauten und deren Ausstattung, in Kirchenfassaden und gelegentlich durch Verschuldung erkaufter Landvillen, in den Tafelgewohnheiten, in den Garderoben, in den Livreen der Diener, in der Ausstattung der Gondel, der Karossen und anderer Statussymbole äußern. Andere, vornehmlich offizielle Manifestationen: Feste, Theateraufführungen, Zeremonien, Bankette für auswärtige Gäste, insbesondere der im 18. Jahrhundert übersteigerte Luxus der letzten Dogen, Prokuratoren-Wahlen und Staatsakte, boten hinreichend Anlaß, seitens in Perücken gehüllter Mediokritäten die Fragwürdigkeit eigener »Serenità« und Souveränität hinter Pomp, Glorifizierung und Pseudo-Fassaden zu verbergen. Es gehört wohl auch zum spezifischen Image Venedigs, dieser »konservativsten aller Republiken, die so fest in den schwankenden Lagunenboden auf den eisenharten Eichenstämmen gegründet war, in vielen Dingen entschiedener mit der neuen Zeit gegangen zu sein, als die großen und kleinen Monarchien des übrigen Italiens«.[44]

Doch die nun offenkundige »Auszehrung«, oder sollte es angemessener heißen, der schrittweise Rückzug des einstigen venezianischen Patriziats in den gesellschaftlichen Hintergrund, in die Nischen urbaner oder ländlicher Lebensbezirke, kam im Alltag kaum zur Geltung. Was sich jetzt noch als amtierende Signoria und »patrizische« Repräsentation im Großen Rat vorführte, war, von wenigen, allerdings bedeutenden Ausnahmen abgesehen, dieses Attributs nur noch selten würdig. Die Cittadinanzza und das Volk wollten sich, für Venedig bezeichnend, diese Situation nicht zunutze machen. Der Kampf um die neuen politischen Ideen wurde weniger vom Bürgertum gegen das amtierende Patriziat, als vielmehr von diesem unter sich selbst geführt. Viele Zeitgenossen glaubten in der Dekadenz, »in der Tendenz zur Versklavung« das selbstverschuldete Ende der Republik zu sehen, während Franz Grillparzer noch 1819 in seinem Tagebuch vermerkte: »Die Massen tragen den Charakter der Republik.«[45]

Längst hatte die Peripherie das Zentrum überflutet, doch der politische Mythos vom »perfekten« Staat blieb auch nach dem Gewaltakt des »Ersten Konsuls« im Jahre 1797 unbeschädigt. Die Tragödie der Zerstörung Venedigs hatte man immerhin mit Würde zu verhindern gewußt, dem »Schicksal der Auszehrung«, der »Macht der Mittelmäßigkeit« (J. Burckhardt) hatte man nichts entgegenzusetzen.

Waren die Imagination, der Goldene Schnitt jener Serenissima im goldenen Durchschnitt versunken? Diese Frage eröffnet abermals weite Räume. Das illustre Attribut Serenissima – soviel sei hier gesagt – steht vordergründig für die Selbstdarstellung der Patrizier-Republik, es steht für Hoheit, für Erlauchtheit dieses Gemeinwesens und seiner Repräsentanten. Das Attribut steht aber vor allem für eine Lebensform, für ein selbst in Italien singuläres Welt- und Menschenbild. »Serena«, »Serenità«, Serenissima umschreiben eine »Verfassung«, Befindlichkeiten wie Heiterkeit, Klarheit, Ausgewogenheit, und sie bedeuten in Venedig stets auch offene, beeinflußbare futuribles[46] im Gegensatz zu jener saturnischen Befindlichkeit der Verlassenheit, Angst und Verdüsterung, Attribute also, denen Maß, Proportion und Gelassenheit, geschweige denn Zukunftshorizonte kaum zugeordnet werden.

Daß mit dieser Fragestellung das Vollkommenheitsideal der Renaissance und Ordo-Vorstellungen, wie sie im *Cortegiano* Castigliones zum Ausdruck kommen, zu diskutieren sind, steht außer Frage. Interessanter erscheint indessen jener kommunikationsrelevante Aspekt der »Ökonomie der Affekte«, Distanzfähigkeit – sich vom Sog der Trivialitäten entfesseln –, die Frage der Macht in den Spielregeln – wie sie zur selben Zeit bereits Machiavelli im *Principe* andeutet. Unausweichlich erscheint damit deren Hintergrund angesprochen, die chimärische Disposition komplementärer Ingenien dieser Serenissima und ihrer archetypischen Existentiale.[47] Imagination und Aura verschmelzen im doppelsichtigen Begriff der Dämmerung, im Vexier-Bild der heiteren, lichten, klaren und dunklen, schattenhaft-ungeheuerlichen Bemessung aller Natur. Solarität, das Sendungsbewußtsein, der Ewigkeitsanspruch Venedigs erleuchten die Lagunen-Stadt als unaufgelöster Akkord... die »ewige Ironie des Gemeinwesens«. Die Ikone Venedig verkörpert das menschliche »Schicksal«: »Venedig ist in uns allen.«[48]

Damit aber eröffnet sich wieder jener Raum der Widersprüche und Gegensätze um Mythos und Logos, Kalkül und Sensualität, wie wir ihn im Kontext »Ambivalenz als Lebensform«, »hermaphroditischen« Bewußtseinszustand venezianischer »Verfassung« als Thema und Variation... weiter umkreisen.

Im Kontext Imagination und Aura bleibt als Bilanz und »bilancia« die Macht der Gestaltungskraft des Geistes, die Macht der Form und Ausdruck jener »raison communale« das Vermächtnis Venedigs.

Hier findet kein Verrat statt. Hier geht Gunst nicht vor Recht. Hier gebietet nicht die Frechheit, hier stiehlt man nicht, hier wird man nicht ermordet. Weil ich der Schrecken der Schuldigen, die Zuflucht der Guten gewesen bin, weihe ich mich euch, dem Vater eures Volkes, den Brüdern eurer Sklaven, den Söhnen der Wahrheit.

Seine Herrlichkeit hat es gewollt, daß Venedig auf ewig mit einer Welt wetteifre, die sich wundert, wie denn die Natur sein Entstehen an so unmöglichem Orte erlauben konnte. Und Rom möge schweigen, denn hier gibt es keine Seele, die die Freiheit knechten kann oder will. (Pietro Aretino, 1530)

Ein profunder Kenner der römisch-italienischen Geschichte wußte jener Imagination noch im 19. Jahrhunder Ausdruck zu verleihen:

Ganz Venedig ist ein Poem, das schönste, was ein Volk geschaffen hat, und dies war ein praktisches Volk [...] Nirgends sonst in Italien erkennt man so deutlich die wunderbare, schöpferische Phantasie und die Grazie, mit welcher diese Nation begabt ist. (Ferdinand Gregorovius, *Römische Tagebücher*, Venedig 1868)[49]

6

INSZENIERUNG UND DECORUM DER LEBENSRÄUME – »DESIGN ODER NICHTSEIN, DAS IST HIER DIE FRAGE«

Raumorientierung und die Modellierung des Chaos

Mit der Akzentverschiebung von der Gestaltung kommunaler und ökonomischer Fundamente und Spielräume in den vorangehenden Passagen zur Inszenierung und Dramaturgie alltäglicher Lebensräume verändert sich nun die Perspektive: Normativ-ethischen, politisch-machtbezogenen, ökonomisch-zweckorientierten Parametern stehen nun symbolisch-ästhetische, sensuell-ikonische Parameter und deren Strukturen, Rhythmen und Gestaltqualitäten gegenüber. Damit beziehen wir, über die alltäglich geläufige Standard-Zeit – »kronos« – hinaus, nun auch den für alle Orientierung notwendigen Raum–Zeit Horizont – »kairós« – in unsere Überlegungen ein.

1. Den größten Teil ihres irdischen Daseins verbringen Menschen hierzulande in Räumen. Wie aber verhält es sich mit unseren bewußten Beziehungen zum Raum? Bevor der Philosoph Immanuel Kant die abstrakten Denkräume der Erkenntnis betrat, befand sich unser Kopf im Raum, seit Kant befindet sich der Raum in unserem Kopf, so Schopenhauer. Jakob von Uexküll hat nachgewiesen, daß »normalerweise alle Menschen über ein dreidimensionales Koordinatensystem, das durch die Bogengänge des Innenohrs mit dem Gehirn verbunden ist, verfügen«.[1]

Die wohl erste bahnbrechende Grenzüberschreitung des Erkenntnis-Raumes führt in das Jahr 1336 zu Petrarca zurück: Petrarcas Ersteigung des Mont Ventoux in der Provence – so heißt es legendenhaft –, habe blitzartig den unbegrenzbar erscheinenden Vorstellungsraum eröffnet: »wie vor Schreck erstarrt« – habe er sich »aus dem Raum in die Zeit getragen« gefühlt. Damit war ein erstes, aber maßgebliches Fenster geöffnet. Im Zeitalter der Renaissance begann man in der Kunst und Wissenschaft den dreidimensionalen Raum zu erobern, in Venedig mit Galilei im Arsenal und auf dem Campanile, mit Akustik-Experimenten Monteverdis in San Marco und bald auch durch Bacon, Descartes und Newton. Knapp sechshundert Jahre später eröffnete Einstein mit der Zeit als vierter Dimension eine weitere, allerdings fließende Wirklichkeitsebene. Den vorläufig letzten vier- und mehrdimensionalen Erkenntnis-Raum erschlossen nach der Überwindung der Euklidischen Geometrie Ernst Mach, nach dem Einstein-Podolsky-Rosen-Experiment und nach der Entdeckung des Laser 1965 David Bohm mit dem Paradigma des »Holomovement«, jene Raum-

Zeit-Kontinuum-Vorstellung mit der Annahme einer multidimensionalen, in vielen verschiedenen Richtungen gleichzeitig sich bewegenden Zeit.[2]

Obwohl wir uns seit der Formulierung der Quantenmechanik und der Unbestimmtheitsrelation nicht mehr auf die strikte Unterscheidung der Positionen von Beobachter und Beobachtetem als Teilnehmer eines Gesamtprozesses zurückziehen können, bleiben wir doch auf die Orientierung in Raum und Zeit-Koordinaten angewiesen, deren Horizonte unser begriffliches Denken, unser jeweiliges – subjektives – Weltbild, und damit unsere Erkenntnisgrenzen bestimmen.

Noch ist uns der dreidimensionale Raum als jeweils visuell-empirische Erfahrung zugänglich, steht uns die mittels Hologramm künstlich herstellbare dreidimensionale Medienwirklichkeit als einer der nächsten evolutionären Sprünge unmittelbar bevor, ohne zu ahnen, welche Auswirkungen damit auf unsere Raum-Zeit und damit Wirklichkeitsvorstellungen verbunden sein werden.

Die Eigenschaften des in vertikal-horizontaler Achse und Tiefe als Abstand und Kontinuum statisch wahrnehmbaren Raums sind jedermann »gewohnt«. Was indessen als Zeit und Maß der Bewegung erscheint, erweist sich bei genauerem Hinschauen als eine nicht manifeste geschwinde Realitätsebene, die »Spiel-Raum« benötigt, um als Ereignis oder Beziehung Gestalt anzunehmen.[3]

Die Eigenschaften des Raumes sind also jedermann vertrauter als jene der unbegreifbaren, in unserer Kultur verräumlichten Qualität augenblicklicher Zeit, deren einziger Verbindung der Wahrnehmende gleich einer »Brücke« zwischen Vergangenheit und Zukunft ständig einen verdinglichten Ausdruck verleiht: in Zeitungen, Zeitschriften, Zeitgeschichte, Tagebüchern und anderen Manifestationen des Alltags, der Kunst und des Geistes. Während jedoch der Mensch das einzige Lebewesen ist, das dank seiner Erkenntnisfähigkeit jeden »Käfig« artspezifischer Raum-Zeit-Horizonte theoretisch und praktisch zu überschreiten vermag, erweisen sich gleichzeitig die Einseitigkeit seiner erblichen Anschauungsformen, das Dilemma seiner sinnlichen Ausstattung als Anpassungsmängel, über deren Niederschlag die Kultur-, Sozial- und Individualgeschichte, insbesondere der Neuzeit, beredtes Zeugnis ablegt.[4]

Bevor wir im letzten Teil dieser Exkursion, »Der Manager als Künstler«, auf den Zusammenhang von »Geschichte« als Modell einer differenzierteren Aneignung des Wechselspiels innerer-privater, und äußerer-gesellschaftlicher Natur als sozialproduktiver Gestaltungsfähigkeit zurückkommen, gilt unser Erkenntnisinteresse in diesem Abschnitt der Raumgestalt und -orientierung, der Inszenierung und dem Decorum der Lebensräume in der Zeit.

2. Um sich von den Orientierungsmöglichkeiten und Gestaltungs-Gesetzmäßigkeiten des Zeitraums eine Vorstellung zu machen, bedarf es eines Blickes auf die Funktionsabläufe des menschlichen Gehirns. Während der sogenannten linken Hemisphäre des Großhirns neben logisch-kausal-analytischen – über

Euklidische und fraktale Geometrie in der Architektur.

Sprache und Abstraktion vermittelbaren – Funktionen die Orientierung und Verarbeitung von Information über die Zeitachse obliegen, operiert die rechte Hemisphäre über die ganzheitlich-synthetisch-bildhafte Erfassung, die Gestaltwahrnehmung vor allem räumlicher Dimensionen unter fast völliger Vernachlässigung zeitlicher Koordinaten: Das rein kettenförmig-eindimensionale Sprachmedium der linken Hemisphäre wäre als solches gestalt- und formlos, es bedarf also der Ergänzung des vornehmlich visuellen, zwei- und dreidimensionalen Raummediums der rechten Hemisphäre, um Formstrukturen, Gestaltmuster spontan (holistisch) zu erfassen. Diese Fähigkeit, die die Gestalttheorie aus der Wahrnehmung topologischer Beziehungsstrukturen ableitet, ermöglicht überhaupt erst Erfahrungen qualitativer Beziehungs-Eigenschaften: wie Raumlage, unterschiedliche Form-Konfigurationen, Größen-Maßverhältnisse und Proportionen.

Nur das menschliche Gehirn vermag also im Gegensatz zum binär orientierten Computer, der nur von »unten her«, über quantitativ-metrische Kriterien vorgehen kann, spontan, von »oben her«, d. h. vom Ganzen zu den Teilen – Gestalterkenntnis – über topologische Eigenschaften, Transparenz, Profil, Plastizität, Vordergrund-Hintergrund, unter Vernachlässigung metrischer Eigenschaften, Raum-Zeit-Konfigurationen und damit komplexere Organisationsaufgaben zu lösen.[5] Daß menschliche Wahrnehmungen dabei aufgrund spezifischer Sehgesetzmäßigkeiten gleichwohl bestimmten (Horizontal-Vertikal)Täuschungen unterliegen, führt zu für den Gestaltungsraum Venedigs besonders aufschlußreichen Wahrnehmungs- und Erkenntnisproblemen, auf die wir noch zurückkommen werden.

3. Da die Vermittlung von Sichtweisen, Erkenntniszusammenhängen und Beziehungen zwischen Beobachter und Außenwelt unumgänglich des (Zeit-)Raums bedarf, das Spektrum denkbarer Raum-Positionen andererseits zwischen Erlebnisraum, Vorstellungsraum, Ausdrucksraum oder Raumschöpfung, Raumentfaltung, Raumkomposition, Raumgrenzen etc. einen infiniten Charakter besitzt, liegt es nahe sich auf jene Innen-Außen Räume Venedigs – (als Naturraum, Lebensraum, Funktionsraum und Handlungsraum) – zu beschränken, die via Kommunikation als Gestaltungsmöglichkeiten auch heute noch als Mitteilung eine handlungsleitende Bedeutung gewinnen.

Wie wir Zeit-Räumen, von einem evolutions- und erkenntnistheoretischen Denkansatz ausgehend aus dem Blickwinkel der Chrono-Biologie und Kultur-

Morphologie eine Struktur und Koordinaten zuordnen – vom Makrokosmos als sekundärem Zeitbegriff über den Mesokosmos als primärem Zeitbegriff bis zum Mikrokosmos als biologischem, neurophysiologischem und psychologischem Zeitbegriff[6] –, so spricht alles für eine ähnliche Betrachtungsweise im Hinblick auf die Erschließung der Raumzeit Betrachtung, ihrer Oberflächen und Tiefenstrukturen, ihrer Makro-Dimensionen sowie ihrer syntaktischen, semantischen und pragmatischen Ebenen.

Scala del Bovolo.

4. Um sich also der morphologischen Seite der Raum-Gestalt anzunähern, begeben wir uns zunächst auf die »unterste« Ebene der »Morpheme« als kleinster bedeutungstragenden Gestalt-Elemente, um dann im folgenden unsere Aufmerksamkeit am konkreten Beispiel zeit-invarianten und potentiell-chaosähnlichen Raummustern und deren kommunikativen Zusammenhängen, am Beispiel venezianischer Mosaikfußböden, »konzertanten« Mischungen von figürlich-ornamentalen Ordnungen und rhythmisiert-synkopischen Gestaltwirkungen am Beispiel von venezianischen Fassaden und Raumensembles zuzuwenden.

Vor fast genau 500 Jahren (1491) war dem französischen Gesandten Philippe de Commynes bereits die außergewöhnlich große Zahl von Glocken-Türmen in der Lagunen-Metropole aufgefallen. Obwohl Napoleon mehr als 80 Kirchen mit Türmen abreißen ließ, überraschen den Besucher Venedigs auch heute noch zahlreiche, orientierungbietende Türme.

Mit der Weiterentwicklung der höchst eigentümlichen Mischung byzantisch-gotischer Architektur – zwischen dem 14. und 15. Jahrhundert – zu einer nur in Venedig anzutreffenden Fassaden-Gestaltung bis in das 18. Jahrhundert, trat ein weiteres Gestaltungselement in den Vordergrund, das das Gesamtensemble dieser Stadt geprägt hat: die Säule. Die Säule, in Verbindung mit einer geradezu chromatischen Skala von Bogenformen (Säulenarkaden), dient uns nun als Ausgangspunkt der genaueren Betrachtung der Grundelemente und – in den folgenden Kapiteln – des Formenkanons, der Strukturmuster und schließlich der Organisationsprinzipien des spezifisch-venezianischen Kommunikations-Designs.

John Ruskin, Silhouette eines kleinen Gletschers.

Den Urban-Raum Venedigs beherrschen die Vertikale, die naturgemäß vorgegebene horizontale Lagunenfläche, alle Varianten von Kreis-Bogenformen sowie als Ausnahmen jener größtmögliche Richtungs-Kontrast von vertikaler und horizontaler Fläche, der rechte Winkel; dazu Varianten und Kombinationen als Diagonale, Dreieck, Rechteck, Quadrat, Kubus, Kegel, Rhombus, Zylinder und ähnliches.

Da eine im Wasser errichtete Stadt mit Ebbe- und Flut-Rhythmen kaum einem Schachbrett gleichen wird, »Wolken keine Kugeln, Berge keine Kegel, die Bahn eines Blitzes keine Gerade sind«[7], korrespondieren dem mit der Euklidischen Geometrie im dreidimensionalen Raum weitgehend identischen »Morphemtyp« ideal-regelmäßiger, linear-stabiler Gestaltelemente als Ausdruck einer geplanten Ordnung (griech. *taxis*) ein von der Natur hervorgebrachter, dynamischer Formenkanon als Ausdruck einer spontanen Ordnung (griech. *kosmos*), wie ihn die sogenannte fraktale Geometrie Benoît Mandelbrots umschreibt.

Der vor allem in Venedig auffälligen, simultanen Verknüpfung dieser beiden Ordnungs- bzw. Organisationssysteme und ihrer Gestaltmanifestationen korrespondiert nicht zufällig die bilaterale Organisation des menschlichen Gehirns: mit Präferenzen für eine abstrakt-kalkulierbare, rhythmisch-lineare, geradlinig-endliche Raumgestalt: Fassadensymmetrien, Säulenarkaden-Intervalle, Bögen, Gewölbekomponenten, Treppen, Balkone und Balustraden, Loggien und Porteggi einerseits, und für eine bildhafte-ikonische, unendlich-zeitlose Raumgestalt: Arabesken, Moresken, Friese, Kreuzblumen, Farnwedel, Ranken, Laubwerk oder Kurvaturen von Muschelgehäusen und Spiralen andererseits, wie sie im 18. Jahrhundert als Naturlinien Hogarth, oder als Silhouette eines Gletschers John Ruskin vorgeschwebt haben.

Mit der folgenden Betrachtung der Strukturmuster und Organisationsprinzipien jener Raummuster und Elemente »Morpheme« betreten wir nun das weite Feld der Tiefenstrukturen, ihrer semantischen Erschließung und pragmatischen Wirkungen. Denn erst strukturierte Formen, Symmetrien, Rhythmen, Intervalle und Sequenzen neben Proportionsgesetzmäßigkeiten bieten Information, Orientierung, und damit die Voraussetzungen ästhetischen Erlebens, sie bieten den kulturadäquaten Schlüssel für die Dekodierung von Gestaltungsräumen und Symbolmilieus.[8]

5. Überlegungen dieser Art zur Raumgestalt und -Gestaltung, speziell Architektur als »eine Sprache, die die Gesetze der Natur imitiert« – Architektur als »Ausdrucksraum einer inneren Schattenwelt« –, hatten im spätrevolutionären

Frankreich bereits eine lebendige Tradition.[9] So hat sich Jean-Jacques Lequeu als Architekt mit Gestalt und Gestaltung der Physiognomie des Menschen im Zusammenhang mit – der uns in den folgenden Kapiteln beschäftigenden Frage – der Ornamentstruktur in der Architektur auseinandergesetzt.

In einem handschriftlich überlieferten Manuskript »Nouvelle Méthode«, 1792, entwickelt Lequeu seine methodischen Grundlagen bezeichnenderweise aus der Geometrie. Ihn interessierte das Erfassen einer idealen Physiognomie, jenseits »der Verstrickungen in den Wirrwar der Leidenschaften«. Aus den Grundformen und Prinzipien der Geometrie: »aus der geraden Linie und der Kreisform« entwickelt er das Ganze. »Ich beginne mit dem für das Auge am wenigsten sichtbaren Objekt, dem Punkt... um sie (die Einzelteile) aus den weiteren Grundformen durch Verbindungen aller auf einer ovalen Fläche zu einer Ganzheit zu formen.«[10]

Noch weiter geht der Naturwissenschaftler Humbert de Superville in seinem »Essay über die veränderlichen Zeichen in der Kunst« 1827. Über die Reduzierung der Physiognomie auf die drei Grundformen: Horizontale-Vertikale-Diagonale sucht er kulturelle Analogien zwischen Physiognomie und Bauwerken, denn die Architektur spricht die gleiche Sprache wie die menschliche Physiognomie: »In gewisser Weise ist die Architektur eine versetzte Natur, das dominierende, charakteristische und unveränderliche Zeichen existiert, und mit ihm seine ganze Sprachkraft... die schlagendste Analogie, die bestehen kann, ist die zwischen der Physiognomie einer Nation und der ihrer Individuen...«

Superville veranschaulicht dies im Hinblick auf die chinesische Kultur, ihre Kleidung, Haartracht, Möbel, Schuhe, Ornamente, Waffen und Bauwerke. Während er hier »die Abwesenheit von Würde, Strenge, Stabilität, kurz alles, was ein griechisches Bauwerk auszeichnet«, zu erkennen meint, scheint ihm »die griechisch-toskanische Architektur öffentliche Freiheit, Heroenkult, fern aller Abgötterei, zu signalisieren. Die beständige Horizontale bildet das bestimmende

Skizzen aus Humbert de Supervilles »Essay über die veränderlichen Zeiten in der Kunst«, 1827.

Element, welches uns immer zu den Leidenschaften, der Größe der Seele und der Ruhe der Wahrheit zurückführt.«[11]

In dem uns im Folgenden weiter beschäftigenden Zusammenhang erscheinen vor allem Jacques Guillaume Legrands »Essai sur l'histoire générale de l'architecture« (1809) und Quatremère de Quincys »Dictionnaire Historique d'Architecture« (1832) erwähnenswert.

Beide Autoren äußern sich zu Grundfragen architektonischer Raumgestaltung und Architekturgeschichte. Quincy stellt Architektur auf die gleiche Ebene wie Sprache, deren Grammatik und Syntaxregeln er in Bezug setzt zur Architektur. Den spezifischen Charakter der Architektur kennzeichne die Imitation der Natur, deren Gesetzen sie folge und diese in ihre Sprache übersetze. Architektur als Sprache könne poetische Qualitäten entwickeln. Die Differenzierungen allgemeiner charakteristischer Formen der Weltarchitektur führten notwendigerweise zu Kriterien wie »caractère« und Stil. »Doch bevor ich die eine Architektur aus der anderen ableite, muß ich untersuchen, welches ist – beispielsweise bei chinesischer oder indischer – der Charakter, das System und die Art ihrer Säulen.« In einer theoretischen Einführung bestimmt Legrand Architektur erst dann als Kunst, wenn über das Bedürfnis des Wohnens hinaus das Bauwerk eine Idee und dieser Idee entsprechende Proportionen erhält.[12]

Stehen diese Ordnungssysteme durchaus im Schatten des Denkens Descartes' und Newtons, erscheint hier »Welt-Architektur« als spezifische, durch Literatur und Stilgeschichte vermittelte Gestaltungsqualität, so zeichnet sie gleichwohl die Weiterführung jener, seit der Renaissance geführten Diskussion um die Zusammenhänge zwischen Natur- und Kultur–Architektur-Raum sowie ihrer essentiellen Kriterien aus.

6. Der natürliche, ungestörte Bewegungsablauf im Raum-Rhythmus ist weitgehend abhängig von dessen Gestaltung. So wie alle Formen in der Natur, den Menschen eingeschlossen, aus der Bewegung hervorgegangen, als Linien der Energie, des Drucks oder der Bewegung, ... als Ausdruck einwirkender oder entgegenwirkender Kräfte... zu lesen sind,[13] so zeichnen alle gestalteten Raumkonfigurationen Informationen und damit Dynamik aus, handelt es sich um Signale potentieller Kommunikation, die affizieren, unabhängig von ihrer Position, also: links oder rechts, oben oder unten, Hinter-Vorder-Eingang oder Ausgang.

Obwohl wir der »Richtung« jener Raum-Informationen je nach kulturellem Hintergrund maßgebliche Bedeutung beimessen, sind deren Ausdrucksgehalte weitgehend willkürlicher Natur:
- rechts: vorwärts, voranschreiten; lesend oder schreibend: auf ein Ziel hin, in die Zukunft gerichtet
- links: in asiatischen Kulturen zum Ich, zum Ursprung
- nach oben: etwa als Diagonale von links nach rechts: dynamisch, positiv, transzendente Werte, Attribute des Erfolgs
- nach unten: das Niedere, Geringe, Fallende,

– rechte Winkel: konstruiert, kühl, kalkuliert, beherrscht
– horizontal: Balance, Gelassenheit, Ausgewogenheit, Ruhe[14]

Wie vordergründig-spekulativ Überlegungen dieser Art auch immer sein mögen, sie eröffnen gleichwohl Einblicke in die Psychodynamik jeweils an Mustern, Ordnungen, Archetypen und semantischen Codes orientierten Raum-Erlebnissen, sie zwingen zur Auseinandersetzung mit den Gesetzmäßigkeiten des gestalteten Raums und dessen Verhältnis zur pragmatischen Seite der Kommunikation.[15]

Das Experiment mit einem im dunklen, akustisch abgeschirmten Raum und in Federbetten »schwebenden« Menschen bestätigt die überlebenswichtige Funktion der im Raum möglichen und notwendigen (Selbst)Kommunikation als Positionsbestimmung und Orientierungssuche. Es bestätigt darüber hinaus, zu welchen Kurzschlüssen andererseits Isolation jeglicher Art im Vakuum führen kann.

Wie in der Tier- und Pflanzenwelt, spielt auch im sozial gestalteten Lebensraum ein mehr oder weniger auffälliges Signal-Design als kommunikatives Element der Orientierung eine überlebensrelevante Rolle.

In der Natur als raumgestaltender »Ausdruck« einer durch Mutation selektierten »Überlebensstrategie« erkennbar, aber auch als Nische oder Reservat, in welchem Tiere oder Pflanzen in Symbioseverhältnissen organisiert sind, die durch Tarnfarben unsichtbar werden oder durch kontrastreiche Farben auffallen, steht das Signal im menschlichen Sozialverband bevorzugt im Dienste einer funktionsbezogenen, sicherheitgewährenden Ordnung: als Ampel, Blinklicht, Warnleuchte oder Verkehrsschild. Wo das Signal jedoch im Dienste einer spontanen Ordnung vor allem ästhetisch-symbolische Funktionen erfüllt, wie in der Fassaden-Architektur Venedigs, begegnet man einer ebenso unverwechselbaren wie subtilen »Sprache«. Sie manifestiert sich in einer Vielzahl unscheinbarer, verborgener, oft nur unbewußt oder gar nicht wahrgenommener Muster wie: Emblemen, Reliefs, Wappen, Medaillons, Piktogrammen und manchmal auch Pflanzen, Tiergestalten, Fabelwesen, Schmuck- und Ornament-Miniaturen.

Eines der elementarsten Signale stellt indessen das Fenster dar. In seinem Doppelcharakter, einem äußeren Gegenüber und Geschehen zugewandt, und in ein inneres Zentrum führend, ist es nur dem Auge (engl.: »window« – Wandauge) als Sinnes- und Ausdrucksorgan vergleichbar, wie eine Hausfassade ohne Fenster. Selbst in Berichten erwähnte sagenhafte Wunderwesen des Fernen Ostens vermochte man sich im ausgehenden Mittelalter nur mit menschlichen Augen (Antlitz) vorzustellen.[16]

Das Fenster in seiner heutigen Ausprägung hat sich ursprünglich aus in der Hauswand befindlichen Schießscharten entwickelt. Im Gegensatz zu toskanischen, meist geschlossen-fensterlosen Gebäudefronten, tendierte die venezianische Architektur und Mode frühzeitig zur Öffnung und ornamentalen Aufwertung der Fassade, wie dies interessanterweise etwa zur gleichen Zeit unter Umgehung bestimmter Luxusgesetze, die nur hochgeschlossene Kleider zuließen, auch durch Erfindung der Spitze, als Eröffnung und Signal-Focussierung zum Dekolleté geschah.

Diese Einschätzung der Fassade als Angesicht, Vorderseite, Schauseite, Außenfront, erweist sich nach den vorangehenden Darlegungen keineswegs als zufällig, auch wenn in Ermangelung von Quellen und überprüfbaren Motiven derartige Schlußfolgerungen als spekulativ erscheinen mögen.

Die Bedeutung des »Signalsystems« Auge als einem der ältesten ornamentalen Topoi ist also sinnvoller Weise auch in den Zusammenhang des Gestalt- und Ausdruckwertes »façade« – Fenster – als kommunikatives Medium der Orientierung zu stellen.

Entscheiden sich mit der Konfrontation von Augen nicht nur unbewußt verhaltensrelevante Freund-Feind-Beziehungen, nachdem bereits der Kreis der

Pupille und das Oval symmetrischer Augen – der Mutter – eine der ersten prägenden Lust-Unlust-steuernden-Erlebniskoordinaten des Kindes präformiert hat, so hat die raumgestaltende Umrahmung und Kosmetik des Auges seit jeher im Dienste stammesgeschichtlicher wie sozialer Beziehungen gestanden.[17]

Erst über die Wahrnehmung derartiger präformierter Erfahrungs- und Bedeutungsmuster als semantischer Codes und archetypischer Symbolwelten haben sich aus den »Bibliotheken« des kollektiven Bewußtseins mit jeweils verschieden besetzten Affektmischungen auch in Venedig Gestaltungstechniken, Gestaltungsreichtum, ästhetische Positionen und Stile herausgebildet.

Obwohl es im Wandel der Jahrhunderte unterschiedliche ästhetische Präferenzen gegeben hat, kann davon ausgegangen werden, daß hier die Vielgestaltigkeit der Fassaden-Physiognomie, insbesondere des Signal-Systems »Fenster«, das immer auch funktionelle, gesellschaftliche, ästhetische und kommunikative Zwecke zu erfüllen hatte, jenem Optimum an Reiz-Signalbedürfnis entsprach, welches zwischen rhythmischer Wiederholung gleicher, aber nicht identischer Teile, genügend Spannungsgefälle und Orientierung anzubieten vermochte.

Es war kein Geringerer als John Ruskin, der im ersten Band seiner *Stones of Venice* (1853) versuchte, buchstäblich dem lebendigen Ausdruck der einzelnen Bausteine auf der Spur – »touch by touch« –, System, Profil und Physiognomie des Ganzen zu erschließen. »Kein Detail ist zu gering, um substantielle Auskunft über höchste und allgemeine Sachverhalte zu geben ... wer sich nicht für die Kleinigkeiten interessiert, wird ein falsches Interesse für große Dinge hegen.« Auf der Spur der Theorie Ruskins vom »Anteil des Betrachters« wollen wir uns nun der Raumgestaltung als Medium der Kommunikation bzw. Erkenntnis nähern.

Raumgestalt und Kommunikation:
der sprechende Raum

Zu den vielschichtigsten Begriffen der altägyptischen Sprache gehörte das
Phänomen der Zeit. Jede über die natürliche Lebensspanne eines Menschen
hinausreichende Zeit bildete bereits den Eintritt in die unendliche Ewigkeit. Es
lohnte sich daher nicht, angesichts der Kürze irdischen Lebens, im alten Ägypten
steinerne Wohnhäuser zu errichten – so überliefert es Hekeitos von Abdera
(350–290).

So waren Behausungen bloße Herbergen, Absteigequartiere, die aus Lehm,
Bastmatten und Holz gefertigt wurden. Demgegenüber verwandten die Ägyp-
ter größte Anstrengungen auf die in die Ewigkeit hinein errichteten »ewigen
Wohnungen«, jene monumentalen Pyramiden, in welchen sich das zu Stein
gewordene Raum-Zeit-Bewußtsein dieser Kultur widerspiegelte: »Das sind
Bauten, die sogar die Zeit fürchtet, und es fürchtet doch alles in der sichtbaren
Welt die Zeit.« (Umara al Jamani, 1175 n. C.)[1]

Bis mit der Erfindung Gutenbergs der »kristallisierte« Gedanke im 15. Jahrhundert die Baukunst entthronte, bildete »der beständige Stein (der Architektur)
die Bibliothek der menschlichen Weisheit«. (Victor Hugo, 1844)[2]

Ganz im Gegensatz zur Vorstellung der altägyptischen Kultur war Venedig
maßgeblich und in Europa seit dem 13. Jahrhundert bahnbrechend mitbeteiligt,
einer neuen Dimension der Raum-Gestaltung in der Architektur und Zeit-
Gestaltung in der Literatur zum Durchbruch zu verhelfen. Wiederum entgegen
europäischer Sitte, vor allem die fragwürdigen Segnungen technischer Kenntnisse und seelischen Wohlergehens anderen Kulturen weitergeben zu wollen

(Wittkower)[3], verstand es Venedig besser als andere Stadtstaaten, fremde Kulturtechniken und Kunstwerke in seinen Lebensräumen zu assimilieren. Früh entwickelte es mit seiner Praxis der Raum-Gestaltung ein erstaunliches Maß an kollektiver »Intelligenz und Entschlossenheit in der Überwindung natürlicher Hindernisse« (Ruskin)[4], ja es demonstrierte damit zugleich ein wesentliches Element seines Selbst-Bildes und Selbstverständnisses: Leichtigkeit und Elastizität. In der Lagune verfügte man weder über stabiles Erdreich noch einen natürlichen Steinuntergrund. Schwemmland aus Lehm und Sand der nahen Flußmündungen war ein wenig geeigneter Boden, um eine Stadt darauf zu bauen. Die Sicherheit vor den vandalisierenden Heeren auf der italienischen Halbinsel mußte also teuer bezahlt werden.

Auf spiralförmig bis zu 5 m tief in den Morast eingeschlagenen, millionenfachen Eichen-, Lärchen-, Walnuß-, Mahagoni- oder Erlenstämmen von 20–25 cm Durchmesser und 2 m Länge verankerte man Roste, meist aus massiven Eichenbohlen. Mittels Ölsand und Teer zu einer festen Fläche verbunden, bildeten sie die erste Fundamentschicht, die je nach Raumtypen und Gewicht die Grundmauern aus Istria-Stein einschließlich Mörtel aus Sand und Kalk zu tragen hatte.[5]

Über Jahrhunderte wurden diese Fundamentkonstruktionen erprobt und aufgrund empirischer Daten weiterentwickelt und verfeinert. Jahrhunderte bot diese Urbanstruktur auf 117 Inseln aus mehr als 700 Palästen, 100 Campi, 400 Brücken, 120 Kirchen sowie zahlreichen Klöstern, Bruderschaften und von anderen Institutionen errichteten Gebäuden, inmitten eines von etwa 150 Kanälen duchzogenen Wasserlabyrinths Sicherheit, ehe die im 20. Jahrhundert durch Industriebauten in Mestre und Marghera und deren Abwässer, durch zunehmende Luftverschmutzung und Motorbootverkehr ausgelösten Schäden, alarmierende Ausmaße annahmen.[6] Der Überwachung und Pflege des Wassers für Brunnen und Kanalsysteme für die Metropole wurde also verständlicherweise seit je größte Aufmerksamkeit zuteil. Seit 1553 wurden diese Aufgaben dem Verantwortungsbereich eines eigenen »Magistrato alle Acque« anvertraut, seit 1554 hatte eine Stadt-Gestaltungsbehörde verbindliche städtebauliche Richtlinien zu gewährleisten; so existierten also von Anfang an alle Bewohner einbeziehende Spielregeln und die Urbansubstanz betreffende Rechte und Pflichten. Sie sorgen u. a. dafür, jeglicher in anderen vergleichbaren Stadt-Republiken oder Staaten beobachtbaren Herrschaftsdarstellung in Gestalt von Prunkbauten oder anderer Formen exklusiver Positionierung vorzubeugen.[7]

1. Ist nun die Urban-Raum-Gestaltung der Lagunen-Stadt das Ergebnis eines dem ökologischen Umfeld und der räumlichen Enge Rechnung tragenden, Jahrhunderte natürlich gewachsenen, spontanen Prozesses?

Über diese sicher diskutable, selbst im Jahre 1988 in Venedig noch gesprächsweise umstrittene Frage lassen sich in Ermangelung heute noch hinreichend überprüfbarer Daten, Motive und Interessen nur spekulative Überlegungen anstellen. Die Einbeziehung aller, vor allem Macht, Autorität, Image, Statussymbolik reflektierenden, historisch-kunsthistorischen Quellen und der Anschauung zugänglichen Modelle führt notwendigerweise zu einer vielschichtigen Betrachtungsweise.

Die Baugestalt erfolgreicher Städte ist, so wie sie uns vor Augen steht, weder geplant worden, noch auch gewachsen [...] Wie diese Werke zu irgendeinem Zeitpunkt projektiert worden sind, wurden sie nie gebaut, und wie sie gebaut worden sind, waren sie nie geplant gewesen. Oft haben Jahrzehnte, zuweilen Jahrhunderte an ihrer Anreicherung gearbeitet, und immer hat eine Veränderung des politischen Ordnungsdenkens den Wandel auch der Bauprogramme bedingt.[8]

Diese Überlegungen Wolfgang Braunfels' lassen sich, abgesehen von dem ungewöhnlichen Umstand, daß es bis ins 18. Jahrhundert, wie zahlreiche Quellen belegen, in Venedig keine grundsätzlichen Veränderungen des politischen Ordnungsdenkens gab, generell im Sinne von sowohl geplant, wie auch spontan gewachsen, durchaus auf die Lagunenstadt übertragen.

Tatsächlich war »in den erfolgreichen Zentren eine Planung am Werke, von der Entwicklungszwänge schöpferisch bewältigt worden sind...«[9]. Wir begegnen hier also weder jener Planungslosigkeit, wie sie mit den anarchisch erscheinenden Budenansammlungen nordamerikanischer Goldgräberstädte bekannt ist, noch der Rigidität jener, in ihrem Schematismus erschreckenden – allerdings katastrophenbedingten – »Schachbrettsysteme« süditalienisch-sizilianischer Stadtneugründungen nach den verheerenden Erdbeben zwischen dem 17. und 18. Jahrhundert.[10]

In Venedig existiert bis heute nur eine einzige 175 m lange und 82 m breite »geschlossen«-lineare, scheinbar idealtypische Campo-Anlage: das Staats-Forum der Piazza San Marco und deren rechtwinklige Verlängerung in der – knapp die Hälfte ausmachenden – Piazzetta.

   Gleichwohl wären auch auf dem Lagunen-Archipel, ähnlich der etwa viermal größeren Arsenal-Fläche, an einem zentralistischen Ordnungssystem orientierte, lineare und rechtwinklige Straßen und Raumflächen wie jene der »Strada Nuova« oder der »Via Balbi«, einem im Norden Genuas gelegenen Aristokraten-Viertel, neben der Altstadt mit Kutschenverkehr realisierbar gewesen. Bezeichnenderweise war auch das wegen mangelnden Baugrunds labyrinthisch gewachsene Genua fast nur zu Fuß oder mit einer Sänfte durchschreitbar.

Die Innen- und Außenraum-Gestaltung Venedigs demonstriert auf eindrucksvolle Weise das von der Evolution vorgeführte Ökonomie-Prinzip und deren Selektionskriterien: mit einem Minimum an Material ein Maximum an Stabilität, ein Optimum an Funktions- und Orientierungsfähigkeit und ästhetischer Ausgewogenheit hervorgebracht zu haben.

   In der antiken Philosophie im Tempel zu Delphi als »Nichts im Übermaß«, in der Architektur und Ästhetik des beginnenden 20. Jahrhunderts als »Weniger ist mehr« (Buckminster Fuller, Mies van der Rohe, Frei Otto u. a.), in den modernen Naturwissenschaften als »dissipative Strukturen« bezeichnet, womit

Ilja Prigogine ein fundamentales Ordnungsprinzip der Gestaltbildung in der belebten Natur umschreibt, hat auch Venedig in der Frage der Organisation seiner Raumgestaltung, diesem Prinzip folgend, dem Kompaß der Empire den Vorzug gegeben. So ist man tendenziell von der Erfahrung ausgegangen, Lebensräume prinzipiell als eine vom Idealzustand entfernte Nichtgleichge-wichts-Welt zu betrachten, im Bereich der politischen Organisation vergleich-bar jenem Grundsatz des »institutionalisierten Mißtrauens« gegenüber jeglicher Macht.

Nach dem gegenwärtigen wissenschaftlichen Erkenntnisstand ist das Phänomen der Gestaltbildung in der gesamten belebten Welt nur aus dem Zusammenspiel eines konservativ-statischen und dissipativ-dynamischen Prinzips zu erklären. Auf der einen Seite »gehen Gestalt und Struktur aus einer Überlagerung von anziehenden und abstoßenden, konservativen Kräften hervor, wobei die in permanenter Wechselwirkung stehenden Untereinheiten des Gesamtsystems stabile räumliche Lagen einnehmen«. Dieselben Kraftwirkungen eliminieren den Zufall und schaffen so beständige Formen und Muster, deren Strukturen ohne Dissipation von Energie aufrechterhalten werden.[11]

Demgegenüber sind dissipative Strukturen als dynamische Ordnungszu-stände zu betrachten, die ihre Identität nur dadurch behalten können, daß sie ständig für Einflüsse ihrer Umgebung offen sind. Als Raum-Gestaltmuster resultieren sie aus der Überlagerung von Materietransport, synchronisierter, periodischer Umwandlung und Energiedissipation. Sie steuern die Abberufung der in konservativen Strukturen gespeicherten Informationen. Die Transponier-barkeit räumlicher und zeitlicher Muster auf die abstrakte Ebene eines Informa-tionsprogramms manifestiert sich in der materiellen Selbstorganisation aller Lebewesen, einschließlich der in unserem Kontext angesprochenen Komposi-tion und Gestaltung kultureller Lebensräume. Interessanterweise findet nun hier, wie erst heute erkennbar, auch der in den experimentalpsychologischen Forschungen Wolfgang Köhlers entdeckte »Gestaltbegriff« eine materielle Ent-sprechung: nämlich die Gestalthaftigkeit von Wahrnehmungs- und Denkstruk-turen, ja sogar schöpferischer Intelligenz in der Integration konservativer Prozesse in Wechselwirkungen mit dissipativen Strukturen. (Eigen)[12]

Während Ungleichgewicht, Nichtlinearität und Irregularität im Zusammen-wirken mit Rückkoppelungsprozessen und der Tendenz zu spontaner Selbstor-ganisation den in der Natur vorherrschenden und beobachtbaren Regelzustand ausmachen, Prozesse der Wahrnehmung, Phantasie und des Denkens einbezo-gen, bringt andererseits jenes »deterministische Chaos« immer wieder spontan Inseln der Ordnung, stabile, konservative Ordnungsmuster hervor, auf welche idealtypische, lineare Gesetze angewendet, ja mit Lineal meßbar gemacht werden können.[13]

Daß sich jedoch »hinter« einer solchen nichtlinear-dynamischen Erschei-nungswelt ein Optimum an ästhetischer Ausgewogenheit und Reichtum der Formen verbergen kann, das Wechselspiel stabiler und instabiler Kräfte, expli-ziter und impliziter Informationen, mit, wie Mandelbrot und Feigenbaum nachweisen, irrationalen Zahlenwerten, das wird am Beispiel der »Sprache« der Fassaden San Marcos darzulegen sein.

2. Der Weg von der Peripherie in das Zentrum von San Marco soll beispielhaft dazu dienen, den Dialog eines imaginären Beobachters in der Konfrontation mit Raum-Gestalt als Prozeß der (Selbst)Kommunikation und Orientierungssuche vorzuführen: für den wahrnehmungsgewogenen Beobachter ein höchst aufschlußreiches Experiment. Läßt sich so der Beweis der Theorie Prigognes erbringen: »Ungleichgewicht sei die Quelle der Ordnung«, der Versuch also, »Chaos« in Ordnung zu transformieren, die Koordination der Euklidischen Geometrie mit jenen der Fraktalen Geometrie aufeinander abzustimmen, die eigene »Navigation« auf Kalkül und Spontaneität einzustellen, den Verlust der Orientierung kunstvoll auszugleichen?

Die sinnliche Erfahrung des Venedig-Labyrinths bildet die immer wieder neue, unbestechliche Konfrontation mit jener Differenz von eigener »Weltbild-Konstruktion« und sogenannter Wirklichkeit, von Schein und Wesen, von Erwartung und Gewahrtem. Gewißheiten vertrauter Urban-Räume erweisen sich plötzlich als verblaßt, überschaubare Distanzen, orientierungsleitende Sicht-Intervalle, Fluchtpunkte oder abschätzbare Horizonte werden enttäuscht.

Das völlige Außerkraftsetzen erwarteter Orthogonalität, das Vakuum euklidischer Leitlinien und rechter Winkel, die Erfahrung ständiger (Unter)Brechungen – Sackgassen (Rami), Durchgänge (Sottoporteggi) – das fortwährende Treppauf-Treppab trotz gleichbleibender Oberflächenhöhe als Element der dritten Dimension, kurz die Diskontinuität des Raumes beschleunigen den Orientierungsverlust. Bewährte Navigationsinstrumente, der offizielle Stadtplan, dieser »Kompaß« an Verläßlichkeit, erweisen sich als überholt. Nicht der Mangel an Information, Reizüberflutung und Komplexität, Reflexe und Spiegelungen sind es und die Ohnmacht vertrauter Gewißheiten, die einen erschöpfenden Schwebezustand, den »freien Fall«, einleiten oder zur Frustrations-Toleranz herausfordern.

Vor etwa 200 Jahren beschreibt ein namhafter Beobachter diese Erfahrungen:

Gegen Abend verlief ich mich wieder ohne Führer in die entferntesten Quartiere der Stadt [...] Ich suchte mich in und aus dem Labyrinthe zu finden, ohne irgend jemand zu fragen, mich nur nach der Himmelsgegend richtend. Man entwirrt sich wohl endlich [...] und meine Manier, sich recht sinnlich davon zu überzeugen (scheint) die beste [...] Du lieber Gott! was ist doch der Mensch für ein armes gutes Tier. (Goethe, Venedig, 1786)

Im südlichen Teil der Halbinsel Italiens hatte er alsbald ein ähnliches Erlebnis: »Der Nordländer [...] das gewöhnlich Bekannte« suchend, sah sich unversehens mit dem »Ungestalteten der neueren Epoche konfrontiert«, innerhalb eines »Tollhauses zur Verzweiflung getrieben«. »Kein Winkel, wo nicht irgendeine Willkür hervorblickte. Das Widersinnige einer solchen geschmacklosen Denk-

Übersicht und Orientierung in der euklidischen Stadt: Die Strada Nuova in Genua.

art[...] der Wahnsinn, der nur in einem bigotten Geiste wuchern konnte«, empörte ihn zutiefst. Die Architektur »der schrägen Treppen, der schiefen Gesimse und kippenden Fassaden, die Aufhebung aller tektonischen Gesetze«, die Störung des traditionellen Raumgefühls »trieb das Spiel zu weit«, so daß »das Gefühl der Wasserwaage und des Perpendikels, das uns eigentlich zu Menschen macht [...] in uns zerrissen und gequält wird«. (Goethe, Palermo 1787, Villa Pallagonia)[14]

Der mit Interesse wahrnehmende Beobachter, ständig an Wegegabelungen oder Schnittpunkten vor imaginär auf »gelb« fixierten »Ampeln« angelangt, muß ununterbrochen Unterscheidungen vor Entscheidungen treffen, Alternativen wählen, Grenzen bezeichnen, Richtungen antizipieren oder umkehren... und das Risiko auf sich nehmen, endlos im Kreise umherzuirren.

Jener den lagunaren Raum »mit Wasserwaage und Perpendikel« durchschreitende, binär-orientierte Beobachter in »Gleichgewichtsnähe« wird Erwartungsstörungen routinemäßig ignorieren, Signale als vertraute Informationen umdeuten oder eliminieren und Risiken möglichst umgehen. Indes, Gewohnheiten beschleunigen in diesem Milieu Wahrnehmungstäuschungen. Stabilität erweist sich unversehens als Instabilität, Anordnung als Unordnung, irgendwann erreichen sie einen kritischen Punkt, der in Kommunikations-Rigidität und Regression mündet.

Umgekehrt führt die Entfernung von »Gleichgewicht«, die Erwartung des Unerwarteten zu neuen Wahrnehmungsmustern, weitere Verzweigungspunkte zu neuen Informationen, zu Resonanz, Kommunikation und Risikobereitschaft.

Wachsende Komplexität verstärkt die Eigendynamik der Informationsverarbeitung. Während in linearen, gleichgewichtsnahen »Systemen« weitgehend jedes
bewußte »Erlebnis« beliebig wiederholbar und umkehrbar ist, sind an Offenheit
orientierte Bewußtseinsprozesse selektiv und evolutiv, führt Information zu im
Gedächtnis aufbewahrtem Wissen, Strukturnetzen, Gestaltqualität und schließlich Lustgewinn, welche sich als unumkehrbar erweisen.[15] »Materie wird um so
intelligenter, je weiter sie vom (thermodynamischen) Gleichgewicht entfernt
liegt.« (Prigogine)[16]

Natürlich wurden auch Goethe und andere Reisende in Venedig mit einem
vergleichbaren Maß an bizarren »pasticci« der Fassaden, mit »Ungestaltetem der
neueren Epoche«, ja »Elementen der Tollheit und Narrheiten aller Art« konfrontiert.

Unterdessen erreicht unser imaginärer Beobachter erschöpft die Piazza von San
Marco. Das erwartete Zentrum öffnet sich befreiend ins Weite. Raummuster
erweisen sich als Magnet eines inneren Kompasses. Die vertraute Vertikale, die
Sicherheit der Horizontale, die Sehnsucht nach Symmetrie gewähren Gleichgewicht. Der Suspense der Ambivalenz, die Auflösung der Differenz von
»Landkarte und Landschaft«, die Illusion, daß nicht die Illusion die Grundlage
vertrauter Ordnungskoordinaten und Logik sei, sie fliehen vor den unverrückbaren Horizonten einer verläßlichen Ordnung.
    Während der imaginäre Beobachter nun im Café »Florian« dem Dreiviertel-
takt eines neapolitanischen Walzers folgend, mit Rücksicht auf seine Strapazen
vorsichtig neue Einsichten und Aussichten zu ordnen beginnt, könnte etwa
folgender Dialog mit einem am Nachbartische sitzenden Fremden stattgefunden
haben:
    Diskret erkundigt sich jener, »wie lange er schon in Venedig weile«. Als er
zögernd antwortete: »nur 14 Tage und zum ersten Male«, entgegnet der andere:
»Il paraît que vous n'avez pas perdu votre temps...« Der Dialog dauerte wohl
fort. Jener Fremde vermerkte, an dieses Gespräch anknüpfend, in seinem Reise-
Tagebuch:

Bin mit einem Franzosen zusammengekommen, der kein Italienisch kann, sich verraten
und verkauft fühlt und, mit allen Empfehlungsschreiben, doch nicht weiß, woran er ist.
Ein Mann von Stande, sehr guter Lebensart, der aber nicht aus sich heraus kann. Er mag
in den Fünfzigern sein und hat zuhause einen 7jährigen Knaben, von dem er bänglich
Nachrichten erwartet. Ich habe ihm einige Gefälligkeiten erzeigt. Er reist durch Italien
bequem, aber geschwind, um es doch einmal gesehen zu haben, und mag sich gerne im
Vorbeigehen soviel wie möglich unterrichten, ich gebe ihm Auskunft über manches.....
Er ist acht Tage hier und geht morgen fort. Es war mir köstlich, einen recht
eingefleischten Versailler in der Fremde zu sehen. Der reist nun auch und ich betrachte
mit Erstaunen, wie man reisen kann, ohne etwas außer sich gewahr zu werden, und er ist
in seiner Art ein recht gebildeter, ordentlicher Mann. (Goethe, Venedig, 11. Oktober
1786)[17]

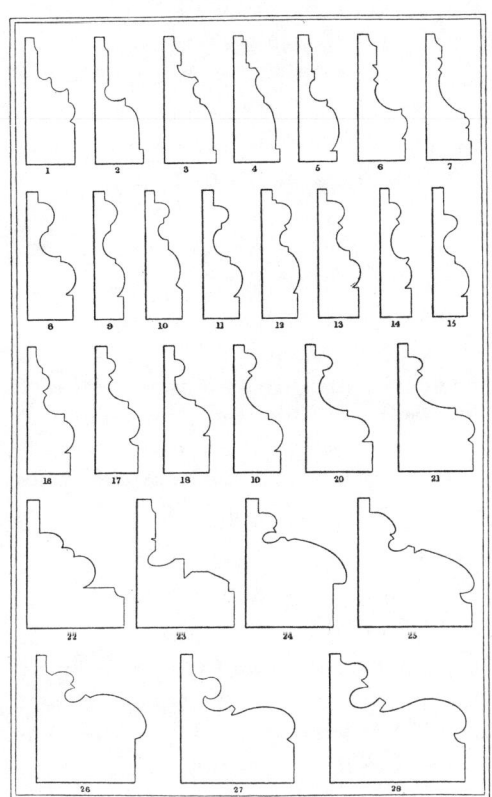

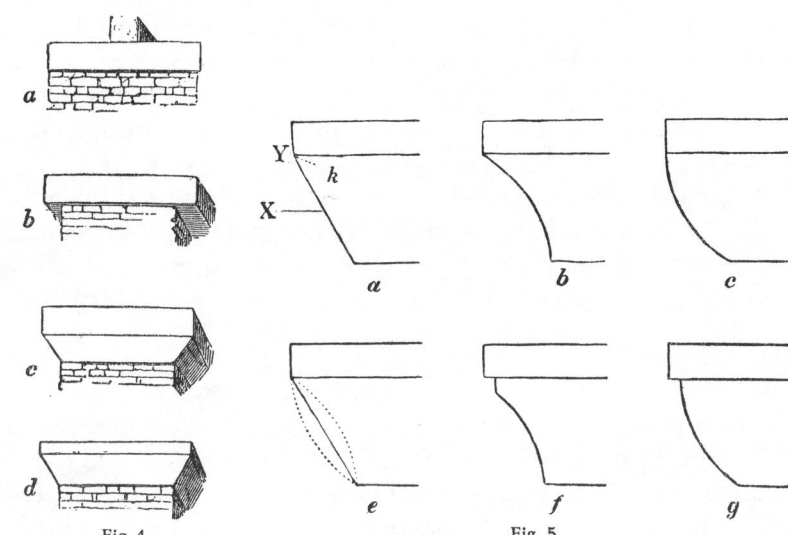

Aus:
Ruskin,
Die Steine
von Venedig.

Fig. 4

Fig. 5

3. Erinnern wir noch einmal an John Ruskin, dessen *Stones of Venice* eine Konzeption der »Kunst-Geschichte als Kritik und Rettung« im Dienste der Gegenwart, Venedig gewissermaßen als Lehrstück anbieten.[18] Sein Interesse gilt prinzipiell der Frage nach den Beziehungen zwischenmenschlicher Selbstverwirklichung und einer sinngebenden, sozialproduktiven Arbeit. Das bedeutete, sich über die Probleme der Organisation von Arbeit als einer Qualität auch mit deren Materialien, Techniken und Beziehungen zum Individuum auseinanderzusetzen. Seine eigene Arbeitsweise umschreibt er dabei auf eine Weise, die dem Leser nach den vorangehenden Überlegungen vertraut erscheinen mag:

Die Arbeit des Suchens muß oftmals unmethodisch sein, man folgt den Adern der Mine, wo sie sich verzweigen, oder man tastet nach ihnen, wo sie unterbrochen sind. Und da die Mine, die in die Seele der Menschen reicht und wieder zurück in die Zusammenhänge von Seele und Handarbeit führt, vielfach in dunkle und verschlungene Wege aufgespalten ist, können wir unsere Arbeit nicht im voraus planen oder ihre Richtung vorwegentscheiden. Wir werden nicht versuchen uns an irgend eine methodische Behandlung des Gegenstandes zu binden, sondern werden die Wahrheiten an den Stellen auflesen, wo sie sich uns darbieten.[19]

»Auf der Suche nach dem lebendigen Ausdruck im Stein« war sich Ruskin des Erkenntniswertes gestalteter Materialien wohl bewußt.

»Denn weder bei der Schneiderei noch bei der Gesetzgebung geht der Mensch bloß zufällig zu Werke, sondern seine Hand wird stets durch geheimnisvolle Operationen des Geistes geleitet. In allen seinen Moden und Bekleidungsversuchen lauert eine architektonische Idee im Hintergrunde ... In allem diesem liegt bei Nationen sowohl als bei einzelnen Individuen eine unaufhörliche, obschon unendlich komplizierte Tätigkeit von Ursache und Wirkung ...« (Carlyle, 1833)

Daß der Schnipp der Schere, der einer Taille den Schwung, daß der Meißelschlag, der einem Wulst die Rundung gibt, als Hantierungen elementarer Natur nicht reduzierbar sind und daß sie unterhalb der Aufmerksamkeitsschwelle des Betrachters, des Benutzers und wohl auch des Urhebers eines Bauwerkes liegen – nur »Intelligenzen einer höheren Art« zugänglich, das macht ihren methodischen Vorteil aus. Die Prämisse lautet also: das unbewußt hervorgebrachte anonyme Material hat den höchsten Auskunftswert. (Carlyle)

Diesen Vorstellungen bekannter »Indizienparadigmatiker und Symptomatologen« im Sinne eines fachübergreifenden und ganzheitlichen Erkenntnisinteresses des 19. Jahrhunderts, wie Carlyle, Morelli und andere fühlte sich Ruskin verbunden. Auch er erwies sich als analytischer Empiriker, als Erkenntnissuchender, ausgestattet mit der Macht der Phantasie und dem Sinn für die Unerschöpflichkeit menschlicher Gestaltungsfähigkeit.[20]

Ruskins praktisches Interesse konzentrierte sich bevorzugt auf den Feinschnitt der Objekte, auf Profile (»mouldings«), die ornamentalen Zierformen und deren Aussagewert. Vom Fundament bis zum Dach verfertigte er Detailanalysen, um schließlich nach den Funktionsträgern die Gliederungs- und Zierformen durch alle Stile weiter zu verfolgen. Seine entwicklungsgeschichtlichen und stiltypologischen Forschungen der venezianischen Palast-Fassade sind bis heute unumstritten. »Was für Darwin die Galapagos waren, hatte Ruskin in der Geschichte des Inselstaats Venedig gefunden, eine relativ geschlossene Versuchsanordnung, die unter hohem Außendruck stand, ein Beispiel für den Kampf ums Leben, für Anpassung durch langsamen Wandel, für die Ausnützung des Gegebenen.« Die Aufgabe des Kunsthistorikers aber sah er unmißverständlich darin: zu sichern, was von Nichtachtung und aktiver Zerstörung bedroht wird, und das geschieht nicht in den Archiven.[21]

4. Den Versuch einer Annäherung an die Sprache des Fassaden-Ensembles, ihrer semantischen und pragmatischen Dimensionen, Tiefenstrukturen und Proportionsgesetzmäßigkeiten unternehmen wir nun – Ruskins Vorbild folgend – westlicherseits vom Rialto her in einer Gondel über den Canal Grande, den »Bacino«, zum Zentrum.

Der Weg über die wohl am reichsten ausgestaltete Prachtstraße eines Staatsgebildes, der S-förmigen, 30 bis 70 m breiten Wasserpromenade, unterscheidet sich in vieler Hinsicht von jenem eben mitverfolgten Fußgang durch die Labyrinthe der Lagunenstadt. »Einer weisen Eingebung verdanken wir es, daß die Straßen Venedigs so viel Ornament zeigen ... denn es gibt keinen geeigneteren Ort der Betrachtung, als die Gondel.« (Ruskin)[22] Hier, angesichts eines solchen »Orchesters« von Marmor, Licht und Spiegelungen, strebt alles nach Ausdruck, wird alles Eindruck, also: Kommunikation. In*formation* veranschaulicht, wie eng dieser Begriff dem Form- und Gestaltbegriff verwandt ist. Information als Abstraktion von Gestalt im Symbol der Sprache mit einer jeweils komplementären, explizit-inhalts- und implizit-beziehungsorientierten Seite verbunden, ähnlich wie sich im Wesen der Fassaden-Gestalt ikonische Erscheinungsweise und architektonische Funktionalität überschneiden.[23] Offensichtlich erscheint dort, wo symbolische Kommunikation dominiert, ein Gesicht, ja sinnvolle Kommunikation ohne den Suspense des Angesichts gar nicht bedeutungsvoll.

Wie nähert sich der imaginäre Beobachter, affiziert von der so reich instrumentierten Architektur, im Bewußtsein, selbst eine potentielle »Stimme« dieser »Partitur«, ihres ornamentalen Reichtums zu sein, diesem Gegenstand an?

Die Erinnerung an das Erlebnis Bachscher Fugen wird lebendig: Verfolgt man eine Einzelstimme, hört man den Tutti-Klang aller Stimmen zugleich, ohne einzelne Stimmen voneinander unterscheiden zu können, verführt das willkürliche Wechseln zwischen einem Modus und dem anderen. Offensichtlich handelt es sich hier um ein vergleichbares Spiegelbild von Teil und Ganzem. Der Schlüssel des Dialogs bleibt indessen Resonanz, sie führt zum Dialog, sucht Kommunikation. Denn hinter den Fassaden erscheinen Individuen einer vergangenen Zeit: Fragen, Wünsche und Selbstspiegelungen, mögen die Fassaden auch Ambivalenz, Identifikation oder Distanz evozieren.

Fassade der Ca' d'Oro.

Im ersten Drittel des Canals, auf der rechten Seite, nähern wir uns dem von Longhena begonnenen und Antonio Gaspari 1710 vollendeten Palazzo Pesaro. Aus der Entfernung eine Manifestation voluminöser Schwere: Säulenpaare – vor zurücktretenden Rundbogenfenstern – dominieren den Fassaden-Rhythmus: Bizarr erscheinende Köpfe, Putten, reiche Ornamentik und Balustraden der Obergeschosse mit verwirrendem Licht-Schatten-Spiel, in Wasserhöhe bedrohlich-groteske Mensch-Tiermasken.

Palazzo Pesaro.

Welcher Kontrast dazu unweit auf der gegenüberliegenden Seite die heiter anmutende Leichtigkeit der Casa d'Oro mit ihren byzantinisch-venezianischen Logggien und Arkaden, hervorgegangen aus dem Wettbewerb der Architekten und Steinmetzen mit dem Original des Palazzo Ducale.[24] Die »Sprache« der Fassaden: Manifestationen republikanischen Selbstverständnisses, Schnitt-punkte, Grenzen von Innen und Außen, Privat und Öffentlich, Sakral und Profan? Die ersten Ansätze der Überwindung monarchischer Herrschaft? Die Auflösung eines Herrschafts-Zentrums, eines ins Jenseits verlagerten Mittel-punkts zum irdisch-gestaltenden, sich selbst vertrauenden, souveränen Bürger »als den einzig ungefährdeten Menschen«, weil er seinen Mittelpunkt als privaten, sozialen und ästhetischen zu definieren vermag: »der Mensch einer integralen Bewußtseinsstruktur«? (Jean Gebser) Die »Eloquenz« der Fassaden als

Symbole eines Konzepts gesellschaftlicher »Alchemie« und Varietät, die, wie die Lagunen-Metropole demonstriert, zwangläufig einen arationalen Charakter tragen.[25]

Die Gondel hat die Rialtobrücke passiert, der Palazzo Loredan auf der linken Seite, der Palazzo Mocenigo, der Palazzo Giustiniani-Lolin... und kein Ende der Symmetrien, der harmonischen Formen: Flucht-Linien aus »der schwer erträglichen Welt des Ungeordneten, der ständigen Erfahrung des Chaos, der Subversionskraft der primären Materie«? Stil als Absage an die Permanenz des Scheiterns, als bewußte Zuspitzung hin auf eine Überhöhung im einzelnen, in die ungetrübt erscheinende Sphäre der Bedeutung?[26] Der Blick gleitet suggestiv in die Ferne, am Horizont zeichnen sich die Kuppeln der Maria della Salute ab. Noch sind es Fassaden, Ornamente zwischen Symmetrien und Synkopen, Farbmischungen und Lichtreflexen, die festhalten. Waren hier »weniger Architekten denn Dekorateure, Bildhauer« (J. Burckhardt) am Werk?

War es die Überlegung: »Wie gibst du diesen Räumen die größte Form? Im einzelnen mußt du, wegen eintretenden Bedürfnissen, etwas verrücken oder verpfuschen, da und dort wird eine Ungeschicklichkeit entstehen, aber das mag sein, das Ganze wird einen hohen Stil haben und du wirst dir zur Freude arbeiten.« (Goethe, 1786)[27]

Das Kriterium, auf das alles hinausläuft, scheint neben Dekoration und Ornament Stil zu sein, durch welchen die unendliche Vielfalt materieller Erscheinungs- und Ausdrucksweisen ihre Existenz als Individuen und zugleich als soziales Ensemble artikuliert. Die Konfrontation mit jeweils individuellen Palast-Fassaden als »Signalment von Lebensformen«?[28]

Die Gondel nähert sich von der Academia-Brücke dem alle bisherigen Regeln venezianischer Architektur herausfordernden Palazzo Dario. Abermals bestätigt sich der Verdacht, es sei gar nicht unbedingt die Architektur an sich, sondern die Inszenierung der »façade« – jener für die Serenissima prototypischen Persönlichkeit eines Giovanni Dario[29] – als verewigte Raum-Zeit-Gestalt, welche durch symmetrisch-asymmetrische Rhythmen, Proportionen und Licht Aufmerksamkeit zu gewinnen trachtet. Was bliebe wohl von jener »façade« übrig, wenn sie ihres ornamentalen Schmuckes beraubt, ihre Fenster erblindet wären?

Der Palazzo Dario mit seinen Rosetten aus Porphyr und Verdeantico, einst aus arabisch-blauem Lapislazuli, ist um 1486–89 gemäß der am Sockel sichtbaren Signatur des Kanzleisekretärs der Signoria »Urbis Genio Ioanne Darius« dem Geiste Venedigs geweiht und erbaut worden. Der von den Rosettenornamenten aus der Nähe ausgehende Signalreiz zentripetaler Kräfte, inmitten horizontaler und vertikaler Kontrapunkte, suggeriert jenes magische, in Venedig allgegenwärtige Augenmotiv, das sich, alle anderen ornamentalen Formelemente einbindend, als dreidimensionale Variante in der Kuppel der Maria della Salute, als scheinbar vierdimensionale Öffnung und zentrifugale Variante in den Spiral-Voluten unterhalb der Kuppeln fortsetzt.

Sollte »das Auge hier nicht vom Kunstwerk auf intelligente Weise angesprochen, ja beteiligt sein«, wie es einst John Ruskin vorschwebte? »Das Auge wird

Detail des Palazzo Dario.

Santa Maria della Salute mit Palazzo Venier dei Leoni und Palazzo Dario.

ununterbrochen von Dingen beeinfluß, die es gar nicht erkennen kann, . . . es wird am meisten von dem beeinflußt, was es zuletzt erkennt.« Doch es will »das Geheimnis im Grenzbereich von »apparent and actual form«, von bewußter und unbewußter Reaktion mitvollziehen, zwischen Ansicht und Einsicht pendeln«. (Ruskin)[30]

Die bestmögliche Ausführung eines Kunstwerkes sei deshalb jene, so Ruskin, die den Betrachter anregt, diese kraft eigener Phantasie in der Weise zu vervollständigen, wie dies dem Künstler vorgeschwebt haben mochte. Die Renaissancekunst hingegen, mit ihrem Streben nach »universal perfection«, bedeute die möglichst vollkommene Ausführung, die dem Betrachter jedes

Detail, und so lediglich noch den unbeteiligten Nachvollzug – jenseits eigenen, aktiven ästhetischen Erlebens – anbiete. Ruskin verwarf also das Ideal der Vollkommenheit, das ihm gleichbedeutend mit Entwürdigung erschien.

Obwohl unser imaginärer Beobachter auch in diesem nachgotischen Ambiente durchaus von der Möglichkeit und dem Anspruch eines originär-aktuellen Austauschs zwischen Urheber und Rezipienten ausgeht, steht auch er vor dem Problem, jeweils dem Wechselspiel von ästhetischem Erlebnis und kommunikativem Prozeß Ausdruck zu verleihen.

Wenn sich Stil durch die Konfrontation mit anderen Ausdrucksweisen von Stil auszeichnet (Brock), dann vermittelt »Stil als die Physiognomie des Geistes« dieser Stadt – wie es Giovanni Dario wohl im Auge hatte – ein hohes Maß an Identifikation mit einer kommunikativen Ordnung, in welcher sich diese Kultur durch eine einzigartige Aneignung der Welt zu differenzieren verstand.[31]

Während der Passage der »Dogana al Mar«, der Zollstation am östlichen Zipfel Dorsoduros, auf der Höhe des Zusammenflusses von Canal Grande, Canale della Giudecca und dem Bacino von San Marco, begegnen wir von San Giorgio Maggiore her einer anderen Gondel, in der die Freunde Ruskins oder Massimo Cacciaris mit uns gemeinsam in Richtung Zentrum zur Piazzetta von San Marco weiterfahren werden. Hier haben wir den äußersten, bewußt gestalteten Außenraum Venedigs erreicht.

Dem Raum vor dem Markusplatz kann wohl nichts an die Seite gesetzt werden. Ich meine den großen Wasserspiegel, der diesseits von dem eigentlichen Venedig im halben Mond umfaßt wird [. . .] (Goethe, Venedig)

Den »inneren Hof im Haus der Welt« markieren nun sichtbar jene drei Kirchenfassaden, »Il Redentore« auf der Giudecca, »San Giorgio Maggiore« auf der gleichnamigen Insel und die »Maria della Salute« am Ende des Canal Grande, sie verwandeln die Lagune optisch in ein Binnenmeer, in welches von drei Seiten her Wasserstraßen führen.

Die Faszination dieses Außenraums begründet indessen weniger die Existenz dreier Sakralbauten, als vielmehr die dem Beobachter als Gestalt erscheinende Grund-Signatur jenes Ensembles von Fassaden, Kuppeln und Türmen – in der Kombination der Basiselemente Vertikale, Horizontale, Kreis und Halbbogen.

Deren Wahrnehmung aus wohlerwogener Ferne ermöglicht dem ständig wandernden, Horizonte suchenden Auge – ähnlich der Kompaßnadel – erst die »Fixierung« der eigenen Position im terrestrisch-aquatischen Raum in der Abstimmung zwischen äußeren und inneren Koordinaten mit dem Campanile und den fünf Kuppeln von San Marco.

5. Nur die Patrizier-Republik von San Marco wußte ihre Stadt-Fassade in dieser Weise als Einladung zu artikulieren. Exemplarisch demonstriert Venedig, wie sich Inneres im Äußeren (Raum), die Forma mentis in der Forma urbis widerspiegelt. Nur Venedig demonstriert den Anspruch der Übereinstimmung ästhetischer und ethischer Manifestationen, rationalen und spirituellen Geistes, im Unterschied zu Florenz, Genua oder Mailand jedoch als »Corporate Identity«. Das Gesamtensemble der Stadtfassade steht für den Repräsentationsraum venezianischen Selbstverständnisses: als Macht im Dogenpalast, als Geist in der Bibliothek Sansovinos, als Religiosität mit San Marco und als Gemeinschaft mit der Piazza San Marco. Der sprechende Raum präsentiert ein beredtes Orientierungs- und Identifikations-Angebot, das Resonanz auslöst. Und welche Kommunität Europas hat bereits zu Beginn der Neuzeit in dieser Form erstmals programmatisch Macht und Geist, Funktion und Eros ästhetisch und konstitutionell so wirksam miteinander zu verbinden vermocht?

Dieses Raum-Ensemble erweitert als Vertikale und konzentrischer Drehpunkt der Campanile, von welchem alleine das Ganze überschaubar, und in horizontaler Achse als Forum der Öffentlichkeit – die Piazza – begreifbar und beschreitbar wird. Erst in Höhe der Staatskapelle San Marcos wiederholt sich noch einmal – und von keiner anderen Position auf diese Weise wiederholbar – jenes »Gestalt-Erlebnis«, das zu umschreiben Prigogines Theorie »dissipativer Strukturen«, die Hypothese, Ungleichgewicht sei die Quelle der Ordnung«, einen erkenntnistheoretischen Zugang bietet: die Konfrontation mit dem Gesamt-Fassaden-Ensemble, seinem Außen/Innen-Raum-Akkord und seinen Rhythmen, mit den clusterähnlichen Überlagerungen von Raum-Statik und Dynamik, von Symmetrien und Symmetriebrüchen, die Konfrontation mit den endlosen Horizontalfluchten der Alten und Neuen Prokuratien, mit den sich stereotyp wiederholenden Vertikalstrukturen der Arkadenbögen. Wo gibt es den Raum als Sog, die schwingende Sphäre des nichtdinglichen Raums, die unendlichen Zwischenräume des Intervalls. Welch ein Beispiel, und das als

Architektur, wo (Hegels) »Negation der Negation« Taktilität bedeutet, wo Berührung angeboten wird, aber keine Verbindung. Die Architektur als Form vorweggenommener kybernetischer Beziehungsnetze im buchstäbdlich wahrscheinlichen Verschwinden des physikalischen Raums, die Berührung als fragile Brücke zwischen dem Verborgenen und dem Sichtbaren, das alles durchwirkende Muster auch in der japanischen Kultur des MA.[32]

Hier bestimmen Affekt und Effekt das ästhetische Ereignis: die Ex-Implosion des Environments, die »Mobilisierung der différends«, die Verschmelzung von Sinn und Sinnlichkeit. Die Information löst Resonanz aus angesichts von soviel Variantenreichtum statt Sequenz, Kontrast statt Konformität, Rhythmus statt Stereotypie, Grenzen statt Beliebigkeit, Spannungsgefälle statt Monotonie. Ist es die Gleichzeitigkeit architektonischer Gravitation und Levitation, die Verbindung widerstreitender zentripetaler und zentrifugaler Bewegungs/Bewußtseins-Energien im Raum?

Das Experiment »Raumgestaltung und der sprechende Raum« steht hier für die Begrenzung im Endlichen, aber auch für die Überschreitung des Endlichen in Form und Gestalt. Es steht für die »Doppelkodierung der Architektur« und die erst heute wieder aktuelle Diskussion um »Komplexität und Widerspruch in der Architektur« (Robert Venturi).[33] Das »Experiment« steht aber vor allem für die Konfrontation, aus dem als »überflüssig« Erscheinenden dieses Raumensembles das Maß der Ordnung, die Signatur der Gestalt zu erkennen. Die Stichworte »Informationsverarbeitung«, »Wahrnehmung der Wahrnehmung«, »Wahrnehmung des Wahrscheinlichen« durchziehen wie ein roter Faden diese

Darstellung. Den Ariadnefaden aus dem Labyrinth der Komplexität bietet in diesem Kontext die »Sprache des Raums« via Kommunikation.

Der Beobachter vor der Fassade von San Marco wird sich unausgesprochen Gedanken über den Entstehungsprozeß dieses beispiellosen Gesamt-Ensembles der Piazza machen. Der Blick auf einen Stich des Jahres 1571 verrät nur wenig darüber, welche Schwierigkeiten, Konflikte und Interessengegensätze zu überwinden waren, um die heutige Gestalt vom bescheidenen Brolio zum Staatsforum und »le plus grand salon d'Europe« (Napoleon) hervorzubringen. Die

Die Piazza San Marco mit der alten Kirche San Gemiano.

Geschichte der Anbauten und Neubauten würde ein umfassendes Kapitel füllen. Hinter dem uns vertrauten, einheitlichen Erscheinungsbild des 20. Jahrhunderts verbirgt sich San Marco als »Spolienarchitektur«, als Ansammlung von Beute-stücken aus der ganzen damaligen Welt, jener »Pasticcio«-Charakter, den Venedig bewußt zum Stilprinzip erhoben hat, während er sich andernorts als Notlösung, nicht selten als Generationsfolge ergeben hat.[34]
Die Kirche von San Marco, die auf den ersten Blick als harmonische Struktur erscheinen muß, ist in Wirklichkeit eine Zusammensetzung aller venezianischen Bau-Stile vom 10. bis zum 19. Jahrhundert. Meinen Forschungen zufolge gibt es kein Gebäude in Venedig, vor dem 16. Jahrhundert, das nicht an einem oder mehreren oder allen seiner Hauptteile wesentliche Veränderungen erfahren hat.. der größte Teil der Bauten zeigt Merkmale von drei oder vier Stilrichtungen, in vielen Fällen haben Restaurierung oder Erweiterung stufenweise die gesamte Struktur des alten Baukörpers ersetzt. (Ruskin)[35]

Die Evidenz an Stilvielfalt, der »Überfluß« an Stil, der in Venedig nur selten allein auf der Umsetzung von Funktion in Form beruht, der sich vielmehr hier wie an wenigen vergleichbaren Orten als Überfluß, aber nicht als Notwendig-keit, als unerschöpflicher Spielraum erweist, dieses »Zuviel« entzieht sich als Gestaltqualität weitgehend bewußt reflektierender, oft auch kommunikativer Vermittelbarkeit. Ein Vergleich mit dem Phänomen der Musik kann vielleicht weiterhelfen. Rhythmen – Synkopen, ornamentaler Reichtum –, Melodie und harmonische Strukturen, Chromatik, Instrumentierung, Stil-Mischungen und ähnliches, die als Komposition mehr als die Summe ihrer Teile darstellen, vermitteln ein Informationsprofil, einen Eindruck. Ihre »Abbildungen« lassen im Großhirn aufgrund gespeicherter Erfahrungen eine individuell angemessene Einschätzung zu, doch sie beschränken sich normalerweise auf erwartete Regelhaftigkeit, auf gewohnte Ordnungsmuster. Und dem widerspricht es gar nicht, sich durchaus einem »automatischen Piloten« anzuvertrauen, dem Regelmäßigen, Erwarteten nicht allzuviel Beachtung zu schenken, um die Aufmerksamkeit auch dem Überraschenden, dem Unerwarteten zuzuwenden. [36] Das aktive ästhetische Erlebnis – in diesem konkreten Falle – in die simultane Einheit der Gegensätze des Raum-Ensembles von San Marco teilnehmend einbezogen zu sein, sich der Fülle euklidischer Geometrie, fraktaler Kontraste und affizierender Bedeutung anzuvertrauen, das erfordert jedenfalls ein hohes Maß an Raum-Zeit-Synchronisation, ästhetisch geleiteter Selbstorganisation, Selbstzumutung.

Der unbewußte Konflikt zwischen abstrahierender »Bestätigung« des allgegenwärtig Bekannten – in der »Ohnmacht« gewohnter Deutungs- und Übersetzungsversuche, die Polyphonie dieses Raum-Fassaden-Kaleidoskops rational zu formieren – und gleichzeitig sensationeller »Erstmaligkeit«[37] des niemals Erblickten – die lusterfüllende Imagination ozeanischer Schwingungen und Zeitlosigkeit gegenüber dieser nur ikonisch erfaßbaren Totalität – diese Eindrücke zu synchronisieren, den kommunikativen Prozeß der Teilnahme zu eröffnen, das kann beschleunigen und verstummen machen zugleich.

Möglicherweise bietet die Oszillation zwischen bildreich überwältigender »Erstmaligkeit« und kalkulierend-nüchterner »Bestätigung« einen Hinweis, ja Schlüssel, weshalb die Konfrontation mit der Kirchen-Fassade San Marcos und ihrer fünf exterritorialen Kuppeln im Verhältnis zur Gesamtkomposition des Raum-Ensembles eine so nachhaltige Resonanz auszulösen vermag.

Die Kontrast- und Prägnanzwirkung der vertikal-horizontalen Raum-Massierung des Gesamt-Ensembles konkurrieren mit der Wirkung des rhapsodischen Charakters der San-Marco-Fassade und ihrer Symmetriebrüche.

Abhängig von der je unterschiedlichen Licht-Chromatik bilden deren Kuppeln einen weiteren Extrem-Akkord zu Fassaden- und Gesamt-Raum. Sie bilden als dreidimensionale, der Kreisform sich nähernde Ellipsen magische Ruhepole spiritueller Konzentration.

Bereits seit Nicolaus Cusanus sah man in der Kugel die höchste Bezugsfigur aller Erscheinung, die Vorstellung des Punktes im dreifach ausgedehnten Raum, ja Gott selbst als unendliche Kugel, deren Mitte über allem und deren Umfang nirgends sei. (Blaise Pascal)

Nach der Bestätigung der elliptischen Planetenbahnen durch Kepler symbolisierte die Ellipse als Emblem einer neuen, »universellen Harmonie« das Vorbild des metaphysisch lebenbindenden Urprinzips der Schöpfung, die Bestätigung für das Nichtabgrenzbare der Phänomene und – so sahen es damals manche Künstler – in deren »Magnetfeld«, in einer abstrusen Übergangsphase von Kreis und Ellipse, das Zwittergebilde des gespaltenen Menschen.[38]

Sicher war die Kuppel als Gestaltungselement in Venedig noch nicht besetzt von jener herrschaftlichen Vorstellung des »Culte de la Raison et de la Nature« der

Aufklärung, das Gleichnis der alles regulierenden Vernunft, die aufstrebt vom Universum des Kreises zur Idee der Einheit, welche den Geist als das Überlegene, die Natur aber als das Unterliegende einstuft.[39]

So gebührte also der Kuppel und ihrer archaisch präformierten Note als Verbindung zwischen materiell-architektonischem Fundament und abschirmend-öffnendem Licht und Lebenspender vielleicht nicht zufällig gerade in Venedig ein so hoher Rang im Formenkanon baulicher Gestaltungselemente.

6. Die sich als Kommunikation manifestierende Identifikation oder Distanzierung mit Raum-Gestalt stellt sich indessen keineswegs als subjektiv-willkürliche Wahrnehmung im Sinne einer Beliebigkeits- oder normativen Ästhetik dar. Es spricht vielmehr alles dafür, daß dieser jenseits von Konventionen und Rezeption begründbare Gesetzmäßigkeiten zugrunde liegen, die an der mathematisch fixierbaren Grenze zwischen Ordnung und »Chaos« pendeln und uns zurück führen auf die bereits wiederholte Male angesprochene Interdependenz von Teil und Ganzem.

Alles, was in der Natur als mustergültig erscheint, wird gewöhnlich auf die in Symmetrien begründete vollkommene Gestalt, auf das konzertante Zusammenspiel von Teil und Ganzem zurückgeführt. Das gilt ebenso für die menschliche Natur, selbst wenn dabei weitere Imponderabilien eine entscheidende Rolle spielen. Gilt es auch für den gestalteten architektonischen Raum?

Seit der Antike haben sich bereits die klassischen Theoretiker mit dem anthropomorphen Charakter der Architektur in allen nur erdenklichen Varianten auseinandergesetzt. Vor allem Alberti hat auf diesen Zusammenhang hingewiesen: »Die Alten haben uns gelehrt, daß ein Gebäude wie ein Lebewesen ist.« Alberti geht über diese Analogie sogar noch hinaus, wenn er aus dem natürlichen Körperbau Gestaltungsprinzipien ableitet: »Säulen und Ecken seien nur in gerade Zahl zu entwerfen, wie dies die Natur auch bei den stützenden Gliedern des Körpers vorgebe, Tür und Fensteröffnungen dagegen, wie in der Natur die Öffnungen des Körpers nur in ungerader Zahl anzuordnen.«[40]

Ähnliche Analogien finden wir in der Etymologie zahlreicher architektonischer und räumlicher Begriffe, ja selbst in den Maß- und Zahlenbegriffen. Hier läßt sich also auch in der Sprache schemenhaft ein archaisches Raumbewußtsein wiedererkennen, wonach in Unterscheidungen einst räumlicher Natur offenbar die Grundlage sprachlicher Begriffsbildung wiederzuerkennen ist.[41]

Unsere Aufmerksamkeit wendet sich also abermals dem Verhältnis von Teil und Ganzem, soweit dieses auf überprüfbare Gesetzmäßigkeiten zurückführbar ist, zu. Wir betreten damit den aller Gestaltung zugrundeliegenden Bereich der Formierung von Größenverhältnissen und Proportionen in natürlichen (biologischen) und sozialen Systemen.

Die Beredtsamkeit des schweigenden Raumes, seine Rethorik besteht – ähnlich wie die der Sprache – primär in der Interpunktion von Kommunikation, also der Abstimmung physiologischer und geistig-seelischer Befindlichkeit durch die Gestaltung der Komponenten als Geschlossenheit, Prägnanz, Plastizität, Kontrast, Ausgewogenheit, Spannung, kurz in der Hervorbringung von Gestalt-Qualität. Diese bedarf indessen, um nicht zu schweigen, eines Mindestmasses an Ambivalenz von Form und Inhalt, von Teil und Ganzem.

Vor dem Hintergrund dieser Überlegungen kommt der Frage der Formierung und Organisation von Größenverhältnissen und der Relation von Teil und Ganzem in allen Hochkulturen als ästhetische, ethische und erkenntnisleitende Dimension eine höchst interessante Bedeutung zu.

So war »die gesamte antike Architektur nach der Analogie derjenigen Gesetze gestaltet, die in der Musik am leichtesten in Zahlen und Größen darstellbar sind«. (Gottfried Semper)[42]

Die Maßverhältnisse der Architektur waren seit der Antike bis ins hohe Mittelalter weitgehend an Kreis, Quadrat und Pythagoreischen Gesetzen sowie ganzzahligen, additiven Maßverhältnissen orientiert. Diese Praxis wurde erst in der Renaissance mit der Besinnung auf den römischen Architekten Vitruv und dessen Erkenntnisse – der Mensch als Ausdruck vollkommenster Maßverhältnisse – überwunden und mittels verbesserter Maß- und Berechnungsmethoden ganzzahliger Teilungsverhältnisse weiterentwickelt.

Die wohl ungewöhnlichste Entdeckung stammte indessen von dem italienischen Mathematiker Leonardo da Pisa, auch Fibonacci genannt. Dieser hatte bereits im Jahre 1208 in ganz anderem Zusammenhang ein mathematisches Zahlenverhältnis – die sogenannte Fibonacci-Reihe – entdeckt.

Danach bildet die folgende Zahl jeweils die Summe der vorausgegangenen Zahl: also 1, 2, 3, 5, 8, 13, 21, 34, 55, 89... Das Verhältnis der nun aufeinanderfolgenden Zahlen strebt der sogenannten Goldenen Zahl zu, nämlich 1,618.. Jede Zahl dieser Reihe ergibt, wenn man sie durch die vorhergehende teilt, 1,618..., wenn man sie dagegen durch die folgende teilt, 0,618... Das entspricht genau dem Verhältnis zwischen dem kleinen und größeren Teil des sogenannten »Goldenen Schnitts«. Hier pendeln also gewissermaßen die rationalen Proportionen, sie lassen sich zwischen den je aufeinanderfolgenden Gliedern dieser Reihe bilden, in steter Annäherung um jenes irrationale Verhältnis des »Goldenen Schnitts« – 0,618.., ohne dieses jemals zu erreichen.[43] Das Teilungsverhältnis dieses Kettenbruchs stellt in der Tat das irrationalste aller Zahlenverhältnisse dar, nämlich den Übergang von Ordnung zum »Chaos«.[44]

Zahlreiche von der Natur hervorgebrachte Pflanzen und Tiere, alle spiralförmig vertikal und horizontal organisierten Pflanzen sind das Resultat eines rückgekoppelten Wachstumsprozesses, der jener Fibonacci-Reihe und gleichzeitig der mathematischen Formulierung der Proportionsgesetzmäßigkeiten des »Goldenen Schnitts« entspricht, die Luca Pacioli im Jahre 1509 und Kepler 1630 als »Divina Proportione«, »Regula Aurea« oder »Sectio Divina« beschrieben hatten. Damit bot der »Goldene Schnitt« seither einen verbindlichen und überprüfbaren Proportions-Schlüssel, demzufolge sich der kleinere Teil zum größeren Teil verhält wie der Größere zum Ganzen, d. h.: A:B wie B:(A+B).

Die Frage, warum dieses irrationalste aller denkbaren Zahlenverhältnisse buchstäblich am Schnittpunkt von Ordnung und »Chaos« als optimale Ausgewogenheit, Harmonie, ja als Schönheit empfunden wird, warum die Untrennbarkeit von Logos und Eros mathematisch exakter definiert werden kann, als in Worten, diese Frage muß einer jeweils im konkreten Falle zu umschreibenden Annäherung vorbehalten bleiben.

Es scheint jedenfalls alles darauf hinzudeuten, daß das Konzept der Evolution, optimale Funktionalität im Spannungsfeld zwischen Ordnung und Zufall, an das Prinzip des Teilens und der Beteiligung als grundmusterbildenden Prozeß gebunden ist, denn »jeder Teil ist so beschaffen, daß er nur mit dem Ganzen eine Einheit bilden, und sich dadurch von seiner Unvollständigkeit befreien kann«. (Luca Pacioli 1509) Oder, um mit den Erkenntnissen der Quantenmechanik zu sprechen: Wir nehmen teil, wenn wir beobachten. Auch die Unterscheidung von Beobachter und Beobachtetem beruht auf einer Täuschung bzw. Abstraktion. »Der wichtigste Akt ist der Akt der Teilnahme.« (John A. Wheeler)[45]

Läßt sich aus diesen Darlegungen die Schlußfolgerung ziehen, den »Goldenen Schnitt« als Proportionsschlüssel prinzipiell allen auch hier zur Diskussion stehenden Varianten der Kommunikation zugrundezulegen?

Bietet also der Proportionsschlüssel des »Goldenen Schnitts«, jenes wechselseitige Austausch- und Teilungssystem zwischen Teilen und Ganzem, einen
unmittelbareren Zugang für das Verständnis menschlicher Kommunikation?
Dieser auf den ersten Blick vielleicht spekulativ erscheinende Gedanke steht
indessen keineswegs der bislang noch niemals gestellten Frage entgegen, ob
nicht auch das Rückkoppelungsprinzip – so die Erkenntnisse der Systemtheorie
bzw. Bio- und Psychokybernetik – jene für kooperierende und konkurrierende
Wachstumsprozesse typischen Rückkoppelungsgesetzmäßigkeiten umschreibt,
wie sie dem Austauschprozeß des »Goldenen Schnitts« – sowohl in der Natur
wie auch in der Kommunikation – zugrunde liegen? Und findet der Wechsel von
positiver bzw. negativer Rückkoppelung nicht auch eine Entsprechung im
Bereich nichtlinear-kausaler Ursache-Wirkungszusammenhänge ästhetisch-
kommunikativer Wahrnehmungsprozesse?

Der im »Goldenen Schnitt« enthaltene Proportionsschlüssel der Mit*teil*ung und
An*teil*nahme steht in der Tat auch in sozialen Systemen für ein generatives
Prinzip, er steht für Innovationsfähigkeit, und diese ist abhängig vom Wechselspiel expliziter Objekteigenschaften und impliziter Beziehungseigenschaften
zwischen Individuen, Funktionssystemen und übergeordnetem Sinn-Ganzem.
Sie gewährleisten überhaupt erst symbolische Kommunikation und alle Manifestationen dessen, was Kultur essentiell auszeichnet:

Die spezifische Art aller Lebens/Material-Gestaltung, ein Konzept sozialer
Wertschöpfung, eine Ethik als bewußte Besinnung auf das Ganze und die
Grenzen, und schließlich ästhetisches Ethos als wechselseitige Bedingtheit von
Maß und Form, die Ausdruck finden in der Inszenierung und im Decorum
humaner Lebensräume.

Seit der Praxis des römischen Leitgedankens »Teile und herrsche« dominiert
zwar jene machiavellistische Konzeption von Politik als Herrschaftsinstrument,
wonach das haltlose Mängelwesen Mensch gebändigt und kontrolliert werden
muß. Doch im Schatten dieser Konzeption konnten sich immer wieder Modelle
behaupten, Politik auch als (ästhetisches) Gestaltungsmittel, als Wechselspiel der
Beteiligung aller im Dienste des Gemeinwesens als Ganzem zu erproben. Hier
genügt der Hinweis, Venedig in die Reihe jener Sozialverbände zu stellen,
welchen dieses Experiment, insbesondere im Bereich der Raumgestaltung und
kommunikativen Praxis, auf fast unnachahmliche Weise gelungen ist.

Kehren wir zu unserem Ausgangspunkt, der Raum-Gestalt als »sprechendem
Raum«, zurück. Solange die materialisierte Fassaden- und Raumgestalt(ung)
isoliert wahrgenommen wird, bleiben deren Gestalt und also Stil verborgen.
Daß Stil als das Allgemeine, trotz des Besonderen die chaotische Beliebigkeit der
Welt erst formiert, und so Authentizität als Selbstanspruch personal verdichteter
Existenz und Identität ermöglicht[46], das macht wohl die säkularisierte, Distanz
ausstrahlende Aura der Serenissima als einer Welt-Metropole zwischen 14. und
18. Jahrhundert aus: eine europäische Metropole, deren Repräsentanten und
Eliten in einer fragilen, ständig lebensbedrohten Umwelt der Gestaltung des

Lebensraums unter der Prämisse der Offenheit als einziger Sicherheit einen absoluten Vorrang eingeräumt haben. Insofern wird Stil als Attribut des unsichtbaren und gestaltgewordenen Bewußtseins wahre Erkenntnis. (Mondrian)[47]

Design prägt das Bewußtsein: Die Gestalt-Qualität des sprechenden Raums erschließt sich indessen nur als aktiver Gestaltungsprozeß, der notwendigerweise an Kommunikation gebunden ist.

Weil aber die meisten Menschen selbst formlos sind, weil sie sich und ihrem Wesen selbst keine Gestalt geben können, so arbeiten sie, den Gegenständen ihre Gestalt zu nehmen, damit ja alles loser und lockerer Stoff werde, wozu sie auch gehören. (Goethe, Wilhelm Meisters Lehrjahre, 1796)

Raumkomposition und das göttliche Design

I. Lebensräume sind in allen Kulturen Komponenten und Spiegelbilder von Denk-Räumen. In diesem Zusammenhang ist ein Werk von Interesse, das im Jahre 1584 in Venedig erschien: *Del' infinito universo et mondi* (»Von der Unendlichkeit des Universums und der Welten«). Es handelt sich um eine der bekanntesten Schriften Giordano Brunos. Bereits Nicolaus Cusanus (1401–1464) hatte sich nach seinem Studium in Padua, vom mathematischen Unendlichkeitsgedanken beeinflußt, mit der Unendlichkeit des Universums, das selbst unendlich, weder einen Mittelpunkt noch einen Rand besitze, beschäftigt, doch befanden sich die meisten Wissenschaften bis zu diesem Zeitpunkt noch in der Sackgasse des aristotelisch-ptolemeischen Weltbildes.

Giordano Bruno war als Theologe einer der ersten, der Licht in die vatikanisch-abgeschirmten Erkenntnisräume des Katholizismus zu bringen wußte. Hatte Blaise Pascal geklagt: »Das ewige Schweigen dieser unendlichen Räume macht mich schaudern«, so kannte Giordano Brunos Neugierde, aber auch seine Kühnheit, keine Grenzen: »Öffne uns das Tor, durch das wir hinausblicken können in die unermeßliche, vollkommene Sternenwelt« jenes »göttlichen Designers«.

Damit eröffnet Giordano Bruno eine Polemik gegen den theologisch-akademischen Aristotelismus, der einer epistemologischen Revolution gegen das Bollwerk der Ignoranz – wie er den orthodoxen Katholizismus nannte – gleichkam.

Seiner Überzeugung gemäß zwang die »himmlische Revolution« jeden denkenden Menschen, die Konsequenzen zu ziehen, die gravierenden Veränderungen der Beziehungen zwischen Mensch und Welt zu überdenken und Stellung zu nehmen, anstatt angesichts der Erkenntnisse des Kopernikus an überholten Lehrmeinungen und Weltbildvorstellungen festzuhalten.

In seinen *Dialoghi* führen die »Dunkelmänner« und die »Aufgeklärten« ein Streitgespräch: »Wie sollte es möglich sein, daß das All unendlich wäre?« Die Gegenfrage: »Wie sollte es möglich sein, daß das All endlich wäre?« Die

Diskussion führt über vernünftige und pedantische, groteske und schwärmerische Stationen zu einer logisch plausibel und schlüssigen Argumentation, mit welcher Giordano Bruno bereits das 300 Jahre später eine so zentrale Rolle spielende Relativitätsprinzip der Physik vorweggenommen, und gedanklich spekulativ entwickelt hatte.[1]

Für diese Kühnheit wurde Giordano Bruno am 17. Februar 1600 als Häretiker auf dem Campo de Fiori in Rom verbrannt. Die Hintergründe dieser Ereignisse liegen bis heute im dunkeln: die Rolle und Motive, die der Giordano Bruno nach Venedig einladende und ihn als seinen Lehrer in seinem Hause beherbergende Giovanni Mocenigo als Denunziant mit der Auslieferung an die römische Inquisition verfolgte, lassen nur Spekulationen zu.

Die pantheistische Position und Kosmologie Giordano Brunos hat die Idee des Menschen als Individuum und Persönlichkeit in das erste Licht der Vor-Aufklärung gerückt. Die Unendlichkeit der Welt und die Unbestimmbarkeit des Individuums läßt dieses – so Giordano Bruno – zwischen Schein und Sein allein. Diese Differenz kann das Individuum nur durch Arbeit, nicht durch Anschauung auflösen. Auch die Möglichkeit der Freiheit des Menschen kann nur gedacht werden, indem man ihr dieselbe Unendlichkeit zuspricht, wie sie derjenigen Gottes entspricht. Sie muß für die gesamte Welt und für alle anderen Lebewesen gelten. Die Natur muß überschritten werden, damit der Mensch ein Gott und »göttlicher Designer« der Erde werde.

Welche Gedanken hätten programmatischer Anspruch und Selbstverständnis der Republik Venedig Ausdruck zu verleihen vermocht, denn diese zwischen rationalem »Pathos« und spirituellem Bekenntnis pendelnde Positionsbestimmung eines Apologeten der »conditio humana«.

Mit der Lehre des Kopernikus war der Planet Erde aus dem Zentrum des Universums, und damit aus seiner einstigen Sonderstellung »vertrieben«. Damit waren die Fundamente eines modernen, naturwissenschaftlichen Weltbildes gelegt. Die Verwerfung jedweden bevorzugten Ortes wurde alsbald eine der Säulen der Relativitätstheorie, derzufolge die grundlegenden Gesetze der Physik in jedem denkbaren Bezugssystem gleichermaßen Geltung beanspruchen, ungeachtet der Position, welche der Beobachter einnimmt.

Diese Vorstellung von der relationalen Natur der sogenannten Wirklichkeit, von Peripherie und Zentrum und also der Pluralität variabler Positionen läßt sich nicht nur auf die Einschätzung venezianischen, d. h. politisch-konstitutionellen Selbstverständnisses übertragen, sie spiegelt sich auch in den Manifestationen seiner künstlerisch-ästhetischen Raum-Konzeption wider.

In diesem Kapitel soll am Beispiel der Ornament- und Mosaik-Kunst (»Arte delle pietre dure«) sowie der Organisation der Raum-Perspektive in der Malerei der Frage nachgegangen werden, welchen erkenntnisleitenden Stellenwert jene Künste als Medien alltäglich kommunikativer Erfahrungen von Lebens-Räumen einnahmen.

Sowohl im Christentum als auch im Islam fand die theologisch-philosophische Auseinandersetzung um Standort und Grenzen, Immanenz und Transzendenz menschlicher Existenz in der Kunst je unterschiedliche und in den verschiedenen Epochen sich wandelnde Ausdrucksformen.

Der in Europa Jahrhunderte während Prozeß von der Darstellung der erbärmlich-niedrigen, sündig-gerichteten, unendlich-gottfernen Menschenkreatur zum erhaben-schönen, autonomen-gottähnlichen und diesseitigen Menschen-Bild der Renaissance und ihrer Version von der Unermeßlichkeit der göttlichen Schöpfung mündet abermals, nun mit umgekehrten Vorzeichen, im Triumph des Unendlichen.

Das unendlich Große und das unendlich Kleine, die mit Hilfe der Differential- und Integralrechnung möglichen Annäherungen an irdische und astronomische Erscheinungen der Gezeiten und Planetenbahnen, der Gravitation u.ä. Gesetzmäßigkeiten leiteten nun ein an Empirie und Experimenten orientiertes neues Verständnis von Lebens- und Raumerfahrungen, eine Konzentration auf ein innerweltliches Sein, aber auch einer Einbuße an transzendentalem Zeit-Raum ein.

Der Anatom Vésale entdeckt den Körperraum, Harvey sprengt mit der Erforschung des Blutkreislaufes die hypokrateische Körperflüssigkeiten-Medizin, und Luca Pacioli eröffnet mit der Darlegung der Wahrscheinlichkeitstheorie vermittels statistischer und empirischer Methoden einen grundlegenden Wandel im Verständnis von Wissen und Glauben.

Galileo Galilei beschleunigt mit seinem Teleskop den Einbruch in den kosmischen Raum, und Kepler korrigierte seine jahrelange Überzeugung kreisförmiger Planetenbahnen zugunsten der durch seine Beobachtungen gemachten elliptischen Umlaufbahnen.

Die Überwindung der steinzeitlichen Höhlenwand und damit der Fläche durch die Eroberung des dreidimensionalen Raums begann als erkenntnistheoretischer Prozeß mit jenem Petrarca-Erlebnis, das uns bereits vertraut ist. Und sie vollzog sich seit der Wende des 15. Jahrhunderts bald auch als empirischer Prozeß vor dem Hintergrund der oben dargelegten Entdeckungen wellenförmig in allen Lebensbereichen.

Perspektive ist das Schlüsselwort: sie steht im Dienste der individuellen, sozialen und ökonomischen Raumbeherrschung, sie eröffnet über eine lineare Weltbildvorstellung hinaus den Blick – mit *Del' infinito universo et mondi* (Giordano Bruno) und *De revolutionibus orbium coelestium* (1543: Kopernikus) – in die unendliche Weite und Tiefe des irdischen und kosmischen Raums.

Die Beurteilung dieses historischen Prozesses ist – jedenfalls in diesem Jahrhundert – von jeweils unterschiedlichen Positionen, aus sehr verschiedenen Perspektiven erfolgt: Die Einbrüche in die verschiedenen Raumwelten, welche die Welt in eine räumliche und sektorale umgestalten, haben die bis dahin bewahrte Einheit mit dem Beginn des Kolonialismus, der kirchlichen Schismen, der machtpolitisch bedingten Expansionskriege, der entfesselten Technik und der Emanzipation endgültig gespalten. (J. Gebser)[2] Oder: »Damals entstand zum ersten Male eine Einheit der Welt«: Der moderne Charakter dieser Epoche liegt gerade in dieser ersten, wenn auch noch zerbrechlichen räumlich-zeitlichen Einheit der damaligen Welt. (Romano Tenenti)[3]

Gleichwohl ist die Erfahrung des dreidimensionalen Raumes aufs engste mit der Entfaltung der europäischen Wissenschaften seit Galilei, Kepler, Kopernikus, Bacon, Newton, Descartes bis zur Relativitätstheorie Einsteins als Raum-Zeit Kontinuum verknüpft. Seitdem verräumlichen wir Qualitäten, die phänomenologisch betrachtet ihrem Wesen nach keineswegs räumlich sind, seitdem bestimmt das Raum-Medium Sprache und Denken, findet die Tendenz, Zeit zu verdinglichen, Ausdruck in Über*legungen*. Vor*stellungen* werden er*ört*ert, Stand*punkte* ausgetauscht, um einen Gegen*stand* innerhalb eines Zeit*punktes* zu erfassen, zu be*greifen*, sofern sich Ge*legen*heit dazu bietet.[4]

Diese Positionsbestimmung ist zunächst erforderlich, um sich über das eigene Raum-Zeit Verständnis und seine sprachliche Fixierung (wie sie u. a. Benjamin Lee Whorf thematisiert hat[5]) den Raum-Zeit-Beziehungen bzw. der Raum-Gestaltung Venedigs anzunähern.

II. Bevor wir uns der Mosaik- und Ornament-Kunst Venedigs zuwenden, ist, wie in der Architektur und Fassaden-Gestaltung, daran zu erinnern, daß auch hier vielfältige Einflüsse, Schulen, Techniken und Stilrichtungen insbesondere aus der byzantinisch-orientalischen Welt assimiliert und zu eigenständigen Techniken, Verfahren und Stilen weiterentwickelt worden sind.

Dabei ist es bemerkenswert, daß der Islam in der Ornamentkunst insofern eine Sonderstellung einnimmt, als diese Religion es ihren Gläubigen verbietet, sich ein Bild von Gott (Allah) und seiner Schöpfung zu machen. So waren Ornament und Mosaik auf abstrakt-stilisierte Konfigurationen zu beschränken, die als unendliche Mosaikmuster einerseits die Bedeutungslosigkeit des einzelnen Gläubigen symbolisieren, andererseits als unerschöpflicher Facettenreichtum eines vollkommenen Ganzen die Größe Allahs intonieren.

Während in prähistorischer Zeit ein reflektierendes Raum-Zeit-Bewußtsein noch gar nicht ausgebildet war und namentlich die Griechen eine Aversion, ja Furcht vor der Darstellung des Unendlichen auszeichnete, maßen ihm die Moslems einen hohen ästhetischen und symbolischen Stellenwert zu.

Dessen sichtbaren Ausdruck bildete in der Ornament- und Mosaik-Kunst von Anbeginn das unendlich Große mit geometrischer Regelmäßigkeit, räumlichen Rhythmen, der periodischen Wiederholung eines Motivs und seiner infiniten Fortsetzung, auch über physische Grenzen hinaus, ebenso wie das unendlich Kleine, mit weitgehend denselben Prämissen und der Tendenz, auch die verborgensten Räume mit ornamentalen Mustern auszuschmücken.[6]

Die Ornament- und Mosaik-Kunst des Abendlandes hat tendenziell der Symmetrie den Vorzug eingeräumt, während der Orient und der Ferne Osten den subtil-labileren Raum-Konfigurationen, ja selbst der figuralen Vieldeutigkeit größere Aufgeschlossenheit entgegenbrachten.

Ein Blick in die Partitur des Ornament-Mosaik-Designs zeigt geometrische Körper wie Polygone (Dreieck, Quadrat, Fünf-, Sechseck), Polyeder (die fünf platonischen Körper als dreidimensionale Räume) mit euklidischen Flächen-Transformationen, Drehungen (Rotation), Parallelverschiebungen (Translation), Vertauschungen und Spiegelungen (Permutationen) sowie jene von dem russischen Kristallographen Federow entschlüsselten siebzehn ornamentalen Symmetriegruppen, die mit der Natur entnommenen Mustern kombiniert und in Reihungen erweiterbar sind.[7]

Die Frage, warum kaum eine Kultur ohne Ornament bekannt ist, warum die meisten Individuen offensichtlich einen so unwiderstehlichen Drang erkennen lassen, ein hohes Maß an Einfallsreichtum in die ornamentale Kunst der Raum-Flächen-Verzierung zu investieren (Gombrich), ja ob die Moslems oder andere europäische Kulturzentren den leeren Raum fürchteten, um auf diese Weise den griechischen »horror infiniti« durch einen »horror vacui« zu ersetzen, der angeblich »typisch für viele nicht-klassische Stile« sei (Gombrich) – diesen Fragen gebührt in der Tat Interesse. Und Gombrichs Annäherung – was die letzte Frage anbetrifft – ist nicht minder aufschlußreich: »Vielleicht wäre der Ausdruck ›amor infiniti‹ – die Liebe zum Unendlichen – eine passendere Bezeichnung.«[8]

Im Rahmen unseres Erkenntnisinteresses beschränken wir uns auf den erkenntnisleitenden und pragmatischen Stellenwert, den diese Künste als Medium alltäglicher Erfahrungen in bzw. mit Lebensräumen anboten. Vor diesem Hintergrund wird allerdings die Frage nach dem Wesen des Horror vacui oder amor infiniti angesichts des Unendlichen auch für uns weiter zu verfolgen sein.

Ein Blick auf die Mehrzahl der Sakral- und Profanbauten, der öffentlichen und privaten Lebensräume Venedigs scheint die Annahme zu bestätigen, hier hätte, wie es Gombrich ausdrückt, »der Trieb den Dekorateur veranlaßt, alle leeren Stellen auszufüllen«.[9] Aus der Fülle der Beispiele seien hier einige, besonders in Venedig durch ihren Gestaltungsreichtum herausragende Fußboden-Mosaike unter dem erkenntnistheoretischen Aspekt des Umgangs mit dem endlich-unendlichen Raum vorgestellt.

1. Betritt man den Altarraum der Kirche San Giorgio Maggiore, das kreisförmige Seitenschiff der Maria della Salute oder deren zentralen Mittelschiffraum, dann wird man mit Mosaik-Reihungen, Parallelverschiebungen oder Spiegelungen als Polygonen in Gestalt von Quadraten, Dreiecken, Rhomben konfrontiert, die sich periodisch-rhythmisch in Sequenzen und Varianten aus linearen Strukturen zu hochkomplexen, mehrdimensionalen Gestalt-Kompositionen entfalten.

Nur in umfassenderen Untersuchungen ließe sich die Vermutung überprüfen, ob diesen Mosaikmustern, ähnlich der Organisation zahlreicher Pflanzen bzw.

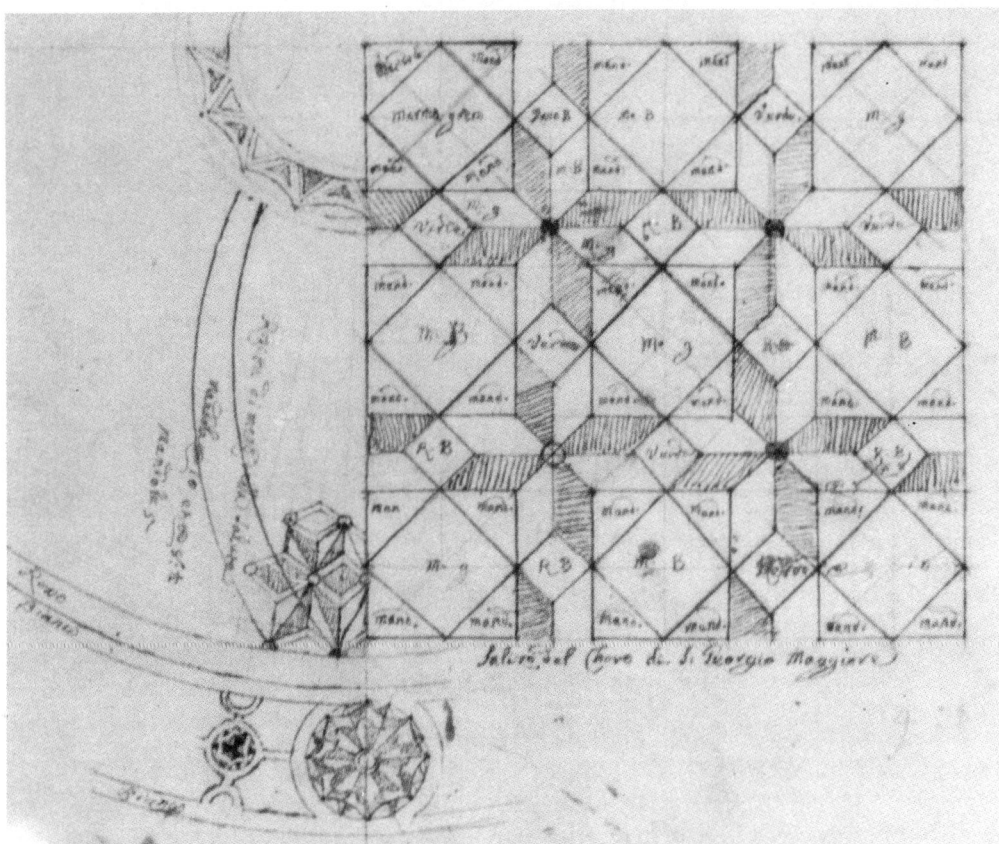

Mosaikmuster von Baldassare Longhena in Santa Maria della Salute.

deren Knospungen, rückgekoppelte Spiralsystem-Wachstumsprozesse zugrunde liegen, deren Teil-Ganzes Relationen der Fibonacci-Reihe und also den Proportionsgesetzmäßigkeiten des »Goldenen Schnitts« entsprechen.

In der Konfrontation des endlich-unendlich erscheinenden Raumes haben wir es offensichtlich mit der Wahrnehmung von Punkt-Linien, Flächen und Räumen zu tun, deren »Evidenz« die »Illusion vorführt, daß nicht die Illusion die Grundlage der Logik sei«.[10]

Handelt es sich um eindeutig zweidimensionale Marmorflächen, das ist evident, oder handelt es sich, wie es das Fotoapparatauge suggeriert, um mehrdeutig-dreidimensional wahrnehmbare Räume, deren Evidenz ebenso unbestreitbar ist?

Was meinen wir mit jenem paradox anmutenden Begriff Wahrnehmen? Man kann nur etwas Existentes nehmen, völlig unabhängig davon, ob es wahr ist oder nicht. Im Gehirn des Beobachters entsteht angesichts dieses Marmor-Mosaik-Fußbodens ein dreidimensionaler Raum als aktive Bestimmung des Unterscheidens. Andererseits ist etwas Wahres imaginierbar, im Vorstellungs-

raum jederzeit lokalisierbar, auch unter der Voraussetzung, daß dieses Etwas materiell gar nicht existent ist: in diesem Falle die aktive Entscheidung als Akt des Handelns, daß trotz wahrnehmbarer Dreidimensionalität etwa das Laufen auf diesem Marmor keine Gefahr bedeutet. Wahrnehmung gerät hier also buchstäblich zur Wahr*schein*lichkeit, während Tiere wie die Katze diese Gefahr am Betreten hindert.

Offensichtlich haben wir es bereits mit dieser ersten Variante von Mosaikmustern, die uns in San Giorgio Maggiore oder in der Maria della Salute begegnet, mit einer Metamorphose einer auf der Netzhaut zweidimensional abgebildeten Flächenkonfiguration zu tun, die sich im Gehirn spontan in eine dreidimensionale Raum-Gestalt verwandelt.

Die Wahrnehmung der Gleichzeitigkeit beider Ordnungsmuster scheint also eine erste Voraussetzung für eine Annäherung an jene »Grenze« zu sein, die wir angesichts unendlich erscheinender Raum-Gestaltung erreichen. Darüber hinaus ist dieses aus drei verschiedenen Marmor-Rhomben gebildete Muster der Prototyp jener Vordergrund-Hintergrund-Räume, die in diesem Jahrhundert ein Vasari als kinetischen Effekt, die Psychologie als »Necker-Würfel« bezeichnen. Die italienisch-venezianischen Raum-Gestalter früherer Jahrhunderte haben hier bereits die Technik und Virtuosität der islamischen und maurischen »Gesänge der Geometrie« (Mario Praz)[11] in vollendeter Weise weiterentwickelt und verfeinert.

Einige Federzeichnungen Longhenas zeigen dessen Skizzen und Entwürfe zur Fußboden-Mosaikgestaltung der Maria della Salute. Sie vergegenwärtigen nicht nur die weitere Differenzierung dieses Mosaik-Musters, sie lassen – wie aus Longhenas beigefügten Notizen ersichtlich – (»dal caro di S. Giorgio Maggiore«) darüber hinaus erkennen, wie weitgehend sich dieser von jenem Muster für die Salute hat anregen lassen, ja dieses weiterentwickelt hat. Das bestätigt auch der Vergleich dieser Longhena-Skizzen mit den Original-Mosaik-Mustern San Giorgio Maggiores und ihren weiteren Ausformungen.

2. Mit dem Übergang zur nächsthöheren Raumebene wiederholt sich der oben vorgeführte Wahrnehmungsprozeß der Komplexitätserweiterung: aus nun drei Flächen-Konfigurationen: Quadrat, Dreieck, Rechteck bzw. Rhombus entwikkeln sich unversehens zahlreiche mehrdeutige, sich überlagernde, dreidimensionale Raumebenen. Vergleichen wir Longhenas peinlich genaue Detailbehandlung – »cura meticolosa i dettagli . . .« – mit jener in San Giorgio Maggiore.

Formierte sich die Raumgestalt im ersten Mosaik-Muster ausschließlich aus nur drei Rhomben, so bilden nun acht schwarz-weiß wechselnde Carrara- und Impala-Marmor-Rhomben eine erste Rosette, die weitere acht Quadrat- und Dreiecksflächen einrahmen. Das Rosetten-Gestaltmuster ist zwar als Ganzes spontan erkennbar, löst jedoch wegen der Mehrdeutigkeit und Überlagerungseffekte der Einzelelemente erhebliche Wahrnehmungsfluktuationen aus.

3. Der Sprung in die dritte Mosaikebene, eine Rosette, Longhena spricht von »Rosetta di mezo«, konfrontiert den Betrachter mit einer nur holistisch wahrnehmbaren Raum-Zeit-Gestalt, d. h. nur der zur Unterscheidung fähige, aktiv wahrnehmende Beobachter vermag aus der sich in der Zeit entfaltenden Bewegung die Grenze vom dreidimensionalen Raum zur vierten Zeit-Dimension zu eröffnen. Die Positionsveränderung bildet also gewissermaßen eine Brücke zwischen Raum und Zeit.

Während die Rosette der Maria della Salute, einer »Galaxie« ähnlich, das gesamte Innenraumschiff ausfüllt, befinden sich kleinere Rosetten unter anderem in den Treppenaufgängen des Dogenpalastes (Scala d'Oro) und in der Scuola di San Rocco. Diese Rosetten bestehen aus verschiedenfarbigen und strukturierten Marmorarten.

Es lohnte den Versuch, die geometrischen Muster, Symmetrien, Tranformationen, Reihungen, Spiegelungen und ornamentalen Elemente zu quantifizieren. Selbstverständlich mußte dieses Mosaik zunächst erdacht, skizziert, vermessen, gezeichnet, komponiert werden, bevor Steinmetzen die Marmorplatten schneiden und weitere handwerkliche Fertigungsprozesse zu dieser Gestalt führen konnten. Doch an diesem verhältnismäßig bescheidenen, zweidimensionalen

Flächenmuster läßt sich bereits ermessen, wie müßig es wäre, dessen phänomenales Wesen aus der Summe seiner Teile und der Teile als eines je größeren Ganzen ergründen zu wollen.

4. Die erkenntnistheoretisch hocheinzuschätzenden Graphiken Maurits Eschers bieten einen Schlüssel der Annäherung:

Aus dem Ungenügen menschlicher Phantasie, sich den leeren Raum, den Begriff des »Nichts« im Sinne von raum-los vorzustellen, suchte Escher nach immer neuen Mitteln der Darstellung, aus dem dreidimensionalen Raum und seiner Fläche auszubrechen. Er löste das Problem intuitiv durch eine Symmetrie der Ähnlichkeit der Abbildung. Anstatt Größe und Gestalt einer Figur, eines Musters zu erhalten, begnügte er sich damit, nur die Invarianz der Gestalt beizubehalten, die Größe derselben jedoch zu variieren. Damit gelang es Escher die unendliche Zahl anschaulich zu machen, ohne die Fläche krümmen zu müssen, ja den Eindruck der Unendlichkeit zu vermitteln, ohne diese jedoch tatsächlich je zu erreichen.[12]

Ein Blick auf die hier vorgestellte Rosette mit verkürztem fotografischem Winkel zeigt indessen, daß dieser Effekt tendenziell bereits in diesen und anderen Mosaik-Mustern, unabhängig von der Betrachterposition, vorgegeben ist.

Die Darstellung des unendlichen Raums mit den Mitteln der Endlichkeit als zweidimensionaler Fläche, und damit eine Annäherung im Sinne von Anschaulichkeit an mehrdimensionale Raum-Zeit-Gestalten, hatte also längst vor Escher in der islamischen und später venezianischen Raumgestaltung Eingang gefunden. Es bedarf indessen eines hohen Maßes an Interesse, sich auf den Raum-Zeit-Kosmos dieser Art von Rosettenkompositionen emotional, aber gleichzeitig auch rational einzulassen. Und es überrascht wohl kaum, im »geschwind durch Italien reisenden Franzosen« (Goethes Reisetagbuch) nicht jenes Naturell zu erwarten, das »mit dem Ganzen eine Einheit zu bilden (vermöchte), um sich so von seiner Unvollständigkeit befreien zu können«. (Pacioli)

Die Maxime Paciolis bezieht sich prinzipiell auf das Verhältnis von Teil und Ganzem, dessen pragmatisch-ästhetische Wirkung mit wachsender Komplexität an die »Definition« von Peripherie und Zentrum gebunden ist. Mit anderen Worten: Menschliche Wahrnehmung ist zutiefst eingebunden in Gewohnheiten und »Gravitation«, also abhängig von zentripetalen und zentrifugalen Neigungen. Vieldeutigkeit und Ambivalenz, die all jene Mosaik-Komponenten aus der Bewegung im Perspektivwechsel wahrnehmbar machen, werden bevorzugt dann als Kontrast, als Spannungsgefälle und Variantenreichtum lustvoll erlebbar, wenn sie auch Peripherie und Zentrum, also Grenzen anbieten.

Das vermögen Kreis- und Ellipsen-Konfigurationen per definitionem, und Spiegelungen, Licht-Farbeffekte oder Beschleunigung erhöhen diese Wirkung, während weniger komplexe Mosaikmuster wie jene mehrdeutigen, durch Horizontalen markierten Rhombenbänder am Außenrand der »Sala Superiore« von San Rocco einen retardierenden oder beschleunigenden Effekt auslösen, um schließlich zur Wahrnehmung zu (ver)führen.

Das Erlebnis der Resonanz oder Dissonanz im Sinne des »Goldenen Schnitts« als Proportionsschlüssel und reziproken Teilungsprozesses, soweit er Kommunikation in der Konfrontation mit den vorgestellten Mosaikmustern zugrunde liegt, läßt sich auch als »horror vacui« oder »amor infiniti« (Gombrich) umschreiben, hinter welchem sich jene Grenzüberschreitungen zwischen Raum und Zeit, Ordnung und »Chaos« verbergen, die eigentlich jedermann im Alltag unbewußt vertraut sind und doch in jedem Betrachter so völlig unterschiedliche Affekte auszulösen vermögen.

Die empirischen Erkenntnisse eines Erwin Schrödinger – »Leben saugt Ordnung aus dem Ozean der Unordnung« – oder der modernen Chaosforschung – »Evolution sei Chaos plus Rückkoppelung« (Joseph Ford)[13] – stellen uns vor die Frage: Ist die Struktur unseres Geistes an die Hypothese der Regelhaftigkeit gefesselt? Ist Erkenntnis ein spezifisches Herausfiltern der vielleicht nur wenigen Harmonien, oder ein der Struktur der Welt korrespondierender Akt?[14] Je tiefer die modernen Wissenschaften in die Zusammenhänge der Welt eindringen, desto mehr Harmonien scheinen sie, wie Mandelbrot und Feigenbaum bestätigen, zu entdecken.

Keplers Korrektur seiner Annahme der perfekten Kreisförmigkeit der Planetenbahnen erweist sich als höchst sinnvoll: den Wert seiner Hypothese von der Regelhaftigkeit eben nicht darin zu sehen, daß sie sich mit seinen Beobachtungen in Übereinstimmung bringen ließ, sondern umgekehrt, daß sie, da nicht mit den Tatsachen übereinstimmend, den Weg freigab zur spontanen Korrektur, »um die Phänomene zu retten«.

Harmonien stellen sich in dieser Welt von selbst ein, wenn man Chaos – Ungewißheit, Orientierungsverlust – unter bestimmten rückgekoppelten Bedingungen sich selbst aufschaukeln läßt.[15] Dieses Erlebnis war nicht nur Kepler vertraut, vielmehr bietet auch Venedig dafür reiches Anschauungsmaterial.

Unter diesem Gesichtspunkt gewinnen die vorgestellten Mosaik-Muster einen überraschenden erkenntnisleitenden Wert. Sie erweisen sich als, wenn auch noch so bescheidene Modelle der Differenz von Erscheinung und Wesen der Phänomene, welche als Konkretisierung ästhetischer, ethischer und epistemologischer Praxis den Alltag eines jeden, um Gestaltung Bemühten, markieren.

Sie bieten Anschauungsunterricht für den potentiellen Variantenreichtum gestaltbarer Lebensräume und deren Organisation als simultane Einheit der Gegensätze, die, wie die Konfrontation mit den Mosaiken zeigt, das Risiko der Offenheit, Ambiguität und den permanenten Perspektivwechsel in Kauf zu nehmen bedeutet.

III. Im letzten Teil dieses Kapitels richten wir unsere Aufmerksamkeit auf die Organisation der Raum-Perspektive in der Malerei und deren prinzipiellen erkenntnisleitenden und pragmatischen Stellenwert in der Repräsentation des Raumes in Venedig.

In dem durch das Wasser der Lagune verspiegelten Labyrinth Venedigs maß man, wie Architektur, Malerei und Innen-Raumgestaltung bezeugen, dem

Phänomen der »wahren Lage des Horizonts« (Leonardo da Vinci)[16] – also der Betonung der perspektivischen Position des Sehenden – einen hohen Rang zu.

Mit der Entdeckung der Perspektive im 15. Jahrhundert entstand neben dem natürlichen Raum ein ganz neuer, nämlich mathematischer und idealer Raum-Begriff. Insofern ist hier die Perspektive Ausdruck einer logozentrischen Rationalität des zweidimensionalen Bildes, die nun als Konstruktionsprinzip – »perspectiva artificialis« – in die Kunst eingeführt wurde.[17]

Damit konnte mittels einer geometrischen Formel auf einer zweidimensionalen Fläche die Illusion einer dreidimensional-räumlichen Tiefe hervorgerufen werden, ja ein räumlich konstruiertes Gebilde – dank der Erkenntnisse der Mathematik, der Optik, Licht- und Farbenlehre sowie Anatomie und Physiologie – den Anspruch der Objektivität erheben.

Die Herausbildung dieser sogenannten »zentral-perspektivischen« Raumorganisation bedeutete zunächst gegenüber der mittelalterlichen Darstellungspraxis einen Paradigmenwechsel, welcher die Beziehungen zwischen Betrachter und Dargestelltem auf eine idealtypische Weise ordnete: den Raum nun von einem festen und absoluten Punkt aus als unendlich erscheinende, homogene und dreidimensionale Ausdehnung zu erleben. Tatsächlich verbarg sich hinter dieser Neuorientierung jedoch ein sehr viel umfassenderes Interesse, nämlich die Thematisierung:
– der Bewegung
– der Proportionen im endlich-unendlichen Raum[18]
– der Erweiterung ästhetisch-kommunikativer Kompetenz des Betrachters und seiner Beziehungen zu Raum und Zeit.

Die ersten grundlegenden Experimente, praktischen Demonstrationen und Traktate seitens Paolo Uccello, Brunelleschi, Alberti, Giotto, Donatello und Piero della Francesca sowie anderer bedeutender italienischer Künstler verknüpften Theorie und Praxis und setzten einen Diskurs in Gang, der maßgeblich in der Person Leonardo da Vincis gipfelte. Leonardo war der erste, der die Malerei in eine der Wissenschaft ebenbürtige Stellung erhob. Malen erfodere zu sehen und zu gestalten, sei also gestaltendes Erkennen des Wahren. Gleichwohl bilde die Welt der Anschauung die Quelle der Erkenntnis, nicht diese selbst, die sich erst und vor allem im Kunstwerk manifestiere:

Diejenigen, die sich in die Praxis ohne Wissenschaft verlieben, sind wie der Seemann, der ohne Steuer und Kompaß das Schiff besteigt und also nie Gewißheit besitzt, wohin die Reise geht. Immer muß die Praxis auf eine gute Theorie gebaut sein, zu der die Perspektive als Leitfaden und Einführung dient. (Leonardo da Vinci)[19]

Die Emanzipation zur Erkenntnis der unendlichen Mannigfaltigkeit der sogenannten Wirklichkeit und ihrer Gestaltbarkeit hatten vor allem Pico della Mirandola und Pietro Pompanazzi eingeleitet:

Ich habe dich in das Zentrum der Welt gestellt, damit du leichter um dich blicken kannst und alles was sie enthält, siehst. Ich habe dich nicht als himmlisches Wesen und nicht als irdisches, weder sterblich noch unsterblich geschaffen, damit du dein freier Erzieher und Herr seist und dir selbst deine Form gibst.. (Pico della Mirandola)[20]

Die experimentellen Erfahrungen und bald auch die theoretischen Auseinander-setzungen, insbesondere in Florenz um Brunelleschi, lösten eine so große Faszination aus, daß man annahm, »die Malerei (sei) nichts anderes, als die Demonstration von Flächen und Körpern, welche verkleinert oder vergrößert werden, je nachdem, wie die wirklichen, vom Auge wahrgenommenen Dinge unter verschiedenen Winkeln sich darstellen« (Piero della Francesca), ja es schien so, als sei die sichtbare Welt nichts anderes, als ein Ensemble im Raum angeordneter Teilmengen (Alberti).[21]

Mit der perspektivischen Raum-Konzeption schien buchstäblich der natürli-che und der weltliche Raum in seiner Totalität ohne jede transzendentale Grenze erobert zu sein, die künstlerischen Ambitionen sich vollkommen auf eine ganz und gar irdische Menschheit zu richten. Hier feierte sich der Mensch, von dem Mirandola sprach – nur, daß seine körperliche Existenz und die Welt in die unbestechlich erscheinende Rationalität geometrischer Koordinaten eingefügt zu sein schien.[22] Es war Leonardo da Vinci, der die Gefahren einer doktrinären Befolgung einer zentralperspektivischen Raum-Konzeption und deren paradoxe Ergebnisse erkannte und bereits in seiner Zeit zur Diskussion stellte.

Wir wissen heute im Rückblick: Die visuelle Welt wird buchstäblich aus der Raumveränderung erfahren, natürliches Sehen erfolgt durch zwei ständig bewegte Augen. Die Sehpyramide läuft in der gekrümmten Fläche der Pupille zusammen, nicht jedoch in einem einzigen Punkt, wodurch das Gesichtsfeld erst eine sphäroide Gestalt erhält. Die Zentralperspektive berücksichtigt nicht den Unterschied zwischen mechanisch bedingtem Netzhautbild und psychologisch bedingtem Sehbild, in welchem die sichtbare Welt ins Bewußtsein dringt.[23]

Die Konstanz des wahrgenommenen Bildes betrifft vor allem das Größenver-hältnis, nämlich die Erscheinung der relativen Unveränderlichkeit des Wahrneh-mungsbildes. Sie ist der Kern des Konstanzphänomens aller menschlichen Wahrnehmung, und als solche in der zentralperspektivischen Konstruktion gewissermaßen aufgehoben. Insofern ist die Renaissance-Perspektive nicht nur eine »symbolische Kunstform«, sondern auch eine Methode, aus naturwissen-schaftlicher Sicht ein brauchbares System der Verallgemeinerung der mensch-lichen Wahrnehmung anzubieten.

Das natürlich-visuelle Sehbild ist ein diskontinuierlicher und heterogen zusammengesetzter Raum, an den Rändern verzerrt und verschwommen, seine Gegenstände zerfallen in mehr oder weniger selbständige Gruppen. Infolge des sphäroiden Gesichtsfeldes sehen wir teilweise Kurven statt Geraden, während räumliche Beziehungen, Verkürzungen, Überschneidungen, inhomogene Strukturen, Farbnuancen, Licht- und Schatteneffekte unbewußt bleiben. Die visuelle Wahrnehmungswelt ist also scheinbar unbegrenzt erfahrbar, während das visuelle Feld einen begrenzten, bewegungslos-fixierten Augenblick ausblen-det, welcher der Konzentration, der Focussierung bedarf. Die Einheit, innerhalb derer die Mannigfaltigkeit zusammengefaßt wird, ist die der geometrisch rekonstruierten Wahrnehmung durch ein fiktives Auge. Die Fiktion der simultanen Erfahrung des Bildganzen impliziert indessen kraft einer zentralen Außeninstanz: Raumkoordinaten, Peripherie, Zentrum und Grenzen.[24] Insofern ist

das planperspektivische Raumbild, so wie es uns die Kunst der Renaissance vor Augen führt, mit der gleichmäßigen Klarheit und konsequenten Gestaltung aller Teile, dem gemeinsamen Fluchtpunkt der Parallelen und dem einheitlichen Modulus der Distanzmessung.. eine kühne Abstraktion eines mathematisch richtigen, aber nicht psychophysiologisch realen Raums, ... Einheitlichkeit und Konsequenz galten für sie als die höchsten Kriterien der Wahrheit.[25]

Die Tendenz, derartige Vorstellungen über die Objektwelt hinaus auch auf die menschliche Wahrnehmung zu übertragen, läßt ein Traktat über die Perspektive des Venezianers Daniele Barbaro erkennen:

Ich gebe Anweisungen, in welcher Weise man die Strahlen des Sehens, da ja ihre Vernunft, wie Vitruv sagt, im Wissen gesetzt ist – von einem bestimmten, genau bezeichneten Punkt her auszusenden hat, jene Strahlen, die den natürlichen Linien antworten. Welche dem Wahren entsprechenden Szenen man immer auch sehen mag und was immer von dem.. bedeutsam erscheinen mag, so ist doch gewiß, daß diese Praxis in lediglich drei Begriffen und deren Erkenntnis eingefangen ist, nämlich Auge, Blickstrahlen und Distanz. (Daniele Barbaro 1568)[26]

Erweist sich also, so ist zu überlegen, die zentral-perspektivische Konzeption der Renaissance-Raum-Gestaltung in Analogie zum Cartesianischen Paradigma eines kausalen Determinismus als ein geschlossenes System, in welchem hermetisch definierte Grenzen, ja isolierter Selbstbezug dominieren, weil logisches Kalkül und eine die Wahrheit enthüllende Methode, die Mathematik – ganz im Sinne Descartes –, einen prinzipiellen Allgemeingültigkeitsanspruch erheben?

Kehren wir noch einmal zu Leonardo da Vinci zurück: Er hat sich in Erkenntnis der »wahren Lage des Horizonts« – ähnlich wie später Albrecht Dürer – und ungeachtet der Kritik an seiner Erkenntnistheorie (durch Moritz Cantor u. a.) [27] am nachhaltigsten mit den Gesetzmäßigkeiten und Begrenzungen der Zentral-Perspektive auseinandergesetzt und neue Anregungen ihrer Weiterentwicklung eingeleitet. Der Prozeß des Triumphes der Perspektive zur Zeit der Renaissance bis zur Formulierung der Analyse der Empfindungen im Jahre 1855 durch Ernst Mach, und damit des Versuchs der Überwindung der »Tyrannei der Perspektive«, erstreckt sich über ein halbes Jahrtausend.

Neuere Darstellungen zu Aspekten der naturwissenschaftlichen Wahrnehmungstheorie und Ästhetik (Asendorf, Weibel u. a.) belegen, daß sich auch der Prozeß der Auflösung der Zentralperspektive in der Kunst, Philosophie und den Wissenschaften seit dem ausgehenden 19. Jahrhundert in Wechselwirkungen vollzog. Doch über die weiter zurückreichenden Voraussetzungen und Hintergründe dieses Prozesses – insbesondere im Zusammenhang mit der Raum-Zeit-Konzeption Venedigs – lassen sich mit dieser Arbeit weitere Mosaiksteine eines sehr viel weiter zu fassenden Rahmens erkennen und demonstrieren.

Bevor wir uns also wieder der Organisation der Raum-Perspektive in der Malerei Venedigs und deren erkenntnisleitendem und pragmatischem Stellenwert als einem Schlüssel seiner Lebens-Raum-Gestaltung zuwenden, verweilen wir einige Momente in der Konfrontation Ernst Mach-Nietzsche, Helmholtz-Cézanne im ausgehenden 19. Jahrhundert. Eines zeichnet diese Generation von Künstlern, Philosophen und Wissenschaftlern unabhängig von ihren spezifisch zeitbedingten Problemen und Schlußfolgerungen aus: die Frage nach Subjekt und Materie, Perspektive und Raum-Zeit-Beziehungen angesichts revolutionärer künstlerischer, wissenschaftlicher und technischer Veränderungen.[28]

In Weiterführung der Gedanken Leonardos, der die Malerei als Wissenschaft bezeichnet, da sie die doppelte Begabung des Sehens und des Gestaltens erfordere – daher auch seine Äußerung: Malen sei gestaltendes Erkennen des Wahren unter Berücksichtigung der Farb-, Linear-, Deutlichkeits-, Luft- und Schattenperspektive –, betont Cézanne: beim Malen müsse sich Auge und Gehirn gegenseitig ergänzen, Farbempfindungen seien zu registrieren und als atmosphärischer Aspekt zu organisieren. Der Eindruck, den die Natur hinterlasse, sei mit der eigengesetzlichen »Natur« der Farben zu verbinden. Der Äußerung Cézannes »Die Natur zu entziffern bedeutet, sie unter dem Schleier der Interpretationen durch Farbflecke wahrzunehmen« – neben seiner intellektuelle vorzunehmenden Bildorganisation[29] und seiner Entdeckung abstrakter, von ihrer konkreten Einzelgestalt unabhängiger Grundformen, Kugel, Kegel und Zylinder – korrespondiert der Helmholtzschen Darlegung der Doppelstruktur der Wahrnehmung, nämlich seiner Beschreibung reiner Gebilde, die er als rechtwinklig, zylindrisch und kugelförmige Flächen bezeichnet.[30]

Unter diesen Voraussetzungen erweisen sich die Eindeutigkeit der Linear-Perspektive, die Fixierung des Augenblicks, die Absolutheit der sinnlichen Wahrnehmungsposition seit der Renaissance nur noch als ein Spezialfall der Wahrnehmung. Sie ist nun unter Verzicht eines simulierten Tiefenraums durch die Vielschichtigkeit der Wahrnehmung, durch die potentiell allseitige Sicht der Dinge und eine nicht euklidisch geordnete Geometrie erweitert worden, erweitert um den Faktor Zeit als Gleichzeitigkeit mehrerer Ansichten.

Ähnlich hat sich Ernst Mach als Naturwissenschaftler in seiner Analyse der Empfindungen Gedanken über den Wahrnehmungsprozeß gemacht. Bereits die Frage der Unterscheidung zwischen Empfindenden und Empfundenen stellt sich für Mach gar nicht mehr, ebenso wie es keine Grenze mehr zwischen physischen und psychischen Prozessen gebe, sondern nur noch unendlich viele Verknüpfungen. Demzufolge erzeugen nicht die Körper Empfindungen, sondern Element-(Empfindungs-)Komplexe bilden die Körper: Ding, Körper, Materie sind nichts anderes als Farben, Töne, Wärme, Druck, Raum, Zeit usf., die, in mannigfacher Weise miteinander gemischt, verbunden sind durch Stimmungen, Gefühle und Willensakte.[31]

Die sogenannten Tatsachen betrachtet Mach als Komplexe von Teilelementen, deren Interdependenz sich angemessen nur jenseits Kausalität und Substantialität durch den Funktionsbegriff, und damit als Variabilität darstellen läßt; eine Einschätzung wohl, die manche seiner Zeitgenossen, vor allem in den Bereichen der Ökonomie, der Soziologie und der Kulturwissenschaften mit ihm teilten. (Rathenau, Sombart, Simmel u. a.)

Hier nun überschneiden sich Machs Theorien mit denen Nietzsches, dessen Theorie des Subjekts das Modell des perspektivischen Scheins zugrunde liegt. Doch nicht der Wahrnehmung oder dem psycho-physischen Apparat an sich galt Nietzsches Aufmerksamkeit, sondern der Relativität der als Denkperspektive verstandenen Sichtweisen, Positionen und Interpretationen.

Das vom Auge konstruierte Ganze suggeriert ständig den Eindruck von Konsistenz und Geschlossenheit, wo die Wahrnehmung den Schein des Ruhenden vermittelt, doch ebendieser Eindruck sowie die Schlußfolgerung des statisch festen Subjets ist eine Illusion. Nietzsche spricht daher auch nur von der »Sphäre des Subjekts«, dessen Zentrum in ständigem Wandel begriffen ist.

Da jede Wahrnehmung stets nur eine sich immer neu verschiebende Falschheit darstellt, eine »wahre« Welt also gar nicht existiert, und damit auch die Fiktion des Individuums als »unteilbare« Komposition auf einer Täuschung beruht, das sogenannte Objekt bei Mach lediglich ein Ergebnis seiner Denkökonomie ist, erscheint die naheliegende Konsequenz die Spiegelung: Vielleicht mit der Assoziation eines Aufenthalts in der »Albright-Knox-Galerie« in Buffalo, New York, jenes völlig aus Spiegeln bestehenden Raums einschließlich seines Mobiliars, als bodenlos-raumlosen Abgrunds der Unendlichkeit.

Der einzelne steht also als Übergang, als Brücke eines vergänglich-unendlichen Prozesses. Kann aber das veränderliche System Mensch die Fülle der Informationen nicht verarbeiten, so zerbirst es – um im Bilde des Spiegels zu bleiben – in unendlich viele Splitter. Mit dem Hinweis Nietzsches auf die unendliche Variabilität des Bildes vom Menschen, von Subjekten, deren Eigenschaften und Beziehungskonstellationen gibt es auch keinen Weg vom Wahren zum Falschen oder umgekehrt, sondern nur die immer neue Überwindung engerer Interpretationen vermöge eines verfeinerten Sinnenapparates.[32]

Damit kehren wir zu unserem Ausgangspunkt, der Frage nach Entwicklung und Wandel der Raum-Perspektive in Venedig und ihrer Implikationen zurück.

Nachdem die Impressionisten – »diese Halsabschneider, die die geschlossene Gestalt des Menschen, wie sie uns die alten Meister gelehrt haben, verachten« (Franz von Lenbach, 1886) – die Perspektive überwunden, Ernst Mach, Helmholtz und Nietzsche die Subjekt-Position und Perspektiv-Problematik nachdrücklich in Frage gestellt hatten, war mit der Verdrängung des absoluten Standpunktes des Subjekts durch einen relativen auch dessen Identität weitgehend in Auflösung begriffen. Damit konnte nun für das folgende halbe Jahrtausend die Überwindung jenes logozentrischen Ordnungs-Paradigmas und die ästhetisch-kommunikative Teilnahme eines emanzipierteren Betrachters eingeleitet werden, nämlich: Perspektive als Prozeß *zu sehen, was zu sehen ist, sichtbar zu machen, was nicht ist, getäuscht zu sehen und im Täuschen sehend zu machen.*[33]

Der Prozeß der Auflösung der zentral-perspektivischen Raumordnung war indessen in der Kunst – ganz abgesehen von dem Einfluß solcher Denker wie Occam, Bruno, Spinoza u. a. – bereits seit der Krise der Renaissance mit dem sogenannten Manierismus in Italien eingeleitet worden: jener »geistigen Katastrophe, die der politischen voranging, und die darin bestanden hat, daß die alten, verweltlichten, kirchlichen oder profan-wissenschaftlichen und künstlerisch-dogmatischen Systeme und Kategorien des Denkens eingestürzt sind ... das Ergebnis war ein scheinbares Chaos«. (Max Dvorák)[34]

Der Zweifel an der Eindeutigkeit künstlerischer Aussagen bereitete dem Kunstideal der Renaissance in dem Maße ein Ende, in dem dieses der Eintracht die Zwietracht vorenthielt. Die klassische Formel »Harmonia est discordia concors« wurde nun erweitert und umgekehrt zur »Concordia discors«, Verfremdung, Verschlüsselung der Form und Sachinhalte: die »gestörte Form« und Ambivalenz fanden Ausdruck in Stilmischungen, Wahlfreiheit, als grundsätzliche Möglichkeit, den Realitätsgrad subjektiv zu wählen (Dvorák), Variationsmöglichkeiten und Multimaterialität als Neben- und Ineinander faktischer, fiktiver und virtueller Wirklichkeiten.[35]

Das Kunstwerk verstand sich nicht mehr als Ort der Wahrheit, als Kristallisationspunkt von Form und Inhalt, Aussage und Aufnahme, sondern als Funktion der Wahrnehmung. Das Unvollkommene, Störende, Überraschende zielt nun auf einen Bewußtseinsakt, den zu setzen es den Betrachter selbst nötigt.[36]

Mit der Ornament- und Mosaik-Gestaltung waren in Venedig bereits die simultane Präsenz einander entgegengesetzter Phänomene der Wirklichkeit, Erwartetes und Unerwartetes, das unendlich Kleine und das unendlich Große, Zweidimensionalität und Raum-Zeit-Kontinuum, Komplexität und Schlichtheit, Vieldeutigkeit und Einfältigkeit, kurz: Kompossibilität zu einem fast allgegenwärtigen Gestaltungsmoment des Raumes erhoben, und damit der Verzicht absoluter Positionen und jeglicher Homogenität offen zum Ausdruck gebracht.

Nur eine »logozentrische Perspektive« und die chronische Ignoranz gegenüber jener als Exotikum betrachteten »Insel«-Lagune vermag zu erklären, wie das Visitenkarten-Experiment Ernst Machs trotz des reichen Anschauungsmaterials in Venedig und anderen italienischen Metropolen, um viele Jahrhunderte verspätet, originell erscheinen und eine so überraschende Wirkung auslösen konnte. William James hebt es in seinen *Principles of Psychology* 1890 ausdrücklich hervor, und Picasso verewigt es in seinem Bild *La Rue des Bois*.[37]

Als aufschlußreich erweist sich wohl der Prozeß der schrittweisen Koexistenz und Integration verschiedener Raum-Gestaltungs-Konzeptionen in Venedig. Läßt er doch auch Rückschlüsse auf eine kollektive Positionsbestimmung und den Anspruch venezianischen Selbstverständnisses von Pluralität zu. Ebenso bezeichnend erscheint das Spektrum der Auswirkungen und Fremdeinschätzungen etwa von »typisch venezianisch oder konservativ« bis zu dem so viel Ambivalenz und Befremden auslösenden Einfluß eines Tintoretto in der Scuola von San Rocco.

Vergegenwärtigen wir uns noch einmal skizzenhaft die Stationen dieser Entwicklung. Aus der Fülle möglicher Beispiele stehen exemplarisch zunächst einige Federzeichnungen Jacopo Bellinis um 1441.

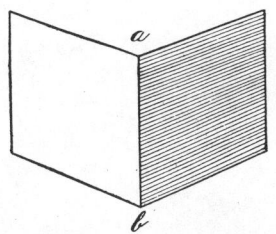

Bellini hatte mit diesen Zeichnungen, über den mathematischen Kanon der Perspektivlehre als Doktrin hinaus, die Voraussetzungen geschaffen, die über Mantegna und andere bedeutende Maler der Idealkonstruktion jener »Ars prospettiva« in Italien zum Durchbruch verhalfen. Giovanni Bellini sollte zum vielleicht größten Interpreten der neuen perspektivischen Kunst werden.

Seine Darstellung der Vermenschlichung sakraler Themen, seine Kunst des Umgangs mit Perspektive und Verkürzungen, Licht und Farbe von Menschen in der Natur sollte fast ein halbes Jahrhundert zum unbedingten Maßstab werden.

Seine Kunst stellte nicht intellektuelle und technische Virtuosität wie etwa die Mantegnas oder Giulio Romanos zur

Picasso, La Rue des Bois.

Schau, sie bildete nicht Erkennungszeichen für Eingeweihte, sondern war Mittel, das Ereignis offenbarer und wahrer darzustellen, das Mensch und Natur verband.[38] Eines der paradigmatischen Werke auf diesem Wege bildete kaum 25 Jahre nach Jacopo Bellini das Gemälde des »Heiligen Sebastian« von Antonella da Messina, auf dessen Bedeutung für die Entwicklung der Portraitkunst wir im ersten Teil eingegangen sind.

Während die wachsenden Vorbehalte, insbesondere Leonardo da Vincis und Michelangelos im Florenz der zweiten Hälfte des 15. Jahrhunderts die Auflösung der zentralperspektivischen Konzeption vorbereiteten, nachdem zwischen 1508 und 1511 mit der »Schule von Athen« der Schwanengesang der italienischen Konzeption der Perspektive durch Raffael eingeleitet worden war, und Michelangelos Freskengemälde in der Sixtinischen Kapelle (1508–1512) fast als Provokation dieser Konzeption empfunden wurde – Michelangelo: »Man muß den Zirkel in den Augen und nicht in den Händen haben« (Vasari[39]) –, erreichte die italienische Raum-Perspektiv-Konstruktion jenseits der Alpen ihre weiteste Verbreitung.[40]

349

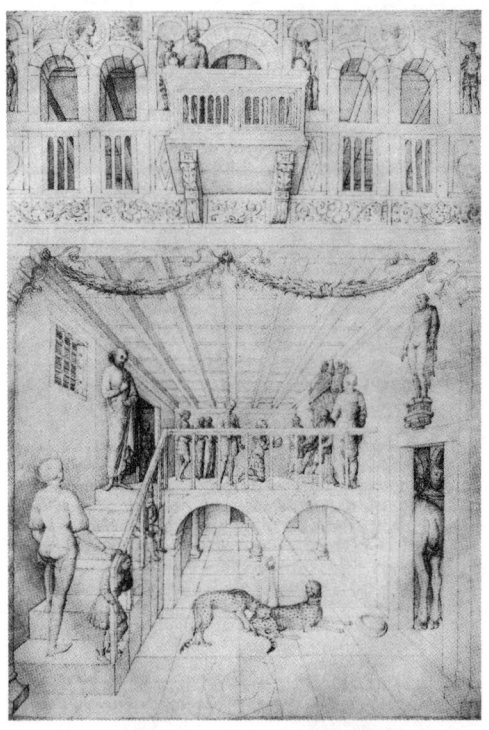

Giacopo Bellini, Zentralperspektive.

Unterdessen hatte Andrea Mantegna 1475, noch vor Messinas *Heiligem Sebastian* mit seinen Deckenfresken der Camera degli sposi im Palazzo Ducale von Mantua mit der sogenannten »Sotto in su«-Technik (Von-unten-Ansicht) erste, wegweisende Ansätze einer an optimale Täuschung grenzenden Perspektiven-Varianten vorgeführt. Über eine schein-offene Brüstung, an der Putti herumturnen und fünf kichernde Hofdamen herabblickten, wird der Blick in den grenzenlos erscheinenden Himmel geführt.

Etwa zur selben Zeit hatte Giulio Romano diese Technik im Palazzo del Te in Mantua weiter durch die Dekoration geradezu virtueller Architekturen (»Quadratura«) vervollkommnet.

Die Zentral-Perspektive war also in Italien Geschichte geworden, obgleich sie im 15. Jahrhundert eine so entscheidende Rolle für die soziale Emanzipation des Künstlers gespielt hatte. Nun bildete sie nur noch einen so selbstverständlichen wie notwendigen Bestandteil technischer Meisterschaft der Raum-Gestaltung, diente sie als Stabilisierung und Systematisierung der Außenwelt wie als Erweiterung der Ich-Sphäre.[41]

Vor allem die »Sotto in su« – und »Quadratura«-Techniken eröffneten nun völlig neue Gestaltungsräume. In Venedig machten vor allem Veronese, Tintoretto und im 18. Jahrhundert Giambattista Tiepolo auf je unterschiedliche Weise höchst wirksam Gebrauch davon. Sie waren es, die den Augenpunkt für den Betrachter exzentrisch wählten, um jenseits verbindlicher, richtiger Positionen oder objektiver Gesetzmäßigkeiten des Raumes mit Gravitation-Levitation, Explosion-Implosion und Parastatik den subjektiven Eindruck zu verstärken und damit über das seelische Auge Resonanz auszulösen.[42]

Die im Jahre 1562 in der Brera gemalte *Auffindung der Reliquie des hl. Markus* kündigte bereits an, über welche Ausdrucksmittel ein Tintoretto verfügte, um in San Rocco bald radikal aus dem traditionellen Raum- und Affekt-Koordinaten-Kanon auszubrechen, während Veronese die Ambivalenz der irdischen Ordnung schonender mit Unendlichkeit, Mythos und den Apotheosen und Attributen des schönen Scheins zu verbinden wußte.

Ein Vergleich des oben genannten Tintoretto-Gemäldes mit den Innenraum-Fresken Andrea Celestis (Loggia der Villa Rinaldi Casella d'Asolo) als Fortset--

Giambattista Tiepolo, Die Rosenkranzspende, *Deckengemälde in Santa Maria dei Gesuati, 1737–1739.*

zung der »ars prospettiva« im neo-palladianischen Stil, neben im gleichen Raum konkurrierender Perspektiv-Ansichten aus dem Jahre 1705, ist hier aufschluß-reich: Sowohl seitens jener venezianischen Maler, wie auch seitens der Wünsche ihrer Auftraggeber die für Venedig wohl verständliche Tendenz der Beschwö-rung unendlich erscheinender Sakral- wie Profan-Räume. Und sie wird bei den meisten Fresken noch ergänzt, ja bereichert durch die dramatischen Attitüden ihres »Personals«, selbst stürzend noch im freien Fall den Raum im Unendlichen zu ermessen. Von Veroneses *Triumph des Mordecai*, der *Esther vor Ahasverus* als Deckengemälden in San Sebastiano (1535), Tintorettos Gemälden in der Scuola San Rocco, vor allem der *Himmelfahrt Christi*, der *Verehrung der goldenen Schlange* und im 18. Jahrhundert weiterer Bild-Kompositionen Tiepolos in S. Maria dei Gesuati oder der Casa Rezzonico am Canal Grande sind der Beispiele kein Ende.

Das ästhetische Erlebnis des endlich-unendlichen Raums signalisiert nach Galilei und Giordano Bruno eine auch im sozio-politischen und gesellschaftlichen Bereich zunehmende Tendenz der Dezentralisierung, die je nach Disposition im Einklang oder im Widerspruch zur allgemeinen Entwicklung Venedigs stehen mag: auf der einen Seite im Sinne einer völlig eindeutigen Zuordnung von Objekten auf ein Subjekt, auf der anderen Seite die spontan-selbstorganisierende Koordination des Sinnes- und Bewußtseins-Environments, die einer schwin-genden Elastizität raumzeitlicher Orientierung und Kompossibilität entgegen-kommt.

In der Konfrontation mit den oben genannten Beispielen Veroneses, Tintorettos und Tiepolos handelt es sich um den Topos des Bildsturzes als eine der radikalsten Techniken der Überwindung zentral-perspektivischer Fiktion eines simultan erfaßbaren Bildganzen.[43]

Die auf eine horizontale Ordnung, gewöhnlich also die auf die Wandbildebene ausgerichtete Orientierung wird gleichsam in die vertikale Ebene über den Betrachter an die Decke »umgekippt«, und damit, vergleichbar der Konfronta-tion mit jenen Mosaik-Mustern, die Grenze vom unendlich Kleinen zum unendlich Großen, von der Fläche zum Zeit-Raum, wo es kein äußeres Zentrum mehr geben kann, überschritten.

»Sotto in su« – wie »Quadratura«-Technik – und später entwickelte anamor-photische Projektionen wie jene Andrea Pozzos in S. Ignazio in Rom, 1685 – erweisen sich nun, weit über ihren meist auf Illusionierung reduzierten Effekt, als geeignete Modelle der Entregelung fixierter Orientierungsmuster und Ordnungsvorstellungen. Ähnlich der Trompe l'œil-Technik dient auch hier die Wahrnehmungs-Konfusion der Bewußtmachung, mit dem eigenen Urteil über die phänomenale Welt auf dem schwankenden Boden der Wahrnehmung zu stehen.

Im Gegensatz zur Zentral-Perspektive (ver)führt diese Variante der selbstor-ganisierenden Prozeß-Perspektive durch die Erschütterung der Wahrnehmung eines schwindelerregenden Feldes – »Je fixais des vertiges« (»Ich hielt den

Ausschnitt aus dem Deckenfresko Allegorie auf die Hochzeit Rezzonico *von Giambattista Tiepolo im Palazzo Longhena.*

Taumel fest«, Rimbaud)[44] –, um mit der Wahrnehmung des Erwartet-Unerwarteten das Selbstverständlich-Gewohnte – nun im Lichte des Verfremdeten – wieder offen und veränderbar erscheinen zu lassen.[45]

So führt das »Bildsturz«-Motiv als Modell eines labilen Gleichgewichts zu der von Cusanus thematisierten Frage der Orientierung zwischen Zentrum und Peripherie im endlich-unendlichen Raum, zur Spannung der Befreiung im erfüllten Raum und der »offenen Zeit«. (Spinoza)

Cusanus eröffnete die Diskussion um die Relativität, die sich nur über die Konfrontation zweier (sich) einander auschließender Bezugssysteme veranschaulichen läßt. Mit den Fassaden und Mosaik-Mustern San Giorgio Maggiores haben wir ein solches Modell und die Notwendigkeit des spontanen Wechselns zwischen Teil und Ganzem, Vordergrund und Hintergrund, Innen und Außen bereits vorgestellt.

Tatsächlich setzt dieser Erkenntnisprozeß das völlige Sich-Loslösen von beiden Bezugssystemen voraus, um jene außerhalb dieses Rahmens befindliche Sichtweise – als Konfrontation mit dem »Absoluten« – im Sinne Einsteins nachvollziehen zu können.[46]

Die sprachliche Fixierung auf die immer wieder raumbezogenen Koordinaten unserer Vorstellungen führt zurück auf die bereits in den vorangegangenen Darlegungen gewonnene Einsicht der notwendigen Einbeziehung der Zeit- und Infinit-Dimension als offenbar einzig verfügbare Kategorie einer verläßlichen Orientierung.

Mit den vorangegangenen Darlegungen haben wir die Frage des schwierigen Erkenntnisprozesses ästhetischer und reflektierender Beziehungen zum homogenen Raum-Zeit-Kontinuum als einer Form artikulierbarer Sinnlichkeit und Kompossibilität thematisiert, wie ihn Lessing in seiner Schrift *Laokoon: Oder über die Grenzen der Malerei und Poesie* im Jahre 1766 eröffnet hat.

Während sich Malerei und Architektur – der erfaßbare und meßbare, aktuelle Raum – als »ewige«, von Dauer erscheinende Wirklichkeitsbereiche erweisen, die wir *haben*, gehört es zu den Eigentümlichkeiten der Poesie und Musik, in deren wesenhaften Kern wie der Wassertropfen in den Strom eingebunden zu *sein*. Abhängig vom permanenten Wandel der Zeit und unserer Wahrnehmung entziehen sie sich einer verdinglichten Verfügbarkeit im Sinne von »Haben«.

Im Kontext der hier nur skizzenhaft diskutierten Frage der Orientierung im endlich-unendlichen Raum – angesichts der relationalen Natur der sogenannten Wirklichkeit – und der Frage der Grenzen und Grenzüberschreitungen, bieten bestimmte Perspektiv-Techniken einen künstlerischen Weg, das Wesen des Zeit-Raums als ästhetisch gestaltbaren Lebensraum »begreifbar« und kompossibel zu machen.

Wie wir zeigen konnten, vermag bereits die Vertiefung in die wohl bescheidenen Mosaik-Muster San Giorgio Maggiores »Schwindel und Schauder« (Pascal) oder die Lust der Eröffnung neuer, unermeßlicher Räume (Giordano Bruno) auszulösen.

Wir gehen spekulativermaßen von der Annahme aus, daß die ständige Konfrontation mit Ambiguität und Ambivalenz auslösenden Affekten, die Differenz von Schein und Sein auch oder gerade als Moment einer keineswegs bewußten Reflexion der Sensibilisierung von Wahrnehmung und Orientierungsfähigkeit zu dienen vermag. In diesem Sinne läßt auch Italo Calvino Marco Polo in seinen fiktiven Gesprächen mit dem Kublai-Khan argumentieren, wenn er seine Heimatstadt als ein einziges Modell der Ausnahmen, Gegensätzlich- und Widersinnigkeiten darstellt.[47]

Sofern wir die Dimension der Zeit im Sinne Henri Bergsons nicht als Prinzip der Auflösung und Zerstörung sehen, nicht als Element, in dem die Ideen und Ideale ihren Wert, das Leben und der Geist ihre Substanz verlieren, sondern vielmehr als Form, um das materielle und geistige Sein einschließlich seiner ambivalenten Erscheinungsweisen bewußt und sinngebend zu gestalten,[48] besitzen die künstlerischen Manifestationen Venedigs als Ausdruck ästhetischer Praxis Modellcharakter. Erkenntniswert besitzen sie, insofern die Macht der Gegenstände die Macht des Bewußtseins als Differenzierungsfähigkeit und Stil offenbart.[49]

Doch dazu vermochte nur eine von sich selbst »Besitz« ergreifende Gestaltung der Raumkomposition nicht nur in der Zeit, sondern durch die Zeit zu führen, deren »Gestalt« die Nachgeborenen jeweils neu, mittels Geschichte, als Dimension der eigenen Gegenwart, zu entschlüsseln aufgefordert bleiben.

Raumdramaturgie und die gesellschaftliche Institution der Maske

In diesem letzten Kapitel zur Raumdramaturgie und gesellschaftlichen Institution der Maske geht es primär um die dem einzelnen auferlegte Verpflichtung, soweit er dieser Rolle und diesem Anspruch gemäß dem Gemeinwesen diente, durch die eigene Erscheinung in der Öffentlichkeit an der Gestaltung des öffentlichen und sozialen Raums mitzuwirken. Diese Mitwirkung als Ausdruck sozialer Beziehungen artikulierte sich in Venedig durch eine für die europäische Kulturgeschichte beispiellose Variante der Stilisierung.

Die Rede ist von dem im ersten Teil beschriebenen Maskengewand, der »bauta« als eines Ensembles, bestehend aus »volto«, »tabarro« und der Dreispitz-Kopfbedeckung mit Gesichtslarve. Dieses Gewand repräsentiert das Typische, oder um es mit einem zeitgemäßen, aber durchaus treffenden Begriff zu bezeichnen, die »Corporate Identity« der venezianischen Nobilität.

Die Verpflichtung, dieses Gewand, je nach Amt und Rang farblich abgestuft, den größten Teil des Tages auch während der Fastenzeit zu tragen, sofern ein Bezug zur Öffentlichkeit bestand, verband sich, neben der bewußt Gleichheit signalisierenden Funktion innerhalb des Patriziats, mit dem hohen Vorbild-Anspruch und republikanischen Selbstverständnis, welches den Hintergrund der vorangehenden Darstellung bildet.

Der einzige der »Uniformierung« nicht unterworfene Teil, das Gesicht, gewährte also allenfalls Ein-Blicke in den Individual-Raum, sofern dieser nicht auch durch jene weiße Gesichtsmaske verhüllt war.

Dieser Hintergrund ist insofern von Bedeutung, als Venedig fast ein halbes Jahr lang – einschließlich seiner traditionellen Feierlichkeiten – Carneval beging, und damit jedermann Maskenfreiheit und Maskenrechte für sich in Anspruch nehmen, also auch in der Öffentlichkeit neben zahlreichen weiteren Maskentypen mit der »bauta« auftreten konnte.[1]

Spätestens seit dem 16. Jahrhundert wurde Venedig, ähnlich wie Rom, von einer wachsenden Zahl von Gästen aus dem gesamten damaligen Europa besucht. Nicht in erster Linie, um hier bewirtet, beherbergt zu werden oder italienisches Ambiente kennenzulernen, sondern vielmehr, um in der Weltstadt des Carnevals oder des Heiligen Stuhls Petri an einzigartigen Formen öffentlicher Kommunikation teilzunehmen. Sie kamen, was Venedig betrifft, um sich ein eigenes Bild von der damals in Europa wohl legendären »Möglichkeit des Andersseins« (Aristoteles, *Nikomachische Ethik*)[2] zu machen, vielleicht auch, um sich der Wirksamkeit von Symbolen oder der Katharsis als Reinigung der Leidenschaften – wie es Aristoteles nennt – auszusetzen.

Interessanterweise offenbaren Spontan-Äußerungen Nicht-Einheimischer immer wieder als ersten Eindruck unverhohlenes Befremden ob der offensichtlichen Uniformität des Erscheinungsbildes der »bauta«, dieser schwarzen Massivität mit dem Kontrast der weißen Larve.

Jener bereits erwähnte schottische Protestant Gilbert Burnet vermerkte im Jahre 1686 lapidar: »Bloßer leerer Prunk«[3], und eine bemerkenswerte Frau des 18. Jahrhunderts: »Man gab dem Volk nicht die gröberen, herabwürdigenden Lustbarkeiten, sondern Musik, Gemälde, Improvisation, Feste... Männer und Frauen der vornehmen Klasse gehen nie aus, ohne schwarzen Domino... die Gondeln die immer schwarz sind, wie denn das ganze System der Gleichheit in Venedig vorzüglich bei äußeren Dingen stattfindet, werden von Seeleuten gerudert, die weiß gekleidet sind. Dieser Kontrast hat etwas Auffallendes, als ob die festlichen Kleidungen dem Volke überlassen wären, und die Großen des Staates sich einer immerwährenden Trauer weihen.« (Madame de Staël)[4]

Im 18. Jahrhundert ließ der Schriftsteller und Jesuit Pietro Chiari in einem seiner Theaterstücke einen Fremden als Ausdruck seines Unverständnisses für das in der Öffentlichkeit ziemliche Procedere sagen: »Und warum gerade in einer Zeit der Freude gehen diese Herren wie Trauernde umher? Angetan mit dunklem Hut, dunkler Bauta, dunklem Tabarro und weißem, wächsernen Gesicht, scheint es mir doch, daß sie sich alle Mühe geben, dem Carneval seine Heiterkeit zu nehmen, daß sie, gleich Nachtfaltern in Erscheinung treten.«[5]

Die Analyse der zitierten, aber auch anderer vergleichbarer Äußerungen deutet indessen darauf hin, daß die Resonanz gegenüber dieser Art von Stilisierung sehr viel stärker unbewußt auf einer Überprägnanz des »bauta«-Gewandes zu beruhen scheint, das naturgemäß, vor allem Fremden gegenüber, ein ungewöhnliches Maß an Ambivalenz und Affekttönungen auslösen mußte.

Die Rede soll gleichwohl nicht von der Carnevals-Zeit in Venedig sein, in der die Verkleidung bis zur Kodifizierung der Maske als Selbsterfahrung im anderen und als Erfahrung des anderen in sich selbst vielfältige gesellschaftliche, kulturelle und erotische Konnotationen unverblümt zutage treten ließ: in welcher Frauen als Männer verkleidet und Männer als Frauen, Reiche als Arme und Arme als Reiche, Jedermann und Niemand als Doge oder Papst, Prostituierte als ehrbare Dame oder umgekehrt usf.,[6] in welcher eine der säkularisiertesten, kosmopolitischen Weltstädte des damaligen Europa jegliche dem konventionellen Vorstellungshorizont völlig unvorstellbaren Mischungen menschlich-kreatürlicher und kulturell-raffiniertester Selbst-Entwürfe anbot.

Unser Erkenntnisinteresse beschränkt sich vielmehr auf die Gestaltungsspielräume, -mittel – und -funktionen der sozio-kulturellen Sphäre, und deren Hintergrund bildet die bereits im vorangehenden Kapitel thematisierte Frage zum Selbst-Rollen-Verständnis des Subjekts, der Immanenz des Subjekts und seiner kulturellen Perspektive und Raum-Zeit-Beziehungen.

An der Schwelle eines neuen Jahrtausends und einer dem kosmopolitischen und geistigen Klima der einstigen Stadtrepublik Venedig – in gewisser Hinsicht – vergleichbaren Tendenz zur multikulturellen Kommunikation ist es im Rückblick fast unumgänglich, an Balzac und dessen literarische Thematisierung der Persönlichkeit in der öffentlichen Sphäre zu erinnern. Balzac hatte bereits am Ende des 19. Jahrhunderts mit dem Motiv der äußeren, gesellschaftlichen Erscheinung als »Maske«, deren rollenbedingte Existenz nur einem Gefängnis vergleichbar sei, sein Publikum zutiefst beunruhigt. Es kann also kaum überraschen, daß auch die Mehrzahl kulturhistorischer Untersuchungen Venedigs der venezianischen Maske allenfalls im Kontext seines Verfalls als Dekadenz-Symptom, und vor dem Hintergrund seiner mythosschwangeren Geschichte Beachtung geschenkt haben.

Im ersten Teil wurden die strukturellen und die Syntax betreffenden Spielregeln dieses Maskengewandes, der »bauta«, näher beschrieben. Hier interessiert uns der funktionelle und symbolische Kontext dieses Gewandes, das, was »wir als Nicht-Venezianer fast nur als Mumien kennen, welche für uns weder Leben noch Bedeutung haben« (Goethe)[7] – das also dem, mit diesem kulturellen Kontext und kommunikativen Codes nicht Vertrauten, weil mit seiner gewohnten, »normalen« Ordnung der Dinge nicht übereinstimmend, als »uniform, bedrohlich-schauerliche Nachtfalter«[8], als »terribilità«, als »angenehme und gefällige Art des Horrors« (Hogarth)[9], als »del Sublime«[10] und ähnliches mehr erscheint.

Diesen je nach Zeit, Bildung, Erfahrungsschatz, kulturellem Interesse und subjektivem Projektionsrepertoire so vielfältigen Bedeutungsgehalten von außerhalb stehen die internen Orientierungs- und Verhaltenskoordinaten des venezianischen Sozialverbandes gegenüber: Sie sind das Ergebnis Jahrhunderte entwickelter Integrationsprozesse psychischer und sozialer Organisation.

Als Institutionen, zu denen auch die Maske gehört, erscheinen sie als »Agenturen des Zwangs« (Mitscherlich)[11], die – wie ebenso erst die Grammatik und Syntax zur Verständigung mittels Sprache befähigen – als soziale Spielregeln notwendigerweise der Steuerung und Abstimmung des sozialen Zusammenspiels dienen. Die Ausbildung eines Bewußtseins vom öffentlichen Raum, die Sensibilisierung für das Decorum und »impression management« eines selbstbewußten Bürgertums, und damit die Fähigkeit zu profan-intendierter Symbolbildung, führt weit in die Geschichte der italienischen Stadtrepublik zurück.

Sie sind in Venedig in erster Linie Ausdruck seines republikanischen Selbstverständnisses und seiner Souveränität. Nur in diesem Kontext konnte es zur Institutionalisierung der »bauta« als gesellschaftlicher Dauereinrichtung und typischem Bestandteil seiner patrizischen Kultur kommen, welcher spiegelbildlich das System des »institutionalisierten Mißtrauens« entsprach.

Während dem »institutionalisierten Mißtrauen« als ethisch-normativem Regulativ eine für sein Überleben existentielle Bedeutung zukam, ergänzte die »bauta« vor allem als ästhetisch-operative Manifestation das konzertante Zusammenspiel sozialer Interessen und erfüllte – mindestens für den Eingeweihten – obendrein auch noch den Anspruch der »Illusion der Spontaneität« im Sinne des »Cortegiano« Castigliones.[12]

Die seit der zweiten Hälfte des 19. Jahrhunderts im Zusammenhang mit Industrialisierung und Mode diskutierte Frage, wie es in der Kleidung nach dem »Ancien régime« und der Romantik in Europa einen derart rapiden Trend zum neutralen, unauffällig-einförmigen Erscheinungsbild, zur Anonymität als Abzeichen bürgerlicher Zugehörigkeit geben konnte, wie der schwarze Anzug zur »gesellschaftlichen Hieroglyphe« (Karl Marx) werden, und gleichwohl noch Indizien auf die sich dahinter verbergende Individualität zulassen konnte, diese Frage erweist sich in unserem Zusammenhang fast als aufschlußreicher als die Antwort.[13]

War es wirklich die Kleidung und deren Farblosigkeit, Homogenität, Schwarzdominanz, oder war es nicht vielmehr lediglich die äußere Form, die sich auf ihren Inhalt abstimmte, nachdem sich dieser – nämlich die Einstellung zur Außenwelt, das Selbst-Bild des einzelnen – gewandelt und damit dieser Veränderung die Erscheinung anzupassen hatte?

Die Einführung und der Gebrauch der »bauta« als gesellschaftliche Institution, als fester Bestandteil des zeremoniell-rituellen und dramaturgischen Bewußtseins der patrizischen Elite zum Zweck der Repräsentation im offiziellen, sozialen Raum bis zum Ende des 18. Jahrhunderts, überlagerte sich mit dem allgemein üblichen Maskengebrauch während des Carnevals, obwohl dieser ein weitgehend eigenständiges Symbol- und Regelsystem bildete.

Die Evidenz des fast allgegenwärtigen Maskengewandes und dessen raumzeitliche Überschneidung als Theater-, Carnevals- und Gesellschaftsmaske machen es für den Außenstehenden nahezu unmöglich, ein so komplexes Phänomen zu durchschauen, geschweige denn dieses nicht mißzuverstehen.

Beschränken wir uns daher für eine Annäherung auf einige zentrale, wenngleich in ihrer sinnlich wahrnehmbaren Gleichzeitigkeit in der Realität nicht voneinander trennbare Aspekte:

Die »Maskierung« umschließt die zu schützende Privatsphäre der Nobilität ebenso wie deren gesellschaftlich-politische Rolle, die unter bestimmten Umständen durchaus auch mit Sicherheitsrisiken, wie etwa der Kontakt mit Ausländern, verbunden war. Sie betreffen ritualisierte Formen der Interaktion, die sowohl der Affektkontrolle dienen wie gleichzeitig auch dem »Spiel«, etwa der Möglichkeit, anonym verbindliche Normen übertreten zu dürfen. Sie signalisieren die scheinbare Auflösung gewisser gesellschaftlicher Grenzen, obwohl doch gerade die Definition der Grenzen trotz Ambivalenz und Differenz der Erscheinungswelt Orientierung und Verständigung im Dienste von Selbstwert und Sozialwert durch die Verhüllung erleichtern und potenzieren, also auf der Beziehungsebene flexibler gestalten sollte.

Als Bestandteile des institutionalisierten Signal- und Verhaltens-Kanons bekundet die »bauta« zunächst, vergleichbar unserem Diskurs zur Fassade, eine explizite Mitteilung – unabhängig davon, ob diese Mitteilung als wahr oder nicht wahr, einladend oder distanzschaffend, aufrichtig oder gespielt einzuschätzen ist.

Sie bekundet gleichzeitig den impliziten Hinweis bzw. Appell darauf, wie der Träger diese Information – »das ist meine, durch die Maske geschützte Sphäre« – verstanden wissen will. Damit definiert dieser unausgesprochen seine Beziehungen gegenüber jedem Dritten. Dieser Hinweis enthält als Information über eine Information eine analoge, symbolisch verschlüsselte Botschaft über den Status, die Motivation des Trägers oder andere Beziehungsmodalitäten, die digital gar nicht mitteilbar wären.

In Venedig genügte es selbstverständlich nicht, das »bauta«-Gewand zu tragen, um gesellschaftsfähig zu sein, geschweige denn, jenes Maß an Contenance zwischen »dignitas« und »sprezzatura« – zwischen Gelassenheit und Lässigkeit – als Einheit von Maske und Träger angemessen zum Ausdruck zu bringen. Insofern hob sich der echte »bauta«-Träger und dessen repräsentiertes Selbst-Bild, dem Eingeweihten intuitiv erkennbar, von anderen Maskenträgern, insbesondere während des Carnevals, ab.[14] Damit hängt es im Zweifel immer auch von der kommunikativen Kompetenz des Kundigen ab, die jeweils relevante Botschaft – in Ergänzung zur rein digitalen Seite des »bauta«-Gewandes – zu dechiffrieren, um sich diesem Gegenüber in angemessener (ziemlicher) Weise zu nähern.

Im sozialen Alltag Venedigs dürfte die Konfrontation mit zahlreichen »bauta«-Trägern und ganz unterschiedlichem gesellschaftlichem Kontext ein gewohntes Bild dargestellt, ja der Normalität entsprochen haben. Der Grund dafür liegt in der außergewöhnlichen Besiedlungsdichte des Ballungszentrums zwischen Rialto und Dogenpalast bei 1000 bis 1300 Einwohnern pro Hektar bebauter Fläche, darüber hinaus aber auch im Zusammenfallen von Lebens- und Funktionsräumen, in welchen sich vor allem der »corpo nobile« zwischen Regie-rungs-, Wirtschafts-, Finanzzentren und kulturellen Brennpunkten neben einem großen Teil der Cittadinanzza und zahlreichem Personal bewegte.

Bei durchschnittlich 140 000 Einwohnern mit einem Anteil zwischen 6,4 Pro-zent und 9 Prozent der Nobilität und Cittadinanzza in diesem Stadtteil, gab es in den letzten Jahrhunderten der Republik, einschließlich der großen Zahl der hier residierenden Fremden, immerhin zwischen 8000–10 000 potentielle »bauta«-Träger, die sich in der Zeit des Carnevals um ein erhebliches vervielfachten.[15]

Wir nähern uns damit dem eigentlichen Kern jener Frage, die, im empirischen Handlungs- und Lebensraum liegend, in der einstigen Lagunenstadt vermutlich auf wenig Verständnis gestoßen wäre: der Frage nach der tieferen Notwendig-keit, ja dem Sinn-Gehalt der »bauta« über einen Zeitraum von immerhin fast drei Jahrhunderten. Damit aber kehren wir zu dem, in den vorangehenden Kapiteln aus verschiedenen Perspektiven umkreisten Themenkomplex des Konflikts zwischen den Interessen des Individuums und denen der Gemeinschaft, der »res publica« und »res privata« zurück.

Einen ebenso erhellenden wie unbestechlichen Hinweis der Klärung dieser Frage bieten die bereits vorgestellten »Relazioni« als einer spezifisch venezianischen Methode der Informationsverarbeitung im Dienste der Entscheidungsfindung.

Sie stellen ein insbesondere durch die Diplomatie verfügbares Erkenntnismit-tel dar, einen jeweils komplexen Gegenstand, in der Regel einen Staat und seine Entscheidungsträger, aus bewußter Distanz dem Zuhörer oder Leser die Beur-teilungsrolle überlassend, vorzustellen, ohne ihn jedoch über die höchst subjek-tiven Einsichten, Beurteilungskriterien und Schlußfolgerungen des Verfassers im unklaren zu lassen. So spiegeln die Relationen einerseits den Versuch wider, ein möglichst umfassendes Detailbild von Personen, Interessen und Handlungs-spielräumen wiederzugeben, andererseits aber gleichzeitig im Perspektivwech-sel Zusammhänge und jeweils relevante Beziehungen von Teil und Ganzem herzustellen, um sie dem Nichteingeweihten verständlich und nachvollziehbar vor Augen zu führen.

Damit ist das in den vorangehenden Kapiteln wiederholt thematisierte Stichwort genannt: Beziehungen – Relazioni. Hier liegen die Berührungspunkte von Relationen und »bauta«: Informationsverarbeitung im Dienste der Interessen von Teil und Ganzem, die unvermeindlich Konflikte einschließen. Sie ermög-licht Orientierung, die ihrerseits die Voraussetzung für Entscheidungs- und Handlungsfähigkeit schafft. Erst mit der Gewährleistung einer bestmöglichen Informationsverarbeitung werden Gestaltungspotentiale steuer- und ausschöpf-bar: formelle und informelle Regeln, Interessen, Erwartungen – insbesondere tabuisierte Tatbestände –Transparenz, Initiativen, um die unendliche Varietät der Teile und ihrer Verhaltensmöglichkeiten innerhalb des Ganzen in hand-lungsleitende Aktionen umzusetzen.

Zu den Eigentümlichkeiten dieses Prozesses gehört es, daß er notwendiger-weise mit Grenzen konfrontiert, die, unabhängig von Interessen, Maßgebliches über die Identität der Akteure, deren Identitätssuche oder -mangel erkennen lassen.

Dieser Skizze der im Alltag um Entscheidungsfindung und Handlungs-Spielräume kreisenden Orientierungssuche, der Individuen oder Institutionen ohne bestimmte Medien, Techniken und Spielregeln wie Blinde ausgeliefert wären, sei nun der konkrete Kontext des »bauta«-Gewandes als gesellschaftlicher Institution gegenübergestellt.

Der Kampf Venedigs um die Formulierung und Struktur einer säkularisierten und kosmopolitischen Öffentlichkeit über den Schnittpunkt öffentlicher Ansprüche bis zu Gruppeninteressen und der Privatsphäre des einzelnen begann keineswegs erst, wie meistens angenommen wird, im Zeitalter der Aufklärung[16]. Er führt vielmehr zurück in die nachmittelalterlich-europäischen Stadt-Staaten, insbesondere jene Italiens.

Das Venedig der Renaissance bot, jedenfalls seinem Anspruch nach, genügend Spielräume, über rein humanistische Vorstellungen hinaus das eigene Leben als Kunstwerk und Artifex, in der Politik, in der Kunst, aber auch im Alltag zu formulieren, das »Ideal« des praktischen Menschen dahingehend zu begreifen, sein Verhalten nicht mehr nur an potentiellen Eigenschaften wie Tugenden, sondern vielmehr an konkreten, jeweiligen Milieus gemäßen Formen des Decorum zu orientieren, im empirisch-alltagsbezogenen Handlungsraum Gestaltungs-Varianten eines wie immer beschaffenen Ausdrucks zu erproben.

Angesichts der topologischen Besonderheit des venezianischen Urbanraums bewegten sich die Mitglieder der Nobilität fast ununterbrochen im Brennpunkt der gesellschaftlichen und politischen Öffentlichkeit in ebenso unausweichlicher Konfrontation wie im Wettbeweb miteinander konkurrierender Standesgenossen. Selbst nicht offizielle Lebensräume boten nur einen relativ begrenzten Rahmen, sich in die Privatsphäre zurückziehen zu können. So erscheint es plausibel, der schützenden, ja entlastenden Funktion des »bauta«-Gewandes einen institutionellen Rang einzuräumen: Einen »Freiraum«, innerhalb dessen die Maske lediglich das Identische, nicht aber das Individuelle offenbarte, während sie das Relative verhüllte.[17]

Und ich lasse herabfallen über meine Schultern einen schwarzen zendado – schwarz bestickter, mein Haupt umhüllender Schleier verbirgt mir Hals und Kinn zum Wohlgefallen. Weißes Wachstuch verhüllt mir das Gesicht, nur mir selbst bekannt, kümm're ich mich nicht um andere und geh' vorüber...[18]

Die Maske ließ sich also buchstäblich als »Jalousie« zwischen Öffentlichkeit und Intimsphäre ziehen. Schien sie damit auch die Identität ihres Trägers zu annullieren, so wurde dieser als Individuum sich selbst gleichsam zurückgegeben, ohne sich jedoch der Isolation auszusetzen. Im Gegenteil erweiterten sich auf diese Weise Handlungsspielräume, ja die Initiative, in spontan gewählten Situationen die Modalitäten der Mitteilung – »das Gesicht wahrend« – zu variieren.

In den vorangegangenen Darlegungen zum Procedere der Entscheidungsfindung und dem Ritual der Dogenwahl war die Rede von dem in Venedig angesichts der Exklusivität der patrizischen Elite ungewöhnlichen Charakter wechselseitiger Beziehungen, aber auch gegenseitiger Abhängigkeiten. In keiner der italienischen Metropolen oder Institutionen – einschließlich des Kardinals-Kollegiums der römischen Kurie – dürfte das Prinzip institutioneller Transparenz im Kontext mit persönlicher Einschätzung durch konkurrierende Standesgenossen einen solchen Einfluß – im positiven wie im negativen Sinne – auf »attitùdine« – Verhaltens-Kanon – und Decorum ausgeübt haben, wie in San Marco. Schließlich war jedes öffentliche Amt, unabhängig von Rang und Namen, ausschließlich durch Wahlen zu erwerben. Darüber hinaus ergab sich aus der venezianischen Verfassung wegen der sich vielschichtig überschneidenden Kompetenzen weitgehend aller in internste Angelegenheiten Eingeweihter das Problem der hier besondere Sensibilität erfordernden Vertrauensfähigkeit.

Um diese auch nur annähernd zu gewährleisten, war der Kontakt der Nobilität mit Angehörigen fremder Staaten – neben streng zu beachtenden Verhaltensregeln – selbstverständlich auch durch das beiderseitige Tragen der »bauta« bei allen offiziellen, aber auch privaten Anlässen eingeschränkt. So wurde beispielsweise ein ausländischer Botschafter, der im Begriff war einen venezianischen Salon mit entblößtem Gesicht zu betreten, vom Pförtner höflich darauf aufmerksam gemacht, es sei üblich, sich zu maskieren. Der Botschafter erwiderte freundlich: »Du hast recht, mein Sohn, ich hatte es ganz einfach vergessen.«[19]

Daß sich trotz und gerade wegen dieser strikt einzuhaltenden und durch »conferenti« überwachten zeremoniellen Regeln echte und dauerhafte Freundschaften zwischen Diplomaten und Venezianern entwickeln konnten,[20] zeigt nur, wie untrennbar sich normative, aber auch operative, dramaturgisch-zeremonielle und ästhetische Funktionen der »bauta« – dieser Archetypen, die das Unbewußte ansprechen – überlagern und gleichwohl durchaus mit konträr erscheinenden Interessen in Übereinstimmung bringen ließen.

Wahrscheinlich läßt sich der schillernde Charakter, der »Hautgout«, mit dem sich bis heute das Phänomen der Maske verbindet, in seiner sozial stabilisierenden Funktion als allgegenwärtige gesellschaftliche Institution in Venedig überhaupt nur von außen verstehen, wenn man dieses eine scheinbar »doppelbödige« Moral signalisierende Requisit als eine Ausdrucksform jener bereits dargelegten venezianischen, »hermaphroditisch«-paradoxen »Logik der Anwendung« betrachtet, nämlich angesichts der Ambiguität der phänomenalen Welt Gleichgewicht zu suchen zwischen rigorosen Gesetzen und einem Mindestmaß an Toleranz.

Für die Annahme der – im Sinne der Pragmatik – paradoxen Natur des »bauta«-Gewandes spricht der Umstand, daß man bereits im 17. Jahrhundert die gesetzlichen Verordnungen der Signoria in der Weise auslegte: »Wenn tabarro, dann bauta.« Im gesetzlichen Wortlaut – *in tabarro e bauta* – wurde die Konjunktion »e« als Bedingung verstanden. Der bis zum Boden reichende, meist schwarze Umhang diente seines Anonymität verleihenden Charakters wegen meistens als Maske. Da aber sein Tragen nur zusammen mit der »bauta« im ursprünglichen Sinne als Cape aus schwarzem Spitzengewebe, das, bis auf das Gesicht, den ganzen Oberkörper verhüllte, gestattet war, diente diese ironischerweise oft als Maske der Maske.[21]

Für diese Annahme spricht auch das von zahlreichen Beobachtern des 17. und 18. Jahrhunderts übersehene Faktum, daß in der zwangsweisen Unterordnung, d. h. in der die Freiheit der Nobilität ausdrücklich einschränkenden Verpflichtung, die »bauta« zu tragen, gleichzeitig ein hohes Maß an potentieller Selbstdarstellung, Handlungs- und Toleranz-Spielräume sowie Differenzierungsmöglichkeiten eingeschlossen lag. In diesem Sinne bedeutet »ästhetisches Wissen« auch einen Kommentar über die Prozesse und Funktionsweisen jeweiliger Reflexion als Fähigkeit der Selbst- und Fremdwahrnehmung. Die venezianische Konzeption von politischer Kultur scheint zu belegen, daß offenbar nur der »spontane«, Identität fördernde Zwang zur Form geeignet schien, ein Optimum an Wahrnehmungspotentialen und Differenzierungsfähigkeit freizusetzen, um damit einen zwangloseren Umgang mit Vieldeutigkeit und Formenvielfalt zu entfalten.

Diesen Sachverhalt umschreibt im 17. Jahrhundert wohl auch Botero mit dem Hinweis auf jene römische Maxime: »Es ist schlecht in einem Staate zu leben, in dem nichts erlaubt ist, schlechter noch in einem Staate, in dem alles erlaubt ist.«[22]

Tatsächlich erweist sich die »bauta« in nahezu jeder Situation als eine Anleitung zu einem vielgestaltig arrangierten »Spiel«, dessen Regeln sich ihre Träger offensichtlich ebenso spontan unterwerfen, wie anderen ungeschriebenen Gesetzen sozialen Zusammenlebens.

Indem die Signoria zu Beginn der offiziellen Maskenzeit jeweils per Dekret »officiale di maschera« den rechtlichen Charakter, also die Legalität dieses Brauches bestätigte, behielt sie sich auch jederzeit die Kontrolle gegenüber der Einhaltung jener rechtswirksamen »Spiel«regeln vor.

Wenn bisher von den subjektiv-individuellen Aspekten der »bauta« gegenüber der die Verfassung und den Staat betreffenden politischen Perspektive die Rede war, so stellt sich nun – in Analogie zu den Gesetzen des »Goldenen Schnitts« – die Frage nach dem Verhältnis der politisch-institutionellen Ordnung als den alles integrierenden Teil zu dem die Vielzahl aller Einzelteile einbeziehenden Gemeinwesen als Ganzem. A : B = B : A+B, d. h. Subjekte: Staat = Staat : Subjekte + Staat. Dem in so vielen Facetten und immer wieder von Außenstehenden betonten Charakter der Nüchternheit, Distanziertheit und Rationalität Venedigs stand ein an ikonischer Anschaulichkeit und sinnlich-luzidem Ambiente ebenso unvergleichbares Wesen gegenüber, in welchem die institutionalisierte Version der Maske ein ästhetisch-dramaturgisches und melodieführendes, alles einbeziehendes Moment bedeutete.

Sie diente als apotheosiertes Attribut der venezianischen Nobilität allen Spielarten von rituell-symbolischen wie polititsch-sakralen Veherrlichungsszenarien. Das Volk chargierte dabei nur vordergründung als Kulisse, »zum Zwecke der Zerstreuung und Lustbarkeit« (de Staël), durch Nachahmung in der Zeit des Carnevals oder durch Akklamation:

Für alle bildete hierbei der »Augenblick« des Festes, der Eigenzeit – »kairos« –, die Maske als Medium der Stilisierung, als Attribut des Unsichtbaren, potentielle Ausdrucksweisen, um sich selbst als öffentliche Rolle – probehalber – zu entwerfen, Differenz zu symbolisieren, um mittels Polarität und Spiegelung der »Sensibilisierung eines sich je verfeinernden Sinnesapparates« (Nietzsche) zu dienen.[23]

Fassen wir noch einmal zusammen: In der gesellschaftlichen Institution der Maske kulminiert – vergleichbar der Bedeutung der »Relazione« – die Erfahrung eines typisch venezianischen Kommunikationsmediums. Die vermeintliche Verhüllung dient, wie schon die Erfindung der Spitzen (oder heute die Designprojekte Christos), bei*spiel*haft der virtuellen Enthüllung. Die Maske setzte erst im Umgang mit, im Augenblick wechselnden »Systemperspektiven« und unvermeidlichen Widersprüchen und Paradoxien ein Optimum an Wahrnehmungspotentialen und Gestaltungsspielräumen frei. Auch in Gestalt der Maske verzichtet ihr Träger auf »Grenzen«, um damit aufs Grenzenlose zu verzichten.

Welche Bedeutung Öffentlichkeit und öffentlichem Raum in der Lagunenstadt zukam, ist aus den vorangehenden Überlegungen deutlich geworden. Sie boten erst die Voraussetzungen, dem Ritualisierungsbedürfnis dieses Sozialverbandes zu entsprechen, nämlich der aktiven Konfrontation mit der unausweichlichen Allgegenwart der Differenz von Schein und Sein und ihrer unendlichen Reflexe. Daß diese Konfrontation im Dienste einer Ideologie stehen, Pseudosicherheit, Beziehungslosigkeit und psychischen Immobilismus – der Masse – stiften kann, haben in diesem Jahrhundert nicht nur das 1000jährige Reich bewiesen; daß sie aber auch im Dienst der »Möglichkeit des Andersseins« (Aristoteles), der »Herausforderung des Unterschieds« (Loewy) stehen kann als Brücke im »Niemandsland« zwischen öffentlicher und individueller Verantwortung, daß sie eine auf den einzelnen rückverweisende Sicherheit im Sinne individueller und kollektiver Identität anbieten kann, dafür stehen – jenseits des ökonomisch-kalkulierenden Zeitrhythmus merkantiler Interessen – die Dramaturgie des öffentlichen Raumes und das Decorum der einstigen Patrizierrepublik Venedig.

7

DER MANAGER ALS KÜNSTLER –
»INNOVATION ZWISCHEN FUNKTION UND
EROS«

Wissensdesign von Laplace bis Loewy

In der hinter uns liegenden Exkursion durch die venezianische Kulturgeschichte standen die Organisation und Gestaltung eines Gemeinwesens im Brennpunkt unseres Interesses: ein Weltunternehmen mit einem an Innovation und sozialer Wertschöpfung orientierten Ökonomie-Konzept, eine »Staatsfirma« mit einer die Teil- und Gemeininteressen verbindenden Unternehmensphilosophie. Deren wertvollstes Kapital bildete die Kunst des Umgangs mit Informationen, Information als Lebensmittel und Fundament überlebensrelevanter Kommunikation, einer Wortschöpfung übrigens, die sich schließlich aus ebendieser sprachlichen Komposition des Ganzen, Kommune-kommunal, entwickelt hat.

Die Frage kann nun also nicht sein – ähnlich wie heute im Kontext Japan –, inwieweit sich in Venedig einst erfolgreich erprobte Strategien der politischen, unternehmerischen und kulturellen Entfaltung und Gleichgewichtssuche auf die Problemkonstellationen heutiger Systeme übertragen lassen. Die Frage, die hier angesprochen wird, betrifft jene Einfühlung in die Zusammenhänge ästhetischer, ethischer und erkenntnisleitender Dimensionen allen Handelns. »Es ist weder möglich, die Teile zu kennen, ohne das Ganze, noch ist es möglich das Ganze zu kennen, ohne im einzelnen die Teile« (Pascal). Es geht um das Verständnis im Umgang mit dem heute sehr abstrakt umschriebenen Phänomen der Komplexität dynamischer Systeme und deren Wandlungsprozessen.

»Die Frage ist nicht, was innerhalb der bestehenden Regeln das Beste ist. Die Frage lautet vielmehr, wie können wir nicht mehr angemessene Regeln überwinden.« (Gregory Bateson)

In diesem Sinne kann die Auseinandersetzung mit der Vergangenheit als Rückspiegel im Dienste der Erschließung von Gegenwart, d. h. der näherkommenden Zukunft Einfluß nehmen auch auf die Steuerung und Gestaltung der eigenen individuellen Geschichte: Venedig also als Modell und Form der Vergegenwärtigung mit unserer Welt. Ein Modell läßt sich indessen selten kopieren, wohl läßt es sich aber kapieren.

Unbezweifelbar haben sich im vergangenen halben Jahrhundert die Qualität der Sach- und Beziehungsprobleme, und mit ihnen die Koordinaten der Handlungs- und Gestaltungsspielräume des heutigen Managements grundlegend gewandelt. Unbezweifelbar haben wir dank der modernen Wissenschaften die Steuerungsmechanismen, die Wirkungszusammenhänge der Natur außerhalb unser selbst weitgehend zu entschlüsseln und beherrschen gelernt, während uns mit den herkömmlichen Kultur- und Managementtechniken die Beherrschung von das Ganze betreffender Makroprobleme zunehmend zu entgleiten droht. Wir sind durch diese Entwicklung nicht mehr nur aufgefordert, wir sind gezwungen, eine Schwelle zu überschreiten.

Eine ungeschminkte Bestandsaufnahme umschreibt den Istzustand der »Hightech«-Zivilisation als »rasenden Stillstand« (P. Virilio), »ihre offensichtliche Dynamik als durch und durch statisches Lebenssystem« (Marcuse), das unausgesprochene Paradigma des organisierten Expertentums mit der Metapher:

»Wir beten die Schwerkraft an. Sie ist die einzige Kraft, die nicht durch den Raum rast, sie ist überall in Ruhe, sie hält die Sterne auf ihren Bahnen und unsere Füße auf der Erde. Sie ist die Angst der Natur vor der Einsamkeit, die Sehnsucht der Erde nach dem Mond, sie ist die rein organische Form der Liebe.« (A. Koestler, Die Newtonsche »Religion«)

Und wie steht es um das Verhältnis des universitären Wissens und seine bewußtseinsbildende Aufgabe für die Zukunft, einst als Unternehmen gegen die Angst entstanden, heute nur noch ein »Synonym für die Entaktualisierung der Stoffe und Methoden, wo ist ihr Widerstand, ihr kritischer Geist, wo jene Universitätsutopie geblieben? Die Enterotisierung des Verhältnisses zur Universität ist nur ein anderer Ausdruck für Geistlosigkeit.« (Klaus Heinrich)[1]

Die Zeiten Europas als Angel- und Orientierungspunkt, die Parole »à la tete de la civilisation« (Napoleon III.) sind längst ein Mythos. Mit der Auflösung des »real existierenden Sozialismus« ist auch Westeuropa mit völlig unerwarteten Herausforderungen konfrontiert. Anstelle der immer wieder beschworenen europäischen Verantwortungsgemeinschaft entzünden sich überall neue Partikularinteressen. Anstelle von Solidarität entflammen Verteilungskämpfe. Die Zahl der »Überflüssigen« nimmt rapide Ausmaße an. In den Metropolen verbreiten sich Gewalt und neue Varianten der Kriminalität. Die bisher gültigen Schemata und Konfliktbewältigungsmechanismen erweisen sich als überholt. Variable Spielregeln und Identitäten wären gefragt. Doch kollektiver und individueller Ohnmacht steht ein fast blindes Vertrauen in die Problemlösungsfähigkeit sogenannter Fachleute gegenüber. Zivilcourage und guter Wille versanden in der Wüste der Komplexität. Unübersichtlichkeit und das Vakuum politischer Verantwortung führen in Sprach- und Orientierungslosigkeit. Gleichwohl gibt es Signale des Wandels.

Das Standardmanagement stellt immer noch das organisierte Expertentum dar, es bildet die institutionalisierte »Exekutive« der sogenannten Marktwirtschaft, die tragende Säule der (post)industriellen Gesellschaft, die mit ihrem bisherigen Selbstverständnis nicht überlebensfähig sein wird. Jede Diskussion über ein aufgeklärtes Management, die über den Rahmen reiner Reflexionen und Appelle hinaus in den Bereich spontanen Wandels vordringt, müßte auch die das Management flankierenden Mitspieler, Individuen, Verantwortungstragende in allen Institutionen und Unternehmen, vor allem jene konstruktiven Eliten im gesellschaftlichen Halbschatten gewinnen.

Ein Portrait im renommierten »Economist«[2], »Wunderkind at 40«, hat den Deutschen, sicher pauschal, doch an Prägnanz kaum zu übertreffen, vor einigen Jahren aus insularem Blickwinkel so vorgestellt:

Wohlstand, soziale Stabilität, Besitzstandsicherung und Status-quo-Denken dominieren. Eine Gesellschaft, deren perfekt organisierte Großgruppeninteressen ein »multiples Vetosystem« etabliert haben, innerhalb dessen Wandel nur auf dem kleinsten gemeinsamen Nenner zugelassen ist, während die Dosierung der Vermögens- und Kapitalumverteilung – zu Lasten der Nichtorganisierten – eine der Hauptbeschäftigungen der politischen Parteien darstellt.[3]

Das makroökonomische Instrumentarium bietet nur noch eine sehr begrenzt wirksame Waffe. Für mikro-ökonomische Reformen in der Arena der Unternehmen und Märkte, für eine Öffnung geschützter Räume für die Konkurrenz, für eine Erweiterung der Spielregeln, für die Idee der Flexibilität und des Wandels besteht prinzipiell kein ernst zu nehmendes Interesse. Das »Wunderkind« erschien den Autoren jener Zeit als »Sorgenkind«.[4]

Unversehens haben die unausgesprochenen Folgen des wiedervereinigten Deutschlands, die sozialen Probleme der Ein- und Umsiedlungsströme aus dem Osten, die neuen Formen national-religiöser Konflikte auf dem Balkan, die »Verheißungen« der sogenannten »digitalen Revolution« – Verdichtung, Globalisierung und Geschwindigkeit medialer Kommunikation –, das »Ende der Geschichte« (Francis Fukoyama), mit weiteren, unerwarteten Dissonanzen und Zusammenbrüchen die Bilanz dieses Jahrhunderts verdunkelt. Sie haben insbesondere dazu beigetragen, die Auflösung vertrauter »Ordnungs«vorstellungen rasant zu beschleunigen. Zu alledem steht eine noch unvorstellbare Bedeutung menschlicher Arbeit und traditioneller Ökonomie zur Diskussion, eine Netzwerkökonomie, die das Überleben und die Gestaltung zukünftiger Lebensräume zu gewährleisten vermag. Die Alternative stellt sich nicht mehr: Traditionalisten oder Modernisten, vielmehr eine bislang nie erfahrbare Mischung aus neu akzentuierten Wertvorstellungen, Maßstäben, Prioritäten und sozialen Spielregeln. Den nur noch das Maximum und den Status quo optimierenden Systemen – Verbänden, Gewerkschaften, Kirchen, Parteien, Parlamenten und Universitäten – entgleitet unsichtbar jede Anpassungs- und Vermittlungsfähigkeit an die innere und äußere Lebensumwelt.[5]

Da das, was gemeinhin als politische, ökonomische oder auch personelle »Macht« bezeichnet wird, nicht eigentlich bei den Mitspielern, sondern, wie das Modell Venedig demonstriert, in den – meistens ungeschriebenen – Spielregeln des Gesamtsystems oder seiner Teilsysteme liegt, müssen diese Überlegungen zur radikalen Infragestellung herkömmlicher Spielregeln, ja zur Frage nach den Konsequenzen des Spielregelbruchs führen. Gleichwohl bilden Spielregeln und

Spielregelbruch, wie das die Darlegungen zu Venedig vorführen, die Grundlagen jeglicher Evolution, ja bleibt jede Gemeinschaft gleichzeitig auf deren Verbindlichkeit angewiesen, wie sie in Verfassungen oder Gesetzen zum Ausdruck kommen.

Der Konfrontation mit Systemdynamik, verschiedenen Systemperspektiven, Systemfunktionen und Systemlogiken gilt unsere Aufmerksamkeit. »Man kann Systemfunktionen geradezu danach definieren, daß ihre Teilfunktionen nur gleichzeitig miteinander oder gar nicht verstanden werden können.« (K. Lorenz)[6] Als Schlüsselbegriff für diese Zusammenhänge steht der blasse und meistens simplifizierte Begriff »Komplexität«. Und ebendiese erfordert den Abschied von jenem jahrhundertelang mitgeschleppten, längst inflationären Begriffsapparat eines expertenorientierten Wissenschaftsverständnisses. In ihm spiegeln sich die unüberwindbar erscheinenden Denkgewohnheiten tief verwurzelter, heute weitgehend überholter Orientierungsmuster.

Einer Welt der Ordnung steht die Welt des sogenannten Chaos gegenüber, in welcher Ordnung von Gleichgewicht, Unordnung von Ungleichgewicht absolut untrennbar erscheinen. Wenn jene Welt der Ordnung verrückt wird, entstehen Konfusion und Desorientierung. Im Alltag der meisten Menschen bildet ein solcherart von Gewißheiten geprägtes Bild einer linearen Ordnung ein fast an Absolutheit grenzendes Dogma. Wie wäre es sonst erklärbar, daß für diese bis heute unumstößliche Wirklichkeitssicht, insbesondere in der Mehrzahl der Wissenschaftsdisziplinen, vor allem aber in der Organisationspraxis, die unregelmäßige Seite der Natur allenfalls als Störung, als Anomalie wahrgenommen wird, obwohl das Chaos als fühl- und sichtbares Phänomen sinnlicher Erfahrung für jedermann als Wetter, Wirtschafts»ordnung«, Krankheitszustand, Konflikt, Autostau, Börse u. ä. eine geradezu vertraute, alltägliche Erfahrung darstellt.

Ordnung und Chaos als Kriterien der Orientierung in offenen, d. h. dynamischen Systemen werden fortan keine sich ausschließenden Gegensätze mehr bilden. Die herkömmliche Vorstellung dieser Art von Zuordnung hat prinzipiell ihre Gültigkeit verloren.[7] Ordnung und Chaos bilden komplementäre Seiten der Natur, mit der Besonderheit nur, daß uns im Hinblick auf das Ganze stets eine Seite, weil nicht anschaulich, verborgen bleiben muß. Deshalb sind in dieser Diskussion künftig auch Begriffe wie Ordnung, Gleichgewicht, Sicherheit, Beherrschbarkeit, gar nicht zu reden von Objektivität oder Wahrheit, als von ihrem Kontext isolierte Größen entwertet und weitgehend mißverständlich.

Noch schätzt die Mehrzahl der Akteure – Techniker, Naturwissenschaftler, Ökonomen, Unternehmer, Sozialforscher einschließlich der in diesem Kontext weit unterschätzten Jurisprudenz – die jeweils spezifischen Wirklichkeitsaspekte und deren Verhalten in ihren Fachbereichen als isoliert nebeneinanderstehend ein. Noch gibt es Fachleute für den Wald und Fachleute für die Bäume. Noch glauben Experten, spezielle Arten von Ungleichgewicht oder Krisensymptome beträfen nur ihre jeweiligen Fachbereiche, ja bestimmte Probleme seien eindeutig qualifizierbar und voneinander unabhängigen Fachleuten – oder deren Gutachtern – zuzuordnen.

Die empirischen Forschungen der letzten Jahrzehnte um Organisation und Komplexität deuten unmißverständlich darauf hin, daß Chaos als Struktur- und Funktionsmodus positiver und negativer Rückkopplung ganz offensichtlich »Eigenschaften« besitzt, die, soweit die Forschungen um die morphogenetischen Gesetzmäßigkeiten dynamischer Systeme bereits erste Rückschlüsse zulassen, unabhängig vom Einzelfall universelle Gültigkeit zu besitzen scheinen.

– im Chaos wird über Individuation/Sozialisation innerhalb gruppendynamischer Prozesse individuelles/kollektives Bewußtsein formiert[8]
– im Chaos sind die Struktur- und Baupläne lebender Systeme präformiert[9]
– im Chaos werden Teil-Ganzes-Beziehungen transparent[10]
– im und durch das Chaos vollziehen sich selbstorganisierende Prozesse, formiert sich die »Startmorphé« des metamorphotischen Prozesses[11]

Die Konsequenzen daraus bieten Politik und Wirtschaft, Technik und Wissenschaften einen Schlüssel für die Verfolgung langfristiger Überlebenskonzepte, sowohl gegenüber unkritischem Fortschrittsoptimismus, wie ebenso gegenüber wachsendem Kulturpessimismus.

Was sich an Mythos und Ideologien mit ihrem Mangel an Offenheit und Wandlungsfähigkeit hinter »Ordnungs«vorstellungen, insbesondere in der Mehrzahl der Wissenschaften verbergen kann, das haben die letzten Jahrhunderte, vor allem aber das 20. Jahrhundert hinlänglich unter Beweis gestellt. Noch beherrschen Sozial- und Neodarwinistische Menschenbildkonzepte einer evolutionsbedingten »Erblast« des »Daseinskampfes«, des Verdrängungswettbewerbs auf Kosten anderer Gruppen[12], die angebliche Alternative: »Niedergang oder Überleben«[13] mit der These von der Unvereinbarkeit von Ökonomie und Ökologie, die Diskussion um langfristig beschreitbare Handlungs- und Gestaltungsspielräume des Managements der Zukunft.

Der zweite Hauptsatz der Wärmelehre (als Maß für den Energieanteil eines Systems, der nicht mehr in frei nutzbare Energie umwandelbar ist) formuliert den vagen Begriff der Entropie als ein nichtumkehrbares »Gesetz«, gegen das keine Berufung möglich erscheint. (Schütze) Gleichwohl existiert für offene, dynamische Systeme jener komplementäre Zeitpfeil zu fortschreitender Komplexität, anpassungsfähigen Strukturen, spontaner Selbstorganisation und wertschöpfender sozialer Kooperation, deren Krone, kreative Intelligenz, überhaupt nur zu Bruchteilen ausgeschöpft ist.[14]

Die biologische und kulturelle Evolution ist bisher die Geschichte weitgehend gelungener Fluchtversuche aus den Sackgassen übermäßiger Spezialisierung, in welche Routine und Orthodoxie, Etabliertheit und Nichtanpassungsfähigkeit geführt haben. Fast alle entscheidenden Schritte auf der Leiter zum homo sapiens erweisen sich als Serie geglückter Neuformierungen und Auflösungen schlecht angepaßter Strukturen. Die Kunst der Selbstreparatur und -regeneration –

»Pädomorphose« – durchzieht wie ein roter Faden den gesamten Prozeß der Morphogenese sowie alle evolutionären Wendepunkte kreatürlichen Lebens. [15]

Die kulturelle Evolution des sozialen Systems Venedig steht in diesem Zusammenhang modellhaft für die weitgehend erfolgreiche Steuerung und Entfaltung sozialer wie kultureller Strukturen und Potentiale.

Es ist bedenkenswert, daß die Weichen für eine grenzüberschreitende, wissenschaftliche Auseinandersetzung mit dem speziellen Phänomen der Unternehmensorganisation als offenem System, in einer von diesen untrennbaren Umwelt, nicht im aufgeklärten Europa, sondern seit Ende der sechziger Jahre in der »Neuen Welt« gestellt wurden. Obwohl die wissenschaftliche Diskussion in bezug auf eine systemorientierte Unternehmensphilosophie mittlerweile eine Fülle ernst zu nehmender Impulse erhält, erscheinen die Verbindungen zur Managementlehre als angewandter Wissenschaft in Universitäten und der Mehrzahl der Unternehmen doch immer noch im Zustand eher vorzivilisierter »Hängebrücken«-Konstruktion.

Nach dem Vorbild der Wirtschaftshochschule St. Gallen und ihren Ausstrahlungen durch Hans Ulrich und seine Nachfolger wurden auch im westlichen Deutschland zögernd erste Initiativen – zunächst von Privatanbietern – eingeleitet. Ein herausragendes Modell hat hier seit Mitte der 70er Jahre das der Wirtschafts- und Sozialwissenschaftlichen Fakultät angeschlossene »Kontakt-Studium-Management« der Universität Augsburg mit einer eigenen Variante der Weiterbildung von Führungskräften der Wirtschaft als Brücke zwischen angewandten Wissenschaften und Unternehmenspraxis vorgestellt. Im Jahre 1981 folgte ich einer Einladung, an diesem Studienzweig mit fachübergreifenden Lehrangeboten mitzuwirken. Ein Experiment mit nichtvorhersehbaren Folgen nahm seinen Lauf.

Noch Anfang der 80er Jahre bewegten sich meine Angebote im streng akademisch-traditionellen Curriculum-Pädagogik-Kanon geistes- und sozialwissenschaftlicher Diziplinen und Themenstellungen. Doch löste bald die diskrete Einbeziehung grenzüberschreitender Fragestellungen, vornehmlich aus den Bereichen »politischer Kultur«, ebensoviel Interesse wie auch Befangenheit und Sprachlosigkeit aus. In der Konfrontation mit berufstätigen Hörern, Führungskräften, Unternehmern und »Spezialisten« aus verschiedensten Organisationsbereichen begann ich also zögernd, neue didaktische Methoden der Vermittlung zu erproben. So entwickelten sich im Laufe der folgenden Jahre immer wieder neue Varianten einer »analytischen Empirie«, einer Didaktik der Anschaulichkeit und Anwendung, deren – auch – für mich wichtigste Erfahrung zunächst das Lernen des Lernens und schließlich das Lernen am Modell auf der Grundlage einer jeweils konkreten und problembezogenen »Ästhetik der Vermittlung« (Bazon Brock) darstellen sollte.

Nach zahlreichen, auch außerhalb dieses akademischen Rahmens erprobten Kolloquien, Seminaren, Kongressen u. ä. Veranstaltungen gelang es mir schrittweise, meine persönliche Einstellung gegenüber allen Vorurteilen eines negativ besetzten Images von »Management« gründlich zu korrigieren. Auch hatte ich es, im Gegensatz zu illusionsbehafteten, orientierungsuchenden jungen Hörern der Münchner Universität hier ja mit überwiegend hochmotivierten Praktikern, einschließlich einer erfreulich großen Zahl weiblicher Teilnehmer zu tun. Daß sich hinter deren Fassade ostentativer Nüchternheit nicht selten ein überraschendes Maß an Interesse, Neugierde und Erwartungen für unkonventionelle Praxisanregungen verbarg, überraschte mich nicht, vorausgesetzt allerdings, es gelang, im richtigen Augenblick durch Resonanz »Sturm zu entfachen, aber dafür zu sorgen, auch darin segeln zu können«. (Bismarck) Das bedeutete manchmal ein folgenreiches Dilemma.

Mit einer, aus der gemeinsamen Praxis intuitiv entwickelten Didaktik erwuchs spontan die Maxime: Wandel prinzipiell zu einer Fundamentalnorm zu erheben, kraft deren jedes Experiment des Lernens die Differenz von Lehrenden und Lernenden auflösen mußte, um wirklich zu einer Quelle der Innovation zu werden. Nur auf der Grundlage einer gänzlich neuen Lern-Dramaturgie erschien es mir vorstellbar, die Potentiale des Entdeckens und Erfindens gerade in diesem Kreis als möglichst zweckvoll und wertvoll, sinnvoll und lustvoll erfahrbar zu machen. Noch löste in dieser Zeit der Themenvorschlag einer »akademischen« Veranstaltung »Der Manager als Künstler« – jene einst von Henry Ford paraphrasierte Äußerung – Verständnislosigkeit, ja offenes oder latentes Befremden aus. »Was hat denn Management mit Kunst zu tun?«

Eines der führenden internationalen Institute für Management-Seminare in Deutschland wagte es 1987 noch nicht, einem exklusiven Kreis von »Führungskräften« eine meiner »Klausuren« unter diesem Titel anzubieten. Nur zögernd wuchs das Interesse, die pragmatische Seite der Organisation und Unternehmensführung im Kontext nicht objektivierbarer Parameter zu überschreiten. Noch erschien die Auseinandersetzung mit Ambivalenz, Irrationalität, Irregulärem und Chaos ein Affront. Noch bedeutete es Neuland betreten, die implizite und imaginative Seite des Managements im Umgang mit symbolisch-informeller Kommunikation aus einer weitgehend unbekannten Perspektive zu thematisieren. Denn »die Grenzen meiner Sprache bedeuten die Grenzen meiner Welt«. (Wittgenstein) Der Weg bis zum Aussprechen des Begriffs »Ästhetik« – »aistesis« wahrnehmen – bedeutete ein Experiment im ursprünglichen Sinne von »Aufbruch«, »Probe«, »Gefahr«. Und es bedurfte mancher Umwege, noch mehr aber Phantasie, um die Macht der Gewohnheit, die Paradigmen der Gewißheit – vor allem jene der Wissenschaften – zu enttäuschen. Natürlich waren nicht alle bereit, in diesem »Sturm zu segeln«.

Eine Schlüssel- und Vorbildrolle für meine Vorgehensweise und Didaktik sollte bald der einstige Formgestalter und Industriedesigner Raymond Loewy spielen.[16] Zwischen 1925 und 1980 hat er von New York aus von der Zahnbürste bis zur Lokomotive, von Lucky Strike bis zur NASA-Raumfähre amerikanische und bald auch europäische Alltagskultur maßgeblich geprägt.

Im Jahre 1952 gründete er in Paris die »Companie de l Ésthétique Industrielle«. Sie sollte erst sehr viel später der Entwicklung europäischen »Corporate Designs« entscheidende Impulse geben. Als Unternehmer und Designer war er ein typischer Repräsentant jener Avantgarde des Industriedesigns, der in sich die Vermittlerrolle von Managementfähigkeiten und Künstlertum auf höchstem Niveau verband.

Der Umstand, daß Loewys Image in Europa zunächst nicht nur mit Negativklischees wie Kommerz, Marketing und amerikanischem Lifestyle wenig schmeichelhaft besetzt war, ja selbst in Frankreich, was den Einfluß der Gestaltung und Formgebung auf den Warenumsatz anbetrifft, viele Jahre ein Maß an Verständnislosigkeit und Ignoranz in Kauf nehmen mußte, ermutigte mich meinerseits, mein »Produktangebot« – auch ich stellte dieses ja in den Dienst der Nutzanwendung und Innovation – mit einem räsonablen »Attraktor« zu versehen. Denn Wandel bedarf, das war für mich ein »Heureka-Erlebnis«, eines »Attraktors«.

Loewy war es, der Albertis Konzept der »Concinnità« und des »Goldenen Schnitts« mit der Erfahrung, ja der Übertragung von Erwartung seiner Käufer zu verbinden wußte. Im New Yorker Büro Loewys nannten sie dieses Verfahren »Rangerhöhung«. So verband Loewy den doppelten, taktisch-relativen und absoluten, idealen Sinn von Concinnità seiner Produkte, und konnte damit jenes »Spiel von Innovation und Konvention, Funktion und Eros, die Herausforderung des Unterschieds« als »Attraktor« einsetzen und gleichzeitig jenen diskreten Augenblick der »Aufwertung«, wohl auch der Verführung in Gang setzen. Es kann offenbleiben, ob diese Aufwertung sich auf das Produkt beschränkte, oder ob sie sich auch auf den Benutzer übertrug. Loewy hatte jedenfalls, lange bevor dieser Gedanke überhaupt auftauchte, die Perspektive des Designs als Software eröffnet.[17] Diese essentielle Entdeckung half mir unendlich oft, auf wahrlich unvorstellbare Einfälle zu kommen.

Wie lassen sich – das war meine Schlüsselfrage – Systemverständnis, der Zugang, die Erschließung dynamischer Systeme und Komplexität vermitteln, mit individuellen Interessen verbinden? Der herkömmliche, klassische Weg Descartes' und seines Methodenideals der »vraie méthode« – des »ordentlichen Denkens« – vermochte kaum zu berühren. Also versuchte ich mein »Produktangebot« aus einer scheinbar un»wissenschaftlichen« Perspektive vorzuführen, als Wissensdesign.

Ich knüpfte an die großen Florentiner Alberti und Brunelleschi an: Die Dinge müssen bedeutungsvoll (significanti) und anschaulich (illustri) erscheinen, um wahrgenommen zu werden. Ikonische Assoziation statt Deduktion, die Vermittlung der Wirkung der Dinge und ihrer Wandlungsfähigkeit statt Definitionen der Dinge, sensuelle Beschreibung statt idealtypischer Formalisierung, Beziehungsnetze statt Eigenschaften der Teilelemente, Gestalt statt Formalitäten: Beispiele und aktuelle »Dramen«, das nur vermochte Aufmerksamkeit, Suspense auszulösen. Beispiele wie etwa der »Geschäftsbericht als Portrait«, wie ihn bereits Goya und Velázquez angeboten hatten;[18] das Weltunternehmen

Vatikan-Staat und das Gebrauchswertversprechen der katholischen Kirche, die Modeschauen des »Heiligen Vaters« oder »vom Telefax zum Pontifex«; Ordnung-Chaos-Modelle: der Tango oder die Fesselung der Entfesselung; Modelle des Wandels: Chang und Lendl oder die »Orang-Utan-Eröffnung«; Banken und der diskrete Charme der postmodernen Unternehmensführung; Werbung und die Fassade des »Schönen Scheins«: TV-Spots »Egoiste« oder »La Star« – Coco Chanel; Staatsaura und Rituale im Vergleich – Mitterrand im Pantheon; modernes Industriedesign und Automobilität von den Medici bis Mercedes.

Mein Dilemma ist vorstellbar, das Resultat auch: die Erwartungsstörung. Erwartungen von Bestätigung und Gewißheiten, Übersicht und Ordnung konfrontierte ich mit dem Verlassen des vertrauten euklidischen Raums. Immer wieder tauchte die unausgesprochene Frage auf, welcher Nutzen, welche Notwendigkeit, welches Bedürfnis denn bestehe, die bewährte Sichtweise, den berechenbaren Raum zu verlassen, die sicheren Grenzen zu überschreiten.

Als Laplace während einer Audienz beim französischen Kaiser das Descartessche Weltbild und dessen Theorie der Welt als einer zwar komplizierten, aber absolut berechenbaren »Maschine« erläuterte, fragte ihn Napoleon sehr beeindruckt, wo denn in diesem System Gott noch einen Platz habe. Mit mokantem Lächeln und der Arroganz eines überzeugten académicien wußte Laplace zu antworten: »Sire, je n'ai pas besoin de cette hypothèse« – »Ich brauche diese Hypothese nicht.«

Trotz meiner Darlegungen zu Napoleon im Kontext Venedig wird der Leser Verständnis haben, daß ich mich nicht selten an diese Episode erinnert fühlte. Ersetzt man die Metapher »Gott« etwa mit jener des Nichtvorstellbaren, Inkommensurablen, dann mag meine Assoziation angesichts vergleichbarer Uneinsichtigkeit oder umgekehrt der Sucht nach Gewißheit verständlich erscheinen. Der Macht der Paradigmen im Falle Laplace ebenso wie der Macht der Gewalt gegenüber – im Vertrauen auf die Beherrschbarkeit von Menschen, wie sie am Beispiel der Herrenmentalität des Dogen Morosini dargestellt sind –, weder zu rebellieren noch sich zu unterwerfen, sondern in der »Negation der Negation«, »aus dem System herauszutreten«, durch die Begrenzung von Macht und Vertrauen handlungsfähig zu bleiben, das wird im letzten Teil dieser Ausführung weiter zu diskutieren sein.

Die sogenannte Wirklichkeit erweist sich jedenfalls als eine ästhetische, weniger als eine »realistische« Konstruktion. Insofern erscheint die Konfrontation mit Ästhetik als Umschreibung subjektiver »Wahr«nehmung durchaus ein Medium der Erschließung allgegenwärtiger Welten.[19] Daß dem Verständnis und der Navigationsfähigkeit in dieser Welt indessen mehr gedient ist unter dem Blickwinkel der Wahrscheinlichkeit zwischen Stabilität und Turbulenz, das führt abermals zurück in das Herz Venedigs.

Im langjährigen Lehr- und Lernprozeß haben Modelle verschiedenster Art tatsächlich überraschende Erfahrungen und Einsichten in die Komplexität dynamischer Systeme vermittelt. So erscheint es fast folgerichtig, nach Modellen von Maurits Escher, René Magritte, J. S. Bach, Charles Ives und weiteren, hier vorgestellten Beispielen nun auch Kulturtechniken und Wettbewerbsstrategien, also das ganze Spektrum ökonomischer, politischer und kultureller Orientierungskoordinaten in einer weitgefächerten und persönliches Interesse herausfordernden Weise mit Venedig als Modell zu verbinden. Ein »Modell«, das als sinnliche Berührung mit der Vergangenheit via Exkursion die persönliche »Geschichte« und Praxis aller Beteiligten einbezog, ein Modell, das eine Bündelung all jener Einzelfacetten des Themenkomplexes kulturellen und ökonomischen Überlebens darstellt, und das zudem auch noch ebenso unverdächtig, wie exemplarisch, eine Fülle von Anschauungsmaterialien über einen großen Zeitraum anbot.

Wissendesign also als Navigationshilfe, und Navigation im Sinne jener Kunst, im Sturm mit Segel und Kiel, mit Steuer und Kompaß einen Hafen zu erreichen. Denn Navigationsfähigkeit schafft neue Handlungsspielräume, um Grenzen überschreiten zu können. Was das bedeuten kann, haben wenige so virtuos vorgeführt wie einst Leonardo da Vinci:

- Lernen als Prozeß der Veränderung und Innovation bedarf eines Attraktors. Die Veränderung ist indessen nur spontan einladend, wenn sie – nach innen und nach außen – attraktiv erscheint, als Vision, als Identifikationsangebot. So nur schaffen auch künftig Technik, Natur und schöpferische Intelligenz im Zusammenwirken die Bedingungen für Innovationsfähigkeit und Überlebensökonomie.
- Spezialistisches Wissen muß durch Orientierungswissen legitimiert und durch Kommunikation vermittelbar sein. Wissen ebenso wie Information werden immer noch als Dinge, als verteilbare Güter betrachtet. Tatsächlich handelt es sich dabei jedoch um Prozesse, durch Handeln und Erfahrung entstanden. Wissen an sich kann gar nicht weitergegeben werden. Wissenstransfer steht vielmehr für die selbsttätige Entwicklung individuell zu erfindender Netzwerke, Variabilität und multimedialer Vermittelbarkeit.
- Handlungsfähigkeit meint künftig die Kunst des Umgangs mit Komplexität. Komplexität steht – wie bereits dargelegt – für verschiedene Systemlogiken. Doch sie bedeutet auch die Einladung, sich auf Gegensätze und Risiken einzulassen. Sie konfrontiert mit Grenzen, die reflektiert und überschritten werden können. Dann vermag Navigation dem Prozeß der Optimierung zu dienen, und Maximierung ist lediglich eine Voraussetzung, niemals Selbstzweck.
- Orientierungs- und Führungsfähigkeit im Chaos der Komplexität sind untrennbar an ständig neue und unberechenbare Erfahrungen durch Handlung gebunden, denn »die Erfahrung irrt nicht, es irren nur unsere Urteile«. (Leonardo) Sie allein vermögen die Potentiale einer vielfältigen Wissenarchitektur und Navigation im Dienste qualitativen Wandels zu entfalten.

»The new Art of Management – the old Art of Government«

Überblickt man die erst vier bis acht Jahrtausende der Herausbildung menschlicher Hochkultur und Zivilisation, überblickt man die Zeitspanne von knapp 200 Jahren, die uns von jenem »Weltunternehmen« am Rialto trennen, dann relativieren sich Zeitperspektiven und Erkenntnishorizonte.

Selbstverständlich zeichnen sich unsere Lebens- und Funktionsräume, im Unterschied zu jener einstigen Welt, angesichts Technisierung und Arbeitsteilung, Bevölkerungsexplosion und Kommunikationsmedien durch andere Qualitäten der Differenziertheit, Komplexität und sozialen Sicherheit, andererseits ein mehr oder weniger gestörtes, verhaltensökologisches Gleichgewicht aus. [1]

Erst mit dem Eintritt in die technische Zivilisation wurde ja die Diskontinuität zwischen umweltlichen Wandlungsprozessen, die sich in logarithmischer Progression beschleunigen, und erblicher Anpassungsfähigkeit respektive -mängel überhaupt sichtbar. [2]

Erst am Ende des 20. Jahrhunderts wird erkennbar, daß die Teilelemente komplexer Systeme tatsächlich unvergleichbar größer, kleiner, schneller, dichter, zerstörerischer und unberechenbarer sind als all jene Gegenstände, auf die unser Wahrnehmungsapparat geprägt ist, daß die Phänomene der Komplexität, sinnlicher Anschauung gar nicht zugänglich, die mittlere Dimension menschlichen Verständnisvermögens bei weitem überschreiten[3], also etwa nichtlineares Wachstum, zyklische Kausalität, positive Rückkopplung, die Eigengesetzlichkeit von Kommunikation und Macht und ähnliches mehr.

Gleichwohl befindet sich diese Zivilisation in jener Phase der kulturellen Evolution, in welcher ihr die überlebensnotwendige Fähigkeit zur Selbstüberschreitung, das Heraustreten aus dem System, erstmals in die eigene Hand gelegt ist. [4] Was also meint unter solchen Umständen überlebensfähig?

Überleben auf der ersten Stufe der Verarbeitung von Information als Wissen *von*, zeichnet alle Organismen bis zu komplexeren Organisationen aus.

Überlebensfähigkeit charakterisiert darüber hinaus alle jene Teile eines umfassenderen, sozialen, zweckbezogenen Systems als Ganzem, die nicht auf Anpassung an die Umwelt allein beschränkt sind, die vielmehr Wahlmöglichkeiten haben, jeweils bestimmte Rahmenbedingungen zu schaffen um ihre Umwelt eigenständig zu beeinflussen. Insofern setzt Lebensfähigkeit ein höheres Maß informationsverarbeitender Prozesse – also abstraktes Wissen über die Dinge –, Wissen mindestens zweiter Ordnung voraus.

Mit Venedig ist ein Sozialverband vorgestellt, dessen Kultur-, Sozial- und Management-Techniken als Wissen *über* Wissen konezptionelles und strategisches Wissen dritter und höherer Ordnung repräsentieren. Hier mag es gerechtfertigt erscheinen, von Gestaltungsfähigkeit und damit Kultur im umfassenderen Sinne zu sprechen.

Wenn der »Sinn« der sozio-kulturellen Evolution nicht nur in Anpassung, in der Potenzierung rein funktioneller Mechanismen des Überlebens, sondern vor allem in der individualgeschichtlich-kreativen Umwandlung von »Erstmalig-keit« in »Bestätigung«, d. h. in der Entfaltung und Optimierung wertschöpfen-der individueller und kollektiver Gestaltungsspielräume besteht[5], dann richtet sich unser Erkenntnisinteresse noch einmal in diesem Kontext auf die, den »Spielregeln« zugrundeliegenden Maßstäbe und Kriterien der Orientierung des einstigen Weltunternehmens am Rialto.

Den Ausgangspunkt für diese Überlegungen bildete zunächst die Annahme: Alles Geschehen ist prinzipiell einem »Spiel« als Naturphänomen vergleichbar. Wir sind ausnahmslos gezwungenermaßen und freiwillig seine »Mitspieler«. Die einzig verläßlichen Konstanten bilden das, was wir als Zufall bezeichnen, also die Offenheit des »Spielausgangs« und – darauf kommt es in diesem Zusammenhang entscheidend an – die Existenz von Spielregeln, denn sie sind allein objektiver Erkenntnis zugänglich. Da wir dem Zufall so gut wie nichts entgegenzusetzen haben, können es nur die Konsequenzen des Zufalls sein, denen darüber hinaus alle Aufmerksamkeit zu gelten hat (Manfred Eigen).[6]

Dem Lebens- bzw. Leistungsanspruch und -standard der Republik Venedig lagen ein Minimum an Spielregeln, keine detaillierten Vorgehensgrundsätze oder Anordnungen, sondern normative, prinzipiell-operative Koordinaten als weitgehend perfektible Wert- und Zielsetzungen zugrunde: Das meint konkret eine politische Ethik, ein an den Gesetzmäßigkeiten der Natur und Evolution orientiertes Wert- und Qualitätsbewußtsein, eine aus rationalem Kalkül und Intellekt –»mind« – und spirituellem Geist – »spirit« – erwachsene kollektive, aber variable Identität.

In diesem Kontext seien Überlegungen darüber angestellt, inwieweit Venedig tendenziell bereits erfolgreich ein evolutionsorientiertes Management zu ent-wickeln vermochte, ein Management, das der Dynamik der in der Natur vorfindbaren Regel- und Kreisprozesse gefolgt ist, wie sie Frederic Vester erstmals als Basisgesetzmäßigkeiten der Natur im Rahmen einer UNESCO-Studie und in späteren Publikationen vorgestellt hat.[7]

Es handelt sich um jenes knappe Dutzend Grundprinzipien der Evolution, die insofern auch weitgehend den Proportionsgesetzmäßigkeiten des »Goldenen Schnitts« zugrunde liegen, als Teilung bzw. Mitteilung via Information zwi-schen Materie und Energie den grundmuster- und gestaltbildenden Prozeß allen Lebens ausmachen.

1. Zu den Eigenschaften lebender Systeme gehört die Eigenschaft, sich ständig selbst erneuernder und gleichzeitig abbauender Prozesse, die positive Rück-kopplung durch Selbstverstärkung zwar als Motor in Gang setzt, die jedoch nur durch die Dominanz negativer Rückkopplung gegen Störungen und Grenzüber-schreitungen geschützt werden können.

2. Dabei erweisen sich Wachstum, das sich temporär und instabil vollzieht, und Funktionsfähigkeit, die zur Stabilität und Permanenz tendiert, als Vorgänge, die weitgehend unabhängig voneinander bleiben müssen. D. h. das unkontrollierte Überschreiten von Grenzwerten, nachdem eine maximale Größe erreicht worden ist, gefährdet die Überlebensfähigkeit des Gesamtsystems, sofern dieses vom Wachstum abhängig wird.

3. Jedes überlebensfähige System gewährleistet den Vorrang (bzw. die Unabhängigkeit) der Funktionsfähigkeit vor der Herstellung bestimmter Produkte (Substanzen). Organismen stellen beispielsweise je nach Umweltbedingungen unterschiedliche Substanzen (Enzyme) und ähnliche Produkte her, um in spezifischen Situationen anpassungsfähig zu sein. Die sich ständig verändernde Nachfrage nach unterschiedlichen Substanzen muß flexibel bleiben, während Bedürfnisse und Funktionen weitgehend konstant bleiben. (Dominanz der Funktion vor der Produktion.)

4. Das Ökonomieprinzip der Natur tendiert zur Optimierung bereits verfügbarer Fremdenergien durch Umleitung, Mehrfachnutzung, Koppelung und Bündelung (in Analogie zum asiatischen Jiu-Jitsu oder zum den Gegenwind nutzenden Segelboot), wobei die eigene Energie weitgehend als Steuerungsenergie dient. Dieses Prinzip läßt sich darüber hinaus als psychologisches Potential in den Dienst des »Perspektivwechsels«, d. h. der Umdeutung sowie der Verhaltensstrategie der »Negation der Negation«, als eine Variante der Selbstregulation stellen.

5. Das Ökonomieprinzip der Natur favorisiert nicht nur den multiversellen Einsatz (Mehrfachnutzung) von Energien, Materialien und Informationen in Gestalt der Koppelung von Funktionen und Organisationsstrukturen (zu deren herausragenden u. a. die Sexualität gehört), es beruht geradezu auf mikromolekularen, biologischen und sozialen Formen gegenseitigen Austauschs und Symbiosebeziehungen, aus denen nachweislich Zivilisation und Kultur – im Bewußtsein gegenseitiger Abhängigkeit – hervorgegangen sind.

6. Einen Spezialfall der Wechselwirkungen von Materie und Energie stellt die Rückführung alles nützlich Erschaffenen und Verbrauchten mit der nutzbringenden Verschmelzung von Ausgangs- und Endprodukten dar. (Prinzip des Recyclings)

Für das Verständnis des konzertanten Zusammenwirkens, vor allem aber der Anwendung dieser biokybernetischen Grundprinzipien in den jeweils unterschiedlichen Lebens- und Funktionsbereichen der einstigen Lagunenrepublik sei der Leser auf den ersten Teil dieses Streifzugs verwiesen. Dabei ist sich der Verfasser erst im Laufe dieser Arbeit darüber bewußt geworden, welcher weiteren Vertiefung hier nur peripher angesprochene Themenbereiche bedürften, um dem »topos« Venedig im Sinne einer differenzierteren Aneignung (derartiger Wirkungsgesetzmäßigkeiten) auch nur annäherungsweise gerecht zu werden.

Darüber hinaus dürfte erst in der Auseinandersetzung mit den im ersten Teil dargelegten Gedanken zu Venedig plausibel werden, welche untrennbare Einheit hier Theorie und Praxis des Managements und die (alte) Kunst des Regierens als »politiké techné« einst gebildet haben.

Sprechen im Vergleich zu anderen Gesellschaften (der »Dritten Welt« oder der Vereinigten Staaten von Nordamerika) wirtschaftliche Stabilität, sozialer Frieden und die Pluralität der Meinungsvielfalt in Deutschland und anderen westeuropäischen Staaten heute nicht auch für eine solche Einheit?

Die Industriegesellschaft, der sogenannte Superindustrialismus, mindestens aber Teilbereiche desselben, »arbeitet nicht mehr für den Menschen durch den Menschen«, »die Wirtschaft belastet das sozial-kulturelle System stärker als erträglich«.[8] Solche, heute bereits als Allgemeinplätze geltenden Äußerungen seitens der Empirie (Daniel Goeudevert, Hilmar Hoffmann) signalisieren nichtsdestotrotz die nicht mehr übersehbaren Mängel und Defizite, die Martin Jänicke unter dem Stichwort »Marktversagen–Staatsversagen«, Richard Münch »Die Dialektik der Kommunikationsgesellschaft« und die Paradoxien der modernen Rationalität als sich längst wechselseitig bedingend einer umfassenden Analyse unterziehen.[9]

Welche Barrieren hätte also ein vom Gesamtinteresse geleitetes, zukunftsorientiertes Management in einem grenzenlosen Europa zu überwinden, um erweiterte, neue Gestaltungsspielräume im Dienste sowohl des nationalen, wie auch des europäischen Ganzen zu gewinnen?

Der Katalog des Fehlverhaltens, partiell der Perspektivlosigkeit verschiedener hoheitlicher Organisations- wie Unternehmensbereiche, läßt sich verkürzt auf wenige Kernpunkte zusammenfassen:

1. Anstelle der oben dargelegten (idealtypischen) Wert- und Zielsetzungen steht die weitgehend einseitige Orientierung an eine Wissenschaft reiner Effizienz, Zweck-Rationalität und des Partikular-»Ethos«, jenseits der regulativen Idee der »Wahrheit« und sozialer Verantwortlichkeit.[10]

2. Die einstige Spielregel des Vorrangs der öffentlichen Interessen vor den Partikularinteressen, die als soziales »Immunsystem« die institutionelle Begrenzung und Kontrolle von Macht, vor allem aber die Eindämmung von Gruppeninteressen anstrebt – einschließlich jene der polititschen Parteien und ihrer Apanagen –, ist außer Kraft gesetzt, Stichwort: Parteispenden und andere Affären. Mit der zunehmenden Verselbständigung der Gruppeninteressen sind Problemlösungen und Schäden auf die Gemeinschaft übergegangen. (Arnim, »Der Staat als Beute?«)

3. Mit der Verselbständigung der Gruppeninteressen kommt es durch Marktabsprachen, Überproduktion, die Außerkraftsetzung der Marktgesetze und Selektionsmechanismen des Wettbewerbs zu Fehlfunktionen des Marktes, die einen

zunehmenden Bedarf an öffentlichen Gütern sowie ordnungsstaatlichen Interventionen, Subventionen, Protektionismus u. ä. in Gang setzen.[11]

4. Die schrittweise Loslösung privatwirtschaftlicher Entscheidungskompetenzen von gesamtpolitischer Verantwortlichkeit, mit der Folge sich verselbständigender Anhängigkeiten und Verflechtungen wirtschaftlicher und politischer Interessen hat dazu geführt, daß die »Spielregelbrüche« zunehmend im Dienste der Durchsetzung partikularer Interessen auf Kosten der Gemeinschaft stehen.

5. Anstelle einer »Ethik der Optima« (G. Bateson) ist die Verklärung und Tabuisierung von Mythen getreten: das ökonomische Theorem der »Unendlichkeit der Bedürfnisse« (P. C. Mayer-Tasch) – Wachstum –, Zentralisierung, Spezialisierung, die Fusion von Superindustrien und Banken mit der Tendenz der Verselbständigung von Sachzwängen und Macht erweisen sich als irreversible Entwicklungen.

6. Die das Alibi von Sachzwängen verursachenden und Lösungsversuche erzeugenden »Probleme« durch verkürzte, ausschließlich an Verbraucherinteressen orientierte Zeitperspektiven, denen spiegelbildlich die zu kurzen, an Legislativperioden orientierten Zeiträume der Politik entsprechen.

7. Die Spielregeln der Demokratie in ihrer parlamentarisch-parteidominierten Form der mehrheitsbestimmenden »Wahrheitsfindung« als Herrschaft des Durchschnitts und ihrem multiplen Vetosystem der Kompromisse auf dem kleinsten gemeinsamen Nenner führen zu Selbstimmunisierung gegenüber jeder Widerlegung, zur schrittweisen Verkümmerung individueller Verantwortlichkeit als evolutionsrelevanter Korrektur- und Innovationsmechanismen.[12]

Nach inzwischen langjährigen Erfahrungen mit Führungskräften verschiedenster Unternehmensbereiche und Organisationen haben mich bei der Thematisierung und Auseinandersetzung mit diesem Problemkatalog nicht nur das Interesse und der Nachholbedarf, in manchen Fällen auch das Ausmaß der Argumentationsdefizite, der Sprachlosigkeit und fachbedingt erklärbarer Illusionen berührt. Vielmehr beeinflußte eine andere Beobachtung seither nachhaltig meine didaktische Vorgehensweise. Soweit sich Gespräche im Rahmen makroökonomischer Gesamtzusammenhänge bewegten, neue Perspektiven und Orientierungsmaßstäbe anstelle revisionsbedürftiger Koordinanten abzuwägen waren, erwies sich der Diskurs als überraschend produktiv. Ein kritischer Punkt wurde jedoch stets dann erreicht, wenn es um die »Laufmaschen« im System und handlungsleitende Konsequenzen der Teilnehmer im eigenen Handlungsrahmen ging: um Sicherheitsvorstellungen, Selbstimmunisierung, vermeintliche »Sachzwänge«, die Sucht- und Sogdynamik, das Vakuum an Visionen und immer wieder das Thema: »Komplexität«.

In der reflektierenden Annäherung an die impliziten Hintergrundphänomene der sogenannten Wirklichkeit im Umfeld von Leistung, Wettbewerb, Innovation und Rationalität konfrontierte der Eintritt in jenen »inneren Kreis« unvermeidlich mit dem Phänomen des Widerspruchs und Paradoxien. Der Gedanke Ernst Machs führte regelmäßig zu heftigen Auseinandersetzungen: »Paradoxien als stärkste treibende Kraft zu betrachten, welche zur Anpassung der Gedanken aneinander und zu neuen Aufklärungen und Entdeckungen dränge« (Mach, 1905).[13] Ähnliche Debatten eröffneten das Phänomen der Komplementarität und Irreversibilität.

Noch bilden Begriffe wie Komplementarität oder Irreversibilität in den grenzüberschreitenden Disziplinen Ansätze für Denkkonzepte, die als jedermann nachvollziehbare Erfahrungstatsachen lediglich beschreibende, nicht erklärende oder theoretisch bereits endgültig durchdachte Phänomene formulieren.[14]

In diesem Sinne stehen sie auch hier zunächst als weiter zu überprüfende Bausteine für Arbeitshypothesen einer Theorie der Überlebensstrategien der einstigen Stadtrepublik Venedig und der Frage ihrer prinzipiellen Übertragbarkeit auf eine zukunftsorientierte Unternehmensphilosophie.

Der von dem Physiker Nils Bohr geprägte Begriff der Komplementarität umschreibt solche Realitätsbereiche, in denen ein und derselbe Sachverhalt mit diametral entgegengesetzten Betrachtungsweisen erfaßt werden kann, Betrachtungsweisen, die sich gleichermaßen gegenseitig ausschließen, aber auch ergänzen und erst damit das Nebeneinander sich widersprechender Abbildungen als Phänomen voll ausschöpfen.[15]

Der Begriff der Irreversibilität steht für die Erfahrungstatsache etwa des Wachsens bzw. Alterns aller Arten von Organismen und Organisationen wie auch für bisher noch kaum untersuchte kommunikative Prozesse bzw. individuelle und kollektive Verhaltensmuster (Gewohnheiten) – im Zusammenhang mit Produktion und Konsumtion –, stets also für aus der Vergangenheit in die Zukunft orientierte, unumkehrbare Prozesse der Weiterentwicklung.[16]

Bevor wir auf diese Phänomene – im Kontext weiterer Modelle – zurückkommen, wenden wir unsere Aufmerksamkeit jenen amerikanischen Autoren Waterman und Peters zu, die sich seit vielen Jahren erfolgreich mit der hier diskutierten Thematik auseinandersetzen.

Der Vergleich ihrer Publikationen – Waterman: *Leistung durch Innovation, Strategien zur unternehmerischen Zukunftssicherung* (1988) und Tom Peters: *Kreatives Chaos – Eine neue Managementpraxis* (1988) – mit unseren Überlegungen zu dieser Thematik bietet hinreichend Material und Anlaß zu kritischer Auseinandersetzung, insbesondere der Frage des Zugangs und der Vermittelbarkeit dieser komplexen Zusammenhänge.

Programmatisch, fast wie eine unausgesprochene »Verabredung« zu meinem Koestler-Zitat erscheinen zwei Zitate Robert Watermans:
Gewohnheit ist das gewaltige Schwungrad der Gesellschaft... sie allein hält uns alle innerhalb der Grenzen des Brauches... sie allein verhindert, daß die härtesten Pfade des Lebens von denen verlassen werden, die aufgezogen wurden, um darauf zu wandeln...

Sie verdammt uns alle dazu, den Lebenskampf entlang der Grenze unserer frühzeitig getroffenen Wahl auszufechten und das Beste aus einem Gegeneinander von Widersprüchen zu machen, weil es kein anderes gibt, für das wir gerüstet sind und es zu spät ist, um neu zu beginnen. (William James)[17]

Diesem Zitat des Philosophen und Psychologen William James vor genau einhundert Jahren korrespondiert der Hinweis Watermans auf ein Weltreich zwischen dem 15. und 17. Jahrhundert, das in meinen Darlegungen zum Prozeß der Wertschöpfung und der Frage nach dem Wesen des Reichtums – als sozialproduktiver oder krimineller Energie – eine Schlüsselrolle gespielt hat: Spanien und dessen Management, die Casa di San Giorgio und die Stadtrepublik Genua.

Als Erben einer Gesellschaft, die zuviel in das Reich investiert hatte, konnten sie sich ... im Zeitpunkt der Krise nicht dazu überwinden, ihre Erinnerungen aufzugeben, und die ... Muster ihres Lebens ändern. Zu einer Zeit, als sich das Antlitz Europas rascher denn je wandelte, fehlte jenem Land, das einst die führende Macht Europas war, das wesentliche Ingredienz zum Überleben, die Bereitschaft zur Veränderung. (T. H. Elliot)[18]

Tatsächlich verbirgt sich hinter dem komplementären Rahmen stammesgeschichtlicher (blinder) Gewöhnung und individualgeschichtlich (durch Lernen und Gedächtnis) zielgerichteter Anpassung der Schlüssel für das, angesichts der oben skizzierten Probleme erforderliche Maß an Lern- und Wandlungsfähigkeit.[19]

Die Nüchternheit gebietet es, diese nicht zu überschätzen, andererseits aber auch im Hinblick auf Fehleinschätzung und Ignoranz diesen nicht das Feld zu überlassen, um die überall erkennbaren Impulse sozialer Intelligenz und Problemlösungsbereitschaft aktiv zu unterstützen.

In diesem Sinne sind auch Tom Peters und Robert Waterman in ihrem Metier »Entrepreneure«, deren Ansatz zunächst von einer angemessenen Einschätzung der »Macht der Information« ausgeht.

Vor diesem Hintergrund plädieren sie für eine »notwendige Revolution«, deren Motor das »kreative Chaos«, deren Ziel eine radikale Neudefinition herkömmlicher Unternehmensziele und Managementphilosophie bedeute: »ein Weltbild wird auf den Kopf gestellt.«[20]

Denn: »die Welt der amerikanischen Wirtschaft mit ihrer Ressourcen- und Kapitalverschleuderung war mehr als reif für tiefgreifende Veränderungen.«[21]
    »Die amerikanische Unternehmensführung hat das menschliche Moment bislang vernachläßigt, ja ignoriert...«[22] Angesichts »des Niedergangs der amerikanischen Wirtschaft, angesichts der Erkenntnis, daß Größe und Gigantomanie noch niemals zur Entwicklung beigetragen und die versprochenen Ergebnisse gebracht haben... in einer Ära der äußersten Ungewißheit, in der alte Vermutungen nicht mehr stimmen, Prognosen Relikte der Vergangenheit

sind, in der Technologien alles ins Wanken bringen, Verbrauchereinstellungen sich rapide verändern und die Wechselwirkungen der Märkte unvorhersagbare Kräfte und Trends auslösen, ist es dringlicher denn je, die Dynamik der Erneuerung, als Herausforderung zu verstehen«.[23]

Vor diesem Hintergrund formulieren Tom Peters und Robert Waterman eine aus den vorangehenden Darlegungen bereits vertraute Unternehmensmanagement- und Organisationstheorie.

Sie ist orientiert an der Suche nach Nischen, höherer Anpassungsfähigkeit, Komplexität bei Reduzierung der Strukturen (»Small is beautiful«) und höherem Qualitätsbewußtsein – »wir müssen die Qualität als moralische Dimension sehen, Qualität muß als Tugend anerkannt werden, als etwas, das mehr ist, als eine rentable Strategie« – und einer grundsätzlichen Neuorientierung der Führung nach dem Motto: »der Manager als Vorbild«.[24]

Peters und Waterman beziehen sich auf erste positive Erfahrungen amerikanischer Unternehmen mit dem Programm von »Sache und Engagement« als »Sinnfindung«, als einem »neu entdeckten Naturgesetz«.[25]

Die weiteren Voraussetzungen, die »Gestalt des Siegers«, wie es Tom Peters formuliert, seien kurz resümiert: Die uneingeschränkte Offenheit und Öffnung nach innen und nach außen. Internationalität, Einfühlungsvermögen gegenüber fremden Kulturen, aber auch gegenüber der eigenen Konkurrenz und Politik. Die Überwindung autoritärer Hierarchien und Zentralisierungstendenzen. An deren Stelle: »gelenkte Autonomie, weniger Kontrolle, um besser kontrollieren zu können«, Feedbackhierarchien in Gestalt kongenialer Kontrollmechanismen mit dem ausdrücklichen Ziel der Überschreitung funktioneller und hierarchischer Grenzen, die Förderung vertikaler und horizontaler Funktionsabteilungen innerhalb des Unternehmens, und damit Freiräume für spontane Initiativen. Ausdrücklich wird die bewußte Relativierung temporärer Mängel und Fehler durch Vertrauensvorgabe betont.

Überhaupt stehen die Konfrontation, der Umgang mit Widersprüchen und Paradoxien, die Pflege informeller Kommunikationskanäle, Leadership im Dienst der Motivation, die »Macht der Beteiligung« sowie Aus- und Weiterbildung an vorrangiger Stelle. Waterman spricht allgemeiner von identitätsstiftender Kommunikation.[26]

Überzeugend erscheinen das Bekenntnis und die Leidenschaft der Botschaft dieser beiden Autoren: der Anspruch eines Managements nicht der »Verwalter«, nicht der »Finanzmanipulatoren«, sondern der »Baumeister«[27], des Managers als lebendiges Abbild einer strategischen Vision, und auch hier wird das »Lernen am Modell« ausdrücklich hervorgehoben.[28]

Tom Peters und Robert Waterman sind erklärte Empiriker (Peters).[29] Aus der Fülle von Erfahrungen und Erlebnissen mit amerikanischen Unternehmen schöpfend, begründen sie ihren didaktischen Transfer auf Beispiele, grundsätzliche Leitsätze, Leitbilder und Handlungsanleitungen (Appelle).

Den Mangel an theoretischem Hintergrund gleichen sie mit einem Maß an Anschaulichkeit und handgreiflicher Unmittelbarkeit aus, die vergleichbarer Literatur hierzulande weit überlegen ist.

Uns stellt sich indessen im Kontext der Gesamtthematik die Frage nach den Voraussetzungen für die von Tom Peters und Robert Waterman postulierte »notwendige Revolution«. Ist die Botschaft »der bedingungslosen Lern- und Wandlungsfähigkeit« für unser wirtschaftliches Überleben[30] auf diesem Wege zu erreichen?

Geht es für ein zukunftsorientiertes Management angesichts dessen, was die zur Zeit verantwortliche Generation der »Führungskräfte der Wirtschaft« ererbt und weiter zu vererben hat, um nicht mehr, als »wirtschaftliches Überleben«?

Wird die Antwort auf diese Frage nur – wie die des Orakels von Delphi – in Form einer neuen Frage gegeben werden können, oder ist die Antwort bereits in diesen Darlegungen enthalten?

1. Sollten wir das Modell Venedig als geglückten Versuch kultureller Evolution einschätzen, dann mag deutlich geworden sein, daß die »Partitur« der Evolution als handlungsleitende Orientierungshilfe ein unteilbares Ganzes darstellt, d. h. auch wir haben unsere Lebens- und Funktionsräume einschließlich ihrer Akteure und unsere Geschichte in das, was Wandel bedeuten müßte, aktiv einzubeziehen.

2. Da sich alles Lernen, und damit Wandlungsfähigkeit, prinzipiell nur als spontan entfaltende Selbstorganisationsprozesse vollziehen, bleiben Appelle an Rationalität und Moral – wie die Geschichte lehrt – folgenlos.

3. Da kultureller Fortschritt stets nur von individuellen Leistungen und kreativen Eliten ausging, können nur die potentiellen Gegeneliten jene »kritische Schwelle« nutzen, um einem sich weltweit abzeichnenden, grundlegenden Wandlungsprozeß zum Durchbruch zu verhelfen.

Welche Bedeutung dabei einer Strategie der »Negation der Negation«, dem Phänomen der Zeit, der Form als Design und Signatur des Geistes, und damit dem Prozeß der Identifikation zukommt, wird über das Maß zukünftiger Wandlungsfähigkeit entscheiden.

Modell statt Appell: die Kunst des Umgangs mit Komplexität

Überlebensfähigkeit als Gestaltung ist, wie das Modell Venedig demonstriert, gekoppelt an die Wahrnehmung der Teil-Ganzes-Relationen und damit an das alles dominierende Prinzip der Rückkopplung. Diese wiederzuentdeckende Erkenntnis bildet eine der Herausforderungen des Managements von morgen.

Für den Manager als Künstler bilden das Unternehmerische neben dem Schöpferischen, Erfinderischen und Spielerischen als Impulse zivilisatorischer Nutzung der Natur durch Umgestaltung eine untrennbare Einheit. Als solcher war er maßgeblich an der Herausbildung von Zivilisation und kulturellem Fortschritt beteiligt.

Der Manager als Künstler respektiert die Spielregeln der Evolution. Sie dienen prinzipiell dem Optimum, der Prozeß der Maximierung ist lediglich eine Voraussetzung dafür, niemals aber Selbstzweck.

Seit jeher gehörten der Manager als Künstler und der Erfinder zu den erklärten Feinden des Establishments. Schuf dieser neue Rahmenbedingungen und Spielräume, die die gesellschaftlichen Grundspielregeln veränderten, so führten Produkt- und Prozeßinnovationen des letzteren zu einem grundlegenden Wandel des technologischen und gesellschaftlichen Milieus.[1]

Der Manager als Künstler ist Spezialist fürs Allgemeine, dessen komplementäre Funktion zum Spezialisten nur darin bestehen kann, die Voraussetzungen, die Legitimation, die Konsequenzen und die Ziele sozialer Prozesse zu bündeln und im Hinblick auf Entscheidungs- und Handlungsfähigkeit zu vermitteln und zu führen.[2]

Eine Profession des Managements als Künstler hat es nicht nur lange vor unserer Zeit gegeben, sie war bereits, wie das Modell Venedig demonstriert, konfrontiert mit prinzipiell vergleichbaren Zielsetzungen, Problemen und Problemlösungsversuchen.

Solange die postindustrielle Zivilisation jedoch am Dogma und Mythos eines ausschließlich reduktionistisch-naturwissenschaftlich und technisch orientierten Fortschrittsbegriffs und -glaubens festhält, wird der Manager als Künstler nicht wieder in Erscheinung treten.

Die von Tom Peters, Robert Waterman und anderen als notwendig erachtete »Revolution« wird also auch einen grundsätzlichen Wandel unseres Umgangs mit soziokulturell tradiertem Wissen sowie überholter, widernatürlich-menschenfeindlicher Lernstrategien in Schulen und Universitäten voraussetzen, insofern diese nicht nur der Selektion und Reproduktion von Berufskompetenzen, sondern auch der Sicherung kulturellen Fortschritts dienen. Ein Pädagoge, der heute nicht um die biologisch-physiologischen Hintergründe des Lernprozesses, wie ihn etwa Vester vorbildlich dargestellt hat[3], unterrichtet ist, ist ein Multiplikator sozialer Wertminderung.

Diese Revolution:

– wird die Einbeziehung aller gesellschaftlichen Institutionen, soweit sie soziokulturelle Aufgaben wahrnehmen, als Garanten grundlegend erweiterter Spielregeln voraussetzen.
– wird nicht ohne die Majorität erwerbstätiger und kindererziehender Frauen, auch nicht ohne den unentbehrlichen Erfahrungsschatz der Alten stattfinden, deren weitgehend ungenutzte Potentiale brachliegen, weil diese soziale Randgruppe bisher noch kein Bewußtsein ihres Ranges zu entwickeln und zu organisieren vermochte.[4]

– wird schließlich auch nicht stattfinden, ohne die schrittweise Einbindung der »Dritten Welt« als jener Quelle materieller und kultureller Ressourcen, von deren Nutzbarmachung auch das Überleben des sogenannten Abendlandes abhängig ist, allerdings nicht im Sinne von »mehr desselben«, sondern als Synthese des westlichen Konzepts der »Rationalität« als Weltbeherrschbarkeit und Dynamik in der Spannung zwischen Idee und Anspruch und östlicher Rationalitätskonzeption als Welterhaltung mit der Priorität des Ganzen,[5] wie wir sie am Beispiel des Modells Venedig demonstriert haben.

Damit ist noch einmal an jenen von Waterman zitierten »Nachruf« auf die verlorengegangene »Bereitschaft zur Veränderung« (Spaniens) anzuknüpfen: Geschichte dient hier also als museales Meublement der Gegenwart, sie ist, wie es Lyotard in *Die Situation des Wissens in den höchstentwickelten Gesellschaften* darlegt, nicht mehr eine Dimension der eigenen Gegenwart als handlungsleitender Maßstab und Orientierung.

Doch wie sollte sich ein zukunftsorientiertes Management »bemühen können, einen intelligenten Wertekatalog zu erstellen, der . . . zu jeder Zeit nicht nur einen Überblick über die vertikale Ordnung der Notwendigkeiten gewährleistet, sondern eine Möglichkeit (bietet), die Gesamtsituation einzuschätzen«? (Waterman)[6]

Wie hätten wir uns die »Einschätzung der Gesamtsituation« ohne die Einbindung und das Bewußtsein um die eigene Vergangenheit vorzustellen? In diesem Zusammenhang wurde bereits auf einen der ersten Ansätze menschlicher Orientierungsstrategien durch Francesco Petrarca hingewiesen. Petrarca war es, der durch das Medium der Geschichte den Lebenden gleichsam im Spiegel der Vergangenheit die Antizipation einer neuen Praxis als Alternative zur negativ erfahrenen Gegenwart eigenen Handelns zu vermitteln suchte.

Er stellt bereits kritisch die »Spielregeln«, nicht das Spiel selbst, in Frage, um das Problem der jeweils eigenen Praxis als ein Problem der kognitiven Ausbildung und Reflexionsfähigkeit zu thematisieren.[7]

Petrarcas Haltung gegenüber der wechselseitigen Bedingtheit und Einheit von Erkennen (Theorie) und Handeln (Praxis), seine Präferenz der Gleichrangigkeit der »vita activa« als komplementärer Seite der »vita contemplativa«, neben der sensuell-ästhetischen Seite des Menschen, markiert im folgenden unsere weiteren Überlegungen einer Annäherung an unseren Erkenntnisgegenstand über Modell und Analogie.

Wir gehen mit Petrarca davon aus, in der Konfrontation mit der Geschichte Venedigs eine Dimension der eigenen Gegenwart im Bewußtsein der Lebenden zu evozieren, in der wir unsererseits Schnittpunkt zwischen Vergangenheit und Zukunft sind, um damit gleichermaßen den Versuch der Nichttrennbarkeit von Reflexion und Handeln an uns selbst zu erproben.

Als Kriterien der Auswahl und Bewertung überlieferter Informationen verweist Petrarca auf Orientierungskoordinaten wie »auctoritas« – Hinweise auf Gestaltungskonzepte, die als Richtschnur anderer auch für uns handlungsleitend sein können – und »verisimilitudo« als orientierungsbietende, aus Erfahrungen gewonnene Urteile oder Analysen über Handlungszusammenhänge, aufgrund deren sich auch unser Tun als sinnvoll erweisen kann.[8]

Selbstverständlich ging es im Zusammenhang mit Überlebensstrategien und Management zunächst erst einmal um die Frage der Vermittelbarkeit jenes Modells.Ließ sich überhaupt ein nachhaltigeres Interesse wecken, über das Modell Venedig einen unmittelbar nachvollziehbaren Bezug zu den Wertsetzungen, Entscheidungsprozessen und Problemstellungen eigenen, aktuellen Handelns herzustellen, sich auch emotional einzulassen auf jenen Kosmos als Dimension persönlicher Gegenwart, um sich schließlich über den Erwerb einer Theorie hinaus auch noch Gedanken über ihre höchstprivate Nützlichkeit und Anwendung als »ars vitae« zu machen?

Dafür bietet uns Petrarca ein Beispiel, wenn er in Nachahmung des antiken Vorbildes als einer der ersten eine Fußwanderung auf den fast 2000 Meter hohen Mont Ventoux unternahm. Überwältigt von dem Erlebnis, an die Grenzen physischer Leistungsfähigkeit zu stoßen, denn erst jetzt wurde er sich bewußt, welchem Risiko er sich ausgesetzt hatte, ergab sich nun zwingend die Frage nach einer Begründung für sein Tun: »Als ich im Betrachten des Berges meine Augen befriedigt hatte . . . wandte ich meine inneren Augen in mich selber.« (Petrarca)[9]

Damit wurde der Gipfel zur Analogie zwischen seinem augenblicklichen Handeln und der Wanderschaft durch das eigenen Leben, zum Exempel, wie sich praktisches Tun in theoretische Betrachtung, in Reflexion über die eigene Geschichte als etwas Authentisches verwandeln kann, das man als pars pro toto nur im Handeln zu erreichen vermag.

Dieses Handeln verstand Petrarca als einer der wahrscheinlich ersten modernen Menschen im Sinne eines selbstverantwortlichen Subjekts der Geschichte in der Zuwendung zur Welt als Raum menschlichen Tuns (»Management«) und mit der Akzentverschiebung von der Theologie zur Anthropologie im Hinblick auf eine offene, aber selbst zu gestaltende Zukunft im Bewußtsein seiner Niederlagen und seiner Würde.[10]

Welche Bedeutung vor diesem gedanklichen Hintergrund dem Erkenntnisprozeß der Erkundung neuer Handlungsspielräume durch das Modell kommunikativer Praxis und die Schranken zeitlicher Gebundenheit überwindender Vermittlung von Welterfahrung und Handlungsmotivation zukam, diese Anregung – oder Aufforderung – Petrarcas besitzt bis heute Aktualität.[11]

Nach den oben erwähnten Hinweisen der Erprobung neuer didaktischer Modelle seien nun, nach jenem Petrarca-Modell, drei weitere exemplarische Beispiele vorgestellt:

- der Fernsehfilm *Fußball wie noch nie* (Helmut Costard)
- das sogenannte Möbiusband (August Ferdinand Möbius 1790–1868)
- das Spiel »Nomic« (Peter Suber, 1981)

1. Angesichts der enormen Macht der Vorurteile und Stereotypen, der Dogmen und Ideologien, angesichts der fast täglichen Erfahrung der Ohnmacht jeglicher Art von Appellen an Vernunft, Einsicht und Vorsicht, angesichts der Tatsache, daß das zu einem frühen Zeitpunkt (jeweiliger Ausbildung) erworbene Verfügungswissen in aller Regel zu einem unverrückbaren Bestandteil künftigen Denkens und Handelns werden kann, bilden Erkenntnismodelle jedenfalls ein Instrument der Überprüfung jeweils eigener Orientierungskriterien und -maßstäbe. Dabei bedeuten die völlige Abwesenheit von Ordnung in Gestalt der Überschwemmung mit Informationen ebenso wie das Vakuum an Struktur und/oder Beziehungsdaten eine Herausforderung, die naturgemäß zu Desinformation, Konfusion, Frustration, Abwehr, Ambivalenz führen, aber andererseits auch Neugier, Interesse, Resonanz und Engagement auslösen kann.

In dem Film *Fußball wie noch nie* wird exemplarisch mit den Mitteln des Sichtbaren, das Unsichtbare vorgeführt, d. h. die Aufmerksamkeit auf das vermeintlich Unwesentliche, Belanglose, am Rande liegende, kurz, auf den Hintergrund, auf das Implizite gelenkt.[12]

Richten sich Erwartungen normalerweise auf die linear-kausalen Spielzüge der Akteure in Raum und Zeit, so zeigt Helmut Costards Film während der gesamten Spieldauer eines britischen Meisterschaftsspiels (Coventry–Manchester United) weitgehend in Großaufnahme den Stürmer George Best, isoliert vom übrigen Spielgeschehen. Abhängig davon, ob der Beobachter um die Schlüsselrolle dieses außergewöhnlichen Profis »im Bilde« ist oder nicht, fällt die Beurteilung selbstverständlich völlig verschieden aus.

Ausgeschlossen vom Spielgeschehen, das dem Beobachter nur auf dem akustischen Kanal durch die Stimmung des Publikums Orientierung anbietet, scheint sich George Best überwiegend im ereignislosen Raum, gleichsam an der Peripherie des eigentlichen Spielgeschehens zu bewegen oder zu warten.

Dessen Konzentration auf das »Zentrum«, den Ball, die ständige Teilnahme – »in Bereitschaft sein, ist alles« (Shakespeare) – an Angriffs- oder Verteidigungsaufgaben sowie sein permanenter Stellungswechsel, die blitzartige Bündelung aller Kräfte am Ball, die antizipierende Weitergabe des Balles an einen voraussichtlichen Ort, an welchem sein Mitspieler – den gegnerischen Spieler hinter oder neben sich lassend – sogleich eintreffen wird[13], und viele weitere Aktionen, alles dies wird dem Beobachter des Films gleichsam vorenthalten. Das visuell bedingte »Vakuum« im Hinblick auf das Ganze, die ständige, meist vergebliche Orientierungssuche, in welcher Richtung das Spiel gerade läuft, beanspruchen einen großen Teil der Aufmerksamkeit, während dieselbe vordergründig in weniger relevante Details der Person George Best umgeleitet und verhangen bleibt.

Es ist hier nicht der Ort, auf weitere phänomenologisch interessante Details und Beobachtungen einzugehen. Bemerkenswert ist im Rahmen unseres Erkenntnisinteresses die Entschiedenheit Costards, sich weitgehend vom anerkannt »Wesentlichen« gelöst, das vermeintlich Unwesentliche, Implizite dagegen in den Mittelpunkt gerückt zu haben, und damit aus der Distanz auf die Wahrnehmung und Reflexion der paradox erscheinenden Wechselwirkungen von Teil und Ganzem hinzuführen. Diese Perspektive entspricht »natürlich« nicht dem sogenannten »normalen« Bild, jener Realität, die in aller Regel durch die Optik präformierter Bedürfnisse, Erwartungen, Projektionen und Sinnzusammenhänge gesehen wird, welche Kontinuität, Eindeutigkeit, Vorhersehbarkeit auszeichnet, das Abenteuer und Risiko neuer Erfahrungen jedoch weitgehend ausschließt.

Einen bewußt Teil und Ganzes wahrnehmenden Beobachter zeichnet prinzipiell, wenn Routine fehlschlägt, wenn vertraute Assimilationsschemata neu anzupassen und zu korrigieren sind, ein Mindestmaß an Frustrationstoleranz, an Offenheit und Flexibilität aus, um die Barrieren der Gewohnheit gegenüber Erstmaligkeit zu überwinden.[14]

Diese Einstellung verweist uns abermals, in Analogie zur Fußwanderung Petrarcas, auf die Notwendigkeit, auch in der Konfrontation mit Costards Film der Selbstwahrnehmung zunächst den Vorrang einzuräumen, um dann wie Petrarca, die eigenen Widerstände integrierend, der Übertragung dieser Erfahrung auf die eigene Positionsbestimmung zwischen Teil und Ganzem unverstellt und mit Interesse näherzutreten.

Das Modell des Fußballspiels als eines »geschlossenen« Systems unterscheidet sich indessen erheblich von den uns interessierenden offenen Systemen und Verhaltensmustern seiner Akteure. Hier bildet ja nicht nur der Spielregelbruch den Motor allen Wandels – zu Gunsten des einzelnen – erlaubt ist, was nicht verboten ist –, oder zu Gunsten des Ganzen – wünschenswert ist (nur), was dem Ganzen dient. In offenen Systemen ist tendenziell das Positivsummenspiel gegenüber dem reinen Nullsummenspiel erstrebenswert, in dem Selbstverantwortlichkeit und Eigenrisiko des einzelnen Mitspielers die Rolle des – beim Fußball als letzte Instanz alleine entscheidenden – Schiedsrichters übernehmen oder überflüssig machen.

An dieser Schwelle jeweils neu zu formulierender Erkenntnisinteressen beginnt erst jener Schritt der Anwendung einer Theorie, die nicht mehr nur auf der Notwendigkeit der Umsetzung von Funktionen, sondern auf Alternativen und Entscheidungsspielräumen, also Gestaltungsvermögen beruht.

2. Eine ganz andere Art der Auseinandersetzung mit dem Bild der subjektiven Wirklichkeit – und also dem Verhältnis zu Theorie und Praxis – bedeutet die Konfrontation mit dem 1865 von dem Mathematiker und Astronomen August Ferdinand Möbius entdeckten Möbiusband. Dieses Gebilde etablierte nicht nur

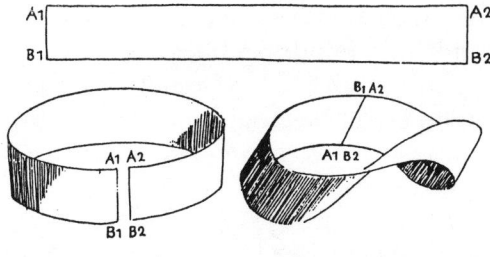

einen neuen Zweig der Mathematik, die Topologie, es forderte zunehmend auch die Aufmerksamkeit unter ästhetischen Prämissen mit Unendlichkeit befaßter Künstler heraus.

Die Enttäuschung des Schweizer Bildhauers Max Bill war groß, nachdem er im Jahre 1935 mit seiner Skulptur der »Unendlichen Schleife« als Schöpfer dieses, unter Mathematikern längst bekannten Gebildes, auf die von ihm angenommene Urheberschaft verzichten mußte.

Seitdem haben von Maurits Escher bis zu Douglas Hofstadter – *Gödel, Escher, Bach – ein endloses geflochtenes Band*, 1985 – die verschiedensten Deutungen und Darstellungsversuche zu einem größeren Grad von Bekanntheit geführt. Dabei handelt es sich um ein Phänomen, das als kommunikative Praxis – ähnlich wie das Fahrrad- oder Autofahren als angewandte Kybernetik – nahezu jedermann täglich beschäftigt, ohne sich jedoch über den erkenntnisleitenden »Nutzen« aus dieser Praxis und ihrer Übertragbarkeit jemals tiefere Gedanken gemacht zu haben.

Möbius hat ein ursprünglich ringförmig zylindrisches Band so verkehrt, daß die einst diagonal liegenden Endpunkte (A1 + A2 – B1 + B2) um 180° gedreht nun zusammengefügt werden (A1 + B2 – B1 + A2) Folgen wir nun mit dem Finger dem oberen Rand (Kante) nach rechts, so gelangen wir – im Gegensatz zu dem einstigen Band – nach nur zwei Umdrehungen, ohne den Finger abgesetzt zu haben, wieder an den Anfangspunkt zurück. Bei genauerer Beobachtung werden wir gewahr, daß aus dem einst symmetrisch zweiseitigen Band plötzlich eine einseitige Fläche entstanden ist.

Das Möbiusband hat tatsächlich nur noch eine Seite (Kante), so daß man von einem bestimmten Punkt der einen Seite geradewegs zu jedem beliebigen Punkt auf der vermeintlich »anderen« Seite gelangen kann, ohne die Fläche dieses Bandes zu durchstoßen oder eine Kante überschreiten zu müssen. Ein Vorgang, der bei jedem zweiseitigen Band völlig unvorstellbar wäre. Zu den Eigenschaften des Möbiusbandes gehört also – abgesehen davon, daß es nur noch eine Seite (Kante) besitzt – das Fehlen einer Innen- bzw. Außenseite, es besteht nur noch aus einer einzigen, geschlossenen Fläche.

Die Metamorphose führt zu noch rätselhafteren Eigentümlichkeiten, wenn man das Möbiusband längs der Mitte halbiert. Anstatt, wie bei dem ursprünglichen Band zwei einzelne Streifen (Ringe) zu erhalten, entsteht ein einziges Band, das wiederum, in Abweichung vom Möbiusband, zwei Kanten sowie eine Innen- und eine Außenfläche besitzt.

Zerschneidet man das Möbiusband längs eines Drittels der ursprünglichen Breite, so entstehen zwei ineinander verschlungene Ringe, deren einer ein Möbiusband darstellt, während der andere, wie ursprünglich, ein einseitiges (zweikantiges) Band mit zwei Halbdrehungen ergibt.[15]

– Wo sind also bei dem Möbiusband die beiden Ränder – die Kante, wo die Innen- bzw. die Außenseite des ursprünglichen Bandes geblieben?

– Wie ist es erklärbar, mit einer scheinbar geringfügigen, die Gestalt betreffenden Manipulation am substantiell unveränderten Material, qualitativ völlig neue Eigenschaften zu bewirken. Lassen sich aus dieser Metamorphose prinzipielle Aussagen oder Annahmen, die auf menschliches Verhalten oder kommunikative Prozesse übertragbar sind, ableiten?

Wir sind mit dem Möbiusband Zeuge eines in der lokalen Alltagswelt kaum je so unmittelbar begreifbaren raumzeitlichen Symmetriebruchs geworden. Aus Symmetriebrüchen erwachsen indessen jeweils neue dynamische Möglichkeiten der Morphogenese, entstehen neue Formen und Verhaltensvarianten, die Akte der Selbstüberschreitung und damit Entwicklung (Wandel) signalisieren. Daß derartige Symmetriebrüche in der Konfrontation mit (logischen, semantischen und pragmatischen) Paradoxien, Komplementarität und Irreversibilität »auf Lücken in unserem Verständnis fundamentaler Zusammenhänge« (Eigen)[16], des Zusammenspiels von Teil und Ganzem hindeuten, indem menschliche Wahrnehmung zu einer linearen Kausalität, zu einem statisch-konstanten Raumerlebnis und zu einer gleichmäßig fließenden, aber isoliert wahrgenommenen Zeit verführt, das ist eine, wenn auch selten bewußt wahrgenommene Realität.

So bleibt menschliche Aufmerksamkeit gefangen in der isolierten Betrachtung von Eigenschaften der Dinge an sich, während es vielmehr als Folge übersummativer Veränderungen entscheidend auf das Erkennen nicht sichtbarer, zyklisch-nichtlinearer Beziehungsmuster und Rückkoppelungsprozesse zwischen Teilen und Ganzem ankommt. Was die Implikationen derartiger nichtlinearer Prozesse im Hinblick auf praxisrelevante Formen und Regeln der Kommunikation und Organisation offener Systeme (aus der Sicht der Psychologie, Erkenntnistheorie, Logik, Sprache, aber auch Ökonomie) anbetrifft, so betreten wir vorläufig noch wissenschaftliches Neuland.

Bisher haben sich überhaupt erst der Kommunikation und Organisation zugewandte Wissenschaftsbereiche der Molekularbiologie, Chaosforschung, Katastrophentheorie oder sonst grenzüberschreitende Darstellungen mit diesen in das Zentrum physischer Hardware und psychischer Software vordringenden Fragen um Intelligenz und Komplexität intensiver auseinandergesetzt.

Die Konfrontation mit einem Modell wie dem Möbiusband, und die Frage seiner Übertragbarkeit bzw. Analogien für die kommunikative Praxis, gehört also auch in diesen Kontext. Bevor wir auf dessen Anwendungsaspekte zurückkommen, sei als drittes Modell das von dem Amerikaner Peter Suber im Jahre 1981 erfundene Gesellschaftsspiel Nomic vorgestellt:

3. Nomic besteht aus 29 – 16 unveränderlichen und 13 veränderlichen – Regeln. Prinzipiell ist jedoch von vornherein keine Regel unveränderlich. Das Reglement sieht Vereinbarungen jeglicher Art vor, den Erlaß zusätzlicher Regeln sowie die Aufhebung, Veränderung oder Ergänzung bestehender Regeln.

Damit verbindet sich indessen die Kunst der Unterbreitung, Werbung und Überzeugungsfähigkeit für neue Regeln (bzw. Regeländerungen) in gemeinsamen Abstimmungen. Wer einhundert Punkte (per Würfel) erreicht, ist Sieger. Mit anderen Worten, die Durchsetzung bzw. Annahme einer Regel wird belohnt. Nomic ist also ein »Metaspiel«, in dem es zunächst um das *Wie*, in zweiter Linie erst um jeweils selbst zu gestaltende, beliebige Inhalte – das *Was* – geht.

Im Unterschied zu vergleichbaren Spielen umfaßt Nomic alles, was die beliebige Zahl der Mitspieler auf dem Wege des Konsensus als durchsetzbar akzeptieren. Obwohl sich dieses Spiel im Gegensatz zur Hierarchie moralischer, rechtlicher oder gesellschaftlicher Regeln »nur« auf zwei Regelebenen beschränkt, verliert sich im Verlauf des Spiels scheinbar die Trennungslinie zwischen Spiel und Wirklichkeit. Nach wenigen Runden ist Nomic nicht mehr das gleiche Spiel, das es zu Beginn war, und bleibt dennoch im Kern unverändert es selbst.[17]

Nomic simuliert trotz und wegen der beschränkten Anzahl vorgegebener Regeln, deren Intentionen und Zielsetzungen die Mitspieler gewöhnlich ebensowenig kennen bzw. durchschauen wie die anderer »Lifespiele«, buchstäblich den sich an jedem Individuum, jeder Gruppe oder Organisation vollziehenden Evolutionsprozeß in Gestalt der Selektion und Variation konsensusfähiger Regeln sowie der Anpassung an neue Regeln im Umgang mit Metaregeln und Spielregelbrüchen.

Nomic bietet also ein faszinierendes Beispiel eines aus Vernetztheit und Dynamik sich entwickelnden Systems mit ständig wachsender Komplexität. Der Anfangszustand, die Verhaltensstrategie und Zufall beeinflussen entscheidend den Endzustand. Ungenügend durchdachte Regeln führen in Sackgassen, bewirken Unterbrechungen, die Unterbrechungen unterbrechen und im Leerlauf oder im Kollaps enden.

Auf vielsprechende Weise erweisen sich die ersten Runden regelmäßig als Thema und Variation zu »horror vacui« bzw. »amor infiniti«. Da sich niemand hinter Rolle, Autorität oder Institution verbergen kann, wird die »Rückseite« des jeden Mitspieler spiegelnden Spiegels als Demaskierungsszenario oder auch als Selbstinszenierung vorgeführt. Denn obwohl man sich jenseits vertrauter Alltagserwartungen und Konformitätszwänge im zweck- und risikofreien Spielraum mit der Chance des Zulassens von Spontaneität und Inspiration bewegt, greift die Mehrzahl der Teilnehmer zunächst auf Routine und Alltagsrituale zurück. So erscheint Nomic zeitweise als die Fortsetzung des alltäglichen Konkurrenzkampfes mit anderen Mitteln.

Tatsächlich bildet aber erst die Überwindung des Labyrinths unendlich vieler »Als-ob«-Situationen, die damit entstehende Verstrickung ebenso wie das nun geschaffene Vakuum, die Voraussetzung für das Eintreten in von formalen Fesseln befreite Spielräume der Kooperationsfähigkeit und Gestaltungsmöglichkeiten.

Selten tritt anstelle der lediglich dem einzelnen dienenden »Sucht nach Belohnung« (Punktesammeln), anstelle des Außerkraftsetzens einer vergleichsweise bescheidenen Anzahl von Regeln, der befreiende, gemeinschaftliche Versuch der Transformation der vorgegebenen Regeln als frustrationsüberwindendes Moment, und meistens erweist sich die Tendenz, sich noch fester an die wenigen Formalien zu klammern, um jedes Risiko und jeden Gesichtsverlust auszuschalten, als »rasender Stillstand«.

Der Spielverlauf hängt entscheidend davon ab, wann es einer Koalition wie und mit welchen Mitteln gelingt, über Metaregeln den befreienden Weg aus dem Labyrinth zu eröffnen. Es bleibt den Akteuren gewöhnlich im Spiel verborgen, daß die Spielregeln lediglich Vehikel bilden, um, wie im Alltag, die Beziehungen und Grenzen zum Gegenüber zu artikulieren. Es bleibt ihnen verborgen, daß diese Beziehungen gleichermaßen unsichtbar, als Spielregeln wie auch konkret, als Sympathie, Indifferenz, Unsicherheit und Angst selbst Gegenstand des Spieles sind. Es bleibt ihnen vor allem verborgen, daß über die Beziehungen zu den Mitspielern nicht ausdrücklich gesprochen wird, obwohl gerade diese maßgebliche metakommunikative Bestandteile des Spieles bilden, ja das Entscheidungsverhalten der Spieler vom Spielgeschehen – rückkoppelnd – selbst entscheidend gesteuert wird.

So erweist sich Nomic als ein ideales Verständnis- und Verständigungstraining, das mit den Mitteln des Expliziten, das Implizite der Kommunikation mittels unbestechlicher Videoaufzeichnung nachvollziehbar und einsichtig zu machen geeignet ist.

Spätestens mit der nur aus der Distanz möglichen Betrachtung des Abbildes lassen sich so die Differenz von Anspruch und Wirklichkeit, von Selbst- bzw. Fremdwahrnehmung und kommunikativer Wirkung erhellen, um Frustrationstoleranz, Anpassungsspielräume, »blinde Flecken« und Wahrnehmungsbarrieren ebenso wie Offenheit, Phantasie, Integrationsfähigkeit sichtbar zu machen, um Mechanismen der Verselbständigung von Kommunikation zu verfolgen, und den metakommunikativen Prozeß der Vertrauensvorgabe (als Voraussetzung aller Innovation) transparent zu machen.

Die vielen von mir erlebten Nomicspiele mit sogenannten Führungskräften waren Erlebnisse des sich verselbständigenden Chaos, der Frustration des »freien Falls«, aber auch der Befreiung aus einem Vakuum mit komischen und tragischen Aspekten, mit dem von der Mehrheit als Triumph erlebten »Münchhauseneffekt«, sich selbst aus dem Sumpf gezogen zu haben, wie auch der Dramatik und des Abenteuers. Immer aber war der mit der nachfolgenden Reflexionsphase einsetzende Erkenntnisprozeß über eigene Maßstäbe und Kriterien der Orientierung ein mehr oder weniger bedeutsamer kollekiver Pfad der »Wertschöpfung«, in welchen selbst jene Spieler einbezogen waren, die auf das Spiel zunächst mit Verständnislosigkeit, Ignoranz, ja Spielabbruch reagiert hatten.

Vor dem Hintergrund der Frage prinzipieller Lern- und Anpassungsfähigkeit bietet die Konfrontation mit den genannten Modellen, sofern sie Zeit, Phantasie, spielerische Impulse, Lustgewinn und abenteuerliche Momente einbeziehen, einen unübersehbaren Vorteil gegenüber jeder Art von reiner Theorie, digitalem Wissenstransfer, grundsätzlicher Leitsätze, aber auch Beispielen, mögen diese sich als noch so treffend und überzeugend erweisen. Nur über die selbstorganisierende Spontaneität lassen sich nachhaltig individuelle Gewohnheiten und Barrieren einsichtbar machen, um, die Kooperation und Solidarität der Gruppe vorausgesetzt, Innovationspotentiale und Identifikation zu mobilisieren. »Auch wenn es Sinn hat zu sagen, der Mensch könne nicht nicht lernen, damit er wirklich lernt, muß erst die gedeutete Welt unsicher werden.« (Dux)[18]

Warum also erweist sich das Modell als Simulationsspiel, als Szenario, dem Beispiel als überlegen?

Während letzteres die unmittelbare Ebene der Einmaligkeit nicht überschreitet, wohl aber durch Nähe zur Identifikation führen kann, stellt das Modell eine Art der Abstraktion dar, nicht im Sinne reiner Theorie, sondern als handelnd formulierbares, anschauliches Muster, das Distanz ermöglicht, das über Beobachtung, Selbst-Experiment, über die empirische Konfrontation die Voraussetzungen für Erkenntnisgewinn, Erprobung und Anwendbarkeit zu schaffen vermag.

Das Modell zwingt den Beobachter auf der Suche nach verborgenen Analogien zur notwendigen Unterscheidung von Wesentlichem und Unwesentlichem: zu Prioritäten. Es eröffnet damit erst den Blick für ein operatives Problembewußtsein, obwohl die Logik des Modells niemals mit einer operativen (Handlungs)Logik bzw. der »Logik der Anwendung« identisch sein kann.

Während in der alltäglichen Realität – angesichts Informations- und Zeitmangels, der Nichteinschätzbarkeit der Konsequenzen von Wirkungen und Risiken – Fehleinschätzungen selten, ja oft zu spät sichtbar werden, und durch weitere Entwicklungen gar nicht mehr als solche erkennbar sind, bietet die Simulation am Modell im Zeitraffer vielfältige Möglichkeiten selektiven Verhaltens, der Orientierungsüberprüfung, notwendiger Distanz und Selbstreflexion.[19]

Im Unterschied aber zu den Computer-Simulationsszenarien der Bamberger Universität um Dietrich Dörner und seine Mitarbeiter – mit der Zielsetzung des Handelns in komplexen Systemen zwecks Aufklärung der Frage, wie die Akteure jeweils als »Regierungschefs«, von »Tanaland« bzw. »Lohhausen« mit den Gegebenheiten, die sie vorfinden, einschließlich ihrer eigenen ideologischen Werteinstellungen – in acht zweistündigen Sitzungen im Zeitraum von 120 Monaten – zurechtkommen[20] – überwiegen in meinen Modellen Nomic, *Fußball wie noch nie* und »Venedig« die Herausforderungen in Gruppen und also im Spannungsfeld von Teil und Ganzem handelnd die kommunikative Seite der Organisation als Interdependenz zu erleben, um jeweils neue Gestaltungsräume, -konzepte, -regeln und Grenzen auch kollektiv zu erproben und zu reflektieren.

Dabei spielt das Möbiusband seit der Renaissance in verschiedensten Varianten bis Escher eine fast unbeachtete Rolle.

Während bei Nomic, *Fußball wie noch nie* und »Venedig«, ähnlich wie die Bamberger Simulationsspiele, Wahrnehmungs- und Entscheidungsprozesse, Verhaltenseffekte und -affekte innerhalb bestimmter Aufgaben- und Fragenstellungen mit dem Ziel der Problemlösung im Vordergrund stehen, scheint es sich beim Möbiusband vordergründig nur um ein topologisches Raum-Flächen-Phänomen zu handeln, das jedoch wie kaum eine andere Gestalt geeignet ist, die Dimension der Zeit unmittelbar erlebbar zu machen.

Erst im Verlauf der weiteren, die rein sinnlich-manifeste Ebene überspringenden Annäherung, lassen sich vorsichtig jene bereits angedeuteten Hintergrundreflexionen plausibel machen. Erst mit dem Scheitern der herkömmlich vertrauten, linearen Ursache-Wirkungszusammenhänge, der Entweder-Oder-Logik, der isolierten Betrachtung von Raum und Zeit, und einer auf Dingeigenschaften beschränkten Sichtweise, eröffnen sich neue Perspektiven, die einen grundsätzlichen Erkenntnisprozeß in Gang zu setzen geeignet sind.

Die »Evidenz«, bei der Manipulation am Möbiusband unentrinnbar in den Strom der Zeit eingebunden zu sein, Zeit als Gleichzeitigkeit des Neben- und Ineinanderfließens von Vergangenheit, Gegenwart und Zukunft zu erleben, ja es mit einem synthetisch-spatialen Gestalterlebnis, jenseits der logisch-digital vermittelbaren Sprache zu tun zu haben, dieser scheinbar rätselhaft erscheinende Vorgang bietet einen völlig schlüssigen Pfad, den Umgang mit der reinen »Rationalität« nachhaltig in Zweifel zu ziehen.

Hier spätestens erweist sich ein konkret begreifbares Modell als Katalysator eines Lernprozesses. In der Konfrontation dieser bescheidenen Varianten von Komplexität stoßen wir aber auch an die Grenzen sprachlicher Annäherung eines zu lösenden Problems, ein Phänomen, welchem wir täglich in mannigfaltigen Versionen begegnen:

– Als gedanklich-sprachlichem Problem, Gestalterlebnisse in die logisch-abstrakte Sprache der linken Hemisphäre zurückzuübersetzen und dabei zwischen physischer Hardware niederer Stufe, zu psychischer Software höherer Stufe, zwischen »Vordergrund« und »Hintergrund«, zwischen expliziten und impliziten Informationsebenen pendelnd, Bedeutungsnuancen zu suchen, und dabei in einen endlos-fraktalen Strudel zu geraten.

– als qualitative Sprünge und Phasenübergänge in zahlreichen konsumtiven und produktiven Lebensbereichen: etwa die unsichtbaren Aus- und Wechselwirkungen von Autonomie und Immobilität. (»Spiegel«-Bericht, 1990)[21] So führt beispielsweise eine bestimmte Anzahl von Autos an einer nicht erkennbaren Grenze zum zunehmenden Verlust der ursprünglich erwünschten Nutzungsbedingungen, Mobilität verkehrt sich zu Immobilität, man erinnere sich der Metamorphose des Möbiusbandes. Ähnliche Wechselwirkungen – als qualitativer Umschlag – lassen sich auch bei anderen expandierenden Konsumgütern und Dienstleistungssektoren, elektronischen Geräten, Sportausrüstungen, Tourismus usw. beobachten.

Das Möbiusband veranschaulicht auf einer räumlich-visuellen Ebene immerhin noch den Übergang von der ursprünglichen Innen-Außen-Seite, die nun, was den Teil anbetrifft, sowohl ein Innen wie auch ein Außen bzw. was das Ganze anbetrifft, weder ein Innen noch ein Außen repräsentiert. Dieser Vorgang läßt sich indessen sprachlich-logisch nicht mehr hinlänglich artikulieren, geschweige denn jemandem mitteilen, der das Möbiusband nicht aus eigener Anschauung als Gestalt gesehen hat.

In den oben genannten, verallgemeinerbaren Beispielen hingegen, Konsumgüter, Tourismus, Gewohnheiten unter dem Vorzeichen »mehr desselben«, spielt jedoch, was deren Expansion und »qualitativen Umschlag« vor dem Hintergrund ihres komplementären Charakters, ihrer paradoxen und irreversiblen Wirkungen anbetrifft, noch einer weiterer Aspekt erblicher Anpassungsmängel eine nicht zu unterschätzende Rolle:
Während wir in allen sozialen Lebensbereichen, insbesondere in den exakten Wissenschaften, Wirkungszusammenhänge ausschließlich aus einer Antriebsursache (»causa efficiens«) ableiten und darüber hinaus allenfalls einer Zweckursache (»causa finalis«) – je nach Weltbild – einen unterschiedlichen Stellenwert einräumen, vernachlässigen wir, was komplexere Systeme anbetrifft, weitgehend die sich unserer synthetischen Anschauung entziehenden Wirkungskräfte der Form- und Materialursachen, die »causa formalis« und »causa materialis«.[22]
Obwohl es jedermann einleuchtet, daß nicht eine einzige dieser vier Ursachen fehlen darf, um etwa ein Haus zu bauen, ein Unternehmen zu organisieren oder einen Staat zu führen: die Antriebsursache als Aufwand an Energie, Arbeitskraft und Kapital, die Materialursache als Struktur- und Bauelemente, die Formursache als Auswahl und Anordnung der Materialteile, und die Zweckursache als Motiv und Absicht, vernachlässigen, ja ignorieren wir angesichts linearer Denkweisen und Quantifizierungsideale diese wechselbezogenen Zusammenhänge als elementare Organisationsprinzipien komplexer Systeme.[23]
Angesichts wachsender Komplexität kämpfen wir täglich mit Erfahrungen, für die es keine Ausdrücke zu geben scheint, mit Ausdrücken, die sich auf keine Erfahrungen beziehen. Gleichzeitig erhalten spontan nicht begreif-, nicht artikulierbare Phänomene verständlicherweise erst in der Auseinandersetzung mit Modellen – und deren verborgenen Analogien – eine sinnlich nachvollziehbare Bedeutung. Doch diese lassen sich nur in sprachlichen Abstraktionen wie Systemlogik, paradoxe Logik der Anwendung, Komplementarität, Irreversibilität und ähnlichen Begriffen bezeichnen. Natürlicherweise strebt das wahrnehmende Bewußtsein nach Verständnis. Verstehen gelingt indessen nur, wenn sich Sachverhalte, der Gegenstand in Modelle fügen lassen, denen frühere, unmittelbare Sinneserfahrungen zugrunde liegen. Der Lernende muß begreifen, was er bewußt wahrnehmen soll, andernfalls fehlt ihm die Grundlage allen Lernens.[24] Erst mittels Reflexion befähigt ein weiterer Schritt dazu, diese Phänomene, d. h. die der westlichen Zivilisation zugrundeliegenden Widersprüche und Paradoxien im Umgang mit Rationalität und Irrationalität bewußt in die eigene Wirklichkeit

zu integrieren, um Entscheidungsverhalten und Problemlösungen darauf abzustimmen.

Damit kehren wir an unseren Ausgangspunkt zurück: der erkenntnisleitende
und praxisrelevante Stellenwert des Modells im Hinblick auf die potentielle
Lern- und Wandlungsfähigkeit von Führungseliten.

Die vorangehenden Darlegungen mögen vorstellbar gemacht haben, daß es
vor allem die Interaktion in der Gruppe ist, die im Wechselspiel von Teil und
Ganzem bzw. deren Interessengegensätzen, völlig neue Fragestellungen eröffnet: neue Sichtweisen der Maßstäbe, der Grenzen, vor allem aber der Notwendigkeit des (institutionalisierten) Konflikts und der Krise als sozial-innovativer
Korrekturmechanismen des Verhaltens.[25]

Tatsächlich werden nur in der kommunikativen Auseinandersetzung innerhalb
der Gruppe »Not« (Interdependenz, Dilemmata, Ambivalenz, Frustrationstoleranz) und »Wendigkeit« (Kreative Intelligenz, Verhaltensstrategien, Koopera-
tions- und Konfliktfähigkeit) evident, und damit einer kritischen Reflexion
zugänglich gemacht.

Vor dem Hintergrund der beiden Basisregelsysteme allen menschlichen
Verhaltens, dem sogenannten Realitätsprinzip, das, orientiert an der von
Reflexion und Vernunft geleiteten Rationalität, die Spielregeln sozialer Kommunikation formiert und weiterreicht, und andererseits dem Lustprinzip, das
orientiert ist an Affekten, Gefühlen des Unbegrenzt-Ozeanischen, die von
Gewohnheiten gesteuert und überlagert, jeweils den individuellen Maßstab für
Gewinn und Verlust bilden, formieren sich in je unterschiedlichen Spielräumen
all jene Spielregeln, die affektives und ökonomisches Überleben, unabhängig,
ob als Positiv- oder als Nullsummenspiel, sichern und gewährleisten.[26]

Der Vorzug der hier vorgestellten Modelle besteht nicht nur darin, die Hand-
lungs- bzw. Reflexionslogik und Perspektive handgreiflich, sondern auch über
eine analytische Empirie nachvollziehbar zu machen, daß und wie es jedem
Mitspieler innerhalb übersummativer Beziehungskonfigurationen und jenseits
scheinbarer Alternativen gelingt, nur über die eigene Wahrnehmung und
Reflexion des Aushaltens von Mehrdeutigkeit, Widersprüchen, Orientierungsverlust und Handlungsunfähigkeit, die Komplexität der kaleidoskopischen
Realität zu reduzieren.

Welcher Stellenwert dabei dem Verhältnis von herkömmlicher Alltagslogik und
paradoxer »Logik der Anwendung«, dem Phänomen der Zeit, der Form- bzw.
Gestaltqualität und d. h. der Identität von Teil und Ganzem als Voraussetzung
für Anpassungsfähigkeit und schließlich Innovation zukommt, das soll Gegenstand der abschließenden Überlegungen sein.

Wie ein roter Faden durchzieht unseren Streifzug Venedigs – oder die Kunst des
Managements – als Anpassungs- und Lernfähigkeit die Akkumulation von:

- Kapital und Gütern
- Wissen und Einfluß

- Weltbildpositionen und Paradigmen
- Wertvorstellungen und Idealen

Die in diesem Teil vorgestellten Modelle – von Petrarca über Nomic bis Venedig – umkreisen ebendieses Moment der Akkumulation in einem doppelten Sinne.

Dabei steht Venedig für den Prozeß der Gestaltung und Wertschöpfung jenseits eines Total- oder Vollkommenheitsanspruchs im Hinblick auf seine Konzeption und Zielsetzungen politischen und ökonomischen Handelns. Diese zu organisieren und weiter zu entwickeln konnte nur auf der Grundlage des institutionalisierten Mechanismus flexibler Grundhaltungen, Logiken und des Nichtfesthaltens an Prinzipien, Dogmen und Idealen – wohl aber Wertvorstellungen und der Fähigkeit zur Pluralität gelingen.

In diesem Zusammenhang sei an einen der großen Moderevolutionäre der Jahrhundertwende in Paris, Paul Poiret, und jenen offenen Brief des amerikanischen Kardinals Farley im »New York Herald« erinnert. Unmißverständlich warnte dieser alle Rechtgläubigen »vor dem Dämon der Mode, der durch unzüchtig-provokante Kreationen eine moralisch-gesellschaftliche Gefahr...« darstelle. Der Appell oder die Exkommunikation des Klerus repräsentierten zu allen Zeiten jenen dogmatisch-absoluten Standpunkt der Ausgrenzung als »Negation des Ganzen«.

Diesen prinzipiell entgegenzutreten scheint die von Paul Poiret nach seiner Ankunft in New York vor Journalisten dargebotene Strategie »der Negation der Negation« und die Fähigkeit der Umdeutung, wie sie am Beispiel Venedigs in verschiedensten Varianten vorgeführt wurde, eine so nachhaltige wie erfolgversprechende Chance zu bieten: Vor den zahlreichen Reportern befragt, ob er den offenen Brief des Kardinals gelesen habe, antwortete Poiret:

Der Kardinal hat recht. Die Toiletten der Damen können schön sein, ohne aufreizend zu wirken. Man macht heutzutage wirklich schamlose Dekolletés, die aber die Menschen mit gutem Geschmack ablehnen, denn die wichtigste Eigenschaft einer eleganten Frau besteht darin, Takt und Maß zu beweisen.

Die französische Couture ist erfreut, in den geschätzten Äußerungen eines so angesehenen Geistlichen wie des Monsignore Kardinal Farley ihre stets vertretenen Prinzipien bestätigt zu sehen. Im übrigen gibt es gar nichts zu befürchten, denn die Frauen beweisen im Grunde ihres Herzens eine starke christliche Haltung. Der Kardinal weiß, wie groß diese Stärke ist. Und wann immer die Tugend mit der Eitelkeit streitet, wette ich hundert zu eins, daß die Eitelkeit verliert, nicht wahr? Aber ich bin sicher, der Kardinal wollte sie gar nicht gegeneinander ausspielen.

»Venezianischer« hätte sich diese Situation kaum in der einstigen Weltmetropole der Mode abspielen können, mit dem Unterschied nur, daß Poiret hier wahrscheinlich willkommen gewesen wäre.

Jedenfalls war Poiret weit davon entfernt, sich zu rechtfertigen, geschweige denn, die andere Seite belehren zu wollen. Poiret reagierte auch nicht, er agierte in einem neuen Spiel. Er verhielt sich wie im Jiu-Jitsu. Anstatt mit der gleichen Waffe auf die Gegenseite einzuschlagen, leitete er den Angriff zu seinem Nutzen um.

Indem Poiret den Anspruch des Kardinals nicht nur ernst nahm, sondern ihn auf konziliante Weise auch noch erweiterte, schaffte er die Voraussetzungen, den Rahmen des Spiels zu verlassen, nach dem es nur rechtgläubige, tugendhafte Christen oder vom Dämon einer unzüchtigen Mode beherrschte Ungläubige gibt.

Das Problem und Dilemma und damit meistens das Scheitern des einen oder mehrerer Beteiligter eines Interessenkonfliktes liegt darin begründet, daß diese einen Lösungsversuch einführen, der innerhalb ihres Systems und Deutungsrahmens, innerhalb der eigenen Spielregeln verharrt.[27]

Tatsächlich ist es gewöhnlich mindestens einer der Beteiligten, der in seine Lösungsversuche völlig unbegründete Annahmen, Argumente und Erwartungen einführt, die jedoch ihrerseits erst eine Lösung aussichtslos machen. Das mag ein abstraktes, gleichwohl aber exemplarisches Modell beweisen. Die Aufgabe dafür lautet: Verbinden Sie die neun Punkte (vgl. Abbildung) durch vier gerade Linien in einem Zug, ohne abzusetzen.

Welche Lösungsversuche werden unternommen, wie sieht eine Lösung aus?

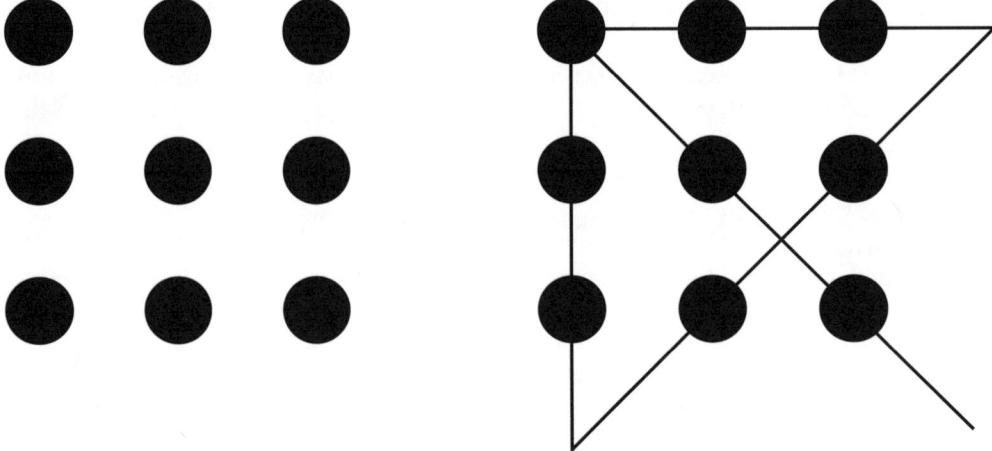

Es sind magische, suggestive Denk- und Vorstellungsräume, das Vermeiden grenzüberschreitenden Denkens, das in der Regel daran hindert zu erkennen, inwieweit die eigene Art des Lösungsansatzes bzw. der Blockierung tragfähiger Lösungen keineswegs in der Unmöglichkeit der Aufgabenstellung, sondern vielmehr häufig im eigenen Lösungsversuch begründet liegen kann.[28]

Es sind in der Regel die eigenen Vorstellungen, die eigene Interpretation des betreffenden Gegenstandes, die zu überprüfen wären, keineswegs aber der umstrittene Sachverhalt selbst, um eine Veränderung, d. h. eine Lösung außerhalb des eigenen Denkrahmens herbeizuführen.

Wie Paul Poiret virtuos vorführt, kann es, um ein Interesse durchzusetzen, entscheidend sein, die eigene Interpretation bzw. Bedeutungszuordnung der umstrittenen Sache umzudeuten. Poiret betrachtete also die Vorwürfe des

Kardinals nicht als auf seine Person bezogen. Das ermöglichte es ihm, die Ignoranz der Gegenseite zu ignorieren. Er respektierte den Anspruch des um die Tugend seiner Gläubigen besorgten Kardinals und wandte sich direkt an die Gewarnten selbst, deren Urteil er es überließ, jenseits von »tugendhaft« oder »unzüchtig« zu wählen, sondern selbst zu entscheiden. Die Beharrlichkeit des Festhaltens an der herkömmlichen Mode führte dazu, daß sich eine wachsende Zahl von Frauen auch in New York für Poirets Angebot interessierte. Auf diese Weise konnte eine ganz neue Sichtweise der französischen Avantgarde-Mode die Pseudoalternative auflösen und den Blick freigeben auf eine andere Einschätzung derselben Sache. Damit hatte sich nicht die französische Couture verändert, sondern die Vorstellungen der Beteiligten, ihr Bild von der Mode eines Paul Poiret.

Auch die Strategie der »Negation der Negation« beruht – wie das Beispiel Poiret verdeutlicht – auf einer mehrwertigen, paradoxen »Logik der Anwendung«, insofern hier, wie beim Möbiusband, mit dem Moment des »Sowohl-Als-Auch«, wie »Weder-Noch«, die einstigen Grenzen von »Innen-Außen« aufgehoben bzw. verlagert und damit ganz neue Horizonte und Perspektiven der Beziehungsqualitäten, der Spielregeln und Spielräume eingeführt werden.

Daß eine derartige Logik nur Ausdruck finden kann in dem Anspruch, nicht das Endgültige, Vollkommene, Perfekte anzustreben, sondern mit dem Vorläufig-Wandelbaren, Perfektiblen vorliebzunehmen, auftretende, aporetische Widersprüche vielmehr durch Handeln, denn im Denken aufzulösen, das demonstriert die Konfrontation mit den oben genannten Modellen, insbesondere aber die ausführlich dargelegten Verhaltensstrategien Venedigs.

Sie demonstrieren den strategischen Umgang mit Spielregeln, von deren Definition die Organisation jeglicher Beziehungen und Gestaltungsräume abhängt. Hier liegt der in unserem Kontext relevante Unterschied.

Sich als »Marionetten« in einem Spiel zu bewegen, dessen Regeln als sogenannte Wirklichkeit mit allen ihren vermeintlichen Sachzwängen akzeptiert werden, oder als Mitspieler eines Spieles selbstgestaltend zu agieren, dessen Regeln nur in dem Sinne »wirklich« sind, als wir sie übernommen bzw. mitformuliert haben, sie jedoch gemäß den jeweiligen Notwendigkeiten jederzeit für korrigierbar zu halten, sofern die Diskrepanz zwischen Anspruch und faktischen Gegebenheiten oder Handeln das erforderlich macht.[29]

Daß diese Einsicht jedoch auch an Voraussetzungen wie den Umgang mit Zeitperspektiven, an die Einbeziehung nur ästhetisch artikulierbarer Gestaltqualität von Beziehungen geknüpft ist, welchen ihrerseits ja die Koordination der Orientierungs- und Wertinstanzen allen unternehmerischen Handelns zugrunde liegen, das scheinen Waterman-Peters, aber auch so renommierte Autoren wie Gilbert Probst, H. J. Warnecke (*Die Fraktale Fabrik*), R. Semler (*Semco-System*) oder P. Scott-Morgan (*Die heimlichen Spielregeln – Die Macht der ungeschriebenen Gesetze im Unternehmen*) doch weitgehend zu vernachlässigen, möglicherweise auch zu unterschätzen.

Trotz der Aufmerksamkeit der beiden amerikanischen Autoren gegenüber den Problemen um Widersprüche und Paradoxien im Unternehmensbereich, bleiben diese beiden Fundamente unternehmerisch-strategischer Organisationskriterien weitgehend unberücksichtigt. Und das, obwohl doch gerade hier die notwendige Öffnung und Flexibilität des neuralen Bewußtseins als schrittweiser Emanzipation vom Diktat des limbischen Systems beginnen müßte.

Der Umgang mit Zeit und Zeitbudget ist der unbestechliche Gradmesser für die Koordination der Wert- und Zielsetzungen jeder Unternehmenskultur. Um strategisch denken und handeln zu können, ist die Berücksichtigung der Zeitdimension entscheidend. Sie ermöglicht in Gestalt von Intervall und Rhythmus – als Ökonomieprinzip der Natur – Spontaneität als Schlüssel aller phantasiereichen Auseinandersetzungen mit der Umwelt, sie ist eine der grundlegenden Voraussetzungen jeglicher qualitativen Wertschöpfung.

Die Zeit im Sinne von »kairos« bietet prinzipiell das jedermann zugängliche Medium symbolischer und pragmatischer Sinn- und Bedeutungszuweisung. Durch das Dazwischentreten jener anderen Seite von Zeit als »kronos« – »verpaßt der Mensch die Wahrnehmung der günstigen Gelegenheit«[30], so ist »unser Zustand also unendlich doppelt und auf doppelte Weise nicht bestimmbar«. (Cacciari)[31]

Dieses Paradox kennzeichnet auf frappante Weise die Praxis und Diskussion um Unternehmensführung und Managementkonzeptionen. Es spiegelt sich auf vielsagende Weise in der Konfrontation mit den hier beschriebenen Modellen wider. Dabei wird erkennbar, daß Zeit tendenziell nur noch in der Maske einer neutral-verdinglichten Digitalversion der Uhr auftritt.[32]

Sofern Führungsaufgaben des Managements angesichts wachsender Unbestimmtheit, Mehrdeutigkeit, Austauschbarkeit (von Information und »Personal«) über die reine Funktionsfähigkeit hinaus in der Interpretation, Sinnvermittlung[33] und Gleichgewichtssuche gegenüber einer an Leistung orientierten, widersprüchlichen Wirklichkeit bestehen[34], gewinnen die Intervalle des Heraustretens aus Routinezeit und chronischem Zeitmangel, die Öffnung des instrumentalisierten Zeithorizonts – zur bewußten Distanz[35] – heute auch im Unternehmensbereich wieder eine überlebensrelevante Bedeutung.

Unübersehbar führt das Mehr an verfügbarer Information zu einem Weniger an authentischem Orientierungswissen, das Mehr an funktionsbezogener Verantwortlichkeit zu einem Weniger an schöpferischer Spontaneität und der Vermeidung neuer Erfahrungen, das Mehr an Kompetenzen und sich verselbständigender Führungsaufgaben zu einem Verlust an originärer Kommunikation, das Mehr an verfügbarer Freizeit zu einem Weniger an Energien für rekreativ gestaltete Eigenzeit in der Auseinandersetzung mit externen Wandlungsprozessen.

Und weder nur plausibel begründete Appelle, nur überzeugend dargelegte Bekenntnisse, noch nur mehr Wissen um Kreativitäts- und Innovationstechniken – wie sie die Mehrzahl auch deutschsprachiger Autoren anbieten – vermögen nach allen Erfahrungen auf irreversible Fehlentwicklungen im Kern nachhaltig einzuwirken.

Der die gesamte Evolution auszeichnende Selbstregulierungsprozeß – aus den Sackgassen übermäßiger Spezialisierung – führt unerbittlich zur Selektion nicht anpassungsfähiger Individuen und Zivilisationen, das ist die einzig angemessene und nüchterne Konsequenz im antiken Griechenland: *»pathos èsti matos«* – Leiden ist Lernen. Gleichzeitig sind die Potentiale in aller Welt erkennbarer, anpassungsfähiger Humanstrukturen, spontaner Selbstorganisation und wertschöpfender Kooperationsfähigkeit nur zu Bruchteilen wirklich ausgeschöpft.

Seit jeher wurden die Impulse kultureller Fluktuationen nur von wenigen verantwortungsfähigen, prinzipiell das Leben bejahenden Eliten im Handeln vollzogen. Vor diesem Hintergrund kann es also nicht um die Überwindung irreversibler Schwächen, sondern allein um die Stärkung des von der Evolution zur Verfügung gestellten »Immunsystems« und bereits erfolgreich erprobter Überlebensstrategien – wie sie hier dargelegt sind – gehen.
    Deren Mechanismen und Wirksamkeit beschränken sich seit jeher – das läßt sich nicht nur mit Venedig belegen – keineswegs nur auf die Einsicht erfolgreicher Eliten, langfristig den Interessen ihrer Gefolgschaften – und damit häufig auch denen der Gemeinschaft – zu dienen.[36] Sie bestanden vielmehr, was Venedig anbetrifft, in der Fähigkeit der patrizischen Führungselite, durch das Primat der Kultur Identifikationsmöglichkeiten in der Balance von individuellem und kollektivem Bewußtsein sicherzustellen.

Kultur, oder um es auf jede Art von kultureller und unternehmerischer Organisation zu übertragen – »Corporate Identity« –, beginnt mit der Wahrnehmung des Ganzen als Gestaltqualität. Und das Ganze steht immer in einer Metabeziehung zu seinen Teilen (Bateson). Gestaltqualität aber zeichnet sich aus durch Grenzen, als Form und Signatur der Existenz aller Wesen in Raum und Zeit. Grenzen, die trotz oder wegen der Pluralität der Werte und Interessen, ein Mindestmaß an Verbindlichkeit für die Teile – im Interesse des Ganzen – gewährleisten.

Welche Folgen der Mangel an Verbindlichkeit haben kann, Verbindlichkeit im doppelten Sinne von Zugehörigkeitsgefühl, Teilnahme und Identifikation, das läßt sich in den modernen Industriegesellschaften, wie auch in zahlreichen Unternehmen erst heute in seiner ganzen Tragweite ermessen.
    Das Paradox der Grenzen, abgrenzen ohne ausgrenzen, wie es Venedig auf beispiellose Weise gelungen war – durchzieht als permanent-notwendige Bestrebung wie ein endloser Weg die vorangehenden Überlegungen. Wird dieser Weg in absehbarer Zeit in einem grenzenlosen Europa münden? Haben »wir (aber) auf die Grenzen verzichtet, dann müssen wir auch aufs Grenzenlose verzichten«. (Blanchot)

Die für Europa neu zu formierende Identität – vor allem gegenüber den USA und den aufstrebenden pazifischen Schwellenstaaten – wird indessen, weit über eine ausschließlich wirtschaftliche oder politische Union hinaus, nur auf der Basis des Primats der Kultur im oben dargelegten Sinne eine dauerhafte, d. h. überlebens- und konkurrenzfähige Grundlage finden. Denn, das erweist die Überlebensfähigkeit Venedigs:

Nur Kultur als »Corporate Identity« bewahrt die Potentiale notwendiger Identität, Differenzierung, Innovation, sozialproduktiver Konfliktlösungen, kreativer Grenzüberschreitung und selbstverständlich Leitungsbereitschaft. Ohne Kultur verliert Kapital seinen Wert, Lebensstandard seinen Sinn, die – menschliche – Natur ihre Gestalt, jeglicher Gestaltungsanspruch seine Legitimation. Der Verlust der Authentizität als ästhetischer und ethischer Kategorien, die Verselbständigung der Beliebigkeit angesichts grenzenloser Freiräume ist nicht geeignet, identitätsfördernde Verbindlichkeit anzubieten.

Die »Möglichkeit des Andersseins«, die »Herausforderung des Unterschieds« bleibt – was Europa anbetrifft – die allein entscheidende Maxime.

Es war ein Europäer, Raymond Loewy, der intuitiv die Mechanismen und Zusammenhänge von Innovation und Identifikation – zwischen »Funktion und Eros« – erfaßte, und damit maßgeblich auf die Marktstrategien der Industriegesellschaft Einfluß nahm. »Wir nannten dieses Verfahren in New York das »Rangerhöhungssystem«, Loewy wußte es als Moment qualitativer Wertschöpfung vielseitig zu nutzen.[37]

Im Hinblick auf ein zukünftiges Europa werden Identifikationsangebote als Prozeß sozialer Wertschöpfung an unserem eigentlichen – kulturellen – »Reichtum« orientiert sein müssen: an Proportion, Maß und Vielfalt. Deren Hintergrund aber bilden die Grenzen, die nicht ausschließen, sondern Raum für Offenheit, Wandlungsfähigkeit und Innovation gewährleisten. Eine Vorstellung davon vermochte uns das »Modell« Venedig zu vermitteln, wie es Hippolyte Taine, der hier noch einmal zitiert sei, gesehen hat:

»Man hat Ähnliches … überhaupt nicht gesehen; alles ist neu, man fühlt sich herausgehoben aus dem Gewohnten; man begreift, daß es jenseits der … herkömmlichen Formen, die wir nachahmen, und die man uns aufzwingt, eine ganze Welt gibt, daß die menschliche Erfindungskraft ohne Grenzen ist, und daß sie, ähnlich wie die Natur, alle Regeln umstoßen und ein vollkommenes Werk schaffen kann nach einem Musterbild, das allen Regeln entgegengesetzt ist, in die man sie hat einschließen wollen.« (Taine, Venedig 1864)[38]

Nur mit dieser Perspektive verfügen die »Spieler« über die notwendigen Gestaltungsräume in der Konfrontation mit den Problemen der Zukunft. Denn »jeder Teil ist so beschaffen, daß er mit dem Ganzen eine Einheit bilden und sich dadurch von seiner Unvollständigkeit befreien kann.« (Luca Pacioli, 1509)

SCHLUSSWORT

»Die Waffe der Kritik kann die Kritik der Waffen nicht ersetzen.«
(K. Marx, *Deutsch-Französische Jahrbücher*, 1844)

Quellenhinweise

Einleitung

1 H. U. Reck, Politics follow emotion, in Stilwandel, Köln 1986: 193 ff.
2 Stephen Toulmin, Kosmopolis, Frankfurt a. M. 1991: 244 ff., 267, 281 ff.
3 ebd. 120 ff., 281 ff.
4 ebd. 284 ff.; P. J. Davis, R. Hersh, Descartes' Traum, Frankfurt a. M. 1985: 27
5 G. Contarini, De Magistratibus et Republica Venetorum, in A. Riklin, Die Venezianische Mischverfassung, Zeitschrift f. Politik, Köln 1990: 265 ff., 280
6 M. McCarthy, Venedig, Köln 1984: 101
7 A. Zorzi, Venedig, München 1981: 233; G. Scarabello, Venedig, München 1988: 29
8 Gregory Bateson, Ökologie des Geistes, Frankfurt a. M. 1992: 176 ff., 566 ff.; Morris Berman, Wiederverzauberung der Welt, München 1983: 224 ff.
9 Leopold Kohr, Die überentwickelten Nationen, Salzburg 1983: 211 ff.
10 H. U. Gumbrecht; K. L. Pfeiffer, Paradoxien, Dissonanzen, Zusammenbrüche, Frankfurt a. M. 1991: 13 ff., 471 ff.
11 E. Ullmann (Hrsg.), Albrecht Dürer, Schriften, Briefe, Leipzig 1973: 325
12 Kurt Singer, Japan, Spiegel, Schwert und Edelstein, Frankfurt a. M. 1991: 139
13 Paul Virilio, Die Eroberung des Körpers, München 1994: 145 ff., 156; Bazon Brock, Ästhetik gegen erzwungene Unmittelbarkeit, Köln 1986: 205 ff.
14 Aristoteles, Nikomachische Ethik (1139b); P. Watzlawick, Die Möglichkeit des Andersseins, Bern 1977
15 Raymond Loewy, Katalog, München 1990; Claude Lichtenstein ebd., 143 ff.
16 Hippolyte Taine, Voyage en Italie, Venedig 1864
17 Klaus Giel, Gespräch, Gutachten-Venedig 1993
18 L. C. Karbe, »Kann denn Ästhetik Sünde sein?« Zur Re-Vision des Geschäftsberichts, manager magazin, 10/1992: 222 ff.; ders., Europa & das Venedig-Paradigma, Die Neue Gesellschaft, Frankfurter Hefte Nr. 7, 1993: 594 ff.
19 Arthur Koestler, Der Göttliche Funke, München 1966
20 H. Weinreis, Wirklichkeiten, die nicht sprechen können, Südd. Zeitung, 7. 12. 1989
21 F. Braudel, Sozialgeschichte des 15.–18. Jahrhunderts, München 3. Bd: 25, 95, 173
22 F. Braudel, Die Welt des Mittelmeeres, Frankfurt a. M. 1987: 170
23 Kurt Singer, ebd. 235, 237
24 Wolfgang Welsch, Ästhetisches Denken, Stuttgart 1990: 7, 99, 168 ff., 213; H. U. Gumbrecht (Hrsg.), Stil, Frankfurt a. M. 1986: 769, 779
25 Kurt Singer, ebd. 235
26 H. U. Gumbrecht, ebd. 19
27 Norbert Bolz, Die Welt als Chaos und als Simulation, München 1992: 39

I

DAS EXPERIMENT CIVILTÀ UND DIE SOZIALEN FUNDAMENTE

Vom Fluchtort zur »Civitas Venetiarum«

1 Jacob Burckhardt, Die Kultur der Renaissance in Italien, Stuttgart 1960, Bd. 1: 3
2 Daniel Waley, The Italian City-Republics, London 1969: 18
3 Giovanni Scarabello, Paolo Morachiello, Venedig, München 1988: 18; Leopold von Ranke, Zur Venezianischen Geschichte, 1
4 Alvise Zorzi, 243
5 Frederic Lane, Die Seerepublik Venedig, München 1980: 413
6 Frederic Lane, 1882; G. Scarabello, 32; L. v. Ranke, 59, 62; A. Zorzi, 16, 204
7 Norbert Elias, Über den Prozeß der Zivilisation, Frankfurt a. M. 1988, Bd. I Einleitung XVIII

Der »Civis Venetiarum« und das Konzept des Menschen

1 Ruggieri Romano, Alberto Tenenti, Die Grundlegung der modernen Welt, Frankfurt a. M. 1976, Bd. 12: 298; Jacques Le Goff, Das Hochmittelalter, Frankfurt a. M. 1987, Bd. 11: 35, 59, 216, 236
2 Mariagrazia Dallerba Ricci: Architektur, Staat und Gesellschaft in Italien, in: Merkur, Ästhetik und Politik, Heft 9/10, 1986: 759; Peter Burke, Die Renaissance in Italien, Berlin 1984: 234
3 Dieter Hassenpflug, Die Natur der Industrie, Frankfurt a. M. 1990: 142
4 Alvise Zorzi, 231
5 Alvise Zorzi, 56, 75
6 Alvise Zorzi, 233; Wolfgang Wolters, Der Bildschmuck des Dogenpalastes, Wiesbaden 1983: 61
7 Niccolò Machiavelli, »Discorsi«, zit. n.: Dortmunder Werkheft Nr. 10, Venedig, eine Stadtidee, Dortmund 1985: 43

Die venezianischen Institutionen

1 Paul Watzlawick, Menschliche Kommunikation, Bern 1974: 21, 31; Peter Burke, Städtische Kultur in Italien, Berlin 1987: 12
2 Bazon Brock, Gesprächsprotokoll, 1987, 1988 (»Logik der Anwendung«)
3 Peter Burke, Die Renaissance in Italien, Berlin 1984: 253
4 Peter Lauritzen, A. Zielcke, Venezianische Paläste, München 1980: 22
5 Julius von Schlosser, Präludien, Berlin 1927: 15
6 Heinrich Kretschmayr, Geschichte von Venedig, Gotha 1905/1934, Bd. 2: 138, Bd. 3: 168, 375; Frederic Lane, 494
7 Frederic Lane, 169, 437, 493; Giovani Scarabello, 39
8 Philip Longworth, Aufstieg und Fall der Republik Venedig, Bergisch-Gladbach 1978: 291

Mythos und Ritual im politischen Ambiente

1 Alessandro Scarsella, Der Venedig-Mythos, in: Rolf Petri (Hrsg.), Venedig, Hamburg 1986: 12; Frederic Lane, 146; Wolfgang Wolters, 59
2 Frederic Lane, 148
3 Luigi Grotto, Rede zu Ehren des Dogen, 1587, zit. n. W. Wolters, 58, 60
4 W. Wolters, 64, 233

5 Frederic Lane, 20, 24
6 Frederic Lane, 175, 420
7 Frederic Lane, 177; Alvise Zorzi, 23 ff.

2
DIE ÖKONOMIE DES HANDELNS UND DIE GRENZEN

Die zivilisatorische Vorreiterrolle Venedigs in Europa

1 Jacques Le Goff, 16, 51, 75, 216
2 Frederic Lane, 94, 215, 646; Fernand Braudel, Sozialgeschichte des 15.–18. Jahrhunderts, München 1985, Bd. 3: 138; Alvise Zorzi, 179
3 Frederic Lane, 219; Heinrich Kretschmayr, Bd. 2: 146
4 Alvise Zorzi, 135, 166; Frederic Lane, 64, 100, 301
5 Frederic Lane, 140, 497
6 Alessandro Scarsella, 14; Massimo Cacciari, Zeit ohne Kronos, Klagenfurt, 1986: 11
7 Frederic Lane, 642 ff.

Märkte und Wettbewerbstrategien: das Konzept der Nische

1 Hermann Haken, Erfolgsgeheimnisse der Natur, Frankfurt a. M. 1984: 89
2 Frederic Lane, 207
3 Alvise Zorzi, 102, 104
4 Frederic Lane, 225
5 Ekkehard Eickhoff, Macht und Sendung, Byzantinische Weltpolitik, Stuttgart 1981: 371
6 Alvise Zorzi, 186, 195, 224
7 Alvise Zorzi, 130
8 Mary McCarthy, Venedig, Köln 1984: 54
9 Jacques Le Goff, 35
10 Frederic Lane, 469
11 Frederic Lane, 453
12 Wolfgang Schivelbusch, Das Paradies, der Geschmack und die Vernunft, Frankfurt a. M. 1988: 22
13 Frederic Lane, 459

Rialto-Wallstreet: ein Weltmarkt für Informationen

1 Alvise Zorzi, 50; Frederic Lane, 415
2 Lars C. Karbe, Das politische System der Insel-Seigneurie Sark (Sercq), Frankfurt a. M. 1984: 84, 175
3 Johannes von Müller, Werke, 1833, zit. n.

Willy Andreas, Staatskunst und Diplomatie der Venezianer, Leipzig 1943: 75

4 Fernand Braudel, Bd. 1: 464; Jacques Le Goff, 288; Frederic Lane, 210, 520

5 »Esprit escaliaire« – (der Clou der Zusammenhänge wird erst auf der Treppe klar)

6 Wolfgang Welsch, Ästhetisches Denken, Stuttgart 1990: 165

7 Frederic Lane, 483; Jacques Le Goff, 193; Oliver Cox, The Foundations of Capitalism, New York 1959: 120

8 Ruggiero Romano, A. Tenenti, 313; Fernand Braudel, Bd. 1: 435

9 Frederic Lane, 490

10 Julius von Schlosser, Präludien, Berlin 1927: 128

Geld als Kommunikationsmittel

1 Alvise Zorzi, 179; Frederic Lane, 229

2 Frederic Lane, 508, 647

3 Heinrich Kretschmayr, Bd. 2: 458

4 Giovanni Scarabello, 40; Frederic Lane, 231, 391

5 Frederic Lane, 498

6 Alvise Zorzi, 148; Frederic Lane, 231

7 Frederic Lane, 232, 500, 510, 646

8 Giovanni Scarabello, 73; Fernand Braudel, Bd. 3: 127; Frederic Lane, 645, 715; Peter Burke, Städtische Kultur in Italien, Berlin 1986: 41

9 Frederic Lane, 504, 508

10 Frederic Lane, 507

Die Staatsfirma Venedig: der erste moderne Staat?

1 Giovanni Scarabello, 24; Frederic Lane, 336

2 ähnlich die Argumentation Oliver Cox und Alvise Zorzi, 231

3 Reinhard Kühnl, Formen bürgerlicher Herrschaft, Hamburg 1973: 14

4 Jacques Le Goff, 35

5 Frederic Lane, 159, 430, 497, 514, 594

6 Heinrich Kretschmayr, Bd. 2: 78

7 Lars C. Karbe, 140

8 Heinrich Kretschmayr, Bd. 2: 78

9 Leopold Kohr, Die überentwickelten Staaten, Salzburg 1983: 126

Die ungeschriebene Verfassung Venedigs

1 Heinrich Kretschmayr, Bd. 2: 131; Alois Ricklin, »Die Venezianische Mischverfassung und Gasparo Contarini«, in: Zeitschrift für Politik, Köln 1990: 265 f.

2 Relatione, Venedig 1590, in: L. v. Ranke: 31

3 Giacomo Casanova, Aus meinem Leben, Stuttgart 1989: 78 u. 251

4 ebd., Nachwort Roger Willemsen: 491 ff.

5 Michael Makropoulos, »Der Mann auf der Grenze, R. E. Park, die Chancen der heterogenen Gesellschaft«, in: Freibeuter, 1988, Nr. 35: 8 f.

6 Peter Lauritzen, ebd.: 16; Ignazio Toscani, Die venezianische Gesellschaftsmaske, Saarbrücken 1972: 48, 210

7 Henry Simonsfeld, Der Fondaco dei Tedeschi in Venedig, Stuttgart 1887, Bd. 1: 14, 38, 47; Kretschmayr, Bd. 2: 459

8 ebd.: 485

9 Gasparo Contarini, in: Alois Ricklin, ebd.: 265 f.

10 Alvise Zorzi, ebd.: 56

11 Julius von Schlosser, ebd.: 119; Zorzi, ebd.: 236

12 Kretschmayr, ebd.: 78, 142; Bd. 3: 79; Marianne Langewiesche, Venedig, Köln 1974: 70; Giovanni Scarabello, ebd.: 29

13 Volker Breidecker, Florenz oder »Die Rede, die zum Auge spricht«, München 1990: 20

14 Kretschmayr, Bd. 2: 147; Frederic Lane, ebd.: 209

15 Geoffrey Parker, Die militärische Revolution, Frankfurt a. M. 1990: 114

16 Lane, ebd.: 452, 512

17 ebd.: 452

18 ebd.: 628

19 Scarabello, ebd.: 19; Reinhard Lebe, Als Markus nach Venedig kam, München 1980: 163; Zorzi, ebd.: 193

20 Zorzi, ebd.: 196; Lane, ebd.: 630

21 Scarabello, ebd.: 61

22 Kretschmayr, Bd. 3: 109

3
DIE FORMA URBIS UND DIE ÄSTHETISCHE PHYSIGNOMIE DES RAUMS

Das Lagunen-Labyrinth als Lebensraum

1 Frederic Lane, 21

2 Urs Bitterli, Alte Welt – Neue Welt, München 1986: 17

3 Norbert Elias, Über den Prozeß der Zivilisation, Frankfurt a. M. 1988, Bd. 1; Einleitung, L; Volker Breidecker ebd., 228

4 Venedig, eine Stadtidee: Dortmunder Werkheft, Nr. 10, Dortmund 1985: 72, 101

5 ebd.: 96

6 ebd.: 82

7 Wolfgang Wolters, Norbert Huse, Venedig – Die Kunst der Renaissance, München 1986: 57 ff.

8 Fernand Braudel, Bd. 2: 130

9 Wolfgang Wolters, ebd., 15, 18; Joachim Spies, Stadträume – Plätze in Venedig, Stuttgart 1985: 142, 146

Die Fassaden als kommunikative Codes

1 Venedig, eine Stadtidee, ebd., 17, 110; Frederic Lane, 323

2 Venedig, eine Stadtidee, 112 ff.

3 Heiner Mühlmann, Architektur und Sprache, unveröffentl. Manuskript, 1988: 227, 231

4 Peter Murray, Die Architektur der Renaissance, Stuttgart 1980: 154

5 Giovanni Scarabello, 97; Venedig, eine Stadtidee, 135

6 Angelo Badoer, Venedig, 1606, zit. n.: Peter Burke, Städtische Kultur in Italien, 124

Das öffentliche »Gesicht«

1 Ignazio Toscani, Die venezianische Gesellschaftsmaske, 126, 188

2 Hellmuth Benesch, Zwischen Leib und Seele, Grundlagen der Psycho-Kybernetik, Frankfurt a. M. 1988: 92

3 Norbert Elias. Über den Prozeß der Zivilisation, Frankfurt a. M. 1988, Bd. I: 87

4 Ignazio Toscani, 134

5 Peter Burke, Die Renaissance in Italien, 147, 286; Enrico Castelnuovo, Das künstlerische Portrait in der Gesellschaft, Berlin 1988: 74

6 Ignazio Toscani, 73 ff.

7 Ignazio Toscani, 54, 211

8 Ignazio Toscani, 210

9 Ignazio Toscani, 209

10 Ignazio Toscani, 211

Die Zentren der Identifikation: das Portrait, die Scuola di San Rocco, »Villeggiatura« und die Kunst der Investition in Agrikultur und Architektur

1 Peter Burke, Die Renaissance in Italien, 198

2 Enrico Castelnuovo, Das künstlerische Portrait in der Gesellschaft, 33

3 Enrico Castelnuovo, 28 ff.; Norbert Huse, Wolfgang Wolters, Venedig – die Kunst der Renaissance, 236

4 Enrico Castelnuovo, 32

5 Enrico Castelnuovo, 49; Giovanni Romano, Auf dem Wege zur »modernen Manier« in: Italienische Kunst, Berlin, Bd. 2: 1987, 345

6 Enrico Castelnuovo, 42; Frederico Zeri, Renaissance und Pseudo-Renaissance in: Italienische Kunst, Bd. 2: 415

7 Enrico Castelnuovo, 35

8 Enrico Castelnuovo, 24, 52, 53

9 Norbert Huse, 236

10 Alessandro Conti, Die Entwicklung des Künstlers, in: Italienische Kunst, Bd. 1: 145

11 Peter Burke, Die Renaissance in Italien, 285

12 I. Errera, Brüssel, 1920, zit. n. Peter Burke, Renaissance in Italien, 319

13 Giovanni Previtali, Die Periodisierung der ital. Kunstgeschichte, in: Italienische Kunst, Bd. 2: 153

14 Peter Burke, Städtische Kultur in Italien, 142

15 Peter Burke, Die Renaissance in Italien, 160

16 Enrico Castelnuovo, 73

17 Enrico Castelnuovo, 60

18 Peter Burke, Städtische Kultur in Italien, 140

19 Werner Hofmann, Einträchtige Zwietracht, Zauber der Medusa, Katalog Wien, 1987: 18; Peter Heiko, Mara Reissberger, Komplexität und Widerspruch, ebd.: 102

20 Enrico Castelnuovo, 66; Frederico Zeri, ebd., Bd. 2: 416

21 Agnes Heller, Der Mensch der Renaissance, Köln 1982: 114, 170

22 Georg Wilhelm Friedrich Hegel, Ästhetik, Bd. 2: 283 zit. n. N. Huse, 286

23 Enrico Castelnuovo, 74, 78

24 Norbert Huse, ebd., 278

25 Enrico Castelnuovo, 70

26 Enrico Castelnuovo, 70

27 Norbert Huse, 250, 281; Enrico Castelnuovo, 72

28 Giovanni Previtali, Italienische Kunst, Bd. 2: 171; Enrico Castelnuovo, 92, 97

29 Alessandro Conti, Italienische Kunst, Bd. 1: 198 ff.

30 Peter Burke, Städtische Kultur in Italien, 145

31 Giovanni Previtali, ebd., Bd. 2: 180, 183

32 Enrico Castelnuovo, 107

33 Jean-Jacques Rousseau, Schriften zur Kulturkritik, Hamburg 1983: 47 zit. n. Castelnuovo, 108

34 Enrico Castelnuovo, 110
35 Johann Wolfgang von Goethe, Italienische Reise, München 1977: 94
36 Enrico Castelnuovo, 118 ff.
37 Richard Tilden Rapp, Industrie and Oeconomic Decline in the 17. Century, zit. n.: F. Braudel, Bd. 3: 140
38 Francesco Sansovino, Venetia, città noblissima et singolare, 1581–1663 zit. n. W. Wolters, Venedig – Kunst der Renaissance, 119
39 Wolfgang Wolters, ebd.: 129
40 Ullrich Willmes, Studien zur Scuola di San Rocco in Venedig, Beiträge zur Kunst-Wissenschaft, 1985, Bd. 4: 6; Reinhard Lebe, Als Markus nach Venedig kam, München 1980: 184; Giovanni Scarabello, Venedig, 204; Fernand Braudel, Die Welt des Mittelmeeres, Frankfurt a. M. 1987: 160
41 Francesco Valcanover, Jacopo Tintoretto und die Scuola von S. Rocco, Venedig 1983: 3, 13
42 Giovanni Scarabello, Venedig, 207
43 Ullrich Willmes, 93
44 Agnes Heller, Der Mensch der Renaissance, 87 ff.
45 Günther Wachmaier, Venedig, München 1987: 46; Agnes Heller, 103
46 Agnes Heller, 103; Mariagrazia Dallerba Ricci, Architektur, Staat u. Gesellschaft in Italien, 759
47 Claude Lévi-Strauss, Primitive und Zivilisierte, Zürich, 1972: 64
48 Andrea Palladio, Vier Bücher über die Architektur, Zürich, 1983, zit. n.: Scarabello, Venedig, 220
49 Rafaino Caresini, Venedig, 1386, zit. n. Wolfgang Wolters, ebd.: 130
50 Wolfgang Wolters, ebd.: 133
51 Michelangelo Muraro, Die Villen des Veneto, München 1987: 53
52 Michelangelo Muraro, ebd.: 34
53 Peter Lauritzen, Die Villen von Venetien, München, 1987: 15
54 Wolfgang Wolters, 139
55 Andrea Palladio, Vier Bücher über die Architektur, zit. n.: Muraro, 61
56 Peter Lauritzen, 27
57 ebd.: 20, 26

Äußere Beziehungen und Kulturberührung

1 Fernand Braudel, Sozialgeschichte des 15.–18. Jahrhunderts, Bd. 3: 25, 28, 34, 35, 51
2 Götz von Pölnitz, Venedig, München 1949: 193, 196, 199
3 Joscijka Gabriele Abels, Erkenntnis der Bilder, Frankfurt a. M. 1985: 205
4 Zitiert in: Urs Bitterli, Alte Welt – Neue Welt, München 1986: 82
5 Alvise Zorzi, 121
6 Alvise Zorzi, 135, 138
7 Giovanni Scarabello, 29
8 Leopold von Ranke, 358 ff.
9 Alvise Zorzi, 135, 137

4
URBANITÄT UND DER GOLDENE SCHNITT DES GEMEINWESENS

Weltbilder zwischen Individuation und Sozialisation

1 Fernand Braudel, Sozialgeschichte des 15.–18. Jahrhunderts, Bd. 3: 126 ff.; Frederic Lane, 645; Alvise Zorzi, 184
2 Frederic Lane, 380, 391; Fernand Braudel, Bd. 3: 126, 128
3 Fernand Braudel, Bd. 3: 140
4 Frederic Lane, 646
5 Fritz B. Simon, Der Prozeß der Individuation, Göttingen 1984: 17
6 Reinhard Lebe, Als Markus nach Venedig kam, 160; Mary McCarthy, Venedig, 42
7 Ruggiero Romano, A. Tenenti, Die Grundlegung der modernen Welt, 116, 274
8 Ricarda Winterswyl, Erinnerungen an Wilhelm von Occam, Süddeutsche Zeitung, 25./26. 10. 1986
9 Hans-Joachim Madaus, Arbeiten zu Venedig, Tübingen, 1980: 6; Eduard Hüttinger, Mythos Venedig, Katalog: »Kunst in Venedig«, Ingelheim 1987: 21; Stephen Toulmin, Kosmopolis, Die unerkannten Aufgaben der Moderne, Frankfurt a. M. 1991: 16 ff., 23, 278; Edgar Morin, Einen neuen Anfang wagen, Überlegungen für das 21. Jahrhundert, Hamburg 1992: 110, 129, 136, 144 ff.
10 Ricarda Winterswyl, ebd.
11 Agnes Heller, Der Mensch der Renaissance, 41
12 Agnes Heller, 40 ff., 144 ff., 141; Volker Breidecker, Florenz, 19, 25 ff., 58, 75, 170 ff., 239
13 Agnes Heller, 36

14 Agnes Heller, 44; Heinrich Kretschmayr, Geschichte von Venedig, Bd. 3: 219

15 Agnes Heller, 107

16 Frederic Lane, 97

17 Leopold Kohr, 126, 130

18 Oliver Cox, 118; Agnes Heller, 15 ff.

19 Agnes Heller, 23, 26, 482

20 Antonio Negri, Die wilde Anomalie, Spinozas Entwurf einer freien Gesellschaft, Berlin 1981: 213; G. Giovanni Scarabello, 80

21 Friedrich von Hayek, »Die überschätzte Vernunft« in: Evolution u. Menschenbild; Hrsg. R. Riedl, F. Kreuz, Hamburg 1983: 175, 183

22 Joachim Spies, Stadträume – Plätze in Venedig, Stuttgart 1985: 114

23 Agnes Heller, 178, 449

24 Agnes Heller, 179

25 Pietro Pomponazzi, Tractatus de immortalitate animae; 1516, zit. n. Ruggiero Romano, A. Tenenti, Die Grundlegung der modernen Welt, Bd. 12: 171

26 Marshall McLuhan, Wohin steuert die Welt, Wien 1978: 77; Gerhard Schwarz, Die heilige Ordnung der Männer, Opladen 1985: 211, 217 ff.

27 Pietro Pomponazzi, zit. n. Ruggiero Romano, A. Tenenti, 171

28 Friedrich von Hayek, 183

29 Lukas Rem, Tagebuch, XIII, in: Alfred Weitnauer, Der venezianische Handel der Fugger, München 1931: 5

30 Alfred Weitnauer, 6

31 Alfred Weitnauer, 45

32 Alfred Weitnauer, 13, 37

33 Götz von Pölnitz, Die Fugger, Frankfurt a. M. 1960: 53

34 Götz von Pölnitz, ebd.: 54

35 Alfred Weitnauer, 125 ff.

36 Beat Wyss, Trauer der Vollendung, München 1985: 327

37 Beat Wyss, ebd., 317, 322

38 Erwin Panofsky, Das Leben und die Kunst Albrecht Dürers, München 1977: 150

39 Giorgio Vasari: in A. Dürer, Schriften u. Briefe, Hrsg. Ernst Ullmann, Leipzig 1973: 325

40 Albrecht Dürer, Briefe, 7. 2. und 2. 4. 1506: zit. n. E. Ullmann, ebd., 325; Erwin Panofsky, ebd.: 146

41 Agnes Heller, 460

42 Erwin Panofsky, F. Saxl, Dürers »Melancholia« I, Leipzig 1923, in: A. Conti, Die Entwicklung des Künstlers, Italienische Kunst, Bd. 1: 153, 157

43 Albrecht Dürer, Brief 13. Okt. 1506, ebd.: 126, 327

44 Carl Justi, D. Velázquez u. sein Jahrhundert, Leipzig 1991: 153 ff., 162 ff.

45 Alvise Zorzi, 56, 61, 75; Frederic Lane, 97

46 Hubert Markl, Wer nicht hören will, muß führen, Frankf. Allgemeine, 21. 1. 1989

47 Alvise Zorzi, 205; Marino Sanudo, Venedig, Tagebücher, in: Frederic Lane, 423 ff.

48 Fernand Braudel, Bd. 2: 596

49 Frederic Lane, 143, 166, 175

50 Ignazio Toscani, Die venezianische Gesellschaftsmaske, 32

51 Jacob Burckhardt, Die Kunst der Renaissance in Italien, Bd. 1: 71

52 Gustav René Hocke, Die Welt als Labyrinth, Hamburg 1983, 201, 205; Rudolf zur Lippe, Naturbeherrschung am Menschen, Frankfurt a. M. 1981: 333

53 Rupert Riedl, Die Spaltung des Weltbildes, 5, 30, 32

54 Rupert Riedl, Kultur – Spätzündung der Evolution, 171; Gerhard Vollmer, Die Natur der Erkenntnis, Bd. 1: 74

55 Fritz B. Simon, 173

56 Alexander Mitscherlich, Das Ich und die Vielen, München 1987: 147

57 Fritz B. Simon, 71

58 Konrad Lorenz, Die Rückseite des Spiegels, München 1973: 163; Rupert Riedl, Biologie der Erkenntnis, Berlin 1981: 13; Rupert Riedl, Die Spaltung des Weltbildes, Berlin 1985: 36; Rupert Riedl, Angeborene Erkenntnismechanismen, Projekt Universität Wien 1990, Unveröffentlichtes Manuskript: 7 ff.

59 Fritz B. Simon, 70

Religiöse Macht versus politische Kultur

1 Galileo Galilei, Brief, 1606, Edizione Nazionale, 1968, X, Bd. 158 in: Rudolf Krämer-Badoni, Galileo Galilei, München 1985: 51

2 Pietro Redondi, Galilei der Ketzer, München 1989: 247 ff., 262

3 Rudolf Krämer-Badoni, Galileo Galilei, ebd., 249

4 Frederic Lane, 602; Peter Lauritzen, Paläste in Venedig, München 1980: 196

5 Mary McCarthy, 65

6 Heinrich Kretschmayr, Bd. 3: 124; Pietro Redondi, 116

7 Paolo Sarpi, Istoria del Consilio Tridentino, 1619, in: Karl Brand, Deutsche Geschichte im Zeitalter der Reformation, München 1960: 321

8 Gary Lease, Religiöses Bewußtsein und Kultur, in: Paradoxien, Dissonanzen, Zusammenbrüche, hrsg. v. H. U. Gumbrecht, Frankfurt a. M. 1991: 457, 461 ff.

9 Hans Ulrich Reck, Stilnotate, zwischen Lebensform, Subversion und Funktionsbegriff, in: Stilwandel, hrsg. v. Bazon Brock, H. U. Reck, Köln 1986: 116

10 Hugh Honour, Venedig, München 1966: 286

11 Peter Fritzsche, Die politische Kultur Italiens, Frankfurt a. M. 1987: 46, 50, 158

12 Rudolf Krämer-Badoni, 250

13 Giuliano Procacci, Geschichte Italiens und der Italiener, München 1983: 162

14 Philip J. Davis, R. Hersh, Descartes' Traum, Frankfurt a. M. 1985: 25, 27

15 Carl Schmitt, Römischer Katholizismus und Politische Form, 1929

16 Gerhard Schwarz, Die heilige Ordnung der Männer, Opladen 1985: 174 ff., 204; Gerhard Vowe, Information und Kommunikation, Opladen 1984: 331

17 Herbert Pietschmann, Das Ende des Naturwissenschaftlichen Zeitalters, Frankfurt a. M. 1983: 218; Gerhard Vowe, 333; Erich Fromm, Werner Bonin, Psychologie des 20. Jahrhunderts, Zürich 1979, Bd. 15: 573

18 Martin Jänicke, Staatsversagen, München 1986: 158

19 Gary Lease, ebd. 457 ff.; Felix Gilbert, Venedig, der Papst und sein Banker, Frankf. a. M. 1994

20 Gerhard Schwarz, 217

21 Paul Watzlawick, Wie wirklich ist die Wirklichkeit, München 1980: 80, 214

22 Stefan Oswald, Die Inquisition, die Lebenden und die Toten, Venedigs deutsche Protestanten, Sigmaringen 1989: 17, 22, 25 ff.

23 B. Spinoza, Theologisch-politischer Traktat, 76. Brief: zit. n. A. Negri, 210, 227; Agnes Heller, 45

24 Günter Dux, Die Logik der Weltbilder, Frankfurt a. M. 1982: 78, 149, 155

25 Italo Calvino, Ich glaube an das Venedig der Zukunft, Hamburg 1973: 103

26 Botero, Libertà civile di Venetia, 1605 in: W. Wolters, Bilderschmuck des Dogenpalastes, 59

27 William I. Thompson, Die Pazifische Herausforderung, München 1985: 99

28 Mariagrazia Dallerba Ricci, Architektur, Staat u. Gesellschaft in Italien, 759

29 Voltaire, Versuch über das Jahrhundert Ludwigs XIV.: in Giuliano Procacci, 170

30 G. Ciampoli, Letere, Bologna 1679, 130: zit. n.: P. Redondi, 270

31 William I. Thompson, 122

32 Frederic Lane, 611, 648

33 Galileo Galilei, Brief an die Erzherzogin Christine; zit. n.: Roman Sexl, Was die Welt zusammenhält, Frankfurt 1984: 27

34 Willy Andreas, Staatskunst und Diplomatie der Venezianer, Leipzig 1943: 269

35 Heinrich Kretschmayr, Bd. 3: 533

36 Giovanni Scarabello, 79

37 Paul Wescher, Kunstraub unter Napoleon, Berlin 1978: 69 ff.

Entscheidungsfindung und die Macht in den Spielregeln

1 Leopold von Ranke, 61

2 Max Weber, Wirtschaft und Gesellschaft, Tübingen 1972, zit. n.: Peter Burke, die Renaissance in Italien, 229

3 ähnlich Alvise Zorzi, 31; Ignazio Toscani, 33

4 Fritjof Haft, »Der Dschungel um uns«, Süddeutsche Zeitung, 4/5. Febr. 1984

5 Frederic Lane, 154

6 Frederic Lane, 155, 163

7 Paul Watzlawick, Menschliche Kommunikation, 174

8 Giovanni Scarabello, 56; Frederic Lane, 155

9 Aristoteles, Politica: III, 13, 1283 b, 40: Edition W. D. Ross, Oxford 1957 (1973)

10 Fernand Braudel, Bd. 2: 516

11 Robert Michels, Zur Soziologie des Parteienwesens, Stuttgart 1957: 25 ff., 370; Peter Burke, Renaissance in Italien, 227; Fernand Braudel, Bd. 2: 516; Charles W. Mills, The power Elite, Chicago 1959

12 Karl R. Popper, Das Elend des Historizismus, Tübingen 1979: 110

13 Karl E. Weick, Der Prozeß der Organisation, Frankfurt a. M. 1985: 129

14 Rupert Riedl, Kultur-Spätzündung der Evolution, 167, 169, 185 ff.

15 Konrad Lorenz, Die Rückseite des Spiegels, München 1973: 48 ff., 53

16 Karl E. Weick, 54

17 Ernst Peter Fischer, Sowohl als auch, Hamburg 1987: 79, 83, 174, 270; Friedrich Cramer, Chaos und Ordnung, Stuttgart 1989: 289

18 Frederic Lane, 409

19 Relatione Fiorentina, 1569, zit. n.: Leopold von Ranke, 58; Heinrich Kretschmayr, Bd. 2: 132; Alvise Zorzi, 31

20 Leopold von Ranke, 59

21 Peter Lauritzen, Paläste in Venedig, 136

22 Hermann Hackert, Die Staatsschrift Gasparo Contarinis, Heidelberg 1940: 43, 51, 54

23 Alvise Zorzi, 234

24 Heinrich Kretschmayr, Bd. 3: 61; Hermann Hackert, ebd., 61

25 Heinrich Kretschmayr, Bd. 2: 78, 132

26 Alvise Zorzi, 31

27 Gasparo Contarini, zit. n.: Hermann Hackert, 32

28 Eduard Hüttinger, Der Mythos Venedigs, 26; Guido Perocco, Venedig und der Schatz von San Marco, Katalog, Köln 1984: 11

29 Erich Jantsch, Die Selbstorganisation des Universums, München 1982: 366

30 Rupert Riedl, Biologie der Erkenntnis, 189, 190

31 Alvise Zorzi, 234

32 Leopold von Ranke, 47

33 Alvise Zorzi, 50, 61; Frederic Lane, 187, 416

34 Manfred Eigen, Ruth Winkler, Das Spiel, München 1981: 280

35 Leopold von Ranke, 49

36 Leopold von Ranke, 47, 49, 56

37 Giovanni Scarabello, 28 ff.

38 Leopold von Ranke, 58

39 Leopold von Ranke, 49 ff.

40 Heinrich Kretschmayr, Bd. 3: 103; Julius von Schlosser, 118; Peter Lauritzen, ebd., 192

41 Giovanni Scarabello, 74

42 Giovanni Scarabello, 72

43 Leopold von Ranke, 62

44 Peter Cornelius Mayer-Tasch, Ein Netz für Ikarus, München 1987: 176

45 Heinrich Kretschmayr, Bd. 3: 82; Hugh Honour, Venedig, 24; Mary McCarthy, 49 ff.; Reinhard Lebe, 176; Hermann Hackert, 47

46 Wolfgang Wolters, 75 ff.

47 Domenico Morosini, De bene istituta Republica, zit. n.: W. Wolters, 76; Alberto Tenenti, La rappresentazione del potere, in: I Dogi, Milano 1982; Umberto Franzoi, Il Palazzo dei dogi: spazio e potere, I Dogi, 225 ff.; Ugo Tucci, I meccanismi dell'elezione dogale, I Dogi, 107 ff.

48 Hermann Hackert, 52

49 Leopold von Ranke, 44

50 Heinrich Kretschmayr, Bd. 1: 339; Alvise Zorzi, 28

51 Frederic Lane, 177, 421

52 Mara Selvini-Palazzoli, Paradoxon und Gegenparadoxon, Stuttgart 1981: 99; Alexander Mitscherlich, Das Ich und die Vielen, München 1987: 148; Gerhard Schwarz, 11, 85, 129

53 Niklas Luhmann, Vertrauen, Stuttgart 1973: 87

54 Niklas Luhmann, ebd., 38, 87

55 Gasparo Contarini, zit. n.: H. Hackert, 32

56 Mara Selvini-Palazzoli, Hinter den Kulissen der Organisation, Stuttgart 1984: 269, 274 ff.; Gregory Bateson, Ökologie des Geistes, 580, 581 ff.

57 Hans Bernd Gisevius, Der Anfang vom Ende, Zürich 1971: 353

58 Wolfgang Wolters, Der Bildschmuck des Dogenpalastes, 77

59 Heinrich Kretschmayr, Bd. 3: 163, 191

60 Paul Watzlawick, Menschliche Kommunikation, 31, 116, 121

61 Rupert Riedl, Kultur-Spätzündung der Evolution, 190

62 Joseph Joffe, Leitartikel, Süddeutsche Zeitung, Nr. 299, 1989: 2

Orientierungsmedien – Metakommunikation – Exkommunikation

1 Paul Watzlawick, Menschliche Kommunikation, 37

2 Ignazio Toscani, 113

3 Ignazio Toscani, 114, 137

4 Battista Nani, Venezianischer Gesandtschaftsbericht 1644, Hrsg.: Annemarie von Schleinitz, Leipzig 1920: 4; Willy Andreas, 19, 38

5 anonymer Text, Venedig, 1672, »Scherma della spada di Luigi XIV.«, zit. n.: Ranke, 128

6 »Paolo Sarpi«: »Opinione del Padre Paolo

Servito Consultor«, Venezia 1681 zit. n.: Ranke, 115, 125

7 Leopold von Ranke, 121, 130

8 Daru, Histoire de la Republique de Venise, Paris 1819, zit. n.: Ranke, 114

9 Leopold von Ranke, 132

10 Heinrich Kretschmayr, Bd. 3: 45

11 Battista Nani, ebd., 10

12 Relationen, 1576, 1585, zit. n.: Willy Andreas, 130

13 Relationen, Giovanni Capello, 1554; Giovanni Michele, 1571, zit. n.: W. Andreas 93, 102, 212, 222

14 Jacob Burckhardt, Die Kultur der Renaissance in Italien, Bd. 1: 94

15 Paul Watzlawick, Menschliche Kommunikation, 242

16 Niklas Luhmann, Vertrauen, 72ff.

17 Niklas Luhmann, 68

18 Paul Watzlawick, 56

19 Niklas Luhmann, 42

20 Paul Watzlawick, Die Möglichkeit des Andersseins, Bern 1978: 87, 97

21 Gasparo Contarini, zit. n.: Hermann Hakkert, 37; Heinrich Kretschmayr, Bd. 3: 88, 207

22 Reinhard Lebe, 225

23 Alfred J. Ziegler, Bilder einer Schattenmedizin, 30; Bazon Brock ebd. Band II. 210

24 Heinrich Kretschmayr, Bd. 3: 453

25 Reinhard Lebe, 173; Heinrich Kretschmayr, Bd. 3: 193, 432

26 Leopold von Ranke, 31; Heinrich Kretschmayr, Bd. 3: 79

27 Frederic Lane, 298

28 Leopold von Ranke, 38, 40

29 Gerhard Schwarz, 109, 221ff.

30 Heinrich Kretschmayr, Bd. 3: 85, 121, 126ff.

31 Leopold von Ranke, 41; Marino Sanudo, Tagebücher, zit. n.: Frederic Lane, 425

32 Peter Fritzsche, 35, 37

33 Blaise Pascal, zit. n.: P. C. Mayer-Tasch, 175

34 Andrea Tron, Rede im Senat, 29. Mai 1784; zit. n.: A. Zorzi, 256

35 Leopold von Ranke, 42

36 Leopold von Ranke, 43; Alvise Zorzi, 30

37 Franco Venturi, Venezia nel secondo Settecento, zit. n.: G. Scarabello, 71

38 Julius von Schlosser, 119

39 Alvise Zorzi, 240

40 Gasparo Contarini, zit. n.: Hermann Hakkert, 32

41 Heinrich Kretschmayr, Bd. 3: 128

42 Mara Selvini-Palazzoli, Paradoxon und Gegenparadoxon, 15ff.

43 Giorgio Dolfin, Rom 1510, zit. n.: Alvise Zorzi, 36

44 Heinrich Kretschmayr, Bd. 3: 121

45 Heinrich Kretschmayr, Bd. 3: 119

46 Heinrich Kretschmayr, Bd. 3: 119ff.

47 Paul Watzlawick, Menschliche Kommunikation, 53, 56

48 Heinrich Kretschmayr, Bd. 3: 106, 109; Bd. 2: 477ff.

49 Paul Watzlawick, ebd. 85

50 Leonardo Dona, 1608, zit. n.: Heinrich Kretschmayr, Bd. 3: 111

51 Julius von Schlosser, 117

5
BUON GOVERNO/MAL GOVERNO, ÜBERLEBENSSPIELRÄUME UND POTENTIALE

Die Koexistenz von Politik und Wirtschaft

1 Leonardo Olschki, Italien, Genius und Geschichte, Darmstadt 1958, 201, 225

2 Felix Gilbert, Venedig, der Papst und sein Banker, Frankfurt a. M. 1994: 22ff., 25, 119

3 Georges Devereux, Angst und Methode in den Verhaltenswissenschaften, Frankfurt a. M. 1984: 25

4 Georges Devereux, ebd., 25, 28

5 Humberto Maturana, Francisco Varela, in: Erich Jantsch, 33

6 James Gleick, Chaos, München 1988: 433

7 Gasparo Contarini, Della Repubblica et Magistrati di Venezia, 1542 zit. n.: P. Longworth, 214

8 Alvise Zorzi, 256; Heinrich Kretschmayr, Bd. 3: 438; Julius von Schlosser, 118ff.; Giovanni Scarabello, 71

9 Heinrich Kretschmayr, Bd. 3: 509, 547

10 Frederic Lane, 644, 714

11 Daniele Beltrami, Storia delle populazione della Repubblica, Padova 1954: 71; Richard Tilden Rapp, 1976: 24; Fernand Braudel, Bd. 2: 516, 525; Bd. 3: 141; Frederic Lane, 652

12 Fernand Braudel, Bd. 2: 516ff.

13 Frederic Lane, 169, 437

14 Max Weber, Wirtschaftsgeschichte, Berlin 1981: 190, 194

15 Fernand Braudel, Bd. 3: 132; Reinhard Lebe, 226

16 Reinhard Lebe, 226

17 Max Weber, 311

18 Max Weber, 302

19 Erich Weede, Der Sonderweg des Westens, in: Zeitschrift f. Soziologie, 17. Heft, 1988: 197

20 Alvise Zorzi, 203; Frederic Lane, 634

21 Fernand Braudel, Bd. 2: 602

22 Ruggiero Romano, Alberto Tenenti, 195, 197

23 Gasparo Contarini, zit. n.: Hermann Hakkert, 65

24 Edgar Zilsel, Soziale Ursprünge der neuzeitlichen Wissenschaft, Frankfurt a. M. 1976: 49 ff., 94, 127 ff., 148

25 Alvise Zorzi, 256; Frederic Lane, 684; Giovanni Scarabello, 72; Heinrich Kretschmayr, Bd. 3: 445

26 Giovanni Scarabello, 80

Die Ökonomie der Wertschöpfung

1 M. E. Streit, Wie funktioniert das? Die Wirtschaft heute, Stuttgart 1980: 360; Peter Bernholz, Die Grundlagen der Politischen Ökonomie, Tübingen 1972, Bd. 1: 2, 19, 33

2 Peter Bernholz ebd., 16, 36

3 Wolfgang Schivelbusch, Das Paradies, der Geschmack und die Vernunft, 24; Fernand Braudel, Bd. 1: 234

4 Frederic Lane, 513, 647; Alvise Zorzi, 179; Heinrich Kretschmayr, Bd. 2: 453; Peter Burke, Die Renaissance in Italien, 247

5 Leopold Kohr, Die überentwickelten Nationen, Salzburg 1983: 125

6 Fernand Braudel, Bd. 3: 127, 137

7 Heinrich Sieveking, Das Genueser Finanzwesen – Die Casa di San Giorgio, Leipzig, 1899, Bd. 2: 160, 404, 569; Frederic Lane, 389; Fernand Braudel, Bd. 3: 297; Geoffrey Parker, Die militärische Revolution, 114

8 Jacob Burckhardt, Die Kultur der Renaissance in Italien, Bd. I: 76; Robert Axelrod, Die Evolution der Kooperation, München 1988

9 Alvise Zorzi, 250; Heinrich Kretschmayr, Bd. 2: 297; Frederic Lane, 380

10 Wolfgang Schluchter, Rationalismus der Weltbeherrschung, Frankfurt a. M. 1980: 9

11 Dieter Hassenpflug, Die Natur der Industrie, 25, 31

12 Peter Bernholz, 144, 199

13 Gasparo Contarini, zit. n.: Hermann Hakkert, 64

14 Fernand Braudel, Bd. 3: 129

15 Frederic Lane, 492, 505, 646; Alvise Zorzi, 179

16 Frederic Lane, 646

17 Fernand Braudel, Bd. 3: 142

18 Marino Cavalli, Relation, 1546, I, 223 zit. n.: Willy Andreas, 124

19 Peter Bernholz, 27

20 Bazon Brock, Ästhetik gegen erzwungene Unmittelbarkeit, 16

21 Richard Münch, Dialektik der Kommunikationsgesellschaft, 74 ff., 284 ff., 292

22 Frederic Lane, 495; Ruggiero Romano, Alberto Tenenti, 315

23 Alvise Zorzi, 166; Heinrich Kretschmayr, Bd. 2: 141; Frederic Lane, 554, 560

24 Guido Perocco, Venedig und der Schatz von San Marco, 28, 56

25 Peter Burke, Die Renaissance in Italien, 87, 234

26 Julius von Schlosser, 117; Heinrich Kretschmayr, Bd. 3: 216

27 Frederic Lane, 324

28 Oliver Cox, The Foundations of Capitalism, 120; Frederic Lane, 325

29 Oliver Cox, ebd., 118 ff.

30 Leopold von Ranke, 210, 291

31 Götz von Pölnitz, Venedig, 433

32 Götz von Pölnitz, 435

33 Leopold von Ranke, 302, 358, 340

34 Götz von Pölnitz, 434

35 Götz von Pölnitz, 438

36 Leopold von Ranke, 282

37 Relatione, Emo, 1708 zit. n.: Ranke, 286

38 Leopold von Ranke, 327

39 Francesco Grimani, Informatione, 1701, zit. n.: Ranke, 285

40 Emo, Relatione, 1708, zit. n.: Ranke, 286

41 Marco Loredano, Copia d'Informatione, 1711, zit. n.: Ranke, 287

42 Marco Loredano, ebd., 287

43 Leopold von Ranke, 346

44 Grimani, Emo, Loredano, Relationen, 1701, 1708; Copia, d'Informatione, zit. n.: Ranke, 285 ff.

45 Giacomo Corner, Relatione 1690, zit. n.: Ranke, 284, 343

46 Leopold von Ranke, 346 ff., 360

Das Bankwesen in Venedig und Genua und die kriminelle Energie

1 Leonardo Olschki, 213; Hermann Kellenbenz, Der italienische Großkaufmann und die Renaissance, in: Vierteljahresschrift für Wirtschafts- und Sozialgeschichte, Bd. 45, 1958: 154

2 Leonardo Olschki, 226

3 Frederic Lane, 126

4 Josef Kulischer, Allgemeine Wirtschaftsgeschichte, Mittelalter-Neuzeit, Bd. 1 und 2, München, 1971; Bd. 1: 237ff.

5 Josef Kulischer, ebd., 297

6 Oliver Cox, 176ff.; Jacques Le Goff, 107

7 Heinrich Sieveking, Das Genueser Finanzwesen vom 12.–14. Jahrhundert Bd. 1 Leipzig 1898; Die Casa di San Giorgio Bd. 2, 1899: 16, 128, 222

8 Heinrich Sieveking, Die Casa di San Giorgio, Bd. 2: 114, 120ff.; Richard Ehrenberg, Das Zeitalter der Fugger; Die Geldmächte des 16. Jahrhunderts, Jena 1912, Bd. 1: 329

9 Heinrich Sieveking, Bd. 1: 116, 135, 169; Bd. 2: 37, 177ff.

10 Heinrich Sieveking, Bd. 1: 60; Bd. 2: 99; Hermann Kellenbenz, 164

11 Richard Ehrenberg, Bd. 1: 324

12 Heinrich Sieveking, Bd. 2: 163, 326ff.

13 Fernand Braudel, Bd. 3: 174; Bd. 2: 460; Heinrich Sieveking, Bd. 2: 148, 150; Alvise Zorzi, 141

14 Heinrich Sieveking, Bd. 1: 148

15 Fernand Braudel, Bd. 3: 174; Heinrich Sieveking, Bd. 2: 162

16 Venezianische Relation, 1573, Alberti, zit. n.: Ehrenberg, Bd. 1: 347

17 Richard Ehrenberg, Bd. 1: 224; Heinrich Sieveking, Bd. 2: 162

18 Richard Ehrenberg, Das Zeitalter der Fugger – Die Weltbörsen und Finanzkrisen, Bd. 2: 224, 232, 237

19 Davanzati, Florenz, 1581, zit. n.: Ehrenberg, Bd. 2: 229

20 Richard Ehrenberg, Bd. 2: 229, 233, 237

21 Richard Ehrenberg, Bd. 2: 241

22 Richard Ehrenberg, Bd. 2: 202, 216, 220, 260

23 Richard Ehrenberg, Bd. 1: 348; Bd. 2: 207ff., 261

24 Venezianische Relation, 1559, zit. n.: Ehrenberg, Bd. 1: 346

25 Richard Ehrenberg, Bd. 1: 348, 351, 354

26 Richard Ehrenberg, Bd. 1: 10ff.; Bd. 2: 168, 319

27 Heinrich Sieveking, Bd. 2: 129

28 Felipe Ruiz Martin, El Sligo de los Genoveses, zit. n.: F. Braudel, Bd. 3: 167

29 Heinrich Sieveking, Bd. 1: 118, 121; Bd. 2: 136, 156

30 Heinrich Sieveking, Bd. 2: 144, 170ff., 185

31 Heinrich Sieveking, Bd. 1: 118, 138; Bd. 2: 146, 153; Fernand Braudel, Bd. 3: 172

32 Heinrich Sieveking, Bd. 2: 157

33 Heinrich Sieveking, Bd. 2: 65, 90ff., 124, 205

34 Josef Kulischer, Bd. 1: 348ff.

35 Hermann Kellenbenz, 160; Fernand Braudel, Bd. 3: 178, 184; Giuliano Procacci, 155

36 Heinrich Sieveking, Bd. 2: 136, 142

37 Heinrich Sieveking, Bd. 2: 18ff., 126, 136

38 Martin Jänicke, Staatsversagen, 13, 20, 46

39 Relatione, Olivieri, 1597, zit. n.: Heinrich Sieveking, Bd. 2: 175

40 Heinrich Sieveking, Bd. 1: 69, 150; Bd. 2: 71, 112, 150, 170

41 Relatione della Repubblica di Genova, 1575, zit. n.: Peter Burke, Städtische Kultur in Italien, 126ff.

42 Peter Burke, ebd., 113, 127

43 C. Bitosi, Hrsg.: Scritti Andrea Spinola, Genova, 1981 zit. n.: Peter Burke, ebd, 114, 206

44 Notize e Documenti intorno a Umberto Foglietta, zit. n.: Hermann Hackert, 108

45 A. Spori, L'evoluzione mercantile della Nobilità italiana nel Medioevo, Rivista Diritto Commericale XLII., 12; zit. n.: Kellenbenz, 162

46 Richard Ehrenberg, Bd. 1: 352

47 Botero, Ragionale di Stato, 36; zit. n.: R. Ehrenberg, Bd. 1: 352

48 Richard Ehrenberg, Bd. 1: 352; Bd. 2: 210, 353

49 Giovanni Previtali, Italienische Kunst, Bd. 2: 178

50 Giovanni Previtali, ebd., 176

51 Peter Burke, Die Renaissance in Italien, 41, 52

52 Werner Sombart, Der moderne Kapitalismus, München 1987, zit. n.: Werner Brede, Süddeutsche Zeitung, 12/13. Sept. 1987, V; Rudolf Wolfgang Müller, Geld und Geist, Berlin 1977: 239

53 Richard Münch, Dialektik der Kommuni-

kationsgesellschaft, Frankfurt a. M. 1991: 31 ff., 60 ff., 285, 292; Gregory Bateson, Ökologie des Geistes, Frankfurt a. M. 1992: 177 ff.; Paul Watzlawick, Lösungen, Bern 1979: 29, 51 ff., 99

54 Werner Sombart, ebd.; Lars Cassio Karbe, Europa und das Venedig-Paradigma, Neue Gesellschaft Frankfurt, Hefte, Nr. 7, Juli 1993: 594

55 Fernand Braudel, Bd. 3: 173, 178, 181; Richard Ehrenberg, Bd. 1: 341; Heinrich Sieveking, Bd. 2: 347

56 Rudolf zur Lippe, Naturbeherrschung am Menschen, Bd. 1: 48, 51; Fritz B. Simon, 167

57 Edgar Morin, u. a., Einen neuen Anfang wagen, Überlegungen für das 21. Jahrhundert, Hamburg 1992: 136, 144, 110

58 Heinrich Kretschmayr, Bd. 3, 7

59 Jurek Becker, »Zeit«, zit. n.: J. Spies, 113; Edgar Morin u. a., ebd., 169

Der Serenissima-Attraktor: Imagination und Aura

1 Peter Burke, Städtische Kultur in Italien, 129

2 Aggregazioni, Polinaro, 1662, zit. n.: P. Burke, ebd., 114

3 Dario inedito, del Doge Leonardo Dona, zit. n.: P. Burke ebd., 124, 206

4 Pompeo Molmenti, Venise: Its individual Growth from the earliest Beginning to the Fall of Republic, Chicago, 1906, Bd. 1: 45 zit. n.: O. Cox, 136

5 Philippe de Commynes, Memoiren, 1491; zit. n.: D. und A. E. Maurer (Hrsg.), Venedig, Frankfurt a. M. 1983: 21

6 B. Duffy, The Tuscan Republics with Genova, New York, 1903, 284 zit. n.: O. Cox, 128

7 Francesco Varela, Principles of Biological Autonomy, New York 1979, zit. n.: Heiner Mühlmann, 53 ff.

8 Cassimir Freschot, Nouvelle Relation de Venise, Utrecht, 1709, 3 zit. n.: O. Fox, 128, 94

9 Peter Burke, Städtische Kultur in Italien, 41 ff.

10 Oliver Cox, 125; Heinrich Kretschmayr, Bd. 33: 457; Julius von Schlosser, 125

11 Samuel Romanin, Storia documentata di Venezia, 1853–1860, Bd. 2: 400, zit. n. O. Cox, 128

12 Mary McCarthy, Venedig, 101

13 Hellmuth Benesch, 39 ff.; Klaus Kowalski, Die Wirkung visueller Zeichen, Stuttgart 1975: 43

14 Oliver Cox, 117

15 Hazlitt W. Carew, The Venetian Republic, London 1900, zit. n.: O. Fox, 117

16 Henry Simonsfeld, Der Fondaco dei Tedeschi in Venedig, Stuttgart 1887; O. Cox, 129 ff.

17 Hellmuth Benesch, 134; C. v. Barloewen, Kai Werhahn-Mees (Hrsg.), Japan und der Westen Bd., 1–3, Frankfurt a. M. 1986

18 Jacob Burckhardt, Bd. 1: 149

19 Petrarca, Lettere familiari, Lib. 33, Lett. 16; Boccaccio, Decamerone, 2. Geschichte, 4. Tag; Lord Byron, zit. n.: Wolfgang Kemp, John Ruskin, Frankfurt a. M. 1987: 144

20 Alfred J. Ziegler, Bilder einer Schattenmedizin, Zürich 1987: 19 ff., 29

21 Wolfgang Welsch, Ästhetisches Denken, Stuttgart 1990: 191; Michael Makropoulus, Der Mann auf der Grenze, R. E. Park und die Chancen einer heterogenen Gesellschaft, in: Freibeuter, Nr. 35, Berlin 1988: 8 ff., 20

22 Rudolf Wittkower, 153; Peter L. Berger, Thomas Luckmann, Die gesellschaftliche Konstruktion der Wirklichkeit, Frankfurt a. M. 1982: 29

23 Julius von Schlosser, 133; Frederic Lane, 653; Oliver Cox, 135

24 Miriam Beard, A history of the Business Man, New York, 1938, zit. n.: O. Cox, 121; Heinrich Kretschmayr, Bd. 3: 378

25 Gilbert Burnet, 1686, zit. n.: Peter Burke, Städtische Kultur in Italien, 153

26 Julius von Schlosser, 130

27 Johann Wolfgang von Goethe, Italienische Reise; Venedig, 29. Sept. 1786

28 Peter Burke, Städtische Kultur in Italien, 154

29 Peter Burke, ebd., 152

30 Heinrich Kretschmayr, Bd. 3: 456, 473; Peter Burke, ebd., 152

31 Friedrich Schiller, Über die ästhetische Erziehung des Menschen, Horen, 1795

32 Anonymer Autor, zit. n.: J. Spies, 125

33 Massimo Cacciari, zit. n.: Alessandro Scarsella; »Künstler, Intellektuelle und Kultur«, in: Venedig, Hamburg 1986: 188

34 Heinrich Kretschmayr, Bd. 3: 456

35 Thomas Mann, Tod in Venedig, 1911
36 Gabriele Schaaf, Deutsche Literatur von Frauen, München 1989
37 Richard Ehrenberg, Bd. 2: 267, 270
38 Relatione, Giovanni Michele, 1561; Giovanni Corner, 1569; zit. n.: W. Andreas, 131
39 Massimo Cacciari, zit. n. A. Scarsella, ebd., 189
40 Wolfgang Kemp, John Ruskin, 223
41 Frederic Lane, 652
42 Peter Burke, Städtische Kultur in: Italien, 114, 124
43 Peter Burke, ebd., 101
44 Julius von Schlosser, 114
45 Wolfgang Kemp, ebd., 142
46 Bertrand de Jouvenel: »futuribles«; in: Stephen Toulmin, Kosmopolis, Frankfurt a. M. 1991: 17
47 Alfred I. Ziegler, Bilder einer Schattenmedizin, Zürich 1987: 19 ff., 29 ff.
48 Alois Geiwitsch, Kolloquium 1988; Alfred J. Ziegler ebd. 29
49 Ferdinand Gregorovius, Römische Tagebücher 1852–1889; München 1991

6

INSZENIERUNG UND DECORUM DER LEBENSRÄUME – »DESIGN ODER NICHTSEIN, DAS IST HIER DIE FRAGE«

Raumorientierung und die Modellierung des Chaos
1 Erhard Oeser, Psychozoikum – Evolution und Mechanismus der menschlichen Erkenntnisfähigkeit, Berlin 1987: 117
2 Erhard Oeser, Das Abenteuer der kollektiven Vernunft, Berlin 1988: 110; Joachim-Ernst Berendt, Das dritte Ohr, Hamburg 1985: 215
3 P. L. Berger, T. Luckmann, 36, 41, 163 ff.; Paul Watzlawick, Wie wirklich ist die Wirklichkeit, 235; J.-E. Berendt, 221
4 P. L. Berger, T. Luckmann, 29 ff.; Rupert Riedl, Die Spaltung des Weltbildes, 17
5 Rudolf Arnheim, Anschauliches Denken, Köln 1980: 78, 221; Rupert Riedl, Biologie der Erkenntnis, 183
6 Erhard Oeser, Abenteuer der kollektiven Vernunft, 40
7 Benoît Mandelbrot, The Fractal Geometry of Nature, New York 1977, zit. n.: James

Gleick, Chaos – die Ordnung des Universums, München 1988: 140
8 F. Boas, zit. n.: Götz Pochat, Der Symbolbegriff in der Ästhetik und Kunstwissenschaft, Köln 1983: 143
9 Johannes Odenthal, Imaginäre Architektur, Frankfurt a. M. 1986: 85, 94
10 Jean-Jacques Lequeu, Nouvelle Methode, 1792, zit. n.: J. Odenthal, 89 ff.
11 Umbert de Superville, Essai sur les signes in conditionells dans l'art, 1827, zit. n.: J. Odenthal, 92
12 J. Odenthal, 97, 99
13 John Ruskin, The Stones of Venice 1853, zit. n.: W. Kemp, 164
14 Hans Daucher, Rudolf Seitz, Didaktik der bildenden Kunst, München 1982: 55; Klaus Kowalski, Die Wirkung visueller Zeichen, Stuttgart 1975: 69
15 Wolfgang Meisenheimer, Was ist Architektur? Düsseldorf 1976: 46 ff.
16 Rudolf Wittkower, 133, 139
17 Klaus Wolbert, Symmetrien als Sprachformen, Köln, Bd. 85: 1986: 94 ff.

Raumgestalt und Kommunikation: der sprechende Raum
1 Umara al Jamani, 1175, zit. n.: E. Oeser, Abenteuer der kollektiven Vernunft, 41, 42
2 Victor Hugo, Notre Dame de Paris 1844, zit. n.: Jan Pieper, Das Labyrinthische, Über die Idee des Verborgenen, Rätselhaften, Schwierigen in der Geschichte der Architektur, Wiesbaden 1987: 181
3 Rudolf Wittkower, 17
4 John Ruskin, zit. n.: W. Kemp, 163
5 Joachim Spies, Stadträume – Plätze in Venedig, Stuttgart 1985: 80
6 Hans-Michael Herzog, Restaurierung, Ökologie, urbane Entwicklung, zit. n.: R. Petri, Venedig, 223
7 Peter Lauritzen, Venezianische Paläste, 22; Joachim Spies, 23
8 Wolfgang Braunfels, Abendländische Stadtbaukunst, Köln 1981: 14
9 Wolfgang Braunfels, ebd, 14
10 Jan Pieper, Das Labyrinthische, 205, 208
11 Manfred Eigen, R. Winkler, Das Spiel, 120; John Briggs, D. Peat, Die Entdeckung des Chaos, München 1990: 207 ff.
12 Manfred Eigen, R. Winkler, ebd., 88 ff., 118, 121

13 Friedrich Cramer, Chaos und Ordnung, Stuttgart 1989: 159, 191

14 Johann Wolfgang von Goethe, Italienische Reise, 75, 265

15 Manfred Eigen, R. Winkler, 344; Friedrich Cramer, 148

16 Ilya Prigogine, in: Norbert Bolz, Die Welt als Chaos und als Simulation, München 1992: 85

17 Johann Wolfgang von Goethe, Italienische Reise, 104

18 Wolfgang Kemp, 181

19 John Ruskin, zit. n.: W. Kemp, 161

20 Wolfgang Kemp, 160

21 Wolfgang Kemp, 154, 162, 180

22 Manfred Eigen, R. Winkler, 292

23 John Ruskin zit. n.: W. Kemp, 169

24 Peter Murray, Die Architektur der Renaissance in Italien, 74

25 Jean Gebser, Ursprung und Gegenwart, Schaffenhausen 1975, 2. Teil, 625

26 Hans Ulrich Reck, Stilnotate zwischen Lebensform, Subversion und Funktionsbegriff, in: Stilwandel, hrsg. v. B. Brock u. H. U. Reck, Köln 1986: 141

27 Johann Wolfgang von Goethe, Italienische Reise, 6. Okt. 1786: 88

28 Bazon Brock, Der Stil der Stillosigkeit, in: Stilwandel, S58

29 Franz Babinger, Johannes Darius, Sachwalter Venedigs, München 1961

30 John Ruskin, zit. n.: W. Kemp, 171

31 Bazon Brock, ebd., 61; H. Reck, ebd., 119

32 Marshall McLuhan, Wohin steuert die Welt, Wien 1978: 77, 196 ff.

33 Robert Venturi, zit. n.: Wolfgang Welsch, Ästhet. Denken, 204; Tanizaki Jun'ichiro. Lob des Schattens. Entwurf einer japanischen Ästhetik, Zürich 1988: 32 ff., 54 ff.

34 Wolfgang Kemp, 156

35 John Ruskin, Stones of Venice, zit. n.: W. Kemp, 156

36 Ernst Gombrich, Symmetrie, Wahrnehmung und künstlerische Gestaltung, in: Symmetrie, Hrsg. Rudolf Wille, Berlin 1988: 94 ff.

37 Bernd-Olaf Küppers, Der Ursprung biologischer Information, 85

38 Gustav René Hocke, Die Welt als Labyrinth, Hamburg 1983: 135, 140

39 Beat Wyss, Trauer der Vollendung, 207, 211

40 Leon Battista Alberti, Zehn Bücher über die Baukunst, IX, 5, zit. n.: Jan Pieper, 61

41 Jan Pieper, 65

42 Gottfried Semper, zit. n.: Rudolf Wienands, Grundlagen der Gestaltung zu Bau und Stadtbau, Stuttgart 1985: 127

43 György Doczi, Die Kraft der Grenzen, München 1984: 18

44 Friedrich Cramer, 161; Manfred Eigen, Perspektiven der Wissenschaft, Stuttgart 1989: 183

45 J. E. Berendt, 215

46 Hans Ullrich Reck, Stilwandel, 117, 215

47 Hans Ullrich Reck, ebd., 117

Raumkomposition und das göttliche Design

1 Eli Maor, Dem Unendlichen auf der Spur, Berlin 1989: 232

2 Jean Gebser, Ursprung und Gegenwart, Bd. V, 1: 158

3 Ruggiero Romano, A. Tenenti, 325

4 Philip J. Davis, Reuben Hersh, Descartes' Traum, Frankfurt a. M. 1986: 253; Peter L. Berger, T. Luckmann, 29 ff.

5 Benjamin Lee Whorf, Sprache, Denken, Wirklichkeit, Hamburg 1982: 94, 100 ff.

6 Eli Maor, 193

7 Ernst Gombrich, Ornament und Kunst, Stuttgart 1982: 79, 88, 158; Eli Maor, 185 ff.

8 Ernst Gombrich, 7, 92; Eli Maor, 193

9 Ernst Gombrich, 92

10 Hans Ullrich Reck, Stilwandel, 110

11 Mario Praz, Der Garten der Sinne, Frankfurt a. M. 1988: 92; Ernst Gombrich, 101

12 Eli Maor, 202

13 Erwin Schrödinger, Was ist Leben? 1951, zit. n.: Rupert Riedl, Biologie der Erkenntnis, 26; James Gleick, 433

14 Friedrich Cramer, 184

15 Ernst Gombrich, Symmetrie, 100; Friedrich Cramer, 185

16 Leonardo da Vinci, Traktat über die Malerei, zit. n.: Peter Seidmann, Die perspektivische Psychologie Nietzsches, in: Psychologie des 20. Jahrhunderts, Zürich 1976, Bd. 15: 409

17 Peter Weibel, Zur Perspektive als konstruktivem Prinzip, 1990, Bd. 105: 169

18 Peter Weibel, 169

19 Leonardo da Vinci, Philosophische Tagebücher, 1958, 41, zit. n.: J. G. Abels, Erkenntnis der Bilder, 170, 203

20 Pico della Mirandola, De hominis dignitate oratio, zit. n.: R. Romano, A. Tenenti, 165

21 Piero della Francesca, Il trattato de prospectiva pigendi, in: Italienische Kunst, Luciano Bellosi, Bd. 1: 225, 229

22 Alberti, Della Pittura, L. Bellosi, ebd., 221, 223, 234

23 J. G. Abels, 36; Erwin Panofsky, Die Perspektive als symbolische Form, 1974, 101 zit. n.: J. G. Abels, 171

24 J. G. Abels, 172; Erwin Panowsky, zit. n.: A. Hauser, Sozialgeschichte der Kunst und Literatur, München 1978: 356; Bazon Brock, Ästhetik gegen erzwungene Unmittelbarkeit, 132

25 Arnold Hauser, ebd., 357

26 Daniele Barbaro, La Pratica della Perspectiva, Venedig 1568, zit. n.: R. zur Lippe, Bd. 2: 220

27 Moritz Cantor, 1924, Bd. 2: 296, zit. n.: J. G. Abels, 204

28 Christoph Asendorf, Ströme und Strahlen, Gießen 1989: 45

29 Christoph Asendorf, ebd, 34

30 Hermann Helmholtz, Handbuch der Philosophischen Optik, 1896, 47 zit. n.: Asendorf, 34

31 Ernst Mach, Analyse der Empfindungen, Jena, 1885, 1902 zit. n.: Asendorf, 11

32 Christoph Asendorf, 45

33 Peter Weibel, 178

34 Max Dvorak, 1920 zit. n.: Werner Hofmann, Katalog Zauber der Medusa, Wien 1987: 511

35 Werner Hofmann, ebd., 19, 20

36 Edwin Lachnit, ebd, 37

37 Christoph Asendorf, 36

38 Giovanni Previtali, Ital. Kunst, Bd. 2: 152

39 Giorgio Vasari, Lebensbeschreibungen, Bd. 72: 450, zit. n.: L. Bellosi, Italienische Kunst, Bd. 2: 240

40 Luciano Bellosi, ebd., 234 ff., 239

41 Erwin Panowsky, zit. n.: Peter Heiko, Mara Reissberger, Komplexität und Widerspruch, in: Zauber der Medusa, 109

42 Peter Heiko, Mara Reissberger, ebd., 109

43 Bazon Brock, Ästhetik gegen erzwungene Unmittelbarkeit, 132 ff.

44 Christoph Asendorf, 123

45 Bert Brecht, Über experimentelles Theater, 1939, Frankfurt a. M. 1978: 996; Bazon Brock, ebd., 134

46 Rudolph Arnheim, 271

47 Italo Calvino, Die unsichtbaren Städte, München 1985

48 Henry Bergson, Zeit und Freiheit, Jena 1911: 174, 185

49 Hans Ullrich Reck, Stilwandel, 123; Mariagrazia Dallerba Ricci, 759

Raumdramaturgie und die gesellschaftliche Institution der Maske

1 Ignazio Toscani, 64, 185, 220; Julius von Schlosser, 124

2 Aristoteles, Nikomachische Ethik 1139 b

3 Peter Burke, Städtische Kultur in Italien, 187

4 Madame de Staël, Aufzeichnungen, 1807, zit. n: Venedig, Briefe, Berichte, Bilder aus vier Jahrhunderten, C. v. Lorck, München 1972

5 Pietro Chiari, L'Ebrea, Napoli, 1771, III, 54, zit. n.: Ignazio Toscani, 220

6 Giovanni Scarabello, Die Republik Venedig Tausend Jahre politisches Abenteuer, in: Rolf Petri (Hrsg.), Venedig, 37

7 Johann Wolfgang von Goethe, Italienische Reise, Venedig, 10. Okt. 1786

8 Antonio Piazza, »Giulietta«, Venedig, 1784 zit. n.: I. Toscani, 383

9 Hogarth, Analysis of Beauty, 1753, zit. n.: I. Toscani, 219

10 Lougino, Traktat, zit. n.: I. Toscani, 219

11 Alexander Mitscherlich, Das Ich und die Vielen, 147

12 Peter Burke, Städtische Kultur in Italien, 130

13 Richard Senett, Verfall und Ende des öffentlichen Lebens, Frankfurt a. M. 1983: 188, 191

14 Ignazio Toscani, 58; Peter Burke, Die Renaissance in Italien, 147, 196, 286

15 Daniele Beltrami, Storia delle populazione della Repubblica, Padua 1954: 72; Ignazio Toscani, 362 ff., 126, 188

16 Richard Senett, 33

17 Ernesto Grassi, Kunst und Mythos, Hamburg 1977, 102 zit. n.: Toscani, 362

18 Pietro Chiari, La Mascherata degli Dei, Venezia, 1761, zit. n.: Toscani, 189

19 Ignazio Toscani, 201

20 de Bernis, Kardinal und französischer Botschafter, Brief 30. Dez. 1752 zit. n.: Toscani, 202

21 Ignazio Toscani, 177, 211
22 Botero, Libertà civile di Venetia, 1665, zit. n.: W. Wolters, 59
23 Volker Breidecker, Florenz, 202, 207 ff.

7
DER MANAGER ALS KÜNSTLER – »INNOVATION ZWISCHEN FUNKTION UND EROS«

Wissensdesign von Laplace bis Loewy
1 Klaus Heinrich, Zur Geistlosigkeit der Universität heute, in Oldenburger Universitätsreden Nr. 8, Oldenburg 1987
2 »Wunderkind at 40«. Economist, May 1988
3 Bruno Bandulet, Das venezianische Potential, Trans-Atlantik 1991, Nr. 1:21
4 Joseph Joffe, Leitartikel, Süddeutsche Zeitung, Mai, 1988; Wirtschaftswoche, Abgesang auf Germany, Nr. 21, 1988
5 Rupert Lay, Frankfurter Allgemeine Zeitung 11. Okt. 1988; Manfred Eigen, Perspektiven der Wissenschaft, 65, 174, 195
6 Richard Münch, Dialektik der Kommunikationsgesellschaft, 284 ff., 292
7 Ilya Prigogine, Ein neues Zusammengehen von Wissenschaft und Kultur, Unesco-Kurier, Nr. 5, 1988: 9; – ders., Dialog mit der Natur, München 1983: 176 ff.; Manfred Eigen, ebd., 166
8 Fritz B. Simon, Der Prozeß der Individuation, 61 ff., 158; C. G. Jung, Die Gestaltung des Unbewußten, Zürich 1950; C. G. Jung, Die Welt der Psyche, Zürich 1954
9 Rupert Sheldrake, Das schöpferische Universum, München 1983; Manfred Eigen, R. Winkler, Das Spiel, München 1981
10 Friedrich Cramer, Chaos und Ordnung, 1989; John Briggs, David Peat, Die Entdeckung des Chaos, München 1990: 218 ff.; David Bohm, Die implizite Ordnung, 1985
11 Manfred Eigen, R. Winkler, Das Spiel, 87 ff.; Ilya Prigogine, Isabelle Stengers, Dialog mit der Natur, München 1983; J. Briggs, D. Peat, ebd., 218 ff.; Norbert Bolz, Die Welt als Chaos und als Simulation, 35
12 Jost Herbig, Die Evolution des Menschlichen, München, 1983; Jost Herbig, Nahrung für die Götter, Die kulturelle Neuerschaffung der Welt durch den Menschen, München 1988
13 Christian Schütze, Das Grundgesetz vom Niedergang, München 1989
14 James Gleick, 425; Ilya Prigogine, 125, 149 ff.; Paul Davies, Prinzip Chaos, München 1988
15 Arthur Koestler, Der Mensch – Irrläufer der Evolution, München 1978: 252
16 Angela Schönberger (Hrsg.), Raymond Loewy, Katalog, München 1990: 144 ff.
17 Angela Schönberger, ebd. 36
18 Lars Cassio Karbe, »Kann denn Ästhetik Sünde sein?« Zur Re-Vision des Geschäftsberichts, manager magazin, 10/1992: 222 ff.
19 Wolfgang Welsch, Ästhetisches Denken, Stuttgart 1990: 7

»The new Art of Management – the old Art of Government«
1 Felix von Cube, D. Alshuth, Fördern statt Verwöhnen, Erkenntnisse der Verhaltensbiologie in Erziehung und Führung, München 1986: 63, 177
2 William I. Thompson, Die pazifische Herausforderung, München 1985
3 Gerhard Vollmer, Die Natur der Erkenntnis, Bd. 1: 140; Rupert Riedl, Kultur – Spätzündung der Evolution, 82, 156, 269; Dietrich Dörner, Lohhausen, Bern 1983: 23
4 Rupert Riedl, Die Spaltung des Weltbildes, 291; Erhard Oeser, Abenteuer der kollektiven Vernunft, 6, 154, 187
5 Erich Jantsch, Die Selbstorganisation des Universums, München 1982: 308, 311, 383
6 Manfred Eigen, R. Winkler, Das Spiel, 11
7 Frederic Vester, Ballungsgebiete in der Krise, München 1983: 64 ff.; Frederic Vester, Neuland des Denkens, München 1984
8 Daniel Goeudevert, Meine Gedanken haben mich aus dem Amt getrieben, Süddeutsche Zeitung, 22./23. April 1989; Hilmar Hoffmann, Süddeutsche Zeitung, 2. Juni 1989
9 Martin Jänicke, Staatsversagen, München 1986; Richard Münch, Dialektik der Kommunikationsgesellschaft, 31, 60, 199
10 Erhard Oeser, ebd, 154, 195; Jean-François Lyotard, Das postmoderne Wissen – ein Bericht, Wien 1986: 135, 150
11 Helmut Schwarzbach, Geld regiert die Welt, Macht und Moral in der Wirtschaft, ZDF-Kontext, 2. Januar 1991
12 Erich Jantsch, 366; Joseph Joffe, ebd. (SZ);

Rupert Riedl, Biologie der Erkenntnis, 189, 190

13 Winfried Münster, Pfusch auf dem Binnenmarkt, SZ. 4./5. Mai 1991: 33; Richard Münch, ebd., 29 ff., 60; Ernst Mach in: Paradoxien. Dissonanzen. Zusammenbrüche, Hrsg. H. U. Gumbrecht u. a., Frankfurt a. M. 1991: 19

14 Gerhard Vollmer, Die Erkenntnis der Natur, Bd. 2: 249

15 Ernst Peter Fischer, Sowohl als auch, Hamburg 1987: 128, 249, 262; Arthur Koestler, Die Wurzeln des Zufalls, Frankfurt a. M. 1980: 54

16 Konrad Lorenz, Der Mensch in der Falle, in: Nichts ist schon dagewesen – K. Lorenz, seine Lehre und ihre Folgen; Hrsg. F. Kreuzer, München 1984: 185; R. Münch, ebd., 199

17 William James, The Principles of Psychology, Cambridge, 1983, 125 zit. n.: Waterman, 29

18 J. H. Elliot, zit. n.: Waterman, 24

19 Arthur Koestler, Der Mensch – Irrläufer der Evolution, 248; Günter Dux, Die Logik der Weltbilder, Frankfurt a. M. 1982: 248, 260, 275

20 Tom Peters, Kreatives Chaos, 9, 57, 68, 79, 511, 602; Robert Waterman, Leistung durch Innovation, 245

21 »Fortune«, 2. März, 1987 zit. n.: Waterman, 32

22 Peters, 140

23 Peters, 14, 18, 24, 31, 48; Waterman, 11, 13

24 Peters, 315

25 Waterman, 23

26 Waterman, 16, 159, 309; Peters, 472

27 Waterman, 34

28 Peters, 503

29 Peters, 472

30 Peters, 68, 627

Modell statt Appell: die Kunst des Umgangs mit Komplexität

1 Marshall McLuhan, 212; Edgar Zilsel, 49 ff., 127 ff.

2 Bazon Brock, Ästhetik als Vermittlung, 108, 118

3 Frederic Vester, Denken, Lernen, Vergessen, München 1983: 92 ff.; V. V. Ivanov, Gerade – Ungerade, Stuttgart 1983: 80

4 Bazon Brock, Ästhetik gegen erzwungene Unmittelbarkeit, 401

5 Richard Münch, ebd., 60 ff.

6 Waterman, 124

7 Eckhard Kessler, Petrarca und die Geschichte, München 1978: 37, 40, 109, 112, 135 ff.

8 Eckhard Kessler, ebd., 31

9 Francesco Petrarca, Brief, zit. n.: Jean Gebser, Ursprung und Gegenwart, Bd. V, 1: 156

10 Eckhard Kessler, 157, 201, 204; Bazon Brock, Ästhetik gegen erzwungene Unmittelbarkeit, 204

11 Eckhard Kessler, 32, 186, 191 ff.

12 Dieter Wellershoff, Die Auflösung des Kunstbegriffs, Frankfurt a. M. 1976: 29

13 Pierre Bourdieu, Sozialer Sinn, Frankfurt a. M. 1987: 149

14 Günter Dux, 260

15 Eli Maor, 168; Bruno Ernst, Der Zauberspiegel des M. C. Escher, München 1982: 195

16 Manfred Eigen, R. Winkler, 123; Erich Jantsch, 119, 121, 206

17 Douglas Hofstadter, Metamagicum; Spektrum der Wissenschaften, Heidelberg 1982: 8

18 Günter Dux, 275

19 Dietrich Dörner, Die Logik des Mißlingens, Hamburg 1989: 118, 307; Dietrich Dörner, Lohhausen, Bern 1983: 256, 319, 426, 435; Bernd-Olaf Küppers, Der Ursprung biologischer Information, München 1986: 212

20 Dietrich Dörner, Lohhausen, 105, 355; Dietrich Dörner, Die Logik des Mißlingens, 22, 32

21 »Spiegel«: ›Die Welt als Flohzirkus‹, Juli 1990, Nr. 31: 72, 77 ff.

22 Ronald H. Coase, Die Zeit Nr. 43, 18. Oktober 1991

23 Rupert Riedl, Die Spaltung des Weltbildes, 90, 126, 143, 223

24 Rudolf Arnheim, 262, 290

25 Martin Jänicke, 159

26 Fritz B. Simon, 167

27 Paul Watzlawick, Lösungen, Bern 1979: 29, 43; Irvin Rock, Stephen Palmer, Das Vermächtnis der Gestaltpsychologie in: Spektrum der Wissenschaft, Februar 1991: 68, 73

28 Paul Watzlawick, Lösungen, 44; James L. Adams, »Ich hab's«, Wie man Denkblockaden überwindet, Wiesbaden 1984: 29 ff.

29 Paul Watzlawick, Lösungen, 46, 129; Bazon Brock, Ästhetik als Vermittlung, 135, 838; Ästhetik gegen erzwungene Unmittelbarkeit, 19, 288 ff.
30 Rudolf Wittkower, 190
31 Massimo Cacciari, Zeit ohne Kronos, 12
32 Helga Nowotny, Eigenzeit, Frankfurt a. M. 1989: 145
33 Sebastian Unsinn, Die Utopie der Unternehmung. Kritik des Unvorstellbaren, unveröffentl. Manuskript, Habilitationsschrift, Universität Wuppertal 1993
34 Gilbert Probst, Selbst-Organisation, Berlin 1987: 109
35 Ernst Gombrich, Aby Warburg, Frankfurt a. M. 1981: 303, 323
36 Hubert Markl, Wer nicht hören will, muß führen, in: Frankfurter Allgemeine Zeitung, 21. Jan. 1989
37 Raymond Loewy, Häßlichkeit verkauft sich schlecht, Düsseldorf 1958 zit. n.: Claude Lichtenstein, Apostel der Schlichtheit, Katalog, München 1990: 146
38 Hippolyte Taine, Voyage en Italie, Venedig 1864

Bibliographie

Abels, Joscijka Gabriele: Erkenntnis der Bilder, Frankfurt a. M. 1985

Adams, James: »Ich hab's« – Wie man Denkblockaden überwindet, Wiesbaden 1984

Alberti, Leon Battista: zehn Bücher über die Baukunst, Darmstadt 1975

Andreas, Willy: Staatskunst und Diplomatie der Venezianer, Leipzig 1943

Argan, Julio Carlo: Kunstgeschichte als Stadtgeschichte, München 1989

Aristoteles: Nikomachische Ethik (1139 b); Politica, III, 13 (1283 b), 40; Edition W. D. Ross, Oxford 1957, 1973

Arnheim, Rudolf: Anschauliches Denken, Köln 1980

Arnim, Hans Herbert von: Der Staat als Beute? Der Parteienstaat, München 1993

Asendorf, Christoph: Ströme und Strahlen, Gießen 1989

Axelrod, Robert: Die Evolution der Kooperation, München 1988

Babinger, Franz: Johannes Darius, Sachwalter Venedigs im Morgenland, München 1961

Bandulet, Bruno: Das venezianische Potential, Trans-Atlantik, Jan. 1991, Nr. 1, 21

Bateson, Gregory: Ökologie des Geistes, Frankfurt a. M. 1992

Beard, Miriam: A history of the Business Man, New York 1938

Berendt, Joachim-Ernst: Das dritte Ohr, Hamburg 1985

Beltrami, Daniele: Storia delle populazione della Repubblica, Padua 1954

Benesch, H.: Zwischen Leib & Seele, Grundl. der Psychokybernetik, Frankfurt a. M. 1988

Berger, P., Luckmann T.: Die gesellschaftliche Konstruktion der Wirklichkeit, Frankfurt 1982

Bergson, Henri: Zeit und Freiheit, Jena 1911

Bernholtz, Peter: Die Grundlagen der Politischen Ökonomie, Tübingen 1972

Bitterli, Urs: Alte Welt – Neue Welt, München 1986

Boholm, Asa, The Doge of Venice, Gothenburg 1990

Bohm, David: Die implizite Ordnung, München 1985

Bolz, Norbert: Die Welt als Chaos und als Simulation, München 1992

Bourdieu, Piere: Sozialer Sinn, Frankfurt a. M. 1987

Braudel, Fernand: Sozialgeschichte des 15.–18. Jahrhunderts, München 1985
Die Welt des Mittelmeeres, Frankfurt a. M. 1987

Braunfels, Wolfgang: Abendländische Stadtbaukunst, Köln 1981

Brecht, Bertolt: Über experimentelles Theater, 1939; Frankfurt a. M. 1978

Breidecker, Volker: Florenz oder »Die Rede die zum Auge spricht«, München 1990

Briggs, John u. Peat, David: Die Entdeckung des Chaos, München 1990

Brock, Bazon: Ästhetik als Vermittlung, Köln 1977;
Ästhetik gegen erzwungene Unmittelbarkeit, Köln 1986
u. Hans Ulrich Reck (Hrsg.), Stilwandel, Köln 1986

Burckhardt, Jacob: Die Kultur der Renaissance in Italien, Stuttgart 1960

Burke, Peter: Die Renaissance in Italien, Berlin 1987
Städtische Kultur in Italien, Berlin 1986

Cacciari, Massimo: Zeit ohne Kronos, Klagenfurt 1986

Cacciavillani, Ivone: La Repubblica Serenissima profilo della costituzione Veneziana, Padova 1985

Calvino, Italo: »Ich glaube an das Venedig der Zukunft«: Venedig, Merian Heft 9, XXVII, Hamburg 1973;
Die unsichtbaren Städte, München 1985

Carew, W. Hazlitt: The Venetian Republic, London 1900

Casanova, Giacomo: Berichte an die Venez.

Staatsinquisitoren, in: Vermischte Schriften, Berlin 1971

Eduard und Elisabeth oder die Reise in das Innere unseres Erdballs, Roman, Berlin 1969

Aus meinem Leben (Mémoires), Stuttgart 1989

Coase, Ronald H.: »Forscher am Marktrand«, Die Zeit, Nr. 43, 18. Okt. 1991; Nr. 18, 30. April 1993

Contarini, Gasparo: De magistratibus et repubblica Venetorum, Paris 1543, 1616

Conti, Alessandro: Die Entwicklung des Künstlers; in Italienische Kunst, Bd. 1, Berlin 1987

Corbineau-Hoffmann, Angelika: Paradoxie der Fiktion – Literarische Venedig-Bilder 1897–1984, Berlin 1993

Cox C. Oliver: The Foundations of Capitalism, New York 1959

Cube, Felix; Dieter Alshuth: Fördern statt Fordern, Erkenntnisse der Verhaltens-Biologie, München 1986

Dallerba Ricci, Mariagrazia: Architektur, Staat u. Gesellschaft in Italien, Merkur, Ästhetik und Politik, Heft 9/10 1986

Dante Alighieri: Göttliche Komödie

Daucher, Hans: Didaktik der Bildenden Kunst, München 1982

Davis, Philip; Hersh, Reuben: Descartes' Traum, Frankfurt a. M. 1988

Davies, Paul: Prinzip Chaos, München 1988

Devereux, Georges: Angst und Methode in den Verhaltenswissenschaften, Frankfurt a. M. 1984

Doczi, György: Die Kraft der Grenzen, München 1984

Dörner, Dietrich: Lohhausen, Bern 1983; Die Logik des Mißlingens, Hamburg 1989

Dortmunder Werkheft, Nr. 10 Venedig – eine Stadtidee; Hrsg. Universität Dortmund 1985

Dux, Günther: Die Logik der Weltbilder, Frankfurt a. M. 1982

Ehrenberg, Richard: Das Zeitalter der Fugger, Bd. 1 und 2, Jena 1912

Eigen, Manfred; Winkler, Ruthhild: Das Spiel, München 1981

Eigen, Manfred: Perspektiven der Wissenschaft, Stuttgart 1989

Ekkehard, Eickhoff: Macht und Sendung, Byzantinische Weltpolitik, Stuttgart 1981

Elias, Norbert: Über den Prozeß der Zivilisation, Frankfurt a. M. 1988, Bd. I, II

Elster, Jon: Subversion der Rationalität, Frankfurt 1987

Ernst, Bruno: Der Zauberspiegel des M. C. Escher, München 1982

Fernandez, Dominique: Le promeneur amoureux, Paris 1980

Fischer, Ernst-Peter: Sowohl als auch, Hamburg 1987

Foerster, Heinz von: Zukunft der Wahrnehmung, Wahrnehmung der Zukunft, Wissen und Gewissen, Versuch einer Brücke, Frankfurt a. M. 1994

Fritzsche, Peter: Die politische Kultur in Italien, Frankfurt a. M. 1987

Franzoi, Umberto: Il Palazzo dei Dogi: spazio e potere, in: I Dogi, Milano 1982

Gebser, Jean: Ursprung und Gegenwart, Schaffhausen 1975

Geiwitsch, Alois: Qualitätssicherung – Eine Aufgabe zwischen Unbestimmtheit und Paradoxien, München 1989

Gewecke, Frauke, Wie die neue Welt in die alte kam, Stuttgart 1986

Gisevius, Hans-Bernd: Der Anfang vom Ende, Zürich 1971

Gilbert, Felix: The Pope, his banker and Venice, London 1980

Venedig, der Papst und sein Banker, Frankfurt a. M. 1991

Gleick, James: Chaos – die Ordnung des Universums, München 1988

Goethe, Johann Wolfgang von: Italienische Reise, 1786 (München 1977)

Goldoni, Carlo: Memoiren – Meine Helden sind Menschen, Frankfurt a. M. 1987

Gombrich, Ernst: Ornament und Kunst, Stuttgart 1982

Symmetrie, Wahrnehmung und künstlerische Gestaltung; in: Symmetrie in Geistes- und Naturwissenschaft, Hrsg. R. Wille, Berlin 1988

Gombrich, Ernst: Aby Warburg, Frankfurt a. M. 1981

Gregorovius, Ferdinand: Römische Tagebücher 1852–1889, München 1991

Gumbrecht, Hans-Ulrich, Pfeiffer K. L.: Paradoxien, Dissonanzen, Zusammenbrüche. Frankfurt a. M. 1991

Gumbrecht, Hans-Ulrich (Hrsg.): Stil, Frankfurt a. M. 1986

Hackert, Hermann: Die Staatsschrift Gasparo Contarinis, Heidelberg 1940

Haft, Fridjof: Der Dschungel um uns, Süddeutsche Zeitung, 4./5. Febr. 1984

Haken, Hermann: Erfolgsgeheimnisse der Natur, Frankfurt a. M. 1984

Hassenpflug, Dieter: Die Natur der Industrie, Frankfurt a. M. 1990

Hayek, Friedrich von: Die überschätzte Vernunft; in: Evolution und Menschenbild; Hrsg. R. Riedl, F. Kreuzer, Hamburg 1983

Heiko, Peter; Reissberger, Mara: Komplexität und Widerspruch, in: Katalog Zauber der Medusa, Wien 1987

Heinrich, Klaus: »Zur Geistlosigkeit der Universität heute«, in: Oldenburger Universitätsreden Nr. 8, Oldenburg 1987

Heller, Agnes: Der Mensch der Renaissance, Köln 1982

Herbig, Jost: Die Evolution des Menschlichen, München 1983
Nahrung für die Götter, Die kulturelle Neuerschaffung der Welt durch den Menschen, München 1988

Hocke, Gustav René: Die Welt als Labyrinth, Hamburg 1983

Hoffmann, Hilmar: Ohne Kultur kein Leben, Süddeutsche Zeitung, 1./2. Sept. 1990

Hofmann, Werner: Einträchtige Zwietracht, Zauber der Medusa, Katalog, Wien 1987; Die Kunst, die Kunst zu verlernen; Wien 1993, Bd. 27

Hofstadter, Douglas: Metamagikum, in: Spektrum der Wissenschaft, Heidelberg 1982
Gödel, Escher, Bach, Stuttgart 1985

Hohnegger, Alfred, La diagonale nell'arte, Rom 1986

Honour, Hugh: Venedig, München 1966

Hüttinger, Eduard: Mythos Venedig, Katalog: Kunst in Venedig, Ingelheim 1987

Huse, Norbert; Wolters, Wolfgang: Venedig – die Kunst der Renaissance, München 1986

Ivanov, V.: Gerade – Ungerade, Stuttgart 1983

Jänicke, Martin: Staatsversagen, München 1986

James, William: The Principles of Psychology, Cambridge 1983

Jantsch, Erich: Die Selbstorganisation des Universums, München 1982

Jung, C. G.: Die Gestaltung des Unbewußten, Zürich 1950

Die Welt der Psyche, Zürich 1954

Jun'ichiro, Tanizaki: Lob des Schattens. Entwurf einer japanischen Ästhetik, Zürich 1988

Justi, Carl: Diego Velázquez u. sein Jahrhundert, Leipzig 1991

Kamper, Dietmar/Wulf, Christoph (Hrsg.), Der Schein des Schönen, Göttingen 1989

Karbe, L. C.: Das politische System der Insel-Seigneurie Sercq, Frankfurt a. M. 1983
Europa & das Venedig-Paradigma, Neue Gesellschaft, Frankf. Hefte, 1993/7
»Kann denn Ästhetik Sünde sein?« Zur Re-Vision des Geschäftsberichts, in: manager magazin, 10/1992

Kellenbenz, Hermann: Der italienische Großkaufmann und die Renaissance; in: Vierteljahresschrift f. Wirtschafts- u. Sozialgeschichte, Bd. 45, 1958

Kemp, Wolfgang: John Ruskin – Leben und Werk, Frankfurt 1987

Kessler, Eckhard: Petrarca und die Geschichte, München 1978

Koestler, Arthur: Der Mensch – Irrläufer der Evolution, München 1978
Die Wurzeln des Zufalls, Frankfurt 1980
Der Göttliche Funke, München 1966

Kohr, Leopold: Die überentwickelten Nationen, Salzburg 1983

Kowalski, Klaus: Die Wirkung visueller Zeichen, Stuttgart 1975

Kretschmayr, Heinrich: Geschichte von Venedig, 3 Bände, Gotha/Stuttgart 1905, 1934

Kulischer, Josef: Allgemeine Wirtschaftsgeschichte, Mittelalter-Neuzeit, München 1971

Kühnl, Reinhard: Formen bürgerlicher Herrschaft, Hamburg 1971

Küppers, Bernd-Olaf: Der Ursprung biologischer Information, München 1986

Lane, Frederic: Die Seerepublik Venedig, München 1980

Langewiesche, Marianne: Venedig, Köln 1974

Lauritzen, Peter; Alexander Zielcke: Paläste in Venedig, München 1980

Lauritzen, Peter: Die Villen von Venetien, München 1987

Lease, Gary: »Religiöses« Bewußtsein und Kultur, in Gumbrecht/Pfeiffer, ebd. 457

Lebe, Reinhard: Als Markus nach Venedig kam, München 1980

Le Goff, Jacques: Das Hochmittelalter, Bd. II, Frankfurt a. M. 1987

Lévi-Strauss, Claude: Primitive und Zivilisierte, Zürich 1972
Mythos und Totemismus, Frankfurt a. M. 1973
Das Wilde Denken, Frankfurt a. M. 1973
Soziologie und Anthropologie, München 1974

Lippe, Rudolf zur: Naturbeherrschung am Menschen Bd. 1/2. Frankfurt a. M. 1981

Little A. D. Hard International: Management des geordneten Wandels, Wiesbaden 1988

Loewy, Raymond: Häßlichkeit verkauft sich schlecht, Düsseldorf 1958
Pionier des Amerikanischen Industrie-Designs, München 1990

Longhena, Baldassare: Hrsg. O. Selvafolta, Katalog Milano 1982

Lorck, C. von: Venedig, Briefe, Berichte, Bilder in vier Jahrhunderten, München 1972

Longworth, Philip: Aufstieg u. Fall der Republik Venedig, Bergisch-Gladbach 1978

Lorenz, Konrad: Vergleichende Verhaltensforschung, Wien 1978
Die Rückseite des Spiegels, München 1973
Nichts ist schon dagewesen, Hrsg. F. Kreuzer, München 1984

Luhmann, Niklas: Vertrauen, Stuttgart 1973

Lyotard, Jean-François: Postmodernes Wissen – ein Bericht, Wien 1986

Machiavelli, Niccolò: Discorsi, Gedanken über Politik und Staatsführung, Stuttgart 1977

Madaus, H. J.: Arbeiten zu Venedig, Tübingen 1980

Makropoulus, Michael: Der Mann auf der Grenze, R. E. Park u. die Chancen der heterogenen Gesellschaft in: Freibeuter, 1988 Nr. 35

Mandelbrot, Benoît: The Fractal Geometry of Nature, New York 1977

Markl, Hubert: Wer nicht hören will, muß führen, Frankfurter Allgemeine, 21. Januar 1989

Maor, Eli: Dem Unendlichen auf der Spur, Basel 1989

Martin J. John: Venices hidden enemies. Italien Heretics in a Renaissance City, Berkley 1993

Maurer, Doris; Maurer, Arnold: Venedig (Hrsg.) Frankfurt a. M. 1983

Mayer-Tasch, Peter-Cornelius: Ein Netz für Ikarus, München 1987

McCarthy, Mary: Venedig, Köln 1984

McLuhan, Marshall: Wohin steuert die Welt?, Wien 1978

Meisenheimer, Wolfgang: Was ist Architektur?, Düsseldorf 1976

Merleau-Ponty, Maurice: Humanismus und Terror, 2 Bde., Frankfurt a. M. 1968

Michels, Robert: Zur Soziologie des Parteiwesens, Stuttgart 1959

Mills, Charles, W.: The power Elite, Chicago 1959

Mitscherlich, Alexander: Das Ich und die Vielen, München 1987
Die Unwirtlichkeit unserer Städte, Frankfurt a. M. 1971

Molmenti, Pompeo: Venise, its Individual Growth from the Earliest Beginning to the Fall of the Republic, Chicago 1906

Morin, Edgar: Einen neuen Anfang wagen, Überlegungen für das 21. Jahrhundert, Hamburg 1992

Mühlmann, Heiner: Architektur und Sprache, unveröffentlichtes Manuskript, 1988

Müller, Rudolf Wolfgang: Geld und Geist, Berlin 1977

Münch, Richard: Dialektik der Kommunikationsgesellschaft, Frankfurt a. M. 1991

Münster, Winfried: Pfusch auf dem Binnenmarkt – Mit Schutzgesetzen wird gegen die Konkurrenten intrigiert, SZ, 4./5. Mai 1991, 33

Muir, Edward: Civic Ritual in Renaissance Venice, Princeton 1981

Muraro, Michelangelo: Die Villen des Veneto, München 1987

Negri, Antonio: Die wilde Anomalie, Spinozas Entwurf einer freien Gesellschaft, Berlin 1981

Oeser, Erhard: Psychozoikum – Evolution und Mechanismus der menschlichen Erkenntnisfähigkeit, Berlin 1987
Abenteuer der Kollektiven Vernunft, Berlin 1988

Odenthal, Johannes: Imaginäre Architektur, Frankfurt 1986

Olins, Wally, Corporate Identity, Strategie und Gestaltung, Frankfurt a. M. 1990

Olschki, Leonardo: Italien, Genius und Geschichte, Darmstadt 1958

Oswald, Stefan: Die Inquisition, die Lebenden und die Toten; Venedigs deutsche Protestanten, Sigmaringen 1989

Palmer, White: Paul Poiret, Herford 1989

Panofsky, Erwin: Das Leben und die Kunst Albrecht Dürers, München 1977

Parker, Geoffrey: Die militärische Revolution, Frankfurt a. M. 1990

Perocco, Guido: Venedig und der Schatz von San Marco, Katalog, Köln 1984

Peters, Tom: Kreatives Chaos, Hamburg 1988

Pietschmann, Herbert: Das Ende des Naturwissenschaftlichen Zeitalters, Frankfurt a. M. 1983

Piper, Jan: Das Labyrinthische. Über die Idee des Verborgenen, Rätselhaften, Schwierigen in der Geschichte der Architektur, Wiesbaden 1987

Pochat, Götz: Der Symbolbegriff in der Ästhetik und Kunstwissenschaft, Köln 1983

Pölnitz, Götz von: Venedig, München 1949
Die Fugger, Frankfurt a. M. 1960

Pogacnik, Marko: A Hidden Pathaway through Venice, Rom 1986

Pomponazzi, Pietro: Tractatus de immortalitate animae, Padua 1516

Popper, Karl R.: Das Elend des Historizismus, Tübingen 1979

Postman, Neil: Wir amüsieren uns zu Tode, Frankfurt a. M. 1985

Prat, Hugo: Fable de Venise, Paris 1981

Praz, Mario: Der Garten der Sinne, Frankfurt 1988

Previtali, Giovanni: Die Periodisierung der italienischen Kunstgeschichte, in: italienische Kunst, Bd. 2, Berlin 1987

Prigogine, Ilya; Stengers, Isabelle: Der Dialog mit der Natur, München 1983

Prigogine, Ilya: Ein neues Zusammengehen von Wissenschaft und Kultur, UNESCO Kurier, Nr. 5 1988

Probst, Gilbert: Selbst-Organisation, Berlin 1987

Procacci, Giuliano: Die Geschichte Italiens und der Italiener, München 1983

Queller, Donald E. The Venetian Patriciate – Reality versus Myth, Illinois 1986

Ranke, Leopold von: Zur venezianischen Geschichte, Leipzig 1887

Rapp, Richard Tilden: Industrie and Oeconomic Decline in the 17th Century, London 1972

Reck, Hans Ulrich: Stilnotate zwischen Lebensform, Subversion und Funktionsbegriff, in: Stilwandel, Bazon Brock u. H. U. Reck (Hrsg.), Köln 1986

Redondi, Pietro: Galilei der Ketzer, München 1989

Rheingold, Howard: Virtuelle Gemeinschaft, Bonn 1994

Riklin, Alois: Die Venezian. Mischverfassung und Gasparo Contarini; in Zeitschrift f. Politik, Köln 1990; 265 ff.

Riedl, Rupert: Biologie der Erkenntnis, Berlin 1981
Die Spaltung des Weltbildes, Berlin 1985
Spätzündung der Evolution, München 1987
Angeborene Erkenntnismechanismen, Projekt-Universität Wien, Unveröffentlichtes Manuskript, 1990

Rock, Irvin; Palmer, Stephen: Das Vermächtnis der Gestaltpsychologie, Spektrum der Wissenschaft, Februar 1991

Romano, Giovanni: Auf dem Weg zur »modernen Manier«, in: Italienische Kunst, Bd. 2, Berlin 1987

Ruggiero, Romano; Tenenti, Alberto: Die Grundlagen d. modernen Welt, Frankfurt a. M. 1976

Ruskin, John: Stones of Venice, London 1851
Examples of the architecture of Venice 1887

Sansovino, Francesco: Venetia, città nobilissima et singolare, Venezia 1663

Sarpi, Paolo: Istoria del consilio Tridentino 1619, in: Karl Brand: deutsche Geschichte im Zeitalter der Reformation, München 1960

Scarabello, Giovanni: Die Republik Venedig – 1000 Jahre politisches Abenteuer, in: Venedig, Rolf Petri (Hrsg.), Hamburg 1986

Scarabello, Giovanni; Moraciello, P.: Venedig, München 1988

Scarsella, Alessandro: Der Venedig-Mythos, in: Venedig, R. Petri (Hrsg.), Hamburg 1986
Künstler, Intellektuelle und Kultur, ebd., 167

Sgarbi, Vittorio: Capriccio veneziano, in: Franco Maria Ricci April/Mai 1986

Schaaf, Gabriele: Deutsche Literatur von Frauen, München 1989

Schievelbusch, Wolfgang: Das Paradies, der Geschmack u. d. Vernunft, Frankfurt 1988

Schluchter, Wolfgang: Rationalismus der Weltbeherrschung, Frankfurt a. M. 1980

Schleinitz, Annemarie (Hrsg.), Venezianische Gesandtschaftsberichte, Leipzig 1920

Schlosser, Julius von: Präludien, Berlin 1927

Schmitt, Carl: Römischer Katholizismus und politische Form, 1929

Schönberger, Angela (Hrsg.): Raymond Loewy, Katalog, München 1990

Schütze, Christian: Das Grundgesetz vom Niedergang, München 1989

Schwarz, Gerhard: Die heilige Ordnung der Männer, Opladen 1985

Seidmann, Peter: Die perspektivische Psychologie Nietzsches, in: Psychologie des 20. Jahrhunderts, Bd. 15, Zürich 1976

Selvini-Palazzoli, Mara: Paradoxon und Gegenparadoxon, Stuttgart 1981
Hinter den Kulissen der Organisation, Stuttgart 1984

Senett, Richard: Verfall und Ende des öffentlichen Lebens, Frankfurt a. M. 1983

Sheldrake, Rupert: Das schöpferische Universum, München 1983

Sieveking, Heinrich: Das Genueser Finanzwesen vom 12.–14. Jh., Bd. 1, Leipzig 1898
Die Casa di San Giorgio, Bd. 2, Leipzig 1899

Simon, Fritz: Der Prozeß der Individuation, Göttingen 1984

Simonsfeld, Henry: Der Fondaco dei Tedeschi in Venedig, Stuttgart 1887

Singer, Kurt: Spiegel, Schwert und Edelstein, Japan, Frankfurt a. M. 1991

Sombart, Werner: Der Bourgeois, München 1923
Der moderne Kapitalismus, München 1987

Spiess, Joachim: Stadträume – Plätze in Venedig, Stuttgart 1985

Streit, M. E.: Wie funktioniert das? – Die Wirtschaft heute, Stuttgart 1980

Taine, Hippolyte: Voyage en Italie, Venedig 1864

Tenenti, Alberto: La Rappresentazione del potere, in: I. Dogi, Milano 1982

Toscani, Ignazio: Die venezianische Gesellschaftsmaske, Saarbrücken 1972

Thompson, William J.: Die pazifische Herausforderung, München 1985

Tucci, Ugo: I Meccanismi dell'elezione dogale, in: I Dogi, Milano 1982

Toulmin, Stephen, Kosmopolis, Die unerkannten Aufgaben der Moderne, Frankfurt a. M. 1991

Unsinn, Sebastian: Die Utopie des Unternehmens; Kritik des Unvorstellbaren: unveröff.

Manuskript – Habil.-Schrift Univ. Wuppertal 1993

Valcanover, Francesco: Jacopo Tintoretto und die Scuola von San Rocco, Venedig 1983

Varela, Francesco: Principles of Biological Autonomy, New York 1979

Vester, Frederic: Ballungsgebiete in der Krise, München 1983
Denken, Lernen, Vergessen, München 1983
Neuland des Denkens, München 1984

Virilio, Paul: Die Eroberung des Körpers, München 1994

Vollmer, Gerhard: Die Natur der Erkenntnis, Bd. 1, Die Erkenntnis der Natur Bd. 2, Stuttgart 1985

Wachmeier, Günter: Venedig, München 1987

Waley, Daniel: The Italien City Republics, London 1969

Waterman, Robert u. Peters Tom: Auf der Suche nach Spitzenleistungen, New York 1986

Waterman, Robert: Leistung durch Innovation, Hamburg 1988

Watzlawik, Paul: Menschliche Kommunikation, Bern 1974
Wie wirklich ist die Wirklichkeit?, München 1976
Die Möglichkeit des Andersseins, Bern 1978
Lösungen, Bern 1979

Weber, Max: Wirtschaft und Gesellschaft, Tübingen 1972
Wirtschaftsgeschichte, Berlin 1981

Weede, Erich: Der Sonderweg des Westens, in: Zeitschrift für Soziologie, 17. Heft, 1988

Weibel, Peter: Zur Perspektive als konstruktivem Prinzip, in: Kunstform Bd. 105, 1990

Weick, Karl E.: Der Prozeß der Organisation, Frankfurt a. M. 1985

Weinreis, Hermann: Wirklichkeiten, die nicht sprechen können, Süddeutsche Zeitung 7. 12. 1989

Weitnauer, Alfred: Der venezianische Handel der Fugger, nach der Musterbuchhaltung des Matthäus Schwarz, München 1931

Wellershoff, Dieter: Die Auflösung des Kunstbegriffs, Frankfurt a. M. 1976

Welsch, Wolfgang: Ästhetisches Denken, Stuttgart 1989

Wescher, Paul: Kunstraub unter Napoleon, Berlin 1976

Whorf, Benjamin Lee: Sprache, Denken, Wirklichkeit, Hamburg 1982

Wickler, Wolfgang: Prinzip Eigennutz, München 1977

Wienands, Rudolf: Grundlagen der Gestaltung zu Bau u. Stadtbau, Stuttgart 1985

Willmes, Ullrich: Studien zur Scuola di San Rocco in Venedig, Beiträge zur Kunstwissenschaft, Bd. 4, 1985

Winterswyl, Ricarda: Erinnerungen an Wilhelm von Occam, Süddeutsche Zeitung 25./26. 10. 1986

Wittkofer, Rudolf: Allegorie und Wandel der Symbole, Köln 1983

Wolbert, Klaus: Symmetrien als Sprachformen, Kunstforum Bd. 85, Köln 1986

Woldeck, Rudolf von: Tohuwabohu: »Das Chaos« – Kursbuch Nov. 1989; Heft 98

Wolters, Wolfgang: Der Bildschmuck des Dogenpalastes, Wiesbaden 1983

Wolters, Wolfgang, und Huse, Norbert: Venedig – Die Kunst der Renaissance, München 1986

Wyss, Beat: Trauer der Vollendung, München 1985

Ziegler, Alfred J.: Bilder einer Schattenmedizin, Zürich 1987

Zilsel, Edgar: Die sozialen Ursprünge der neuzeitlichen Wissenschaft, Frankfurt a. M. 1976

Zorzi, Alvise: Venedig, eine Stadt, eine Republik, ein Weltreich, München 1981

Bildnachweis

Archiv für Kunst und Geschichte, Berlin: S. 35, 93, 97, 101 l., 109, 130, 197, 353

Arsenale Editrice, Venedig: S. 303, 304, 305, 306, 339

Bayerische Staatsbibliothek, München: S. 256

Eugen Diederichs Verlag, München: S. 33, 300, 311, 313

Fine Arts Gallery, San Diego/Cal.: S. 100 r.

Fondazione Culturale Mandralisca, Cefalù: S. 100 r. o.

Gallerie dell' Accademia, Venedig: S. 101 r.

Herzog-Anton-Ulrich-Museum, Braunschweig: S. 135

Magnus Edizioni, Fagagna: S. 324

Musée du Louvre, Paris: S. 100 l. o.

Museo Correr, Venedig: S. 29, 83, 337

Museo Storico Navale, Venedig: S. 283

National Gallery of Art, London: S. 100 r. u.

Palazzo Pitti, Florenz: S. 102 r., 103

Palazzo Vecchio, Florenz: S. 102 l.

Pinacoteca Querini Stampalia, Venedig: S. 48, 173, 206

Sammlung Thyssen-Bornemisza, Lugano: S. 100 l. u.

Staatliche Museen Preußischer Kulturbesitz, Berlin: S. 63

Times Editions, Singapore: S. 323, 327, 336

Reinhart Wolf/Bilderberg, Hamburg: S. 114/115, 116

VG Bild-Kunst, Bonn 1995: S. 351

Alle übrigen Abbildungen entstammen dem Bilddarchiv des Verfassers.

Register

Literatur zu Venedig
im Eugen Diederichs Verlag

Gardin Moldi-Ravenna Sammartini

Die Geheimen Gärten Venedigs

Aus dem Italienischen von Ulrich Keyl

166 Seiten mit 48 farbigen und 69 s/w-Abbildungen
Gebunden mit Schutzumschlag

*Wer denkt, die »Päpstin aller Städte« gut zu kennen, dem enthüllt
Gianni Berengo Gardin eine unbekannte, zauberhafte Seite der Stadt
in Bildern. [...] Daß der Betrachter hier einen Blick in private
Refugien tun kann, in ein fremden Besuchern sonst unzugängliches
Ambiente, macht ihn ein wenig zum Voyeur, der den Reiz des
Verbotenen genießt.*

DIE ZEIT

*Das Buch ist ein Reiseführer in die Seele Venedigs. [...] Die
hervorragenden Fotografien sind respektvolle, geradezu scheue
Einblicke, durch die Lektüre verdiente »Einweihungen« in das sonst
Unsichtbare und sein Symbol.*

JOURNAL MÜNCHEN

Eugen Diederichs Verlag

Die Gärten des Veneto

Herausgegeben von Margherita Azzi Visentini
Aus dem Italienischen von Gina Beitscher und Heli Tortora

360 Seiten mit 230 Abbildungen, davon 80 in Farbe
Leinen im farbigen Schmuckschuber

Das in den letzten Jahren stark angewachsene Interesse für die
Villen des Veneto hat sich selten auf die dazugehörigen Gärten
erstreckt, da diese eher als dekorative Accessoires von
zweitrangiger Bedeutung betrachtet wurden. Tatsächlich aber
stellt der Garten einen integralen Bestandteil der Villa dar, in
ihm »verschmilzt« das Gebäude gewissermaßen mit der Natur.
Der reich bebilderte Band dokumentiert die Eigenheiten dieser
Gärten aus historisch–ästhetischer, botanischer, literarischer
und landschaftsgestalterischer Sicht und anhand von
zahlreichen Beispielen, die von den Gärten der Giudecca über
diejenige der Villa Badoer und der Villa Cornaro bis hin zum
Prato della Valle in Padua reichen.

Eugen Diederichs Verlag

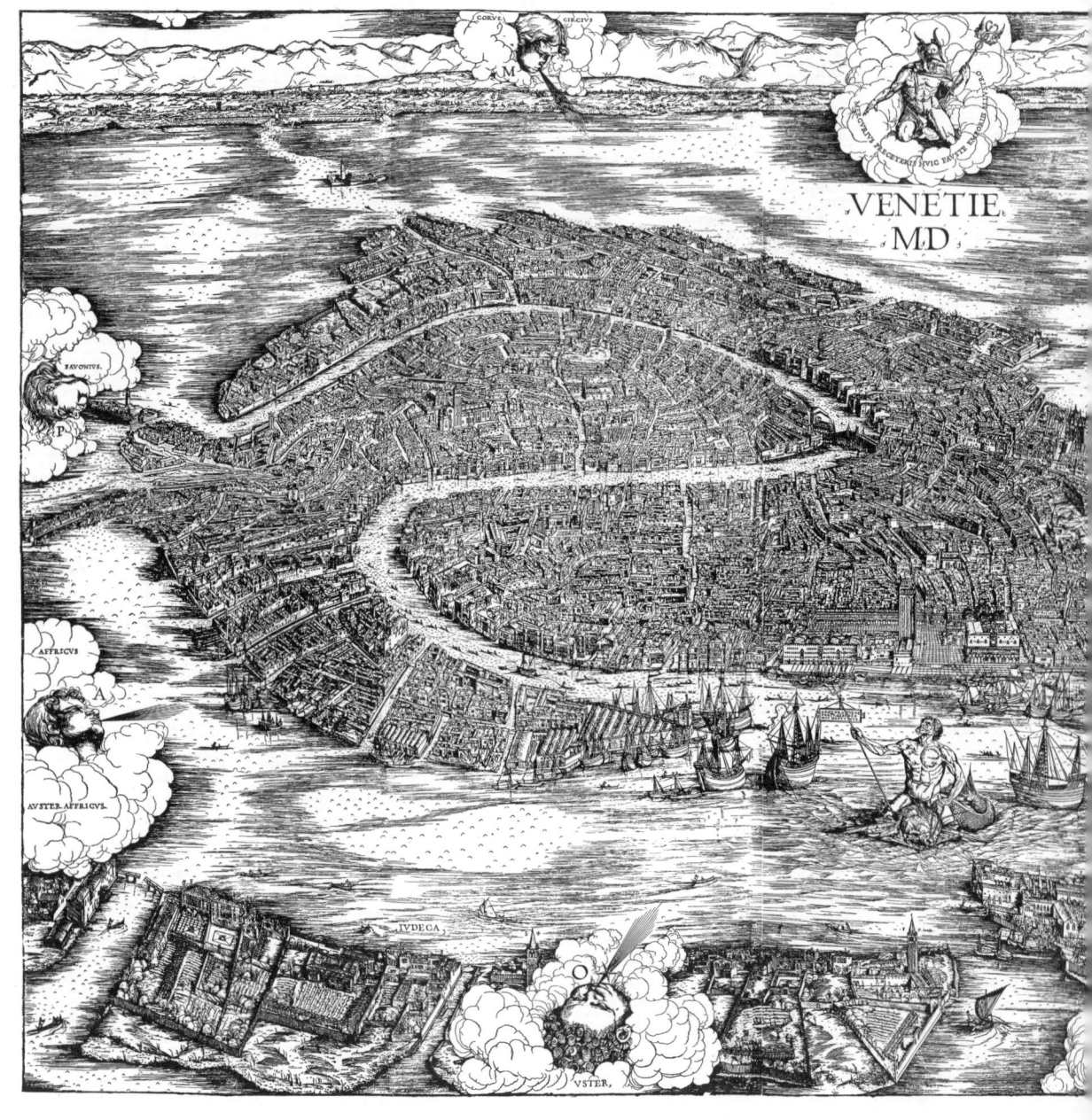

VENETIE
MD